清华
国学
书系

周传儒文存

ZHOUCHUANRU WENCUN

清华大学国学研究院 主编

李 懿 选编

江苏人民出版社

图书在版编目(CIP)数据

周传儒文存/周传儒著. —南京:江苏人民出版
社,2015.8
(清华国学书系)
ISBN 978 - 7 - 214 - 16187 - 1

Ⅰ.①周… Ⅱ.①周… Ⅲ.①世界史－文集 Ⅳ.
①K107－53

中国版本图书馆 CIP 数据核字(2015)第 170870 号

书　　　名	周传儒文存	
选　　编	李　懿	
责 任 编 辑	孙　立	
出 版 发 行	凤凰出版传媒股份有限公司	
	江苏人民出版社	
出 版 社 地 址	南京市湖南路 1 号 A 楼,邮编:210009	
出 版 社 网 址	http://www.jspph.com	
	http://jsrmcbs.tmall.com	
经　　销	凤凰出版传媒股份有限公司	
照　　排	江苏凤凰制版有限公司	
印　　刷	江苏凤凰通达印刷有限公司	
开　　本	652 毫米×960 毫米　1/16	
印　　张	33.5　插页 2	
字　　数	441 千字	
版　　次	2015 年 9 月第 1 版　2015 年 9 月第 1 次印刷	
标 准 书 号	ISBN 978 - 7 - 214 - 16187 - 1	
定　　价	56.00 元	

(江苏人民出版社图书凡印装错误可向承印厂调换)

盼遂、徐中舒这样的学生……而且，无论是遭逢外乱还是内耗，这个如流星般闪过的学府，以及它的一位导师为另一位导师所写的、如今已是斑驳残损的碑文内容——"独立之精神，自由之思想"，都在激励后学们去保持操守、护持文化和求索真理，就算不必把这一切全都看成神话，但它们至少也是不可多得的佳话吧？

可惜在相形之下，虽说是久负如此盛名，但外间对本院历史的了解，总体说来还是远远不够的，尤其对其各位导师、其他教师和众多弟子的总体成就，更是缺少全面深入的把握。缘此，本院自恢复的那一天起，便大规模地启动了"院史工程"，冀能在深入研究的基础上，最终以每人一卷的形式，和盘托出院友们的著作精选，以作为永久性的追思缅怀，同时也对本院早期的学术成就，进行一次总体性的壮观检阅。

就此的具体设想是，这样的一项"院史工程"，将会对如下四组接续的梯队，进行总览性的整理研究：其一，本院久负盛名的导师，他们无论道德还是文章，都将长久地垂范于学界；其二，曾以各种形式协助过上述导师、后来也卓然成家的早期教师，此一群体以往较少为外间所知；其三，数量更为庞大、很多都成为学界中坚的国学院弟子，他们更属于本院的骄傲；其四，等上述工作完成以后，如果我们行有余力，还将涉及某些曾经追随在梁、王、陈周围的广义上的学生，以及后来在清华完成教育、并为国学研究做出突出贡献的其他学者。

这就是本套"清华国学书系"的由来！尽管旷日持久、工程浩大、卷帙浩繁，但本院的老师和博士后们，却不敢有丝毫的懈怠，而如今分批编出的这些"文存"，以及印在其前的各篇专门导论，也都凝聚了他们的辛劳和心血。此外，本套丛书的编辑，也得到了多方的鼎力支持；而各位院友的亲朋、故旧和弟子，也都无私地提供了珍贵的素材，这让我们长久地铭感在心。

为了最终完成这项任务，我们还在不停地努力着。因为我们深知，只有把每位院友的学术成就，全都搜集整理出来献给公众，本院的早期风貌才会更加逼真地再现，而其间的很多已被遗忘的经验，也才有可能

2

总　序

　　晚近以来,怀旧的心理在悄悄积聚,而有关民国史的各种著作,也渐次成为热门的读物。——此间很重要的一个原因,当然是在蓦然回望时发现:那尽管是个国步艰难的年代,却由于新旧、中西的激荡,也由于爱国、救世的热望,更由于文化传承的尚未中断,所以在文化上并不是空白,其创造的成果反而相当丰富,既涌现了制订规则的大师,也为后来的发展开辟了路径。

　　此外还应当看到,这种油然而生的怀旧情愫,又并非只意味着"向后看"。正如斯维特兰娜·博伊姆在《怀旧的未来》中所说:"怀旧不永远是关于过去的;怀旧可能是回顾性的,但是也可能是前瞻性的。"——由此也就启发了我们:在中华文明正走向伟大复兴、正祈望再造辉煌的当下,这种对过往史料的重新整理和对过往历程的从头叙述,都典型地展现了坚定向前的民族意志。

　　正是在这样的背景下,本院早期既昙花一现、又光华四射的历程就越发引起了世人的瞩目。简直令人惊异的是,一个仅存在过四年的学府,竟能拥有像梁启超、王国维、陈寅恪、赵元任、李济、吴宓这样的导师,拥有像梁漱溟、林志钧、马衡、钢和泰及赵万里、浦江清、蒋善国这样的教师,乃至拥有像王力、姜亮夫、陆侃如、姚名达、谢国桢、吴其昌、高亨、刘有助于我们乃至后人,去一步一步地重塑昔日之辉煌。在这个意义上,这套书不仅会有很高的学术史价值,也会是一块永久性的群英纪念碑。——形象一点地说,我们现在每完成了一本书,都是在为这块丰碑增添石材,而等全部的石块都叠立在一起,它们就会以一格格的浮雕形式,在美丽的清华园里,竖立起一堵厚重的"国学墙",供同学们来此兴高采烈地指认:你看这是哪一位大师,那又是哪一位前贤……

我们还憧憬着:待到全部文稿杀青的时候,在这堵作为学术圣地的"国学墙"之前,历史的时间就会浓缩为文化的空间,而眼下正熙熙攘攘的学人们,心灵上也就多了一个安顿休憩之处。——当然也正因为那样,如此一个令人入定与出神的所在,也就必会是恢复不久的清华国学院的重新出发之处,是我们通过紧张而激越的思考,去再造"中国文化之现代形态"的地方。

清华大学国学研究院

2012 年 3 月 16 日

凡　例

一、本文存所录文字，皆取自周传儒最初发表之刊物，共收录集中反映作者治学特色的专著三部，文章十一篇，并分别依发表时间顺序排列。

二、为了保存作者的文字风格、语言习惯，对于原文专名（人名、地名、术语）及译名与今不统一者，编者未作改动，作者引书时有省略改动，倘不失原意，编者亦一仍其旧以存著述原貌，确系作者笔误、排印舛误及外文拼写错误，则予以改正。

三、文中无标点或仅有简单断句者，一律改为新式标点。

目　录

导论：周传儒的生平与学术研究

一

周传儒（1900—1988），号书舱，1900 年 10 月 14 日生于四川省江安县，曾为清华学校国学研究院第一届学生，后成为有名的历史学家，而尤长于世界近现代史、中外关系史研究。周传儒的家世与生平经历在其《自传》①中有详实的记载。

周传儒原籍湖北麻城县孝感乡，清代初年祖上因"湖广填四川"政策由湖北孝感迁入川南。其家世代务农，家庭出身为农民及城市贫民。其父讳周孝廉，自幼孤贫，由乡入城，学习手工业，后开估衣铺。传儒外出学习，因父死回乡，落户于西门外小河两岸，从事农业生产，由此失去城市户籍，身居长宁。传儒幼时颇为聪慧，五岁入私塾接受启蒙教育，《三字经》、《四字经》、《百家姓》、《增广贤文》、《孝经》、《龙文鞭影》一类的书

---

① 参周传儒 1980 年 10 月所作《自传》，《中国当代社会科学家》第 2 辑，北京图书馆《文献》丛刊编辑部、吉林省图书馆学会会刊编辑部编，北京：书目文献出版社，1982 年，第 209—223 页。另参 1969 年 9 月周传儒于崇山公社政治学习班所撰《坦白材料·自传》，以下所引简称《材料》，以别于 1980 年所撰《自传》。

皆能熟背。九岁时入江安县奎华小学读书,兼习新学与旧学,清末奖励读经,故仍以诵读古代经典著作为重点,因过目成诵、倒背如流,表现突出,以至作"小先生",替老师教新生。那时江安有朱山父子、傅增湘弟兄等知名于省内国内的闻人,造诣各别,对年幼的周传儒启发很大。

1915 年周传儒入江安县立中学读书。适遇四川省督学易光谦到江安查学,在全县高小及县中学会考中,国文题为"学贵有恒论",传儒交第一卷,并获第一名,遂有"神童"之称,蒙师友聚资送往成都备考清华留美预备部幼年生。未录,就读于成都省立第一中学。满清末年政治衰败,学术上偏向于旧文化的接收和新文化的引入。四川是一个旧文化传统悠久的地方,自古蜀中教育发达,知识分子多能作诗填词、通经、习史、善书法、作文言文,这种浓郁的文化氛围在省城成都尤为突出。湖南学者王闿运到成都,出任尊经书院山长,号召知识分子到书院读书,以经、史、词章等教育学生,并木刻了许多书供研习之用。成都汇集了赵熙、颜楷、骆成骧、方旭、宋育仁、庞石帚等一批精通国粹的遗老,时称"五老七贤",他们才学兼备,声闻学界。部分国学大师如向楚、林思进、龚道耕等聚集在成都高等师范学校、国立四川大学教书。周传儒但闻诸贤之名而不识其人,思想上仍受到熏陶。

当时成都省立第一中学有国文老师熊玉阶、历史老师祝彦和及地理老师彭昌南。熊玉阶为川南名宿。祝彦和,人称祝大布衣,最精史学。彭昌南,有名的地理学家,自编讲义,自绘地图。诸人教学力量之强,称全省第一。然第一中学数理化老师大有不济之象,期盼成为科学家的周传儒弃理从文,逐渐爱上了文史,其"国学知识,特别是历史、地理、国文,大有提高,尤其是《史记论文》、《文选》、《古文辞类纂》皆曾背着学监挑灯夜读,能背诵者甚多。文字短浅者,一二遍记熟,艰深者三四遍亦能成诵,记忆力较强,几于过目成诵,所以在国学方面,较有根底"[1]。这段经历为其日后从事历史、地理及文学研究奠定了坚实的基础。

---

[1] 周传儒《自传》,第 213 页。

　　周传儒中学毕业后由于家贫无人援引,意欲当小学教师而不得。正逢北京高等师范学校在成都招公费生三名,考生逾二百,周传儒因爱好数理化而取得较高平均分数,以第二名的成绩被录取,复试时原报名理化系,因史地成绩较优而分到史地系。其时向楚任四川教育厅长,每人发路费五十元,成全其求学之梦。① 传儒赴京正值"五四"初兴之际,北京的学术大势正处于蓬勃发展阶段,图书资料丰富,群英汇集。他暮年追忆青年时代走过的学术之路,非常重视在京学习的机遇,自云:"还有一个重要的条件,就是机会。包括着优良的时代,优越的环境,优异的良师益友。我自己虽然不是一个卓越的学者,然而生在'五四'以后,学术昌明时期,到图书多、人才多、良师益友多的北京去学习。这样的机会,成全了我们。要求上进,就得到上进、深造的机会,不是自己有了不起的才华,而是机会好、多少能有点成就,也算是不容易的事。"②

　　任教师大史地系的多为享有盛名的学人,王桐龄精通中国通史、中国民族史和历代党争史,章嵚擅长中国文化史,西洋史方面,有熊遂、何炳松,何炳松还当过商务印书馆编译所所长。地理老师白眉初,在京颇负盛名,编写了区域地理学巨著《中华民国省区全志》。马衡、朱希祖等人亦时常来北师大兼课,马衡长于金石学,朱希祖则攻于五代史、宋史。从师大毕业出来的学者,早年有张仲和、常乃德、李泰棻,后期有周谷城、杨人楩等,其治学作风往往推崇朴实而渊博,讲求材料充分而不放空言之论,周传儒身处严谨求实的学术环境,史地方面感获良多。

　　周传儒治学踏实,同时为人重视经世之用,他从青年时代起即积极参加学生运动和进步青年组织,系心时政,投身服务社会的实践活动。五四运动、六三运动兴起,传儒被推选为北师学生会主席,继又被选为北京学生联合会主席、全国学生联合会主席,"其所至无大小,人必推以为

---

① 参《四川近现代人物传》(第四辑),四川省地方志编纂委员会、省志人物志编辑组编,任一民主编,成都:四川大学出版社,1987 年,第 206 页。
② 周传儒《自传》,第 214 页。

长,亦惟君为克能长之"①。"五四"以后,学生以爱国相尚汲汲奔走,课业荒废良多,其志可嘉,其方则谬。1920 年 12 月 28 日,青年励志会成立会在北京大学第一院接待室举行。入会的多是全国著名高校的进步青年,他们的着力处在于修养道德和增强学识,培植组合各种专门人材,志在实现改造中华的目标,"组织之目的,不仅在读书,并在实行所学;不仅在己身修养,并在经营社会事业"②。1921 年周传儒入会,此后多次当选励志会出版委员会主任、教育委员会副主任,随后选为各委员会主任选举联席会议之主席,近似于全国学生联合会主席。会刊《青年励志会会务纪闻》初办时面临经费不足的难题,周传儒慷慨出资捐助办刊。他在会议上数次就励志会出版事宜、公约案、组织案、实业储金案等问题提出议法,他亲自参与社会实践,赴安徽省第一高级中学庶务主任职,到各地主动发展会员,加强联络各地有志青年以壮大励志会。1923 年 9 月 16 日《致作楷泰安冠新弘伯东明止平湘北诸兄》的书信中,周传儒真诚地期望全力尽职于社会:"服务社会本无畛域,然'晋材楚用',究有'为人作嫁'之感。他日川局稍定,行且捐弃而行,以图为地方造幸福……他日之宣力国家,改造社会,胥惟吾辈是赖,希以此互勉也。儒虽独处,此志不渝;可效劳处,无不尽力。"③他在《教育委员会循环通讯》里重申了这种想法:"作事不忘读书,读书不忘做事;为人同时为己,为己同时为人,那便好了。"④《本会的歧途》深入检讨了青年励志会建会至今所面临的多重歧路。⑤ 周传儒鼓励励志会会员"要积极,能建设,要一致,能调和",辨明现实形势,以热忱的姿态入世。

1923 年周传儒留到师大附中教授西洋史,这是其教学工作的开始。

---

① 吴其昌《清华学校研究院同学录·记周传儒》,《清华同学与学术薪传》辑三,夏晓虹、吴令华编,北京:生活·读书·新知三联书店,2009 年。
②《青年励志会会务纪闻》第 1 期,青年励志会出版,1924 年,第 4 页。
③《青年励志会会务纪闻》第 1 期,青年励志会出版,1924 年,第 88—89 页。
④《青年励志会会务纪闻·会务经过》第 2 期,青年励志会出版,1926 年,第 122 页。
⑤ 周传儒《本会的歧途·会论》,《青年励志会会务纪闻》第 2 期,青年励志会出版,1926 年,第 36 页。

暑期,暂任上海商务印书馆编辑员,参与编译丛书《少年百科全书》。一年后,在师大教预科西洋史,作讲师。1925 年,周传儒报考清华历史科官费留美取得第二名,录为备取生。同年报考清华研究院国学门,以第十名的成绩考入,师从于王国维、梁启超、陈寅恪等国学大师。这是他最重要的一段求学经历,对将来的治学取向具有决定性的意义。他对受教于国学院感慨尤深:"在学习上,假如说,我还多少有点成就,在研究院,确是颇重要的一章。"① 清华园中,"风景幽美,图书丰富,经费充足,藏修息游,极其舒适。研究生可以在图书馆借书二十册。不足,可以向北海图书馆、北大图书馆调,并可以向学校提出,申请购买,这给学员创造了学习条件"②。导师们的著作普遍受到学员喜爱,梁启超《饮冰室全集》、《历史研究法》、《要籍解题》等多为学员拜读过,而王国维所著《观堂集林》"人手一部,朝夕钻研。读一篇,爱一篇,不忍释手"③。

9 月 22—26 日为研究院学生选定研究题目的日期,周传儒登记之研究题目是"中国近世外交史"。学员入学后,各教授按自己的专长设立研究室,诸生依研究兴趣与教授商谈研究题目并撰写专题论文,诸教授每周二至三次定期举行"普通演讲",王国维在研究院讲学甚勤,两年之中每周两次,有时三次,从不迟到,亦不早退。其演讲范畴涵盖古今中外,或为经史小学、治学方法,或为本人研究心得。1925—1926 之间王国维开设的指导学科中有上古史、金石学、古文字学,所作普通演讲有古史新证、说文练习,梁启超所设指导学科有中国文化史、东西交通史、中国史,普通演讲有中国通史、历史研究法等。④ 这些课程和演讲对周传儒以后的治学影响较大,如《甲骨文字与殷商制度》一书之创作即与初从王国维认识甲骨不无密切关联,毕业后又再次得到李济指点,此书方著成且出

---

① 周传儒《自传》,第 215 页。
② 周传儒《自传》,第 215 页。
③ 周传儒《自传》,第 215 页。
④ 参苏云峰《从清华学堂到清华大学:1911—1929》,北京:生活、读书、新知三联书店,2001 年,第 297 页。

版。周传儒之专攻于世界近代史、中外关系史以及兼擅中国古代历史文化研究则明显是受梁启超的引导。

周传儒在研究院接触最多、联系最紧密的是导师梁启超,朝夕随侍。梁启超开课讲演,其讲义大多由周传儒作笔记,再随堂分发给其他学员。周传儒所作讲演笔记有《指导之方针及选择研究题目之商榷:九月十三日为研究院同学讲》、《中国考古学之过去及将来——欢迎瑞典皇太子演说辞》、《儒家哲学》、《历史研究法》、《书法指导》(在教职员书法研究会讲演)、《蔡松坡与袁世凯》、《社会学在中国方面的几个重要问题研究举例》、《梁先生北海谈话记》、《古书真伪及其年代》等九种。1926 年梁启超在给子女的信中赞许传儒笔记做得好:"今年我不编讲义,工夫极轻松。(叫周传儒笔记,记得极好,你们在《周刊》上可以看见)"①梁启超的数次讲演皆由周传儒记录、整理,为此在同学之间留下了趣闻佳话。② 周传儒有意将梁师早年及当年的著作综合编辑成一部系统的中国学术史通论出版,然因梁钻研范围博大,而自己人事鞅掌,终未能完成,此事一直被周传儒引为遗憾。

周传儒记忆中的梁师热心耿直:"师座为人毫无城府,说话作文,对人对世,俱有一种热情,俗所谓菩萨心肠,生平自得处在此! 自苦处亦在此!"③梁启超不仅传授知识,亦以身教教导学生,传儒刻铭于心,撮录之以昭明前辈重交情,讲义气,关心师友、门生如何作人,这六条分别是:奖掖后进,尊师重道,爱友,厚待知识分子,尊重科学,眷怀后辈。④ 梁启超了解到周传儒还有一个兄弟在北京读书,费用较大,于是让传儒当"提调"(头目),给松坡图书馆编目录。谢国桢毕业时请恩师王国维为他和好友著青题字留念,王国维正为北伐军将抵北京之时变而烦躁,当即仍

---

① 《梁任公先生年谱长编(初稿)》(民国十五年九月二十九日《给孩子们书》),丁文江、赵丰田编,欧阳哲生整理,北京:中华书局,2010 年,第 585 页。
② 周传儒《回忆梁启超先生》,《广东文史资料》第 38 辑,广州:广东人民出版社,1983 年,第 243 页。
③ 周传儒《从上海给研究院同学谢国桢君的一封信》,《清华周刊》,1928 年 2 月 17 日,第 29 卷第 2 期,第 160 页。
④ 周传儒《史学大师梁启超与王国维》,《社会科学战线》,1981 年第 1 期,第 178—179 页。

书前人七律四首赠之。王国维自沉后，梁启超闻之，知周传儒亦好书法，即购一檀香木折扇，依照王国维为著青扇上所题陈宝琛《落花诗》二首，题赠与之，并告之曰："以此兼纪念王师也。"周传儒将扇面一直珍藏在身边，"文革"后将这把扇面公之于众，作为对先师的纪念。

1926年周传儒提交毕业成绩"中日历代交涉史"。成绩分甲等9人，乙等15人，丙等5人，传儒名列甲六。由于学业优异之故申请留校继续研究一年，下学期到校注册者有刘盼遂、周传儒、姚名达、吴其昌、何士骥、赵邦彦、黄淬伯等7人，在1926—1927年36人中，周传儒专修学科为"中国文化史"，专题研究题目是"中国教育史"。他晚年归纳出住清华研究院对治学的六条好处①，即继承乾嘉学派重视材料、勤于考据的朴学思想，且于经史子集之外镜鉴新方法、新学说，这从其后来之研究可窥一斑。

问学国学院的两年，周传儒依旧以高度的热情关心社会政治现实。第二次奉直战役结束以后，段祺瑞应时出任临时执政，一年以后被迫下台，周传儒撰写时评《段去晚矣》，1926年载于《清华周刊》，以知识分子的良知彻底揭露了军阀统治的腐朽黑暗，他责备段氏执政不力于世无益。1926年《清华周刊》所载另一篇杂谈《再看两套把戏》，文中联系政治局势严厉批评直系军阀吴佩孚为收拾时局而所施举措不当，批判"吴让王懋宣任卫戍司令维持北京治安，由曹仲珊解除职务"不过是当局勉强敷衍民众的两套把戏而已，至于"暂组内阁，由国会完成宪法"实则更无意义，诘责国会及议员的腐败无能。

1926年3月18日震惊全国的"三·一八"惨案爆发，清华学生会义愤填膺，成立状告段祺瑞执政府屠杀爱国青年罪行的"起诉全权委员会"，周传儒为五位委员之一，并代表三百五十名学生参与《清华学生控告贾德耀及全体国务员诉状书》的草拟，并于3月25日送呈"京师地方检察厅"。《清华周刊》刊发周传儒《三月十八日案之责任问题》，该文言

---

① 周传儒《自传》，第218页。

辞激烈,斥责当局残暴:"纵令不为学生,而为暴徒,不为外交,而为内政,不为请愿,而为袭击,不为协作,而为破坏;以政府之威力,卫队之众多,阻之,驱之,捕之,何所不可?奈何对此数千赤手空拳之男女学生,竟下毒辣手段,索其性命,残其肢体,使之血肉横飞,亲朋惨痛。呜呼!国法何在?呜呼!天理何在?"①周传儒条分缕析地追问引发惨案责任在谁,尖锐地道出造成惨案的罪魁祸首就是执政和阁员。

1927年周传儒从国学院毕业,到商务印书馆当编辑,复经梁启超引荐到上海真如乡暨南大学任教,教授中国文化史、中国历史、中国思想史等,同时教授暨大中学班的历史地理课。1929年,任沈阳东北大学师范学院公民史地专科主任。1931年九一八事变以后,再赴北京,任东北大学文法学院史学系教授。

周传儒任教之余将相当的精力用于撰稿和编辑通俗读物,希望用这种方式提高公民的思想觉悟,推行平民教育。"五四"前后一部分爱国知识分子视中国的腐朽是教育落后造成的,发起改良和革新教育的运动来实现以教兴国。兴办平民刊物是施行平民教育的途径之一。1929年周传儒为《市民复活特刊》撰写发刊辞《本刊今后的使命》,指明《市民》在编刊过程中应注意编辑同人、文字深浅、内容组织等方面的问题,并吸取前两度实验的三种教训,得出的结论是"本刊既为工人、商人、家庭妇女、学生而出,所以一字一句,俱以工商妇学的利益为前提。今后目录,在使本刊内容,与民众生活,打成一片;决不闭门造车,不顾事事;亦不放谈高论,大言欺人"②。最后明确了办刊使命:"代表民众呼声,拥护工商利益,促进地方自治,增加公共福利,提高道德标准,灌输公民常识,破除各种迷信,完成全民参政。"③《市民》创刊于1925年11月,一经三变,1929年

---

① 周传儒《三月十八日案之责任问题》,《三一八惨案资料汇编》,江长仁编,北京:北京出版社,1985年,第238页。

② 周传儒《本刊今后的使命》,《市民复活特刊》,中华平民教育促进会总会城市教育部出版,1929年第2卷第1期发刊辞,第2页。

③ 周传儒《本刊今后的使命》,《市民复活特刊》,1929年第2卷第1期发刊辞,第2—3页。

第二次复刊更名为《市民旬刊》,此刊由中华平民教育促进会总会城市教育部出版。平教会 1923 年成立于北京,以平民教育作为救国和改良社会的措施,以给予一般不识字与识字而缺乏常识的男女享受基本教育的机会为目标。① 自 1929 年起周传儒为《市民旬刊》撰写过公民常识《世界人种共有几种》、《什么是立国的要素》、《小节》、《黄河与中国》、文艺《高耀子的故事》、科学常识《如何保护牙齿》、《如何保护耳朵》、《如何保护眼睛》、通论《各县市民应急起筹备地方自治》(附图表)等。1930 年 11 月中华平民教育促进会出版周传儒所撰《普通自然现象问答:科学常识》两册,并于 1932 年十二月再版。是书共收录四十则日常生活中的自然现象,采用一问一答的形式向民众普及科学知识。1930—1931 年又在《兴华》、《农民》等大众刊物上发表《吃好米不如吃粗米》、《普通自然现象问答》,期望借此提高广大平民的谋生技能、审美情感、思想素质等等。

1933 年 8 月,中英庚款董事会举办第一次考试,共录取王葆仁、林兆耆、李祁、石声汉、顾学勤、周传儒、戴克光、钱清廉、吴大任等 9 人②,周传儒以历史系第一名录为西洋史一名。在清华研究院实际完成学业的六十八人中有周传儒、陆侃如、王力、王静如等十一人皆公费或自费赴英法日等国深造,传儒是十一人里较早留洋之人。同年 9 月周传儒奔赴英国,初拟入政治经济学院,后转入剑桥大学,研究二年,专攻世界史和近代外交史,师从近代著名史学大师哈罗·特默帕理(Harold W. V. Temperley)、约翰·霍兰·罗斯(Holland Robinson)。欧洲历史学者以英国最多,英国以剑桥为最,教授普遍能通六、七国语言,由于导师多,集体创作精神发达,所以出版了《剑桥古代史》、《剑桥中世纪史》、《剑桥近代史》、《剑桥大英帝国史》、《剑桥印度史》等数部彪然巨帙,每部达数巨册至十余巨册以上,每册百万余字。哈罗·特默帕理、约翰·霍兰·罗斯皆是国际上研究近代史、外交史的泰斗,前者长于欧战前后的历史及

---

① 晏阳初《平民教育的宗旨目的和最后的使命》,《中国近代思想家文库·晏阳初卷》,宋恩荣编,北京:中国人民大学出版社,2013 年,第 70 页。
② 参谢青、汤德用等著《中国考试制度史》,合肥:黄山书社,1995 年,第 674 页。

南欧各国史研究,后者则专攻海军史、拿破仑时代史。研究近代史最丰富、最精密的英国欧战史料丛刊(British Documents on the Origins of the War)等巨著即由哈罗·特默帕理参与编撰。在欧洲诸国中英国未受兵祸,大学没有遭到破坏,人才辈出,典章、文物、图书、档案等留存最好。1949 年以前中国很缺乏外国史方面的原始材料,周传儒在剑桥接触到数量充足的第一手资料,广泛查阅了治近代史的大部头书籍。其在欧洲留学三年,住英德最久,又去法国数次,共计半年,再到俄国一月。其间周传儒遍访和考察欧洲各大国著名大学,在游历中增长了各路见闻,他认为一个比较成熟的留学生应该全面掌握专业学科发展的趋势:"当知道全部学科的成就,专家有那些人,全国有那些著作,著名教授是谁,个人的专长是什么,图书馆、档案馆的情况如何。"①

三国同盟与三国协商问题历来是近代外交史上争论最激烈的话题之一,周传儒初拟研究英德同盟,为抄材料到档案馆和外交部,皆无所得,后得导师约翰·霍兰·罗斯之助,到殖民部看见约瑟夫·张伯伦的秘密记录,真相方大白于世。顾池(Gooch)、哈罗·特默帕理编写的英国欧战史料丛刊,疏忽了这件重大公案的介绍和讨论,而周传儒的研究填补了外交史上的这个漏洞。在英留学时期研究专题为中英外交,因为德国保存英德同盟的资料较为丰富,1936 年,周传儒为跟踪追料,复从英国剑桥大学转学到德国柏林大学,师从哈同(Prof. Havtung),并在哈同指导下完成学业,以远东问题为研究专题,获得博士学位。

时逢欧战爆发,周传儒返回祖国,将大部分精力投诸教育事业,数年间足迹遍及十五行省。周传儒早年在青年励志会《会员志趣书》中谈及将来事业的选择时说:"一面著述,一面教育,同时并进。"②1936 年 8 月,周传儒在太原山西大学历史系任教。1937 年七七事变以后,回西安任东北大学历史系主任。1938 年春,东北大学迁四川三台,随校迁三台。

---

① 周传儒《自传》,第 219 页。
② 参《青年励志会会务纪闻》第 2 期 4 月 25 日《会员志趣书》,青年励志会出版,1926 年,第6 页。

1939年任陕西城固西北联大历史系教授。1940年秋来陕西三原山西大学供职,任历史系主任兼文学院院长。三原山西大学解体后,1943年春,兼职于黄埔军校第七分校边疆语外国语班,教授英语,自1944年8月起,任教于陕西省立师范专科学校。1948年8月中,回成都四川大学任教,兼任华西大学、成华大学教授。1950年夏,赴任重庆西南师范学院历史系教授。同年朝鲜战事爆发,由于地理位置相距不远,战火势将延及东北,东北似陷于一触即发、岌岌可危的境地,人皆视其为险地。1952年4月,东北局派齐两航率招聘团到重庆,再征得政府同意后有意调周传儒到东北支援建设。征求意见时,传儒表现出过人的坚毅:"朝鲜战事方殷,人皆视东北为畏途,我却认为越是困难的地方,越是危险的时,越应该奔赴前线,为祖国建设立功。"①随后周传儒奔赴东北执教,时任沈阳师范学院教授,终老是乡矣。1956年,周传儒第一次加入九三学社。

1957年反右派斗争开始,周传儒不幸被错划为右派,被开除公职,从教授降格为资料员,传儒坚持不就,拒领工资,乃以拾破烂为生计糊口长达二十一年,其间生活极为艰辛,难以为继,科研与教学工作亦被迫中断。《自传》曰:"由于遭逢国难后,书籍沦失,纸张腾贵,印刷艰难,没有写作什么。忙于理论、政策的学习,历史观、方法论的学习,疏于写作。反右前后,无教学工作,时间优裕。特别是失业后二十一年,无材料、无方便。"②

1979年错案得到纠正,周传儒怀着达观的精神重执教鞭,积极整理旧稿,招收研究生,诲人而不倦。一谈起工作,他便充满无限的喜悦与惋惜情怀,说:"往事如烟消云散,现在我们应当朝前看,加倍努力工作……我已经22年没有工作了,多么可惜的22年啊!我个人被耽误事小,没能为国家培养人才事大啊!我要在有生之年,多为党工作。"③在80岁高龄时,他每周坚持给研究生和本科生上四节课。同年10月31日,失散

---

① 参周传儒《材料》。
② 周传儒《自传》,第222页。
③《沈阳日报》1980年7月14日《八旬高龄 壮心未已——访辽宁大学教授周传儒》第三版。

多年的儿子周阿斗从美国回沈阳探亲,周传儒终于和亲人团聚。1983 年周传儒应邀到美国讲学和探亲,传儒学识渊博,赢得国外学界的高度评价。不到一年他就匆匆返回,继续育人事业。[①] 直至临终周传儒都在指导国际关系史的学生。1988 年周传儒病逝于辽宁大学,享年 89 岁,史学界为之叹息。

二

　　周传儒生于乱世,视学问为兼顾济世与立言的途径,对做学问充满了热情,欲以之为终身百代事业,其云:"……以天下大势言之,大约今后治学问易,治事业难。治学问必有成,治事业难把握。治学问于己于人有益,治事业则利害参半。且以我侪之地位,主张良心而论。万事莫如学问好! ……欲救天下之溺,必先自己不溺;入井救世,徒自苦耳! 学问为终身事业,学问为百代事业。……学术无派别,无党见,楚材晋用亦可,晋材楚用亦可。只要有专长,天下无人不识君也。"[②]传儒年轻时"最喜欢社会科学,如历史,社会,政治,经济,地理之类,其次就爱文学,爱文学是先天根性又是幼时习惯。此外再有功夫,就肆志音乐体操,音乐颇给我以很好的安慰,体操则因为有运动的习惯故也"[③],"喜欢历史及教育"[④],史学后来成为其学术研究的重心。

　　1925—1941 年间,周传儒所撰外交史稿已盈丈[⑤],其创作高峰主要是在就读清华国学院至留学英德初归这一段时间。在清华国学院时期

---

① 参杨国顺《学贯中西的史学家周传儒教授》,《20 世纪辽宁史学》,张伟主编,沈阳:辽宁大学出版社,2002 年,第 297 页。

② 周传儒《从上海给研究院同学谢国桢君的一封信》,《清华周刊》,1928 年 2 月 17 日,第 29 卷第 2 期,第 159—161 页。

③ 参《青年励志会会务纪闻》第 1 期《会员志趣书》,青年励志会出版,1924 年,第 71 页。

④ 参《青年励志会会务纪闻》第 2 期 4 月 25 日《会员志趣书》,青年励志会出版,1926 年,第 6 页。

⑤ 参周传儒《西伯利亚开发史·自序》,上海:正中书局,1943 年七月初版,1945 年十一月沪一版,第 1 页。

是他创作高峰的起点,两年间共有 9 篇文章刊登于《清华周刊》,其中《国家主义之哲学的背景》、《十五年来中国教育的回顾》、《社会主义略史》、《国家主义与中国教育》、《日本人唐化考》、《读史杂诗》等 6 篇均为学术论文或学术随笔,其他 3 篇为社会时评。1926 年传儒提交毕业论文《中日历代交涉史》,1927 年国学院主办发行的季刊《国学论丛》登载此文,《国学论丛》所载学生研究成果俱是"本院毕业生成绩之佳者"。

周传儒归国后,抗日战争、解放战争相继爆发,战争年代很难集中精力写作,参考资料又极其缺乏,故此期撰述较少。1949 年以后,政治运动不断,规模越来越大,1957—1966 十年之中,周传儒所著大部分文稿残毁散佚。① 从反右前后至 1979 年拨乱反正这二十余年间,周传儒在万难中尽力保存了一些资料,主要工作为整理旧稿。1979 年后,周传儒以高涨的热情投入科研工作,并构想出一套完整的研究计划,其虽怀有"老骥伏枥,犹思一骋"的治学愿望,令人叹惋的是天不假年,此计划最终未能完全实现。

在梁启超的众弟子中,周传儒博闻强识,尤为突出。② 他除中文外兼擅英、法、德等三国语言,能阅读日、俄两国书籍。三十岁之前其研究包括近代外交史、世界史、中国上古史、中国文化史、古文字学、地理学等领域,三十岁以后逐渐转向专攻世界史和中外关系史。③ 其学术研究大致分为四类。

(一) 中外关系史

1926 年梁启超指导学科中设有"东西交通史"一门。梁启超曾于 1901 年发表《中国史叙论》,概括中国对外交涉的历史进程为"中国之中

---

① 周传儒《史学大师梁启超与王国维》:"从五七年反右到六六年文化大革命,十年之中,我被抄家十次以上。存书存稿,多故毁灭。"《社会科学战线》,1981 年第 1 期,第 179 页。
② 谢国桢《梁启超先生少年逸事》,《瓜蒂庵小品》,谢国桢著、姜纬堂选编,北京:北京出版社,1997 年,第 60 页。
③ 周传儒《自传》,第 217 页。

国"、"亚洲之中国"、"世界之中国"。① 后来他又在《新史学·史学之界说》批判史家研究弊端有二,其一即"知有一局部之史,而不知自有人类以来全体之史也。或局于一地,或局于一时代,如中国之史,其地位则仅叙述本国耳,于吾国外之现象,非所知也。其时代则上至书契以来,下至胜朝之末至矣。前乎此,后乎此,非所闻也⋯⋯"②"东西交通史"研究主张动态审视中国和世界各国在政治、经济、文化、宗教、民族等层面的互动关系,认清中国在世界历史进程和世界民族圈中的地位和作用,目的是借古喻今、裁鉴近务。国学院招收的四届学生,绝大多数仍以中国传统历史文化为研究目标,第一届中专治中外关系的学生仅周传儒一人。

周传儒最初考察中日交涉,而后延伸至中俄、中美、中德交涉,留学英德又以中英、远东问题为研究专题。中外关系问题的讨论在其整体研究中占据了较大比例:"余本业史地。自民十四年入清华研究院后,始专习外交史。最初治中日交涉史,以后逐渐推展而治中俄、中美、中德、中法诸国外交史。在英留学时期,专题为中英外交;在德留学时期,专题为远东问题。计十六年来,余之外交史稿盈丈尺。"③又云:"十四年夏来,住清华研究院,窃欲尽数年之力,完我素志,恐范围太大,因分部为之,先成《中日交涉史》,继作《中英关系论》、《中俄关系论》、《中法交涉史》、《中美交涉史》,一部先成,再作他部,如是则可以量时计功矣。"④

1. 中日关系史研究

周传儒在国学院时撰成《日本人唐化考》、《中日历代交涉史》,梁启超撰有《中日交涉汇评》⑤等文,对其从事中日关系研究应有启发。《日本人唐化考》列举唐人经学、历学、礼仪、音读、文字、文学、书法、音乐、茶叶、器具等浸润于日本荦荦大者之十端,展现出古代日本效法和因袭唐

---

①《饮冰室文集》卷六第11—12页,《饮冰室合集》第1册,北京:中华书局,1988年。

②《饮冰室文集》卷九第10页,《饮冰室合集》第1册。

③ 周传儒《西伯利亚开发史·自序》,第1页。

④ 周传儒《中日历代交涉史·序言》,《国学论丛》,1927年第1卷第1期,第165页。

⑤《饮冰室文集》卷三十二第88—115页,《饮冰室合集》第3册。

文化的历史过程。《中日历代交涉史》是《日本人唐化考》的延续。是文原计划以专著形式写作,拟分为上下卷,上卷有五编,自先秦至明末,约六万言,下卷大致相等,自清初至民国,亦六万言,然因事务纷纭,实际只完成了上卷前两编共十章,此文论述中日交往由萌芽至极盛的进程,考察的时间上迄先秦,中经两汉、魏晋、南北朝、隋、初唐、中唐直至晚唐,五代至明末时期的交往则以存目形式保留。1926—1927年国学院另一位学生郑宗棨完成专题研究《中日历代关系》(明代部分)。该文从嬴秦战国时期中日藉朝鲜为媒介往来和徐福入海之事写起,考镜中日交往由模糊、正式、频繁、暂歇、复盛的历史源流,尤以大量笔墨重点考察唐学东渡的情况,考辨初唐、盛中唐、晚唐三个阶段日本遣唐使、遣唐僧及留学生的来华活动。《中日历代交涉史》的研究特点和创获体现在三个方面。

中日文献互参与注重学术范式。周传儒考察时多以官方正史为主要参考资料,同时也合理借鉴日本史家的著作使论证更加客观,且坚持基本的学术规范,以中日政治关系为主,出于连类互见的原则而论及学术、宗教、经济、民族等各种关系。和近代史家同此主张,时代上略古详今、略远详近。纪事依中国纪年为主,以便国人展读,每编之末附录中日交涉大事件并对照西中日三历以清眉目。每篇之后列参考书目以明出处,所引书籍概录原文,若有修改增减,仍力求保持原意,且适度加入图表,使阅者一目了然。这些体现了周传儒严谨的治学态度。

秉笔直书的平等态度和辩证发展的历史眼光。和以往史家书写大不相同的是,周传儒在言辞上决不刻意压制贬低日本一方。《凡例》云:"历代史家,以内辞尊本国,北称索虏,南号岛夷,谓崇国体,其见甚陋。本书纪述,务从实录,人我一律看待,不加褒贬……书名,官名,地名,事物名,属中国者以中国为主,属日本者以日本为主,不假别称,《穀梁传》所谓名从主人也。"[1]同时周传儒遵循"史重因果"的原则,以动态的视角来看中日交涉中重要环节的变化:"凡战役、寇乱、通商、遣使,皆详究其

---

① 周传儒《中日历代交涉史·凡例》,《国学论丛》,1927年第1卷第1期,第166页。

成败、起灭、兴衰、多少之故,如是则死历史一变而为活历史矣。"①

"求真"精神:阙疑与蠡清史实。1923年梁启超为东大国学研究演讲指明了研究国学应走的两条大路,其中之一是"文献的学问,应该用客观的科学方法去研究",此种科学方法第一条即求真。② 由于材料记载有限,中日交涉史中尚存诸多晦涩不明之处,且史家出于不同立场对历史事件的判断和解读亦自不同,有时甚至产生误识以致曲解史实。战国至秦世中日大有交往之可能,然所载皆为《山海经》、《帝王世纪》一类的书,材料的可靠性有待核查,或有正史载之,但不尽其详又无地下文物参证者,周传儒皆审慎对待,科学存疑。其云:"战国以前,揣情度势,中日二国,虽有藉朝鲜为媒介以通往来之可能,而记载不传,无可征信。《山海经》、《帝王世纪》诸书,可信可疑,以之备参考则是,以之作证据则非。""《汉书》称武帝灭朝鲜,通驿使者三十余国;惟不书国名,不记时日,亦只能以'莫须有'目之。苟书契方面,骨骼方面,器物方面,始终无证据可寻,则吾人只能存疑,不敢下全称之肯定或否定判断也。"③

中国传统文化逐渐流播于日本,日人深受其惠,然部分日本史家不愿承认现实,否认两国的交往史或后延其交往时间。"日本史家,本亦以自称中国之后为荣。其后稍染宋学喜言国体,遂乃数典忘祖,庞然自大。凡关于古代中日交涉事,概摈不书;即光武朝入贡赐印,亦委为国造所为。如源光国作《大日本史》,青山延光作《纪事本末》,皆谓通使,实使于隋,违心之言,毫无足取。"④后汉光武帝、安帝在位时日本皆奉贡朝贺,日本史书罕记此事,周传儒举出《后汉书·安帝本纪》、《倭国传》中的明确记录,又参鉴考古学成果,辅以日本志贺岛石室所出土刻有"汉倭奴国王"字样的金印为证,表明中日往来在光武时代便有,并非始于隋代,且证实日本曾臣服于中国不假。秦末汉时中国有三次大规模的移民相续

---

① 周传儒《中日历代交涉史·凡例》,《国学论丛》,1927年第1卷第1期,第166页。
② 梁启超《治国学的两条大路》卷三十九第113页,《饮冰室合集》第3册。
③ 周传儒《中日历代交涉史》,《国学论丛》,1927年第1卷第2期,第80页。
④ 周传儒《中日历代交涉史》,《国学论丛》,1927年第1卷第2期,第81页。

移入日本，日本称之秦人、汉人、吴人，此三支移民人数甚夥，构成日本民族的主要部分，周传儒不独反思两国在政治、文化、宗教方面的交涉，还从种族交涉深层次证明日本除借鉴吸收中国文明外，实吸收中国之血统，故能日臻于文明。周传儒通过文献考辨与综合分析，从而釐正了日本史家对历史事实的缪识。

2. 中俄关系史研究

周传儒研究中俄关系史的代表作是《西伯利亚开发史》。1943 年此书由正中书局出版，此书写作缘起有二，一是"对于中苏外交史，兴趣尤浓，所得资料尤富。今国内精通此方面之专家，无虑数十，然余自信，尚有一得之凭"①。二是自欧返国，正好路过西伯利亚，勾留数日。友人袁庄伯来函约稿，传儒随即应允。是书共十章，在本国史料的基础上广泛借鉴国外的研究成果，全面论证俄国的东进政策。关于西伯利亚开发的探讨本是一门专学，难度较大，在当时研究者较少注意到该领域，传儒以详实的史料作支撑，所述多具创新性。同时这也是一部研究东北地方史的力著，传儒不仅将中外关系史和地方史合而察之，并且对于揭示其时之政治局势和治世亦具有积极的意义。此书具有如下研究特色：

长于透过事情的现象深刻揭露俄国的侵略性。周传儒敏锐地意识到西伯利亚对于俄国局势的重要意义："西伯利亚者，俄人之生命线也。得之则生，失之则死。保之则存，舍之则亡。吾人研究俄罗斯，尤当留心其在西伯利亚方面之开发。"②因此书中不惮辞费以述开发经过，他将俄人的步步为营比作"殆幼虎之张牙，雏鹰之鼓翼耳"，把俄人东进开发的经过分为七个前后相续的步骤，从时间上分成早、中、晚三期，指出早期阶段进步缓慢，以务外延开发为核心，中期属扩展与受挫之阶段，兼外延与内充之双重开发，惟欲遂政治军事之野心，晚期属真正开发阶段，更专务于内充，表面似纯经济性质的发展，实处处含军事性，指归以备战为准

---

① 周传儒《西伯利亚开发史·自序》，第 1 页。
② 周传儒《西伯利亚开发史》，第 115 页。

则。传儒阐明各期开发的特点、性质及得失,以示俄人之狼子野心。

从本质上深层次地解析中俄各条约之间的相互关联性以及不平等条约对中国产生的巨大危害。第三章至第六章是全书的论证核心,传儒以一六八九年"尼布楚条约"、一七二七年"恰克图条约"、一七九二年"恰克图商约"、一八五八年"瑷珲条约"、一八五八年"天津条约和北京续约"、一八九六年"中俄密约"、一八九八年结约租借旅大、一九〇一年"第二次中俄密约"的签订为落脚点,"澄滤"出俄国入侵中国的历史事实:"吾人述西伯利亚之开发,连篇累牍,描写俄国之侵略东三省与外蒙古,职是故耳。"①一八九六年李鸿章与俄人签订"中俄密约",同年与俄国再结华俄道胜银行契约、东清铁道会社条约,周传儒就三约的内在关系和条约对中国政治、军事、经济上的剥削作出阐释:"以上三种条约,有连环性之关系。首由中俄密约产生华俄道胜银行契约,又由道胜契约产生东清铁道会社条约,一环套上一环,机构良为巧妙……俄国以西伯利亚为内库,东三省为外府,大施其军事、政治、经济上侵略之联合手段,其视中国之东三省,无异乎囊中之物也。"②

立足于政治形势与国情,对俄国开发西伯利亚、中俄关系、日俄关系进行现实观照与把握。全书重点考论中俄政治外交关系,亦述及20世纪初近代远东的实业、交通发展。周传儒提到苏俄实行奖励政策,开发富源,大力发展远东区域重工业、轻工业、交通业和文化事业等新建设,又将后贝加尔、阿穆尔、乌苏里等处的铁道改为双轨。九一八事变后日俄矛盾越发尖锐化,周传儒以发展的眼光探究日俄、中俄交涉的形势走向,指出苏俄为应战重新划分远东行政区域,实行西伯利亚和远东大空军主义,增强该区的航空网设施。这些论述在当时极具政治、军事上的现实指导意义和参考价值。

建国后周传儒撰有《对〈中俄密约与李莲英〉的订正》、《李鸿章环游

---

① 周传儒《西伯利亚开发史》,第121页。
② 周传儒《西伯利亚开发史》,第56页。

世界与一八九六年中俄密约》,专就学界多有不明的 1896 年中俄密约而发论。《文史资料选辑》曾刊登叶恭绰《中俄密约与李莲英》。叶恭绰的看法是:"中俄密约的导演者是帝俄,被动主体为西太后,李鸿章只不过是演出者,从中促进和穿插者则为李莲英与璞科第,李与璞之联络,实由西郊白云观高道士为媒介。"①周传儒根据材料来源不见经传、无书可考判断叶氏此说不可靠,曰:"喀西尼密约乃伪造,另在莫斯科订有中俄密约,该约由微德、李鸿章、罗拔诺夫三人经手,与西太后、李莲英、喀西尼、璞科第、高道士等人皆不相关。"②

1985 年《史学月刊》登载《李鸿章环游世界与一八九六年中俄密约》。周传儒留学欧洲的几年,曾翻阅旧报刊、旧笔记搜集到相关材料,该文有日期、有行程地勾勒李鸿章环游俄、德、法、英、美的活动事迹,"这篇文字还算第一次",可补史料之不足。那时中俄密约是外交史上的一个谜,时人所记仅是只言片语。外国史学家不知喀西尼密约是伪约,或知其伪而不能找出真约所在。梁启超《瓜分厄言》第二章第一节简要撮录了"中俄密约"的大致内容。周传儒深感"今天因为有比较丰富正确的史料,所以能把这重公案,说得更真实、更明白、更活现。同时又因为这件事不仅与中国近代史、世界近代史有关;而且与中俄关系有关。更应当郑重其事,严肃谨慎的处理它"③。周传儒把一些鲜为人知的历史场景清晰地披露出来,例如李鸿章、罗拔诺夫、微特是怎样私下协商达成一致,罗拔诺夫与微特又是怎样在李鸿章的眼皮底下私自篡改条约,种种隐蔽且重要的细节皆在传儒笔下呈现出来。

《满蒙问题是中国三百年忧患根源简论》(铅印本)作于 1982 年,概述近代以日、俄为首的列强对满洲(东三省)、蒙古(内外蒙古)这两块地

① 参周传儒《对〈中俄密约与李莲英〉的订正》,《文史资料选辑》第 43 辑(内部发行),中国人民政治协商会议全国委员会文史资料研究委员会编,北京:文史资料出版社出版,1964 年 3 月,第 265—266 页。
② 周传儒《对〈中俄密约与李莲英〉的订正》,第 267 页。
③ 周传儒《李鸿章环游世界与一八九六年中俄密约》,《史学月刊》,1985 年第 1 期,第 83 页。

方的大肆侵略和互夺利益,而述 1600 年以来俄国瓜分中国与清政府签订条约尤详,全篇大部分很多观点是对《西伯利亚开发史》的重申。大概从 1870 年至 1918 年近代史中有一秘密外交时代,新老帝国主义秘密勾结将亚、非、拉作为剥削、奴辱的对象。欧洲大国列强所作坏事,已见于白皮书、蓝皮书、黄皮书、绿皮书、灰皮书和大部头的外交档案汇编。周传儒在欧洲学习时专门钻研秘密外交时代,深知"惟独俄国的黑皮书,只出了一部分,仅少数几本。后出的红档、阶级斗争杂志,又发表了一大部分。而大革命后,苏联史家奔美,发表一些英文著作,列举不少参考资料。目前中国史学家,已分期、分段加以研究出版。但属于早期者多,属于近期者少"①,故前撰《西伯利亚开发史》,后作是篇以揭俄人损人利己之卑劣勾当。《满蒙问题是中国三百年忧患根源简论》中再次批判了清政府和一部分外交史家混淆史情。② 周传儒备述各条约的款目和影响,以此驳斥国人及外交史家思想的愚昧。

中日、中俄关系研究体现了周传儒"知陈迹以治今务"的治学特色和强烈的爱国主义情怀。其治学的出发点是将知与行、学术思考与国家命运结合起来,为学的目的在于治世,所撰文字中无不充盈着深沉的爱国之情。周传儒关注最多的是中国在世界历史中的地位和作用,尤其是近代中国与世界各国交往时被侵略被剥削的历史,以及中国在过去以辉煌文明影响、化育他国的历史。

周传儒治中外关系的思想和理念很大程度上是受到梁启超的指引。梁启超治学贵通,求渊博,善综合,非常重视发挥学术"经世致用"的一面,梁在日本时期及民国初年遗留的政治性学术性之作,如《意大利三杰传》、《欧游心影录》,大多宣示着爱国家、爱民主、爱人民、爱自由的思想,正是藉助这些有呼吸的文字来表明政治主张、心灵轨迹和教化民众。③近代中国国势衰微,备受列强凌夷,其中受日、俄压迫瓜分最甚。周传儒

---

① 周传儒《满蒙问题是中国三百年忧患根源简论》(铅印本),1982 年,第 13—14 页。
② 周传儒《满蒙问题是中国三百年忧患根源简论》(铅印本),1982 年,第 4 页。
③ 参周传儒《史学大师梁启超与王国维》,《社会科学战线》,1981 年第 1 期,第 175 页。

欲将列强迫害中国之血泪史、中外交涉之得失成败、世界强国之进步发展娓娓道来,鼓励国人知己知彼,重振国威:"吾述《日本人唐化考》竟,而心中有无穷之悲痛焉……使国人而有自尊之心者,应如何亟起直追,光我先烈。彼欧美之发达,不过近三百年间事,而日本之富强,则才五十年耳。由今以往,朝野上下,同力共济,不出五十年,中国必能侪于列强之林;百年之后,日本人或重派遣学生,留学中国,亦未可知,是在吾人之自奋与自勉而已。"①"然而这种独立自由、解放,得之不易。回忆三百年来,侵略、压迫、剥削中国人民的俄、英、法、德、日、美列强加害于中国的血泪史,应当加以记录、总结,留写后代人民,随时觉悟,警惕,留作未来的斗争,不使我们大好河山再受污辱。"②周传儒意图凭借撰述来激发中华民族的自豪感与爱国热情,警醒世人以史为鉴,辨清社会现实,兴复和重塑昔日中国在世界上的崇高地位。

(二) 世界史

1. 国别史

《意大利现代史》是周传儒研究南欧史后撰写的一部国别断代史力著。梁启超曾经撰写《意大利建国三杰传》、《新罗马传奇》明意国之统一与建设,周传儒在此基础上光大了其师撰著。1928 年他在《国立第一中山大学语言历史学研究所周刊》上发表《论罗马文化》,此文后来编入《意大利现代史》第一章第三节。1930 年商务印书馆出版此书,列入《新时代史地丛书》,并收入王云五主编《万有文库》第一集。《万有文库》所收为当时各科各类中具有意义与价值的书籍。根据《商务印书馆图书目录 1897—1949》所作统计,迄自 1897 年至建国前商务印书馆出版的关于意大利史较为突出的书籍有三部③,此书亦收入其列。

---

① 周传儒《日本人唐化考》,《清华周刊》,1926 年 6 月 11 日,第 25 卷第 16 期,第 39 页。
② 周传儒《满蒙问题是中国三百年忧患根源简论》(铅印本),1982 年,第 2 页。
③ 另两部是 G. B. MeClellan 著《近代意大利史》(大学丛书)、刘文岛著《意大利史地》(复兴丛书),《商务印书馆图书目录 1897—1949》,北京:商务印书馆,1981 年,第 257 页。

全书从 19 世纪初中叶写起，至 20 世纪初期止，主要包括建国基础、意大利之统一、意大利王国、意大利与欧洲大战、法西斯运动、政治制度、社会状况、文学、艺术、科学十个部分，按照事件发生的时间先后以意国统一运动、政制革新、国际外交、党派运动为重点论证内容，辅以社会经济、文艺科技的考索。周传儒考察意国历史并非面面俱到，而是选取富有国家民族特色和时代意义的历史事件与人物加以阐述。如政府与教皇的关系"实为最奇特而重要"，乃意大利内政一大障碍，周传儒对最能体现意国国情的政教之争的经过、条约的内容及价值等进行了充分评述。

全书虽以叙述政体革新、政治制度、社会状况为主，但不囿于政治事件的排列，用近三分之一的篇幅探讨意大利文化学术的发展。周传儒认为随时代演进史学中文化所占比例越来越大："史之为学，不属片面，乃属全体，不为分析，乃为综合，不单言政治，经济或宗教，乃为政治，经济，宗教，教育，工艺以及凡百人类活动之总和。近世历史，极重文化，甚至以文化为历史之骨髓，正为此耳。"[1]1928 年意大利文艺批评家、历史学家克罗齐所著《1871—1915 年意大利史》出版，这是意国人自撰的本国史，该书在考察时间及内容上和《意大利现代史》不尽相同，尽管克罗齐在"理想的复兴和改变"、"文化的繁荣和精神的骚动"等章节中也谈到意大利的文学、哲学创作，但写作重心仍是以政治历史事件的联系统合全书。《意大利现代史》第八章至第十章分述文学、艺术、科学，探讨加狄西、邓南遮等蜚声全意的文学家及其他诗人、戏剧家的文学特色，对日趋发达的图画、雕刻、建筑、音乐等艺术创作亦作探索，末章列举电学、铁路工程、天文地理学、医学化学、军事等，专门记叙其他史书谈之较少的科学发展情况，这三章全面评述了意大利的历史文化，足见周传儒对意大利昌盛文艺、科学的赞赏。

对于意人的爱国思想，周传儒无比推崇，他将意大利之所以能从分

---

[1] 周传儒《新撰初级中学教科书世界史》(上册)，上海：商务印书馆，1935 年，第 4 页。

裂走向统一、强大归结于意人代代相传之民族主义和爱国主义。"惟尚有一事,为吾人所不可忽视者,即意大利政治及社会生活之基础,历代相传之民族主义、爱国主义是也。凡属意大利青年,无不追思罗马帝国之伟大,缅怀既往文化,油然起爱国之心。十九世纪中叶,意大利半岛,政治方面所以能于统一,其原因在此。建国以来,所有政治家,皆不断努力,皆思致意大利于富强,在国内采军国民主义,在非洲采帝国主义,前仆后继而不悔,其原因亦在此。"①传儒非常赞赏意人的这种精神传统,告诫国人当引以为鉴。

2. 世界通史

《新撰初级中学教科书世界史》(上下册)是一部适用于新学制初级中学的世界史教材,1935 年商务印书馆出版。自 1922 年中国教育界发生新学制改革后,商务印书馆开始了新学制教科书的积极编撰工作。这套教科书按时代演变分为"上古、中古、近古、近世、现代"五篇,前两篇为上册,后三篇为下册,分量大致相等,上迄地球生成、人类起原之先史时代,下至第一次世界大战以后,重视跨国别的专题论述和各地区、各事件间的横向联系比较,对那些在某一时期于世界历史影响不大的国别和事件则略去,时空分布上跨度较大,全面俯瞰世界历史发展的总趋势。全书配有丰富的图画、史表、地图,以激发学习热情,并使当时沿革大势一目了然。大事年表附于卷末,兼列中西年号,使事实前后之线索易寻。此书虽属新学制环境下的教材,却一仍故习,坚持用文言文编辑,这是本书的一大特色。学制改革后,缺少适当用书,为适应环境之要求,故商务特设《新撰教科书》一类,延请富有编辑与教授经验者,依旧使用文言编写教材。②

一部完整的世界史包括"东洋史"与"西洋史"。③ 和一般世界史教材

---

① 周传儒《意大利现代史》(万有文库),上海:商务印书馆,1930 年,第 73 页。

② 参见缪天绶所编新学制小学校高级《新撰国文教科书》(全四册)广告词,上海:商务印书馆,1924 年 8 月初版。

③ 王桐龄《新著东洋史》(上册),上海:商务印书馆,1922 年,第 3 页。

"重西洋史、轻东洋史"有所不同,周传儒在篇章结构上东西史兼重。《编辑大意》第一条云:"本书继中国史之后,将中学应授之东亚史、西洋史,合为世界史,供新学制初级中学之用。"①周传儒不仅追述古希腊、古罗马、中古欧洲列国及基督教、十字军东征、文艺复兴、航海探险、近古欧洲宗教改革、欧人之进步、法国大革命、维也纳会议、柏林会议、欧洲大战、巴黎和会等欧美历史文化脉络,还对亚洲地区古代中国、印度、东亚诸国及佛教文化、蒙古西征、欧洲大战中国参战、欧战后亚洲新国的情况加以探讨。

《世界史》每章所述多是闻名世界的政治历史事件及民族、社会问题,但每篇章节都不乏关于世界各国文化学术的评介。第一篇第五章总括古希腊、古罗马在世界文化圈的贡献,第二篇第五章述中古时代的文学、哲学、美术、建筑概况,第三篇第三章论近古科学、哲学及英法德文艺之盛,第五篇第四章各节分述近世科学、哲学、文学、史学、美术的进展。关注世界文化的进程是本书的突出特点之一。

周传儒除自撰外尚译述布牢温(Edith A. Browne)原著《南美洲一瞥》,此书1923年由商务印书馆出版,收入《少年史地丛书》。全书总计十六章,向青少年读者介绍了巴拉、巴西、阿根廷、印加帝国以及亚马逊、巴拿马运河流域诸处的地理环境、政治状况和民情风俗等,使其对整个南美洲的历史发展演变和重要区域情况有全局的认识。

(三)上古史与古文字学

1925—1926年王国维在国学院开设上古史、金石学、古文字学、古史新证、说文练习等"指导学科"和"普通演讲",周传儒师从王国维学习上古史及古文字学。1930年周传儒供职东北大学讲授中国上古史,并撰有《中国上古史讲义》。

20世纪20年代以顾颉刚、钱玄同为主的古史辨派发起"疑古辨伪"之风,对难以见出历史素地的五帝传说等上古史问题全面提出质疑,此

---

① 周传儒《新撰初级中学教科书世界史·编辑大意》,第1页。

派将上古史系统打成碎片组合成新的历史,这在当时史学界开启了一个新的时代,古史研究渐渐成为一门专学。在王国维的引导下,国学院学生如徐中舒、周传儒、程憬、卫聚贤等对古史领域皆有所注目,同时思想上很大程度地受到古史辨派的影响。《古史问题及其研究法》一文作于1931年,宏观就古史问题的概念界定、研究兴起之因、所具备的现实考察条件、研究内容、研究派别、研究方法等加以考察。1936年李悌君在《励学》发表《关于中国古史问题及其研究法》,李文大幅度借鉴了周传儒的研究思路。周传儒主张以"起自中国地质之组成,终于秦之统一六国"的广阔视角审视上古史的时限起止,并对引起古史研究兴盛的现代环境与潮流——"疑古精神横决、西洋史学之输入、古代社会之研究、实物及地下材料之发现、外人研究古史之成绩"作出解释。周传儒客观评价了传统派、附会派、破坏派、稳健派、科学派五个重要流别的治学特色及其学术得失,批判顾颉刚为主的破坏派"一切怀疑,一切打倒,一切否认",称其疑古精神十足,乃其所长,彼无计及破坏以后如何建设,此其所短,又讨论以王国维为首的稳健派脚踏实地,引材可靠,以朴学方法与科学精神稳健治学,实古史研究之中坚,然亦指正稳健派研究所及范围仅殷周二代的弊端,传儒对于各派别的评判都很公允。

"研究古史的方法"是全文的论证重点。文中对研究方法之善大为倡导:"近人治学,首重方法;方法如善,虽因他种困难,未能有圆满之结果,然其精神,终自可取。方法如不善,纵或侥幸成功,议论宏畅,终无一顾之价值。且治学未有方法不善,而能得真正之成功者;亦未有方法善,而毫无结果者。结果之圆满与否成问题,而有无不成问题。有时在正面未得结果,而在旁面,忽得特殊之发明;有时几经研究,证明某问题已不能有进一步之追求;无结果即是结果,故方法不可不善。"[1]周传儒受王国维"二重证据法"的影响,将"研究古史的方法"具体分作"研究地下材料之方法"和"研究纸上材料之方法"。"二重证据法"主张以地下之新材料

---

[1] 周传儒《古史问题及其研究法》,《重华月刊》,重华学社编辑,1931年第1期,第26页。

补正纸上之材料,但《古史新证》所举地下之材料仅为"甲骨文字"和"金文",考古发掘的有限使王国维能够见到的地下材料多半是甲骨卜辞、钟鼎铭文等古文字记录,周传儒根据考古学发见提出了新的看法,他将地下材料按时间分作"史前时代"和"历史时代",认为应多关注史前材料的应用,从地层、遗物、附属物、环境、花纹、文字六个方面就深入地下材料研究进行说明:"从地层之研究,以断定遗物之年代及真伪,从遗物本身之研究,以断定其在历史上之意义及价值。从附属物之究研,以推求当时生活状况与文化制度。从环境之研究,以推求原如情形,与历史根据。从花纹之研究,以考订其与他文化之关系及异时代之影响。从文字之研究,以考订史事之有无,记载之确否。凡此种种,皆研究之基本方法,亦即所谓科学方法也。"[1]

周传儒对于新材料的重视使其越出"甲骨文字"和"金文"的范围,从地下史料之扩充深化了古史研究的理论和方法。他的这种理念和当时以史语所为代表的近代科学研究式的治学之风相互呼应。其时以傅斯年、陈寅恪、李济、董作宾诸人为首的史语所都力求用新材料、新方法、新视野研究中国古代历史文化,提出"上穷碧落下黄泉,动手动脚找东西"、从无到有竭力树立"科学的东方学之正统在中国",傅斯年更深信研究历史、语言等学科的方法可以概述为治学进步便是"扩张研究的材料和工具,利用一切相关材料和工具来研究学问"[2]。周传儒在思想上与之同声相应,同时受李济的影响,文中多次引用李济的考古成果。

关于研究纸上材料最普通的方法,周传儒将其概分为"搜集、分析、分类、比较、综合、假设、求证、想像"八个步骤,此亦可视作研究史学的一般方法,这和王国维的研究方法有着明显相似之处。周传儒在《史学大师王国维》中说:"(王)在处理具体问题时,又采用分析、比较、联类、互证、归纳诸方法,即一字、一句、一事、一物、一地之微,亦不轻易放过。往

---

[1] 周传儒《古史问题及其研究法》,《重华月刊》,1931 年第 1 期,第 29 页。
[2] 参傅斯年《历史语言研究所工作之旨趣》,《中国现代学术经典·傅斯年卷》,刘梦溪主编,石家庄:河北教育出版社,1996 年,第 349 页。

往从小见大,由少引多。先坚实基础,再加以引申说明,于是说明的事物,不至落空。"①由此亦见周传儒对王国维学术方法的继承和发扬。

周传儒的上古史研究还包括对上古文献写作时代及内容真伪的考辨,《〈禹贡〉时代考》是这方面的代表作,惜其散佚,难窥全貌。

《甲骨文字与殷商制度》是一部以甲骨文字为中心,以字考史探索殷代氏族、制度、民俗的专著,开明书店 1934 年出版。20 世纪初,甲骨之学成为近代新兴专学,这是此书写作之大背景。周传儒初步接触甲骨之学并产生兴趣和王国维、李济等人有着最直接的联系。② 此书共八章,第一章导言,第二章至第四章分别记叙商都殷墟之由来,并历数殷墟在古代各朝的演变过程;记叙甲骨文发现的经过,一一列举已经刊行的甲骨文著作,以供研究者识之;回顾民国十七年以来系统挖掘殷墟的情况,主要以中央研究院历史语言研究所的三次大规模科学发掘为考察对象。从第五章至末章是全书的关键构成。第五章专述学界研究甲骨文字的概况,"以时代为经,专家及其著述为纬",列举孙诒让、罗振玉、王国维、叶玉森、商承祚、王襄、丹徒三陈、郭沫若等人研究甲骨文的成果,概述甲骨文于中国文字学的关系及意义。第六章"殷史之二重证"、第七章"新史料之提供"和第八章"殷代工艺文化之推测"均藉助甲骨发见,以甲骨文字考证殷代的帝王世系、年代、名号、社会状况、工艺等历史文化。

周传儒治上古史讲究考据、实证,他在书中数次论述新材料的挖掘对近代学术演进作用巨大,并提到材料的搜集、鉴别、选择、整理、比较、综合、假设、求证等方法,这和《古史问题及其研究法》强调"研究地下材料之方法"和"研究纸上材料之方法"是一致的。其曰:"材料贵丰富、贵完备、尤贵真确。学者之治学也,必先广事搜罗,待材料既集,然后加以分析、分类、比较、综合、假设、求证,于是论断出焉。论断之确否,基于证据,孤证不立,必博证之,求之反,求之正,无不皆宜,斯成名论。欲成博

① 周传儒《史学大师王国维》,《历史研究》,1981 年第 6 期,第 123 页。
② 周传儒《甲骨文字与殷商制度·自序》,上海:开明书店,1934 年,第 1—2 页。

证,非材料丰富完备不可,如其材料未尽,不足为定论也。"①《甲骨文字与殷商制度》中所谓的"新材料"特指甲骨文,但周传儒已由此而推及近代治学兼顾材料与方法的根本原理。殷商及其以前历史错杂,史实与传说、素地与缘饰常常混淆不清,因此甲骨的出土使殷史得二重之证明。周传儒再次征引王国维"二重证据法"为依据,认为"据地下材料以补正纸上材料之缺讹,又据纸上材料以补正地下材料之脱略,如此而殷代历史可得而知矣"②。

如何利用甲骨文展开研究,甲骨文的价值何在,这是全书写作的核心。周传儒在本书《自序》中提到,1930 年他任教东北大学时讲授中国上古史,"其中关于殷史之一部分,完全以甲骨文为主要材料,而探讨之范围,则轶出王静安先生《古史新证》之外。余向治史学、社会学、考古学,以之与甲骨学打成一片,殊觉别有境界"③。王国维考释甲骨文字义,并用甲骨文考证殷代的先公先王谱系、诸侯方国、殷商都城、制度等等,仅订正史料记载之得失,对甲骨的利用似有不足。国人治上古史,向来不注重古代的社会状况,《周易》、《尚书》、《诗经》中已留存古代社会史料,然仅有断简残句之记载,年代不能确指,社会进化过程也难以考核。周传儒在此基础上有所发挥,以古文字学为基点,将古文字与史学、考古学、社会学等诸学科联系起来,通过殷墟甲骨来考见殷代的社会状况——生产事业与社会组织。凡《史记》、《诗经》、《尚书》所不载者亦能依据甲骨考辨之,以殷人生产事业之渔为例:"卜辞中所见渔字,凡十余条。如在渔,丁亥渔,在圃渔,九月渔,王渔之类,就卜辞全体而言,实居少数,足见渔捞非商人主要生产,自民间言之,为一种辅助生产,自王家言之,为一种娱乐事业。"④殷代生产之狩猎、牧畜、农业、铜铁、工商等皆从卜辞可见,周传儒还用卜辞以考见殷人之建筑、交通、历法、风俗习惯、

---

① 周传儒《甲骨文字与殷周制度》第一章"导言",第 1—2 页。
② 周传儒《甲骨文字与殷周制度》,第 51 页。
③ 周传儒《甲骨文字与殷周制度·自序》,第 2 页。
④ 周传儒《甲骨文字与殷周制度》,第 67 页。

宗教。这种跨学科式的研究思路避免了"徒知有史学，而不知史学与他学之关系"①的治史之弊，和梁启超"融会汉学家治经、治小学与欧洲治社会学、治历史学之方法"②不谋而合。

（四）中国文化史与地理

周传儒的中国文化史研究主要包括近代教育、古代书院以及传统书法问题。周传儒在国学院深造的第二年以"中国文化史"为专修学科，选择"中国教育史"为研究专题，其时梁启超所开指导学科中有"中国文化史"一门，梁氏本人是著名的教育家，就中国社会的教育状况撰写过《教育政策私议》、《论教育当定宗旨》数文。1926年周传儒在《清华周刊》先后发表《十五年来中国教育的回顾》和《国家主义与中国教育》，1927年到上海真如乡暨南大学讲授"中国文化史"课程。

清华十五年的教育是中国教育的典型和缩影，为庆贺清华校庆十五周年，周传儒应编辑之邀撰稿《十五年来中国教育的回顾》，分三期考察中国民国元年至民国十五年的教育。民元至民五为开创期，日本化影响较大，属于自上而下的模式，军事教育、严格考试、提倡读经、经费充裕、师范发达是此期特点，民五至民十为酝酿期，欧美思想渐入教育界，日美相互调和，上下各不相干，呈现出学生运动、训育缺乏、办事敷衍、收支困难、延期开学、教会教育等显著特征，民十至民十五属发展期，属于自下而上的完全美国化，在平民教育、科学教育、私立学校、职业训练、教育局、新教授法等方面均有较大改进。周传儒评介了这三期教育的性质、特点、得失，透过全国教育情形揭示清华建校十五年的教育特色。文章列举清华教育有利于国家强盛的事例，对于清华方兴未艾的教育事业充满希望和期待。

近代教育界有平民主义和国家主义两大思潮，如何平衡两种主义在

---

① 梁启超《新史学·史学之界说》，《饮冰室文集》卷九第10页，《饮冰室合集》第1册。
② 周传儒《史学大师梁启超与王国维》，《社会科学战线》，1981年第1期，第177页。

教育中的位置是一个值得思考的问题。周传儒外视世界大势，内察国内情形，故作《国家主义与中国教育》一探究竟，首先从德国古典政治哲学寻找学理根据，以示国家主义的重要性，又征引英法德日等国事实，证明国家主义于强国的绝对可行性，他坚信中国最需要"国家的平民主义教育，平民的国家主义教育"，而教育上的国家主义尤不可少。此文立足于中国国情，为时事而作，借鉴外国政治哲学的观点和其他强国的事例，来观照国家主义、教育和中国命运的紧密联系，字里行间渗透出周传儒对于国家、社会、民众的真切关注。

和近代教育相对应的是古代书院教育。在国学院初建教授与学生的第一次茶话会上，梁启超即以古代书院作为演讲内容。[1] 周传儒撰有《书院制度考》一书，1927 年由上海历志书局出版。[2] 今可见的是《书院制度之研究》，此文 1923 年 9 月改作于北平，1932 年正式刊载于《国立北平师范大学月刊》（创刊号）。周传儒依次考述了书院的名称、起原、兴旺的原因、发达的经过、书院之内容，最后论析书院衰歇的原因。周传儒是近代国内较早关注书院制度的学者，1932 年以前与之同时代的学者如胡适 1923 年 12 月 10 日在南京东南大学演讲《书院制史略》，由陈启宇笔记，胡适提要钩玄地讲述传统书院的历史、书院的精神并作结，后来此讲稿载于同月 17—18 日上海《字林西报·学灯》副刊。相关研究还有盛朗西《宋元书院讲学制》、国学院第一届同学王镜第《书院通征》、曹松叶《宋元明清书院概况》。和同类研究相较，周传儒更倾向于通察，重在整体把握书院自起始至最终衰亡这一历史线索，《书院制度之研究》从"位置、编制、建筑、经费、职员、学约、教条、学则、起居、分科、讲演"等十四个方面一一考证书院之外在形式，对于书院的组织构成及盛衰史述之綦详。

书院文化渐趋败落，后人但见书院之失与过。周传儒固持客观辩证的看法，指出中国近世之文化与学术，无不以书院为摇篮，应平等地评价

---

① 《清华周刊》，1925 年 9 月 27 日，学校新闻第 216(80)页。
② 参周传儒《自传》后所附"著作目录"，今仅存书名。

书院与学校的功过得失:"向之毁书院,兴学校,遂令千年来学术机关,一旦销灭,迹近卤莽,似觉未善。然则毁学校复书院,以恢复数十年前之旧观,可乎? 曰,断无此理。书院有书院之优点,如自动学习,实事求是。学校亦有学校之优点,如整齐划一,量时计功。取所长而弃所短,寓书院精神,于学校形式之中,其结果当更善良。"①文章结尾将学术研究引向现实问题,呼吁取书院之长以兴教育,为中国教育实践改革提供了新的思路。

　　周传儒喜好书法,其中国文化史研究还包括书法文化。《论〈兰亭序〉的真实性兼及书法发展方向问题》讨论书法名作真伪及书法艺术演变问题,初创于1965年,1980年修改后于次年刊载于《中国社会科学》。周传儒关于书法的研究仅此一篇。梁启超是收藏碑帖的第一大家,周传儒从梁师处当过眼很多。梁作题为《书法指导》的演讲,由周传儒作笔记。当时的北京松坡图书馆由梁启超发起创办,性质上属于私立,每月的经费开支都由梁写字出售来维持,一个大字卖八块钱,周传儒每天伺候梁师写字,为其持纸,从中亦当受其书法方面的教诲。②梁启超曾经带周传儒去青岛看望康有为,向康说周是他很得意的门生,康因此非常客气,让周传儒随便翻阅碑帖碑文,因此学到了不少碑学知识。③

　　1965年郭沫若在《光明日报》发表《由王谢墓志的出土论到兰亭序的真伪》,郭文先考证王谢墓志及其他墓志,第四段以下讨论《兰亭序》,点明此序序文和墨迹均非王羲之原作,周传儒认为《兰亭序》乃国家艺术瑰宝,其真伪允当辨明,不同意否定其真实性,因作此篇与之商榷。郭文立论依据的是清末光绪十五年广东顺德人李文田为汪中旧藏《定武兰亭》所写跋文,李文田引《世说新语》刘孝标注以证《兰亭序》有三大疑点,羲之序文原名《临河序》,唐以后所见《兰亭》即非梁以前之《兰亭》,郭文依

① 周传儒《书院制度之研究》,《师大月刊》(创刊号),国立北平师范大学月刊编辑委员会编辑,1932年第1期,第21页。
② 参周传儒《回忆梁启超先生》,《广东文史资料》第38辑,第243页。
③ 周传儒《回忆梁启超先生》,《广东文史资料》第38辑,第237页。

李文田的观点坚持《兰亭序》晚作于《临河序》，是删改移易扩大《临河序》，依托羲之七世孙智永禅师篡改了《兰亭序》。周传儒坚持《临河序》乃缩略《兰亭序》而成，廓清二序的先后主从关系是首要问题，文章从三方面进行论证："1. 从文章整体看，《兰亭序》组织完整，文字优美，有感情气势，抑扬顿挫，可歌可诵。《临河序》显得拼凑、死板、枯燥，有记载、无感想，与记叙文体不合。2. 就行文技巧看，《临河序》亦较差。3. 一篇文章，要求有重点，而《临河序》无。"①继而周传儒对智永禅师的生平、行历、人格加以剖析，指出其不可能是篡改者，又结合《神龙墨迹》的文字以证《兰亭序》之文确系羲之手笔。考证羲之书法时，周传儒从三条线索切入：第一，大量比较法；第二，善本对照法；第三，精细分析法。全文据文章、书法、习惯和现有资料观察比较，通过本证和旁证以说明《兰亭序》从文到字均出自王羲之手。最后兼而论证南帖北碑的缘起演变、大小爨、方圆笔、二王优劣论和中国书法的发展方向等问题。

《四川省一瞥》和《四川省》是两部专门研究地理的著作。《四川省一瞥》于 1926 年由商务印书馆出版，后来周传儒对该书部分章节略作修正，撰成《四川省》，复于 1933 年由商务印书馆出版，并收入王云五主编《小学生文库》第一集"史地"之地理类。史地类共一百零六册，"鉴于我国人科学知识的缺乏，和史地眼光的错误"②而编写。二书文字浅易明白，介绍地理知识明晰生动。以《四川省》为例，全书十七章，周传儒重点评述了四川最具地域特色的自然风光、名胜古迹、城市风情、民俗物产和四川在全国得天独厚的重要地理位置。周传儒还根据平素游历的耳闻目见，撰写过数篇地理类游记，如《苏州游记》、《游欧杂记》、《剑桥随笔之一》诸文，以轻松的笔调述行旅沿途的景观名胜、风俗习惯、民情特产等。

周传儒另有数篇文章讨论中外近现代的政治变迁和国家发展中的

---

① 周传儒《论〈兰亭序〉的真实性兼及书法发展方向问题》，《中国社会科学》，1981 年第 1 期，第 105 页。

② 王云五《小学生文库缘起》，参见《小学生文库第一集目录》，上海：商务印书馆，1933 年，第 4 页。

社会现实问题。1927年夏,梁先生患便血症,在天津意租界私第修养,传儒自北京经天津南下,梁师"留住若干日,每晚必围坐园庭,听讲故事。偶有所问,亦不厌详答。其间,涉及戊戌政变的掌故甚多,有许多与文献所载有出入,有的甚至与文献相反,有的又为文献所不载。兹赘录之,以补文献之不足"①。《戊戌政变轶闻》是师生良夜畅谈后,传儒对师座口述的记录,该文所记袁世凯、李提摩太、康有为、康广仁、大刀王五、黄公度、梁启超、光绪帝等人在戊戌变法前后的活动、心理及遭际,个中曲折外界很少明白,因此所录可补证史书的阙误。

周传儒早期之作《工业革命与近代社会问题》,1922年载于《史地丛刊》。此文之作本自有因,一部分"头脑簇新的青年和学贯中西之士"每每以满腔主义和问题自居,强行把欧美社会问题张冠李戴、削足适履附会于中国,周传儒本着"读史论世,不徒识其皮相,尤当明其背景,知时记事为第一义,揭利祛弊为第二义"②的治史信则,从国情出发,特撰"近代社会问题与中国"一节指摘诸人缺乏历史知识与比较观察。此篇运用分析、实证、比较的方法,将史情与学理相结合,实事求是分辨各国的社会问题,述及本国困境,周传儒感慨万千,充满了强烈的忧患意识:"心为之寒栗,惴惴不能自持,吾固甚愿吾言之不中也。"③

《国家主义之哲学的背景》和《社会主义略史》皆作于求学国学院时期。前文以德国哲学泰斗费希特、黑格尔的国家主义论为支点,诠解国家主义对文明建设、立国强大的正面作用以及个人与国家主义的关系。周传儒再次忧心于本土现状:"读二氏之文者,徒觉其立论之完密,感情之热烈,使人动,使人信,使人从,德国富强,非偶然也。环顾吾国,较十九世纪初叶之德意志为何如!环顾智识阶级,较之菲黑二氏为何如!故余兹述二氏哲学及国家主义之根据,不禁有深感焉。"④《国家主义之哲学

① 周传儒《戊戌政变轶闻》,《辽宁大学学报》(哲学社会科学版),1980年第4期,第47页。
② 周传儒《工业革命与近代社会问题》,《史地丛刊》,1922年第1卷第3期,第1页。
③ 周传儒《工业革命与近代社会问题》,《史地丛刊》,1922年第2卷第1期,第11页。
④ 周传儒《国家主义之哲学的背景》,《清华周刊》,1925年11月27日,第24卷第12期,第8页。

的背景》在"近代社会问题"部分已包含"社会主义",周传儒继续深化撰成《社会主义略史》,此文在当时"是一篇为师生欢迎和称誉的佳作"①。此二文皆谈论中外国家政治学说、政治运动与社会发展的关系,表现出青年时候的周传儒便对国家政治寄予强烈的现实关怀,苏云峰称赞周传儒"是一位杰出的学生,显示他颇具有现代思想"②。1980年《辽宁大学学报》刊载《专制主义是现代化、民主化的大敌》,此文提出坚决反封建主义、反专制主义以促成中国现代化、民主化。

除学术研究外,周传儒自幼爱好文学,善写诗,《清华周刊》刊其《读史杂诗》六首,另有《与友人论诗》《风琴歌》《漫兴四首》等载于《国立暨南大学中国语文学系期刊》、《重华月刊》,其诗直逼古人,大有古风之遗。如《读史杂诗》就五代史情和明史之"红丸案"、"梃击案"、"移宫案"等抒发感慨,意蕴深沉,对历史事件有清醒的认识。国学院同窗吴其昌对传儒青年时所作之诗评价较高,大为惊服,说:"其诗乐府敩李长吉,五言学孟浩然,皆逼似,卓然成一家。"③周传儒还为友朋撰写过人物传记,如《谢星朗传》、《何呈锜君传略》等。

周传儒暮年撰有《自传》回顾历年行履与治学情况,并且整理出《史学大师梁启超与王国维》、《史学大师王国维》、《王静安传略》、《回忆梁启超先生》等数篇回忆性文章,对这些"追随有年,亲炙教诲"的国学院导师的治学精神和人格魅力大力彰显,以此感怀恩师之教。

纵观周传儒平生行历,其幼年家境寒微,凭着天颖聪慧和刻苦努力,先入蓉城求学,继而负笈北上,又奔赴英伦,其间多得名家亲传,留学归来国难当头,遂辗转数地任教于国内多所高校。他的生命和清华国学研

---

① 孙敦恒《清华国学研究院史话》,北京:清华大学出版社,2002年,第197页。
② 苏云峰《清华国学研究院述略》注[120],《清华汉学研究》第二辑,葛兆光主编,北京:清华大学出版社,1997年,第337页。
③ 吴其昌《清华学校研究院同学录·记周传儒》:"余与君交二年,视君若决不能文者,一日,君出诗一帙示余,曰:子试评之。其诗乐府敩李长吉,五言学孟浩然,皆逼似,卓然成一家,余惊服。君笑曰:'此余十八岁时在成都所作也,弃已久矣。'覈其甲子,固然。余木然不敢发一语。"《清华同学与学术薪传》辑三,2009年。

究院及其导师梁启超有着千丝万缕的联系。其人乐天知命、热爱生活，保持着高尚的品格和远大的理想，大有"烈士暮年,壮心不已"、"穷且益坚,不坠青云之志"的古贤风范。众人但见传儒治学、教书、致世业务坟集,似无力兼顾及学,人处繁剧,则仓皇不知手足所措。吴其昌对其评价颇高,称其"以静际变,以理衡物,从容谈笑而事无不得其序……观于周君,然后知吾辈自命为读书人者,皆天下无用之废物也"①。传儒之学博涉中西、兼通古今,所撰丛稿皆精力所萃,盈数篋而反不示人,绝似"振古豪杰之士,良贾深藏若虚"。遗憾的是,周传儒一生命途多舛、未尽其才,但他始终抱着坚定的信念应对一波数折的生活,其人生充满了强烈的传奇色彩。其人虽已仙逝多年,但他的品行、才学、思想、精神却留给后人永恒的追念和思考,激励他们在道业与学术之路上砥砺磨练、勇往直前。

---

① 吴其昌《清华学校研究院同学录·记周传儒》,《清华同学与学术薪传》辑三,2009 年。

意大利现代史

第一章　建国基础

第一节　地势

意大利位于欧洲之南,为南欧三大半岛之一,作长靴形,附近岛屿颇多,北凭亚尔卑斯(Alps)山脉,与瑞士、奥利地亚、南斯拉夫及法兰西毗连;东临亚得利亚海(Adriatic Sea)与巴尔干半岛相望;南傍地中海,渡海即为非洲大陆;西有特仑宁海(Tyrrhenian Sea)及来皋宁海(Ligurian Sea),而萨丁(Sardinia)、科西嘉(Corsica)诸岛,横亘于外;面积,共十一万零五百五十方哩。地势狭长,多高地,少平原,山峦耸秀,河川湍急。全国计可分为三部:

(一)大陆部　因亚尔卑斯山横锁西北之结果,地势高峻。著名大山,有塞利斯(M. Ceries),布朗克(M. Blanc),罗撒(M. Rosa),群峰森列。著名大湖,有墨哲罗(Maggiore),鲁格诺(Lugano)及科马(Coma),积水澄清。偏西有北亚平宁山脉(North Apennies)绕热内亚湾(Genoa Gulf),曲折至第伯(Tiber)河源而止。中央为波河(Po)域区,开展成伦巴底(Lombardy)大平原,土地肥沃,物产丰富。大陆部面积,约占全国三分之一。

(二)半岛部　中亚平宁山脉(Central Apennies),自第伯河源,分为数支,盘绕于阿布汝尼(Abruzzi)一带,最高峰为格兰沙棕(Gran Sasso),海拔九五八〇呎。南亚平宁山脉,自阿布汝尼向东南延展,达他兰多湾(Gulf of Taranto),坡原起伏,高低不平,惟土壤则甚肥沃。沿海中海岸,火口湖,火山脉最多,以维苏成(Vesuvius)火山最著名;公元七九年爆发,滂布衣(Pompeii)、卡拉林(Culaneam)二城陷焉。

(三)岛屿部　西西里岛(Sicily)在半岛之南,西亚平宁山余脉,横亘境边。东为伊提拉(Etna)火山,高一〇八六五呎,圆锥形,极美观;有地中海灯台之目。来巴里群岛(Lipari)在西西里北,全为火山性质,斯创波里(Stromboli)火山,每隔五分钟,即有水蒸汽喷出。再北为萨丁岛隔波里发沙(Bonifacio)海峡,与法领之科西嘉相对。科西嘉,世界怪杰拿破仑之故乡也。

意大利雨量丰富,因是河流甚多,然除波河及亚底杰(Adige)河外,皆短小湍激,鲜舟楫之利,惟用以发电磨麦,则便当异常。波河,源出法国维沙山(Mt. Viso),长三五四哩;突兰(Turin)以下畅行无阻,其溉灌之区域,达四八〇〇方哩,流入亚得利亚海。入海处,成大三角洲;二千年来,极其发达。亚底杰河源出奥地利亚山地,流入波河口北;河口深广,木船可上溯至博真(Botzen)。亚尔诺河(Arno R.),源出亚平宁山中,经弗罗棱斯(Florence)及比沙(Pisa),流入来皋宁海;虽长仅一五〇哩,而肥饶发达,自古知名。第伯河,亦出自亚平宁山中,灌注罗马平原,入特仑宁海,汽船可至罗马。湖沼种类不一,亚尔卑斯山地,多冰湖;亚平宁山地,多火山湖;亚得利亚湾附近,多淡水湖。

全国海岸线平直,然因由半岛及岛屿所组成,故长达四、〇〇〇哩,国内无距海七〇哩以上者。最东为亚得利亚海,海岸低而多沙,除威尼斯(Venice)外,无法停船。称南为雷米利(Remini),因亚平宁山之突出,山高水深,西南为加格罗(Gargano)及亚皮里亚(Apulia)二半岛,其性质与雷米利相同。东岸以宽四七哩之阿特兰多(Otranto)海峡,与巴尔干半岛相隔。

南为爱奥尼海(Ionian Sea),他兰特湾(Gulf of Tarranto)凹入成半环形。再突出为加拉布利亚(Calabria)半岛,与西西里岛只隔一梅辛那海峡(Mesisna Strait),广处约五哩,狭处才一哩半,为地中海航路要冲,潮流旋急,行旅侧目。南对马耳他岛(Malta),英吉利之地中海海防要地也。东与居比洛岛,西与直布罗陀(Gibraltar)海峡,互相策应,宛若长蛇。

西为特仑宁海,有西西里,萨丁,科西嘉,三大岛横互于外。波里克斯特(Policaster)、萨勒诺(Salerno)及那不勒斯(Naples)三大湾曲折于内,有名之罗马即在其地。西北为来皋宁海,偏北有热内亚湾,哥伦布之故乡也。偏南有爱尔巴(Elba)岛,则拿破仑第一次囚禁之地也。沿海各地,土地肥沃,气候温和,故大城名都林立,人烟稠密,景象繁荣。

气候大概温煦,因北负高山,南临大海,故天气清朗,景物妍丽,地中海之气候,与古罗马之遗物,同负盛名,每年游客,络绎不绝,收入达一亿元。波河流域,夏季较热,罗马附近,夏凉冬暖,极为爽垲;西西里一带,寒暑之差才二五度耳。但西北比得茫(Piedmont)颇以干燥著称,非洲寒风,自南而北,尤不可耐。全意热病流行,每年死者,约一万余人,蔚为大患;近年因排水工程进步,又移植加里树等,病患较少。南意又有热风(Sirocco)由西部印度洋吹来,转而北,入意、法境,有继续至三日者,夜间温度,达九五度,身体疲倦,精神颓丧,养蚕业尤受打击。雨量,以亚尔卑斯山中最多,亚平宁山中次之,沿海两岸又次之。

第二节 民族

意大利人口稠密,在欧洲列强中,位居第六,仅次于法国耳。据一九二八年之估计,约为四千零七十九万六千人;但精确之统计截至一九二一年止,全国人口为三千八百七十五万六千四百三十三人。其中属于比得茫(Piedmont)省者,为三、三八三、六四六人;属于来皋利亚(Liguria)省者,为一、三三五、四六六人;属于伦巴底(Lombardy)省者,为五、○八六、三三八人;属于威尼他(Veneto)省者,为三、九九九、○二七人;属于威尼匿亚、狄里登狄拉(Venezia Tridentina)省者,为六四一、七四七人;属于威尼匿亚、基里亚、柴拉(Venezia Tridentina Zara)省者,为九三○、一○八人;属于爱米里亚(Emilia)省者,为三、○二七、○○九人;属于突斯干(Tuscany)省者,为二、七六六、二九一人;属于马劫斯(Marches)省者,为一、一四五、六八五人;属于昂布里亚(Umbria)省者,为六三八、九九一人;属于拉丁(Latium)省者,为一、九五六、九○八人;属于阿布鲁、尼摩里思(Abruzzi e Molise)省者,为一、三八七、二一五人;属于康丕尼亚(Campania)省者,为三、二五四、四四○人;属于亚皮里亚(Apulia)省者,为二、二九七、○六一人;属于什巴里克他(Basilicala)省者,为四六

八、五五七人；属于加拉布里亚(Calabria)省者，为一、五一二、三一八人；属于西西里(Sicily)省者，为四、〇六一、四五二人；属于萨丁(Sardinia)省者，为八六四、一七四人。（根据一九二九《世界年鉴》）

全国生产率，因生活困难之故，递年略有减少，在一九〇〇年以前，每年增加千分之三十七人；至一九一一年后，每年只增加千分之三十一人强耳。同时死亡率，因政府极力提倡卫生之故，频年锐减，在一九〇〇年前，每年死亡千分之二十八人；至一九一一年后，每年死亡，仅千分之二十一人耳。生死相抵，每年尚增千分之十人，为数甚微，按之马耳塞斯(Malthus)三十年而一倍之说，相隔远矣。至于移民数目，年年递加，当于他章中述之，兹不赘。

人民成分，极为复杂：方罗马初建国之时，在第伯河畔者，仅有拉丁(Latins)、萨宾(Sabines)、伊族斯坎(Etruscans)三族；而北方则有伦巴底人(Lombardians)、高卢人(Gauls)，南方有西西里人(Sicilans)、服而西安人(Volscians)、希腊人(Greeks)。其后罗马统一地中海岸，各地民族，为罗马之俘虏臣仆，或自由前往经商者，踵相接，种类愈杂。又其后罗马衰微，东哥德人(Ostro-goths)、西哥德人(Visi-goths)、匈奴人(Huns)相继入寇，随即移住流落其间。中世之末，近世之初，东方民族，如阿拉伯人(Arabians)、土耳基人(Turks)大举西侵；北方民族之日耳曼人(Germans)、诺尔曼人(Norman)，长驱南下，意大利受其蹂躏，于是拉丁民族中，又加入蒙古民族、条顿民族成分矣。惟此等民族，因同居互婚之结果，业已混合为一，时在今日，而欲确指某人为某族，某人非某族，盖甚困难云。

上述民族，原多属野蛮，以普通观念测之，必以为意大利人，残酷，粗鄙，报复，仇杀，懒惰，奸诈，污秽，盖上述民族，原多具备此种性质也。然据游历者之报告，则与此全相反，意大利人，乃温文，公正，仁爱，活泼，聪明，秀丽，和易之民族也。职此之故，意人于文学，哲学，科学贡献皆多，而美术尤其特长，如建筑，图画，雕刻，音乐，举世几无出其右者，惟法人可略相颉抗耳。意人对于外宾，无论贫富，贵贱，皆一律平等待遇，其移居关外者,亦时有眷恋祖国之心。赫尔(Hare)氏云:"所有意大利人,皆谦和有礼,勇敢而高尚,其妇女亦复仁爱和平可亲。"又云:"意人之移居外国者,初无建设家庭之观念,但欲得巨金饱载归国耳;意大利之移民非真移民也。"

因种族复杂之故,语言亦极复杂,计可分为两大派,十一小支。甲,阿斯干昂布林(Oscan Umbrian)派,可分八支:一,阿斯干支,中意、南意,多用此种语言;二,巴勒勤支(Palignian),惟散伦(Samuium)以北诸山地,一小部分人用之;三,马汝西林支(Marrucinian),巴勒勤支东北诸地人用之,为数极少;四,麻沁支(Marsian),麻汝汶(Marruvium),四周人用之;五,爱昆支,即住居于克里特尼亚(Cliternia)之爱奎人(Equian)所用土语也;六,萨宾支(Sabine),近代已无人用,惟古代刻石时或有此种文字;七,服尔西安支(Volscian),材料虽多,无从研究,仅知其与萨宾支相近而已;八,昂布林支,除拉丁外,以此支语言保留最多,平常意语,多含此类字根。乙,拉丁服尔西安派(Latin Volscian),可分三支:一,服尔西安支,为古代法西维城(Falérii)人所用语言,其地在罗马偏北三十里;二,勃兰斯丁支(Pranestine),为勃兰斯第人土语,所遗石刻字迹颇多;三,拉留维支(Lanuvian),此支土语,古代有之,今已无考。

人民大抵信罗马天主教(Roman Catholic),因历代教皇驻跸罗马,潜势力最大故也。自政教冲突后,教皇权力大减,然尚有教士党(clerical party)由多数教士及守旧者组成,力谋教皇政权之恢复,特始终未达目的耳。除罗马天主教外,新教徒约六五、五九五人,犹太教徒,约三五、六一七人,希腊教在南部亦有一部分潜势力,然甚微弱,不足道。

因种族语言之分歧,故意大利自罗马衰亡后即四分五裂,然因各种原由,终能团结一致,而建设一强大之王国也。除地势外,为意大利建国基础者,尚有三事:一、罗马文化,二、天主教堂,三、文艺复兴,以下请分述之。

第三节　罗马文化

凡一国家之成立及隆兴,必有其历史的与文化的背景,历史愈悠久者,其孕育力愈大;文化愈高尚者,其含蓄力愈强;因而后代人民,对于前贤往哲,时起缅怀追慕之思,爱国心,向上心,即由是发生焉。旷观西方古代,以历史彪炳,文化卓越著称者,约有四处:一埃及,二两河流域,三希腊,四罗马;前三处皆偏据一隅,惟罗马能统一地中海沿岸,集古代思想之大成,宜乎欧洲各国人一提罗马,即赞扬首肯,而意大利人一提罗马,即鼓舞欢欣不已也。

治罗马史者,无不称其兵权,教权,法权之伟大,谓曾以此三次征服世界;虽然,罗马在文化之贡献,不止此也。凡罗马之政治,法律,教育,宗教,兵制,武功,道路,殖民,社会,风俗,文学,艺术无不与后代息息相关;窃以为罗马对世界之最大功劳,在于传播往古文化;对于意大利之最大功劳,在于树立后代楷模,欧美之有今日赖之,意大利之有今日亦赖之。关于罗马立国前后情形,头绪纷繁,非兹篇所能尽述,故从略;仅将其文化方面,略述大概,于以见意大利之立国,盖有由来久矣。

罗马帝政时代,版图至为辽阔,东起幼发拉底河(Eupharates),西至直布罗陀海峡(Gibraltar Strait),东北至多瑙河(Danube River),西北包英吉利,南达撒哈拉大沙漠(Sahara Desert),举所有当时国家,尽归统辖,极难治理,而罗马人措置裕如,其政治天才,有足多者!民主时代,罗马分权有会一、元老院一、百人会一、公民会一、执政官二人,遇有危急设总指挥(dictator),帝政时代,大体依旧,惟不设执政官,以皇帝总揽一切大权,能收中央集权之效;罗马城内,设市政长一、保卫长一,皆司整饬市面,又义仓长一,司分穀于贫民;各省方面,共分全国为十一区,区设总督,由元老院公举四之一,皇帝简任四之三,其中央及地方官吏之可考见者如此。最足称者,罗马成为当时之政治,文化,商业中心,楼阁毗连,百货纷陈,冠盖云集,各省方面,亦复和平安乐,希腊之内乱,高卢之冲突,日耳曼之争战,无不捐陈摄服;文物焕然,为前此所未有,地中海沿岸,皆受拉丁学术制度之洗礼,歌舞升平,数世不绝。

罗马法律,为百代所宗,其精密深到,堪称佳范。最初之法律,为纪元前四五一年所颁布之十二针表法(twelve tables),一切案件,概依此解释;后日之罗马民法(Roman civil law),亦由此演绎而成。狄奥多西(Theodosius)时代,曾将以前之法令诏勅及元老院议决案汇之成书,继起诸帝,代有增益,至东罗马皇帝查士丁尼(Justinian),发愿宏修法典,派定法律家多人修之,而以大法家狄里旁尼(Trebonian)总其成。狄等一面收集民主时代之法律及判牍,一面根据帝政时代诸律,撰为《罗马法律汇编》(Corpue Juris Civilis),内容分四部:一,法律注疏(The Paudects);二,帝国法令提要(The Codex);三,罗马法律概论(The Institution);四,法令新编(The Novels)。自此法典成后,查士丁尼,遂得法律始祖之称号;欧洲所有法律,皆折衷于此法典,近世法家无不穷年累月以研究之,可谓伟矣。

罗马教育采取古典主义,严格主义;注重道德陶冶,官能训练;绳以近代教育思潮,固多刺谬,然对于当时之政治及社会,则甚适合也。罗马儿童,自七岁以前,仅受家庭教育,从母亲学习服从、辞让、应对、进退诸礼节,旁及于古昔诗歌故事,并暗诵十二针表法,以为议政之准备。七岁至十二岁,入初等小学,学国语,习字,算术等科,习字用铁笔及蜡板,算术则以指及小石计之。小学毕业后,可入文科学校及雄辩学校,前者教以数学,哲学,拉丁文,希腊文,后者教以希腊语及雄辩术;教师多希腊人,盖罗马人自谓学艺方面,不如希腊故也。十六岁学成,各随性之所近,从事社会服务,高才者,授上职,质鲁者,务农以终焉。

在一神之基督教未兴以前,罗马之宗教,崇拜多神。最高者曰天神(Jupiter),主捍卫国家,祸福人民;其次曰战神(Mars),主战争之胜负;又次曰灶神(Vesta),主家庭之清吉;此三国神,权威最大,以佛来门(Flamens),棕利(Salii),维吉斯(Virgius)三僧会分祀之。此外又有智慧神(Minerva),主五谷之收获;始末神(Janus),主万事之首尾;家神(Lares and Penates),保护罗马子孙;并有预言僧(Augurs),察看飞鸟以卜吉凶祸福。其后埃及、希腊宗教,相继传入,于是以三国神与东方三大神薛乌斯(Teus),阿黎司(Ares),阿波罗(Appolo)相配享,而雅典女神(Athena)与智慧女神配享;他如酿酒神(Bacchus),造力神(Cybele)亦先后输入焉。又后基督教兴,凡此诸神,皆被摈斥;关于基督教之起原及意义组织等,因其关系太大,下节另有专论,兹不赘述。

罗马所遗留与后来意大利者,为其伟大楷模,光荣历史,然此二者皆建筑在军队之上,故不可不述其兵制。作战之单位为师(legion),每师有重步兵三千人,分为三十连,连各百人;轻步兵千二百人,分为十二连,连各一百人。重步兵被甲执戈,战时列为横队,前后三行,远用标枪戈矛,近用短刀;前行首攻敌军,不利则退后,中行前进,再不利又退后,后行前进,如此辗转前进,循环接战不已。轻步兵无甲,但执戈矛,不当重敌,偶用奇袭,以辅助军车之进行。步兵而外,每师又有骑兵三百,战前侦察敌情,战时攻击侧面,战胜追逐逃兵。此种编制,可谓极完全,近世各国兵制,多仿此。至于海军,不若陆军之重要,其形式编制,多仿自迦太基,而舰之大小,兵之多少,各各不同;应战时以本舰傍敌舰,越舟接战,此种蛮战法,在古代海军中,可谓极奇矣。

因编制之完善,兵卒之精锐,故罗马军队,战无不胜,攻无不取,所向克捷,逐霸天下。举其武功之最著者,可分三步:第一步,统一意大利半岛,罗马最初,不过台伯河(R. Tiber)畔一村落耳,前三一〇年,始征服拉丁(Latins)及伊特拉斯坎族(Etruscans);前二九〇年,征服萨谟奈族(Samnites)及西部诸山国;前二七五年,灭他林敦(Tarentum);前二二五年,奠定高卢(Gauls),于是意大利全部统一。第二步,征服迦太基(Carthage),公元前二六四—二四一年,罗马第一次战胜迦太基,得西西里岛,前二一八—二〇一年,罗马第二次战胜迦太基,得西班牙(Spain),前一四六年,罗马第三次战胜迦太基,得非洲北岸之地,于是迦太基亡。第三步,统一地中海,公元前一六八年,罗马人遣兵灭马基(Macedon),前一九三年,征服叙里亚(Syria),前一四四年,收希腊为领土,前一三三年,又合并柏加曼(Pergamum),遂完全统一地中海,造成空前之大帝国。

为便于运输军队提倡商业起见,罗马人于国之四境,建筑大道,东至巴比伦,西至英格兰,无不有平稳壮阔之马路,逢山开道,遇水造桥,罗马人之修路工程,盖达于完美无缺之境云。马路基础,皆由石奠,坚固异常;故其遗址,至今犹为西南欧各国道路之张本;桥梁尤为伟大耐久,法国尼美(Nimes)之罗马桥至今巍然尚存,行旅胥利赖之。除建筑大路,以资统一外,罗马人更有一镇摄殖民地之方法,即遣兵置戍是也;征服一地,戍卒随之,间或杂以国内贫民,择军事上商业上形胜之地,列营而守。此种驻防地方,每能繁荣发达,多有继续至现在者;如德国来茵河畔之加伦尼(Cologne),本为罗马人驻防日耳曼人而辟,今日仍用旧名,且为南德一大名城。

罗马风俗,其初本质朴刚健,急公好义;自统一地中海后,贵族流于奢侈,平民流于倚赖,朝野上下,宴安逸乐,此其所以日就衰亡也。当时社会上最流行之游戏共有三种:一为马戏,纵马奔腾,飞蹄扬鬣,以娱观者。二为人戏,有喜剧悲剧哑剧之分:悲剧人所不悦,以习于好勇斗狠故也;喜剧则嗜者渐多,谈笑风生,可以解颐;哑剧最为发达,以戏场广大,人声所不能达,而五方杂处,言语各殊,虽远亦不能解,惟哑剧以手势表情,观者尽晓;三为格斗戏,兽与兽相角,人与兽相角,人与人相角,以性命相扑,血肉狼藉,尸骸错杂为快。罗马又盛行畜奴之风,奴以俘虏为多,或负债不偿,没籍为奴,富贵之家,无不有之,数十人百人千人至万人不等;西西里某富室,有奴达二万人云。

拉丁文学,其作风与结构,为后世文学所宗。以诗名者最初有噜锡留(Lucillus),为讽刺诗之鼻祖;其后有鲁克里留(Lucretius),长于描写自然景物。奥古士都时代(Augustan Age)为罗马文学黄金时代,有大诗家二人:一为佛吉(Virgil)著《亚奈德》(Eneid)一诗,歌颂奥古士都恺撒之祖宗亚奈(Eneas)之功德,与荷马之《奥德赛》(Odyssey)齐名,此外描写自然之短歌,亦甚多,惟诗思较逊。二为贺拉西(Horace),作抒情诗极多,赤裸裸地叙述本身及当时之人,所受种种危险艰难,最能表现出时代背景,读之,觉罗马人之生活,活跃纸上。罗马末年,政治衰乱,讽刺之诗盛行,波修司(Persues),朱语讷(Juvenal)为其代表,方诸前代,有每下愈况之概矣。以戏曲名者,有蒲拉脱(Plantus),特伦斯(Terence),皆长喜剧,其资料多取自希腊,或模仿,或直译,创作极少。惟那尔乌(Nalvius)最特色,独出心裁,一洗从前因袭之风。

拉丁散文,亦至奥古士都时代前后,始达于完美精审之域。西塞罗(Cicero)者,一政治家、文学家兼演说家也;其所写之文章,其所说之演词,至今欧美生徒,尤复模仿诵习。史家亦先后辈出,如恺撒作《高卢战记》,记出征高卢之事。沙楼斯(Sallust)著《罗马史》,其稿散帙,今存者仅二篇耳。李维(Livy)亦著《罗马史》,自开国起至公元前九年止,书毁于火,一部分存,其内容不尽可信。塔西佗(Tacitus)著《编年史》,自帝政之初,至尼禄(Nero)帝止;著《罗马史》,自开国至图拉真(Trajanus)帝止;著《不列颠战史》,记平定不列颠之事;又著《日耳曼风俗史》,盛称其族风俗淳朴,为奢侈之罗马人所不及。凡此诸家,虽不如西塞罗之精审,然亦各有特长,为文学界杰作。

罗马艺术,远不如前代之希腊,惟建筑伟大坚固,似较胜一筹。其式样分二种:一罗马式,作圆洞形,巨室之顶,大河之桥,多采用之;二高卢式,作圆尖形,居室门顶,寺院阁楼,多采用之。罗马古代建筑其遗址留至今日者,尚可窥见一斑。最伟大之建筑,当推皇宫山(Palatine)上之离宫,分三部:一为奥古士都(August)帝宫,本由数宫联络而成,今只存数室,壁上绘山水人物花草,极潇洒飘逸有致。二为哈德良(Hadvian)帝宫,外层已毁,内层连楼,洞房环绕,石栏上有精美之雕刻,可征当时之艺术程度甚高。三为尼禄(Nero)帝宫,今只剩荒殿,殿门之高,可五六丈,殿内洞门复道,湾折高下,其规模之宏大,令人震惊。其次为罗马大斗兽场(Colosseum),作蛋圆形,共十层,每层周八十室,每室高丈五尺,广丈余,以石及砖为之,墙厚三丈,每隔二丈,辄开一门,每门一路,上下内外,皆缭绕周通,全场可容观客五万人,今已半圮,露地上者,仅三层耳。又次为凯旋门,初本多处,今只存塔克脱(Tacitus),及君士但丁(Constantine)所建二处作圆洞式,平顶之门,中有刻文及人物,雕刻精巧。此外水渠浴池,规模皆宏大无比,其中设备,尤为完善,盖罗马人气象发皇,经济充足,故能成此空前之大建筑也。至于雕刻,仅多施于宫室寺院坟墓纪念柱凯旋门等上之浮雕及半身像,且全仿自希腊,独创者甚少。绘画尤为销沉,几无一名家,无一名画,遗留后式,方之建筑,有逊色焉。

第四节 天主教堂

于宗教内辟一新境界,使人类瞥见宇宙万象,皆可统一;于生活上辟一新途径,使人类警悟现世之外,尚有天国者,厥为基督教。是教也,虽发生于犹太,而盛行于罗马,罗马衰后,是教转昌,中世纪时,罗马教皇,其权威直驾凌欧洲一切君主之上,不特羁绊人类之身体,且兼约束人类之灵魂,故自昔有罗马以教权统一世界之说。降至今日,教权虽日就削弱,而教义则愈放光明,无怪乎意大利追维往昔,引以为荣也。欲知基督教在罗马隆盛之状况,不可不先明其起原教义,及经过情形。

基督教始祖耶稣(Jesus)以奥古士都之世,生于犹太之伯利恒(Bethlehem),父名约瑟(Joseph),母名马利亚(Maria),皆不过里巷小民,后人谓为感圣灵而孕,盖伪记也。幼时家贫,十二岁时,随父母至耶路撒冷从祭司听经,是为其受宗教陶冶之始。及长,见世风卑污堕落,思设教以救众生,遂自称上帝之子(Son of God),人类之子(Son of Man),赍神命以救世。年三十,始讲道于拿撒勒(Nazareth),众轻其出身微贱,不之信,乃去而之加黎利(Galilee),迦百农(Capernaum),说天国之福,释大同之奥理,于是声教远播,信徒云集,彼得,安得烈,雅各,约翰,腓力,马太等十二门徒,其尤著者。年三十四,至耶路撒冷传教,被人诬以谋叛,钉于各各他山(Golgotha)之十字架上而死,时公元三十年也。

耶稣教义,书极平正通达,后人为便于宣传起见,故神其说,于是带玄秘色彩;若从原始之马太,马可,路加,约翰四福音书观之,可得下列之数点,比较的尚不失为耶稣本来面目:一,大同;即无家界,无族界,无国界,无种界,一切众生,皆为上帝之子,皆为兄弟。二,天国;即无财产,无权利,无可骄亦无可贵,无求亦无可报,惟一爱字之世界,人生目的,端在脱离人世,上升天国。三,上帝惟一而普爱万能;即所谓上帝,乃全知全能全在之惟一真神,其对众生,无择别无差等,普遍的爱。四,反对阶级;

即人类尽属于天国,应当竭己所有以行上帝之意志,不应倚财富以凌人。五,反对形式道德;即应当尊重上帝之训话,不应默守谨愿诚虔之条规。六,服役;即人生责任,专为人役,甚至舍生命以赎众,他无所求。

上述教义,简单而深阔;虽耶稣最亲密之十二门徒,亦未能尽晓,尤难施诸实行。故自彼死后,弟子弃之星散,后又以为耶稣必将复活,重复团结,宣传其教犹太、叙里亚之间,然其势未盛。最后保罗受洗礼,乃传之于希腊,罗马,西班牙诸国。保罗(Paul)为一入罗马籍之犹太人,曾受广博之教育,善为辞章,能希腊语,汇通东方神学。彼未闻耶稣教义之前,已为一宗教的理论家;至了解耶稣教义后,即利用之以建设一神学系统,极奇妙穿凿之致。彼既学问湛深,笔锋犀利,且又周游各地,勇敢有为,耶稣教义,因之大为传播,其所作书翰,人争抄诵之,至今日犹为教门宝典。后因罗马大火,人诬为新教徒所为,与彼得同及于难,殆其死时,基督教基础已完全确定矣;后世学者,多许为真正斯教之建设者云。

保罗尝宣言耶稣为超人而具有神性者,此语在当时固增加许多传教之力量,惟后代又引起无数之纷争。耶稣为上帝乎? 抑为上帝所造乎? 其与上帝一体乎? 抑与上帝有别乎? 此实一难解之问题也。

罗马皇帝,对于基督教徒,素抱压迫杀害之态度,以其反对习俗,反对制度,反对法律故也。惟以其教义之正大,信徒之热心,前仆后继,以殉道为荣,故愈压迫而教愈盛。至君士坦丁之世,深知基督教潜势力之不可侮,乃利用之,以收拾当时罗马土崩瓦解之残局;公元三二五年,召集宗教会议于尼西亚(Nicaa),帝自为主席,以谋一调和协合之策。盖当时讲神学者约可分为三派:一,阿利安派(Arians),为阿利留(Arius)所创,以为耶稣为上帝所创造,次于上帝。二,萨伯力阿斯派(Sabellians),以为耶稣为上帝之一方面,上帝可以为创造者,为救主,为福星,亦犹一人之身,可以为父,为受托者,为客人也。三,三位一体说派(Trinitarians),为阿塔内细阿(Athanasius)所创,以为圣父圣子圣灵,于人格为三位,于实质则一体。此三派者,互相排斥,互相攻击,甚至于互相杀害。讨论结果,三位一体派胜利,帝因亦起而拥护之,至此基督教始有固定之教也；其他背于此义之二说，皆被斥为异端，此胜而彼衰矣。又后狄奥多西（Theodosius）出，更明定三位一体派之基督教为国教，将国中所有教堂，全部授之，并毁一切异教徒之神庙，教会及教士，皆享特权，不信者，受惩罚，于是基督教之统一精神，超越权利，俱确定焉。

基督教所以发达，教义正大，信徒热心，皇帝保护，社会需要，皆其主要原因；然尚有一中心条件，即组织严密是也。全体教会，系统整然，各级教士（clergy），与各地方行政长官相当，逐渐造成一基督教国家（Christendom），超于政治之外，另为一特殊组织。以镇为小教区，县为中教区，省为大教区：镇设牧师（priest），管理全镇之教务，兼训导其人民；县设主教（bishop），管理全县之教务，兼训导其人民；省设大主教（archbishop），管理全省之教务，兼训导其人民。其总理数省或一国之教务者，谓之总主教。十世纪时，东罗马有总主教四：一在君士但丁堡（Constantinople），一在安提阿（Antioch），一在亚历山大里亚（Alexandria），一在耶路撒冷（Jerusalem）；西罗马有总主教一，在罗马城。各控一方，俨然方伯矣。

东罗马帝国，政教不分，君士但丁之皇帝，仍为各方共主，故教权难以提高；且总主教四人，各不相下，命令难期统一，故无教皇之事发生。西罗马帝国则不然，自蛮族入寇后，帝国覆亡，政治上已失重心，教权因而发展，此其一。意大利人在罗马总主教保护之下，苟延残喘，偷安旦夕，群起拥护之心，此其二。罗马为历代故都，地位超于其他各城之上，又有耶稣大弟子彼得遗迹，以增加其价值，此其三。罗马总主教，历任多公正廉勤精明强干之人，处事得当，众心摄服，此其四。有此四因遂由罗马总主教进而获享教皇（pope）之名，意即神父之谓也。最初尚无限制，葛雷（Grepory, the Great）时，乃宣言唯罗马城中之总主教，得称教皇云。自此以后，基督教权，集中于罗马，而罗马教会，遂运手腕，支配西欧之宗教政治事项矣。

在罗马总主教权力逐渐膨涨之际，东西教会，已显裂痕；盖自东西帝国分裂以来，两方因政治，风俗，语言，地势之不同，早各趋于相异之路，惟名义上尚未决裂耳。教皇葛雷以后,两方愈不相下,卒因教条上字句之增减,破脸脱离,时东教会主张圣灵由圣父而来,西教会主张圣灵由圣父及圣子而来,仅多一字(Filioque);东教会不从,遂被逐出,由此各行其事,东教会称希腊教(Greek Catholic),西教会称罗马教(Roman Catholic)。两教分立后,罗马教皇,更脱离东帝之牵制,威权日臻隆盛,不特意大利人,视为共主;即西欧各国,亦受指挥,教皇土地,布满意大利半岛上,其所派之僧正,周游于诸族之间,对内对外,一人负责,始而与国王职权平等,继而超出其上,虽昔日罗马皇帝,无以加焉。

罗马人在政治方面,军事方面,法律方面,在在显其统治天才,于宗教亦然。罗马教皇,尝宣言其权神圣不可侵犯,因彼对上帝负责;由是则国王而欲享神圣之权者,亦当由教皇授与。公元七五一年,佛兰克宫相丕平(Pepin),以得教皇之许可,亲为祷告,乃即位称王,王权神授之观念,脱胎于此。公元八〇〇年,教皇利奥第三(Leo III),欲再兴西罗马帝国,遂于圣诞日,在圣彼得教堂中,为查理曼(Charlemagne)行加冕礼,作罗马人之皇帝,教王授权自此始。公元九三六年,德王鄂图第一(Otto I)为教皇驱除劲敌,教皇约翰十二(John XII),乃以神圣罗马皇帝之冠,加于鄂图头上,神圣罗马帝国自此始。代表上帝,授皇帝以神圣之权,此教皇之无上光荣,亦即其地位和权威,继长增高之一大原因也。

教皇不特能与权,且亦能夺权,盖俨然众人之君,众王之主矣。公元一〇七三年,神圣罗马皇帝亨利第四(Henry IV),与教皇葛雷第七(Gregory VII),争封主教之权,葛雷处亨利以破门罪,诸侯皆叛,亨利走谒教皇,叩门请罪,立风雪中,三日始克。一二一四年顷,英王约翰(John, the lost land),又与教皇英诺森第三(Innocent III),争教士任命权,被处破门罪,王献国土于教皇,始得赦免。由前之三次与权,及此之二次夺权观之,可以想见教皇之威严,何其炙手可热也。不特人民生杀予夺之权,操之教皇;即国王生杀予夺之权,亦操之教皇,自古及今,除罗马诸恺撒以外,尚有比此更强有力者乎?前述之罗马以教权征服世界,于此足证其非夸,而意大利人之引以自豪,亦固其所,宜乎百世以下,闻其风者贪廉懦立也。

第五节 文艺复兴

十四十五世纪,欧洲诸民族间,发生一种新运动,起源于意大利,传播于英法,终蔓延于日耳曼及斯堪底纳维亚半岛,是为中古与近世间一大转机,历史家称为文艺复兴(Renaissance),有再生之意,犹言希腊罗马文化经中古时代千余年湮没,至是得再生(rebirth)也。昔人极推崇希腊罗马之文化,以为登峰造顶,无以复加,后人只宜模仿因袭之,若不研究古文,则文化之程度,断不能达于极点;则其目十四十五两世纪之脱离宗教束缚,而自由研究希腊罗马之文艺,为思想学术之再生,亦固其所。

虽然,文艺复兴之意义,初不以返于希腊罗马而止,而其影响所及,亦至宏博伟大,语其要者约有二端;即人之发现,及宇宙之发现是也。人之发现云者,即人类自己觉悟,自己实现之谓。中古时代,人权斫丧,政权衰落,惟教权独张,教皇及教会,有支配世界之能力。人与宇宙之间,间以神;人神之间,间以教会;而人乃为神之奴隶,教会之奴隶矣。自有文艺复兴,而人乃得用其思想,用其聪明,用其判断,乃得认识自我,表示自我,不事事仰神与教会之鼻息,此复古学派,所以有人文学派(humanism)之称焉。

世界之发现云者,即自然之享乐,与自然之研究之谓。中古时代,轻现世,重来世;轻物质,重灵魂;轻享乐,重刻苦;轻美术,重经典;以虔诚忍耐,作孽自受为极则;故有谓登布朗克山(Mt. Blanc)颠,坐日内瓦湖(La ceo Geneva)畔,而懵然不见湖山之美之诮。至于星体若何?动植物若何?宇宙万象若何?欧洲之外大地若何?更不暇究诘矣。自有文艺复兴,而人得享受自然之美研究自然之秘,他日哥白尼(Copernicus)之地绕日说,哥伦布(Columbus)之地圆说,牛顿(Newton)之万有引力说,拉普拉司(Laplace)之星云说,皆研究自然之奇绩焉。

在未述文艺复兴之前,当先述欧洲中古末期状况,以明时代背景。西欧方面,十二世纪以来,盛行私塾讲演之别,其后组织公会,谓之大学

(universities);巴黎大学,波伦亚大学,剑桥大学,牛津大学,其尤著也。盖学术重心,已渐由东及西矣。东欧方面,土耳其人猖獗异常,于一四五三年,灭东罗马,组织倭脱蛮大帝国(Othoman Empire),埃及两河流域乃至巴尔干半岛,皆归版图,且进迫奥大利,因气候不宜而退。至于全欧,盛行所谓寺院制度(monastery),资产雄富,位置清胜,规矩谨严,修道士众多,壮者任工作,弱者习抄书,因是人才蔚起,各种专家,更不绝书。而各地之教会,因滥用权威,常与国王发生冲突,为各地诸侯所不满;且苛税勒捐,浮华奢靡尤为一般人民所唾弃,其势力则稍稍衰矣。

更进一步,追述意大利当时状况,以明地理背景。意大利自中世以来,久属德意志管辖,后教皇与皇帝争权,诸强盛都市,乘机独立,十五世纪,分裂为数国:北部为威尼斯(Venice)民主国,米兰(Milan)公国;中部为弗罗棱斯(Florence)民主国,教皇领地(Papal state),及萨瓦(Savoy)公国;南部为那不勒斯(Naples)王国。近海诸市,皆因十字军东征后,东西商业发达,文化沟通,意大利以雄踞地中海中心之故,得风气先,故各市俱极繁荣隆盛;就中文化以弗罗棱斯最著,商业以威尼斯最著,其学术与财富,倾动全欧。

一因教会腐败,权利衰微,学问之研究,渐趋于自由。二因希腊罗马之古籍,得修道士之抄录与保存,不致完全消灭。三因十三世纪,西欧有大学之建立,渐开学问智慧之花。四因十字军东征以后,亚阿伯之文明,次第输入。有此四因,故文艺复兴,遂发生于十四十五世纪。又因一,东罗马灭亡后,希腊学者,多挟书籍以奔意大利。二,弗罗棱斯,米兰,威尼斯等新市府,因通商之结果,财富增加。三,因意大利为罗马帝国之根基,历史光荣,文化绵远。有此三因,故文艺复兴,遂发生于意大利;又由意大利蔓延及于其他各国,终至波动世界。是以文艺复兴,亦为意大利光荣历史之一,为其立国要素焉。

文艺复兴,带有两种色彩:一为文学,一为艺术。文学界之巨子,有三人焉,皆弗罗棱斯人也:首为但丁(Dante),生于一二六五年,卒于一三二一年,其诗之名著,曰《神曲》(Divine Comedy),写但氏追寻其情人比揣斯(Beatrice)首游地狱继至静界,终入天堂,诗为寓言体,其所写,实则中古社会之缩影也。又有科学名著曰《盛筵》(The Banquet),虽仍以地球为中心,而地圆及引力之说,已见梗概矣。是二书,皆用意大利方言作成,提倡国语文学,当推但氏为最早。其次为佩特拉克(Petrarch),生于一三〇四年,卒于一三四七年,初习法学;后弃之,学拉丁及希腊文,为抒情诗之鼻祖,尝作十四行格抒情诗,求婚于情妇罗拉(Laura),亦提倡国语文学。又性好古敏求,尝漫游各地,搜集古代钞本,碑帖,及金石,而以新意注释之,实为复古学派巨子。再次为薄伽邱(Boccacio),生于一三一三年,卒于一三七五年,初学航海,后专攻文学,以诗及小说见长,其名著《十日记》(Decameron)写青年男女十人,男七女三因被难会聚于乡间,凡十日,各说一日故事;描写十四世纪之社会,淋漓尽致,人称之《人曲》,盖对于但丁之《神曲》而言也。又著神学地理等字典,当时学者,莫不称便。三人而后,虽每代不乏名家,如格里苏(Chrysoloras)等,而魄力之伟大,思想之崇高,则稍逊矣。

艺术界之巨子,有四人焉:首为格阿多(Giotto),弗罗棱斯人,生年未详,卒于一三三七年,但丁之契友也。自幼学画,工绘肖像,且精雕刻,圣彼得寺之那维西拉(Novicella)雕刻,即其杰作也。又精建筑,康白奈(Companille)塔,即其所造,精伟绝伦,罗斯金(Ruskin)尝推为世界惟一之精美建筑云。其次为芬奇(Leonardo da Vinci),亦弗罗棱斯人,生于一四五二年,卒于一五一九年,于文学哲学科学美术无所不通,其绘画作品,能以自然与人生相调和,故其人物画,若有饱尝世味之灵魂,活跃纸上。再次为安极乐(Michael Angelo),突斯干(Tuscany)人,生于一四七五年,卒于一五六四年,以一身兼绘画雕刻建筑三种特长,其绘画作品,如大卫摩西神像,及苏斯丁(Sustine)教堂之壁画,皆能搀以雕刻之精神,于写实中,表现巨大之势力与生气。又尝与布刺曼德(Bramante)拉斐尔共同建筑举世知名之圣彼得礼拜堂,穷极精巧之致。又次为拉斐尔(Raphael),生于一四八三年,卒于一五二〇年,可谓集绘画之大成者。其艺术之要点在能使心灵与肉体相调和,故其作品,纯洁而高尚,通俗而切近,又且结构精审,气象静穆,使人摩娑不忍释手。

上言文艺复兴,发生于意大利,传播于英法,终蔓延于日耳曼及斯堪底纳维亚半岛。兹先由文学方面,述其发展:十五世纪时,意大利教会,常遣学者,周游欧西各国;反之欧西各国,亦时有商旅教士,赴意大利。因之古代文学,遂以流传,各地争论古书,如英国加来第(John Colit),德国之路克林(Reuchlin),提倡最力。然学有深造,能自树一帜者,当推伊拉马司(Erasmus),罗特丹(Rotterdam)人,生于一四六七年,卒于一五三六年,初为修道士,后游巴黎,伦敦及意大利诸地,通拉丁、希腊语,所至交其学士文人,因而名震全欧。尝著书曰《愚人之赞美》(Praise of Folly),攻击当时教长之贿赂溺职,教会之吹毛求疵,教民之迷信崇拜,流传甚广。氏最大功劳,在于译《新约全书》(New Testament),将其付印,后士学者诩为宗教改革第一人焉。

再由艺术方面,述其发展:十六世纪,法有卢宾(Rubens),德有都拉(Durer),哈尔滨(Holbein),皆以善画著名,师法意大利。十七世纪,荷兰有二大画家:一为佛兰斯哈尔(Fraus Hals),一为郎卜兰(Rembrandt),画工精妙,又创油画之法,西人推为近世画家宗祖。同时西班牙亦有画师二人:一为维拉斯鸠(Velásquez),一为莫利罗(Murillo),亦研究意大利画法,为南派大家。在法国有罗林(Claude Lorrain),工风景画;在英国有樊德克(Van Dyck),以意大利画法,设帐授徒。凡此诸家,或仅模仿,或有独创,直接间接,皆受意大利艺术之影响云。

文学与艺术,语其体虽分道扬镳,语其质实有共通之点。其点为何?即以希腊精神,融会于希伯来之精神之中;以人世之追求,代天国之希望;以思想之解放,代精神之束缚;以生动代静寂;以活泼代严重;以研究代迷信;以观察代冥想。此文艺复兴之真精神,所谓人之发现,世界之发现,即在于此。方其在意大利时,尚不免带古典色彩,传至北欧及英伦以后,古典色彩愈淡,科学精神愈浓;近世医学,化学,天文,地理,物理,航海,诸学之进步与发明,皆食文艺复兴之赐也。

参考书目

1. Mill：International Geography.

2. Statesman Year Book. 1929 Edition.

3. Wells：Outline of History.

4. 李泰芬：《西洋大历史》.

5. 蒋方震：《欧洲文艺复兴史》.

6. 周传儒：《新撰世界史》.

7. International Encyclopedia：Italy.

8. Breasted：Conquest of Civilization.

9. Robinson：Ordeal of Civilization.

第二章　意大利之统一

第一节　分裂之原因

在前面一章中，著者首述意大利之优越地理，如地势及民族等，以明其建国之物质的基础；次述意大利之光荣历史，如罗马文化，天主教堂及文艺复兴等，以明其建国之精神的基础。建国基础既明，然后知意大利之所以能成为近代欧洲一大强国者，初非偶然，盖其渊源远矣。今请进而研究统一情形，中间经过欧战影响及最近状况。

意大利人，尝自诩为文化先进国家，然其国土之统一，政治之独立，乃在欧洲列强之后，直至十九世纪，始克实现。十九世纪以前，境内裂为许多弱小邦国，是极易为欧洲大国所蹂躏，凡强有力者，无不思在意大利半岛去扩张其领土。西班牙，法兰西，奥地利，皆先后或直接吞并意国领土之一部分，或间接统治意国境内诸小邦，盖全境独立小邦，所有君主几全属外族，尤以奥地利、西班牙人为最多。

四分五裂，为意国衰弱之根源；而其所以分裂之由，首在诸小邦互不相下。十五十六世纪，为意国统一之酝酿时期；惜此时意国境内，并无一强有力之君主,其势力足以征服全部意大利半岛,连合诸小邦而为一。大思想家马基维利(Machiavelli)因尝梦想出一雄才大略之君主,完成统一事业矣。然各邦之中,如威尼斯(Venice)、弗罗棱斯两共和国,那不勒斯王国,俱势均力敌,互不相下。各邦为狭隘的地方观念所囿,互相仇视,彼此冲突,时或酿成战争。故统一二字,自意大利人观之,不过损人利己之托名,徒足以供野心家之利用耳。则国家观念,在意大利人脑中,日益淡薄,又何足怪乎?

其次则教皇反对统一,亦为分裂之由。自丕平及查里曼时代以来,教皇即为教皇领地(papal state)之主人,一切政治大权,悉在其手。使意大利而完全统一者,教皇领地即无存在之余地,而教皇之政权,亦完全消灭矣。历届教皇,皆主张领地内之人民,不得受任何君主之干涉;否则教皇之教权,亦将受其影响,势不能行使其职权,公平正直以凌驾所有天主教国家之上。拿破仑时,囚教皇于芬田卢布,此宗教史上之奇耻大辱也。在意大利境内,决不容有此种拘囚之事实发生,然后教皇之尊严,方不致受人蔑视。职是之故,历届教皇,皆极力反对,或防止意大利之统一;而统一事业,乃难实现。

再次则十八世纪,意大利之衰乱,亦为分裂之由。方十五十六世纪之顷,政治方面,虽极割裂破碎,而文化方面,固极发达繁荣。全世界之人奔走骇汗以赴威尼斯,弗罗棱斯,热内亚,罗马诸城,洗耳倾听于诸大艺术家,学者,科学家之脚下,盖为文艺复兴之思潮所震动,不得不顶礼膜拜也。惟自新大陆新航路发现以后,意大利之命运,骤然变迁。十七世纪大西洋已代替地中海为商业之冲途;北欧又代替南欧为文化之枢纽。殆至十八世纪意大利之繁华乃一蹶不振矣;如威尼斯,热内亚,弗罗棱斯,米兰诸城,向之为商业中心者,今已频于经济破产,向之门庭如市者,今已可设鹊罗,其势力逐减消灭,其文化逐渐衰亡,吁可慨已!繁荣发达既去,破碎割裂犹存,故十八世纪之意大利史,谓之直等于零,可也。在此时代中,大多数之人民,皆困乏,愚昧而迷信;君之视民如草芥,民之视君如寇雠;而上流社会,游心于过去之荣华,形诸梦寐,而未尝一念顾到将来之发达,思有以拯救之。全意大利,皆如春梦方酣,任人揶揄侮弄,绝无复醒之望。

又次则外力之侵入,亦为分裂之由。盖世雄才拿破仑,曾数次以兵侵入意大利,建设新国,受法兰西之指挥。西北一部分,直接割让与法国;北部之伦巴底、威尼斯,成立一国,名为意大利王国,拿破仑自为君主;南方大部,建设那不勒斯王国,以米拉(Marat)为君主;自是而后,意大利俨然成为法兰西之保护国矣。虽然,拿氏首先恢复意大利之国名,且所输进之制度及思想均足唤起意人统一之观念。拿破仑败亡,梅特涅继起,意大利人民又宛转呻吟于奥地利铁蹄之下,自伦巴底以至罗马,皆入其势力范围,最后到一八五九年,意奥战争,始将外人势力,完全逐出,又后到一八七〇年,意大利之统一,乃得完成。语详于下节中,兹不赘述。

第二节　统一运动

拿破仑之亡也,欧洲方面,流行两种思潮:一曰民治主义,一曰民族主义。故自一八一五至一八七〇年,德意两国之间,皆有自由运动及统一运动;换言之,即在各小邦组织立宪政体,又联合各小邦而成立统一国家是也。惟自维也纳会议以后,法衰奥强,各地皇族复国,意国人民,仍有两种压迫:即国王之压迫,与外族之压迫。言论自由,结社自由,在当时悬为厉禁;故意人所企求之统一与自由,不能以和平方法得之;乃转而采取激烈手段:叛乱也,破坏也,暗杀也,随在皆是。

为此种激烈运动之中心者,曰烧炭党(Carbonari)。是党之目的,在统一意大利,成为一立宪政体;其组织极严整,其行动极秘密。惟因缺乏具体的计画,以实现其目的,故往往出于极端的破坏手段,以为压迫打倒之后,统一计划,自然出现矣。故烧炭党人,时时暗杀官吏,破坏财产,其行动乃大似罪犯,不似爱国组织云。

一八二〇年,西班牙革命成功,意人羡慕之,同年,那不勒斯之烧炭党首起革命。国王斐地兰一世(Ferdinand I),恐军队之附和党人也,一面故示宽大,即颁布宪法,并以西班牙之宪法,为根据焉。一面又求援于奥国,奥国即遣兵入那不勒斯,推翻民主,恢复专制,放逐拘禁者,以万计。明年烧炭党再起革命于比得茫(Piedmont),采用绿白红三色旗,以为国徽,不特要求立宪,并求对奥宣战。国王阳玛诺(Emanuel),不愿酿成内争,更不欲引起外患,因让位于其弟查理菲列(Charles Felix),菲列求救于俄奥,两国皆以兵入,叛乱遂平。一八三〇年,烧炭党又起事于马得拉(Modena),巴模(Parma)及教皇领地,亦俱先后为奥军所败,至是而意人之衔恨奥人,与日俱深矣。

意大利人此种爱国举动,虽叠经失败,而气不稍阻。彼等所以失败,其原因在无民众为之后援,叛乱各邦,皆带地方色彩,除本地方外,其他各方,皆袖手坐视,宜其不能继续也。烧炭党人,义勇可嘉;然只能保存全国之革命精神;其宣传不到下层阶级,因之民众对于全国之自由与独立,犹秦人视越人之肥瘠然,滋可惜矣。继烧炭党人而起者,约有三派:其目的皆在全意之统一,而彼此方法不同,可分述之如左:

一激进派 自一八三〇年革命失败以后,意大利之分裂如故,奥利利之压迫愈烈,革命分子,多逃往瑞士,组织青年意大利党(Giovina-Italia),以玛志尼为之魁。是党主张意大利必须为民主共和国,以自由之宪法及法律为基础,青年学子多属之。一八四八年,法国二月革命起,少年意大利党,受其影响,在威尼斯,弗罗棱斯,罗马起事,俱改建共和国,玛志尼(Mazzini)为执政,加里波的(Garibaldi)为将军。后因法国之干涉,一八四九年,罗马为法军所攻破,青年意大利党完全失败。

二保守派 与玛志尼同时者,尚有几尔伯特(Gioberti),彼以为意大利乃天择之人类领袖,大思想家但丁,大实行家拿破仑皆生于此,彼主张意大利必须为联邦国,以教皇为公共君主;然反对以武力促成之,须让各邦人民自动加入。一八四六年,教皇庇护(Pius IX)即位,采用宽大政策,又遣贤明之罗塞(Rossi)统治教皇领地,并宣言反对奥人,因此极得国人之同情,爱国志士,多称颂之。

三温和派 萨丁尼亚国王亚尔泊特(Albert)即位后,改良政治,扩充军实,以待时机,一部分爱国党人,奔走于其部下。是派主张意大利必须为君主立宪国,以萨丁统一各邦,再建立宪政体,而以萨瓦家统属之。一八四八年,奥国政变起,王得诸小国之助,率兵侵入奥领各地,初连获胜,继而奥援大至,遂败于克斯特塞(Custozza),结休战条约四十五日,未几又败于拿维罗(Navarra),统一失望,遂让位于其子阳玛诺第二而隐遁云。

第三节 建国三杰

罗马精神,天主教堂精神,文艺复兴精神,经数百年之消沉,至十九世纪而复活,震荡酝酿,弥漫于全意大利半岛。于此时期,产生三大英雄,合力以创造意大利之统一;或以笔舌,或以武力,或以手腕,时分时合,终告成功。此三人者,一为玛志尼,一为加富尔,一为加里波的,今分述之如下:

玛志尼(Giuseppe Mazzini)生于一八○五年,卒于一八七二年,意大利之爱国先觉也。其祖若父,皆居于热内亚城(Genoa),家道小康。幼时在热城大学,习法律。然氏尤好文学,对于但丁,推许崇拜,无所不至;尝于文学杂志上,介绍其作品。但丁对于当时青年,盖有一种不可思议之魔力焉。玛氏在学生时代,即留心国事;以母国之见凌于异族也,着黑衣服以哀悼之。年二十五,入烧炭党,被捕入狱,因居多暇,深思力索,其思想乃大成就。一八三一年,被释出狱,脱离烧炭党,另组织少年意大利党。

玛氏受法国革命之影响极深,故醉心于民治主义;又受但丁之影响,故醉心于国家主义。氏以为凡有血性之青年,皆当牺牲其身体,以救母国于暴君及外族势力之下。氏之民治主义,盖以智识阶级为首领,以领导民众,共循于自由平等之下。而其国家主义,则一方尊重自己之母国,竭全力以爱之,同时又尊重他人之母国,而不相犯。对于人生哲学,氏犹注重个人之责任。常谓十九世纪之自由主义偏重权利,致社会形成散沙,无团结可能。氏以为责任主义可为意大利对十九世纪文化之新贡献。氏笔锋犀利,口若悬河,对于意国青年,有一种主人魔力,受其鼓动者,有如麻醉,他日意大利之统一,虽非亲手造成,而鼓吹之功,不可没焉。

加富尔(Cavor)十九世纪之大政治家也,生于一八一〇年,为比得茫世家子,诚毅坚定,博学多能。稍壮,遍游欧洲大陆,在英法两国时尤多,对于英之国会制度,赞赏不置。对于政治外兼好经济学,亦有深造。加氏不如玛志尼之能文善辩,而头脑冷静清晰过之,虽生于贵族家庭而富于平民色彩。尝主张意大利必须统一,而统一必须有一中坚势力,以为基础;萨丁尼亚,适当其选;无论对内对外,全国人民,必须一致拥戴萨丁王,始克有济。

加氏遍游欧洲归来,即在萨丁供职,一八五〇年,始作商业总长,又后二年,作内阁总理,勤劳王事,几以此职终其身。加富尔与阳玛诺第二之关系,犹之毕士马克与威廉第一之关系,君臣之间如鱼得水。加任职后,即注重经济改革,建筑铁路,奖励工商,整理财政,不遗余力。氏又反对罗马旧教,通过几种法律,减杀寺院及教会之权力,王权由是巩固。氏之所长,不单在内政,尤在外交,首先联法攻奥,继又联德抗法;从两次战争中,争得意大利之统一与自由,其详情具见下节,不赘。

加里波的(Giuseppe Gariboldi),一浪漫而勇敢之军事家也。生于一八〇七年,卒于一八八二年。其爱国精神,完全受玛志尼之影响;年二十四,加入少年意大利党,因参与革命,应处死刑,潜逃入南美洲,劝彼邦志士革命,声誉鹊起。一八四八之变,加里波的回国,组织爱国义勇军,得三千人,皆爱国不顾身之勇士也。罗马之役,虽以寡不敌众,见败于法,然全国对之,崇拜极深。失败后,又逃往南美洲,流浪数年,时为制烛匠,时为船夫,以避他人之耳目。

氏为人热心顽强坚定,骁勇而有大度,最能以少胜众,视艰难困苦,如家常便饭也。一八五四年,复返意大利,因与加富尔政见不合,未受军职。一八五九之役,曾募集义勇兵,屡败奥人,奥人皆畏之。加里波的最大之武功,尤在于西西里之远征,一八六〇年,氏率义勇兵千人,入西西里,不一月,计平之;同年九月,入那不勒斯,人民及军队,皆表热烈之欢迎,佛兰西斯遁逃,遂征服南意大利。因不欲见意大利之破裂也,拱手而献之阳玛诺第二,解甲归农,意大利于此统一焉。

第四节　克里米战争(Crimean War)

在加富尔之前,烧炭党人,欲以其叛变手段,统一意大利,既失败矣。少年意大利党,欲以骚动手段,统一意大利,亦失败矣。萨丁王亚尔伯特,欲以其作战计画,统一意大利,又失败矣。此时回旋于意大利人之脑中者,非统一之目的问题,乃统一之方法问题。为全意统一之大障碍者,当为奥皇之干涉内政;其余内部之专制君主,犹癣疥耳。欲统一意大利,非驱除奥地利不可,而驱除奥地利,又非萨丁尼亚,独力所能办到,一八四八年之战争,其明证也。

加富尔对于民众势力,素无信仰;以为无组织无供给之少数暴民,欲与奥地利抗,亦犹螳臂当车,其失败也无疑。其对于玛志尼之空论,以为不过以大言欺人,毫无实行能力,徒足以自杀其身。在加富尔之胸中,有一新奇而勇敢之计画,即欧洲应与意大利联络是也。前此欧洲之干涉意大利内政,盖数百年矣;今后欧洲人又岂不能干涉意大利之内政乎。换言之,即加富尔主张萨丁须与欧洲任何列强结为同盟,以驱逐奥地利人为目的;然后意大利统一之障碍,始得铲除。

萨丁须与欧洲列强联络必矣;然欧洲列强之中,何国最为适当乎?经再四考虑之后,加富尔决意联法,其理由有五:第一,拿破仑第三,其祖上含有意大利血统,盖来自半岛外之科西嘉岛故也。第二,当彼放逐在外,漫游意大利时,曾加入烧炭党,为其会员。第三,彼固笃信民族主义,对于意大利之独立运动,必表同情。第四,奥法宿为世雠,意法又俱为拉丁文化国家;抗仇雠而援友国,殆为法国人之共同心理。第五,意大利之萨瓦(Savoy)、宜斯(Nice)二州,说法国语,以此为酬,固法人所求之不得者也。

于此有一问题焉,即蕞尔之萨丁,是否有与法国结为同盟之实力是也;加富尔为表示有此实力起见,故加入法国正在作战之克里米战争。公元一八五三年,俄法因争耶路撒冷之希腊、罗马宗教保护权,大起冲突;英为保护其地中海权,印度领土起见,联法抗俄;土耳其,宿与俄为世仇,兼欲恢复已失领土,当然反俄;于是法英土三国,共同向俄国作战,法英之军,皆自克里米登陆,故世称克里米战争。两军相持,前后二年,各有胜负,粮缺天寒,死亡狼藉,法英几欲撤兵。

加富尔于此时,以为千载一时之良机至矣。法人正需帮助,苟与以实力后援,必能得其欢心,且战后和议意国代表,当然列席,正可于会场中,宣布奥地利之暴虐,与意大利统一之必要,列国必表同情。于是遣兵一万七千人,与风马牛不相及之俄国作战,联军得此生力,合围之势大振,遂陷久攻不破之塞巴斯脱堡(Sepastopol),俄兵败退几至于不可收拾。

俄帝尼古拉斯第一(Nicolas I)正病,闻萨丁加入联军,逆料塞巴斯脱堡之难守,忧虑战事前途,怀想守兵苦痛,痛恨积愿不偿,病益加剧;一八五六年三月,坚堡既下,帝病旋卒。亚历山大第二即位,因奥普之调停,遂于同月,与法、英、萨、土结和于巴黎:"一,黑海划为中立地,多瑙河航权公开;二,俄放弃土耳其方面,希腊教之保护权;三,土须改革内政,定信仰自由律;四,列国尊重土耳其主权之独立,与领土之保全。"此役也俄人损失最大,土人所得最多,法国因是握欧洲之霸权,而萨丁,一无所得。

萨丁之加入联军,自浅识者观之,佥谓为人作嫁,劳民伤财,实天下至愚至拙之举。然自高瞻远瞩之加富尔观之,则精神上,完全胜利矣。在巴黎和会中,加富尔代表萨丁列席,参与列强之林,提高国家地位;此其一。既而痛陈奥国在半岛之专横,意大利统一之必要,不统一则为欧洲和平之患,极能得列强同情;此其二。会后萨、法国交日益亲睦,信使往还无间;此其三。有此三点,足以偿还出兵之损失而有余,他日意法联合攻奥,盖基于是焉。

第五节　意奥战争

参加克里米战争,为意国联法之准备,联法则对奥作战之基础也。自巴黎和会以后,拿破仑第三,对意极表好感,然犹未结为同盟,会有一事,足以促同盟之实现:一八五八年正月十四日,帝方驱车外出,意大利爱国志士阿西尼(Orsini),以炸弹遥掷之,帝虽幸免,伤及街旁行人无数。阿西尼于就刑之前,投一书于帝,申述其所以图谋暗杀之由,盖欲全世界人注意意大利之疾苦,兼欲拿氏被发往救也。帝遇此事后,对意深表同情,且恐再有同样事实发生,危及生命,乃决意干涉意之内政。

一八五八年七月二十一日,加富尔与拿破仑第三,会于法国一小城卜仑贝尔(Plompiere),彼此交换意见。结果极为圆满,成立意法同盟,其计画如下:一,法萨联军,决驱逐奥人于伦巴底、威尼斯之外,时两地俱为奥国领土;二,巴模与马得拉公国及教皇领地亦俱合并于萨丁尼亚;三,以中部突斯干(Tuscany)及教皇领地之一部,组织中意王国;四,罗马城及附郭一带地方,留与教皇,并以教皇为萨丁,中意及那不勒斯三王国之共主;五,萨丁割萨瓦及宜斯两地于法,此为报酬。意王幼女克罗希德(Clotilde),嫁与拿破仑第三之侄为妻。

法意同盟既成立,加富尔即着手引起奥地利之进攻,在各公国境内,加富尔所派之暗探,日出骚动,奥国政府大怒,势将对萨宣战。英国出而调停,奥人不受;并向萨丁提出最后通牒,请于三日之内,解除武装,否则宣战。宣战固意人所求之不得者,加富尔立即批驳此项通牒。一八五九年四月十九,奥人对萨宣战。全欧方面,皆不直奥人之所为,以为恃强凌弱,法人尤为愤慨,派遣大兵,铺已盖岭而来,以拯救之。统兵军官非他,即拿破仑第三,彼盖为践其释放意人之约而来也。

一八五九年之奥萨战争,延长两月,主要之军事问题,即在将奥军驱出于伦或境内之四角堡(quadrilateral)以外。前后有两次大战,初战于马琴他(Magenta),继战于索非里诺(Solferino),联军大胜,奥军被迫,退出伦巴底。正拟进攻威尼斯,而拿破仑第三,未得萨丁之许可,单独与奥国言和。加富尔闻之大骇,几至发狂,平时冷静态度尽失,即劝阳玛诺单独对奥作战,阳玛诺知其不可,婉言却之。加氏愤前功之尽弃,即向萨丁王辞职,王许之;惟六月后,复还原职。

拿破仑第三,何以中途捐弃萨丁尼亚乎?其理由极简单:第一,则拿氏为人,固肯帮助友人,然不愿助之太过,恐太过则将与彼势均力敌也。彼之初志,不过欲增加萨丁领土,成一北部王国而已。奥既败后,全意空气紧张,在战争期中,马得拉,巴模,突斯干,及教皇领土,即驱逐君主,要求与萨丁合并。意若强大,地中海方面,又添一强邻,以拿破仑之狡桀,岂能容此。第二,则法国境内之罗马教徒,极力反对法帝与意大利境内之民族主义派联合,盖民族主义派为教皇之死敌故也。拿破仑第三为收买人心起见,即退出战团,单独进行和议。

法既议和,萨丁又不能单独作战,一八五九年十一月十日,法奥意三国代表签和约于苏利支(Zurich),战争正式终结。此次战争名义上萨丁虽仅得伦巴底一州,实际上则意大利之统一运动,得巨大之生气。奥既战败,国内各小邦之专制君主,从此不敢引为后援;而各小邦之民族主义派,反得萨丁王国之实力的赞助。全意各党,无论其为民主党,连邦党,王党,无不倚赖萨瓦家为统一意大利之柱石。向日热心民治主义加里波的及马林(Manin)等,皆转而赞助加富尔。即素称不妥协之玛志尼,亦不能不尊重全意民意,而放弃其向日主张矣。

引用外力,压服民众,自是之后,为全世界所不容;英国之帕墨斯顿(Lord Palmerston),至宣言任何民族,皆有自由处置其本国政治之权力。拿破仑第三,对此主义,尤表同情。一八六〇年以马得拉,巴模教皇领地突斯干诸邦,皆举行民族自决运动。投票结果,各邦人民几全体赞成与萨丁联合,遂先后归并萨丁。萨瓦及宜斯两地,亦举行民族自决运动,投票结果,两邦人民,大多数赞成与法国联络,遂同时归并法国。当萨丁国会通过割让两地于法之时,一部分极端爱国家,固亦极力反对;内中如加里波的,尤痛斥加富尔忍心抛弃彼为异国人,盖加里波的,生于宜斯故也。

第六节　统一告成

　　意奥战争之后,萨丁尼亚,虽损失萨瓦及宜斯两地,然合并伦巴底,马得拉,巴模,突斯干,及教皇领地诸邦;北意、中意、几完全统一于一王之下。其尚未归萨丁指挥者,北部惟威尼斯一邦,中部惟罗马一城,南部惟那不勒及西西里两王国而已。威尼斯为奥地利所把持,罗马受法兰西之保护,皆有外交关系,急切难于恢复,不得不静待时机;而那不勒斯及西西里,皆可自由行动;惟萨丁王碍于法奥之嫉视,不敢公然占领,须用间接方法得之耳。

　　加里波的窥破此隐,乃于一八六〇年五月五日,率领供给不周,军械不齐之义勇兵千人,人皆着红衬衣以为记,自热内亚航海出发,对一千一百万人口,十二万五千军队之那不勒国王作战。加里波的率其千人军,自西西里岛西端之马撒拉(Massala)登陆,备尝困苦艰难,卒于一月之中,高唱凯歌以入巴勒模(Palermo),西西里全部征服,加里波的遥举阳玛诺之名,为其总指挥。捷报传布全意,人皆以加里波的为天人,以少胜众,而神速如此,前未之有也。

　　同年八月,加里波的藉其战胜之威,率兵四千人,自西西里航海出发,以征服半岛上之那不勒斯。登岸之后,佛兰西斯之人民及军队皆奔走麕集于加里波的之麾下,兵数骤增至五万人。向那不勒斯进发,沿途畅行无阻,驻防之兵,往往不折一矢而整队投降。佛兰西斯之亲兵,亦多杀其长官,与加里波的相连合。惟在佛尔突罗(Volturno)地方,稍与抵抗,佛兰西斯以两倍之兵,不终朝而败逃,加里波的遂为全王国之总指挥官。阳玛诺闻讯,急以兵至,加里波的,自辞总指挥之职,将百战所得之地,拱手而让之萨丁王,西西里,那不勒斯,马劫斯(Marches),昂布里亚(Umbria),亦竞行投票赞成合并于萨丁,南意大利完全统一。

　　北部之威尼斯,是时虽在奥地利统治之下,然其人民,无时不思与萨丁合并,特以机会未至,不得不暂时容忍。一八六六年,普鲁士之毕士马克,欲行对奥宣战,因与萨丁结为同盟;萨丁欲收回威尼斯,因乐应之。

是年六月战事开始,在南部之奥地利军队,虽叠败意人;而在北部之奥地利军队,七国之间,为普鲁士摧残尽净。八月二十五日,结布拉格和约:奥承认解散德意志联邦,并承认普鲁士为北德意志联邦盟主;普得什列斯威、好斯敦二州;意亦得威尼斯西亚;北意大利,完全统一。

罗马教王庇由第九(Pius IX),倚法国为奥援,不承认新王国,并处阳玛诺第二以下诸领袖,以破门罪,以为不守教规,不遵约束。纵意大利人,能得罗马,急于饥渴,而萨丁政府,终迟迟不肯出此。政府当时,盖深知法国因反欧洲罗马教徒,皆誓死服从教皇;攻击教皇,势将引起法国之干涉,甚或招全欧之反感,故始终抱稳健冷静之态度,坐等时机。至罗马方面,除法国防兵以外,教皇尚有罗马教兵两万人,皆爱尔兰人,比利时人,奥地利人,自愿辅助教皇以抵御意人之侵略者也。

急功好勇之加里波的将军,迫不及待,乃决定单独行动,进攻罗马,政府之静待政策,彼深以为不然。一八六二年,加里波的率其部下,径向罗马出发,政府屡劝不听,不得不派兵防止之;两军相遇于阿斯卜罗蒙特(Aspromonte),加里波的,为其同国人所伤,乃改装归隐于农。一八六七年,再作第二次之进攻罗马计画,门答拉(Mentana)一战,又为法国及教皇之联军所败,于是意人不复思以武力夺取罗马,隐忍静待,又过三年。

至一八七○年,普法战事发生,拿破仑第三,征集全国之兵以抗普,不足,又撤回罗马驻兵。意大利人,久候之下,以为千载一时之机至矣,同年九月二十,急遣兵进占罗马,教皇不能敌,罗马遂下。罗马人举行总投票,以一三四、○○○对一、五○○之绝对大多数,赞成归并于意大利,又经国会中通过,正式定罗马为国都,全意大利,完全统一。教皇之政治权力,从千有余年,至是乃完全消灭;意大利人之统一迷梦,经百有余年,至是乃完全实现。加里波的闻之,抚疮大乐,玛志尼、加富尔二人,虽未获亲与其盛;使灵魂而有知,当含笑于九泉矣。

参考书目

1. 梁任公:《意大利建国三杰传》.

2. 周传儒:《新撰世界史》.

3. Schapiro:Modern and Contemporary European History.

4. C. J. H. Hayes:A Political and Social History of Modern Europe.

5. B. King,A History of Italian Unity.

6. W. R. Thayer,The Down of Italian Independence.

第三章　意大利王国

第一节　南北分裂

　　自一八七〇年全意统一,至一九一四年欧战开始;四十五年间,意大利之政治社会问题:或直接受工业革命之影响,与同时各国皆相同;或间接来自古代历史之遗传,为意大利一国所独具。前者,非本篇范围所及,姑不具论;兹仅就后者言之,则统治及政府方面诸问题,与国王及教皇之关系,实为最奇特而重要。

　　在研究统治及政府方面诸问题之前,不可不注意全国统一之由来:第一,当知意大利王国建设甚骤,由一八五九至一八七〇,为时不过十一年耳;第二,当知全意本为八个小邦,本应合为联邦国,徒以全国民之民族精神,与加富尔之爱国政策,鼓动其间,于是成为统一国。意大利之采用中央集权,而不用地方分权,实行统一政治,而不行联邦政治,于英法为相近,于德美为各殊,在新兴各国中,诚特例也。

　　此种中央集权,统一政治,虽为爱国主义之一种伟大的成功,然中央政府,对于征税及度支方面,欲使半岛各地,皆得其平,颇感困难;尤以教育及民生两事,最难均齐一致。故自一八七〇年以后,革命工作,虽已完成,建设工作,极难进展焉;直至今日,尚有意国之政治家,呕心绞脑,而不能得一适当之处理方法云。

　　为各种困难之中心者,莫如南北分裂问题。北意有肥沃之波河流域,及繁盛之比得茫区,气象发皇,人民欢乐。南意则历代受西西里波旁王家之虐待,气象衰颓,盗贼丛生。故在北意有铁路,有实业,有富豪,有名都,不识字之人甚少;南意则新政不举,实业不兴,人民穷困,市场零落,不识字之人,触目皆是。是则意大利之经济的统一,实为一最复杂而困难之问题,较之政治的统一,可诉诸感情及武力而得解决者,相差甚远也。

因政府努力之结果,其功效甚著,例如:由国家建筑数千哩之铁路,不特于商业及游历上,厥功甚伟;而于文化之宣传上,尤有极大影响焉。此外改良道路,修浚海港,及测量地形地质,亦皆先后着手,进步极速。又极力提倡工厂制度,南部之那不勒斯,巴勒模(Palermo),梅辛那(Messina)以及北部之伦巴底,突斯干,设立俱遍。一八七七年,颁布强迫教育法令,凡在六岁至九岁之儿童,必须入学,虽因财政关系,施行未遍,然对于减少不识字之人数,固极有效力焉。

惟经济的统一,所费甚多;国家财库,除支出政治的统一各种费用外;又增加许多费用,如公共建筑及改良内政等。是以纳税之额,继长增高,意大利国民,平均每人所负担,较其他欧洲各国为尤重。税额增加,在南方贫困之家,固嫌负担不起,生活难于维持;在北方富有之家,又何尝慷慨捐输,急公好义,北方人民,常抱怨用途不正,为南方花费太多;同时西西里方面之政治家,则提出抗议,以为政府要职,多为北方人所包办,公帑尽入私囊。

如此互相轧轹,实为意国内政方面一大危机;差幸国民爱国热心,尚未危及统一前途耳。惟于一八五九年至一八六〇年,西西里之政治家纳西(Signor Nasi),曾倡议南北分立,虽一时小有骚动,然卒未抵成功;维此以往,无复有脱离之表示矣。欧战前整理财政,开源节流,确有长足之进步,经济困难,几于完全解决;不幸一九一四年,大战发生,意大利受其影响,又陷绝境,详情具见下章,兹不赘。

第二节 政教冲突

与南北分裂问题,轻重相当,同为意大利内政上一大障碍者,厥为政教冲突矣。此问题之发生,盖缘民族主义,与民治主义而起;盖民族主义发达,即要求统一国家;民治主义发达,即要求统一主权;彼骈枝于意大利国中,一庞然自大之教皇,固应在所排斥也。在加富尔时代,曾经指出政教分立之原理,以为自由国家中,应有自由教会,换言之,即国家教会,各不相干是也。

加富尔以前,教会与国家,初不分立,萨丁政府,继续的供给僧侣之俸禄,通过主教之任免,公立学校中,宗教教育,视为当然,离婚结婚亦不经国家之核准。自加富尔于比得茫,首先裁抑教会;各邦皆援其例;全国寺院建筑,逐渐减少;教会之财产,亦一部分或全体充公。前者,教会势力,驾乎国家之上;今者国家置教会于掌握之中矣。

关于教皇本身,其政治实权,已于一八七○年,为意国政府所占有,教皇之地位,从此一落千丈矣。一八七一年,在意大利军队占据罗马之后不久,意国国会,又通过一教皇保证案(law of papal guarantees),国王允许教皇以相当之自由。最重要者,为教皇与国王,各于其范围内在意大利有同等之统治权,其身体不可侵犯;教皇又有接见大使派遣大使之权,有处理外交事务不受国王干涉之权。

惟教皇之领土,则限于罗马城内之教皇城(Leonine City),高悬教皇旗于其上,未得教会当局之许可,意大利官吏,不得擅自侵入。又为赔偿教皇所丧失之领土起见,国会通过,每年与教皇六四五、○○○元,此为优待费。此外教皇城内之皇宫,教会,博物院,办公厅,别墅,花园等,概不征税,教皇政府,可以自由使用意国之铁路,邮政,电报等机关。教会成为一自治政府,国家保护其充分之自由;上述之国家干涉教会,自是完全结束。

教皇庇由第九(Pius IX)对于教皇保证案,力加反对,以为此乃意大利之专断,未得国际之同意,如教皇而承认此案,是不啻承认意国政府,而意国政府乃破坏上帝牧师（God's vicar）之土地，并侵犯其自由者也。教皇所最恐怖者，尤在承认议案以后，其在意国方面之位置，固俨如囚房；而在其他各国方面之势力及尊严，又将扫地无遗矣。庇由第九，不特反对教皇保证案，兼反对意国政府所与各种经济的供给；彼自行封锁于其弹丸之领土中，无论如何，不肯外出，尝自称为"教皇宫之俘虏"（Prisoner of the Vatican），继其后者，历代教皇皆采取此种自封政策，一经被选为教皇，即不出宫门一步云。庇由第九，除个人采取消极抵抗外，又召集全国罗马教贵族，通力合作，以图恢复其政权，并积极的禁止意境罗马教徒，在现政府之下，参加任何选举，充当任何职务，此即"不奉命"（non expedit）诏书之主旨也。

教皇此种态度，影响至大，意大利之国内国外关系，无不受其阻碍，全国人民，截然分为两派，其一为热心之爱国家；又一则忠实之罗马教徒也。两派互相轧轹，各不相下，国家方面，教会方面，皆发生许多不良之结果。一方面因大部分意大利人，皆自命为罗马教徒，同时又以爱国之心，教会与爱国主义冲突，使彼等脱离罗马教而去，教会因以衰弱。他方面因罗马教徒，大都善良而忠实，国家与罗马教冲突，使彼等不复过问政治，而意国政府遂全入于与教会无关痛痒之人之手，国家因以衰弱。如此相持，于国家，于教会，俱蒙不利焉。

此种相持的态度，历年未能解决，惟自一八七八以后，至一九〇三年，自教皇庇由第九、利奥十三（Leo XIII）特许罗马教徒，参加地方选举，始有些微妥协改良之望。又至一九〇五年，教皇利奥第十即位，放弃"不奉命"政策，使罗马教徒，参加国会选举，政教始渐调和融洽云。上述三个教皇，皆自称为教皇宫中之俘虏，示不甘心受教也；直至一九一四年，彭勒第克十五（Benedict XV）即位，其重要之宣言，犹为教皇政权之恢复，则教会中人历年之心理，可想见矣。

自欧洲大战以后，罗马教廷与意国政府日趋融洽，彼此俱觉悟合作则两利，仇视则两伤。及法西斯党成功，慕沙里尼执政，慨然有解决六十年来政教冲突之志。一九二六年十月四日，慕氏致函教皇庇由十一，申捐除宿怨之意,教皇答书,希望不损失其领土与主权。于是两方协议,历二年又四月之久,而轰动全世界之罗马问题宣告解决矣。

一九二九年,二月十一日,意王代表、首相慕沙里尼,与教皇代表、教廷首相格斯巴里(Gasparri),签字于罗马之拉德兰宫。条约内容,共分两部:前部为和约(agreement),规定政治事项;后部为教约(concordat),规定宗教事项。说者谓后部较前部尤为重要云。

和约之要点如下:(原文共二十七款)

(一)意大利政府,废除一八七一年五月十三日,所颁布之保障法。

(二)意大利承认教皇国,完全独立。

(三)以梵谛冈城,为教皇国之领土,其详细疆界,由教皇与意政府,共同派员勘定。

(四)意大利承认教皇有按照国际法惯例,派遣使领,及接待外国代表之权。

(五)意大利国有铁路电报电话之通过境内者,教皇得自由使用。

(六)约文附件内规定教皇所让与之罗马城,及其他教皇原有属地,应由意国出资赔偿,其数目为现金七万五千万里耳。

(七)梵谛冈城及拉德兰宫中,陈列之艺术及科学珍宝,应公开阅览。

教约之要点如下:

(一)罗马旧教,为意大利之国教。

(二)意政府承认教会具有法人资格,并承认教会财产的自由处分权。

(三)意国主教,由教皇选任,但须在选任以前,通知意政府,如意政府反对时,应行另选。各地牧师,则由主教选任,通知地方官厅,办法与上同。

（四）教会结婚，认为有法律上之效力。

（五）意大利全国，小学及中学中，应以宗教为必修科。

此约规定后二日，教皇在一学生会中，演说此约之重要。又四日，意国全境，举行庆祝。三月十日，慕氏召集全国法西斯党首领报告此约之经过及其内容。而欧美各国报纸杂志，俱以此问题为研究讨论之中心云。

此次条约之意义有四：第一，则意国统一以来，六十年之政教冲突，至此圆满解决；第二，教皇之国际之地位，得明确之规定；第三，法西斯党之政权，得旧教徒之拥护，愈加巩固；第四，意大利在近东一带，将增加其势力与地位。要之，此次条约，在历史上，宗教上，国际政治上，俱有极大之意义与价值，无怪欧美言论界，争谈不置也。

第三节　四十五年间政况鸟瞰

自一八七〇年至一八七六年，意大利王国之命运，皆取决于右派党人。此派党人，其主要选举势力，皆在比得茫，伦巴底，突斯干北部诸邦；而其主要之成功，即在一八五九至一八七〇年间统一事业之完就。统一以后继续掌握国家大权：如制定宪法，通过教皇保证案，中央集权，强苛重税，国有铁路，改良海陆军，实行征兵制度，皆出其手。此派党人，颇带贵族色彩，反对民主精神。明及地（Minghetti），西拉（Sella），李克苏利（Ricasoli），其领袖也。

然自一八七六年以后，二十年间，国家大权，又转而入于左派党人之手；中间除两度小挫折以外，大体上尚称畅行无阻。此派党人，其主要选举势力，皆在西西里，那不勒斯南部诸邦，应时势之需要，代右派党人而起。其主要政策，为扩张选举权，减少食物税额，实行强迫教育诸端，与右派刚立于反对地位。狄卜里梯（Agostino Depretis），克里西比（Crispi），其领袖也。

狄卜里梯虽属左派人物，励行左派政策；然其爱国热忱，殊不减于右派,彼固亦加富尔之流亚也。自执政后,整顿陆军,扩张海权,完成国有铁路,又与德奥结为三国同盟(一八八二)。彼前之政治家,其目的在统一意大利;彼之目的,在强固意大利。为达到此目的起见,不惜苛收各种间接税,危害全国财政计画,并增加穷苦同胞之负担。同时又包办选举,引用私人,袒护同党,排斥异己,意国政治之腐败堕落自是始。

一八八七年,狄卜里梯死,克里西比继为内阁总理,管理意国政治,又二十年。彼为一骄傲而自私之西西里人,曾随加里波的,转战南北,故其作事,敏捷而辛辣,常有军人色彩。自执政后,即突行军国民主义,又重结三国同盟,并在伊里族(Eritrea),索牟利(Somaliland)等处,厉行帝国主义。无论制定岁入表,通过预算案,或攻击其政敌之教会中人,社会党人,民主党人,概以狄克推多手段行之。故其政治生涯,以强硬始,以悲惨终;其所派出之殖民军队,大败于阿比西尼亚;而其所事之国王洪保的(Humbert)亦于一九〇〇年,为无政府党人所杀。

洪保的死后,及克里西比内阁改组,意国政治,辟一新纪元。一九〇〇年,新王阳玛诺第三(Emanuel VII)和霭而开明,颇有民主政治思想;其下之政治家如姬阿李特(Giolitti)辈,亦能采用宽大政策,对于国民之要求,尽量容纳。惟对外仍采用帝国主义,前在阿比西尼亚,虽遭失败;然不久又战胜土耳其,占领的黎波里(Tripoli)及西黎勒加(Cyrenaica)两地。对内仍采用保护贸易政策,增加关税,扩大奖金,其结果则工业勃兴,输出入总额,激增三倍。

因工业勃兴之结果,富者愈富,贫者愈贫,劳资冲突,在所难免;而社会主义,无政府主义,亦于是时,蔓长丛生;农人总会,工人总会,所在多有。一八九三年,西西里方面工人,群起暴动,政府派遣大兵,以严厉手段对付之,一面禁止集会演说,一面逮捕多数工人,暴动始平。一八九八年,米兰方面工人,又起暴动,工党与兵队战于街衢,死伤无算,又颁布严厉之法令,惩办祸首,秩序始渐恢复。

为应付此种环境起见,政府方面,不得不采用国家社会主义,以示缓和。一八八六年,颁布工厂法,保护童工及女工,凡妇女及十三岁以下之儿童,皆不得作夜工及地下工作。一八九八年,又颁布雇主担保法,制定伤害保险,急痧保险,年老恤金诸条例。一九〇八年,又规定工人星期日,七日之中,照章应休息一日。一九一二年,又将人寿保险,推行全国。同年又通过改革选举案,成年以上之男子,几全有选举权。盖在专制之中,寓有开明之意焉。

第四节 政府之反对党

社会及经济问题,既愈趋重要而复杂,朝野上下,皆自有其解决方案,惟彼此各各不同。计当时与政府为敌者,约有四党,皆对现政府不满,而思有以改良者也。溯自一八七〇年以来,政治方面,虽告统一;思想方面,早有分道扬镳之势;惟当时只有王党,共和党,教会党三派。自工业革命后,经济组织改革,于是社会主义各派,亦皆输入;其中惟社会党、工团党两派,最有势力。王党依附萨瓦王家,屡执朝政,已具述于前面;兹再将政府以外之四党,分别述之。

(一)教会党 教会党自一九〇五年,取消不奉命政策以来,实力日见膨涨。除极力巩固组织以外,又建设言论机关,发展政治舞台,声势颇为赫曜。彼等一面反对社会主义及国家之干犯教皇与教会之权力及自由;一面又主张社会改良主义,如实行工厂立法,扩张工人保险,剖分大地主之土地,提倡乡村合作运动等。一九一三年之大选举,凡男子皆有选举权,教会党在众议院中,获三十五席,比以前增加十四席;此外又有二百席之温和王党允许不赞成反对教会之立法,故其在议院之势力,殊不可侮。

(二)共和党 共和党多属于中产阶级,反对教会甚力。全意尚未统一时,其势力极大:如十九世纪前半期之玛志尼,加里波的,皆此派也。惟王党胜利,全国统一以后,其势力暂时稍衰;然因坚决主张之结果,在政治上,造成一种潜势力,多数之共济社社员(freemasons),及其他激进的智识阶级,皆赞成彼等主张。此派利用共和机会,以阻碍王党之发展;并极意布置潜势力,以谋建设意大利民主国。一九一三年之大选举,共和党得十七席,比从前少六席,其势力较教会党稍弱。

（三）社会党　十九世纪以前,社会党在意大利,并无若何发展,惟自工业发达以后,此党主张,颇能得许多青年的智识阶级及北部米兰诸邦大部分工人之信仰。不幸内部发生破裂,把全个社会党,分为马克斯正统派(Marxists)及社会改良派(reformists),其势稍减。惟因思潮之动荡,生活之要求,下层阶级,信之极坚,彼等在意大利,实有强固之基础。一九一三年之大选举,社会党得七十八席,比以前多三十七席,其势力之激增,殊可惊也。

（四）工团党　足以危害政府,扰乱教会,并使社会党徒分崩离析者,莫如发起最近,而发达最速之工团主义。此党信徒,皆为无产阶级,不与政府妥协,直接采取革命手段;罢工暴动,反对政府之举,多为其所主持,为国家前途,一大祸患。一九一三年之大选举,彼等虽未参加,故在国会中,并无若何势力;然其组织坚固,纪律严明,在社会上脚跟稳固,当局虽严厉压迫之,然终不能禁其自由行动也。

研究意大利王国之历史,自一八七〇年至一九一四年之间,吾人曾列举王党之得志,共和党之坚持,教会党之勃兴,社会党之分裂,工团党之暴动,以及税额之苛重,教育之不普及,民生之穷困疾苦矣。惟尚有一事,为吾人所不可忽视者,即意大利政治及社会生活之基础,历代相传之民族主义,爱国主义是也。凡属意大利青年,无不追思罗马帝国之伟大,缅怀既往文化,油然起爱国之心。十九世纪中叶,意大利半岛,政治方面所以能于统一,其原因在此。建国以来,所有政治家,皆不断努力,皆思致意大利于富强,在国内采军国民主义,在非洲采帝国主义,前仆后继而不悔,其原因亦在此。

参考书目

1. Schapiro, Modern and Contemporary European History.

2. B. King and T. Okey, Italy of To-day.

3. W. K. Wallace, Greater Italy.

4. Hazen,Europe Since 1815.

5. Turner,Europe Since 1870.

6. The Royal Academy of Lincei, Conquanta Anni di Storia Italiana.

第四章　意大利与欧洲大战

第一节　欧战之发端

意大利王国自统一以来,除几次党争骚动以外,几无重大事件可言;盖欧洲国际方面,意人尚未取得重要位置也。讵知一九一四年六月二十八日,而惊天动地之奥皇储斐德兰被杀案,发生于波斯尼亚之萨拉邪瓦(Sarajevo)市,全欧耳目,为之震骇,意境空气,亦形突变。奥皇储被弑,势将酿成塞奥战争。德奥素为同盟,俄对塞则为宗国;法与德为世仇,英与德为商敌;土与俄不两立,奥与塞有积怨,则英法俄必将助塞,土保德必将助奥无疑。是塞奥战争,又全欧大战之导火线,大斯拉夫主义,与大日耳曼主义之冲突,协商国与同盟国之决斗,盖于此取决焉。

此时意大利之地位,盖极困难;国内政党,主张各异,有主战者,有主中立者。主战派之理由:一,奥境意人,达八十万,正可乘机恢复,以完成大意大利主义。二,意境海岸甚长,万难与英为敌;且英意地中海协商成立后,邦交至睦,不可绝之。三,巴尔干诸国,为意国工业之绝好市场,不幸为奥人把持,遂使意国商业,无发展之机会。四,意法同为拉丁族,文化相同,利害相同,不可自相煎迫,宜协力以御外侮。五,亚得利亚海东岸海权,悉在奥人掌握,如不及时收回,终为意国之大害。惟开战之初,德奥军锋甚锐,意人计出万全,固不敢率尔言战也。

宣战既非时机,计惟有严守中立,主中立派之理由:一,意虽为三国同盟之一员;然同盟性质,全为自卫,倘在侵略,意人无参加之义务。二,然意赖德而统一,亦不宜将历来国交,完全断绝,至于反脸无情。三,意之武装中立,若能保持不变,将来和议席上,举足轻重,可发生极大效力。四,一国而出于战,必于国家生存上,有绝大关系,惟意不然,师出无名,难期必胜。其最有力之理由,为五,亚得利亚海权,固可得之英法之同意;然亦可得之于奥地利之单独许可。职是之故,在欧战之第一年,意人始终按兵不动,间与奥进行割地之议,以图渔利。

奥人以为意大利终不欲战,对于其所提割地之议,多方推避;意人以对奥要求不能满意,渐放弃中立主张。英法俄诸国,又以重利饵之,一九一五年四月二十六,成立伦敦条约,许战后划亚得利亚海权及奥边诸地于意,于是主战派大胜。五月三日,意政府宣布脱离三国同盟;二十三日,复对奥宣战,于是意大利遂加入协约国方面矣。

宣战书,由意大利驻奥大使阿伐尔那公于五月二十三日正式向奥政府呈递,其辞如左:

> "意大利政府,由于力持正理,曾宣言自本月四日起,与奥匈联邦政府,往时所订之盟约作废。盖因奥匈联邦政府,违背条约,意大利政府,不得不自由从事。意大利既以国家之正道与利益为名,不能不防护对意大利恫吓之国;故意王陛下,自明日起,对奥匈联邦宣战。"

意大利既对奥宣战,协商国声势为之大振。盖前此法国军队,用以防意者,此后可以调归御德;而当时奥国所用对俄之军队,不得不抽调一部份以御意。意大利陆军统帅为加多那(Cadorna),海军统帅为阿布鲁齐(Abruzzi)公,经验丰富,战术优长,皆名将也。惟意奥交界之线其长不过一五〇哩,奇峰峭壁,冰雪堆积,虽当盛夏,行军仍属困难,奥军安坐守之,固甚易云。其南靠近亚德利亚海之一端,亚尔卑斯山,渐降为平地,广可五十哩,有伊孙若河之险,两将作战,胜负当于此分之。

第二节 意大利之参战

开战之初,意大将加多那,以北部崇山峻岭,东部较为平夷,故抱北守东进之主义。分全国为四军,总数约四十万人;第一军向突伦第诺(Trentino),略取攻势,以便缩短战线;第四军出加多(Cadore),以断敌之交通;第二三两军,直向特维斯特(Trieste)迅速进发。时奥以主力军当俄塞两方,对意有险可守,本可屯兵不进,特以不甘守屈,故遣大军八师,驻提罗尔(Tyrol),另以第三军驻伊孙若(Isanzo)河,以阻意军之东进。

一九一五年五月二十四日,意军进至伊孙若河之西岸,以左翼渡河上流,占领尼禄峰(Monte Nero)右翼渡河下流,占领蒙福尔康(Monfalcone),中央军亦占领普拉瓦(Plava)高地。七月,鼓勇再进,互有胜负。十月,又作两次总攻击,以奥援大增,亦无进展。十一月,又调提罗尔方面军队,到伊孙若河助战;奥军于高资(Gòrz)、杜百朵(Doberdo)方面,设阵坚守,意人前死后继,终不能越雷池一步。

提罗尔方面,因山路崎岖,军行不利,虽费尽心,迄无进展。由夏而秋,由秋而冬,两军抱相持之形势,彼此互不相下。

一九一六年五月,奥军以东战场军势既已得手,故调集大军十余师团,单独对意作战。集中全力于突伦第(Trent),左翼至苏格拉(Sugana)溪谷,右翼至高达(Garda)湖边。十五夜,施行总攻击,中央军于亚斯迭加(Astica)方面,虽获胜利,而左右两翼,因意军顽强抵抗,竟无进展。会意援大增,六月中旬,意军改取攻势;而东战场方面,奥军被迫于俄,不得不调军往援;前后俱受攻击,故南战场方面,不得不节节退后。

至于伊孙若河方面,意军初拟施行总攻击,因突伦第诺方面被压迫,调军往援,暂缓其计。六月,突伦第诺方面奥军既已退却,意军守有余力,乃调集大军向伊孙若河输送。八月四日,向蒙福尔康行牵制攻击;六日全线下总炮击令,夜间易以步兵,激战两昼夜,死伤狼藉;九日意军占领加里遮(Gorizia)桥头敌堡,奥军不能支,乃退于后方第二防线。以后两军相持,各无进展,瞬届残冬,冰雪满地,战事遂告沉寂。

一九一七年五月,伊孙若河方面意军,以后方补充完满,于十二日开始大炮攻击,继以步队冲锋,旋占领加里遮东北两方阵地,并占领加苏(Carso)高原,夺得奥军第一防线。至二十七日迭获胜利,俘虏至二万三千人,为空前未有之绝大胜利。六月,奥军反攻,意军防范未固,因而引退,奥军又恢复已失阵地。

八月奥军引德军来援,顿添生力军,军势百倍,意军反覆攻击,仅领宾西沙(Binsizza)高地之一部,且又旋得旋失,士气大衰。十月奥军决取攻势,以新自德来之十四军,为攻击中坚,一举而击破意军第二防线,进至伊孙若河畔。意军实行总退却,为德奥军队所追,军容溃乱,损失兵器辎重无数;迟至答格里门多(Tagliamento)河,又退至皮弗(Piave)河,威宜斯危在旦夕。幸英法联军来援,意军士气渐振,与敌相持于皮弗河畔,如此者数月。

一九一八年,六月,西欧战场德军,作最后之反攻;同时南战场奥军,亦对意取攻势。奥军主力,尽向亚斯迭加方面进发;另以一军扰意军之皮弗河阵线。及亚斯迭加方面进攻不利,乃转以主力军进攻皮弗河畔进发;意军防战胜力,奥人不得志,仅对峙于皮弗河,隔河而阵。意亦因久战疲乏,无志进取,仅防守阵线不失而已。

既而西战场之德军,受挫于英法联军;败耗传来,奥军渐呈不稳之象。意人乘机,改取攻势;十月杪,于皮弗河方面下反攻命令;奥军因德人新败,士气颓丧;意军因得英法之助,勇气百倍。先于高地,行牵制攻击,而后猛然渡河,奥军痛招打击,无力抵抗,遂以无条件降伏。十一月四日,意奥德休战条约,获得军火辎重无算。

第三节 意大利与巴黎和会

欧洲大战,绵亘四年,至一九一八年,而同盟四国俱告疲惫。于是保加利亚,于是年九月三十日,最先屈服;继之者为土耳基,于是年十月三十日,对英休战;十一月四日,奥地利亦与意大利结休战条约。同盟四国,既去其三,德人独力难支,是年十一月九日,国民强迫维廉二世退位;十一日德与协商国之休战条约成立。而惊天动地之大战风云,遂告终结,同盟国完全屈服,协商国得绝对之胜利。

一九一九年,一月十八日,参战各国,于法京巴黎之凡尔塞宫,开和平会议。参与此次和会之独立国凡二十七,自治领土五:美利坚,英吉利,法兰西,意大利,日本,各出代表五人;比利时,巴西,塞尔维亚,各出代表三人;中国,希腊,罗马尼亚,葡萄牙,波兰,捷克,暹罗,赫德倭司,加拿大,澳大利亚,南非洲,印度,各出代表二人;波利维亚,古巴,尼瓜多,危地马拉,海地,闳都拉斯,里半利亚,尼加拉瓜,巴拿马,秘鲁,乌拉圭,纽西兰,各出代表一人;共计代表七十人。

和会最高主权,实操于五大强国之手;五大强国者,英美法意日是也。是以意大利在巴黎和会中,实占重要之位置。最初有所谓十头会议者:英国为路易乔治,及贝尔福;美国为威尔逊,及兰辛;法国为克利孟苏,及毕勋;日本为西园寺,及牧野;而意大利之阿兰多,及宋尼诺(Sonnino),亦在其列;其后由十头减为五头,各国各去一人,由英路易乔治,美威尔逊,法克利孟苏、日西园寺,及意国代表阿兰多共同组织之。阿兰多者,意国内阁总理兼为和会之全权代表也。

意代表阿兰多(Orlando),名虽参加五头会议,有解决一切问题之权;而其实因国势之悬殊,其位置之重要,远不如路易乔治,威尔逊,克利孟苏三人。阿兰多知其然,故对他项问题,皆不肯为积极之主张。自四月一日以后,陆续议决对德疆土问题,阿兰多于是时急提出占领阜姆(Piume)之要求,其心中以为英法皆受伦敦密约之束缚,此案不难通过。庸讵知威尔逊极力主张民族自决之原则,以为该港应归南斯拉夫,对于意人之要求,斥为不合正义;英法过河拆桥,袖手旁观,不置可否;其他各国代表赞成威尔逊者居多,案遂搁置。阿兰多既不得志,与宋尼诺愤慨归国,而以全权代表之责,委之于蒂笃尼(Tittoni)焉。自此以后,意国在和会之位置日落。

阿兰多既退席,西园寺又以国势及种族关系被排,和会大权,遂操于路易乔治,威尔逊,克利孟苏三人之手。对德,对奥,对保诸和约,先后讨论就绪,然大体皆依三人之意旨,各国代表,不过随声附和而已。阿兰多归国后,极力申诉自己之主张,得国会多数之信任,重返巴黎,犹欲作最后之奋斗。惟不久在内则阁员纷纷辞职,在外则和会大势,已成定局,无法撤回,乃提出内阁总辞职书而归国,意王乃命尼蒂(Nitti)组阁,而以蒂笃尼为和会全权代表。

一九一九年五月二十八日午后三时,对德和约签定于法国之凡尔赛宫,代表意国签字者为蒂笃尼。越数日,威尔逊,路易乔治,西园寺等相继归国;而以毕勋,兰辛,贝尔福,牧野与意国代表蒂笃尼,新组织五国会议,以处理对奥,对保,对匈,对土诸约。九月十日,对奥和约,亦遂完全签定。而前此所誓死力争之阜姆问题,竟成悬案,意人之希望,俨成泡影矣。

意国人民,因内阁尼蒂及全权代表蒂笃尼,迁就列强,遽签奥约,大愤。九月十五日,大诗人邓南遮率领义勇军数千人,占阜姆,旋又占柴拉(Zara),全欧大震。阜姆公民,投票表决,大多数愿隶属意大利;然内阁总理尼蒂,及国会俱不赞成邓南遮之举动,以为阜姆,不必归意国管辖。延至次年一月,五国会议,又提议阜姆与柴拉,归国际联盟保护,而南斯拉夫与意大利分有其附近诸岛;南斯拉夫竭力驳斥,于是阜姆问题,愈无法解决矣。

奥约签后不久,至十一月二十七日,对保和约,在纳意签字。次年六月,对匈和约,于脱里阿农成立;八月十日,对土和约,于山佛尔签字。巴黎和会之工作,乃完全告成。惟与意大利最有关系者,为对德对奥和约;其余三约,于意国无足重轻焉。

意大利及南斯拉夫,鉴于阜姆问题不解决,两国感情日伤,乃于一九二○年十一月,结拉佩罗(Rapallo)和约。经此约之规定,阜姆改为自由市,与意国直接接壤;柴拉亦改为自由市,惟承认意大利为其宗祖国。其附近之加里卧拉(Carinola)之一部,伊思族里亚全部,悤尔莎(Cherso)岛,鲁森(Lussin)岛,寓力(Unie)岛,统归意大利管辖,意及南斯拉夫之冲突,乃见和缓(见《战后新世界》二六九页)。

第四节　意大利之所得

当一九一五年五月,意大利人之加入欧洲大战也,实具有极大之野心。不仅提罗尔(Tyrol),伊思族里亚(Istria),达尔马西亚(Dalinatia)诸地,本为意人之旧土,奥人以武力夺之者,势在必得;即亚得里亚海东部,非洲北部,亦意耽耽,欲逐逐,思囊括而席卷之,以完成其雄视地中海上之迷梦;且不特意人欲得之而已,协商各国,亦且默许之矣。

一九一五年四月,英法俄意在伦敦所结之四国密约,内容如左:

（一）意大利得特伦底诺(Trentino),提罗尔南部,以勃伦勒山口(Brenner Pass)为界。

（二）意大利得伊思族里亚,达尔马西亚两省。

（三）意大利得阿夫罗拉(Avlona)及其附近之地。

（四）意大利增加势力于利比亚,当英法在非洲瓜分德国殖民地时,意享同等之权利。

（五）意得爱琴海中岛屿十二处,当瓜分土耳其时,意与英法俄三国,享同等之一份。

意大利基于上述条件而宣战,故不惜蔑弃信义,牺牲民力,从事孤注一掷。果也一九一八年十一月德奥屈服,云收雨散;翌年正月,和会开幕,群贤毕至,少长咸集。意大利自恃为战胜国之一员,兼有伦敦条约作后盾,知列强必不见扼,大足阔步,趾高气扬,其一种得意之情形,盖可想见矣。

孰知威尔逊高唱民族自决主义,痛诋意代表之过分要求,即路易乔治,克里孟苏,亦过河拆桥,口蜜腹剑。于是意大利之理想,与伦敦之密约,仅得一部分实现。虽有邓南遮之义愤,义勇军之激昂,阜姆一区,亦只能暂时占领,终以众怒难犯,不得不自行退出。其在利比亚方面,埃及方面,爱琴海方面,俱未能如愿以偿,其愤恨之情,又可想见矣。

根据巴黎和约之规定,意人所得,可得而数者,有如下之二端:

在欧洲方面:得布尔然诺(Bolzano)面积二、八四一方哩,人口二三五、四八七人;特伦多(Trento)面积二、五四〇哩,人口四〇六、二六〇人;后将两区合并,改为威尼匿亚,狄里登狄拉省。得阜姆之一部,面积二七一方哩,人口八五、五四三人;波拉(Pola)面积一、五四九哩,人口二九九、二九五人;特维斯特(Trieste)面积四七五哩,人口三二五、九四〇人;柴拉(Zara)面积四二哩,人口一八、六二三人;哥里日亚(Gorizia)面积一、〇一八哩,人口二〇〇、七〇七人;上述五区,其后合并,改为威尼匿亚,基里亚,柴拉省。以上诸地,共约面积八、七二六哩,人口一、五七一、八五五人。至达尔马西亚沿岸(Dalmatia coast),虽经伦敦条约之规定,与意管理;然因南斯拉夫之勃兴,意人之希望,遂成泡影。且阿尔巴尼亚,在亚得里亚海之东,意人所宿意图谋者,今其主权,已完全独立,不受意人之干涉矣(根据一九二六及一九二九《世界年鉴》)。

在非洲方面:英属索谟利(British Somaliland)一片土地,本一九一五年伦敦条约所默许者,今果归意人管辖,共有面积一五四、〇〇〇方哩,人口六五〇、〇〇〇人。利比亚(Lybia)方面,意人原有广大之领土,起东经九度至二十五度;北纬三十三度至沙哈拉大沙漠;今则西面延展入突尼斯,成一曲线,自加达美(Ghadames)之西,至突谟(Tummo)之南,包括加提(Ghat)一带;东面延展入埃及,得英国所属之类拉布(Jaraboob)一带地方,其面积与人口皆未详。

在亚洲方面:当一九一二年,对土作战,经极大之牺牲,始占领小亚细亚之多得坎尼(Dodecanese)群岛;惟其地人民,多为希腊族,且说希腊语;巴黎和会中,协商各国皆主民族自决,强意人交还与希腊,是意人不惟不得,反有所失。来得岛(Rhodes),亦在小亚细亚旁,暂归意人管理;其旁之加笛罗曰如岛(Castellorizo),完全与意,惟面积甚小,人口亦不多。小亚细亚上,靠海之安勒多里亚(Anatolia)南部一带,为其势力范围,而英法诸国,则分享其东西各部(根据《战后新世界》)。

第五节　意大利之所失

此次大战,延长四年,参加者三十三国,战场两方兵士,达六千万人,战争之剧,声势之宏,损失之巨,为前古所未有。据美人李德非尔所统计,死人八百万,伤人六百万;其他直接间接,因大战而致死者,又八百万,共损失人口二千二百万人。又据美人罗杰斯所统计,协约国损失财产七七、〇〇〇、〇〇〇、〇〇〇元,联军损失财产一七二、〇〇〇、〇〇〇、〇〇〇元,而沉没之德意志舰队,又值三五〇、〇〇〇、〇〇〇元,共损失财产二四九、三五〇、〇〇〇、〇〇〇元,可谓巨矣。

意大利,在此役所失人口,又如下述:开战前后,意大利出兵五百五十万人,大战结束,死去四十六万人,伤者九十四万七千人,被俘与失踪者,又一百三十九万三千人,共计损失人口二百八十万人。而意国人民,仓卒遇难,死于德奥之潜艇,水电,气艇,飞机及军舰之炮击者,当不在少数,惟无从调查耳。又战后疾疫流行,死之相接,经济困难,生命不保,此种损失,亦不在少数。再此次战死者,大多为膂力强壮之青年,国民生殖力,因而大受损失,其所减少之生育总数,至少可与死亡总数相当即二百八十万人。

意大利所损失之财产,无从确计,据美国某经济学会所估量,约值美金一二、〇〇〇、〇〇〇、〇〇〇元。又据罗杰斯之统计战前意国公债为二、七九二、〇〇〇、〇〇〇元,战后为七、六七六、〇〇〇、〇〇〇元,即公债增高四、八八四、〇〇〇、〇〇〇元。共计一六、八八四、〇〇〇、〇〇〇元。此不过就其明显者核之耳。他如战时所减少收入之税项,则有奢侈税,所得税,战时利息税种种,尚不在内。又前述二百八十万人之生产能力,完全消灭,其价值甚巨,可断言也。

意奥相持,前后三四年,意境北部,叠遭兵祸,田园荒废,庐里为墟,战后数年,尚未完全恢复,此类无形之损失,虽不能以数目计,然其为损失也,则无疑。

最奇怪者,前述之多得坎尼群岛,意人于战前与土开仗得之者,与此次大战毫无关系,亦被迫让渡于希腊,此尤为意人所不甘者。且意人在小亚细亚之发展,既遭回教徒之嫉妒,又受英人之掣肘,劳而无功,得不偿失,尤以战后为最,不能谓非一种无形损失焉。

战后财政竭蹶,人民生活困难,侨迁美国及南美洲者,有增无减;政府虽极力救济防止,未能见效,意人认为根本之隐忧。且自一九一九至一九二○之间,聚众罢工,毁坏工厂之事,时有所闻,社会秩序,颇形紊乱,皆大战为之厉阶,亦意人一种损失也。

参考书目

1. Britannica Supplement, Italian Campaign.
2. C. J. H. Hayes, A Brief History of the Great War.
3. D. W. Johnson, Battlefields of the World War.
4. 张乃燕:《欧洲大战史》.
5. Bawman. New World.
6. 王华隆:《战后新形势纪要》.
7. Statesman Year Book. 1926 and 1929 Edition.

第五章　法西斯运动

第一节　慕沙里尼之生平

欧战告终,和会开始,当时所谓三大人物(big three),一为威尔逊,一为克利孟苏,一为路易乔治。战后因形势之转移,思潮之涨落,此三人者,先后驱逐下台;而列宁,凯木尔,慕沙里尼三大怪杰,继之而起。其中尤以慕沙里尼,皎若彗星,出若游龙,最富丁戏剧色彩,诗歌色彩,使一般崇拜英雄主义者,佩服倾倒,至于发狂。慕沙里尼,为法西斯运动之中心,欲了解法西斯运动,不可不先述慕氏之生平。

一八八三年七月二九日,慕沙里尼生于北意大利罗麦拉(Romagna)省,普列达比(Predappio)郡之多维亚(Dovia)村;父名亚历山大,业铁工,刚毅木讷,热心社会运动。母名路芷,作小学教员,慈祥温厚,信天主教极虔。一八八九年,初在乡中上学,时与群儿争斗,有顽童之目,稍长入师范学校,将以小学教员为终身事业。一九○一年,师范毕业,任教职于耶美利亚,热心教育,爱护儿童,有暇则作诗歌拉提琴以为乐。

时马克斯学说,风靡全欧,慕氏受其影响,一九〇二年,捐弃教职往游瑞士,与法、德、俄诸国社会党人交游,闻见日广。后于日内瓦创一日报,因发言不慎,触当局之忌,一九〇四年,遂被遣送回国,回国后,加入革命团体,鼓吹社会主义,到处大显才能;一九〇五年,遂被推为德达特(Trient)国民日报记者。一九一二年,又被推为米兰《前进杂志》(Avanti)主笔,俨然社会党干部之主要人物矣。

欧战发生,意大利初守中立;同时国内社会党,亦议决不为左右袒。慕沙里尼,为爱国心所激动,极力主张参战,遂于一九一四年十月,被社会党撤消其《前进杂志》主笔之职。慕氏不因威屈,另与其同志数人,在米兰刊行《意大利国民日报》(IL Popolo de ltalia),与《前进》相对抗;同年十一月,遂被社会党除名。一九一五年,意大利加入协约国,慕氏投入志愿军,出入于枪林弹雨之间,受伤至三十七处。

欧战告终,意大利爱国志士,多死于战场;国内社会,全为社会党操纵,罢工罢业,随处蜂起,全国骚然,朝不保夕。慕氏下恨社会党之猖獗,上痛政府之无能,曾作《尼其之猪》(Porcoli Niti)一文,表示其反对之论调。继见空言无效,乃采用强暴方法,一九一四年三月二十三日,在米兰聚集同志一百四十五人,组织法西斯党,法西斯,犹言棒喝也。是党性质全由青年所组成,以国家为主体,无损于有产阶级,而以无产阶级为友;其信条不外勇敢,热心,刚毅,秩序,训练诸项;其目的盖抱牺牲精神,以求意国之解脱者也。

一九二二年十月三十日,法西斯党举行近世史上最著名之罗马进击(March upon Rome),慕氏为一千党员所拥护,到罗马车站时,正是上午,备受民众之欢迎。意王为环境所迫,于晋见后,即将组织内阁的命令,降给慕沙里尼。慕氏自掌握政权以来,大展其抱负与才略,以一身兼数职,工作至二十小时;四年之间,国势蒸蒸日上,昔之斥为暴徒者,今皆敬若神明,国内外批评家,无不目为意大利之国魂云。

慕氏之性格,瑰琦突兀,刻苦严肃,勇敢雄壮,精力绝人,彼虽位为首相,仍身穿黑衫,脚缠腿绑,取消星期日,每日工作,自晨九时到晚九时。

彼乃德国之毕士马克,法国之拿破仑,意大利之加富尔,玛志尼,与加里波的;尝谓:余无论何事,绝不步他人之后尘(IL Duce che Procedee non seque),其抱负可想见矣。慕氏身握重权,爱之者固多,嫉之者亦不少,一九一六年,社会党曾有暗杀首相之计划,未果实行;一九二七年四月,为参加国际外科医生大会,竟为一老妇人所暗算,枪击中鼻端,虽未致命,亦云险矣。

第二节　法西斯成功之原因

慕沙里尼之崛起,法西斯党之奋发,其皮相似属偶然,而内心则有特殊之历史关系、社会关系。苟不作深一层之研究,终无以明其所以成功之原因。又或不审慎考虑,徒仿皮毛,不特有削足适履之嫌,其遗患将不堪设想。今为彻底明瞭,意国之法西斯运动起见,分作历史背景,民族背景,社会背景,时代背景,政治背景,策略背景六项述之。

罗马文化,耶教精神,文艺复兴,是三者皆意大利半岛上光荣历史,具有伟大之统摄力与刺激力者也。是等伟大之力,其第一次表现为统一运动,第二次表现为法西斯运动。烧炭党,少年意大利党,法西斯党,名称虽不同,而实有连带之关系;其精神之源泉,无不出自文艺复兴时代之但丁。玛志尼之新罗马主义,慕沙里尼之法西斯主义,皆为一种信念运动,以义务和牺牲精神,号召国人,是又受基督教之影响。法西斯党之黑衫队,加里波的之义勇队,及邓南遮之海员义勇队,皆统治精神之复活,命人怀想古罗马之武功。

南欧人之特性,浪漫而富于感情;尤其是意大利国民,英雄热,骑士热,爱国热,皆到燃烧之程度;动辄以罗马版图,罗马武功自大,最易受刺激而横决。欧战时代,协约国高唱民族主义以打倒德奥之帝国主义;意大利爱国志士,为枪声所惊醒,无论有产阶级,无产阶级,皆能联络一致,自愿抛却头颅,为祖国而牺牲,于是有参战之举。乃牺牲三百万大军之结果,仅得亚得利亚北岸诸小岛,提罗不(Tirol),伊思族里亚(Istria)数小城;阜姆问题,竟为威尔逊所阻,不能解决,大诗人邓南遮,代表全国人民之不满,率领海员义勇兵突将阜姆占领,其事虽未成,然全国人民之爱国心,即随之而沸腾横决矣。法西斯运动,即此等爱国心之表现也。

因为参战之故,壮丁多已外出,工业衰颓,市场零落,经济几陷绝境,财政频于破产,加以外国采保护贸易政策,增加关税,意货输出困难,外货输入亦不容易;一九一九年之贸易总额,比一九一四年,少至二十余倍,其衰落可想见矣。因此之故,国民生活困难,罢工罢业,时有所闻,社会之不安定,无以复加;意大利国民,若处于狂风暴雨之下。有产阶级,恨参战之白受牺牲;无产阶级,恨战后之徒加担负,全国人民,皆挟有一种忿怒的感情,无惑乎法西斯主义应运而生也。

战时工商之停滞,为社会主义传播上绝好机会,国内各项组织,完全为所包办;一九一九年大选举,在议会内,竟占百五十六席,几与第一大党宪政党平列,所有政权,皆归彼等手中。一九二〇年,乃大施其破坏手段:北部意大利工厂,几全为职工所占领;土地,又几全为农民所占领;并组织赤卫军,到处骚动。彼等但知破坏,不计建设,生产机关,陷于废弛,工人生活,无从救济;而中产阶级之旧军人官吏,学生,店夥,更招排挤,于是以怨恨外国之心,转而怨恨共产党矣。当时反对共产最力者,无如法西斯党,故深得彼等之同情。

意大利自建国以来,不过五十年,政治基础,尚未确立;议会制度,徒具形式;其中小党分立,如王党,共和党,教会党,社会党,工团党,肯有数十名以上之议员,互相轧轹。内阁又更迭不常,战后三年之间,改组六次,无一定之政策,专以逢迎国会中多数党为事。当社会主义横行时候,政府竟不敢加以预防或阻止,其软弱无能,不洽民望,已为人所共弃,于此时也,若有人焉,出而反对会议,反对内阁,以独裁制度,稳固政治,压倒乱党,如法西斯者,当然受民众之欢迎无疑。

最后则慕沙里尼之统治见解及超越战术,亦多值得注意之处,为吾人所不可忽。慕氏最主张以直接行动,解决各种纷议;以武力手段对付反对团体;以寡头政治,处理时局问题;以合作方法,调济劳资冲突。至其战术,则为扩充经济实力,使党员无生活之忧;努力细胞运动,使中坚分子愈加团结;把持交通事业,使消息灵敏迅速;操纵海员团体,使货物转运,毫无停滞。似此理论与实行,面面周到,可知法西斯运动之成功非偶然矣。

第三节　法西斯运动之经过

一九一九年三月二十三日,慕沙里尼,在米兰聚集同志百四十五人,组织法西斯党,法西斯运动之有具体组织,自此始。当时党员,多为青年学生及退伍兵士,人数既少,实力亦异常薄弱,惟主张正大,深得北意人士同情,数月之内,人数骤增。慕氏为统一党员步调起见,发表其理想的政纲,如下:一,政治上:施行比例式代表选举,承认妇女有选举权及被选举权,减低选举者及被选举者年龄制度,废止元老院,政治议会以外,增设经济议会,召集国民会议。二,社会上:确定八小时劳动制,确定工资最低限度,设置废疾保险养老保险,使工人得参加生产管理,公共生产管理委任于产业委员会。

其时共产党横行全国,四出骚动;而政府懦弱无能,专以逢迎放任为事,于是产业凋弊,民怨沸腾。慕沙里尼,应时而起,反对飞扬之共产党,兼及委靡之政府及国会;北方人士,大表同情,中产以上,踊跃参加。一九二〇年五月,在米兰开第二次法西斯总会,团体会员一百余,个人会员达三万以上。人数虽然激增,惟在议会中,尚无势力。会一九二一年三月,施行新选举;慕氏以为自党参政良机,乃声明放弃王室攻击论,以容纳南方人士之理,于是农民亦踊跃参加。选举结果,法西斯党,得三十五席,从此入揽政权,地位因以提高。一九二一年十一月,在米兰开第三次法西斯总会,团体会员二千余;个人会员,达三十二万人。

社会党与法西斯党,冰炭两不相容,各施暴力对付,幸政府及议长斡旋其间,卒于八月三日,成立罗马协约;内容约分六项:一,两派所采暴力手段,徒扰国家和平,为国家及人民计,应当绝对禁止;二,两派从本部或办公室掠夺之物件,应当归还原主;三,曩时被暴力压迫,因而提出辞呈之官吏及议员等,应当各复原职;四,两派得互相尊重自党之徽章;五,旧日之社会党,应申明与新成立之共产党,并无关系;六,设置违反契约之审判员,以监督两派行为。自协约成立,北方法西斯支部,对慕氏殊不谅解,慕氏为辩明自己地位,不得不引咎辞职;各支部骤失党魁,惊怀莫名,全体起而挽留,于是慕氏提起精神,重行复职。

慕氏既重就党魁职务,即提倡根本改组法西斯党,采取中央集权制度,同时着手。第一,训练农民党员,冲破阶级争斗战线;第二,组织产业团体,调和劳资冲突。于是法西斯劳动团体,逐渐增加。共产党团体,大被压迫。一九二二年正月,法西斯党对共产党下总攻击,全国警察及军队,多同情于法西斯;劳动总同盟,被迫不得已,交还各地工厂。五月,法西斯党大施破坏手段,所有社会党之报馆,办公室,俱乐部,概被捣毁,两方死亡极多。八月,社会党举行全国大罢业,法西斯与军队合作,防止罢业延长。一面口舌宣传,一面武力干涉,不到五日,罢业完全停止。自此以后,社会党大败,无产阶级,亦倾向法西斯,法西斯党,支配全意大利。

法西斯党既有支配全意之实力,则其进一步之要求,当然为夺取政权;然党员在议会中,只有三十五席,和平方法,绝对无望,只得采用暴力政策。一九二二年九月二十日,慕沙里尼,发表革命宣言演说,大意谓:吾人现在欲实现罗马进击之初志,吾人之纲领,极为简单,即欲统治全意大利是也。即日对全法西斯党,下总动员令;又将北部总要都市,完全占领;同时对政府提出最后通牒;法克太政府,因罗马已受包围,而意国王又不肯戒严抵抗,只得提出总辞职。一九二二年十月二十九日,意王将组织内阁命令,降给慕沙里尼,同日慕氏自米兰动身,率领一千党员,整装南下;三十日午前十时,在万众的欢声里,完全占领了罗马;意大利变成为法西斯党之意大利矣。

第四节　法西斯党之纲领

法西斯党,只是一种救国团体,并无何等纲领;惟慕氏平日之言论,及同党机关报之主张,总括起来,可得下列数点:

(一) 对内政策　民生主义,宪政制度,皆是国家一种向上之方法,而非其最终目的。国家目的:第一,在维持威信,凡对国家有威吓及暴动之行为,举皆在所排斥;第二,在拥护民意,凡对人民有胁迫及压制之行为,亦皆在所反对。是以政府为政,不以一党一派之得失为前提,应以全国全民之利益为主眼。不以主义制度之形式为前提,应以真正之国利民生为主眼。

(二)外交政策　意政府只知统一意大利民族,拥护拉丁文化,纯粹采取国家主义。国际联盟,不能代表所有国家,固然不加信任;第三国际,违反国民多数意见,尤其在所排斥;而国际通商条约中,有不能实际应用之外,亦当图国内及国外经济条件之调和,加以修正。意政府为图国家之发展,殖民地状况之改善,及国家与殖民地联络之巩固起见,对于远东及近东之人民,咸采亲善政策。

(三)经济政策　关于经济方面:一,完成而且改良意国铁道,谋半岛内外交通之便利;二,为工业及农业计,要有组织的利用水源地;三,振兴内海航业,以发展国民海运思想;四,反对地方小企业,助长国家大企业。关于财政方面:一,官吏怠惰误公,应误民事责任;二,公开纳税义务,监督国家财政;三,为防备外国之竞争,绝对采取保护贸易政策;四,个人或团体,缔结条约,应敦促其切实履行。

(四)社会政策　法西斯党,赞成奖励企业,提倡增进国富;反对社会主义及市有制度。因是之故,有如下之法规:一,努力消灭阶级及部属间之争执及差别;公认工人及雇主所组织之团体,及其责任。二,由政府代表,工人代表,雇主代表,以及被害公众代表,共同组织仲裁委员,解决一切争执,永远防止公共事业之罢工。

(五)教育政策　设置学校,扩充设备,其目的在铲除文盲。仅能设小学之地方,义务教育,定为六年;兼设中学之地方,定为四年。在小学中,即须养成爱国思想,预备军事训练,故学科教员及教授法,皆得由国家监督之。关于中学大学,国家除监督学科及军事训练外,其他概许自由。师范学校,须充满国家观念。实业农业学校,国家于必要时,与以补助。中学校教授拉丁语,采取统一方针,统一官立学校特待生及官费生制度。教员教授及军事教官,须保障其在社会上之地位。

（六）合作主义 为表明国民之团结精神,及提倡生产之繁荣发达起见,不得不奖励合作团体。因此在农业及工业上,除万不得已外,应制定劳动者作工时间,以八小时为原则。在不妨害生产之范围内,应制定灾害保险,疾病保险,及年老恤金等。工场职工之代表,应使参加工厂管理方法。具有适当的农业条件,而生产有发达希望之地方,务期普及佃户。

（七）党团组织 法西斯主义之具体化,为一政治,经济,军事集合团体。政治方面,须排斥狭隘的党派观念,广求其他主义之赞成者,以人才主义为目的。经济方面,应时势和地方之要求,虽非标榜法西斯主义之产业团体,亦当促成其组织与活动。军事方面,有军力之法西斯团体,与为国尽力之国民义勇军,乃法西斯之理想而具体的活动队。

第五节 法西斯党之组织

（甲）地方法西斯 此为法西斯党最下级之团体,在城市,村庄,郡县等,每一区域之团员,共同组织地方法西斯。惟在大都市,则地方法西斯之下,尚有下级团体,受其支配。地方法西斯,选举三人乃至九人,组织一执行部,当指导训练团员之责任。更有干事一名,掌理全区党务,实际上为小团体之指挥者。

（乙）省联盟 此为法西斯党之上级组织,选举职员若干人,组织省联盟委员会。另有省干事一名,掌理全省党务,实际上为省联盟之指挥者。

（丙）法西斯党最高评议会 评议会为法西斯党最高机关,设在罗马。有监督辅佐法西斯中央执行部之责任,惟实际上不过慕沙里尼之咨询机关。评议员之选定,在罗马以政治上军事上重要指挥者充之;罗马以外,则以重要地方法西斯指挥者,法西斯党军指挥者以及法西斯产业团体,产业合作干事长充之。此种评议员,须由慕沙里尼提出选定。

（丁）总指挥 慕沙里尼,立在国民法西斯党总指挥之地位,发号施令,训练指导全体党员,并鼓舞意大利青年之志气。

(戊)中央执行部　中央执行部,为法西斯党最高行政机关,其职员由最高评议会选任之。职员人数,最高评议会主张九名,地方法西斯要求定九名以上,慕沙里尼拒绝此等提议,在一九二四年四月,毅然采用四人制。中间因麦台阿事件发生,经各方面之要求,曾一度改为八人制;然不久又恢复四人制。此等执行委员,不能兼摄内阁阁员,专门办理党务。中央执行部中,设有监察部,宣传部,报纸部,监督部诸机关,以处理各种事务。

(一)监察部　设总监察官,及常置监督官,以监视管理党务。

总监察官,由中央执行部选择,受其指挥,时时监察意大利全国法西斯党员。遇有特别事件发生时,任命特别委员去或亲去探听原因及真象。此等监察行为,分公开及秘密两种举行法;公开时加以委员之称号;若事件重大,须监察地方大吏时,则加以高等委员之称号。此等委员,遇地方官新旧交替时,时常代理其职务,就此点言,监察委员,有干涉国家行政部之职务及权利。

常置监察官,亦属于中央执行部,为一定之目的,举行监视及管理行为。例如在青年团及各大学,所设常置监察官,不单监察各种事件,并须出席讲演各团体各大学所主持之公共集会,并负援助彼等之责。

(二)宣传部　隶属中央执行部下,负责宣传法西斯之思想,阐明独裁制之真意;并在本部筹划防卫法西斯党之方针,及留心国民思想之归向。至其宣传方法,往往利用祭祀集会,作公开讲演,并散布新颖传单;有时在公共地方,贴新警之口号。

(三)报纸部　本部任务,是调查本国报纸检查外国报纸;其最要之工作,尤在设法使法西斯机关报,普及全意大利。报纸部之指挥,原为罗西(Cesare Russi),自麦台阿替事件发生后,即退出报纸部。

(四)监督部　本部任务,是监督党员行动,若党员有可疑处,即组织惩戒委员会,审问判决彼等罪状。

此外设干事长一人,由中央执行委员推选之,管理法西斯名簿,当地方团体及党员之交涉,更将法西斯之政治主张,传达于地方法西斯团体。

（己）国民义勇军　慕沙里尼占领罗马后，于一九二三年二月一日，下令解散全国敢战队，同时由敢战队里，挑选可信赖之党员，组织国民义勇军。最高评议会决议国民义勇军与国军无关系，对皇帝及宪法，均无宣誓之必要。

第六节　执政后之法西斯

慕沙里尼执政后，遂展其伟大之抱负，在内政外交两方面，务求革新与整顿，三年之间，政治和平，经济充溢，社会安定，国威远播，新意大利之景象，远非昔时可比。今将执政时代之法西斯党，所行各种政策，简单介绍如左：

（一）维持钢铁　欧战方终，意大利乘德奥经济之不振，获得多数原料，制铁事业，大大发达。不久德奥经济恢复，意大利制铁公司，先后倒闭，政府及国民，皆束手无策。慕沙里尼执政，利用共同经营方法，将各制铁工厂，改为集股公司，国家出相当资金，引受一部分股票，以维持铁矿事业，其结果极为良好。

（二）改正税制　慕沙里尼执政后，关于改正税制方面，第一在废弃承嗣制，以解除中等阶级之痛苦；国家收入，每年虽减少二亿里拉，而拥有不动产之小康家庭，得无量之福利。其次在调查全意土地数目，废弃从前之多索勒捐，重新谋地租及农业所得税，农税收入，比从前增加十分之一。此外废除奢侈税，扩张劳银税与间接税等，多于民生有益。

（三）改善铁道　法西斯党，以为铁道乃国家神经系统，万不可委任私人经营；所以得政之后，形式上使铁路事业与国政分离，实际上置之于军团警务监督之下。其主要方法，即使铁路工人，组织法西斯铁路团体，委任唐审及查里尼为指导；积极的鼓吹铁道是国家命脉，维持交通是路员天职，总罢工是不名誉等思想。

（四）整理财政　从前政府，为补助岁入之不足，滥发债券，达三百十余亿之多。慕沙里尼执政后，首先废止发行此等债券，一面裁员减薪，以图减少国家经费，而谋预算之平衡。此外又废除补助劳动介绍及失业工人之国家基金四千万里拉,社会保险年金五千万里拉,及产业合作团体,补助金六千万里拉。更进一步,将战时债务问题,对美对英,皆以宽大条件解决,金融遂归平稳焉。

(五)复兴实业　因钢铁,税则,铁道,财政,拟加整顿之结果,故意大利实业,自欧战结束不久,即是复兴之象。例如制丝工业,在一九二四年,有凌驾日本之势;建筑工业,机器工业,染料工业几可与德法齐驱。此外最重要者,莫如电气工业,政府投资四十亿里拉,以从事大规模之经营石油工业,一面收买意大利及波拿里巴两公司之股票,一方面又与列国协商石油问题。原料既充,实业自然蒸蒸日上了。

(六)改革教育　法西斯党取得政权后,即聘请当代名教育家,如金泰尔(Gentile),克洛斯(Croce),拉笛司(Radice),鲁丕(Lupi)等,办理教育,将历来教育上因袭制度,完全推翻,重新建设一新组织,新方法与新精神。小学教育,分为三级:即幼稚园,初等小学及补充的职业课程。中学教育,则分三种:即中学校,师范,或工业学校及实业补习学校。大学教育,亦分三种:即国立大学,国家补助大学及私立大学。

(七)改正军制　关于陆军方面:第一步,即改变军队组织,增添军事学校,重新组织炮兵队,增添士官人数,延长国民在营期限,增加常备军额,议会中设置军制委员会。第二步,又将法西斯敢战队所组织之国民义勇军与王军合并,认为正式军队,称国防义勇军。海军方面延长海军在营年限,建造新式铁甲巡洋舰及驱逐舰,又赶造大批潜水艇,以补助海军力之薄弱。

(八)外交政策　法西斯党之外交,纯以本国利害为基础,其政策变换不常。最初因垂涎小亚细亚,曾与土耳基为仇,后为抵制英国起见,又与土国携手。一方在地中海方面,实行亲英政策,同时又在印度宣传其法西斯主义。为抵抗大斯拉夫同盟起见,在南欧各处,进行大拉丁同盟。为抵抗美国之门罗主义起见,又勾结南美诸国,高唱拉丁主义。总而言之,凡对于意国有利之政策,俱不妨试用也。

参考书目

1. 下位春吉述:《法西斯运动》.

2. 河濑苏北:《近代反动思想史》.

3. 川村员四部:《穆沙里尼和法西斯运动》.

4. Odon Por:Guilds and Co-operations in Italy.

第六章　意大利之政治制度

第一节　政府

现行之意大利王国宪法,系以一八四八年,撒丁尼亚王阿尔伯特(C. Albert)所颁布之根本宪法(statuto fondamentale)为张本。内容为代表别的君主政体,由国会制定法律,而君主及内阁实行之。撒丁尼亚邦扩张为统一的意大利国,其邦宪遂被采用为国宪,始终未经正式之变动和修改。凡有不适用处,皆以普通立法方式更改之,如英国然,盖意人以英为模范也。

国王地位,亦如英王,统而不治,不过名义上一首领耳。然在政府方面,亦有相当势力,特别对于外交事项,几于独断独行,不如英王之成为傀儡。至于内政,国王有时干涉,惟甚少,仅于国家危急时行之。国王对于国会议案,无否决权,派遣官吏,亦依各部总长所推荐之人选为准。王室经费,年约一六、〇五〇、〇〇〇里耳(lire),由其中拨一百万里耳归还政府。国王身体,不可侵犯。萨瓦王家,自阳玛诺第三即位以来,温和正直,极受人民欢迎云。

内阁阁员共有十一人,秘书若干人,分掌外交,陆军,海军,财政,教育,内务,度支,建设,司法,商业,工业,农业,邮电等事项。按诸意国宪法,意国公民,皆可被选为阁员;但实际上,阁员全出自议会,尤以众议院为多。内阁对国会负责,若国会不加信任,惟有辞职了事。内阁首领通常为议会中最有势力之党魁。内阁管理法律,委任官吏,应付外交,并提出重要法案;世界各国中,内阁势力之大,盖无如意大利者焉。

国会分参众两院,参议院位置极为尊严,然于立法方面,势力甚小;众议院之意见,参议院无不赞同,提出反对意见者,绝无仅有。参议员有三八三人,为终身职,由国王指派,通常以有功于国家,有功于商业,或有功于文艺学术之人充之。参议员之职分,不过改革、修正、建议而已。一九一〇年以来,即有改革参议院之提案,主张改指派为选举,并推广其势力,特尚未实行耳。

众议院有议员五〇八人,由有选举权之公民共选之。选举权最初限有有财产受教育者;经几度之扩充,渐有普选之趋势矣。多数公民,实际上,并未参加选举,一则由于不谙选举法规;再则罗马教徒,宣布不与政府合作。众议员任期五年,但通常任期未满,即被解散。开会属公开性质,惟表决议案,往往须经过数日之疏通,示郑重也。

政党之组织,在意大利不甚发达。除社会党外,所有各党,皆不过一种松散之集合,无一定之党纲,彼此以感情道义,互相号召而已。意政界有一特征,即全国无保守党,盖自一八七〇以来保守份子,反对统一,皆被排外。自由党则分为左右两派:一主急进,一主缓进。近年以来,因恐社会党得志,教会中之保守份子,稍有结合,然其势不昌。此外共和党亦有相当地位,彼等皆玛志尼之信徒,惟人数甚少耳。

意大利之地方政府,分为省府州县四种。一省(province)之长官,为省长(prefect)由国王指派,由内务部节制。其职务在公布并执行法律,保障公共安宁,指挥军事,督责属吏等。每省之讨论机关,为省议会,任期五年,其议员之众寡,视地方人民之多少而异。每年在省会开会一次,选举职员讨论地方上之立法事件。每省又有常务会议,由省议会选出,在省议会闭会时,代其行使职权。

一府(circondario)之长官,为府尹(underprefect),代表中央,监察地方吏治。府之位置,在地方行政中,并不重要,不过承上启下之机关而已。一州(mandamento),为一司法区域,其长官为州判官(pretor),职权较府尹为小。州之位置同于府,在地方行政中,亦不重要。

一县(commune)为行政之最低单位,其长官为县知事(mayor)。县知事之职权有二:一方面管理地方;一方面代表中央,监督全县财产政治,并保障人民之秩序安宁。辅助县知事,处理政务者,为县议会,由人民选举,任期五年,每年开会二次,讨论各种应兴应革事项,使国王之统辖,有不当处,国王得解散之。县知事即由县议会从议员中,互选而出,开会时任主席,闭会后与陪审数人,共同组织县公会(junta),代表县议会处理全县事务。

第二节 司法

意大利之司法制度,亦犹其行政制度然,纯粹仿自法国。最低之司法官吏为典狱(consigliatori),每县皆有之。其中之一人,须由国王指派,任期三年,为义务职;管理刑事,间亦兼理不重要之民事。典狱之上为州判(pretor),其司法范围,及于一州,一州之中,有县数个。州判所管民事案件,以罚金不过一五〇〇里耳为限。典狱所断案件,州判有调解覆审之权。关于刑事案件,以拘禁不过三月,放逐不过一年为限。

州判之上,为保民院(tribunal),分为数院,每重要城市中,得设一院。其所受理之民事案件,为不服州判所断之上诉,及典狱及州判所不能断之重案。凡关于商业上之争执,则由保民官及商业界之闻人,共同审判之。至于刑事案件,凡不在州判处归案者,或州判断定后而不服者,皆得于最高法院解决。

全意有平政院(Court of Appeal)二十所,每所亦分数院。其所受理之案件,以保民院已加判决者为限。每一平政院区中,有一二个特别陪审团(assize),以法官一人,会审员二人,及陪审员十四人共同组织之。关于刑事诉讼特别陪审团受理之案件,以长期徒刑及有害国家安宁之控告为限。

最高之司法机关,为大理院(Court of Cassation),全国共有五处:一在佛罗棱梭,一在那不勒斯,一在也来坞(Palermo),一在突兰(Turin),一在罗马。每处有首席主席一人,轮流主席数人,及法官八人至十六人共同组织之。每处分为两院,民事院及刑事院;凡各区民刑案件,以此为最后上诉之处。意国之大理院,与美国之大理院(Supreme Court)不同,仅有平反下级法庭判断错误案件之权,发回再审。

司法脱离行政而独立,在法国早已实行,意大利亦尤而效之,全国设有管理法院无数,皆取法法国者也。最高之管理法院,为国务院中之司法部。凡法官,服务三年之后,即不得随便撤换,惟可由司法部长,调充下级法庭之审判官。惟实际上则司法官之保障,尚未十分完全,撤换及调任之事,时时发生云。

第三节　财政

意大利之中央财政,欧战以前因国债利息稍重,及海陆军费过多之故,尚未臻于健全完满。然政府每年预算案,常有盈余,则苛税及举债有以致之也。意人因税额既繁,是以负担极重,惟持以不断之努力,故表面上仍能繁荣发达。间接税中:有国货税,关税,及入市税;而烟草,食盐,彩票等收入,尚不在内。直接税中:有土地税,所得税,及房捐;而遗产税,注册税,印花税,尚不在内。前项各税,占收入总额百分之四十五;后项各税,占收入总额百分之三十四;其余百分之二十一,则以公产及铁路,电报,邮政等收入充之。

至其支出主干,当推公债利息,每年约一万万元,占支出总额五分之一。公债利息之外当推海陆军费,每年约二万万六百五十万元,占支出总额五分之二。其他用于公共教育者,约二千八百万元,占支出总额百分之五。用于农业,工业,商业者,约六百余万元,不过支出总额百分之一而强。自一八八五年,直至欧洲大战,全国收入支出总额,大体上并无何等变迁。惟欧战以后,因损失甚重,元气恢复困难,收入减少,支出增加,度支愈形拮据矣。

关于地方财政,支出方面,可分为必须的及选择的两种。必须支出,为修路,教育,警察等项。一八九九年,意国各县之收入,为一万万二千八百余万元;各州之收入,为二千六百余万元。此后度支,无案可查;然大抵有增无减。至一九〇七年,各县之经常收入,为九千七百余元,而临时收入不在内。各县收入之主干,当推入市税,凡货未纳他项税者,得征收之,入口货亦须纳税;但不得过关税额百分之五十。其次为土地税,房屋税,亦不得过国家所征税额百分之五十。其他所得,牲畜亦有税,惟较轻耳。各州之收入,大体上如各县,其种类多属于土地及房屋。

意国税额之重,可以土地税为例而说明之:国家各州各县所征土地税之和,约占地主收入四分之一,吁可骇已。在一八八六年以前,以地籍调查,为征税标准,全国各地,负担之重轻不一;惟一八八六年,又举行新地籍调查,从前重者轻之,轻者加重焉。惟有利之州,迅速举行;不利之州,迁延搁置,是以土地收入,因之大减。至所得税,以所得之多少为比例,止限于动产及工作两项;土地所得,并不另外征税。

意大利之公债,每年递增,公债利息,亦每年递增。一八七四年,公债总额为十六亿六千三百余万元,利息七千七百六十余万元;至一九一三年,公债总额增至二十七亿五千四百余万元,利息增至九千六百余万元。四十余年之间,增加百分之六十五,为世界四大公债国之一。法居第一,英居第二,俄居第三,意居第四;然法英俄皆有庞大之富源,为意人所不及焉。意人对于国债,在一九一三年,每人均摊七十八元,比英俄皆多;惟法国在同年,每人均摊百六十元,亦为意之所不及。

在一八九三年以前,意大利有大银行六处:一,国立银行;二,那不勒斯银行;三,突斯干银行;四,罕斯干信托银行;五,罗马银行;六,西西里银行。一九〇三年,罗马银行倒闭清结,罕斯干两银行与国立银行合并为意大利银行,全国只有大银行三。发行钞票之权,限于意大利银行;西西里及那不勒斯两银行,自一八九四年起,特许发行钞票二十年。意大利银行,有现金,六千万元;西、那两银行,共有现金二千一百万元。意大利银行,实际上全属于国家,受政府之指导和监督,在各大银行间,位置最重要,与国家财政,有密切之关系云。

第四节　海军

意大利之海军,由于萨丁舰队及西西里舰队,联合而成。以意境海岸线之长,非有优势海军,万难立国,故于统一后数年之间,造制战斗舰六只,巡洋舰及驱逐舰等无数,最大之战斗舰,为意大利(Italia)号及普陀加罗(Portogallo)号,各载重五千七百吨;其余有六只载重四千吨,两只载重二千七百吨,两只载重二千二百吨。

一八六六年普奥战争,意海军与奥海军战于里沙(Lissa)败绩;海上势力,为之锐减。惟不久又重新制造组织,面目一新;降至欧战,意海军之制造,有日进千里之象焉。一八七六年,杜里阿(Duilio)号战斗舰下水,比所有各舰,载重俱多,兼可载多量之武装与重炮,战斗力极强。不久但杜罗(Dandolo)号下水,规模与杜里阿大小相埒。继后下水者,又有二战斗舰,较大而速,惟载军火不如前二号之多。

一八九〇年,意大利海军战斗力,居全世界第三位,每年支出费用,达二千五百万元。因国家财政困难,不得不停止制造,职是之故,海军力与他国较,有日就衰颓之势焉。欧战以前,意国海军,居全世界第六位,与日本相埒。一九〇一年,两战斗舰下水,一九〇四年,又两战斗舰下水,一九〇五年,一战舰斗下水,一九〇七年,又一战斗舰下水,一九〇八年,四巡洋舰下水。一九一〇年,造第一只无畏舰;一九一一年,又造三只无畏舰;一九一三年,又造二只无畏舰;一九一五年间,开始制造者两只,下水者两只,其制造可谓盛矣。

现行之海军计画,为国会所认可者计在一九一七年,完成四只战斗舰,以后一年增加一只,殆全部计画完成时,有头等战斗舰二十只,巡洋舰,驱逐舰,潜水艇,海上飞机无数。

最高之海军长官,当然为海军总长,即海军提督。其下设最高会议,以一首席副提督,三副提督,一文官指导员,一秘书,及办公处之首领,共同组织之。至海军部之组织,共分十一部:一,总务处,总管全部事宜,与他处分工合作;二,参谋处,管理预备计画,及分配各舰队作战事宜;三,人员部;四,海军制造部;五,军器粮食部;六,商船部;七,水上测量部;八,医药部;九,工程部;十,检查部;十一,会计部。

海军士官学校,及海军大学,设于来合思(Leghorn)。造船厂,设于斯伯沙(Spezia),加斯留拉马(Castellammare),威宜斯(Venice),他邻多(Taranto),及那不勒斯(Naples)。海军兵站,设于热内亚(Genoa),梅辛纳(Messina),里加达(Licata),加格来里(Cagliari),巴勒摩(Palermo)。

海军组织,共分为两大舰队:第一舰队,分为三分队;第二舰队,分为二分队,列表如下:

第一舰队,第一分队,战斗无畏舰四只:但丁(Dante Alghieri)号,载重万九千吨,十二吋口径炮十二门,每小时行二十三海里。恺撒(Giulio Cesare)号,载重二万二千吨,十二吋口径炮十三门,每小时行二十三海里。文西(Leonardo da Vinci)号,载重二万二千吨,十二吋口径炮十三门,每小时行二十三海里。加富尔(Conte di Cavour)号,载重二万二千吨,十二吋口径炮十三门,每小时行二十三海里。巡洋舰一只:比塞阿(Nixo Bixio)号,载重三千五百吨,四吋七分口径炮六门,每小时行二十九海里。驱逐舰一只:富尔(Four)号,载重六百八十吨,鱼雷管二管,每小时行三十海里。

第二分队,铁甲巡洋舰四只:加里波的(Ginseppe Gariboldi)号,载重七千二百吨,十吋口径炮一门,八吋口径炮二门,每小时行二十海里。瓦尔西(Varese)号,载重七千二百吨,十吋口径炮一门,八寸口径炮二门,每小时行二十海里。弗鲁西阿(F. Feruccio)号,载重七千二百吨,十吋口径炮一门,八吋口径炮二门,每小时行二十海里。皮散尼(Vettor Pisani)号,载重六千四百吨,六吋口径炮十二门,每小时行十九海里。巡洋舰一只:哥体提(Coatit)号,载重一千二百吨,三吋口径炮十二门,每小时行二十三海里。驱逐舰一只:富尔(Four)号,载重三百八十吨,鱼雷管二管,每小时行二十九海里。

第三分队,战斗舰两只:布里恩(Benedetto Brin)号,载重一万三千吨,十二吋口径炮四门,每小时行二十海里。马黑里他(Regina

Margherita)号,载重一万三千吨,十二吋口径炮四门,每小时行二十海里。铁甲巡洋舰两只:马可(San Marco)号,载重九千六百吨,十吋口径炮四门,每小时行二十三海里。亚尔培多(Carlo Alberto)号,载重六千四百吨,六吋口径炮十二门,每小时行十九海里。轻炮艇三只:来皋里(Liguria)号,米西罗(Miseno)号,巴林鲁诺(Palinuro)号。

第二舰队,第一分队,战斗舰四只:伊里拿(Regina Elina)号,载一万二千五百吨,十二吋口径炮两门,八吋口径炮十二门,每小时行二十二海里。阳玛诺(Vittorio Emanuele)号在制造中,罗马(Roma)号在制造中,那不里(Napoli)号在制造中。巡洋舰一只:奎智(Quarto)号,载重三千二百吨,四吋七分口径炮六门,每小时行二十八海里。驱逐舰一只:富尔(Four)号,载重六百八十吨,鱼雷管二管,每小时行三十海里。

第二分队,铁甲巡洋舰三只:比萨(Pisa)号,载重一万吨,十吋口径炮四门,每小时行二十三海里。亚马非(Amalfi)号,载重一万吨,十吋口径炮四门,每小时行二十三海里。乔冶(San Giorgio)号,载重九千六百吨,十吋口径炮四门,每小时行二十三海里。巡洋舰一只:马塞拉号,载重三千五百吨,四吋七分口径炮六门,每小时行二十九海里。驱逐舰一只:富尔(Four)号,载重三百八十吨,鱼雷管三管,每小时行二十九海里。

第五节　陆军

意大利之陆军制度,极为复杂,非详细研究其服务状况,不能确切估计初次动员后,可用之士兵人数。意国士兵,在服役兵期中,可以任意请假;是以常备兵额,较之法律上所规定者,往往少至数千人。军事预算案,亦嫌不足,各军队训练,间有不甚完全,甚至全部省略者。故按官书以求军事实力,相差甚远焉。

兵役虽属普及强迫,但服役年龄,并非全体先后一致。自二十岁起至三十九岁止,皆服兵役之年限也。每年将二十岁之男子,分为三类:第一类,即行补上常备兵额者,服役二年,退入初备兵,服役六年;退入预备兵,服役四年;退入后备兵,服役七年;共计十九年。第二类,未能即行补上常备兵额者,拨入补充队,服役八年;惟此八年之中,只受两月至六月之军事训练。此后又服预备兵役四年,后备兵役七年,共为十九年。第三类,特别免除常备、初备、预备兵役者,直接派入后备兵,服务七年;然全期内,止受三十日之军事训练。

军队编制法,在平时全国共有十二军,即二十五师及三骑兵师。

步兵组织,以四连为一营,三营为一团,二团为一旅,二旅为一师,两师为一军。每师另有野战炮兵一团,分五队,每队大炮六门。总计一师有兵一万四千人,马一千四百匹,炮三十门。每军另有六轻炮兵队,三重炮兵队,一骑兵团,一轻步兵团,轻步兵团分四营,中一营为自行车队。此外又有亚尔卑斯步兵二十六营,山炮兵三十六队。全国平时兵力,共有长官七六二七人,兵士一六二、○○○人。

骑兵组织,除附属各军之骑兵外,另有三独立骑兵师。每师分两旅,每旅分两团,每团分两营。全国骑兵,有百五十中队及二十九军需处;军官一千零六人,士兵二万七千四百十六人,马二万五千四百六十七匹。一骑兵团,在平时分为五中队,每中队军官四人,兵士百五十人。

炮兵组织,至不一律。全国有野战炮兵二六三队,海岸及炮台兵一一○连,炮兵军需处五十一所;共计军官二三五九人,士兵四九二五六人。轻野战炮兵每团可分为五队或六队又两营,每队有大炮六门。炮兵每队,少者军官三人,士兵九十人;多者军官五人,士兵百五十人。每连平时军官三人,士兵百零七人;战时军官五人,士兵两百人。全国炮兵军官,登记在一本名册上,由此名册,分配到各战场各炮台及各海岸服务。

工兵组织,共分六团:每团有两开路队,一浮桥队,一电报队,一地道队,一铁路队。全国八十二连工兵,十连训练兵,共有军官六三○人,士兵一一、○○○人。每连实力,平时军官三人,士兵一一○人;战时军官五人,士兵二五○人。

卫生队,共分十二连,总计军官七六九人,士兵三七○○人。

辎重队,共分十二连,一连附属于一军,总计军官四五二人,兵士四○○○人。

军事警察共分十二军团，总计军官七〇九人，士兵三〇、〇〇〇人。骑马者四千人。战时可提出士兵及官长七千人，编为一步兵旅，以供服务战地之用。

特别组织，如军事学校人员，参谋人员，管理人员；合计有长官一二八四人，士兵一九〇〇人。

飞行队至一九一四年之末，始渐发达；共有飞机二一〇架，每中队分配七架，可分配三十中队。此外又有飞艇十架，可供战时之用。驾驶人员，分为：分部、营、中队三种，依所担负之责任而定。另有一特别营，共分五连；一练习分部；一飞行营分两连；而上述之三十中队，尚不在内。

平时兵力，依一九一四年的统计，有军官一五、一七二人，士兵二八九、五〇〇人；马六四、三四五匹。因军官士兵，不断请假之故，每种军队，常有多少缺额；然至少，无论何时有士兵二五〇、〇〇〇人。

第六节 外交

半岛之统一，无形中使意大利人发生一种极伟大之爱国心和自尊心；彼等常思续罗马帝国之坠绪，重新建意大利大帝国。大政治家如狄卜里梯，克里西比辈，日夜梦想变地中海为内海，不特使意国国旗，光耀大陆，并且雄飞海上。故其对外政策，一依此目的为鹄，在非洲及巴尔干方面，采取兼弱攻昧政策，在北欧及西欧方面，采取远交近攻政策。以下分为对非洲之外交，对巴尔干之外交，对德之外交，对奥之外交，对英法之外交，分别述之。

意人在非洲方面，采取极端帝国主义。早在一八八五年顷，即派遣远征军，占领比路耳（Beilul），麦沙华（Massawa），惟后此工作引起阿比西尼亚国王约翰之反抗。一八八九年，约翰死，国内大乱，有一谋得王位者，乞援于意大利，以打倒其政敌，因结意阿密约；据意政府之解释，即阿比西尼亚，承认意大利为其宗主国。未几意人造货币，上刻意王洪保的像，带伊里族王冠，通行于阿比西尼亚全国。一八九〇年，前述比、麦两地新得之领土，合并为一，称意属伊里族（Eritrea）。继后在一八九三年及一八九四年,意军与土耳基回教僧战,两次皆得胜利,与引起克里西比之野心,欲建设一大非洲帝国。不幸于一八九六年,意大利远征军,大败于亚多瓦(Adowa),于是意人对阿比亚尼亚之宗祖权,不得不自行放弃矣。

又早在一八九〇年,意人于非洲东岸,英领索牟利之南,建设索牟利(Somali)保护国。初由两家私人组织之公司,管理此地,不幸俱遭失败;一九〇五年,遂由政府,完全收为国有。一九〇六年,英法意协约,认索牟利为意大利属地。

一九一一年,土耳基起革命,意人乘土国内乱正酣之际,对之宣战,遂占领非洲之的黎波里(Tripoli)、西黎勒加(Cyrenaica)。土人退至内地作战,以阻意军之前进;一面拟派兵由巴尔干进窥意大利半岛,以俄奥两国从中作梗而止,盖奥人不许其进攻亚得利亚海东岸,俄人又不许其出他大尼里海峡故也。由是意土战争之结果,土军不得不退出的黎波里,意人仅允其派遣代表,以保护回教徒之利益而已。

意人在巴尔干方面,采取渐进宣传主义。朝野上下,皆具有极大之野心,不仅以在非洲方面,扩张领土为满足也;其理想中之意大利帝国,实包括亚尔巴尼亚(Albania),德尔马西亚(Dalmatia),伊思族亚(Istria),特维斯特(Trieste)诸地。凡此诸地,皆在亚得利海之东岸,其民族及语言虽与意大利同源,而主权则操之于奥国;此诸地不光复,则意国之统一,不得称为完全。

最近数十年,意国政治间,发生一种呼声,曰未光复之意大利(Italia Irredenta),并组织有一政党,曰光复党(Irredentists)。专向奥属之特维斯特,特邻体诺(Trentino)诸省,鼓吹宣传;其目的,在将诸省中之意大利人唤醒团结;脱离奥国之羁,以归于意大利。使此计画而成功,则亚得利亚海,将成为意大利之内海矣。

意人之对德,采取绝对亲善主义。意之亲德,则法国之态度,有以使然;盖在王党及教会党尚未失败之前,罗马城常有被法人占领之虞也。而且意大利之扩张海军政策,法人认为于彼之地中海上权利,有莫大之危害,防范惟恐不严。加以一八七八年柏林会议,俄奥皆唆使意大利,占领罕尼斯；不幸法人在意国尚未着手之前，竟于一八八一年，捷足先得。凡此种种，皆足以破坏意法之感情。

德相毕士马克乘意人恨法之际，旋以离间挑拨政策，使意人捐弃其同种同文之法国，而与素不相睦之奥地利接近。一八八二年五月二十日，举世知名之三国同盟（Triple Alliance）成立，德奥意联为一气，全欧局面，为之一新。其后期满，又经几度之续盟；其末一次，在一九一二年，至一九一七年始满；一九一四年欧战发生，意守中立，同盟遂破。

意人之对奥阳示亲善，阴怀仇视。奥属之意大利诸省，时为意人所垂涎；而奥国之拥护教会主义，与意国之反对教会主义，又成势不两立之势；加以一八九七年以后，奥人之对巴尔干政策，素为意人所不满；故此两国间，颇难于调和接近也。一九〇八年十月，奥国合并波斯尼亚（Bosnia），黑塞哥维那（Herzegovina）两州，意国闻之，舆论沸腾，卒以奥人允许意人在巴尔干敷设铁路，众怒始平。

德人种种努力，欲调和意奥感情，成立三国同盟；在表面上似属成功，而其实则收效甚鲜。欧战发生，意大利政府，即思从奥人手中，夺回特维思特，特邻德诸省，以满足人民之希望。惟未得协约国之同意，故暂时严守中立，于法国方面，有莫大帮助；其后协约国，许以厚利，彼竟反脸无情，对德奥宣战焉。

意人之对西欧邦交日趋亲密。自法意关于的黎波里问题，成立协约以后，意人对法感情，大见和缓；不久英法意三国，关于地中海及非洲事件，先后圆满解决。一九〇二年，法国大使在罗马宣言，两拉丁民族，永远不再发生冲突。一九〇四年，法总统路白特（Loubet），游历罗马，为亲善之表示；一九〇六年，阿尔几耳会议（Algeciras Conference）席上，意代表极力赞助法国，凡此皆足以促进两国之感情者也。

至于意之对英，本无利害冲突；而地中海海防上，意人必须与英国取妥协之态度。故意国对英，不特表示亲善；且对他国政策，亦多视英为转移。欧洲大战，意人不履行同盟条约，始而中立，继而加入协约，与英国海军，共同对亚得利亚海之奥海军作战，其故可知矣。

参考书目

1. Statesman Year Book. 1929 Edition.

2. International Encyclopedia：Italy.

3. Schapiro：Modern and Contemporary European History.

4. F. A. Ogg：The Government of Europe.

5. B. King and T. Okey：Italy of To-day.

6. Tittoni：Modern Italy.

第七章　意大利之社会状况

第一节　宗教

　　罗马为旧教徒之根据地，教皇驻跸于此；故旧教在意大利之势力，根深蒂固，比其他各派，信徒特多。在名义上，旧教（Roman Catholic Church）为意大利之国教，惟教堂及教士之权力，附属于中央及地方政府，未能擅自专权。且人民信仰，亦颇自由，凡为政府所认可之教派，亦俱听其传播，是以除旧教外，其他各教，颇有林林总总之观。

　　据最近统计——一九一一年之统计，各派信徒数目如下：

教派	人数	百分比
旧教	三二、九八三、六六四人	九五、一三
新教	一二三、二五三人	〇、三六
犹太教	三四、三二四人	〇、一一
其他各教	二、二〇〇人	未详
不信任何宗教者	八七四、五三二人	二、五二
信仰未明者	六五三、四〇〇人	一、八八
总计	三四、六七一、三七七人	一〇〇、〇〇

在新教徒一二三、二五三人之中,有二二、五〇〇人,属于华尔登西(Waldensian)教堂;有一〇、〇〇〇人,属于其他意国福音堂;并有三〇、〇〇〇人,属于外国新教团体。

意大利全国,分为十三教省,包括二百七十二处主教裁判所。共有总主教区一,在威尼斯,大主教区四九,主教长区六,主教区二一六,修道院一一所,及牧师长区若干。凡大主教及主教,俱由教皇遣派;但主教长委员会,得以贡献其意见。在一九二八年末,全国牧师区,计有二二、一三九处。又据一九二一年之统计,世务牧师,约五五、六三三人;教务牧师,约五一、九九七人;教堂圣房司及其他,约七、〇九三人;教皇及各主教所雇用之人员,约七七四人。

自一八五五年以来,政府对于宗教社团,即多方施以压迫,惟其初只行之于旧有省份。一八六六年七月七日,又通过一法案,推行此政策于全国各地。一八七三年,六月十九,又通过一法案,并推行之于罗马省及罗马城。各地寺院建筑有为国家所占有者,有指归各省各县管辖者。惟伦巴底之宗教社团,因有苏利支(Zurich)条约之关系,独享特权,其土地房屋,概听社员自行处理。凡前有之土地,用其收入以为慈善及教育事业之用者,今皆归各县管理;凡罗马城中各区教堂之产业,今皆归各区教堂管理;外国宗教团体之产业,今皆归教皇宫庭管理;其余则由两个机关管理之,经纪其收入,以作抚恤金及他种用项之用;而有利益之工作,及罗马城内或意大利各地之敬神用费,亦得由此拨出。

第二节 教育

据一九二三年教育法案之规定,意国初等教育分为三级:一,补习班,三年毕业;二,初小,三年毕业;三,高小,两年毕业。初等教育,在第五年级以上,划分为职业训练特别班。

中等教育,分为二级:初级中学,分为四类:一,补习学校;二,初级中学;三,事艺学校预科;四,师范学校预科。高级中学,分为五类:一,高级中学;二,高级事艺学校;三,高级师范学校;四,理科中学;五,女子中学。

高等教育,则有国立大学,国立专门学校;及私立大学,私立专门学校等。

统计全国学校教员及学生数目,如下表:

初等学校表(一九二六一二七年间)

校别	学校数目	教师人数	学生人数
幼稚园	七、〇七六	一二、七一五人	六〇七、八九一人
公立小学	三二、九五四	九二、五三五人	三、六九〇、六九八人
私立小学	二、四六六	六、一四四人	一四〇、八四一人

中等学校表甲(一九二六一二七年间)

国立中学	校数	教师人数	学生人数
文科中学	一七七	男一、四一一人 女三一〇人	男四二、四八二人 女一二、二〇二人
高级中学	一二	未详	男四五二人 女八三人
初级中学	一四八	男二、一〇一人 女五八四人	男八、八九八人 女四、八九三人
理科中学	五三	男三四二人 女七四人	男四、七三〇人 女七一三人
事艺学校	一一二	男二、〇五三人 女七五一人	男二七、四二三人 女四、六一七人
师范学校	八七	男六一四人 女八七七人	男二、二五二人 女一八、八三一人
女子学校	六校	男八人 女二九人	男一〇二人 女未详
补助学校	四二九	男一、五九九人 女一、八五四人	男三九、〇二一人 女一七、三六七人

中等学校表乙(一九二六—二七年间)

私立中学	校数	教师人数	学生人数
文科中学	三五	男三七二人 女五七人	男四、三二六人 女二九三人
初级中学	九七	男四〇六人 女一九七人	男五、八六九人 女一、八一一人
理科中学	二	男八人 女四人	男三五人 女一〇人
工业学校	九二	男三八五人 女二九四人	男四、六二三人 女九三二人
师范学校	七六	男二〇四人 女五三二人	男二四〇人 女四、七八八人
补助学校	六〇	男一五五人 女二〇七人	男一、七一四人 女一、三〇六人
其他	二四九	男一、七三〇人 女一、〇五二人	男一四、四二六人 女六、一四四人

大学表(一九二六—二七年间)

州立大学	建立时间	学生人数	州立大学	建立时间	学生人数
Bari	一九二四	八四九	Pavia	一三〇〇	一、五一六
Bologna	一二〇〇	二、四〇八	Perugia	一二七六	二四四
Cagliari	一六二六	四一九	Pisa	一三三八	一、四〇一
Catania	一四三四	一、四一〇	Roma	一三〇三	五、七八七
Firenze	一九二四	一、四四八	Sassari	一六七七	二四一
Genova	一二四三	一、六九六	Siena	一三〇〇	四五五
Macerata	一二九〇	三〇一	Torino	一四〇四	二、二四八
Messina	一五四九	七六一	私立大学		
Milano	一九二四	二、〇一二	Camerino	一七二七	六五一
Modena	一六七八	七五九	Ferrare	一三九一	二〇二
Napoli	一二二四	五、九二〇	Milano-Sacro Cuore	一九二四	二八五
Padova	一二二二	二、六九七	Urbino	一五六四	八四〇
Palermo	一八〇五	二、〇〇二	共计		三七、一七五
Parma	一五〇二	六二二			

除此之外,有商业专门学校九所,分设于突兰,热内亚,米兰,威尼斯,特维斯特,罗马,巴利,加坦尼亚,那不勒斯等处,在一九二五—二六年之顷,共有学生五、〇六二人。又有农业专门学校六所,分设于米兰,巴诺尼,弗罗棱斯,比路几亚,比沙,朴提锅等处,在一九二六—二七年之顷,共有学生八六二人。又有工业专门学校八处,分设于突兰,米兰,巴都亚,巴诺尼,比沙,罗马,那不勒斯,巴勒模等处;共有学生六、三二九人。在热内亚之海军专门学校,有学生二五九人。在弗罗棱斯之社会科学学校,有学生一五六人。在突兰,米兰,巴模,巴诺尼,比路几亚,比沙,那不勒斯,梅辛那等处之八所兽医学校,共有学生八八一人。在突兰,米兰,弗罗棱斯,罗马,那不勒斯,梅辛那等处之六所女子专门学校,共有学生一、二三〇人。在罗马之建筑学校,有学生一八七人。在巴诺尼之工业化学学校,有学生一五三人。在巴勒模之私立经济商业学校,有学生一四七人。在比沙之高等师范学校,有学生二五人。

第三节　出产及工业

(甲)农产　意大利之耕种制度,大约可分三类:第一,自耕农;第二,合耕农;第三,佃农。自耕农以比得茫,来皋利亚两省为最多;然散处全国各地者,亦复不少。合耕农,由地主与农夫,均分其所得之收获;此种制度,盛行于突斯干,马劫斯,昂布里亚诸省。大农制度,在维舍利,巴维亚,米兰,克利,蒙拉乔寄亚,菲拉拉,革罗锡多,罗马,加舍塔,亚士里亚,巴舍里克塔,加那布里亚,吉梗地,族拉斑尼诸地,有之。自大体言之,意大利之农田,皆分散为无数小块,不似美国之操于大地主之手也。

全意面积约有七六、六三三、八〇三亩。其中三三、二七六、〇〇〇亩为耕地;一六、九九六、二五〇亩为牧场;三、七三一、七五〇亩为果园;一三、九五八、〇〇〇亩为森林;三、一二七、五〇〇亩为可耕而未开耕之地;六、四〇六、五〇〇亩,为荒碛不毛之地。总计已开垦之地,为民食所寄者,占百分之七三、七;未开垦之地,占百分之二六、三。

意大利之地主,据一九二一年所调查:地主约一、一三一、一〇六人;房主约七二五、一八四人;地主兼房主,约二、〇八一、四〇九人。共计三、九一九、六九九人,占全国人口百分之十。

据一九二七年统计,全国农产品如下表:

名称	所种亩数	收获量
小麦	一二、二九五、〇三三亩	五三、一九一、〇〇〇石
大麦	五八三、三九五亩	二、〇五六、〇〇〇石
燕麦	一、二〇二、六一九亩	四、四五九、〇〇〇石
黑麦	三〇六、八九四亩	一、五〇八、〇〇〇石
玉蜀黍	三、五四〇、一五三亩	二二、一九五、〇〇〇石
米	三五一、三二二亩	六、九六一、〇〇〇石
豆	一、三一三、八一三亩	三、一〇四、〇〇〇石
白薯	八七四、二二八亩	一九、四五三、〇〇〇石
萝卜糖	二一八、六〇六亩	二〇、一五四、〇〇〇石
葡萄	未详	七八四、二〇六
橄榄	未详	三五、二四〇

葡萄橄榄以千加伦计,其余以公石计。每公石合一百公斤。

(乙)牧畜及森林 在一九二六年时,全意有马,一、〇〇〇、〇〇〇头;驴,九五二、〇〇〇头;骡,五〇三、〇〇〇头;牛,七、一〇〇、〇〇〇头;猪,二、七五〇、〇〇〇头;山羊,一一、〇〇〇、〇〇〇头;绵羊三、〇〇〇、〇〇〇头。

全国森林面积,在一九二六年,为一三、八〇一、五二三亩。属于国有者,在一九二七年十一月三十日,为五六五、九〇六亩。

(丙)矿产 意大利之矿产,以西西里,突斯干,萨丁,伦巴底,比得茫五省区,最为发达。其产额如下表:(据一九二七统计)

矿名	产量以公吨计	所值里耳数	工人
铁	五〇三、二九〇	三二、六七四、〇一七	一、三五一
锰	九、七六四	一、六二八、九五〇	三〇一
铜	一三、五六六	一、二二〇、〇三〇	一四五
锌	二二五、八三八	八八、二八五、四七六	
铝	五五、四四五	五四、八四二、八四四	一四、一五四
金	二、二〇〇	三五二、〇〇〇	一三一
锑	一、七二九	一、四〇四、八九八	一六三
水银	二三九、三三四	八四、一五六、三九二	二、三八三
硫铁硫铜矿	六二五、三三八	八〇、六八〇、八一〇	三、八三三
硫黄矿	一、九三七、一一〇	一一九、三三四、六六八	一一、二〇九
燃料	一、〇九三、〇七六	五六、九五四、四五五	七、八六四
土沥青	三五六、一五四	二一、四四九、〇〇〇	一、七九九
硼酸	三、五九二	一一、八五三、六〇〇	三五八
共计	（包括石墨油）	六〇七、九八三、八八五	四六、三九〇

一公吨合二、二〇四磅。一里耳约合一佛郎。

除此之外，意大利所出之石矿，在一九二七年，雇工六七、二八四人；所出建筑及装饰石料，约值六一三、八〇八、六二二里耳。

（丁）工业　当欧战方终之时，意大利工业，极其疲惫；加以罢工之事，时有所闻，故发展难期迅速。经十年之休息，民力渐舒，社会亦上轨道，故在一九二七年时，工业骤形进步。其时全国有工厂七三一、四四七外，雇工三、九三九、九六〇人。

纺纱织布业，在各种工业之中，规模最大，位置亦最重要。其次为缫丝织绸业，尤以伦巴底，比得茫，威尼西亚，最为发达，全国各地，亦均有之。每年所出蚕茧，以四五十万公吨计。意大利所出之蔷薇每年至一千万磅至三千万磅不等。

制糖工业，最近数年发展甚速，一九〇四年，才出七四、八三一公吨；

至一九二七年,增加到二八〇、九〇七公吨;二十余年之间,增加四倍。牛酪工业,近年亦有长足之进步,在一九二五年时,约出二、五〇〇、〇〇〇公吨云。

第四节 商业

意大利人盖富有天才之商业民族也。当十字军东征以后新大陆发现以前,欧洲商业,实完全操于意大利人之手。意国诸城,如威尼斯,热内亚,弗罗棱斯等,其繁荣与发达,在中世纪末叶,近世纪初叶,允称第一。其后新大陆,新航路相继发现,于是意人之商业,一见夺于西、荷,再见夺于英、法;而里斯奔,伦敦,巴黎,纽约,接踵而起,意国城市,几于无足重轻;意国商业,稍凌夷衰微矣。

方今意人之商业,若持于英美海王相比,诚卑卑无足道,然终较北欧、东欧诸国为优;即方之战后之德意志与法兰西,亦无多让。一九二八年度,输出额值一四、五二七、〇〇〇、〇〇〇里耳;输入额值二二、〇四〇、九〇〇、〇〇〇里耳;贸易总额,达三百七十万万里耳,约合三十七万万元,不可谓不巨矣。

意大利商业,所以不能如英美之发达者,其故有三。第一,壤地褊小,富源有限;第二,殖民地贫瘠而少,几于无利可图;第三,境内缺煤,不能有大规模之企业。然意人在世界商战中,仍能占相当优势,不至一败涂地者,其故有三:第一,农业发达,出产种类颇多;第二,地位优越,湾港错落,在海运上占极大便利;第三,意人富冒险性,有远涉重洋之勇气。现在意政府一面提倡改良国内工业,一面极力向南美洲发展,前途希望正多,不可以其缺煤而轻视之也。

据意大利商业中枢者,厥为沿海诸大商埠,如热内亚,里格合恩(Leghorn),那不勒斯,梅辛纳,巴勒模,威尼斯,皆第一等大商埠。货物集散,多取道于此。其余滂碧罗(Piombino),息维他威卡(Civitavecchia),布汝里(Pozzuoli),马撒拉(Marsala),桔梗地,里加达(Licata),加但尼亚(Catania),布伦得西(Brindisi),巴利达(Burletta),安孔拉(Ancona),亦俱沿海,便于停舶,故商业颇发达,为意大利次要之城。

输入品以五谷,牲畜,烟草等为大宗;石炭,煤油次之;钢铁,石头,棉花,羊毛,木材等又次之;机械及工业品又次之。输出品以生丝及丝织物为大宗,占全额三分之一;橄榄油,酒,草帽缏,水果,牛酪,硫磺等,俱不在少数;其余鸡蛋,茶叶,香料,亦占一小部分。要之输入多原料,输出多制造品,意大利实一工商业俱发达之国家也。

与意大利通商诸国,可于下表见之:(一九二七统计)

国名	输入额(以里耳计)	输出额(以里耳计)
奥地利	五〇四、四三〇、五八四	四八六、八〇七、〇一六
法兰西	一、八〇二、五一三、〇四二	一、二八一、三八〇、五二九
德意志	一、九八三、五〇七、九四〇	二、二三四、四〇一、三九四
英国	一、八二一、二三八、五一〇	一、五二七、五八七、一九六
南斯拉夫	六一三、五七一、七七九	三〇七、〇〇一、二五五
瑞士	五三六、七三二、三一七	一、二八一、九八七、三一〇
美国	三、九五八、三七八、九八七	一、六四四、八一八、三一一
阿根廷	一、〇四〇、五一二、八三八	九〇〇、五一七、三四一

意国与他国贸易货品可于下表见之:(一九二七统计)

货物	由意输英额	货物	中英输意额
杏子	三九六、八二二元	煤	六、三一五、七〇一元
生丝	二一七、〇〇一元	钢铁	五四九、二九六元
罐头菜蔬	五九五、九八六元	机械	八〇八、四五七元
柠檬	九四〇、二五九元	硫酸铜	一五四、八三〇元
丝织品	二、一一二、一九〇元	羊毛物	五六七、九三三元
橡皮	一、一〇〇、四一五元	棉花	二八二、〇五六元
车轮	一、三六〇、〇七八元	棉纱	一〇六、九二二元

车轮总额,系用一九二六年统计,一九二七,尚无统计。

第五节　交通

(甲)铁路　意大利之铁路,始于一八三九年;最初由那不勒斯,敷设一短线达朴提锡长五哩。其后逐渐增设,铁路渐多;至于今日,全国共有铁路一三、三六五哩;其中有一〇、三〇三哩,属于国有(据一九二八统计)。每年国有铁路收入,约四、九一四、〇七五、〇〇〇里耳;支出,约四、五一八、〇一四、〇〇〇里耳。政府拟议以国有铁路四、〇〇〇哩,用电气通车,以省煤费。

铁道之外,全国共有第一等公路一二、四二〇哩;第一等省路二四、八四〇哩。第二等公路及县路五五、八九〇哩。另有旧式军道二、一七三哩。在建筑中者,尚有新路四、〇三六哩;其中有三、一〇五哩,在于南部意大利;交通之便,可谓盛矣。

(乙)航路　一九二八年,全意商船:计有帆船三、〇〇〇艘,载重一八六、一七一吨;汽船一、三一七艘,载重二、九三七、七八三吨;小汽船一〇七艘,载重三一五、五二一吨。

据一九二七年统计,出入于意大利各海口之船舶:入口者意大利船二三三、七二四艘,载重五二、二三二、三三〇吨。他国船九、六五四艘,载重一五、五七七、六七六吨。出口者,意大利船二三三、六〇一艘,载重五一、九六三、一七三吨。他国船九、六八〇艘,载重一五、五七九、七一四吨。共计入口船二四三、三七八艘,载重六七、八一〇、〇〇六吨;出口船二四三、二八一艘,载重六七、五四二、八八七吨。

(丙)航空　一九二七年,共有五条商用航空线,开始飞行;共搭客一二、一八二人;载货一四六公吨;邮件,六公吨三;飞行八〇七、六九〇哩。其路线如下:一,罗马、维也纳线,由罗马,经过威尼斯,到维也纳止;二,热内亚、巴勒模线,由热内亚,经过罗马及那不勒斯,到巴勒模止;三,突兰、特维斯特线,由突兰经过威尼斯,到特维斯特止;四,布伦得西、君士但丁线,由布伦得西,经过雅典到君士但丁堡止;五,第兰纳、瓦龙拉线,由第兰纳,经过斯扣答黎,哥里日,至瓦龙拉止。

（丁）邮政及电报　一九二七年,共有邮局一〇、七五一处。其前一年中,共寄常信二、〇〇五、四一七、〇〇〇件;保险及挂号信一〇三、三五〇、〇〇〇件。

一九二七年,共有电线三一六、一三二哩,通电报之处,四〇、七六九哩。全国电报局凡九、八二五处;其中七、八二二处为州立电报局;二、〇〇三处,为铁路电报局。其前一年中,共发出国内私人电报二四、九一六、六六二件;国外私人电报二、五八四、一二一件。

在同年度中,设电话机者,共有一八〇、二八七户。城市电话统系七五七处,共接电话二二、四八八、五三〇次。

参考书目

1. Statesman Year Book. 1926 edition and 1929 edition.
2. International Encyclopedia：Italy.
3. Bowman：New World and Supplement.
4. G. Boraghise：L'Italie Moderne.
5. Lemonon：L'Italie èconomique et sociale.
6. Adams：Commercial Geography.

第八章　意大利之文学

第一节　前四世纪之文学

意大利之文学,当以文艺复兴时为最著;彼时之巨子,如但丁,佩特拉克,薄伽邱,格里苏诸人,皆于世界文坛上,各据一席。其详情,具见第一章第五节中,兹不再赘。

佩脱拉克与薄伽邱,皆倡复古之学;继其后者,多集中精力,从事训诂与考据;十四十五两世纪,此风甚炽。故对于希腊拉丁之文学,以及古代之礼节,习俗,宗教,无不考证详博,批评精当,而粹纯之意大利文学,反无闻人。间有少数诗歌作品,亦多粗野生硬,不宜讽诵。

十五世纪末叶,政府提倡学术,国中大学日增;教皇奖励文化,境内人材辈出,而富商科思茅(Cosmo de Medisi)者,厥功尤巨;收买遗著,延请文人,不遗余力。一时风气大开,文学之士,盖彬彬焉。诗人之著者,有罗伦索(Lorenzo de Medici),与波里散罗(Boliziano),前者长于抒情,后者长于戏剧;以爱国之热情,与宗教之思想,融会贯通,故其文高尚奋发。亚里士都(Ariosto),与踏索(Tasso)皆长于叙事,述中世武士之遗闻,与十字军东征之伟迹,描写美丽而周至,每一篇出,国人争传诵之。

十六世纪,戏剧之著作,极为发达,如毕卡锐(Beccari)善作牧人剧,写自然之美,乡村之朴,恬静肃穆无伦。瓜里尼(Guirini)以音乐入戏剧,开意大利歌剧之先声。小说家尤众,如米齐维利(Machiavelli),禄机(Luige da Porta)及基里而狄(Giraldi),其最先进者也。稍后,有格拉志尼(Grazzini),福棱佐拉(Firenzuola),皆富于独创性,而邦德罗(Bandello)之名,尤赫;说者谓莎士比亚之著作,多取材于邦氏云。

十七世纪之文学,可以三人为代表:其一曰马力尼(Marini),首倡雅体诗,专以纤巧雕琢为务,一诗之长,至数万行,虽辉煌夺目,而其义实无可取;其二曰腓力加亚(Filicaja)善抒情,当一六八三年,土耳基人围攻维雅纳,全欧震动,氏作诗咏其事,论者亟称赏之;其三曰翟棕尼(Jassoni)以谐体诗著名,当十三十四世纪时,意大利各城多战争,氏作诗嘲笑之,诙谐百出,风趣横生,自成一派。此期小说不甚发达。戏剧家之著者,亦仅安狄尼(Andreini)一人而已。

十八世纪,文学各支,俱甚发达。诗家有巴力尼(Parini),孟德(Monti)皆长于抒情诗,其风格遒劲有力,而又谐和,颇能矫正十七世纪委弱之弊。其他利奥巴地(Leopardi),格罗息(Groissi),伯地(Petti)亦皆各有所长。小说家之著者,有阿尔加罗地(Algarstti),及维利(Verri)二人,以作传奇小说著名。戏剧家可分三种:一歌剧,林洛西尼(Rinuccini),米达司达索(Metastasio)最为擅长;二喜剧,哥尔束尼(Goldoni),哥志(Gozzi)皆名家也;三悲剧,以亚尔非尼(Alfieri),浮士哥罗（Foscolo）成绩最好，贡献最多。

第二节　加狄西

十九世纪初叶，意大利北部，尚受制于奥地利铁蹄之下，南部亦四分五裂，未能统一，政治既形輓軕，文学莫由产生。殆一八五九年，驱逐奥人，至一八七〇年，完全统一。二十年间，休养生息，国势渐强，青年文学家，亦先后接踵而起，由政治上之自由，入于思想上之自由，其势甚顺而速。故十九世纪后半期，伟大作家，先后辈出。

最先揭文学革命之旗，而唱意大利复活者，则加狄西（Giosnè Cardncci）也。加氏以一八三五年，生于维里哲罗（Viareggio），其地负山面海，风景绝佳；大诗人雪莱（Shelley）之尸，即火化于此。氏少时颇顽劣，好以网鸟投石为戏。及壮读书于巴诺尼（Bologna）大学，喜拉丁文，尤好贺勒西（Horace）之作品。性爱酒，亦复爱国，终身不渝。其于文学糟粕浪漫，崇尚古典，故对于希腊，拉丁，及意大利中世纪与文艺复兴期之著作，无不精通。近代作家，仅对于德国之赫英（Heine）推崇备至，其余少所许可焉。

加氏初期作品，古典色彩颇浓，最喜吟咏史事，世称为历史诗人。惟氏不愿以冷静之笔，叙述陈腐之故事而已，凡形之于诗歌者，皆彼心灵中所得之深刻印象也。意大利之政治家及军人，如玛志尼，加里波的者流，皆其理想中之模范人物，常咏叹称赞之。而对于教皇庇由第九（Pinus IX）最表不满之意。盖氏爱祖国，爱自由，爱统一，殆一极热心之民主党徒也。惟知彼者少，其作品流传不广，仅巴诺尼大学中人赏识之耳。

一八六五年，加氏杰作《撒旦》（Satan）一歌出，全意为之震骇。此歌于热情膨湃，感触极深之际草成，读之者，有如感电。其要旨在反对流行当时之禁欲主义、神秘主义，对于教会与牧师，悉加指摘，教会中人深恶之。虽然，歌中所代表之精神，为自由，为进步，为返于自然，皆当时之时代思潮，不过偶藉加氏之笔发泄之耳。此种精神，为他日意大利新文学之基础，十九世纪之意大利文学，所以异乎前期者，赖有此耳。

继《撒旦》之后,加氏出其抒情歌第一集,题名为《奥得巴巴尼》(Odi Barbari)。在此集抒情歌之中,加氏采用一种新格律,意大利青年诗人,多仿效之。盖因旧式格律,机械而陈腐,不若新体诗之饶有声色也。然此种新格律,实由希腊、拉丁之诗,脱胎而来,所不同者,加氏特别注意于字句间之加重语气,不单似古诗以长韵见胜也。其始意人持反对论调者颇多,继而由憎恶转为赞美,又继而由赞美转为仿效矣。

《奥得巴巴尼》第二集中,加氏之思想一变。其始也热心民主,其后也赞成王政,亲戚故旧多怪之。加氏之最后杰作,曰《莱寐莱迪米》(Rime e Ritimi),其中精心结构之作颇多,足以见其思想之崇高,魄力之雄浑,并足以见其作风之转变。惟氏自此以后,宣言不复再作,乃手订其晚年所为诗文,都为二卷,以薄印度纸印之。其书流传颇广,塞威尔(Frank Sewell)尝择要译为英文云。

加氏为近代意大利之大诗人,此固不容疑义;惟有一事当知者,即其著作,初非普及是也。彼其性情乖僻,思想闳奇,不屑于吟咏日常琐碎之事,即爱情诗句,亦不多觏,此其所以不为众人所喜。虽然,意人之崇拜加氏者,无不至,彼之声名已成偶像。近代意大利文学之复兴,加氏实为功首,固无人能与抗衡者也。

第三节　邓南遮

爱国诗人邓南遮(Gabriele d'Annunzio),非特为意大利之诗杰,亦全世界之诗杰,举其大名,三尺童子,无不知之者。邓氏于诗歌,戏剧,小说,皆所擅长,全意无出其右者。欧战以前,意人批评其艺术,往往毁誉参半,惟皆服其天才。巴黎和会时,邓氏乘飞机,率领义勇军,占领阜姆,震骇全欧。后虽受各国之非难,被迫引还,然其英风亮节,为意大利人所崇拜,所倾倒。今老矣,已不问时事,仅留爱国诗句,播动于意国青年之血管间耳。

邓南遮,意大利之皮斯加拉(Pescara)人,幼聪慧;十六岁时,即已文名籍甚。一八八三年时,第一部著作《英特米梭笛来米》(Intermezzo dè

Rime)出,对于生命与爱情表示渴望之追求;自此以后,邓氏遂卓然为新派首领。邓派文学之特点盖以极浓厚之彩色,描写繁华伟大之思,其理想与热情,跃然活现纸上,使读者感受一种兴奋与非常之刺激云。

一八八六年,邓氏迁居罗马,罗马为南欧之古都,人文之渊薮。建筑辉煌,古迹繁多,人才辈出;举凡音乐,图书,雕刻,诗歌,以至礼仪服饰,无不刻意求精,登峰造极。邓氏优游于其间,朝夕与当时士大夫,上下其议论,故其气益豪,其文益健。是时法国文学,在意大利半岛上,极为流行;是以佐拉(Lola),莫泊桑(Maupassant)之作风,影响于此青年作家者,盖甚巨云。

邓氏在罗马前后七八年,在此时期中,所作之诗歌小说,皆甚多。其《依莎陀》与《栖米拉》(Isotteo e la Chimera)及《爱里杰罗曼尼》(La Elegie Romane)诸诗,颇能融合古诗之格律与音韵于近代思想之中,以尽量发挥其赤热之情怀,为严肃淡泊之加狄亚派所不喜,然亦无以匡其失。自此以后,邓氏大唱其诗歌音乐化论,彼以为抒情之诗,其最要条件,即为音乐性,必字字铿锵,言言叶律,方为妙品。

离罗马后,邓氏退处于阿布鲁尼(Abruzzi)山中,从事长篇小说之著作。此时期所出之小说甚多,而以《创福得拉摩提》(Il Trionfo della Morte)为最有名。此期作品,多以放纵之词句,写浓艳之感情,间以清丽之风景点缀其间;书中之主人翁,皆邓氏自己写照也。至其思想,受德国尼采,法国巴里斯(Barrès)之影响较深,故其表现,往往与二人主张吻合。而行间字里,亦每有俄国文学之作风云。

自此以后邓氏忽变浮艳为武勇,变逸纵为崇高。所出《那费里》(Odi Navali),《加里波的》(Canzone di Geribaldi)诸歌,皆慷慨激昂,富有爱国思想。前者咏意国新造战舰之光荣,与鱼雷艇之锋锐;后者咏建国伟人加里波的征服那不勒斯及解甲归里等事。不久,邓氏又出长歌二卷,题其名曰《劳笛》(Landi),即赞美之意也。上卷述东游希腊,所见事物,悉加赞美,至复归罗马而止;下卷述依来客族(Electra),及哈尔康(Halcyon)之故事,诗中处处赞美意大利诸城往昔之繁荣,及志士伟人之壮烈;理想超迈,气息纯洁,一洗从前流浪之风。

邓氏所出之戏剧甚多,惟皆无甚精采可言;初期戏剧,如《格罗尼》(La Gloria),《菲杰里亚汝里阿》(La Figlio di Jorio)等,颇含政治色彩地方色彩;虽其文笔流畅,辞条丰蔚;而结构颇嫌松懈,宜于讽诵,不宜于表演。一九一一年,意土战争发生,邓氏大展其瑰奇之艺术,以发抒爱国之情怀;每一篇出,逐日朗诵于戏台上,听者若狂。尤以《康多得族罗飞》(Canto dei Trofeè)一篇,受群众热烈之欢迎焉;篇中盖记载意人战胜土耳其,所获之战利品而保存于比沙教堂中者也。

要之,邓氏作品,优点甚多,缺点亦不少;两下相除,瑕不掩瑜;然近代意国文坛上,论影响之伟大与有利,殆无如邓氏者。又彼之著作,纸张务求精美,校对尤务谨严,此例一开,文艺印刷,多求雅丽,恶劣印刷,几于绝迹矣。英国之摩理斯(W. Morris),意大利之邓南遮,其嗜好与趣味极相同,亦文艺界一佳话也。邓氏晚年,退处于突斯干乡中,其地风景清秀,生活恬适,乘兴为诗,常有佳构;惟往年豪兴,日见销沉矣。

第四节　最近之诗家小说家

意大利文字美丽,音韵谐和;故虽田夫野老,出言皆可成章。晚近意国诗人,无虑数十。惟造诣宏深,影响伟大,差足以与加狄西,邓南遮相比拟者,当首推巴斯可里(G. Pascali)。巴氏以一八五五年,生于罗曼加(R. Magua),幼失怙恃,孤苦伶仃,终身不娶,以著书教授自娱。氏生平作诗甚多,尤以《马丽佳》(Myricae)为最著名,纯任自然,发乎天籁,与英国之湖上诗人,作风相仿佛。当时文人,重典雅,尚修辞,自氏之作品出,此种习气,根本为之动摇焉。

继巴氏而起者,为德莱达(G. Deledda);德氏,萨丁岛之女小说家也。氏之故乡,风俗鄙陋,人民粗野,岩石巉峭,语言复杂;氏所作小说,多于故乡取材;如《安里米翁勒支》(Anime Oneste),《爱里亚颇多鲁》(Elias Portolu)等,皆描写乡村之恬静生活,及岛民之爱情与宗教冲突之情形;取材奇异,描写生动,故人多乐诵之。

除德氏外,尚有小说家三人:胡里拉(S. Farina),长于描写家庭生活,其所作之《米阿费吉罗》(Mio Figlio),述自幼至成年之事,论者比之于英国之迭更司云。罗维答(G. Rovetta),长于描写社会风尚,其所作之《巴拉翁达》(Baraonda),写当时事事模仿法国之习惯,间有过甚之辞,不尽实也。罗伯多(F. Roberto),长于言情,其所作之《威舍雷》(Vicere)、《布罗西威巴利》(Processi Verbali),盖无不以不正当之恋爱,为其描写之对象。

意大利作家,于诗歌,戏剧,多所贡献;而小说则非其所长,如前述之四人,皆非第一流人物也。故求意国文学天才,当仍于诗歌戏剧中求之。雅达李格雷(Ada Negri)者,北鄙一小学女教师也;当编其所著诗歌,都为数集;而发答里咎(Fatalitá),布罗芳多(Del Profundo)尤负盛名,虽其格律未细,观念平常,然对于农夫工人之悲苦生活,极表同情,一种诚恳慈爱之心,活跃纸上,意国青年诗人,多仿效之。

李格雷以后,意大利诗家,可分二派:其一悲观派,专咏人世之丑恶,可以斯持凄涕(L. Stechetti)为代表;氏具有诗歌天才,又能以铸练艺术出之,其所出《波斯杜马》(Postuma)诸集,颇多精心结构之作。世人憎其放肆与堕落;然一部分青年,极赞谀之,在意国文坛中,自成一派,且此派作家,富有天才者,不在少数云。

其二乐观派,专咏人世之良善;发格莎罗(Fogazzaro)为代表;氏以文学家,兼为哲学家,对于旧教,信仰甚笃。初期作品,多关于爱情与责任之冲突,随处发挥其主见。其最有名之著作,曰《碧哥罗蒙多安提哥》(Piccola Mondo Antico)述夫妇之爱,儿女之爱,结构谨严,发挥尽致;曰《伊尔散多》(Il Santo),主张政教冲突之不宜,二者应调和合作。二者皆为小说。其所著之诗歌亦甚多,大部分为爱好自然,崇拜自然之作。

发氏作品,多带神秘主义;其以写实主义见称者,则有《华尔加》(G. Verga)。氏之初期著作,多为游记体裁,写活动之人生,与强烈之风景。自一八八二年后,艺术渐趋成熟,作风倾向写实,取材以南意西西里岛之故事为多。最著名之作品为《马拉华格里亚》(Malavoglia),述一渔夫之困苦遭遇;为《马斯族顿格肃多》(Mastro Don Gesnaldo),述西西里岛一商人兴业成家之事。氏反对传统之阶级制度,以为人生只有二路:一成功,一失败,如是而已。

写实派尚有一女作家,名莎拉阿(Matildo Serao),生于希腊,长于那不勒斯。父为新闻记者,与下等社会接触之机会甚多,故氏自幼即常见贫苦人家之遭遇与磨折,每深表其同情。稍长,入报馆服务,偶作短篇记事,描写深刻可喜。其后著作日富,最精采者,有《芳达西亚》(Fantasia),述一青年女子之遭遇,其性情颇似波华利夫人;其环境则那不勒斯之教会学校也。有《高格尼亚》(H. Paese di Cucagua),写南意人民喜赌彩票,每礼拜六群聚票蓬,胜者狂欢,负者毒咒,其情可笑可悯。

达亚米西(E. de Amicis),莎拉阿后一青年著作家也。年二十时,于役兵间,以暇从事著作,极力主张兵队与国家,应当合而为一,军事训练,并不足阻遏天才之发展。稍后又撰游记数种,以观察细密,描写生动见称。又后撰《苏尔俄西诺》(Sull Oceano),讨论意大利之移民问题,然只为粗率之观察,并未深究其政治的经济的原因也。一八九一年后,忽变为社会主义信徒,尝出小册子数十种,宣传甚力。

与达氏同时,尚有一青年著作家,名布狄(E. A. Butti),作小说数种,讨论心理问题,宣传理想主义;意国作风,为之一变,自邓南遮以来,流行当时之豪放粗率作品,至此宣告死刑矣。氏之作品有《阿拖马》(L'Automa),及《阿里马》(L'Anima),其主人翁皆孤行冥想,向科学与唯物主义挑战。氏每一新著出,常激起激烈之辩论,赞否皆有其人,然无不承认其对于人生问题,观察最锐而探讨最切焉。

第五节　戏剧

意大利人,一酷好戏剧之氏族也,自大城名都,以至偏僻小县,皆有战场,且华丽宏大,为其他建筑之冠。意人无论贫富,无不嗜剧者,豪竹哀丝,不至中夜不欢。意人嗜剧既深,取择亦严,苟戏无精采,或角色平常,决不足以吸引听众;遇有表演呆笨,音节讹误者,讪笑诟骂随之。以是世界名角，往往诞生于此半岛上；巴黎，伦敦，埃及，南美洲之舞台演员，多由此半岛供给之。

意大利非特剧场林立，演员超越而已，其所用之剧本，亦往往尽美尽善。初期之意国剧本，多采用希腊作家伊士奇（Eschylga），索福克（Sophocles）之著作；莎士比亚之《罕谟来脱》，《麦克倍司》诸剧，亦颇流行。其后觉其陈腐，间译北欧近代作品代之；如易卜生，苏德曼，脱尔斯太，梅特林诸家作品，尤受欢迎。自邓南遮出，然后意人始有真正之国剧，前节已略及之；虽邓氏于戏剧一道，并无特殊贡献，然开创之功，不可没也。

真正之意大利戏剧作家，当首推布拉可（Roberto Bracco）。布氏，南意之那不勒斯人，初期作品，完全模仿北欧，后乃自出心裁，以北欧之艺术，融会南欧精神之中。剧中人物，其性格皆那不勒斯化；惟绝不为地方色彩所限，其剧情无论演于罗马，演于巴黎，无不适合焉。又氏进取心极强，处处力求改革，以彼壮年，其造诣未可限量。

大文学家布狄，早年喜撰小说，前已言之；后乃专著戏剧。最负盛名之《乌托邦》（Utopia）一剧，写父女二人，因丧失信仰，自杀；剧中所表现，则宗教问题也。由此可证科学与唯物主义，不足以解释宇宙一切。丧失信仰，即丧人生之鹄的，而陷于歧路。氏之理想，于此可见一斑矣。

戏剧作品之富有生气者，当推罗维达（G. Rovetta），前节曾言其所著小说矣。氏所作戏剧，多取材于建国以后国民力争上游之奋斗情形，剧中人言语热烈，举动敏速，且富有强毅之色彩。

喜剧作家有三人：布拉格（Marco Praga），最喜描写女性之悲喜情形，所作理想的妻，其确例也。罗布日（Logez），与族拉费西（G. A. Traversi），皆声望彪炳之喜剧作家。后者尤负盛名，所作《马提拉多布》（La Mattina Dopo）一剧，其中数幕，描写社会之堕落，异常深刻。

意大利国剧之建设者，布勒里（Sem Benelli）氏，戏剧家，亦诗家也。氏之戏剧，多以诗歌出之，而音节自然，意国演员，皆能演唱。氏著名之戏剧，为《那希勒得北菲》（La Cena delle Beffe），述中世纪时弗罗伦斯之故事,表演生动,音韵铿锵,论者谓剧中情节,任何时代,皆真云。稍后作悲剧数种,述伦巴底王国建国时之故事,受群众热烈之欢迎。氏之作品无论为诗歌,为散文,字句俱典雅华贵,足为青年作家之模范。

晚近作家,有阿里发(D. Oliva),作《罗布斯伯尔》一剧;哥拉底尼(E. Corradini)作《恺撒》一剧,裁剪史事,与以新义,亦为不可多得之作。二人皆赞成意大利之新帝国主义,颇带贵族色彩,保守色彩;与近代文学之趋势,颇不相合云。

参考书目

1. 王希和:《意大利文学》.

2. Gardner:Italian Literature.

3. B. Croce:La letteratura della nuova Italia.

4. Gentile:Theory of Mind as Pure Act.

5. Britannica:Italian Literature.

6. H. Zimmern:Italy of the Italians.

第九章　意大利之艺术

第一节　图画

意大利之图画,亦犹其文学然,以文艺复兴时代为最盛;然因此谓现代无图画,则又错误。现代意大利画家,多如雨后春笋,且尽有独具天才,可直追第伯多(Tiepolo),安杰罗(Angelo)者。现代意大利图画之所以发达,固由于地理环境使然;然各地之地方图画展览会,及两年一次,在威宜斯所开之万国艺术展览会,实与有力焉。惟此万国艺术展览会,颇带地方色彩,分省展览,因之各省作家自成一派,鲜融会贯通之效。

意大利之图画能自树一帜者,约有七派:

南方那不勒斯,日烈风干,山明水秀,所出画家,最伟大,亦最多。此派共通之点,为性情浪漫,态度活泼,色彩浓厚。崭然头角峥嵘,为此派领袖者,当推摩锐理(D. Morelli),摩氏沉浸于圣经与诗歌之中,其理想幽渺圣洁,又能藉光与色表出之。耶稣与圣母马利亚,乃彼所最喜之画题也。其次有米齐笛(Michetti),创作力不如摩氏,而新奇怪特过之。又次有达尔彭诺(Dalbono),善画那不勒斯之海及其妇女。其余加布里(V. Caprile),杜马(Toma)诸人,则自桧以下,无足称矣。

西西里派,因地势接近之故,与那不勒斯派气味相投。此派特点,在于日光浓艳,色彩鲜明。最著名之画家,有罗杰孔诺(P. F. Lojacono),以捕蚝的渔夫一画知名。稍次有巴吉勒(De Maria Bergler),及维族里(P. Vetri),前者擅长颜色粉笔画,后者善教堂及公共建筑之装饰画。

罗马虽为历代帝都,但从来不以图画见长,即有一二画家,亦不能自立宗派。晚近有苛斯达(Costa)等,颇有脱去传统束缚,建立罗马的艺术之意,而力不足以赴之。且苛氏流落在外时多,英人重其艺术,在本邦反不甚知名。其次有曼屹立(Antonia Mancini),曼氏意志坚强,个性发达,作品适如其人。自余莎多里阿(A. Sartorio),罗西蒂(D. G. Rossetti),其才其学,俱不逮前人远甚。

亚尔卑斯山,风景极佳,适当其下者,偏西为比得茫。比得茫往昔虽不以图画见长,而近代则名家甚夥。此派专画风景,且专画亚尔卑斯山山麓之风景。为此派之首领者,曰加尔得里尼(M. Calderini),氏之作品,每幅俱有深意,每写一景,必心领神会而后出之,故落笔不同流俗。革罗沙(G. Grosso)一画像家也,着色和谐,意态生动,有时粉饰过甚,致失本来面目,亦所不顾,其声名盖远在加尔得里尼之上云。

适当亚尔卑斯山之南,有伦巴底省,其地画家,尤为杰出,可与那不勒斯相拮抗。塞甘第尼(G. Segantini),为摩氏米氏以后第一大画家。氏之初期作品,理想甚高,艺术未臻纯熟;后乃退处马诺亚山中,专作风景画;又后倾向象征主义,而艺术,色彩,体格无一不佳,惜竟已寒冬入深山画雪而死。维塞氏后者,有加卡诺(F. Carcano),亦喜风景画,惟倾向写实主义,纯主客观,毫无成见。布里维提(Gaetano Previati)想像丰富,性格粗豪,颇富于创作天才,亦后起之秀也。

突斯干派与伦巴底派、比得茫派,作风迥不相同。后两派犹之严冬凛冽;而突斯干派,则若春风和煦然。为此派之代表者,有塞格诺里尼(T. Signorini),塞氏世传图画,家学渊源,然能脱离古典主义之束缚,努力于印象主义,遂卓然为新派首领。同时有乌席(S. Ussi),与发多利(Fattori),专事客观描写,而时表示其特殊之个性,亦为新派巨子。此派之特征,在于温和柔丽,不似南方之热烈;良以此地之太阳,亦微舒其金色之光,掩映于青山碧水间,令人有恋恋之意焉。

威宜斯在亚尔卑斯山之南而偏东,接近亚得利亚海,有山有水,风景清丽。此地画家,素善着色,丰蔚灿烂,如红霞照水,满目珠玑。最著名之画家,为发维力多(G. Favretto),善单色画;提多(E. Tito),善画风景人物;劳顺提(C. Lauventi),为象征派画家;开亚地(Ciardi),为海岸风景画家;龙诺(L. Nono),为主观派画家;辟克陀(M. Pictor),为夜景画家。论人才之众,方面之多,殆无如威尼斯派者也。

第二节 雕刻附建筑

匆匆涉猎,但观皮相,则现代意大利之雕刻,实无可取,方之文艺复兴时代,大有江河日下之概。然若为进一步之观察与研究,现代意大利,未尝无杰出之雕刻家也。为叙述便利起见,仍照上节办法,按地理的分类,都为七派。现代建筑,贡献尚少,故附及焉。

现代意大利雕刻人才,以比得茫最为特色。此派主张,在反对传统的古典主义,而建立现代的纯粹艺术,以自然为研究之对象,以人生为表现之极则。为此派之代表者,有碧士陀非(L. Bistolfi),氏富于创作力,能以自己之印象,嵌入其作品中。初期作品,颇寓诗意;中期作品,多含哲理;晚年则从事于墓石之雕刻。其次为加兰得拉(Calandra),最善铸像,阿司他公爵(Duke of Aosta)一像,尤为活濯生动。又次为康龙利加(P. Canonica),所塑小孩之像,天真烂漫,令人玩不忍释。

来皋利亚,向不以艺术著名;后起之雕刻家,在青年派中,以亚尔培第(De Alberts)及布里尼(G. Prini),二人独辟蹊径,不同凡俗;老年作家,以门特维德(G. Monteverde),造端最深,氏属于印象派,而富有近代色彩。

北部工业中心之伦巴底,人民习于工商,故雕刻家不如比得茫之发达。较知名者,为伯沙罗(Bazzaro),布笛(Butti),颇能脱去传统束缚,发挥个性。在长辈中,格兰底(G. Grandi)最富盛名,米兰市中造像,多出其手。此外尚有一俄国人,流寓伦巴底者,名族鲁伯慈克(P. Troubetzky),长于塑动物之像,每一类动物,能表出其特点,意法人士,多赞赏之。

威尼斯,北部之艺术中心也。图画发达,雕刻亦发达,市中广场造像,意态生动,盖出于沙多(A. D. Zotto)之手。继之者,有龙诺(U. Nono),于一八八七年,作小孩投石像得奖。查拉底亚(E. Chiaradia),以二十年之精力,作意王阳玛诺第二像,死时尚未竣工,由加诺尼(E. Gallori)足成之。对此造像之批评意见各殊,然皆认为一伟大之杰作。

罗马雕刻家,比图画家成绩为优;惟侨居者多,土著者少。如爱克瑟门里(E Ximenes)及西发瑞罗(F. Cifariello),皆半岛南端人物;米兰之加里波的造像,即由爱氏所作;而西氏则以作一裸体男像,知名。然舆论所最推崇者,当推贝昂底(E. Biondi)氏,罗马中央公园博物院之石像,及智利共和国之两大政治家造像,均出其手。新近有两大雕刻家:其一为染来立(A. Zanelli),又一为大日(A. Dazzi),皆以计画阳玛诺第二像周围之装饰著名;前者得第一奖,后者得第二奖。

南方之那不勒斯,与北方之威宜斯,同为艺术中心,图画雕刻名家,指不胜屈。那不勒斯之雕刻,若有图画然,生气活泼,表现深刻。此派领袖,首推吉拉斯(F. Jerace),氏擅长半身像,所塑维克多(Victa)、亚拉顿(Ariadne)诸像,允称杰作。其次为姬迈多(U. Gimito),一八七八年,氏以小渔夫一像,陈列于巴黎,大得彼邦人氏之赞赏,因家焉。此时期中,所作半身像,理想像俱多,工夫亦极纯熟。后因思家归那不勒斯,以过劳,得脑病,须静养,工作遂懈。其他俄而西(Achille d'Ovei)、亚尔凡诺

(V. Alfano)，亦各有一得之长，为他人所不及云。

突斯干之雕刻家，最著名者有三人：其一为特伦他科司特（Domenico Trentacoste），氏之作品，颇能融会文艺复兴期之精神于近代艺术之中。最喜塑半身像及女体像，惟不自爱惜，今皆散落于英法收藏家手中。其二为加里罗（Carnielo），常以痛苦及死，为其造像之材料，所作将死的摩沙提（The Dying Mozart），及尖帽僧（The Capuch in Monk），皆用意深长，耐人寻味。其三为俄立哥（C. Origo），喜塑马，尤喜塑战马，其杰作退伍的骑兵军官，颇富于创作精神。其余雕刻家尚多，为篇幅所限，不及备列矣。

意大利之建筑，为罗马时代及文艺复兴期之天才所掩，在现代中，殊觉寂寞。间有少数建筑家亦只能为委靡不振之新古典主义，推波助澜，缺乏生气，缺乏力量。即尔得里尼（G. Calderini），柯克（Kock）诸家，亦难免浮浅，调和之讥。意大利现代家，始终无新的出路，必不得已于复古派求之，则伯尔族拉米（D. Beltrami），及博多（C. Boito），可首屈一二指，米兰之公私建筑，多出其手。安得拉得（A. Andrade），善于仿造中世之宫殿及炮台，突兰之华伦提诺公园，有一建筑为安氏所设计者，现今尚存。鲁栖尼（A. Rubbiani）亦长于仿古，巴诺尼中央区之建筑，即出其手。要之现代意大利，无一富有独创性之建筑也。

第三节　音乐

世人皆知意大利为音乐最发达之地；意大利人，为最喜欢音乐之人，此无待言。意大利之音乐，约有三种：一为教堂音乐，二为学校音乐，三为戏园音乐，而第三者最精采，亦最重要。

教堂音乐，初本生涩平庸；自经波塞（E. Bossi）、白罗西（L. Perosi），诸人改良之后，渐有起色，而后者贡献尤大。其所编耶稣受难，耶稣显圣，耶稣复活诸歌，不特教堂中唱之，即音乐会场中，亦常唱之。影响所及，改良教堂音乐者，纷纷取新约事实，制为歌谱，故今之意国教堂音乐，独较他国为优。

学校中亦注重音乐,唱歌乃国立学校必修科。且全国有音乐学校数处,收费从廉,以期人人皆可入学。现代意大利之制曲家,唱歌家,项背相望,未始非国家和社会,俱努力提倡音乐,有以致之也。

现代歌剧,在意大利,发达最早,流行最遍;谓意大利之音乐,即意大利之歌剧,亦无不可;故意人之音乐生活,实以剧园音乐为中心。然歌剧之所以发达,又因制曲者与唱歌者俱盛之故。以下先述制曲家之贡献,次述歌之种类,而弦乐队铜乐队亦附及焉。

全意首屈一指之制曲家,当推韦笛(G. Verdi)。氏奋其卓越之天才,从事于意国音乐界者,垂六十年。为全国人民所爱戴。氏手编之曲,以《爱达》(Aida)为最著名;曲中常用单音,而音节委婉;此为意国歌剧之特色,与德国之常用和音者不同。

继韦氏之后,有波多(A. Boito)氏。波氏为诗家,同时亦音乐家。其在音乐之贡献,仅《麦非士拖非儿》(Mefistofele)一曲;然藉此一曲,波氏之名,亦可不朽矣。继后虽有制作,然不肯示人,仅密友偶一闻之耳。

一八九〇年,马斯加尼(P. Mascagni)以其所谱之《加维勒里亚鲁斯提坎那》(Cavaleria Rusticana)一剧,名震全球。后虽有所续作,惜皆无甚精采;所幸氏方富于春秋,若能潜心研习,前途固未可量。

同时有布锡尼(G. Puccini)者亦属于青年派,祖若父皆长于音乐,故氏幼时所受陶冶甚深。其第一部著作,为《勒维利》(Le Villi),颇受世人欢迎。继后又谱《漫浪勒士考》(Manon Lescaut),《波希米》(La Bohème),《搭斯加》(La Tosca)诸剧,声誉愈隆,英美诸国,亦盛行排演云。

此外如佛兰切第(B. Franchetti),里昂加维罗(R. Leoncavallo),亦属后起之秀。后者以《帕格里希》(J. Pagliacci)一剧著名;前者之杰作,为《阿斯瑞尔》(Asrael),及《日耳曼尼》(Germania)俱颇受国人之欢迎。

意人所唱之歌,除歌剧,学校歌,弥撒歌外,尚有几种民歌,民间相沿习唱,为数甚巨。虽不如前三种之正式,然亦自有其天然音节,娓娓可听。此种民歌大约可分五类:

(一)三行短歌(the stornello),此类歌表面上虽以某种花为对相,实际上申诉唱者之爱情,或为成功,或为失败,随唱者心所欲言,自由选择。歌词大都历代相沿,惟唱者亦可随意修改,或竟完全自出心裁。通常为一人独唱,但亦可数人合唱;多于夏季清媚之夜唱之。

(二)六行短歌(vispetto),此类歌以六行为最普遍,然亦有四行、八行,或十行者。歌词内容,大概为情人遗赠所欢之语,唱时辅以曼德灵(mandoline),青年人最为喜欢。

(三)山歌(serenata),在突斯干山中,不分冬夏,尚有青年当日落后结队歌唱,辅以曼德灵,或璩娥琳。歌词或为爱情,或为希望,或为忧郁;每对处女或青年寡妇之绿纱窗下唱之。唱歌诸人中,必有一人,对此女子,有爱慕之意,怀而未宣,故藉此通其意。

(四)五月歌(May songs),在温和的五月中,民气最为舒唱。每当好天良夜,联袂而歌,以庆祝夏季之来。至于歌词,不尽属于爱情;咏自然,咏农事者,亦有之。

(五)地方歌(dialect songs),在那不勒斯,威尼斯,各有其本地方特有之歌调;在突斯干者,纯粹为但丁及佩特拉克所用俗语。那不勒斯,每年俱有新歌出现,出现之后,不胫而通行全国。

米兰及巴诺尼之戏园,通常备有弦乐队,但乐器不全,人才不备,是其缺点;其他城市,有弦乐队者极少。铜乐队较为普遍,除军队外,大城市,大村镇,往往有之;但小乡村仍不敢有此妄想也。大城市大村镇之铜乐队员,多由工人出身;作工之后,合队奏乐,以乐其乡人。遇有盛大典礼,例必千方百计,凑成一队;非如是不欢。

参考书目

1. 李金发:《意大利及其艺术》.

2. 吕澂:《西洋美术史》.

3. Browing:A Short History of Italy.

4. De Gubernatis:Dictionary of Living Italian Painters.

5. H. Zimmern:Italy of the Italians.

第十章　意大利之科学

第一节　电学

意大利人在科学界,素占重要之位置。如嘉里诺(Galileo),佛尔达(Volta),伯加锐(Beccaria),舍沙毕罗(Cisalpino),皆近代科学界之泰斗也。发现新大陆者,为意大利人科伦布;调查新大陆,制图而归者,为意大利人亚美利哥(Amerigo Vespucci);意人所贡献于科学者,顾不伟欤?

二十世纪,世界科学日新月异,意人颇有落伍之叹;非意人之天才不如他国,乃意大利之环境与设备,有以阻碍其天才之发展耳。然意人仍自奋勉不懈,于电学,铁路,工程,天文,地理,医学,化学,军事在在有所发明,良足嘉也!请分论之。

电之征服与使用,为近代物理学一大发明,贡献最多者,自属美国;然意人亦有特殊之贡献,如马孔宜(G. Marconi)之发明无线电报即其一也。马氏以一八七五年,生于意之巴诺尼;长学于巴诺尼大学,性喜物理学,毕业后,专心致志于电之研究;经许多之困难,与无数之实验,无线电报,居然成功。现今比沙附近之加尔坦诺(Caltano)地方,有世界最大之无线电台,利比亚之役,劳绩甚著。

梅安诺(S. Maiano)与安得里尼(S. Andreini),又发明一复式发电机,于同一电线上,同时可发出十四种电报,而无凌乱错杂之弊,电线因之可以大省。

杰可维诺教授(Prof Jacoviello)又发明一种机器,可以变平常之低压电流使成为黑慈电波(Hertzian wave),用之于无线电台上,或其他工业方面,以极少之销费,生极大之效力。将来可以希望不待电线之炽热,直接可以发光,则用电更可省,而电学上许多麻烦问题,皆可迎刃而解矣。

意大利以缺煤故,用水电之处甚多,全国每年所生水电,达二百五十万马力,伦巴底之维莎拉提锡诺(Vizzola-Ticino)一处,即有六十万马力。

美国尼亚加拉大瀑布之第一涡轮,盖由米兰运去者也。意大利电机之巧,制作之精,推行之广,在世界允推第一;全意各城各镇,殆无一处无电灯电话云。

最近塔机(S. P. Taggi)氏,发明电线邮政,以高二十米突之铁竿,上系纲丝四条,通于邮政总局,竿底置一小箱,投信入箱,则小箱自动升上竿顶,倾信于空中小车中,小车循电线之方向,往前进行,在空中,每小时可行四百粁。待各地小信箱中之信均已收齐后,仍回到邮政总局,然后取出往各地分送。

此外尚有一用途最广,关系最大之发明,即电报电话,可以通于同一线上是也。费拉拉工业专门学校教授布鲁尼(E. Bruni),与透尔其(S. C. Turchi),经多次之实验,竟能用一根电线一方面打电报,一方面打电话,毫无冲突。此种发明,极经济,极便利,尤以战争及探险时,最有实用云。

第二节　铁路工程

意大利之科学天才,不仅于学校中有之,随时随地,无不有之。马劫斯省之森勒加里亚(Senigallia)地方,有一车站上服务工人,名巴格良尼(C. Baglioni)者,发明一种机器,可以防止火车之互撞。用此机器,当两车行于同一轨道,而方向相反,有互撞之虞时,立刻可以察觉,且两车同时停止不动。此后撞车之祸,可望绝灭矣。

又有一铁路工人,名巴格里尼(Pagnini)者,发明一种震动记载器;共用金属摆三,各系铅笔一只,当车行动时,一记纵线,一记横切线,一记垂直线。构造简单携带便利;凡在一定距离间,车行所需之时刻,与铁路之曲度,及车过铁桥时,所起之震动,皆可于此器中得之。

第三节　天文地理学

地中海气候清明,便于天象之观察,故本邦所出天文学者颇多。现代之气象学泰斗,当推席阿巴里(G. Schiaparelli)氏;彼除其他发明外,尚有一极大之贡献,即所作火星地形图是也。氏首先注意火星表面,有几多横段之运河;在一年之中,有时此种运河,数目加倍。近来疑惑火星表面,业有居民多矣;得氏之说,更可以增加一有力之证据也。

罗马城中,教皇宫里,有一极大之观象台,用摄影地图,以为云之分类标准者,即为此观象台所发明焉。其中所出之天文家,气象家,地图家,殆不可胜数。

地中海岸,火山甚多,故对于火山之观察与研究,意人亦极饶兴趣。关于此方面之工作,以牧师之贡献为多。巴拉碧题派(Barabite)牧师巴提里(Bertelli),发明一种震动计,凡地球表面,有轻微之震动,亦可知之;另一巴拉碧提派牧师,改良扩大之,使成为一精密之地震计,凡数千里外,地震发生,视此器之记载,立可知其方向与远近。

那不勒斯教授马徒息(Mateucci),亦一地震学家也。当一九〇六年,春,维苏威火山爆发时,氏屹立火山旁之地震观察台上,甘作科学试验之牺牲,置死生于度外,此种精神,至可钦佩。其他地震学家,有亚尔凡宜(Alfani)牧师,在近代地震学界,为首屈一指之学者。

意大利尤富于游历家,探险家,故对于地理学界,贡献亦多。美洲之发现,非洲之开发,亚洲之探险,多成功于意大利人之手。阿布鲁尼公鲁益几(H. R. H. Luigi di Savoia),一大探险家也,公爵为攀登亚拉斯加之伊利士高峰(Mt. Elias)之第一人;又曾亲树意大利旗,于北纬八六度三三分之北冰洋上,此点盖自有北极探险以来,距离北极最近之第一点也。

一八九九年,公爵又往北极探险,船至梯布里兹湾(Bay of Teplitz),为冰所封,张天幕于冰天雪地上者,垂六月,昼不见日,寒风刺骨。此时期中,曾以雪车四出探险,无所得;明年春,又分派其部下为三队,乘雪车往北极进行,有二队生还,其一队不知下落。此次为北进最远之一次,第三队曾至北纬〇度二二分,盖自蓝生(Nansen)以来,探险家所未到之地也,由是世界记录,为意人所得。比其还也,携带藓苔羊齿之类甚多,所裨益北极植物之研究者极大。

至于深海探险,意人亦有特殊贡献。维生沙(Vicenza)人,皮诺(G. Pino),发明一种潜水艇,能沉入海洋最深处,以烛照海底之秘密。一九〇〇年，皮氏第一次用其自造之潜水艇，沉入来皋宁海中，升降自如，世人始信深海可以出入。旋又造一较大之潜水艇，往深海探险数次，所得结果，异常圆满。欧洲大战时，列强所制之军用潜水艇，盖仿照皮氏之构造，而加以扩充者云。

第四节　医学化学

红十字会之创始者，为弗罗棱斯人奈丁格尔（Nightingale），此人人所知者也。意国女子，沐其余风，故从事于医院之看护与红十字会之会员者极多。罗马城中，有看护训练学校，乃皇后爱伦那（Elena）所创办，专以训练看护人才为目的；办理完善，成绩卓著。里比亚之役，巴尔干之役，意国女子，前往战场，看护伤兵者甚多。故看护学在意大利半岛上，颇为发达。

至医学上之发明，与疾病之防范，意大利之男子与女人，各各有其贡献。热内亚大学教授布鲁士其梯尼（Prof. Bruschettini），新发明一种血清，用种痘法，种之于牛身，可以抵抗肺痨，及牛足牛口诸病。自此种血清实施后，事先种痘之牛，每年可少死百分之八十二；传染以后方种痘者，可少死百分之六十。布浪布登肺病医院，用此种血清，注射病人之身，颇收成效。近方拟推行此种血清，用于其他各病；据实验之结果，成绩颇圆满焉。

意大利女子，从事医学上之研究者甚多，戈碧（Dr. Gobbi）女医士，研究人身血液中之寄生虫；鲁染尼（Dr. Luzzani）女医士，研究患狗癫症者，脑中寄生虫之状况。其他关于微生虫之研究者，尚不乏人，以成绩未著，从略。

女化学师亦多，最著名之女化学家，当推门加里尼博士（Dr. M. Mengarini），门氏经多年之研究，与无数次实验之结果，发明化学上几种原素，如金，锑，碲，炭之类，向认为不可分解者，亦皆可以分解之。且将此几种原素分解之后，又能一一使其结晶还原。其他女化学师尚多，惟不及门氏之著名耳。

第五节　军事

自军用器具言之,求其精密与准确,世界各国,莫能出意大利之上;意国炮兵,因素以描准精确见称者也。一八八五年,意人发明一种海上测距器,由器测船之远近,百不失一;英人百计求之,而不能得。后须出巨金奖励发明,而自制之器,其精确不如意人远甚。

弗罗伦斯之兵工厂,世界最精良最特别之机关也。意国海陆军用具,多取给于此;他国海陆军装,亦多由意国代制。日俄战争以前,日政府派员来此学习,后卒赖其力,战胜强俄,攻击旅顺口时,日人炮无虚发,皆受意国军用仪器之惠。现今此兵工厂,不断有新奇之发明,惟军事秘密,无人能窥探耳。

爱曼纽尔(Emanuele)大佐,发明一种器具,测量射击之远近,极为精确,且在任何情形之下皆可使用;对于训练新兵时,足以节省子弹之浪费。加里交布罗(Calichopulo)大佐,亦发明一种描准器,器有二孔,与瞳孔之大小相等,由此远望,与用望远镜无异。

然最有用而最精奇之发明,当推犹里维(G. Ulivi)之红内线。用此种红内线,可以使鱼雷,飞机,地电,及其储藏之爆烈物,自行爆炸;且无论地之远近,皆可用数学测得之;测得之后,几于令人无法抵抗。英法政府闻此新奇之发明,曾先后延往试验,两次均验。果再加以改良,则今后之炮台,大炮及其他军器,尚有若何功用,殊疑问也。

其在飞机方面,意人之制造艺术,与驾驶艺术,皆超人一等;罗马附近之布拉昔罗湖(Lake Bracciano)旁,有一极大之航空场,关于飞机之理论与实际,在此俱研究甚精。意大利之飞机,在德国式与法国式之间,有二者之长,而无二者之短。气球之构造,意国式亦甚精,为他国所取法。方今飞行界之远距离纪录,仍为意人所保持也。意国飞机,不如法国之多,德国之大,而本质坚美,方之二国,无多让焉。

此外意人尚有一种发明,于物理界,天文界用途甚大。哥尔日(Agostino Calzi)牧师发明流体凸透镜,利用透光体不同之密度,可以吸收光线之原理,制成一种测日器,可以望日,而无损于目。天文家得此,于窥测日之表面及其变化时,便利多矣。

参考书目

1. G. Borghèse, L' Italie Moderne.

2. H. W. Tyler, A Short History of Science.

3. H. S. William, A History of Science.

4. H. Zimmern, Italy of the Italians.

5. A. R. Wallace, The Wonderful Century：its Successes and its Failures.

甲骨文字与殷商制度

自　序

　　甲骨之学,为一极新颖极专门之学问,十年以前,研究甲骨文字者,寰宇不过数人而已。降至今日,甲骨之出土日多,文字之研究日盛;尤以十七、十八年之殷墟系统的发掘,更能使斯学得为科学之处理。今治甲骨学者,颇能向小学、史学、经学、考古学、社会学诸面追求;而治上述诸学者,亦能取材于甲骨及与甲骨同时出土之附属物及其遗迹,甲骨之研究,与其他学术乃有逐渐发生密切关系之势。

余之认识甲骨,始于民国十四年,维时肄业清华王静安先生,屡以甲文释群经、释古文,并订正《说文》之得失,然以非余所习之专业,旋亦废置。民十七、十八年,中央研究院发掘殷墟,所得遗物,盈数百箱,余时寓居北平,得屡往参观,李济之先生并娓娓为余道发掘之经过及所得遗物之种类与意义,于此使余之于殷墟发掘乃发生浓厚之兴趣。迨《安阳发掘报告书》出,间以与地质调查所所出沙锅屯、仰韶村诸报告相较,使余于中国古代文化之渊源,更为瞭然。

十九年,余任沈阳东北大学教授,授中国上古史,其中关于殷史之一部分,完全以甲骨文为主要材料,而探讨之范围,则轶出王静安先生《古史新证》之外。余向治史学、社会学、考古学,以之与甲骨学打成一片,殊觉别有境界。讲义既成,亦尝请友人徐中舒、吴其昌为之校订,惟以人事鞅掌,迄今尚未润泽修改付梓。

本年春,中舒复以殷墟之发掘为题,嘱余为开明代撰是书,余乃欣然诺之。于是着手搜集材料,从事考订。中舒时在北京大学任殷、周史料考订一课,于全书规模,亦多所参订。其第二、第三两章,颇取材于董作宾之《殷墟沿革》及《甲骨年表》二文。第四章之材料,全得于中舒。第五章,取材于北平图书馆金石部友人刘文植处。第六、第七两章,则大部分根据于余所著之《中国上古史讲义》。第八章根据中舒《殷周史料考订大纲》;东北大学单庆林时往笔受,又以其所记见借,可得恣意取材。以上诸人,皆余极其感荷者也。

自春及夏,人事鞅掌,非有中舒之敦促鼓励,余几不能成书。在群书狼籍中,挥汗握管,听高树之蝉嘶,闻草间之虫鸣,觉造物者之故奏其天籁以助余之清兴也。书既成,因述其经过之大凡如此。民国二十二年八月初八日,周书觕在北平。

第一章　导言

近代治学，注重材料与方法，而前者较后者尤为重要。徒有方法，无材料以供凭藉，似令巧妇为无米之炊也。果有完备与珍贵之材料，纵其方法较劣，结果仍忠实可据。且材料之搜集、鉴别、选择、整理，即方法之一部，兼为其更重要之一部，故材料可以离方法而独立，此其所以可贵焉。

上述之理，施之任何科学，莫不皆然，不论其为自然科学、社会科学、应用科学，其研究之基础，讨论之范围，莫不以材料为依据，且为材料所限。是以有材料即有学术，有新材料即有新学术。反之，如无材料即无学术可言；或材料缺乏，其结果亦无精彩。

材料贵丰富、贵完备、尤贵真确。学者之治学也，必先广事搜罗，待材料既集，然后加以分析、分类、比较、综合、假设、求证，于是论断出焉，论断之确否，基于证据，孤证不立，必博证之，求之反，求之正，无不皆宜，斯成名论。欲求博证，非材料丰富完备不可，如其材料未尽，不足为定论也。

然学问贵进步，往往有某种原则原理，举世认为不朽名论者，经数十百年复行推倒，新原则原理取而代之，求之各种科学其例甚多。新原理原则之成立，无不基于其所搜求之材料，非其材料更为丰富，即其材料更为真确。故治学贵于丰富完备之中，更求真确；倘于丰富完备之外，能有一种新材料发现，弥足珍矣。前人之所治，后人益加广焉，新材料继续发现，斯学问继续进步。

以上泛论材料之重要，谓凡百科学莫不以材料为根据。历史、社会科学之一也；社会科学，胥重搜集材料，历史不能独外。且以近代学术趋势言，历史学与考古学俱倾其全力于材料之搜集，故有历史学即史料学之语。法人朗格诺瓦（Lauglois）云："历史由史料构成；无史料斯无历史矣。"此真不朽之名言也。

在近代中国史学界,或广言之曰在近代中国学术界,有一震古烁今之事发生,即殷墟之发掘是已。所谓殷墟者,盖殷代之故都,三十年来,其地不断发现许多龟甲、兽骨、陶器、石器、骨角器,经发掘之结果,又掘出许多陶器、铜器、铜范及人骨。大多数皆三千年前遗物:为考究殷代史之绝好资料。孔子曰:"殷礼吾能言之,宋不足征也";孔子所不能征者,吾人能征之,其名贵与新颖为何如乎?

关于殷墟之蕴藏,目前发掘虽告一段落,然绝非罄竭无遗。是以殷墟在中国学术界之地位与价值,目前尚不能为最后之估计。说者谓再作一度有组织的、大规模的、科学的发掘,必能得更多之新材料,且可以提供更多之新论证云。

单就目前所得所知者而言,殷墟在中国学术上,已据不朽之地位,殷墟所发现之遗物,使已为吾人所遗忘之三千年前之历史忽焉再现,其遗物之丰富精美,较之世界上任何文献、任何史料、任何骨董,俱无逊色。故谓殷墟为中国一大宝藏,殷墟之发掘,为中国学术界一大事业,俱无不可。就殷墟之材料,作科学之探索,其于历史上、社会上、文字上,最低限度有三种贡献:

一、关于殷代帝王之世系、年代、名号、事迹及殷之诸臣;《史记·殷本纪》历历言之详矣。其他《竹书纪年》、《世本》、《尚书》亦各有所记载,虽详略不同,而治古史者宝之如拱璧。惟《史记》为汉时人作,上距殷约千年;以千年后人说千年前事,未必可靠,而《竹书纪年》、《世本》、《尚书》又各辗转抄袭,真伪杂糅;三代史案,允为疑狱。自殷墟契文出,所载殷代帝王世系名号及诸臣,般般可考,殷史遂成定谳。并可以证明《史记》所录,全有根据;即《竹书纪年》等书,亦各有大部分史实存焉。新旧史料互相证明,于研究古史上裨益极大。

二、国人治学,向不注重社会状况,关于古代社会,尤觉茫然。《诗》、《书》、《易》中诚不少古代社会史料,然仅断简残句,枯窘之至,且其年代又往往不能确指,社会进化之程序,莫由考核。昔人谓世运愈降文治愈趋堕落者,其说信属荒谬;然无反证,亦无以说明其非。自殷墟遗物出,然后知殷代实为金石并用时代,虽其文化已粲然可观,然去现代文明之域甚为辽远。且据《殷虚书契》言,殷人尚为一佃猎游牧民族,农业尚未十分发达也。殷之社会组织,史家断为氏族社会,有谓其实行群婚者。要之居今日而言中国之信史,当自殷代始。

三、中国治文字学者,向来根据《说文》,《说文》汉时书也,其解说未必全是,经学家、小学家盲目从之,往往有以盲引盲之感。至清代学者严可均、王筠、阮元、吴大澂、孙诒让诸人出,往往参用吉金,洞见文字本原,以匡《说文》之谬。然吉金多周时物,虽较《说文》高出一筹,仍非最古之字。自《殷墟书契》出,然后小学家得最后之根据,以甲骨文释金文,以金文释《说文》,于是文字之本原与变化,乃得大明。故有甲骨文而后,文字学之本身,乃得一大进步,其他群经诸子,与文字学密切相关者,亦随之得一大进步,其有功于吾国历史语言之学,岂浅鲜哉。

第二章　殷墟之由来与经过

商代都城,屡经更易,史称自契至成汤八迁。契以前,居亳,契始迁蕃。昭明迁砥石,又迁商。相土东迁泰山下,复归商邱。帝芬迁于殷。孔甲迁归商邱。汤复迁亳。又称自汤至盘庚五迁。仲丁迁于嚣。河亶甲居相。祖乙迁于邢。阳甲以后迁于河北。至盘庚,乃始宅殷。自盘庚徙殷至纣之灭,《史记正义》引《竹书纪年》谓七百七十三年,更不迁都。考殷代十数都城之中,以都殷时为最久,其次当推商邱。故殷人时或称商,亦或称殷。大抵在商之时,"商"字较为流行,周以后,则"殷"字更通俗。在《诗》、《书》中,则二字亦多并用也。

殷为殷代都城,历七百余年之久,其地位极为重要,与周之丰、镐,汉之长安、洛阳,六朝时之金陵,及近代之北平,有同样之价值。且自光绪二十五年,殷墟发现大批甲骨后,在历史上、文字上、考古上贡献俱大,于是"殷墟"一辞,播腾众口,关于其他之由来与经过,愈为治国学者所欲知焉。

盘庚以前，殷墟之地，称北冢，或作北蒙。《史记·殷本纪正义》引《纪年》："盘庚自奄，迁乎北冢，曰殷墟，南去邺三十里。"《通鉴地理通释》亦云："相州安阳，本盘庚所都，即北蒙殷墟，南去朝歌城百四十六里。"

盘庚以十四年迁北冢，号曰殷。十五年营治殷邑，稍大其居。自是之后，历小辛、小乙、武丁、祖庚、祖甲、廪辛、康丁、武己、文丁、帝乙凡十代，不闻迁都之事。帝乙以后，都城无考。说者谓，殷墟滨洹近河，水患难免，帝乙之后，或者洪水暴发，都邑圮没，殷人不得不流离转徙，惟徙居何时，所徙何处，则仍不可考焉。至商纣时，乃都朝歌，朝歌距殷百数十里。

武王伐纣灭殷，朝歌及殷墟皆废。据《安阳县志》谓：春秋时殷墟属于卫国，后又属于晋之东阳。三家分晋，殷墟属于魏之宁新中邑，后又属于赵国。秦昭王拔宁新中邑，更名安阳城，于是殷墟属于安阳。秦、汉之际，人皆知有所谓殷墟。《水经注·洹水篇》曰："洹水出山东，径殷墟北。"《史记·项羽本纪》云："章邯使人见项羽，欲约……项羽乃与期于洹水南，殷墟上。"汉时废安阳，殷墟属于河内郡之汤阴。《史记集解》引应劭曰："洹水在汤阴界，殷墟，故殷都也。"后汉末年，殷墟属于邺。

魏、晋、南北朝时，郡别不常，所属亦异。初属于邺，晋置安阳后，属安阳。北魏属于汤阴，北周时仍属于邺。惟殷墟之名，历代存在如故。隋开皇十年，置安阳县，属相州，又分安阳置相县，殷墟属于相县之安延乡。唐初置相州总管府，领安阳。武德五年，省相县入于安阳，殷墟复属安阳。五代时，安阳之名未改，殷墟之称仍旧，统属于彰德军云。

宋时，殷墟之名渐湮，人皆知有所谓河亶甲城，而不知殷墟。据吕大临《考古图》所载"乙鼎"跋云："右得于邺郡亶甲城，高五寸八分，深三寸七分，径五寸二分，容二升，铭二字。"又"亶甲瓿"跋云："右得于邺亶甲城，高八寸四分，深五寸六分……"又"足迹罍"跋云："右得于邺，高九寸八分……闻此器在洹水之滨，亶甲墓旁得之。"此处所引诸器之跋，一则曰得之于邺都，再则曰得之于亶甲城，三则曰得之于洹水之滨，综而核之，其出于殷墟无疑也。

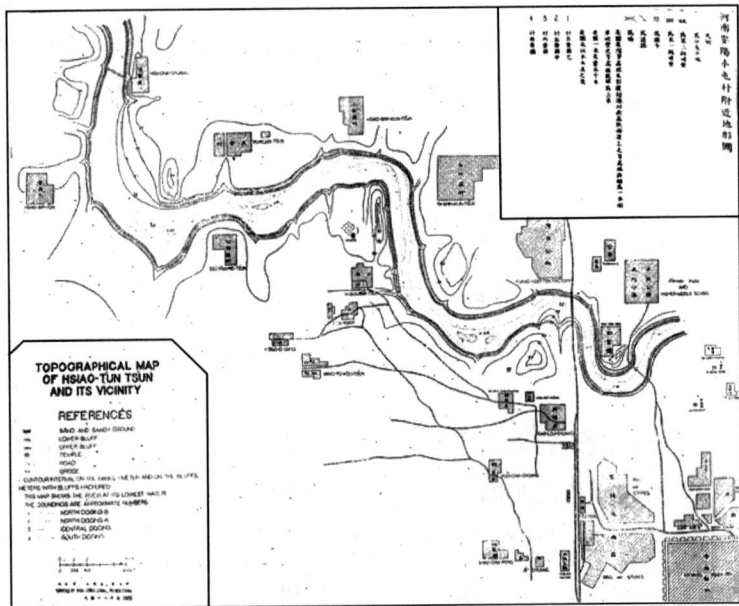

金时,安阳属彰德府,元时,安阳属彰德路,殷墟仍属安阳。据安阳父老相传,明初有胡大海者,少时受辱于安阳,及佐明有天下,乃大杀安阳之人以报仇,城内外居民,十死七八。洪武间,始由洪洞迁民以实之,今安阳人多称祖先来自洪洞。至明中叶,有卜居于殷墟附近者,积久成村,谓之小屯,万历四年墓砖契券,始见小屯之名。是后小屯之名屡易,或称高楼庄,或称崔家小屯,或称后小屯,或省称小屯。惟仍属于安阳,安阳则属彰德府,不变。

小屯村自有明初叶,已有人居,土地渐辟,田畴渐广,迄于今,可数十百户。因积年耕种之结果,曩时坵垅,变为平地,又其地滨洹,时有水患,平原亦往往变成丘陵。天然力与人工力之交互作用,而三千年来,埋藏地下之殷商遗物,始有出现之机会。至光绪二十五年,甲骨文出土,迄于今约三十年,继续发现不绝,于是殷墟之名乃大噪于世。

参考书目

1.《殷墟沿革》董作宾著.

2.《彰德府志》.

第三章　甲骨文之发现及其印行

殷墟,在今河南省安阳县西北,约四五里。土人呼其地曰小屯,北滨洹水,南接邺县,与《史记》、《竹书纪年》、《山海经》诸书所载,咸相吻合。唐以前人,习称之曰殷墟。宋以后,称河亶甲城。小屯村之名,始于明代。其详已见上章,不赘述。夷考载籍,殷墟之为殷代都城,亘七百年之久,则其地必有许多殷代遗物,埋藏地下,此理至明。惟中国学者缺乏考古观念,尤不明发掘之法,直至三千年后,此久埋土中之殷代遗物,始得重见天日,可谓大不幸矣。

殷墟遗物之偶然发现,前代殆数之有。至其正式发现,始于逊清光绪二十五年;而其正式发掘,始于民国十七年。民国十七年以前,所得资料,并无科学的记载,可统归之于偶然的发现(Accidental discovery),共为一期。民十七以后,所得资料,概用科学方法,记载整理,可统归之于系统的发掘(Systematic excavation),应当另划一期,以下分两章述之。

殷墟遗物之偶然发现,不仅一次,亦不在一时。隋、唐之交,其地沦为荒冢,偶因葬埋,迭被翻动。据民十七、十八年三次发掘,村南村北,所得隋、唐墓志,不下二十余处。中有《卜仁墓志》,为隋仁寿三年所葬。又有《樊夫人墓志》,为隋大业二年所葬。特此迭次翻动,有时即破甲骨蕴藏处埋葬,惟彼时人士对于此种古物全不感觉兴味,其掘出之物,据最近发掘所得,仍旧埋入土中,不然,则此种甲骨早已不能保存迄今矣。

宋时,殷墟遗物,出土甚多。据《安阳县志》引《河朔访古记》云:"安阳西北五里四十步,洹水南岸河亶甲城,有冢一区,世传河亶甲所葬之所也。父老云,宋元丰二年夏,霖雨,安阳河涨,水啮冢破。野人探其中,得古铜器,质文完好,略不少蚀。众恐触官法,全货于市,因击破以鬻之,复塞其冢以灭迹。自是铜器不复出矣。"宋人吕大临所著《考古图》,中录诸器,如乙鼎,亶甲觚,商兄癸彝,足迹罍等,皆殷墟遗物也。

甲文(刻于龟之腹甲)

骨文(刻于牛之肩胛骨上)

殷墟遗物之正式发现,始于逊清光绪二十五年(西历一八九九年)。初,安阳农民,在洹水河畔耕种时,偶于黄土层下,掘出龟甲兽骨无数,以为龙骨,售之药店,可供医药之用,售价甚廉,甲骨之真正价值,彼等固不知之,且其上刻有原始文字,彼等亦未注意也。光绪二十五年,山东潍县古董商人范维卿,为端方搜买古物,至小屯,见甲骨刻有文字,购若干片,献端方,端大喜,报以重值,范乃竭力购置,搜获甚多。

次年,范至京师,挟甲骨数百余片。福山王懿荣、丹徒刘铁云、潍县赵执斋俱与交易。王氏以位高多金,所得独多,又旁搜远购,共约千片。刘氏更叩以甲骨所自出,范姓商人,坚不肯告。未几,义和团乱事起,王氏所藏古物,俱运回福山原籍,得以保全,然王氏本人则竟死难。

自光绪二十五年以后,殷墟之龟甲兽骨,陆续出土,农民因有利可图,更肆行掘发。其间损坏者不知若干,散失者又若干。二十八年,王懿荣之子翰甫,出所藏古物及龟甲,清夙债,龟甲为刘铁云所得。定海方药雨得范姓所藏三百余片,亦归刘氏。赵执斋更为刘氏奔走购买,一年之中,得三千余片。总计刘氏所藏,不下五千片。

上虞罗振玉,在刘氏处,始见龟甲兽骨,以为"汉以来小学家,若张、杜、杨、许所不得见",惊为奇货,因鼓励刘氏,择其字迹完好者千余片,拓印为书,次年(二十九年)出版,名曰《铁云藏龟》,凡六册。刘自序龟版出土及购求经过,罗以之考证经史,更正四事。此为甲骨文字印行之始,亦即罗氏与甲骨接触之始。又次年,瑞安孙诒让,作《契文举例》,成书二卷。自谓"衰年睹此奇迹,爱玩不已,辄穷两月力校读之……乃略通其文字"云。

其在小屯方面,光绪三十年,曾经大规模发掘一次。本年冬,小屯人朱坤率领工人,于村北洹水南岸,搭席棚,起炉灶,大事发掘,得甲骨盈数车。同村人崔文元等与朱姓争挖掘之地,械斗成讼。从此县官禁止,不许挖掘,采掘之风稍戢。然盗掘之事时时有之。宣统元年,村前张学献家地,因掘山药沟,发现甲骨文字,村人相约发掘,得骨条甚多。此两次所得,大部运至京师,一部分散存各地。

谈甲骨文者,无不知有上虞罗振玉,亦无不知有海宁王国维,良以甲骨片之搜集,罗氏集其大成,而甲骨文之研究,王氏穷其奥秘也。罗氏自光绪三十二年(一九〇六年,)开始搜集,其始由骨董商人手中,辗转购买,以范姓供给最多,不自满足,更思直接批购之道。"访之数年,始知实出洹滨"(《五十日梦痕录》)。宣统二年,乃遣厂肆估人祝继先、秋良臣,"大索于洹水之阳,先后所得,乃达二万版"(《前编·自序》)。罗氏汰赝择尤,得三千版,仍不自歉,次年,复命弟振常,妻弟范兆昌,至洹阳采掘,又得万版,前后共得三万版以上,为历来之搜藏家所不及。

罗氏搜藏既富,乃思印行问世,广为流传。"寒夜拥炉,手加毡墨。"(《前编·自序》)方拟编缀,然不久辛亥革命军起,罗氏遁往东瀛,尽将所藏甲骨载入行箧,因展转运输及税关检查,损坏者十之五六。自是之后,罗氏蛰居日本数年,专以流传甲骨为事,并撰《殷虚书契考释》一书为推阐其义。王静安先生为写印行世。计罗氏所印行者,有下列诸书:

《殷商贞卜文字考》 罗振玉著 宣绪二年石印本。

《殷虚书契前编》 罗振玉著 民国元年影印本。

《殷虚书契菁华》 罗振玉著 民国三年影印本。

《殷虚书契考释》 罗振玉著 民国三年写印本。

《铁云藏龟之余》 罗振玉著 民国四年影印本。

以上各书,不单为甲骨文之开山著作,兼为甲骨文之基本著作,甲骨文之主要材料,大部包括于此中矣。《殷虚书契前编》、《菁华》二书俱为原片或拓片之影印,纸张之匀洁,印工之精良,俱为中国典籍所不多见,洵足珍也。

罗氏不愧为中国第一流之骨董家,彼于搜集骨甲文字之外,兼注意及于与骨甲同时出土之各种器物,如象匕、骨简、石刀之类,历年搜集颇多。然彼尚不自满,终于民国四年(一九一五年),亲往小屯踏访,所获甚富,据《五十日梦痕录》云:

"……三十日(阴历三月)巳刻,抵彰德,寓人和栈,亟进餐,赁车至小屯,其城在郡城之西北五里,东西北三面,洹水环焉。《彰德府志》,以此为河亶甲城。宋人《考古图》,载礼器之出于河亶甲城者不少,殆即此处。近十余年间,龟甲兽骨,悉出于此。询之土人,出甲骨之地,约四十余亩。因往履其地,则甲骨之无字者,田中累累皆是,拾得古兽骨一,甲骨盈数搊。其地种麦及棉,乡人每以刈棉后,即事发掘,其穴深有二丈许,掘后即填之,复种植焉。所出之物,甲骨以外，鼋壳至多，与骨甲等，往岁所未知也。古兽角亦至多，其角非今世所有……往岁曾于此得石磬三，与《周官·考工》所言形状颇不同。《尔雅·释乐》，大磬谓之馨。郭注，馨形犁绾。今殷虚所出，与犁绾状颇似，意殷、周磬制不同。郭注云，似犁绾者，意是旧说，乃殷制与《考工记》所记异，《考工记》则与犁绾异状矣……予旧所得，又有骨镞，有象匕、骨匕，有象掆，有骨简，有石刀石斧。其天生之物，有象牙，有象齿。今求之亦罕见，然得贝璧一，其材以鼋壳为之，雕文与古玉蒲璧同，惜已碎矣，为往昔所未见，获此奇品，此行为不虚矣。予久欲撰殷虚遗物图录，今又得此，归后当努力成之。"

搜求甲骨文字，而旁及于器物，已属难能可贵；更乃亲身勘踏，实地调查，影印图录，尤为骨董家之创举。虽然，罗氏仅保持其第一流骨董家而已，不足以言考古也。考古学者，贵能系统发掘，精密记载，罗氏何足以当之。且关于四周之环境，地层之状况，兽骨人骨之分布，遗物发现之原始情形，及其它古人种种遗迹，亦未注意。计其所发现者，不及其所忽略者之多，其所珍袭者，不及其所毁坏者之众；以考古学之见地言，诚功罪不相掩焉。

与罗氏同时之刘铁云，其才识远迈罗氏，而际遇则不如。庚子之变，联军入都城，都人苦饥，道殣相望。刘氏乃挟资入北京，以贱价由俄军手中购得太仓藏粟，粜诸民，民赖以安。而数年后，权臣某，乃以私售仓粟罪刘氏，致流新疆以死。刘氏死后，其所藏甲骨，一部分为上海犹太人哈同所得，一部分为日人林泰辅所得，一部分为丹徒叶玉森所得。

民国五年以前，甲骨之出土者，大部分为罗振玉所得，一部分为刘铁云所得，前既言之矣。民五以后，至民十七，甲骨之出者甚多，可得而记者，共有五次。民九，北五省大旱成灾，小屯乡民，迫于饥寒，相率发掘甲骨村北河畔，搜寻再四，所得颇多。民十二，村人张学献家菜园内，有甲骨出现，大者仅二片。民十四，村人大发掘于村前大路旁，得甲骨盈数筐，有长五尺余者。民十五，村人于张家菜园内大挖掘，得胛骨甚多。民十七,北伐军作战安阳,村人因废农作,乃大挖掘于村前道旁,得甲骨无数。其余零星出土者,无法核计,亦有盗发甲骨,不肯告人者,更无从探悉。

凡此种种陆续由安阳出土之甲骨,多散在中外收藏家之手,就国人言之,天津有王襄,河南有时经训,山东有柯昌济,丹徒有叶玉森,上海有姬觉弥;就外人言之,日本有林泰辅,英国有考龄,加拿大有明义士,美国有查尔凡,以及犹太人哈同,各有所藏,并能拓印流传,以公于世。是以民国五年以后,甲骨文作品,刊行甚多,其要者如下:

《殷虚书契后编》 罗振玉著 民国五年影印本。

《殷虚书契待问编》 罗振玉著 民国五年石印本。

《殷虚古器物图录》 罗振玉著 民国五年影印本。

《殷虚卜辞》 明义士著 民国五年模写本。

《戬寿堂所藏殷虚文字》 姬觉弥编 民国八年石印本。

《戬寿堂所藏殷虚文字考释》 王国维著 民国八年石印本。

《龟甲兽骨文字》 林泰辅著 民国十年石印本。

《簠室殷契类纂》 王襄著 民国十年石印本。

《殷虚书契补释》 柯昌济作 民国十年自刊本。

《殷契钩沉》 叶玉森著 民国十二年手写石印本。

《殷虚文字类编》 商承祚著 民国十二年刻本。

《说契》 叶玉森著 民国十三年石印本。

《研契枝谈》 叶玉森著 民国十三年石印本。

《簠室殷契征文》 王襄著 民国十四年石印本。

《铁云藏龟拾遗》 叶玉森著 民国十四年影印本。

《殷虚书契考释小笺》 陈邦怀著 民国十四年刻本。

《殷虚书契萃菁》 王绪祖著 民国十五年印本。

《殷墟拾遗》 陈邦怀著 民国十六年石印本。

《殷虚龢契考》 陈邦怀著 民国十七年石印本。

《传古别录第二集》 罗福颐著 民国十七年影印本。

甲骨文之出土,虽在中国,而甲骨文之研究与印行,则不限于中国。前言日本有林泰辅,加拿大有明义士,其实尚不止此二三人。日本人之知有殷墟甲骨,由于《铁云藏龟》之东渡,其初彼邦人士,咸不相信。后本乡文书堂购得甲骨数百片,乃大引起学者之兴趣,竞相搜求,收藏最多者,首推三井源右卫门计三千片,其次为林泰辅,计六百余片。又次为河井仙郎、中材不折,各百片、五十片不等。民国七年五月,林泰辅来中国,至安阳,亲身考察,并带回甲骨二十片,土器若干片,骨角器若干片,玉器若干片,铜器若干片,搜罗之范围颇广,以其具有考古学知识也。归国后作文记其事,并附以自己之意见焉。

民国十年,林氏以自己所藏甲骨,合之权石斋、听冰阁、继述堂所藏,共一千零二十三片,印为《龟甲兽骨文字》凡二卷。林氏又以己意,将所识之文字二千三百一十九字,分为五类,一天象,二身体,三家宅器物,四动植物,五山川田土。顿为研究甲骨者辟一新途径。较之死守《说文》者强多矣。据林氏云,日人之研究甲骨者,尚有河井仙郎、高田忠周、后籐庙大郎;其余新进学者尚多。然则斯学之于东瀛,其盛不下本邦也。

西洋人之搜藏甲骨者,有英人考龄(Couling)、美人查尔凡(F. H. Chalfant),两人皆为潍县牧师,从范姓估人,及赵执斋亲属购得甲骨文字残片甚多。考氏作《河南所出之奇骨》一文,述甲骨之发现,形状与内容颇详,自命为甲骨发现者,又自称前后到中国,专门采办甲骨三次。其所搜买之甲骨,皆售与各地博物院,现下列诸院,所藏甲骨不少。

Carnegie Museum,Pittsburgh.

Royal Scottish Museum,Ediughburgh.

British Museum,London.

The Field Museum,Chicago.

此外英人荷布金(L. C. Hopkins)、加拿大人明义士(J. M. Menzies)皆为甲骨文之搜藏家与研究家。荷氏之所搜集,多由考龄处辗转得来,曾作有《甲骨上所刻之葬歌与家谱》一文。明义士为彰德府牧师,以民国三年春,亲至小屯,考察甲骨情形,以后常来往其地,其始所得多大片,然皆伪物,后乃留心小片,能辨别真假,然后及于大片,所藏约五六万片。民国五年,明氏将归加拿大,乃由数万藏片中,选出二三六九片,印为《殷虚卜辞》一书,皆为模写,不免失真,然明氏自谓历时三年,凡三易稿,又不可谓不勤矣。

参考书目

1.《甲骨年表》 董作宾著.

2.《五十日梦痕录》 罗振玉著.

3.《卜辞中之古代社会》 郭沫若著.

4.《日本甲骨之收藏与研究》 徐嘉瑞著.

第四章 系统的发掘

殷虚之系统的发掘,始于民国十七年。民十七以前,非无大规模之发掘,亦非无有意之发掘,然悉归纳于偶然的发现者,以前此发掘,不合科学原则也。前此之发掘,主其事者,根本不知考古为何事,而挖掘之工人,又毫未受科学训练,其惟一之目的,曰牟利而已矣。计其所获得者,不如其遗弃者之多,计其所保存者,不如其毁灭者之众。虽不无骨董业上之价值,然律以考古学之精神及方法,相去甚远。

十七年以后之发掘,根本上与前此发掘不同者,约有二端。

其一曰搜集范围,不限于甲骨也。从事挖字骨者与骨董商人,但知有字之甲骨可贵,不知无字者亦属可贵,更不知甲骨之外,其他附属物,尤属可贵。十七年以后之系统的发掘,除甲骨外,更旁及于兽骨、人骨、陶片、铜器、铜范、石器等。总而言之,无论一石一木,但经三千年前之殷人所制造、所使用、所遗留,无不珍同拱璧,一例搜罗。

其二曰遗物产状,有详细记载也。向日之挖取字骨者,随挖随填,随取随弃,往往一段地层,被翻动数次数十次之多,于是甲骨出于何层?产状何若？无从明晰，其他附属物更无论矣。系统的发掘，则各段均有地图，各层亦有记载，原产状况，附属物种类，及其他一切遗迹，无不有详细之叙述，尤其注意于彼此相互之关系，此则非骨董家所能梦见者矣。

十七年以后之系统的发掘，主要者约三次。主其事者为中央研究院语言历史研究所。实际上负责发掘之人，如李济之、梁思永、董作宾等，皆富有考古学之知识与经验。其从事时，惟恐或有损伤，记载则务求详细，搜集、鉴别与研究，皆一以科学精神为准。故其结果，似较满意。关于发掘经过情形，具见该所出版之《安阳发掘报告》，已出版者共有三期。兹再扼要叙述如左。

中央研究院语言历史研究所，以殷虚甲骨，在过去之三十年中，层出不穷，为探寻其究竟起见，乃派董作宾前往，实地调查。董君于民国十七年八月十二日，亲赴河南安阳县以甲骨著名之小屯，相察地势，考查遗迹，购求骨甲，访拾旧闻。既知甲骨尚有遗留，而近年之出土者，又源源不绝，乃决定商由国家学术机关，以科学方法从事发掘，一以探古物之蕴藏，一以免遗迹之损坏。

董君将调查报告及发掘计画书交到中央研究院后，院中当局，深表赞同，于是为公务上之接洽，及经费方面、器具方面、人员方面之筹备，历时两月，诸事就绪。至十月七日，董君率发掘队抵小屯，而第一次之殷墟的系统发掘，于以开始。惟此次发掘，仍为试掘性质，规模不大，人员亦少，仅队员六名，工人十五名。

十月十三日，实际工作开始，先由小屯村北之河丘着手，历时四日，凡掘十个坑，采轮廓、集中、打探三法，都无所得。十七日，改在小屯正北之刘姓穀地试掘，历时三日，又掘七坑，所得字骨仍甚鲜。二十日以后，因闻村中亦出骨甲，而转而求之村中，于张学献宅对面小菜园内，园东麦场南之田中，及韩姓宅畔之道路上三处，又掘十九坑，结果良好。至三十日，工作告一段落。

此次发掘，自十月十三日起，三十日止，前后十八日，掘出之物，计字甲五五五片，无字甲五〇四片；字骨二二九片，无字骨一一一九片；骨器二八件,骨料二八件,兽骨六二件,人骨三件,贝及蠹器九六件,玉石器四二件,铜器一一件,铁器十件,陶器四九件,除人骨、铁器、玉器外,大部分皆殷人遗物也。

董君以天气日短,安阳又多匪患,且工作太重,范围太广,非有较久之时间,较多之经费,及各项专门人才,不能竟其功。乃于十月三十一日,将发掘之事,暂告结束。掘出之物,则整理封存,交彰德高级中学妥为保管而归。此第一次殷墟系统的发掘之经过也,成绩虽不甚佳,方法亦未完善,然后来之大规模的科学的发掘,实肇端于此。

第一次试掘,既颇有结果,中央研究院遂拟大举搜求,以探殷人蕴藏之秘奥。十二月,聘李济博士为考古组主任,主持安阳发掘事宜。李、董两君再赴安阳查勘,筹备第二次发掘掘计划。十八年三月,研究院考古组全体赴安阳工作,自三月七日开工,至五月六日停工。初在村南试掘,发现甲骨及隋、唐墓葬。继又在村北棉花地试掘,因无结果,乃回到村内张学献麦田上再掘,发现了未经扰乱过的殷商储积,甲骨出产之原始状况,乃得完全说明。

村内发掘时间,自四月十九日至五月一日。地点在张宅麦田内。因地层未经翻动,故其构造可得而言;大概在最上之一层,为现代的堆积,历时三百余年,其下一层,为隋、唐墓葬,历时二千余年,最下一层,为殷商文化层,历时数千年。其构成之原因,则由于洪水之冲积与沉淀。盖殷人故都,因洪水而墟废也。

此次发掘,历时两月,得甲骨有文字者六百八十版,无字者甚多,此外又得古器物、兽骨、蚌壳、陶片、箭镞之类,不计其数。其他与殷人文化无关者,为樊夫人墓之发现,及淹毙成童之发现,虽不足以说明殷人文化,而殷墟沿革,可于此中求之。

五月六日,考古组因军事突兴,土匪蜂起,方停止发掘,掘出之物,一部分运北平研究,一部分留当地高级中学保存:此第二次发掘之经过也。最大之贡献,为小屯地层之说明,及殷墟遗物之由来与构成之说明,自骨董家之眼光观之,不可谓成功,而自考古学的立场言,则其价值甚大。

十月七日,中央研究院考古组再赴安阳,为第三次之发掘。十月二十一日,河南民族博物院长何日章,亦商得省当局之同意,自动发掘,中央研究院之工作,于是停顿。后经研究院与省政府再四磋商,于是决定办法五条,大意为由省政府派人参加,并将工作经过随时报告,至古物之处理,则由省政府与研究院共同决定。

十一月十五日二度开工,十二月十二日结束。工作地方为小屯正北水沟之两岸。再东有沙丘一处,高九十余米,为十月间工作之所也。沟西沙岸起伏,然皆不其峻,曾于此试掘,旋即作罢。复集中于沟东沿沙丘左近。计掘纵沟九道,横沟十四道,支沟若干,大连坑一,村北大部分,悉被翻动。

至其地层构造,表面上之一层,杂有网砸与石刀片等,为他处移来之物。一米至二米,全为褐色土,土性坚硬。至二米半,土发黑色,渐杂黄沙,陶片亦渐见。三米以下,掘出陶片蚌壳、兽骨、木炭等极多。在横十三、十四两沟,发现龟版夹骨版甚众,凝结极固。并于横十三及大连坑,发现隋、唐墓葬,为后代插入,与殷墟考古无关。

总计第三次发掘,第一度历时二周,第二度历时四周,前后一月又半,工作之地,集中于村北一带。掘出之物,单就有字甲骨而言,得二千七百四十二版,无字甲骨更多。此外,又得许多铜簇、铜范、铜块、铜矛、铜锛。铜簇之形式,诸种皆备,足征其经过多年之演化,铜范为铸铜之物,尤足见商末已到很进步之青铜时期,无疑义矣。

石器之中,以石刀为最多,计得千余片,又有石斧、石镞、石粟鉴。尤异者为一半截抱腿而坐之石人像,膀腿均刻有花纹,图案与花骨刻文一致。观其形式,似为一墙内之柱础,商代建筑之进步,洵可惊也。陶器之中,有由色陶片甚夥,又有一种带釉陶器,为由白陶进化而来者。此外尚有一块仰韶式带彩的陶片,因其出产不丰,疑为他处传播而来者云。

第三次发掘之物,大部分已运回北平研究,除陶器与甲骨,业已整理完毕,并有著作发表。其余蚌器、石器、骨器、刻花石器、刻花骨器等,一部分在整理中,一部分仍在包存中。九一八事变后,古物已有迁往南京陈列者。本年春季平津危急,中央研究院考古组南迁,在平之物,已一扫而空矣。

以上三次,因有正式报告,故其结果可得而言。十九年三月,河南民族博物院长何日章亦赴安阳发掘,自二月二十日起,至三月九日止。中间停顿月余,四月十二再掘,至月终止。凡开工两次,所得古物甚多,惟尚未有正式报告出版,成绩如何,不得而知焉。

最近安阳土人及河南人士,因鉴于中央研究院掘发之成功,并有觊觎甲骨之可居以为奇货者,或公或私,先后掘发。闻殷墟附近,业已扰乱无余,出土之物,多已运往津、沪售卖。详细情形,无从探悉。国内学术机关,慨古物之毁灭,拟请河南省政府,加以保护阻止,据报载保护殷墟严禁盗掘一事,业已在实行中云。

参考书目

1.《中央研究院安阳发掘报告》第一、第二、第三期.

2.《甲骨年表》 董作宾著见《语言历史研究所集刊》二卷二分.

3.《通论考古学》 滨田耕作著.

第五章 文字之研究

在过去之三十年中,殷虚甲骨先后出土者,不下十万片。溯其流传,东起扶桑,西迄英、美,环地球一周,无不有甲骨之收藏与陈列。从事研究甲骨之著作,专书三四十种,论文几及百篇。研究甲骨之专家,在国内者数十人,国外者十余人。举凡经学、史学、小学、古社会学,无不受其影响,凡稍治国学者,无不知有所谓甲骨文,可谓盛矣。

然甲骨之初步研究,限于文字,过去三十年中,学者之专精研思者,要不外文字之考释而已。积三十年之经验,大部分文字,已能识别,其结果则中国文字之学,大起变迁。向之治国学者,无不以小学为基础,治小学则先及《说文》,一切字义之解释,皆以《说文》为准则。追金石之学兴,学者已能稍稍引用金文以订正许书之得失矣。至甲骨文出，更能本之以说明文字本原，不特《说文》不尽可靠，亦可以与金文比较研究以证其字原。由甲文而金文而大篆，而小篆，而隶，而楷，中国文字之变迁，可以一览无余，快何如也。故论甲骨文字之功绩，当以影响于文字学者为最大。

最近国内治甲骨文字者日众，就中要以罗、王二氏为泰斗，其余诸子，或亲炙其门庭，或私淑其学说，间亦有所发明焉。

治甲骨文字贵多察其原形，或比较异同，或钩稽篆籀，或推敲上下文，然后可得而解。至取材之道，约有四端：其一曰，搜集原物，惟原物不易得；则二，拓印尚矣。拓印苦于不易窥见甲骨之形制，于是有三，照像之法。照像及拓印，俱为缺蚀土锈所碍，因又有四，摹写之法，以补充之。《铁云藏龟》用拓本，《书契菁华》用照像，《殷虚卜辞》用写本。甲骨专书，多由此三种方法而出。

向之研究甲骨者，专重于文字之研求，其所追寻之方向，约有六端：一为考释，二为分类，三为文例，四为礼制，五为地理，六为世系。后三者已拦入历史之范围，然文字与历史，颇难严格划分，为研究便利计，姑一并划入文字学类。兹以时代为经，专家及其著述为纬，作一简单之叙述。

瑞安孙诒让为清代最后之汉学大师，治小学、经学以及《墨子》，无不深邃。以光绪三十年前后，得及甲骨拓片，狂喜。自谓："蒙治古文大篆之学四十年，所见彝器款识，逾二千种，大抵皆出周以后。赏鉴家所臆揭为商器者，率臆空不能确信，每憾未获见真商时文字。顷始得此册，不意衰年，睹此奇迹，爱玩不已。辄穷两月力校读之，以前后复重者，互相采绎，乃略通其文字，大致与金文相近，篆画尤简省，形声多不具。又象形字颇多，不能尽识。"（《契文举例序》）

经孙氏研究之结果，而《契文举例》一书，得以草成。书成后十余年，至民国六年，始行付印。全书凡二卷，上册：月日第一、贞卜第二、卜事第三、鬼神第四、卜人第五、官氏第六、方国第七、典例第八。下卷：文字第九、杂例第十。由今观之，其中不妥、不尽之处甚多，然大辂椎轮，功不可殁。孙氏为治甲骨文字学之第一人，其书则考释甲骨文之第一书也。

上虞罗振玉于光绪二十七年始见甲骨,极为赞美。二十九年《铁云藏龟》出版,罗氏为之作序。三十三年,罗时"备官中朝,曹务清简,退食之暇,辄披览墨本,及所藏龟版,于向所不能遽通者,谛审既久,渐能寻绎其义,但犹未及笔记"。(《书契前编·自序》)宣统二年,日人林泰辅以所作甲骨论著,邮寄罗氏,罗氏乃于是年二月,着手考证贞卜文字,更以长夏屏绝人事,闭户兼旬,草成《殷商贞卜文字考》一书。

全书石印一册,分四篇。考史第一:一,殷之都城,二,殷帝王之名谥。正名第二:一,籀文即古文,二,古象形字因形示意,不拘笔画,三,与金文相发明,四,纠正许书之违失。卜法第三:一曰贞,二曰契,三曰灼,四曰致墨,五曰兆坼,六曰卜辞,七曰薶藏,八曰骨卜。余说第四。罗氏作后记,自谓询之估人,乃知发见之地在安阳小屯。又因刻辞中有殷帝王名谥,而定为殷室王朝之遗物。其说迄今仍无以易,其凿空之功,实不可没。然罗氏最大之贡献尤在于正名一篇,其旁征博引,证据确凿,甲骨与文字学之关系,经罗氏之论而成定评矣。

《贞卜文字考》出版之后,四五年中,罗氏将《殷虚书契前编》、《菁华》二书,先后编印出版。每欲加以考释,民国三年十二月:"乃发愤键户者四十余日,遂成《考释》六万余言。"又述根苴遗闻,补苴往籍,实有三难:"欲稽前古,津逮莫由,其难一也。……文至简质,又多假借,谊益难知,其难二也。……体例未明,易生炫惑,其难三也。今欲祛此三难,勉希一得,乃先考索文字以为之阶,由许书以溯金文,由金文以窥书契,穷其蕃变,渐得指归,可识之文,遂几五百,循是考求典籍,稽证旧闻,途径渐启,扃镭为开。"(《自序》)

研究结果,而《殷虚书契考释》一书出版。全书分八章:都邑第一、帝王第二、人名第三、地名第四、文字第五、卜辞第六、礼制第七、卜法第八。《自序》谓:"爰始操翰,讫于观成,或一日而辨数文,或数夕而通半义。譬如冥行长夜,乍睹晨曦,既得微行,又蹈荆棘,积思若痗,雷霆不闻,操觚在手,寝馈或废,以兹下学之资,勉几上达之业,而既竭吾才,时亦弋获,意或天启其衷,初非吾力能至。"尤见其攻究之苦,用力之勤,足为原书增色。

　　海宁王国维先生,弱冠治哲学文艺,三十以后,乃折节治经学、小学及古文,时与罗振玉、沈曾植诸人游,日有进益。鼎革之交,罗氏东渡,王氏随之,朝夕切磋,互相研讨。罗氏之印行《殷虚书契前编》《菁华》诸书,王氏躬与其役。《殷虚书契考释》则王氏所手书也,题名虽为罗氏撰,实则王氏亦与有力焉。王氏跋语有谓:"余从先生游久,时时得闻绪论,比草此书,又承写官之乏,颇得窥知大体,扬榷细目。"弦外之音,盖可知矣。

　　民五以后,犹太人哈同,在上海办仓圣民智大学,编印《艺术丛编》及《学术丛编》,延王静安先生主其事,民国七年王氏乃为哈同编《戬寿堂所藏殷虚文字》一卷照像付印出版。时睢宁姬觉弥任校长,因得冒编著之名,实则与彼无与也。民八,王氏又著《戬寿堂所藏殷虚文字考释》一卷,出版,系将照像诸片,逐条加以考释,与前书为姊妹作,同收入《艺术丛编》中。同时王氏所著与甲骨有关诸论文,亦先后出版,收入《学术丛书》中,王氏对于甲骨之最大贡献,盖成熟于此时。

　　民国十三年,仓圣大学解散,次年王氏北上,在北大研究院任导师之职,诱迪后进,不遗余力。十五年,梁任公先生在清华大学主持研究院国学门,延王先生主讲其中,一年又半。十六春夏之交,革命军北上,王氏自投万寿山昆明湖而死,甲骨学界顿失一硕学泰斗,其损失之重为何如乎!

　　论甲骨之收藏与拓印,自当推罗氏为泰斗。论甲骨文字之考释,则王氏当首屈一指焉。王氏所书《殷虚书契考释》,所著《戬寿堂文字考释》,在清华所讲《古史新证》,在仓圣大学所著与甲骨有关诸论文,若《殷周制度论》《卜辞中所见先公先王考》,后之治甲骨者,每每奉为圭臬。且也,国内外治甲骨之学者,每每请益就正于王氏,如商承祚、罗福成、唐兰、容庚、徐中舒、余永梁、刘盼遂、刘节、程憬、吴其昌皆能成一家之说。然则王氏之所启迪,所造就者,直接方面固多,间接方面受其影响者亦当不少。

丹徒叶玉森与刘铁云同里。刘氏之死也,其家人不能继其业,所藏甲骨,大部分流入哈同手中,叶氏以近水楼台之便,因得拾其弃余,民国十二年,作《殷契钩沉》二卷,手写石印,刊入《学衡杂志》第二十四期,后又印为单行本。自题初稿后云:"每于子夜深,披卷一灯热,博采古丛残,聊以自怡悦。……比勘定辞例,擘分画句节,憬然忽有悟,抑掌笑且喔。"精神盖可与罗氏作《殷虚文字考释》时后先媲美也。

《殷契钩沉》分甲乙两卷,甲卷为文字之考释,乙卷为礼仪祭祀之考释。次年,叶氏又作《说契》一卷,《研契枝谈》一卷,刊于《学衡杂志》三十一期,皆手写石印,后又另有单行本。《说契》为文字之考释,《研契枝谈》为地名、政治、社会名物之考释。虽不见若何精采,然用功甚勤,亦自可嘉。且叶氏一无师承,独立研究,亦豪杰之士也。

番禺商承祚,罗振玉之姻亲而兼弟子也。弱冠治古文字之学,为青年研究甲骨之最早者,既熟见罗氏编著诸书,又属闻两氏《考释》之论,慨然以编著甲骨字典自任。民国十二年,作《殷虚文字类编》,《自序》云:"师(罗氏)之书,既行于世,然数年以来,手自增订之处,盖不下数百科。而《待问编》中存疑之字,师与海宁王静安先生,又各有增释,皆近十分之一,师悉以授祚,祚亦增释得若干字。"

《类编》之编制法,系以《说文》部首次序,将《殷虚文字考释》,重行类次,形异义同之字,则汇为一起。全书已经考订者得七百九十字。其不能识者,则类次为《待问编》,又若干字。全书殆一殷虚字典也。考释说明,多依罗、王之旧,渐亦附有新义。自今日甲骨学大昌之日,觉商书错释之处甚多,《待问编》中经近人考释者,尤为不少。然商书成于十年之前,其窳陋之处,自不足责。

天津王襄,于民国七八年,从事甲骨之搜集与文字之研求。民国九年,编《簠室殷契类纂》一书。《自序》谓:"纂所藏所见甲骨及墨本,最录可识之字八百七十三,重文二千百有十,凡二千九百八十三,为正编一。《说文》所无及虽有而不能确识之字,凡千八百五十二,取其偏旁类似者为存疑一。不能收入存疑之字,又百四十二,为待考一。殷契文中,每多合文,因辑为附编,凡二百四十三,重者九十八,亦与数焉。"全书凡四册,石印本,编次悉如序文。

民国十四年,王氏以所藏甲骨,日有增益,于是著《簠室殷契征文》二卷,都凡四册,石印本。征文为甲骨原文,比次为天象第一、地望第二、帝系第三、人名第四、岁时第五、干支第六、贞类第七、典礼第八、征伐第九、游田第十、杂事十一、文字十二。考释之次第同右。《自序》谓:"昔孔子慨殷之文献不足征,未言殷礼。三千年来,讲殷礼者,已成绝学,欲力求之,仅《商书》、《商颂》、《礼记》、《四书》所载者,见其大凡而已。自《殷契》出,考释其文,知所存殷礼为多,于礼典尤详。"从知王氏所得意者,为殷礼之考释,实则所考之礼,不出罗、王二家窠臼,文字亦非尽确,即所藏之甲骨,亦真赝杂糅,然王氏不自知焉。

丹徒三陈氏,皆喜研究甲骨文,陈邦怀著《殷虚书契考释小笺》,以民十四年出版。其编次:地名第一、文字第二、礼制第三,考释一依罗、王之旧。后又于民国十六年,作《殷契拾遗》,发挥之新见,惜不多觏。陈邦福继之,作《殷虚霾契考》、《殷虚说存》、《殷契辨疑》。陈进宧继之,作《殷契剩义》。皆补苴缀漏之作,无关宏旨。

最近甲骨学界,有一异军突起者,曰郭沫若。郭初治医学,后研文艺。最近因莫尔干、英格斯、马克斯之说,欲于中国古代社会求得一共产之证据。为研究古代社会,不得不治甲骨文及金文。然郭氏远处异国(日本),又无师承,其进而研究甲骨也,乃最近之事。然其人薄有才气,往往敢为极大胆极荒谬之假设,虽有时谬以千里,而亦间获新义。

郭氏于民国十八年,著《甲骨文字研究》一书,手写石印,凡二册。《自序》谓:"余之研究卜辞,志在探讨中国社会之起源,本非拘拘于文字史地之学,然识字乃一切探讨之第一步,故于此亦不能不有所注意。且文字乃社会文化之一要征,于社会之生产状况与组织关系,略有所得,欲进而追求其文化之大凡,尤舍此而莫由。"其研究甲骨之用意,于此可见一般。

《甲骨文字研究》一书凡十七章:一、释祖妣。二、释臣宰。三、释寇。

四、释攻。五释作。六、释封。七、释挈。八、释版。九、释精。十、释明。十一、释五十。十二、释稣言。十三、释南。十四、释繇。十五、释蚀。十六、释岁。为上册。十七、释干支,为下册。上册比较精采,时有新义,然释祖妣起原于生殖器,已属荒谬可笑。下册更为胆大,武断谓中国之干支,导源于印度,洋洋万言;极牵强附会之能事焉。

最近甲骨文字之研究,进展甚速。据余所知,其正在考释中,尚未泐定成书者:一为中央研究院所藏甲骨数千片,由董作宾氏加以考释。二为何遂所藏甲骨数百片,由郭沫若加以考释,三为北大及某君所藏甲骨数千片,由唐兰加以考释;或已定稿,或方动笔,预料一二年内当可问世矣。

以上用历史的方法,叙述甲骨文字研究发达之大凡,以下则进一步说明甲骨出土后,于中国文字学上之关系及影响。

一、考知原始文字之形体与文法　研究甲骨,知原始文字,凹而下陷,仿鸟兽蹄远之迹。其行款读法,或左、或右、或下、或颠倒错乱,初无一定之规则。且字上间涂朱墨,与古玉古陶同,与近人用朱用墨亦同。

二、证明所谓籀文即古文　许慎云:"宣王太史籀著大篆十五篇,与古文或异。"然以许书所载之籀与古或异之字,往往古籀本合。如四之古文作𠕁,籀文作三,今卜辞中四字正作三。许书载匚之籀文作𠃊,而卜辞中亦有𠃊,与籀文合。其余登字、系字、妣字、子字皆然,从知许君所谓籀文非古文,盖失之矣。

三、表明古象形字因形示意不拘笔画　甲骨文中犬羊马鹿豕龟龙等字,虽繁简不同,然皆为象形,一望而知。不特象形字然也。其余指事、会意、假借之字,亦多有同文异体,盖字之初起,原非有一定形式也。

四、与金文互相发明　甲骨文与金文,形体相似之处甚多。有甲骨文与金文全同者,如甲、乙、丙、丁、戊、己、庚、辛、壬、癸、一、元、天、方、且、王、中、平等字皆是。其不甚习见之字,如余、午、盂、邕、归、母、鲁亦是。有金文不识,赖甲骨文而识者,如甲文子字作𝄇,而巳字作子或作𝌆。

因之金文中叔[illegible]鼎之乙子，史颂鼎之丁子，鲁公鼎之辛子，铬任簋之癸子，皆为甲子表所无，昔人不能解释者今释为乙巳、丁巳、辛巳、癸巳，数百年之纠纷，迎刃而解焉。

五、纠正许书之违失　《说文》一书，违失甚多，古籀之违失者，如古文一下出弌，二下出弍，三下出弎，中下出[illegible]，册下出[illegible]，皆为甲文及金文所无。又如籀文马下出[illegible]，车下出[illegible]，亦为甲文金文车字马字之笔误。篆文之违失者，如福字，许注备也，从示畐声。然卜辞中作[illegible]。从[illegible]，乃尊也，会意，非形声字，许说误。又如鬥字，篆文[illegible]，许注兩士相对，兵杖在后，象鬥之形。然卜辞作[illegible]，像两手搏，不见兵杖之形，许说失之。又如邑字，许注国也，从口从卩，今卜辞作[illegible]，[illegible]即象人席地形，非从卩，许说误甚。诸如此类，许书中错误之处，不可悉数。

六、说明文字之变迁　文字变化，与一般社会状况变化相同，悉照进化大原则推进发展。由质而文，由简而繁，由一生多，其蜕变情形，釐然不紊。如将甲文、金文、篆文、隶书排列观之，可见甲文之演化为金文，再演化为篆文，又演化为隶书、楷书，循序渐进，其逐步变迁之迹，尚可考寻，中国文字之孳乳与发展，有由来矣。

七、其他　甲骨文影响中国文字学，其道多端，上述六种之外，字形之纠正，字义之正讹，以及古籍之新诂，莫不于经学、小学有极大贡献。

参考书目

1.《契文举例》　孙诒让著.

2.《殷商贞卜文字考》、《殷虚书契考释》　罗振玉著.

3.《殷虚文字类编》　商承祚著.

4.《说契》、《研契枝谈》、《殷契钩沉》　叶玉森著.

5.《簠室殷契征文》、《殷契类纂》　王襄著.

6.《甲骨文字研究》　郭沫若著.

第六章　殷史之二重证

甲骨之发现，影响于中国学术者，方面甚多。尤以文字之学，受其惠最大。其次当推史学，殷代之史，孔子所不能言，吾人能言之，孔子所不能征，吾人能征之。吾人生于今之世而尚论三千年前之历史，亦云幸矣。

由殷墟甲骨之发现，而殷代历史，可以得二重之证明。

中国历史，其文字、记载、人物、时间斑斑可考者，厥维春秋以后。其前则缈茫错乱，史实与传说，混而不分，史实之中，固不免有所缘饰，与传说无异，而传说之中，亦往往有史实，为之素地，谓之为真，诚觉荒悖，斥之为伪，又嫌武断。在周初如此，在殷代尤其如此，殷以前，更无论矣。

吾人生于今日，幸而得见孔、孟所不见之材料，若甲骨，若金石，吾人可据以补正纸上之材料，亦得以证明古书之某分全为实录，即百家不雅驯之言，亦无不表示一面之事实，此二重证据法，惟在今日始得为之，虽古书之未得证明者不能加以否定，而其已得证明者，不能不加以肯定焉。

纸上材料与殷代有关者，为《诗经》中之《商颂》，乃宋人祭祀祖先所歌颂之辞。其余《大雅》、《小雅》、《周颂》、《鲁颂》涉及殷人事迹之处颇多。《书经》中之《商书》，古文家所传，凡十七篇，今文家所传，亦有《汤誓》、《盘庚》、《高宗肜日》、《西伯戡黎》、《微子》诸篇。《史记》之《殷本纪》，为一有系统有组织之历史记载，含有殷人事迹最多。此外《竹书纪年》、《世本》、《楚辞》、群经、诸子之中，语及殷人事迹者，往往而有。

地下材料与殷代有关者，自然当推甲骨，过去三十年，出土达十万片，成书三四十种，论文几及百篇，前已言之矣。其次金文，罗振玉所著《殷文存》中，载有豆一、觯二、盘三、盦三、罍四、鬲五、壶六、匜七、甗八、斝十、角十五、盉十七、瓿二十八、敦三十三、觯四十七、彝四十八、尊六十九、鼎八十四、卣一百三十二、爵二百三十六，虽不尽可靠，然一部分当属殷物。又保定南乡出土之商三句兵，及涞水张家洼出土之北伯鼎、北伯卣，其为殷器，毫无疑义。此外新出土与新发现之殷器尚多。

据地下材料以补正纸上材料之缺讹,又据纸上材料以补正地下材料之脱略,如此而殷代历史可得而知矣。

考殷之一字,不见甲骨文,乃周人称商人之词,商人自称为商,因地得名。甲骨文中屡有大邑商,入于商,告于商,至于商,皆商为地名之证。《史记·殷本记》称契封于商,而《左传》中称商之处有八处,皆指宋地而言。自盘庚迁殷,商人乃居殷,自是之后,或又称殷人。周初作之盂鼎,即称殷,《论语》《史记》皆称殷。大抵商之时,商字较流行,周之时,殷字更普遍,皆为地名,引伸之后,为种族名及国名、朝代名。

殷人之远祖,自谓为契。《史记·殷本纪》:"殷契,母曰简狄,有娀氏之女,为帝喾次妃,三人行路,见玄鸟堕其卵,简狄取吞之,因孕生契。"《诗·商颂·玄鸟》篇、《长发》篇,所述远祖来原,与此相同。人种学家谓太平洋沿岸之民族,皆有鸟类祖先之传说。或者殷人本居辽东、山东两半岛,逐渐西移,以入中原,遂为古代一强有力之大国。

商人之都城,虽以商(商邱)、殷(殷墟)二地著名,然迁都之事,往往有之。《史记》称自契至汤八迁,如蕃、亳、砥石,皆曾宅居。自成汤至盘庚又五迁,如隞、相、庇、奄、邢,亦尝为一时之都城矣。商人迁居之频,说者谓为黄河水患所致云。

商之版图,大约不出河南、河北、山西、山东之地。殷代地名,《殷本纪》所载如前述之商、蕃、亳、砥石、殷、隞、相、庇、奄、邢,《商颂》所载地名有韦、顾、昆吾、夏。《孟子》所载地名如葛,以及《楚辞》中之有扈等。考其地望,皆不出大河左右数百里间。因知其国之四境,不如成周之广。甲骨文中所载地名,罗氏以为共二百三十。然皆不能确指其地望甚有不能识其字者。其中鬼方、羊方、土方、周侯、𦰩侯、马方、𣦵方,又皆为种族名,若国名,不能谓为地名也。羊方、𣦵方、土方,尤与商人

契—昭明—相土—昌若—曹圉—冥—振—微—報丁—報乙—報丙—示壬—示癸—成湯—主壬—主癸—天乙

接壤,鬼方及周,则稍远矣,鬼方似在山西,周侯则在陕西。

商之先公先王,成汤以前凡十四世,《史记·殷本纪》与《周语》及《荀子·成相》篇,所记皆同。《殷本纪》大概根据于《世本》及《谱谍》,《世本》为周末之书,与《国语》及《荀子》略同时。此十四君,皆在殷汤之前,与旧史系统相比,大略与虞、夏同时矣。其人物之有无,大有一考之价值,因中国之信史,籍此可以向上延长数百年也。

戬寿堂所藏《殷虚文字》第一叶及《殷虚书契》后编上第八页刘晦之所得骨片

至其次第,《殷本纪》作。

上述诸人,卜辞中多见之。卜辞中有𡘊,《殷虚书契前后篇》凡七见。王静安先生释为夔,谓即帝喾,或作俈,亦即《山海经》所谓夋。徐中舒以为当释契,契或作禼,亦作偰。《殷本纪》之契,《三代世表》作卨。以形观之,𡘊与禼为近。由王之说,殷之远祖为喾,《三代世表》全为信史。由徐之说,殷之远祖契,夏以前之事仍未尽信也。

卜辞中有𡉈,凡六见,王先生释土,谓即相土。卜辞中有季,凡三见。又有王亥,凡十三见。王恒,凡四见。《殷本纪》称冥卒,子振立,振卒,子微立。《索隐》振,《系本》作核。《汉书》、《古今人表》作垓。《殷本纪》之振,当为核或垓之讹。《楚辞·天问》有该秉季德一语,该即亥;又称恒秉季德,恒亦亥也。亥既为振,则季当为冥矣。

卜辞中有⊞,凡二十三见。王先生释上甲,谓与田不同,田字四面皆接,而上甲四面不接也。又有与上字相连作⊟⊞,其为上甲可无疑。又有⊠或⊿凡六见。王先生释乙,谓即报乙。有⊡或⊞凡三见。王先生释丙,谓即报丙。有⊡或⊟凡二见。王先生释丁,谓即报丁。至示壬、示癸,卜辞中所见甚多,王先生谓即主壬,主癸也。(见《古史新证》)

《殷虚书契后篇》所载一骨,上有⊡⊟诸名,王先生既释为报丙、报丁矣。后又检理戬寿堂所得刘铁云旧藏甲骨,于一骨中发见⊡⊠示癸诸名,与后篇所载之骨,文例及字体皆相似,取而合之,乃知系一骨析而为二者。最近董作宾又取明义士所得甲骨拓片合之,知为前骨之第三段。合此三段,殷之先公先王,自上甲至祖乙之世次,皆在焉,原骨如下:

读法,自上而下而右。释之:乙未彫[甲骨文],上甲十,报乙三,报丙三,报丁三,示壬三,示癸三,太乙十,太丁十,太甲十,太庚大戊三,(上阙)三,祖乙。世数与《殷本纪》及《三代世表》皆同,所异者报丁在报丙后,此又可正《史记》之误也。

兹将《殷本纪》与甲骨文及所见商之先公先王列表如下:

《殷本纪》	甲骨文
帝喾(《山海经》作俊)	
契(《三代世表》作卨)	卨
照明	(甲骨文未见)
《相土》(《荀子》作乘杜)	土
昌若	(甲骨文未见)
曹圉(《系本》作糟圉)	(同右)
冥(《天问》作季)	季
振(《世本》作胲,《天问》作该)	亥、恒
微(《鲁语》作上甲微)	上甲

报丁	报乙
报乙	报丙
报丙	报丁
主壬	示壬
主癸	示癸

以上自帝喾至主癸十四代,卜辞比《史记》少四代,此殆甲骨文残缺不全之故。卜辞之𢎥,为喾为契,虽未成定论,宁从徐说,将讨论之时间与范围缩短,免陷于错误也。又冥之为季,振之为亥为恒,微之为上甲,说已详前。至报丁、报乙、报丙三代,卜辞与《史记》颠倒,宜从卜辞。所谓"报"者乃一种祭祀之称。卜辞中之示壬、示癸,《史记》作主,亦宜从卜辞,主字无解,示祭祀之神祇也。成汤以前,先公先王,有十四代斑斑可考,殷人文化之悠久可知。

成汤为商代开国之君,《诗·商颂》、《书·汤誓》及《史记·殷本纪》俱称道之,其为古代之一帝王,确无可疑。《殷本纪》称:"主癸卒,子天乙立,是为成汤。"卜辞中有大乙,有唐。大乙凡两见,唐凡七见,天乙当为大乙之讹,观于大戊,卜辞亦作天戊,《周书·多士》之天邑商,卜辞作大邑商,是其例。又卜辞大乙与伊尹连文,尤为太乙即汤之证。又唐即汤,一音之转;《说文》口部,古文唐从口易,与汤字相近。齐侯镈钟铭:"虩虩成唐,有严在帝所,尃受天命……咸有九州,处禹之堵。"受天命而有九州,自非成汤莫属。且卜辞唐与大丁、大甲连文,而居其首,知为汤之转,无疑矣。

商人崛起于东方,至汤之时,大河南北,诸国林立,若葛、韦、顾、昆吾、夏皆是,夏桀尤为盛强。汤皆一一剪除之,如《孟子》有伐葛之说;《诗》有韦、顾既伐昆吾、夏桀之说。于是占有山东、河北、河南、山西诸省之地,为一泱泱大国。商之势力与版图,在成汤时,殆已臻于极盛之境矣。尔后政有盛衰,王有贤暴,然版图未大改。

自成汤以武力得天下至纣以暴虐亡国,共传统三十君,历时六百余年(或云四百九十六年),可谓盛矣。关于商之列王,《殷本纪》《三代世表》《汉书·古今人表》所记君数相同,而世数则互异。据《本纪》则商三十帝(加太丁为三十一),共十七世。《世表》以小甲、雍己、大戊为大庚弟,减一世为十六世。《人表》以中丁、外壬、河亶甲为大戊弟;祖乙为河亶甲弟,减二世;小辛为盘庚子,增一世,亦得十六世。以卜辞证之,则《本纪》所载为近。

殷人祭祀,有特祭其所自出之先王,而非其所自出之先王,则不与者,其例甚多。前已说明,卜辞中有一骨片,悉载自上甲至祖乙之先王者。卜辞中又有一断片,如左:

后篇上第五页

其文当读为"太甲、太庚""丁且、乙且""一羊一南"。此片显有残阙,王静安先生以意补足,三行上下,各应增若干字。为"太丁、大甲、大庚、大戊""中丁、且乙、且辛、且丁""牛一羊一南庚羊甲。"如此,则盘庚以前,殷之先王,悉具于是,次序井然不紊。此片时代,为盘庚、小辛、小乙三帝时物。自太丁至祖丁,凡八世,皆其所自出之先王。以《殷本纪》世数及排行款式较之,合当如是。前述之片,自上甲至太丁至七世,亦皆其所自出之先王也。

兹将诸书所载殷世次,列表如下,再以卜辞与之相较。

帝名													
汤	大丁	外丙	中壬	大甲	沃丁	大庚	小甲	雍己	大戊	中丁	外壬	河亶甲	祖乙
三代世表													
主癸子	汤子	太丁弟	外丙弟	大丁子	太甲子	沃丁弟	太庚弟	小甲弟	雍己弟	大戊子	中丁弟	外壬弟	河亶甲子

古今人表													
主癸子	汤子	大丁弟	外丙弟	大丁子	太甲子	沃丁弟	太庚子	小甲弟	雍己弟	大戊子	中丁弟	外壬弟	河亶甲弟
殷本纪													
主癸子	汤子	大丁弟	外丙弟	大丁子	大甲子	沃丁弟	大庚子	小甲弟	雍己弟	大戊子	中丁弟	外壬弟	河亶甲子
卜辞													
主癸子	汤子			大甲子	太甲子		太庚子			大戊子			中丁子
世次													
一世	二世			三世		四世			五世	六世			七世

帝名																
祖辛	沃甲	祖丁	南庚	阳甲	盘庚	小辛	小乙	武丁	祖庚	祖甲	廪辛	庚丁	武乙	大丁	帝乙	帝辛
三代世表																
祖乙子	祖辛弟	祖辛子	沃甲子	祖丁子	阳甲弟	盘庚弟	小辛弟	小乙子	武丁子	祖庚弟	祖甲子	廪辛弟	庚丁子	武乙子	大丁子	帝乙子
古今人表																
祖乙子	祖辛弟	祖辛子	沃甲子	祖丁子	阳甲弟	盘庚弟	小辛弟	小乙子	武丁子	祖庚弟	祖甲子	廪辛弟	庚丁子	武乙子	大丁子	帝乙子
殷本纪																
祖乙子	祖辛弟	祖辛子	沃甲子	祖丁子	阳甲弟	盘庚弟	小辛弟	小乙子	武丁子	祖庚弟	祖甲子	廪辛弟	庚丁子	武乙子	大丁子	帝乙子
卜辞																
祖乙子		祖辛子		祖丁子	汤甲子	盘庚弟	小辛弟	小乙子	武丁子	祖庚弟	祖甲子		庚丁子			

世次															
八世	九世	十世	十世	十世	十世	十一世	十二世	十二世	十三世	十四世	十五世	十六世	十七世		

  综上以观，《殷本纪》以沃丁、中丁为大甲之弟，卜辞在太甲、大庚之间，不举二君，与之合。《殷本纪》以祖乙为河亶甲子，卜辞有中丁而无河亶甲，则祖乙自当为中丁子，《史记》偶误。然世次仍合，《世表》以小甲、雍己、大戊为大庚弟，卜辞大戊在大庚之后自当为其子，小甲、雍己，亦当为其子，《世表》误。《人表》以中丁、外壬、河亶甲，皆为大戊弟，卜辞大戊之后有中丁，中丁之后有祖乙，则中丁、外壬、河亶甲，自当为大戊子，祖乙自当为中丁子，《人表》误。凡此种种，《世表》、《人表》所误者，《本纪》皆合，其精确之程度可惊已。

  成汤以前，商之列王，大致可信，前已证之。成汤以后，商之列王，尤为信而有征。自成汤至帝辛三十君，大体俱见卜辞。卜辞中称外丙者二条，外壬四条，中宗、祖乙一条，羊甲一条，康丁六条，后祖乙六条，文武丁三条（具见《古史新证》）。其余大丁、大甲、大庚、小甲、大戊、中丁、祖辛、祖丁、南庚、盘庚、小辛、小乙、武丁、祖庚、祖甲，无一不见于卜辞。其为现已发见之卜辞所未载者为中壬、沃丁、雍己、河亶甲、沃甲、禀辛、帝乙、帝辛。而卜辞出土之殷墟，王先生断定为盘庚至帝乙所刻，倘然无帝乙、帝辛之名。《殷本纪》所载三十帝仅六帝无实物之证明，其可信之程度，可晓然矣。

  不特殷之先公先王，俱见卜辞也。即其先正，亦多见于卜辞。卜辞中有伊尹，凡八见，亦单称伊。齐侯镈钟，则称伊小臣。《史记》、《孟子》称伊尹，《墨子》、《楚辞》则称小臣。可知伊尹之实有其人，其伊则省称，小臣则其官也。

  卜辞中有咸戊，凡六见。《周书·君奭》称大戊时，巫咸乂王家。王引之谓巫咸当作巫戊。然卜辞无巫咸，亦无巫戊，王说非是。巫咸当作咸戊。《书序》之咸乂四篇，亦当作咸戊四篇。作咸戊，犹之作臣扈，作伊陟也。

此外殷代之诸侯方国,可考者为周侯、𩀌侯(杞)、𩀌侯、虎侯,并见卜辞。盂鼎有:"惟殷边侯田雩殷正百辟"之语。《尚书》之《康诰》、《酒诰》、《顾命》、《禹贡》皆有侯、甸、男之称。至方与国,皆殷时国名,见于卜辞者,有鬼方、人方、羊方、𤔔方、马方、井方、土方、盂方,皆与殷为同时之国家,至殷之末,仍存在焉。

参考书目

1.《古史新证》 王静安著.

2.《殷文存》 罗振玉著.

3.《史记·殷本纪》、《三代世表》.

4.《汉书·古今人表》.

5.《中国上古史讲义》 周传儒著.

6.《殷周史料考订大纲》 徐中舒著.

第七章　新史料之提供

甲骨之学,自孙诒让以至罗振玉,皆偏于文字之考释。至王静安先生,乃稍稍引用甲骨材料,以印证殷之先王、先公、先正以及地名、制度矣。虽然甲骨十万片,成书数十种,其中所提供之材料甚多,仅据以订正旧史记载之得失,似犹不足以充分利用此新发见之材料。近年学者,颇有据甲骨以窥探殷代之社会状况;凡《史记》、《诗》、《书》所不言所不见者,皆得考而明之,亦史学上一大发现一大进步也。

由甲骨文字中,可以考见殷代社会状况者,约自二端:一曰生产事业,二曰社会组织。

甲骨制作之时代在盘庚、小辛、小己之间,正当商代后期,文化已粲然可观,且甲骨出土之地为殷墟,商人于此定都最久,王畿之地,各种生产事业俱备,用作研究对象,最为适宜。以此种材料为主,以金文中确知其为殷器者为辅,殷人社会状况大概可以说明矣。至《商书》、《周书》、《诗经》、《左传》、《国语》亦可作为一种附料,以备参考。

商人之生产事业,自极简陋之渔捞,至较高等农业以及初步商业,殆皆有之。言其大较,殆在新石器之末期而青铜器之初期也。英人莫尔干氏(L. H. Morgan)研究古代社会,以生产工具作为标准,分作七期如下:

一、低位蒙昧状态　从人类之幼年时代,以至次一期之开始。

二、中位蒙昧状态　从开始以捕渔为生及知道用火,以至次一时期之开始。

三、高位蒙昧状态　从发明弓矢以至次一时期之开始。

四、低位野蛮状态　从发明制陶器,以至次一时期之开始。

五、中位野蛮状态　从东半球开始饲养家畜,西半球藉灌溉以栽培玉蜀黍和其他植物,以及开始使用亚拉伯砌砖及石头,以至次一时期之开始。

六、高位野蛮状态　从发明熔解铁矿的方法及开始使用铁器,以至次一时期之始。

七、文明状态　从发明声音字母及开始书写文字,以至现在。

由卜辞、《商书》及殷墟器物考之,商人捕渔、行猎、用火、使用弓矢、制陶器、牧畜、耕田、使用石器、铜器,前五期之生产工具,应有尽有,并能书写文字,惟尚无铁器之发明,是知其文化程度在野蛮末期,文化初期。然则昔人所称“三代之隆”,及夏、商、周为“中国黄金时代”者,皆臆说耳。今按照文化程度之等第,将商人生产事业,述之如下:

一、关于渔　卜辞中所见渔字,凡十余条。如在渔,丁亥渔,在圃渔,九月渔,王渔之类。就卜辞全体而言,实居少数,足见渔捞非商人主要生产,自民间言之,为一种补助生产,自王家言之,为一种娱乐事业。

二、关于狩猎　卜辞中言狩言猎之事甚多,据《殷虚书契考释》所载共一八六条。如卜狩,王狩,往出狩,贞毕,贞弗其群,双鹿,王田逐之类。所用工具,有弓矢,有犬马,有毕,有网,有阱。所获之物,有鹿,有狼,有羊,有马,有豕,有兔,有象,有鸡。获兽数目,最高者达二百六十余匹。

猎时,有获,有不获,有逐,有不逐。足证当时狩猎虽非主要生产,然在民间仍为一种辅助生产,而王家为一种娱乐事业,与渔捞同。

三、关于牲畜　卜辞中关于牲畜者,并不甚多,《殷虚书契考释》仅载十余条,如牧夷方,令牧卯,王牧,吉刍之类。然因是而断定商之牲畜事业,未臻发达,则大误。以进化程序论,佃农之间,当有一牲畜时代,且初期农业,农牧兼营。况商人喜迁都,殆亦受牲畜事业之影响。牲畜之品类至多,有马、牛、羊、鸡、犬、豕、兕、象。前六者中国现代尚有之,象则北部已绝迹矣。卜辞中之牢字、圂字、家字,皆有宀或口以围之,表示其为家畜也。牲畜之用途,可以服役,助田猎,充食用,而祭祀时使用尤多,或用一用二,或用五、六,多者自五十以至三百。卜辞有:"贞圈御牛三百。"(前篇四)又有:"百圈百羊卯三百口"(后篇上)尤足为殷代牧畜发达之证。

四、关于农业　卜辞中言农,言田,言啬,言畴,言秉之处颇多。如牧我西鄙田,告于龙农之类。足征其已有农业。然未臻于十分发达之境,因其尚不知肥料之用,专赖天时,故卜风卜雨,乃成为一种常有之事。所用农具,有耒、有圭(卜)、有辰(镰刀)。作物之种类,以麦黍为大宗,故常有"告麦","受黍年"之文。禾粟亦有之。有二事,最足以说明农业之幼稚者,其一曰焚田,卜辞中凡四五见。烧林而耕,为初期农业应有之现象,今满洲、朝鲜农人,尚复如此。孟子所谓,"舜使益掌火,益烈山泽而焚之",亦即此意。其二曰卜受年,卜辞中受年与云,屡见明文,此为不知施肥之铁证。即盘庚时代,农业尚未发达。故曰:"若农服田力啬,乃亦有秋。"又言:"不服田亩,越其罔有黍稷。"

五、关于铜铁　商人用铜,恐属季世之事。《殷文存》中,所收彝器铭文,虽有七百余种,然不可全信。吾人确知属于殷代之铜器,如己酉方彝、戊辰彝、祖丁尊、餘尊、丁己尊,殆属武乙时代之物,前二器刻有武乙之名,殷祀已将斩矣。其保定南乡出土之三勾兵,与涞水出土之北伯鼎,北伯卣,又皆为殷时诸侯之物,其地位在北方,殷代末年,势力始达河北,初年并不尔。殷墟出土之铜簇、铜戈、铜范与石器并列,知其尚属金石兼用时期。卜辞中不见铁字,殷墟所发现古物,亦从未有铁器,足见冶矿之法殷人殆属茫然,此商人之所以未能完全脱离野蛮时代者欤。

六、关于工商 殷代工艺情形,以下另有专论。至于商业,在牲畜农业俱臻发达之后,以有易无,懋迁有无化居,乃属必然之事。且商业行为,石器时代已有之,用铜之商,更属当然。细考卜辞,虽有商字,为地名、朝代名,无经商义,明言商业者,亦甚少。但贝字、朋字,则颇常见。如"锡多女之贝朋"、"贞大有其囚贝"、"贞土方□贝"皆是。证以金文中,如中鼎、宰椃角、丁卯文乙鼎、父丁鼎、阳亥敦、邑罕屡称之朋及贝,知商代商业,已启端绪矣,古代之贝、刀、布帛,皆为商业行为之一种媒介物,有贝之存在即有商业之存在。罗氏所得殷墟古器物,有真贝一,石贝一,尤是为商人贸易之证。古器物图录中,有蠵甲、有海贝、有玉磬、有系璧。最近又掘出绿松石(土耳基玉),皆非河南土产,非有商业,安从致之?

由以上之推测,可归纳得三点。

1. 商人生活,以农为主业,牧为辅业,渔猎为附业。

2. 工商业略有萌芽,惟规模不大。

3. 铜之冶铸使用末年稍盛,铁则始终不曾发明。

商人之生产事业既明,兹进一步讨论商人之社会组织。商代社会,可得而述者,若氏族,若阶级,若奴隶,若公田,与后代不同之点甚多。

甲、氏族 氏族制度,乃世界一切民族,在野蛮时代,一种共同之社会状况。各民族之氏族制度,虽因历史背景,地理形态,种性特征,生产方法之不同,而多少互有差异。然自一般言之,皆不失为一群血族团体,营共同之社会生活。莫尔干云:"所谓氏族之组织,即有共同之祖先,以氏族之名称相区分,以血缘之关系相结合,而成一同族团体。"

就以氏族之名称相区分言,卜辞中有王族、多子族、旅族、族众、五族、屮族,皆为商代氏族之一(甲文无氏字,可疑),金文中,有许多象形文不可识,愈古之器尤然,疑即代表氏族之图腾也。惟商代氏族,究有若干,已不可考。左昭四年传云:"昔武王克商成王定之……分鲁公以……殷氏六族,条氏、徐氏、萧氏、索氏、长勺氏、尾勺氏……分康叔以殷氏七族,陶氏、施氏、繁氏、锜氏、樊氏、饥氏、终葵氏。"《殷本纪》亦称:"契为子姓,其后分封,以国为姓,有殷氏、来氏、宋氏、空桐氏、稚氏、北殷氏、目夷氏。"可见商之氏族,为数甚多。

就以血缘之关系相结合言。卜辞有父、有母,己所从出也。又有姐妣,为祖父母以上之通称,无高曾之区别。有兄(无弟)、有妹(无姊)、有子、儿、女、侄,关系尚未能确定;又有夫、妻、妾、孙,关系或如后代所云。最奇者,卜辞有多父、多女、多介父之称,程憬、郭沫若皆以为即群婚制之象征。氏族社会父子不相续,祖孙相续,因子须嫁出,而孙又嫁回。周代父昭子穆,孙又为昭。及祭祀,子不能为父尸,孙可为王父尸。说者谓即氏族制之遗痕也。周代氏族之制,尚有遗痕,其在商代,必甚通行。

乙、公田　与氏族制度相伴而生者,为营共同之社会生活。商人之于土地,视为全氏族所公有,不属于任何私人。土地之种类,虽有耕地、牧地、狩地之别,然皆属于社会全体。卜辞中常有牧我田,牧我鄙田,而无某人之田,其故显然。然商代绝非纯粹共产,铜器铭文,或刻花纹,或刻石名字,即表示所有权之表征,锡朋、锡贝尤非私有财产莫属。大抵殷代制度,动产属于私有,土地仍为公物也。

丙、阶级　商人之社会组织,盖为垂直的而非水平的。最高者为王族,其下有贵族,又下有平民,最末为奴隶,奴隶另详下节,兹专就上层社会阶级言之。

卜辞中,言王族者有五条,殆为一种特殊阶级。至于贵族,在外者有诸侯方伯;在内者有卿士太史。如卜辞中之虎侯、周侯、眢侯、卿事、太史寮、太史易日皆是也。《盘庚》所谓列国之君、邦伯、师长、百执事之人,《微子》所谓父师、少师殆皆属之。平民繁多,前述之旅族、𡉈族、五族、多子族,悉为平民,以表列之如下:

一、王族。

二、贵族:列国之君、邦伯、师长、百执事。

三、平民:旅族、𡉈族、多子族、五族。

四、奴隶:小臣,竖,偼,卫,奴,奚。

丁、奴隶　古代社会,无不有阶级之存在,与奴隶之存在。若埃及、巴比伦、印度、希腊、罗马,全世界文明古国皆然。盖古代战争多,则俘虏多,此为奴隶发生之最大原因;其他贩卖、奴隶所生子女犯罪,又其次也。尤其在农业发生后,使用奴隶之机会至多,因而对于奴隶之要求至切。商人已达农业初期,且又征伐频仍,卜辞中常有乎"战""征""伐"之文,人数有至三千人、五千人者。使用奴隶乃属极自然之事实。卜辞中又屡见小臣、竖、侸、嫭、奴、妾、奚、卫等字。小臣、竖、侸、奴、卫皆男奴,嫭、妾、奚皆女奴。小臣为奴之服公役者,卫为执干戈者,竖、侸为供奔走者,妾为妻属,嫭为女子之供奔走者,奚则女奴之年幼者。奴之主要用途,为服役,为耕田,然战争时每每用奴,甚至祭神求雨亦用奴,奴之地位,盖等于马牛之属矣。

由以上之推测,又可归纳三点:

1. 商时氏族制度尚未消灭,宗法制度尚未成立。

2. 土地属于全部落或社会所公有,而容许一部分之私有财产。

3. 阶级制度壁垒森严,盛行使用奴隶。

参考书目

1.《中国古代社会研究》　郭沫若著.

2.《商民族的氏族社会》　程憬著.

3.《古代社会》　莫尔干著.

4.《殷虚书契考释》　罗振玉著.

5.《殷文存》　罗振玉著.

6.《殷周史料考订大纲》　徐中舒著.

7.《中国上古史讲义》　周传儒著.

第八章　殷代工艺文化之推测

由甲骨文字,殷墟出土器物,以及发掘殷墟时所见之遗迹,可以推测殷代之工艺及文化。殷代尚未完全脱离野蛮阶段,固矣,但于工艺及文化上,亦有相当造诣,周之工艺及文化,实因袭殷人而来,以后逐渐蜕变完成,始臻于开明文化之域。然则奠定中国文化基础者,殷人也。说者谓殷人文化,实中国之正统文化云。

商代工艺,虽已达于相当之程度,然属于手工的、家庭的、小规模的,并为窳陋的,此则初期工艺应有之现象,无足怪者。卜辞中属于工艺之文字甚多。如:

猎器　网、毕、阱、罝、纝、罘。

农器　耒、圭、辰、男。

用具　舟、车、帚、席、磬、舆、鼓、册、专。(?)

兵器　弓、矢、弹、弗、戈、钺、函、箙、斧、笨。

衣服　丝、帛、衣、裘、巾、幕、斿、旒。

饮食　鼎、尊、殷、卣、盘、甗、壶、爵、斝、俎、皿、盂。

建筑　宫、室、宅、家、寝、冓、门、亼、雝、牢、圂、井。

以上种种,皆非有相当之工艺知识与技能莫办。此时殷代已入于新石器时代之末期而铜器时代之初期。卜辞中不见金属之字,尤其不见铁字,此为铜器使用甚晚,而铁尚未发明之证。殷墟出土之金属器物,殆皆晚年所铸,铜器中载有殷人帝王名号者,亦皆属晚年之物也。

实物中近由殷墟掘出,或早年出土,而能确定其为殷器,且现今保存,可得而覆按者甚多,此研究上一大便利,是不能不感谢已往之骨董家,及当代之考古家。按现存之殷代遗物,可分下列四类:

一、铜器　铜器之中,属于用器者,有刀,有削,有片。属于兵器者,有戈,有予,有矢镞。属于礼器者,有皿。属于饮器者,有爵,有尊,有罍,有觚。属于食器者,有甗,有鼎。宋代发现者,有亶甲城亶甲觚、乙鼎、足迹罍、兄癸彝。最近发掘所得者,有铜范、铜块、铜镞、铜戈、铜锛。并有金块,有锡块,知其用合金也。

二、骨蚌器　骨器之中,有骨镞、骨针、骨梪(梳篦)、骨笄,另有刻花骨器多种。蚌器多镶于木内及铜器之上,带装饰性,其贝之一种,盖为古代货币云。

三、陶器　陶器之中,白陶甚多,往往带雕刻。有皿,似簋之盖,然完整者少。有灰陶,亦间带雕刻,种类则尊、罍、鬲、甗、爵、觚俱备。又有带釉陶多碎片,完整者少。此白陶及带釉陶即为后代磁器之先驱。观此知中国磁业之发达,由来久矣。

四、石玉器　殷墟之石器甚多,间有玉器,多为石质之较美者。其种类有镞、有斧、有戚、有磷为兵器。有凿、有刀、有盂为用具。有圭、有璋为玉制,乃佩带之物。有磬为乐器,有带雕刻者。

殷人之美术观念与工业专技,亦颇发达,美术之中,以雕刻及镶嵌为最进步。所雕之物,象牙、骨、石

雕骨(象牙制)

玉、白陶、灰陶、铜器皆备。雕刻之形式,一曰花纹:有几何形,弯纹蟠螭形,蟠虺形,兽面形(旧称饕餮),圆爪形,耳形等。二曰文字,普通多为阴文,浮刻间或有之。

镶嵌术此时业已发生,且颇精巧。殷墟所发掘之铜器,有嵌绿松石者,木器上,又有用蚌器镶嵌,以为装饰者,皆镶嵌术进步之证也。

编织工业,殷代颇为发达。衣服之中,如衣、裘、巾、幕甲文中已习见之。用物之中,如席、箕,亦见甲文。至于丝、帛尤为普遍。养蚕取丝之法,中国发明极早,李济之先生在西阴村发掘,曾得一茧,知石器时代已有蚕桑矣。《禹贡》九州,兖、青、徐、扬、荆、豫皆产丝,足见中国古代蚕桑事业之发达,殷人服丝织丝,自不足怪。

由上所述,可知殷人虽初入铜器时代,然无碍于文化之进展。其工艺之发达,确到可惊之程度矣。至其文化程度,可由甲骨文及殷墟遗物推测者,有如下之各端:

一、建筑及交通　殷代初年似为穴居,十八年春季,中央研究院在殷墟之发掘,曾发现长方坑与圆坑的遗址,秋季发掘,所见长方坑更多,深六七米,有至十米者,长二三米。坑中之物,皆比较完整而丰富。若非殷

用绿松石镶嵌之铜器断耳

人住居之穴，至少当为窨藏之穴也。周初之古公亶父，尚且陶复陶穴，何况殷人？然在中叶及晚年，建筑已大进步，甲文中有室、宅、京、家、寝、门、牢、圂，皆住宅也。又有 ⿴，即宫，为最普遍之屋，有 ⿱，即墉，为家室之墙垣。有 ◆，王先生以为明堂，其制颇似现在北平之四合院。在殷墟发现遗址中，有版筑痕迹，又有石像柱础（抱膝坐形），足见建筑亦颇有整齐宏大者，惟尚无城郭遗迹。

城郭似为周人所专有，殷人未足以语此。即砖瓦之用，西周人知否？尚属问题。

交通事业，殷代亦有可言。《世本·作篇》称：相土作乘马，王亥作服牛，此为殷人利用动物，以作交通工具之记载。卜辞中车字颇多，作 ⿰，作 ⿰，作 ⿰，其形不一。舟字亦常见，作 ⿰，作 ⿰。据此知殷代交通已甚发达。殷人遗物，有贝，有玉，有绿松石，皆自远处传来者，非交通便利，不易致也。

二、历法　纪时之法，殷代颇密，其法以干支纪日，而以干为主。积十日为一旬。积三旬为一月。积十二月为一祀（年）。一年又分春夏秋冬四时：（此据董作宾说）正二三为春，四五六为夏，七八九为秋，十一十二为冬。月有大小，大月三十日，小月二十九日。年为十二月，然遇闰则置十三月。关于日蚀，月蚀，亦有记载，中国之太阴历，殆起原于殷代或殷代之前。

三、风俗习惯　殷代席地而坐。卜辞中之人作 ⿰，即作 ⿰，飨作 ⿰，皆像跪于地上之形。殷人束发，故遗物有笄。据此与四夷之断发被发不同。人死则葬埋，并有殉葬物。中央研究院殷墟发现之俯身葬，其殉葬物有瓠有爵，棺椁之遗痕尚不见。殷人重祭祀。卜辞中祭祀之名凡十八见，如宗、禘、烝、肜日、肜月、⿰日、⿰、祭、叔、酒、羹、品、衣皆是也。

殷人嗜酒之风独盛，商器之中，爵、尊、觯、罍、罍、壶、匜等，皆酒器也,且数目极多。可见酒之为物,流行甚遍。《书·微子》:"我用沉酗于酒,用乱败厥德于下。""天毒降灾荒殷邦,方兴沉酗于酒。"《酒诰》:"在商邑,越殷国民无罪。弗惟德馨香祀,登闻于天,诞维民怨,庶群自酒,腥闻在上,故天降丧于殷。"殷人好饮、群饮、狂饮之风,可以见矣。

四、宗教　商人富于宗教思想,凡生活上一切行动,如捞渔、牧畜、农业、征伐、狩猎、出入,皆以卜决之。殷墟甲骨,大抵为卜筮与祭祀之辞,商人之一生,俱在卜筮之中。卜筮与祭祀,俱为迷信之表示,而商人对于祭祀,较卜筮为郑重。卜辞中所见祭名,凡十八种,从其对象考之,可分二类:一曰自然,二曰祖先。

崇拜自然,为人类忻羡自然势力伟大,感觉己身渺小之结果。一方面由于知识之缺乏,因而流于愚昧,他方面由于不能合群,处处陷于孤立。故社会愈进化,崇拜自然之心理愈薄弱,在原始社会则不然。商人对于自然,顶礼甚虔,其仪式亦杂。最高之神,曰帝,曰天,为一有意志、有知觉、能喜、能怒、能作威福、掌握人世赏罚之主宰。其次为风、为雷、为雨亦能祸福人。故卜辞中关于此类祭祀颇多。卜辞中又有土及方,土为社神,方为郊神,即《诗经》"以社以方,我田既臧"之社神方神也。商人信鬼,而且诚虔祭鬼,《铁云藏龟》及《殷契征文》,皆有祭鬼之条。《曲礼》有云:"天子祭天地,祭四方,祭山川,祭五祀,岁遍。诸侯方祀,祭山川,祭五祀,岁遍。大夫祭五祀,岁遍。士祭其先。"郑注以为殷制,征之卜辞,或属可信。

崇拜祖先,乃种族观念与避祸求福之一种混合结果。人人既爱其种族,则种族中已死之祖先,当然亦推爱及之。且鬼神皆能祸福人,祖先与吾人关系最密,自亦能祸福人,《盘庚》中屡言:"高后丕乃崇降罪疾。""先后丕降,与汝罪疾。""乃祖乃父,乃断弃汝,不救乃死。"其对于祖先之敬爱与推崇如此。

殷之先公先王无不特祭者。《殷虚书契考释》所载,祭相土者六条,祭王季者三条,祭壬亥者十三条,王恒者四条,祭上甲者二十三条,祭报乙、报丙、报丁者十二条,祭示壬、示癸者二条,祭天乙者九条,祭外丙者二条。其余大丁、太甲、大庚、小甲、大戊、中丁、祖乙、祖辛、祖丁、南庚、阳甲、盘庚、小辛、小乙、武丁、祖甲、康丁，无不有之。汤以前十帝，汤以后二十二帝，无不特祭，其隆重为何如乎。

据以上所述，此殷代文化果何自来乎？关于此问题之解答，迄至最近，已有一线之曙光。吾人若将殷墟出土之器物，与河南仰韶及山东龙山出土之器物相比较，其中类似之点甚多。殷墟陶器，有蓝文，有方格文，圆足，有盖，宽耳，多与龙山相同。其三足鬲、甗、皿诸器，尤显为自龙山陶器演化而来者。惟白陶及带釉陶，为龙山所无，是殷墟近于龙山进步成另一阶段。殷墟之骨蚌器及石器，龙山亦有之，惟石斧及小长石斧则付阙如，其理与关于白陶带釉陶同。殷墟之单色陶片、石粟鉴、石戈、陶弹、陶轮多与仰韶相同，惟石镞则殷墟多带翼者，是又进化之征也。殷墟之铜器，如矛、如斤、如矢镞、如戈瞿，在西伯利亚多有之，欧洲方面亦有类似者，是传自西方也。总之，殷墟文化来自龙山而比较进步，仰韶文化亦多少与以影响，西欧文化，亦有相当影响。以此推之，殷之民族，似自东海滨来，殷之文化，一部分又自西北大陆来，两者相合，遂为后日两周灿烂文化之导源。

参考书目

1.《殷周史料考订大纲》 徐中舒著.

2.《小屯与仰韶》 李济著.

3.《卜辞中所见之殷历》 董作宾著.

4.《殷虚文字类编》 商承祚著.

5.《殷虚书契考释》 罗振玉著.

6.《中国上古史讲义》 周传儒著.

7.《殷虚铜器五种及其相关之问题》 李济著.

附录甲骨文书目

《铁云藏龟》 刘鹗编 光绪二十九年石印本又民二十年鲍鼎翻

印本。

　　《殷虚书契前篇》　罗振玉编　民国元年影印本又民二十重印本。

　　《殷虚书契菁华》　罗振玉编　民国三年影印本又翻印本。

　　《铁云藏龟之余》　罗振玉编　民国四年影印本又十六年重印本。

　　《殷虚书契后篇》　罗振玉编　民国五年影印本又翻印本。

　　《殷虚书契待问编》罗振玉编　民国五年石印本。

　　《龟甲兽骨文字》　林泰辅编　民国十年石印本又翻印本。

　　《戬寿堂所藏殷虚文字》　姬觉弥编　民国八年石印本。

　　《铁云藏龟拾遗》　叶玉森编　民国十四年影印本。

　　《簠室殷契征文》　王襄编　民国十四年石印本。

　　《殷虚卜辞》　明义士编　民国五年模写本。

　　《新获卜辞写本》　董作宾编　民国十七年手写本又重印本。

　　《大龟四版》　董作宾编　民国二十年《安阳报告》第三期。

　　《殷虚书契萃菁》　王绪祖著　民国十五年自印本。（存疑）

　　以上影印石印摸写之属

　　《契文举例》　孙诒让著　光绪三十年抄本又民六石印本。

　　《殷商贞卜文字考》　罗振玉著　宣统二年石印本。

　　《殷虚书契考释》　罗振玉著　民国三年写印本又民十四增订本。

　　《戬寿堂所藏殷虚文字考释》　王国维著　民国八年石印本。

　　《殷契钩沉》　叶玉森著　民国十二年石印本又见《学衡》二十四期。

　　《殷虚文字类编附待问编》　商承祚著　民国十二年刻本。

　　《说契》　叶玉森著　民国十三年石印本。

　　《研契枝谈》　叶玉森著　民国十三年石印本并见《学衡》三十一期。

　　《簠室殷契类纂》　王襄著　民国十年石印本。

　　《殷虚书契考释小笺》　陈邦怀著　民国十四年铅印本。

　　《殷虚蕴契考》　陈邦福著　民国十七年铅印本。

　　《殷虚书契补释》　柯昌济作　民国十年自刊本。

《簠室殷契征文考释》　王襄著　民国十四年石印本。

《殷契拾遗》　陈邦怀著　民国十六年铅印本。

《殷契目录》　陈振东著　民国二十年铅印本。

《殷契说存》　陈邦福著　民国十八年印本。

《甲骨文释》　郭沫若著　民国十八年石印本。

《甲骨文例》　胡光炜著　民国十七年石印本。

《殷契辨疑》　陈邦福著　民国十八年印本。

《殷契剩义》　陈进宦著　民国十八年印本。

以上文字考释之属

《殷虚古器物图录》　罗振玉编　民国五年影印本。

《传古别录第二集》　罗福颐著　民国十七年影印本。

《殷虚器物存真》　关百益著　民国十九年拓本。

以上遗物图录之属

《五十日梦痕录》　罗振玉著　载《雪堂丛刻》。

《清国河南省汤阴县发现之龟甲兽骨》　林泰辅著　载《史学杂志》。

《古羑里城出土龟甲之说明》　富冈谦吉著　载《史学杂志》。

《殷卜辞中所见先公先王考及续考》　王国维著　收入《观堂集林》。

《殷周制度考》　王国维著　收入《观堂集林》。

《说自契至于成汤八迁》　王国维著　收入《观堂集林》。

《说商说亳说耿说殷》　王国维著　收入《观堂集林》。

《古史新证》　王国维著　《清华讲义》。

《殷礼征文》　王国维著　收入《王忠悫公遗书》。

《甲骨文地名考》　林泰辅著　闻宥译　载《语言历史研究所周刊》
第九集。

《随庵所藏殷虚文字跋》　王国维著　收入《观堂别集补遗》。

《甲骨文之发现及其考释》　容庚著　载北大《国学季刊》一卷四号。

《甲骨文之历史及其价值》　陆懋德著　《晨报》十二年十二月《副刊》。

《三千年前的龟甲和兽骨》　马衡讲　载《京报》民十三年《副刊》二十号。

《殷虚文字考》　商承祚著　载《国学论丛》二卷四期。

《殷虚文字考》　余永梁著　载《国学论丛》一卷一号。

《殷虚文字续考》　余永梁著　载《语言历史学周刊》。

《日本甲骨之收藏与研究》　徐嘉瑞作　载《国学月报》二卷一号。

《由甲骨文考见商代之文化》　陆懋德作　载《清华学报》四卷二期。

《殷虚文字孳乳研究》　闻宥著　载《东方杂志》二十五卷三号。

《甲骨学之过去与将来》　闻宥著　载《民铎》九卷五号。

《殷虚甲骨文之发现及其著录与研究》　载《东方杂志》二十五卷十五号。

《研究甲骨文字的两条新路》　闻宥著　载《语言历史文学周刊》百期纪念号。

《甲骨地名考》　林泰辅著　闻宥译　载《语言历史文学周刊》第九集。

《试掘安阳小屯报告书》　董作宾著　载《安阳发掘报告》第一期。

《小屯地面下情形分析初步》　李济著　同右。

《殷商陶器初论》　李济著　同右。

《商代龟卜之推测》　董作宾著　同右。

《新获卜辞写本后记》　董作宾著　同右。

《新获卜辞写本后记跋》　余永梁著　同右。

《十八年秋工作经过及其重要发现》　李济著　载《安阳发掘报告》第二期。

《殷虚地层研究》　张蔚然著　载同书。

《获白麟解》　董作宾著　载同书。

《小屯与仰韶》　李济著　载同书。

《新获卜辞写本后记跋》　傅斯年　载同书。

《本所发掘殷虚之经过》　傅斯年著　载同书。

《现代考古学与殷虚发掘》　李济著　载同书。

《甲骨文研究之扩大》　董作宾著　载同书。

《大龟四版考释》　董作宾著　载《安阳发掘报告》第三期。

《河南安阳之龟壳》　秉志著　载同书。

《俯身葬》　李济著　载同书。

《卜辞中所见之殷历》　董作宾著　载同书。

《再论小屯与仰韶》　徐中舒著　载同书。

《殷虚沿革》　董作宾著　《历史语言研究所集刊》二本第二分。

《甲骨年表》　董作宾著　载同书。

《甲骨文字学史》　冯宗麟著　载《中央大学半月刊》一卷二期。

《释侯释廖释蒙》　丁山著　载《历史语言研究所集刊》第一本第二分。

《卜辞中之古代社会》　郭沫若著　载《中国古代社会研究》中。

《甲骨中殷商庙制征》　刘盼遂作　载女师大《学术季刊》一卷一期。

《甲骨中卜文之研究》　闻宥著　《中山大学语言历史周刊》第十一集。

《殷虚文字用点之研究》　商承祚著　载同书。

《芝加哥博物院殷契摄影记》　叶玉森著　载同书。

《小屯龙山与仰韶》　梁思永著　载蔡孑民先生《纪念论文集》。

《商民族的氏族社会》　程憬著　载《新月月刊》。

"Oracle-bones from Honan" by S. Couling, Royal Asiatic Journal.

"A Funeral Elegy and a Feamily Tree inscribed on Bone" by J. M. Menzies, J. R. A. S. Oct, 19. 2.

　　以上论文之属

西伯利亚开发史

自　序

余本业史地。自民十四年入清华研究院后，始专习外交史。最初治
中日交涉史，以后逐渐推展而治中俄、中美、中德、中法诸国外交史。在
英留学时期，专题为中英外交；在德留学时期，专题为远东问题。计十六
年来，余之外交史稿盈丈矣。然对于中苏外交史，兴趣尤浓，所得资料尤
富。今国内精通此方面之专家，无虑数十，然余自信，尚有一得之愚。

民国二十五年秋，余自欧返国，途经苏联，在莫斯科勾留数日，考察
其新都之建设，所得印象甚深。其后路过西伯利亚，因爱犬坠车，在某小
站勾留一日，伊尔库次克勾留三日，赤塔勾留三日，中苏边界勾留一日。
余本无意考察西伯利亚，然在伊尔库次克时，晤彼突利教授（Prf. Petre），
承其领导参观，并讲解西伯利亚之种种富源及其最近之突飞猛进。旋又
于旅店中，晤某美女士，时为美国某报访员，方乘飞机由北冰洋沿岸考察
归来，以新事物见告不少。其他关于各地生活之调查，一般事业之考察，
所得印象，良为真切。归国以后，尝欲以该次意外之探险，报道国人，而
苦于笔记不详。

去秋来三原山西大学供职。未久，即得友人袁庄伯先生函，嘱为正

中书局撰西伯利亚开发史,并谓注重中苏之外交关系。使余无治中俄外交史之旧稿,或未作西伯利亚之小游,当难以应命。自春执笔,迄于盛夏,人事纷纭,时作时缀,历时半载,始克告成。然因参考书之缺乏与新材料之无多,良觉歉然。特当此国难期间,一般作家,皆感此病,世有达者,当能谅其苦衷。书成,用付剞劂,出版有日,谨赘数言于此,以纪念彼突利教授,及美人某女士。民国三十年七月末,周书舲自序于三原山西大学。

第一章　地理概况

第一节　区划

西伯利亚一名称,具有广狭本三义。狭义指额尔齐斯河(Irtysh)畔俄斯克(Oske)地方之原始居留地而言。俄人最初殖民于此名之曰西伯利亚。广义指整个亚洲俄罗斯而言,包括西伯利亚,由北冰洋起至东三省蒙古边界止;及俄属土耳其斯坦(或称俄属中央亚细亚)。一九一七年革命以前,俄人对于上述两地,广泛统称之曰西伯利亚。本义则指东三省蒙古以北,俄欧以东、北冰洋以南之一片广大地域而言,旧地理学上所称之内塔塔里,并不包括在内。俄国大革命以后,釐定极清,不容再与俄属中央亚细亚混称矣。

一、位置　西伯利亚位于北冰洋与中亚山脉及沙漠之间。其出路西经欧俄以出波罗的海;东经东海滨省以出伯令海峡及鄂霍次克海。西伯利亚之主要缺点,为不可接近性,其次为面积广大,东西长五千余英里,其西部,南北广二千三百英里,面积约为五百二十万方英里。除去毫无价值之严寒荒漠地带以外,尚有极大之面积,位于温带,正待开发。欲开发西伯利亚,有两个先决问题:其一、为低廉成本之运输,将原料运到消费中心。其二、为低廉之劳工,使之从事农林牧矿诸业。此间有极大之农业品生产能力,又有丛茂而未经接触之森林区,更有丰富之各种矿藏。

现在人口仅一千五百万(一九二六年统计),不敷过巨,如欲发展农业,尚须人口二千万;如欲发展工商业,则非四千万不可。西伯利亚在俄国两次五年计划以前,极似数十年前之加拿大。但后者容易接近,并有现存市场,故发达极速,而前者之发展则迟缓特甚。

二、分区 西伯利亚大体上可分为西、中、东三部,每部又可分为若干区。西部西伯利亚,自乌拉山起,至叶尼塞河止。包括:1. 北方广大平原之俄毕河盆地与其支流各地,2. 吉耳吉司草原,位于平原之南,向西至土耳其斯坦高原,3. 阿尔泰山与萨颜岭区域在中国边境上;中部西伯利亚,自叶尼塞河起至勒拿河止。包括:1. 北西伯利亚平原,沿北冰洋岸,2. 中西伯利亚高原,即昂可拉高地,3. 贝加尔区域,为绕贝加尔湖之旧岩石区,包括中国边区与中亚高原之一部;东部西伯利亚,自勒拿河起,至鄂霍次克海止。包括:1. 东部山地(Stanovoi,Yablonovoi,Kolyma,Anadyr),2. 堪察加半岛,3. 东海滨省。

三、构造 普通地理学上自然地理分区之标准,一部份基于地形,一部份基于构造。上述分区,系基于地形;若从构造上考察,则尚有讨论余地。按照奥本鲁茨契夫(Obrutschev)之西伯利亚构造图,可分为下列七区,大致与上述九区相等,仅微有出入而已。此七区为:1. 西伯利亚低地,2. 吉耳吉司草原,3. 阿尔泰——塔克巴加台,以上三区,为西部西伯利亚;4. 昂可拉高地(Angoraland),5. 贝加尔区域(The old shield of Asia),以上二区,为中部西伯利亚;6. 东部山地,7. 堪察加及东海滨省,以上二区,属于东部西伯利亚。

第二节 气候

西伯利亚之整个气候,为大陆性。冬季极长、又极冷,但空气爽朗,苍天蔚碧,殊少云雨。西伯利亚又为地球上之寒极,费尔火楞斯克之温度,按一八九二年之记录,一月为华氏零下五九度,二月为华氏零下九十度,盖地球上最低温度之记录。惟此极寒温度,仅存于穷阴凝闭之区,一山之隔,气候迥殊。由寒极四出,温度渐增,此寒极成为高压中心,大约在北纬五十度。又为亚洲之分风岭。在南者,如土耳其斯坦,多北风,东北风,东风,寒冷干燥。在北者如西部西伯利亚,多西风、西南风。大西洋之气候,穿过西伯利亚之西北,成为冬季之小飓风,及北西伯利亚之轻雪。

西伯利亚夏季比较温和,在等温线上东西一样。但在接近太平洋处,等温线突向南折。西伯利亚夏季受中亚低压系之影响,西风温暖拂拂宜人。整个西伯利亚,雨量稀少,全部留在十至十四英寸之间;北冰洋岸与西南干燥区,甚至少于十英寸;在阿尔泰山与东海滨省,则为二十英寸。雨季多为夏季各月,以六、七、八三月为最多。此关于农业者极大,因湿气有利于谷物之生长也。

有两种特殊因素,影响于西伯利亚之气候甚大。一为贝加尔湖之水,调节冬夏,使其夏不酷热,冬不干燥。一为春季诸河风之泛滥,盖春季上流冰解,下流封冻,洪水泛滥,湿气四散,其效力过于降雨。夏季虽不甚长,然足以使远北之农作物得以长成。加拿大之气候,在许多方面,可与西伯利亚相比较。加拿大之农业问题中,向北扩展耕地,颇感需要。即如在勃来锐省(Prairie)限制耕种之条件:为一百十日,换言之,即有一百十日,其温度在华氏五十度以上。因之,加拿大人,喜种小麦,小麦在百日以内,即可成熟。对此问题,俄人极感兴趣,两次五年计划中,均规定于远北地方,设立若干农业研究所,惟以材料缺乏,未有具体结果。

西伯利亚河流之结冰,对人生有极大之影响。结冰期一年之中有五个月,极北地方甚至九个月。大概冻结坚牢,历久不化。北冰洋岸为常年结冰区,北冰洋之冰可达奇留司湾,尼古拉斯克城。在黑龙江口,一年之中,被阻塞者,达二百二十日之久。海参威则自十二月中旬起结冰至明年四月为止。贝加尔湖,由十二月起,结冰至四个半月之久。

西伯利亚之气候区,通常分为:

一、苔藓区(Tnndra)本区,冬季虽冷而不甚厉,夏季仍感奇寒。整年坚冰凝结,仅地面上于换季时泥泞满地。雨量稀少,空气冷湿,仅利于苔藓类之生长。

二、松杉科森林气候区　本区冬冷,夏热,包括:1. 西部西北利亚。冬天极冷。正月温度为华氏零下十度至十五度。雨量为八至十六英寸,北部少而南部多,夏季北部低于华氏六十五度,比南方稍冷。2. 中部西北利亚。冬天最冷,空气干燥而清朗,比西部西伯利亚之云为少,雨量亦少,且自南,向北,逐渐减低。3. 东部西北利亚,潮湿多云,夏多浓雾,常飞细雨。冬季不如内部之冷,但强烈之西北风,使气候较内地更为难受。

三、草原气候区　雨量为八至十六英寸,春季与初夏,常有狂风暴雨。因之急流虽多,而植物所需之水分仍然缺乏。东经九十度以西,蒸发甚烈,常有东北风,径年干燥而强烈。冬季有一种剪风(The Buran),吹人如割,冬雪为风吹去,赤地暴露于严冬寒威之下。春季温暖夏季炎热,风霜雨雪,同时并起,利于草而不利于木。

四、沙漠区　在土耳其斯坦及其附近,雨量少于八英寸。夏日极热,冬日极冷,纯为大陆性气候。因为纬度在低温结冰之下,空气干燥,时常万里无云。

第三节　土壤

俄国之科学家,现已成为土壤学之先锋队。彼等着手研究之时间虽短,而其成绩则极为西欧科学家所重视。由于俄国人之研究,吾人今日得以解释地质学上之谜。在大多数情形之下,关于土壤之构造,气候比地质之影响尤重。在热带气候中,湿干换季,例如缅甸较低,部分之热带性季候风气候,如欲区别从冲积层分解而成之铁礬土和片麻岩或板岩,几为不可能之事实。气候能以决定土壤,有如此者。在地中海区域,热季与湿季并不一致,土壤构成之程序较为缓慢,地质所占位置,比气候为重。在西伯利亚,湿季即是热季,土壤构成之顺序迅速,其土壤由地质所决定者少,由气候所决定者多。因之西伯利亚土壤经过大陆,由西往东,处处随其气候而变化。

一、苔藓区之土壤,由于北冰洋气候之影响,雨少而湿气大,到处泥泞。此盖因低温与广大地面之积水;不能渗过永久冻结之冰层所致。

二、沼地土壤,位于森林带,在灰色而低下之地有之。在肥沃之地,有时且带沙漠性。此种土壤,多为狭长沼地。

三、从欧俄领土地延长到西伯利亚,均为黑土带,为一狭长而重要之区域。在西伯利亚地方,含有富丰之可耕地面。此种土壤,为深厚肥沃之淤积土,富含腐化植物,故其色黑。此种土壤之形成,需要高度之蒸发,因当变季时土壤时常干燥,冬季下层土须结冰,始能蓄积水量,以供春天植物之用。最后,下层土仍须溶化,方不致于妨碍排水,富丰之腐烂植物,由于密积之植物根,为夏热所腐化而成。

四、栗色土带,位于黑土带之南,且不甚肥沃,此为真正之草原土壤。

五、红土带,由于盐池蓄积日久,使轻盐土变成重盐土。此种土壤之本身,多为沙质。亦可称为碱土带,因为此种红土,与真正之红土,性质不同故也。

六、灰土带,位于更南之地,欧亚游牧民族,群聚而居,地势低下,干燥特甚。

第四节 植物

西伯利亚之植物,仍滞留于原始状态中,除草原带与松杉带外,人类未尝加以改良,听其自然繁殖而已。本区植物,可分为苔藓、松杉、草原三带,而后者位于土耳其斯坦地方,植物凋零,犹如不毛之区。

一、苔藓带 宽约三十全二白英里,沿北冰洋岸而延展,包括无树之北极平原。此一带土地,因永久冻结之下层土,阻止地面水分渗透下去,上层一经溶化,立即泥泞满地。在低下之区域,遍长五英尺高之苔藓植物。在稍干之区域则地衣、鹿藓为主要之植物,东方尤甚。在西方则为草类、苔类,长生草本植物与球茎类植物,甚为繁茂。除去隐蔽地之外,仅有之树木,为桦树与杨柳,高仅数寸,有时仅贴地而生。亦有越橘灌木,杜鹃花与杨梅树等。在苔藓带,一年之中,有八个月为结冻期。春夏数星期中,有鸟、及蚊虫,人如经过池沼难行之地,必为蚊虫所困扰。北冰洋与各河流,鱼类极夥,多为鲑、鳖、鳣之属。居民以鱼为生,亦喜养鹿。野兽中有旅鼠、北极狐、北极熊等。更有食肉兽、夏天鸟来时,即群向北方移动。

二、松杉带　占西伯利亚之最大面积。所有一切森林,均有贵皮兽,如熊、山猫、狐狼、黑貂、松鼠与银鼠等。居民以渔猎为生。沙金矿亦多。在勒拿河盆地,所有森林从未经过采伐。松杉带可以分为五部:1. 西部西伯利亚之沼地森林。位于俄毕河之中流与下流一带。极卑湿,并有不可通过之灌木森。铁杉颇多,落叶松则甚少。但此一带如落叶树之混合地,桦树、凤尾松、杨柳、赤杨、白杨等灌木林,遍长于河流两岸。浆果林亦普遍,越橘、蓝色越橘,所在多有。此区南部包括著名之瓦湿俞干(Vasyugan)沼地。2. 西部西伯利亚之松杉森林。位于叶尼塞盆地之大部分与上俄毕河盆地,并延长至阿尔泰山。主要树木如铁杉、石松、云杉、银铁杉与落叶松。灌木林殊少见,且多为干燥林。在阿尔泰山一带,森林开阔,树木高大,为经济价值之最大者。3. 东部西伯利亚之松杉森林。自叶尼塞盆地起至斯丹诺发(Stanovoi)山脉止,较西部森林为贫乏,盖由于冬季甚长,朔风严冷,气候干燥之所致。卑湿地很少,盖由于多山与灌木林不甚繁盛之所致。主要树木为铁杉与东方落叶松,苏格兰松、云杉等。4. 黑龙江之混合森林。在黑龙江以北,兴安岭一带地方。主要树木如橡、榆、菩提树、枫树、胡桃树、梣树、凤尾松、杨树等。所有树木均为东方式、中国式、日本式。松杉科包括紫杉、针叶松、东北松等。5. 太平洋森林。包括太平洋岸斜面,自萨哈连至堪察加止,东方落叶松与凤尾松最普遍,铁杉与柏树亦颇多。堪察加地方,树木稀少,颇多自然之草原。

三、草原带　位于森林带与草原带之间,有一种树原。从森林带往南,铁杉逐渐减少,桦树、凤尾松、杨柳逐渐增多。但各种树木均长于丛林中与沿河之两岸。其间甚多开辟之草地,有肥沃之黑土,故成为有价值之农业区。草原位于树原之南。在吉耳吉司高原区,其特别植物,为牛皮草(Featter grass)。其他开花草本植物颇多。除卑湿地区外,树木颇少。短而多利之灌木,如金雀花,山楂树,观音柳等皆极普遍。草原渐南,入于土耳其斯坦之半沙漠地带。东部西伯利亚与贝加尔湖附近,亦有草原。

第五节　人民

西伯利亚人民,大约可分为三种。即原始西伯利亚人,新西伯利亚人,及俄人。俄人之殖民,详于第七章第一节中,于此不加赘述。

原始西伯利亚人为蒙古利亚种之一支。其遗裔有 Chukchees, Koryaks,Kamchadals 皆在东北极端,即中国史籍上所称为渔皮鞑子之类是也。又有 Gilyaks,在太平洋岸。Yukaghirs 及 Ostyaks,在北冰洋岸。上述诸族,颇类似日本之虾夷民族与北美之依斯扣摸人,总数约一百万。

新西伯利亚人亦为蒙古利亚种,身材较为高大。纪元三世纪至十三世纪时,有一次民族大移动,若干游牧民族自中央亚细亚迁入,定居于西伯利亚。此种后来人民,包括 Vogals,Wgrians,Ostyaks,Samayedeo 及西伯利亚鞑靼人、吉耳吉司人、勒拿河流域之雅库人、贝加尔湖附近之博鸦人、叶尼塞流域之通古斯人与黑龙江以北之索伦人鄂伦春人,总数亦约一百万。

自俄人迁入后,以上两种人,有日蹙百里之势。帝俄及苏俄虽努力加以同化,但因交通困难,语言复杂,经费缺乏之故,成绩殊不甚著。各民族皆保守其固有之风俗、习惯、语言、文字,为俄国统一运动上极大之障碍。

参考书目

1. Mill:International geography.

2. Stemp:Asia.

3. Encyclopaedia Britanica:Siheria.

第二章　俄人之开发西伯利亚

第一节　原因

俄人经营西伯利亚,原因甚多,举其要者,约有四端:

一、地理原因　自地形学言之,欧亚本为一洲,西人称为欧罗西亚(Eur sia)。所谓欧洲者,乃亚洲大陆向西伸出之一大半岛耳。欧、亚两洲之界线,极为平庸,自黑海、里海以至乌拉河、乌拉山,皆浅窄平夷,无高山大川巨海洪洋之隔,逾越至易。位于俄国本部与西伯利亚间之乌拉山,若与亚洲之喜马拉亚山、欧洲之亚尔卑斯山、美洲之洛矶山相较,实不过一小丘耳。上述三大山皆已不能成为洲界,则乌拉小丘又何足道。是以俄国本部人民,逾乌拉山而至西伯利亚,乃为极自然之趋势;较诸中国人之必跨阴山,越瀚海,乃能至西伯利亚者,其难易之别,不啻霄壤。职是之故,自有史以来,中国人即知有塞北,然终未能开发之,直至十六世纪,始由俄人筚路蓝缕,以启山林焉。

二、政治原因　俄人之立国,极缺乏一海口以为门户。自彼得大帝以来,惨淡经营,不遗余力,顾始终未能达到目的。其始欲出波罗的海,故造成北方战役,建筑圣彼得堡。然欲出波罗的海,必经瑞典、挪威、德国、丹麦诸国境,以出北海,又有英国当其冲,阻碍过多。继而采取南下政策,提倡大斯拉夫主义,引起克里米战争,而英、奥、意、法阻之,遂有柏林会议之失败。于是俄人遂转移其注意力于中央亚细亚,思由高加索、阿富汗以出波斯湾或印度洋。但复被英国人百方阻挠,以致几度碰壁。最后乃决意东进,横断西伯利亚,以出太平洋,思于日本海上,渤海湾中,得一不冻之港,以为其立国之门户,故勇往迈进,奋发向其,而西伯利亚遂为所开发。

三、经济原因　欧洲俄罗斯,在北欧坡原上,富于农业,而缺少森林、矿产。西伯利亚,当北纬六十度之北,正森林繁茂之区。森林中,熊、狐、貂、鹿等贵皮兽极多。矿产尤为充斥,如黄金、煤、铁,均蕴藏无尽。以上诸端,皆欧洲人所珍视,尤切合俄国人之急需。不仅此也,伯令海峡之鱼,通木斯克之牛皮、牛酪、牛肉,不仅供给俄国,兼有余以供给欧洲各国。世人目西伯利亚为亚洲宝库,洵不虚也。俄人宝库在侧,讵能坐视而不动乎?

四、民族性　俄人处欧洲东北,其地荒寒,其俗强悍,冰天雪地,正好驰驱。冒险犯难,乃其惯技。最初开发西伯利亚也,乃出于少数探险家之手。其后因政治关系,流放国事犯于此。愈来愈多。此辈人物,类能耐劳苦,忍饥寒,犯危难,遂将一片穷荒冷落之区,辟为美丽之园地。故西伯利亚之开发,乃伟大民族性之结晶,此真令人赞美不置者也。

第二节　经过

俄人侵略西伯利亚,可分为三大时代。第一、自由开发时代。第二、中俄划界时代。第三、俄苏时代。后二时代当详述于下列诸章。本节仅就自由开发时代述之,又可分为三期:

一、耶马克时期(1580—1584)　耶马克(Yermak),本一无赖子,流落无以为生,乃纠合恶少年,群起为盗,劫富济贫,亦一义盗也。久之,党众益多,官兵乃穷逐之,遁逃至于丕漠(Perm),丕漠者,斯格诺夫(Straganov)与其族之所居也。为避免冲突计,斯氏与耶氏,乃成立协定;由斯氏供给粮食与军火,耶氏则率其党众,进攻乌拉山东侧西伯利亚诸部落。西元一五八〇年,耶马克攻入西伯利亚,征服今日之突波尔斯克(Tobolsk)地方。为赎罪计,耶马克乃将其新征服之领土,献之于俄皇伊凡第四(IvanIV)。旋复亲至莫斯科,晋谒俄皇,获其赦免,且加赏赐。一五八四年,俄皇与以哥萨克骑兵一旅,合其亲兵若干人,进攻库程汗,屡败之,进占俄毕河与额尔齐斯河一带。后用兵于额尔齐斯河(Irtysh)上,与鞑靼人苦战,见敌船中有贵人,乃命亲兵进击,身先士卒,跳船堕水溺死,但鞑靼人卒于是日为俄兵所败。

乌拉山道既开,俄国之冒险家、野心家、贪夫、罪妃,纷纷踏入西伯利亚,年复一年,人数日增,虽尚未发现多量黄金,以满足其欲望,但贵皮兽中之貂,所在多有,猎取可获巨利。冒险家之中,尤以曼斯罗将军、苏钦及密雅斯尼古三人为最著。鞑靼人之捍卫,与西部西伯利亚之开发,多赖其力。遂于一五八七年,建突波尔斯克城;又于一六〇四年,建通木斯克城(Tomsk)。此一带地方,乃成为俄国人之永业。

二、阿利布佳时期(1618—1631) 西元一六一三年,俄皇密给尔罗马路即位,先与瑞典结约,次与波兰休战,西方疆界,悉获和平,乃专心竭力经营东方之西伯利亚。一六一八年,俄皇命彼得阿利布佳,率兵赴叶尼塞河畔。明年,建叶尼塞斯克城(Yeniseisk)。及其成功,俄皇下令,凡土人之归化者,皆厚遇之,并加意保护。自此西伯利亚土人之生活,乃大改其面目。俄人更以此为根据,向东南诸地发展。至一六三一年,中部西伯利亚乃完全入于俄国人之掌握。

三、伯给特时期(1632—1639) 西元一六三二年,俄人伯给特由叶尼塞斯克出发,沿昂可拉河,探险于西伯利亚之中心。又由此沿勒拿河(Lena)下驶,建雅库次克城(Yakntski),深入西北利亚东部,占领其地。一六三八年,更东出鄂霍次克海岸,建鄂霍次克城(Okhotsk)。于是东部西伯利亚,亦尽归俄人所有。

统计俄人之经营西伯利亚也,前后不过六十年(一五八〇至一六三八),而广衍五百二十万万方哩之地,遂为其所独有。就面积言之,西伯利亚且较欧洲全陆为大,约占亚洲面积三分之一,可谓盛矣。其时适当中国明末清初之际,明人无力及此,清人方南下以争中原,亦无暇兼顾。故俄人未遇任何阻力,得之易如反掌也。

第三节　黑龙江流域之开发

俄人建筑雅库次克城后,流放者、迁入者、归化者日多。其猎人溯勒拿河而上,知有席尔加(Shilka)、狄塞雅(Dseya)两支流之存在。据土人云,两河沿岸,黄金、五谷皆多,实一无尽之宝库。雅库次克知事哥罗温(Golowin)大动雄心,极思加以开发。一六四三年,遣书记巴赫特亚诺夫

(Bachteryarov)率七十人前往探险,以窥究竟。巴氏才力庸懦,不能领导,毫无所得而还。哥罗温及其他俄人雄心未死,于是继续有五次远征队之探险。兹分述之:

一、波亚古夫(Poyarkov)之探险 一六四三年,哥罗温遣派第二次远征队,以波亚古夫为领队,率百三十人,令其向土人索取贡赋,否则大张挞伐。波氏至狄塞雅河后,大为失望,其地初无五谷,所有粮食,多自中国运来。于是遣兵七十人至临近之索伦旗(Danritribes)、索取食物,但不为所容。及其归也,粮尽食绝,不得已杀取土人,及宰割冻饿之伴侣以为食。明年春,沿狄塞雅河下驶,两岸土人,大为震恐。波氏于沿岸捕捉格里雅克人(Giliaks)三名,并强迫其他土人纳贡。彼等由狄塞雅河入黑龙江。既抵江口,遂宿营度冬。次年,探险于黑龙江下流一带渡鄂霍次克海于乌尔鸦河(Ulja)口度岁。又明年,即西元一六四六年,溯河逾山,沿阿尔丹河入勒拿河,以返雅库次克,则已夏六月矣。此次探险,大体上可谓成功,以其用目睹耳闻之事实,证实向有之传说,为日后探险队奠定科学之基础。

二、喀巴罗夫(Kbarbarov)之探险 喀巴罗夫,一冒险家也。居西伯利亚,以垦地及制盐为业,富至巨万。闻黑龙江西岸土地膏腴,出产丰富,欲自往略之,乃请于雅库次克知事佛兰司白可夫(Fransbekov),愿以私财为远征费用。知事许之。遂于一六四九年,率百五十人,遵新道,自阿利克马(Olekma)往,越外兴安岭。明年,沿黑龙江至席尔加河与额尔古纳河会口。所过之处,居民逃避一空。最后至一村落逐索伦人,占有其地。喀氏留兵守之,而自返雅库次克请援,得狙击兵二十一名,大炮二门,弹药若干,义勇兵百数十名。一六五一年,再度进发,再度进发,至雅克雅河口,建雅克萨城(Albazin)。是岁,更顺流东进,略沿岸之索伦部落,至松花江会流处;攻呼尔喀人,筑塞守之。更派分队百人,掠夺粮食。呼尔喀人,乘虚来袭,喀巴罗夫督兵七十人邀击,大破之。呼尔喀人乞援中国。一六五二年,宁古塔章京海色,率兵二千来战,塞兵死守奋斗,杀伤清兵六百七十余名,清兵退去。是年,喀巴罗夫,恐清兵增援难敌,乃溯黑龙江西上。至卓伦奇山麓,遇莫斯科派来应援之蜚勒布夫等百八十二人,即合兵至精奇里江。此时军中纪律弛废,中途逃亡者达百二十人,乃度冬于呼玛尔。一六五三年,俄皇特派鲁斯渡布斯可亲王等一行三千人,至精奇里江,与喀巴罗夫相会,传达勅令,令归本国,以探险情形上奏。于是喀巴罗夫遂还莫斯科叙功列贵族。

三、斯梯班罗夫(Stepanov)之探险 喀巴罗夫去后,由斯梯班罗夫代领其众,以俄皇勅令,筑城于精奇里、额尔古纳地方,耕作播种,储蓄粮食,以为远征军之准备。惟是土人逃遁,哥萨克兵不惯耕作,毫无成绩。一六五三年冬,斯梯班罗夫第一次出征,顺黑龙江而下,达松花江口,掠夺粮食。更转掉至乌苏里江口。一六五四年,又由该处出发,上溯黑龙江,行仅三日,即遇清兵之轻车都尉明安达里所部三千人,方循江而下。两军既遇,众寡悬殊,俄兵遁去。斯梯班罗夫逃至呼玛尔河口,与叶尼塞斯克知事所派之排格渡夫等百余人相合,筑城于呼玛尔,为持久之计。时检点所部,共得新旧兵五百余人。一六五五年,清之明安达里率兵一万来攻,俄人竭力防御,断食祷神,以励士气,死守不降,历二十日,清兵粮尽乃去。斯梯班罗夫恐孤城难守,亦退至松花江口。是年夏,叶尼塞斯克知事所派运粮兵柏孝清等一队来会,遂合兵第二次出征,再下黑龙江,征貂狐之贡于费牙喀人。一六五六年春,重溯流至松花江口。是时,江广人稀,粮饷益乏,进退失据。会俄皇下诏,令其避免与清兵冲突,并善遇土人,乃按兵不动者达一年之久。一六五八年春,斯梯班罗夫静极思动,乃作第三次出征,自呼玛尔河口出发,下黑龙江至松花江,呼尔哈两江会口,忽遇清宁古塔章京沙尔虎塔领船四十五艘,溯江而上,俄兵未及接战,弃船登陆,乘隙逃遁者达百八十人。斯梯班罗夫率残余之三百二十人奋勇苦斗,卒因众寡不敌,或被杀戮,或为俘虏,斯梯班罗夫战死,其以身免者,不过四十余人耳。

四、巴科夫(Parhkov)之探险 巴科夫者,叶尼塞斯克之知事也。方斯梯班罗夫三下黑龙江之际,巴科夫亦组织远征队,第一队由排格渡夫率领,于一六五四年与斯梯班罗夫相遇于呼玛尔。第二队由柏孝清率领,于一六五五年与斯氏相遇于松花江口。并见上文。一六五六年七月,巴氏又亲率兵五百六十六人,自叶尼塞斯克出发,翌年夏,渡伊尔额湖,度岁于湖畔。一六五八年,达席尔加,建一城于尼布楚河口,据而守之,为尼布楚(Nerchinsk)重镇之滥觞。巴科夫同时又命彼得拍夫率兵三十人下黑龙江,往会斯梯班罗夫。又分部下兵百人守尼布楚。自以余兵守雅克萨城,为犄角之势。彼得拍夫一队,于是年夏,顺黑龙江东下,中途遇斯梯班罗夫之逃兵百八十人,始知斯氏已战殁,乃引兵而还。此等逃兵,在中途劫夺彼得拍夫之辎重而逸,无一人同归者,于是巴科夫之计画全成画饼。一六六〇年,清之宁古塔将军巴海来伐,大战于古法檀村,大败。明年,移营于伊尔额斯科,以避其锋。自后虽暂留少许之守备兵于尼布楚,未几,亦皆逃窜。及一六六五年(康熙四年),黑龙江上遂无一俄兵,江岸之民,暂得休息焉。

五、伊里木斯克(Ilimsk)与智尔尼哥斯克之探险　西元一六六五年,有波兰人,名智尔尼哥斯克者,坐罪流至西伯利亚,为且情斯库伊殖民地长官。因事与气冷斯库知事结怨,杀之。虽率党徒八十四人奔黑龙江,中途为通古斯人杀害者达五十人。是年冬,抵雅克萨,筑城守之。征贡于索伦土人,且四出劫掠。由是俄人来集者日多。同时,尼布楚城亦自一六六九年由伊里木斯克等之经营,复成为俄人要塞。两城相应,互为犄角,声势渐振。会有雅克萨人八十名入索伦,掠夺貂皮,奸淫妇女。清廷闻讯大怒,议兴兵征讨,以路远未果。一六七〇年,清康熙帝飞敕尼布楚,诘其暴状,城中人自知力弱,委曲求和。清廷以为驯顺,遂姑息之。然未知姑息适足以养奸,竟遗他年之后患于无穷也。

参考书目

1. Golder:Russian Expansion on the Pacific,Cleveland,1914.

2. Beveridge:The Russian Advance,N. Y,&London,1903.

3. Krieger:Die Erstan Hundert Jahre Russich-chinesischer Politik,Berlin,1904.

4. C. T. Hoo：Les Bases Conventionalles des Relations Modernes outré la Chine et la Russie，Paris，1918.

第三章　尼布楚条约

第一节　中俄边境之冲突

满清，远东之大国也。俄罗斯，西欧之大国也。方俄人步步东进之际，正清人步步南下之时，两国动向不同，冲突自因之而免。及清人既得中国，乃思固其边圉；俄人得寸进尺，逐渐侵及清疆之瓯脱，双方于是发生摩擦。外兴安岭以南，黑龙江以北，遂成为两国角逐之区；尼布楚、雅克萨二城，尤为争夺之焦点。积二十年（一六六八至一六八八）之冲突，本可以酿成国际大战，幸赖清康熙帝之宽宏，与俄彼得大帝之伟略，终于化干戈为玉帛，于一六八八年，缔结历史上有名之尼布楚条约，保持百七十年之长期和平，此西伯利亚开发史上，值得大书特书之事也。

俄人侵略西伯利亚之经过，已见于前章第二节。时适当中国明季衰微，无力以勤远略，俄人得之，犹如拾芥。及俄人探险黑龙江（见前章第三节），已在清太宗、世祖崛起之际，本可回兵北指，扫荡边氛。特以中原未定，不遑他顾，遂令俄人坐大。清廷知有罗刹其国者，初以为不过远方小国，未加重视。故俄人于一六五五年（顺治一二年）、一六六八年（康熙七年）两度遣使北京，请修友好，皆以为投诚来朝，慕化入贡，始终未以平等之礼待之。然俄人则知中国为一大国，未敢轻启边衅。故其一五五二年及一六五五年之诏令，皆严束将官，勿与清廷冲突，此初期交涉之大势也。

自一六六八年以后，清俄冲突日多，举其要者，约有三端：

一、俄人拓土纳降　西元一六六七年，通古斯酋长根忒木儿，不满清人之待遇，逃出国境，俄人纳之。明年，徇清廷之请，允遣根忒木儿还，并誓约以后不纳逋逃，互通贸易。但事实上俄人不特不履行前约，反乘清人用兵"三藩"之际,渐次征服附近之通古斯人。至一六七一年、七二年,且移殖无数农民于雅克萨附近,建设村落,开拓土地,以为持久之计。清廷鉴于俄人之狡诈,乃于一六七一命巴海严加防范。一六七四年又自吉林移水师分驻黑龙江地方,以为戒备。俄人乞援本国,会方有事波兰,无暇东顾。及一六七二年,乃派兵二千人,增援雅克萨。又于一六七五年遣尼库来伊及施怕华力科往北京请缔交修好。明年使者至北京。清廷答曰:"若能坚守誓约,不寇我边陲,且还我逋逃,则允如所请。"使者归,致书雅克萨城,令勿航行黑龙江下流,及征土人之贡。守将阳诺之。

二、俄人筑塞开市 自一六七三年清有"三藩"之乱,戎马仓皇,国无宁岁。迨一六七八年吴三桂死,一六八一年台湾郑经殁,始得少安。当此时也,俄人修城筑塞,到处布防,如一六七八年筑塞于精奇里江上流,号旧柴斯克(Old Zeisk);明年,筑塞于西里摩居河口,号塞林宾斯克(Selimbinsk);一六八一年,筑塞于精奇里江口,号新柴斯克(New Zeisk);又明年,筑塞于安摩公河上,号西里米冷斯科(Ust Nemilenskoi)。上述诸塞,远者距国境百里,近者不过半日程,东省人民多来往互市。此外鄂霍次克海上,尚有图胡尔斯克一处,乌底斯克一处。由是俄人盘据黑龙江左岸全境,城塞市场,星罗棋布。间有侵扰,戕害居民之处,直接间接之冲突,势所难免。

三、清人迭摧俄塞 西元一六八二年(康熙廿一年),清三藩之乱平,台湾收复。康熙乃遣副都统郎谈及都统彭春,率兵赴达瑚尔索伦,致书尼布楚,托名捕鹿,密薄雅克萨,籍觇虚实,兼视察沿途水陆舟车之便否。是年冬,郎谈归奏,谓取雅克萨甚易,发兵三千已足。一六八三年,遣户部尚书伊桑阿,赴宁古塔制军舰,筑墨尔根、齐齐哈尔二城,置十驿,通饷运。又命宁古塔将军巴海、副都统萨布素建木城于瑷珲及呼玛尔之地,发乌喇宁古塔之兵一千五百人守之。又使外蒙古车臣汗绝俄国贸易。是时,安摩公寨、有伏路鲁夫与鄂霍次克俄人合力剽劫,侵犯附近使犬使鹿诸部。一六八三年夏,迷尔义可夫率兵六七十人,自雅克萨出发,欲合兵侵掠,途经精奇里江,适遇清之战舰五百六十余艘,俄兵狼狈登陆,弃船而遁。清将设伏生擒迷尔义可夫,及从兵三十人。余兵逸去。此项消息传自塞林宾斯克塞及西里米冷斯科塞,守兵大惊,弃塞而遁。清兵鼓噪而至,纵火焚之。又分兵袭旧柴斯克塞及新柴斯克塞,守兵悉数被擒。明年,东方之图胡尔斯克塞,亦为萨布素之兵所陷。伏路鲁夫乃航海退守乌底斯克塞。由是俄人诸塞悉被荡平,惟雅克萨城,孤立江畔而已。

第二节　雅克萨之争夺战

方清兵与俄兵于黑龙江畔进行前哨战之际,清廷对于准备大规模之雅克萨争夺战,亦正着着进行。一六八三年三月,遣盛京刑部侍郎噶尔图及宁古塔副都统瓦里虎视察辽河及伊尔门河,以松花江伊屯仓收储军饷。四月,派理藩院尚书阿穆瑚瑯赴乌朱木秦;派阿达哈哈番马刺赴索伦,筹备军需。命将军巴海镇守乌拉,命副都统萨布素领兵驻额苏里。尚未进讨,已届秋凉。萨布素等奏请待来年四月坚冰既解,然后用兵,许之。以瑷珲为征讨雅克萨之作战区域,设置驿站,增修船舰、以便运输。又别于蒙古科尔沁部之漠尔浑屯设置屯仓、积储军饷。同时遗书雅克萨城,责其撤退。其书略曰:

> "前遣孟格德等至尼布楚,曾与尔约,以后毋得收纳逋逃,并将往年逸出之根忒木儿使归于我。乃尔竟背弃前约,潜入我地,扰害我达尔瑚、索伦,焚劫我斐雅各,奇勒尔。今特命将出师,永驻额苏里。尔若离我边境,还尔故土,而以逋逃来归,则已。否则我亦纳尔逋逃,即往来之人,亦必擒而戮之。"

俄守将伏鲁赫里可夫(Ivan Voilochnikov)集众会议,皆誓死力战。乃一面勤修战备,一面派人至叶尼塞斯克乞援,不稍示屈。雅克萨兵日夜候清军来攻,久而不至,乃乘间耕种附近土地,增筑旧日之城堡,更于城外新设木栅置哨兵五人于昂古黑河山颠,朝夕瞭望。是时、独布尔斯科方面,有普鲁士贵族阿叶耐霸伊通者,以流放来西伯利亚,闻雅克萨危急、乃募某哥萨克兵六百人,自率领往援之。同时,叶尼塞斯克亦应雅克萨之请,输兵送粮,络绎于道,雅克萨守兵闻之,勇气倍增。会岁暮天寒,冰雪载道,清俄两军议各自坚守,养精蓄锐,以待来年之决战。

一六八五年正月,清廷命都统彭春等督兵赴瑷珲,与萨布素协力进剿。雅克萨争夺战于以开始。其战况可分为三阶段述之:

一、雅克萨之陷落　一六八五年六月二十二日,萨布素、彭春等以水陆军一万八千人,野战炮百五十门,攻城四十门进迫雅克萨。二十三日致书守将土耳波金(Alexei Tolbnsin)劝之投降,不应。二十四日,乃分兵两路,列炮攻城,城兵死战,防御甚方。惟壁垒渐毁,死伤渐众。城中僧人懿尔摩额手捧十字架,高呼上帝,挺身励众。既而内鉴于粮食将尽,外顾则援兵未临,乃劝土耳波金退往尼布楚。二十六日,遣使往城外约降,并请收兵还尼布楚,清将许之。即于是日出城返尼布楚,部将巴什里等四十人不欲归去,降于清军。清兵乃焚烧雅克萨,奏凯而回。移瑷珲城于黑龙江右岸三哩之下,留副都统温岱纳秦,以兵二千守城。别遣马喇督五百人,司屯田耕种,以裕军食。萨布素则驻扎于新筑之墨尔根城,总揽黑龙江全境之兵务。

二、俄人再建雅克萨　土耳波金离雅克萨,行未一日,途遇尼布楚兵百人,挟大炮五门,小铳三百支来援,且告以霸伊通已达尼布楚,数日之间,必来救援,谓其弃城而遁,良为失策。然已后悔无及,不得已仍偕返尼布楚。长官波拉速夫性豪宕不羁,以雅克萨之败为莫大耻辱。旋派兵七十名探清军之动静。既而见清兵远去,四野萧条,乃复遣土耳波金及霸伊通率兵七百余人,再占雅克萨,重筑城垒,以木夹造之,实以草根泥土,涂以土沙,宽二丈八尺,高二丈,三面绕之以壕,壕外设木椿鹿角。一面派人整理营舍,部置农事,为持久计。此次计有兵七百三十六人,野战炮八门,臼炮一门,炸弹大小五百个,军容较前为盛。

三、清兵再攻雅克萨　俄兵之再来,未久即报达清廷,康熙帝大为震怒。一六八六年三月,清帝命萨布素增修船舰,亲率兵士,往驻瑷珲,一俟冰解,即发乌喇宁古塔兵前往剿荡。五月,以兵部副都统郎谈,班达尔沙,马喇等熟谙黑龙江地理,命赴瑷珲参赞军务。七月六日,萨布素等率陆军三千,舟师一百五十艘,进迫雅克萨,刘其田穀,夺其船舶,筑营于雅克萨对岸岛上,及额尔古纳河两岸。三处之兵,与雅克萨相距,近者仅四百码,若自炮台计之,最前哨仅及六十码。既而两军相攻,炮战八旬,至九月一日,清军奋勇肉薄城下,欲一举拔之,忽被城兵逆袭,杀伤无算。然是月土耳波金中弹重伤殒命,霸伊通代之。是时城中疾疫流行死亡相继,迄于十月,能站者仅百五十人而已。城中战气弥坚,清兵屡以箭射书入城,劝使投降,顽强不应,而密遣人往尼布楚乞援,未应,城危在旦夕。会清、俄两政府,缔结尼布楚和约,清帝敕令休战,始解雅克萨之围。次年清兵全行撤去。

第三节 尼布楚条约

先是俄帝亚历克士于一六七六年崩逝,国内分为王党与独立党二派,互相倾轧。嗣王菲荷笃儿,与土波两国失和,边衅迭起。至一六八三年,俄帝彼得大帝即位,其姐苏菲亚专权自恣,以战地辽远,不能应缓急,故欲与中国议和。会一六八六年,康熙帝介荷兰人致书俄皇论曲直。俄亦连发两使至北京。称:"中国数赠书本国,无能通者。今已知边人构衅。可即遣使臣前来定界,请失释雅克萨之围。"康熙帝许之,故敕令萨布素退军。

一、两国议和使节之出发 西元一六八六年,俄国特命全权公使陆军大将哥罗温(The odor Alexeumich Golowin)、尼布楚知事波拉速夫(Ivan Zin Wlasoff)及秘书官科里茨克(Semon Kormitski)以莫斯科兵五百及西伯利亚兵一千四百为护卫,向黑龙江出发,临行训令要旨:1. 以黑龙江为两国境界,不得已时让至结雅河。2. 境界不能划定时,此等地方须开贸易。3. 如中国态度强硬,一切俟异日解决。启程之前,先令洛经罗夫(IvanLoginov)赴清廷报告启程日期。及一六八七年夏,哥罗温抵色楞格斯克,又遣使赴北京,报告到达日期。

一六八八年五月清廷特派全权大臣内大臣索额图、都统公国舅佟国纲,尚书阿午尼,左都御史马齐护军统领马喇,督补理事官张鹏翮,率通译官宣教师徐日昇、张诚及骑兵一千人,往色楞格斯克议界。临行训谕:"初议可主张以尼布楚为界,极端时可定以额尔古纳河。"索额图等启行,逾月至喀尔喀界,会准噶尔与喀尔喀构兵,道阻不能通,乃遣人与俄使约改期而还。

二、两国使节之会议　一六八九年,俄使哥罗温复遣使至北京,告称已由色棱格斯克赴尼布楚。康熙复命索额图等往就之。同时命瑷珲都统郎谈发一万兵向尼布楚为索额图后援。六月四日,清使达尼布楚,列阵于席尔加河畔,军容甚盛,俄气大阻。七月三日,俄使始来,乃定是月七日为会见之期。

第一次会议,俄使清以黑龙江为两国境界,彼此不得相侵。清使拒之。清使主张俄国宜将雅克萨、尼布楚、色楞斯格克等处,及其全体属地,交还清廷。俄使不应。等二次会议,清使让步,许以尼布楚及色楞格斯克界俄,但以不驻兵为条件。俄使仍主以黑龙江为界。清使大怒,离席而去。尔后遂不开会议,专赖二宣教师之幹旋。索额图最后主张以额尔古纳河与外兴安岭为界,俄使仍不应。索额图即停止谈判,大整军备,将围尼布楚。俄使不得已承认之。

三、条约之交换　一六八九年九月七日(康熙二十八年七月廿三日),清使臣索额图,率骑兵一千五百名,随员数十名,赴条约交换处,旌旗蔽日,金鼓震天。俄使哥罗温亦率步兵三百人前来。按席坐定,两国使节,各展约文,署名盖印,誓不背约,然后交换,既毕,握手为欢,以表友谊,并各赠礼物,以资纪念。交换之条约,分书满汉俄及拉丁四种文字,共六项,内容如下:1. 将由北流入黑龙江之绰尔纳河,即乌伦木河相近,格尔必齐河为界。循绰尔纳河上流不毛之地,由大兴安岭以至于海。凡山南一带,流入黑龙江之溪河,尽属中国,山北一带之溪河尽属俄罗斯。乌地河以南,兴安岭以北,中间所有地方河道,暂行存放,俟各还国查明后,或遣使,或行文,再行定议。2. 将流入黑龙江之额尔古纳河为界,河之南岸属中国,北岸属于俄罗斯,其南岸之眉勒尔客河口,所有俄罗斯房舍,应移至北岸。3. 将雅克萨地方,俄罗斯所修之城,尽行除毁。雅克萨所居俄罗斯人民及诸物,尽行撤往察汉汗之地。4. 凡猎户人等,断不许越界,如有一二小人,擅自越界,捕猎偷盗者,即行擒拿,送各地方该管官照所犯轻重处罚。或十人或十五人相聚持械捕猎、杀人掠抢者,即行正法,不以小故,沮坏大事,仍以中国和好,毋起事端。5. 从前一切旧事不议外,中国所有俄人,俄国所有华人,仍留不必遣还。嗣后有逃亡者,不许收留,即行送还。6. 今既永相和好,以后一切行旅,有准令往来文票者,许其贸易不禁。

参考书目

1. Coher G.：Histoire des Relations de al Russie Avec la Chine Sous Pierre le Grand Paris 1912.

2. Golder, F. A.：Russian Expansion on the Pacific 1640－1850, London,1093.

3. Mccormick, F.：The Tragedy of Russia in Pacific Asia, N. Y,1907.

4. Ravenstein,E. G.：The Russians on the Amur,London,1861.

5. Simpson,B. L.：Manchnd Muscovite,London,1904.

6. 稻叶君山,《清朝全史》卷上,但焘译,中华书局出版.

第四章　恰克图条约

第一节　中俄通商

俄国人与中国人军事上政治上之交涉,虽始于一六八九年之尼布楚条约,但商业上外交上之交往,则远在百年以前。西元一五六七年(明隆庆元年),俄国派遣使臣彼得罗夫(Petroff)与亚力息夫(Yazzysheff)来中国,因未带贡物,不许朝见。一六一九年(万历四十七年)另派彼提林(Evashko Pettlin)来华,仍以无贡物,未得朝见。此时通木斯克、叶克塞

斯克诸地长官,始注意通商于中国,于一六五三年第三次派贝科夫
(Baikoff)来中国,适与荷兰使臣戈叶尔(Goyer)、开塞尔(Keyzer)同时。
荷兰使臣呈献贡物,并以三跪九叩首礼见。俄使独峻拒,遂不得见。此
后一六五八、一六七二与一六七七年,皆有骆驼队商来,清廷目为朝贡
使,勒令行三跪九叩首朝见,否则却之;至其所携货物,则许其自由买卖。
一六七五年,受俄国使臣之命而至北京之斯宾塞来(Nicholas Spathery)
乃一荷兰商人,谓俄国僻处远方,不谙中华礼教,数次输诚,每多阙失,良
非得已。于是康熙帝特许陛见,赏赐甚厚,并允许通商,惟无条约。

　　一六八九年,尼布楚条约既结,其第六条内称:"以后一切行旅,有准
令往来文票者,许其贸易不禁。"似已许之通商。但实际则未获施行,而
东北及蒙古边境两国之非正式商务已繁,且有蒸蒸日上之势。皇帝彼得
乃于一六九二年,派遣德人伊德司(Everard Ysbrandt Ides),照尼布楚条
约所载,率俄国商队至北京请许其自由通商。伊德司于一六九二年出
发,历一年又八个月,始与随从九十人抵达北京(一六九三年十一月)。
因奏表体裁不合,几遭拒绝,卒行三跪九叩首礼,始乃许其买卖货物。尔
后准俄罗斯人每三年一次至北京,寓俄罗斯馆,居留时以八十日为限。
由是俄国政府乃有派遣商队往北京之权。俄人亦以通商获利,大为欣
慰。惟此种商队,清廷目为贡使,受理藩院之管辖。

　　外蒙古喀尔喀土谢图汗部与西北利亚接壤,亦于土拉河色楞格河
岸,岁一开市,互为通商。清廷任土谢图汗自行管理,不设官监督,故至
通商时,两国人民丛集,极为纷扰。同时俄人又有以皮毛贸易为名,在雅
克萨建筑炮台,潜据要害之事,康熙帝一面派蒙古人围雅克萨,三年陷
之;一面对于北京及国境之贸易,加以种种限制,两国之贸易遂悉陷于停
顿。一七一九年,俄皇彼得为画定两国境界,确定两国通商事宜,特派伊
斯马罗夫(Leoff Ismayloff)往北京,其随员中有瑞典医生特兰克(Dr
Lange)及英人贝尔(John Bell)。以其遵从中国礼俗,极蒙康熙帝优待,
惟修正条约之事,则未置可否。外蒙贸易亦未弛禁。伊斯马罗夫乃留特
兰克为外交办事官,而自返俄罗斯。特兰克在北京屡次要求通商,皆遭

拒绝,最后且被放逐。至一七二二年,北京外蒙之通商,尽行停止。

第二节　恰克图条约

一七二二年,康熙帝崩,雍正帝即位。越三年,彼得大帝亦崩,皇后喀他邻第一即位。遣维拉狄斯拉维其(Savg Vladislavich)为大使,至北京,除要求通商之外,并请画定蒙古与西伯利亚之疆界。中国亦认北方有画界之必要,特命郡王策凌,内大臣四格,理藩院尚书图理琛为全权大臣,于北京举行谈判。既而雍正帝不欲俄使在辇下协议,中途命往国境布拉河上举行,遂缔结恰克图条约,时在西历一七二七年八月二十七日,即雍正五年九月初七日。

恰克图条约,其要点如左:1. 自议定之日起,两国各自严管所属之人。2. 嗣后逃犯,两边皆不容隐,必须严行查拿,各自送交驻扎疆界之人。3. 于恰克圖小河沟俄国卡伦与鄂尔怀图山中国卡伦之中央地方,建立鄂博,作为两国贸易疆界地方。由此地起,迤东至额尔古纳河,迤西至沙毕讷伊岭,其间如有山台干河,以之为界,空旷之地,从中平分,设立鄂博为界,阳面作为中国,阴面作为俄国。计西方设立鄂博二十四处,东方设立鄂博四十八处。4. 贸易人数仍照原定,不得过二百人,每三年进京一次。疆界之间零星贸易亦毋庸取税。但只准依正道行走,如绕他道者,没收其货物。5. 在京之俄馆,准许来京之俄人居住,俄使得造庙宇,中国予以协助,内住僧侣一人至四人。俄人得照依规矩,礼拜诵经,不加禁止。6. 乌得河地方作为两国公有,彼此不得占据。7. 两国头人,凡事秉公迅速完结,倘有怀私诱卸贪婪者,各按国法治罪。8. 两国所遣送文之人,既因事务紧要,不得稍有躭延推诿,否则暂行停商。

此外又约定以后两国文书,彼此不用皇帝之名,中国以理藩院,俄国以元老院之名行之。此条约维持中、俄国交者,垂一百二十年。自此内地商民运烟茶缎匹杂货往库伦、恰克图贸易者,日益增盛。俄之贸易,则茶叶输入增加,羽纱输出增加,皮毛输出减少,因此北京贸易减退。一七三七年,监督俄馆御史赫庆奏请停止北京贸易,令统归于恰克图。于是恰克图贸易益盛,为漠北繁富之区。政府初仅令土谢图郡亲王台吉等董理其事;至一七六二年,始设库伦办事大臣二人,专理边务。凡中、俄交涉悉归该大臣负责。而俄人之在北京者,仅僧侣及学生两种人,从事宗教与文化活动而已。

第三节　恰克图商约

恰克图贸易发达后,不免时有纠纷。一七六四年,以俄人渝约,私课货税,又因边人互失马匹,俄人辄以少报多,往往逾千,移文责偿,稽查困难;清高宗乃命封锁恰克图市场。时办事大臣与土谢图郡王舞弊,私与交易,高宗震怒。明年,削土谢图郡王爵,诛办事大臣,励行闭关。一七六八年,新办事大臣庆桂以俄人恭顺情形入奏,上命理藩院与俄全权大使修正恰克图条约,严定返还罪人,惩治盗贼,始许互市如初。一七七九年,以俄边吏庇护罪人,不即会审之故,饬令闭关者年余。一七八五年,以俄人入边劫掠之故,又饬令闭关者七年。一七九二年,办事大臣再报俄人诚实改过,再四哀请,高宗遂命与俄官订恰克图互市条约五款,其全文如下:1. 恰克图互市于中国初无利益,大皇帝普爱众生,不忍尔国小民困苦,又因尔元老院衙门吁请,是以允行。若再失和,罔希冀开市。2. 中国与尔国货物原系两边商人自行定价。尔国商人应由尔国严加管束,彼此货物交易后,各令不爽约期,那时归结,勿令负欠,致启争端。3. 今尔国守边官皆恭顺知礼,我游牧官群相称好,若尔从前守边皆能如此,又何致数次失和,以致绝市乎?嗣后尔守边官当慎选贤能,与我国游牧官逊顺相接。4. 恰克图以西数卡伦,尔之布哩雅特,哈哩雅特不法,致有入边劫掠之事。今尔国当严加约束,杜其盗窃。5. 此次通市,一切仍照旧章,已颁行尔元老院衙门矣。两边民人交涉事件,各就近查验,缉获罪犯,会同边界官员审讯明确后,本处属下人由本处治罪,尔处属下人,由尔处治罪,各行文知照示众。其盗窃之物或一倍或几倍罚赔,一切皆照旧例办理。

条约订定后,库伦办事大臣松筠以俄人感激皇仁倍申诚敬入奏,遂以同年夏季开市。不久,高宗又谕诫办事大臣勿歧视内外商贩,致启争端。松筠因谕饬商民,严禁重利赊买之习。又议改良外交文书,务以公诚信义为主。因之两国商民,得保和平互市,直至于清季之世焉。

参考书目

1. Morse:International Relations of the Chinese Empire,Vol I.

2. Ides:The Three years' Tand Travel from Moscow to China, London,1705.

3. Timkowski:Travels of the Russian Mission.

4. John Bell:Travels from st. Petersberg in Russian to Diveke Parts of China Through Mongolia to china 1820 – 21,London,1827.

5. Tu-li-shin:Narrative of the Chinese Embassy to the khan of the Tourgouth Tartars in the year 1712 – 15,London,1821.

6. 稻叶君山:《清朝全史》卷上.

7. 白眉初:《民国地志》总论之部.

8.《不平等条约全案恰克图条约》.

9. 刘彦:《中国近时外交史》.

第五章　俄人之侵略阿穆尔省及东海滨省

第一节　俄人三下黑龙江

俄人初志原欲下黑龙江出太平洋。尼布楚之役横遭挫折,将数十年经营黑龙江之事业尽付东流,此全国上下引为痛心者也。俄女皇伊利萨伯在位时(一七四二至一七六二)以堪察加人口增加,欲开黑龙江航路,便利交通,卒因恐启战衅而止。喀他邻第二之世(一七六二至一七九六)继承历代遗志,于黑龙江附近殖民,且从事测量。高宗遣使诘责,告以将杜绝恰克图贸易,其计画遂暂停止。亚历山大第一即位(一八〇一至一八二五),首遣哥罗金(Count Goloykin)于一八〇五年出使中国,仅至边境,因不肯向帝位叩首,不许入境。次年,俄船二艘驶至广东通商,清帝以俄已有陆路通商之使,不许再来海上,严加禁止。尼古拉斯第一继立(一八二五至一八五五),多放罪犯及谋逆贵族于西伯利亚。恢复黑龙江之口号,一时甚嚣尘上。会当鸦片战争之后,五口通商,各国在太平洋上均沾利益,尤予以莫大之刺激。

一八四七年九月六日,尼古拉斯路过杜拉州(Tula)特召知事穆拉维夫(Muravev)来见。穆氏年三十八岁,历有军功,素抱大志,面陈开发西伯利亚之利,当即任为西伯利亚总督,负开发之伟大责任。此事于西伯利亚开发史上,中俄外交史上,另辟一新纪元,乃远东最有关系之举也。穆于赴莫斯科旅途中,遇海军将官勒维斯科(Nevelskoy),引为同志,以后得其助力极多。时俄海军部方欲于鄂霍次克海南端佟家河上(Tungar)觅一根据地。穆氏建议不如遣勒维斯科探险黑龙江,或能得一较优之所。一八四九年,勒维斯科率船探险黑龙江口,深入鞑靼海峡,发见库页岛。又测得黑龙江口,可容吃水十五呎之大船,大喜。更自黑龙江口上溯二十五俄里,建一基地,树俄国旗,占领之,命名为尼古拉维斯克(Nikolaevsk)。留兵驻守,而自归伊尔库次克,报命于总督穆拉维夫,穆氏大喜,转奏俄皇,俄皇交东方委员会议处。该会反对勒维斯科之非法举动,以为可以引起中、俄之纠纷,并有损俄国之体面,主张立时撤退,穆氏抗议无效。该会奏请俄皇处决,俄皇同情于穆拉维夫,乃曰:"俄国之旗,一经树立,不可再下。"但仍恐中国反对,乃以一照会通知中国云:"俄美公司以事业之便利,于黑龙江上筑一房舍,以军舰一艘守之,以备他国侵入。"中国政府坠其计,以为细节,未与抗议。

穆拉维夫知欲开发西伯利亚,非有武力后盾不为功。乃将从前编成之哥萨克军队与通古斯旗布哩雅特旗之军队,合为骑兵。另将尼布楚附近农夫,编为步兵,共十二大队,每队千人。西伯利亚之军备为之一新。同时,勒维斯科更鼓其余勇,于一八五二年采险库页岛,占领德加斯崔及克基两地,建营过冬。次年,改为亚历山大罗夫斯克(Alexandrovsk)及马林斯克（Marunsk），于是库页岛鞑靼海峡与黑龙江下游之地，悉入于俄。

一、初下黑龙江 一八五四年克里米战事发生，穆氏上书，痛论东方防御之必要，尼古拉斯特予以处置远东问题全权，并得随时与中国政府直接谈判。穆氏即发表航行黑龙江之命令。四月，致书北京，称："俄国现与英、法、土诸国交战，为防卫太平洋之俄国领土，由黑龙江通航，输送兵士与粮食，须与贵国定边界，请派大使会议。"使者至恰克图，未得通报，穆氏恐迁延时日，决计自由通航。五月十四日，率步兵八百人，哥萨克一队，山炮一队，军舰一艘（S. S. Argun），轻舸七十五艘，满载粮食，于十八日，驶入黑龙江，二十日过雅克萨，凭吊古迹，二十八日，将达瑷珲，先遣使告瑷珲副都统以东下黑龙江之意。都统见大军到临，惶恐殊甚，默许其通过。六月二日，过松花江口；五日，达乌苏里江口；十二日，抵马林斯克。至此上陆，视察鄂霍次克沿岸各要塞，多分配守备兵，并特别注重彼得拔甫诺夫斯克（Petropavlovsk），以备英法联军之攻击。布置既定，会中国覆书至，穆氏约以来年会商。八月，遄返伊尔库次克城。

二、二下黑龙江 穆氏去后，英法联合舰队果来攻彼得拔甫诺夫斯克城，俄兵苦战却之。时俄在欧洲方遭败衄，闻远东胜利，大为兴奋。一八五五年五月，穆氏率兵三千人，分为三队，第一队二十六艘，第二队五十二艘，第三队三十五艘，以次进发，为第二次直下黑龙江之壮举。航行数日，遇我国画界大臣于途中，约以在黑龙江口会晤。又数日，至瑷珲，告副都统曰："本将军为防备黑龙江英、法之攻击，率船百二十余艘，载马三百头，牛羊三百头，男女八千人，大炮小铳与其他军备，下本江，愿勿遮碍。"都统不敢阻拦，穆氏遂安抵马林斯克，自任海陆两军指挥官，以勒维斯科为参谋长。同时定黑龙江右岸四部落及左岸一部落为殖民地，使新移民住之。远东之英、法联合海军，屡出入鄂霍次克海，卒因缺乏地理知识，未敢逼近，俄人毫未被害。九月八日，中国画界大臣至马林斯克，与穆谈判，不得要领，谈判中辍。穆氏乃于尼古拉维斯克建炮台三座。十二月，归伊尔库次克。

三、三下黑龙江　未几,尼古拉斯第一崩,亚历山大第二即位。穆氏乃委任哥尔萨哥夫(Korsakov)以三下黑龙江之重任,而自归圣彼得堡。一八五六年五月,哥尔萨哥夫准备成熟,亲率大小船只一百十艘,士卒一千六百六十名,航行黑龙江上。于黑龙江左岸地建设屯营四所,各置二十四至五十名之守兵防御之。于是黑龙江左岸全入于俄。时穆拉维夫在俄京,奏请于堪察加半岛、鄂霍次克海沿岸及黑龙江口地方,设东海滨行政区。自是之后,黑龙江下流,俄人始公认为其所有领土。

第二节　瑷珲条约

一八五七年,穆拉维夫回至东方,即着手远征准备。此次同来之移民颇多,然仍感人数缺乏。乃释放囚犯千余人,使改过自新,前往开发极东,为国家效力。有眷属者并携带同行,无眷属者则令自行择配。感于妇女之缺乏,又释放女囚百人,与男囚互相婚配,在河边举行集团结婚,穆氏为之证婚,兼为祝福。

会英、法两国因罗渣亚罗轮船事件,及广西西林杀戮法传教士事件,合兵与中国开战,吁请俄、美两国合作。俄国乃派布迪廷(Putiatin)为公使,与中国协议国境及通商事宜。穆拉维夫派亲兵送至赤塔,兼命居民举灯鸣炮,军队游行,以示隆重。中国官吏不为动,及布迪廷至恰克图,欲由蒙古赴北京。边吏告之曰:"中国目前,无特殊事件与俄国讨论,贵公使毋庸前往北京。"布氏大怒,电俄国外部,请以武力占据瑷珲,外部拒之。布、穆两氏旋即联袂东下,至瑷珲,布又劝穆实行占领。穆不从。布乃商请瑷珲都统,许其由东三省入北京,都统以未得上峰训令婉辞之。布迪廷遂下黑龙江,由海道至广东。积恨之余,乃与英、法、美三国公使,联名致书大学士裕诚,请中国派全权大臣至上海,与各国议善后事宜。中国政府答书称:"英、法、美三国交涉事,由广东总督办理。俄国交涉事由黑龙江办事大臣办理。"布氏不得要领,乃与三国公使,同赴上海,以觇机会。

穆拉维夫与布迪廷分别后,即于黑龙江左岸,扩张殖民地带,兼筑多

217

数营舍。中国政府遣使谴责，穆以"俄公使在上海一切可与协商"答之，侵略工事，仍进行不息。此时中国内有太平天国之乱，外有英法联军之役，无暇兼顾东北，俄人遂得为所欲为。一八五八年，穆氏知中国政府有"俄国交涉事由黑龙江办事大臣办理"之议，乃先移哥萨克兵一万二千名于黑龙江口，次遣使告黑龙江将军弈山曰："总督以紧急要事归本国，将过瑷珲。贵国若欲以境界事件与总督商议，可就归途之便。但总督以急遽，亦不切望协商。"穆氏之布置异常周密，态度则极其妙巧。中国贸贸然不知其计，遽命弈山为全权大臣，迎穆氏至瑷珲会议。俄历五月十一日，谈判开始。穆以黑龙江为俄国战胜英、法所获之领土，主张以黑龙江为两国境界。提出预定草案六条，迫弈山承认。次日，穆氏托病不出，由翻译官伯罗代理，严责中国不守信用，破坏条约，及侮辱俄国代表。最后一项系指对布迪廷之屡次拒绝入境而言。并谓："中、俄两国所以不至破坏和好者，胥以俄皇大度宽容之故。一六八九年之尼布楚条约，实中国以大军压迫，并非双方同意之约。且首先破约者，实为中国，征域外土人之贡税，烧俄人之工厂，破俄人之商馆，晚近复阻俄国大使之通行，其暴状久为俄国所难容，愿速了解，以免破裂。"弈山非外交家，不知国际公法为何物，兼无武力为后盾，勉强支持。经六日之交涉，遂于一八五八年俄历五月十六日，结瑷珲条约（西历应为五月二十九日）。其条文为：1. 黑龙江、松花江左岸，由额尔古纳河至松花江口，作为俄罗斯国所属之地，右岸顺江流至乌苏里河，作为大清国所属之地。由乌苏里河往彼至海所有之地，作为两国共管。黑龙江、松花江、乌苏里河，只准中俄两国船舶行走。其他外国船只，不准由此河行走。黑龙江左岸，由精奇里河以南至豁尔莫勒津屯原住之中国人等，照旧准其各在所驻屯中，永远居住。仍着中国官管理，俄人不得侵犯。2. 两国所属之人，互相取利。乌苏里河、黑龙江、松花江居住两国所属之人，令其一同交易。官员等在两岸，照看两国贸易之人。3. 俄国穆拉维夫，中国弈山会同议定之条，永远遵行勿替。穆用俄罗斯文满文缮写，亲自画押，交与弈山。弈山用满文蒙文缮写，亲自画押，交与穆拉维夫。再依照此文公布，晓谕两国交界上人等知照。

此约由弈山之手,将尼布楚条约血汗换来之外兴安岭以南、黑龙江以北之广大区域,割让与俄,至恰克图条约所规定乌得河流域共管之区,更勿论矣。且乌苏里河以东之广大区域,俄国毫未经营,不折一兵,不费一矢,垂手而得共管之利,其故更不可解。加之本约所指松花江通航,本谓黑龙江下流,俄人则谓横贯东三省之内河,颇增纠葛。庸臣误国,其弈山之谓也。明年,俄人以海参威为太平洋海军根据地。又明年,派军舰驻守之。

第三节　天津条约与北京续约

英、法联军之役,俄使布迪廷趁火打劫,与英、法、美三国使臣联名致书中国,要求派全权大臣至上海与各国会议善后事宜。中国以俄人只有陆路通商之权,无权享受五口通商之约,覆称俄国交涉事,由黑龙江办事大臣办理。此事前已言之。

旋各国使臣,对中国之答覆表示不满,次第离上海北上,希望与清廷直接交涉。俄使亦于四月九日乘俄舰赴天津。既至,即与三国使臣采取同一步调。故天津、北京诸约,俄人亦不劳而获,掠取重利。兹分述之如下:

一、天津条约　一八五八年六月十三日,俄使布迪廷援英、法两国之例,与中国代表桂良结天津条约十二条,大旨如下:1. 嗣后两国不必由元老院及理藩院行文,由俄国外务大臣径行文中国军机大臣或特派大学士。其两国中央政府与地方官之一切往来照会,俱按平等礼式。2. 俄国得派遣使臣随时来北京交涉。到达之日,必须以礼貌相待。3. 除从前所定边疆陆路通商外,允俄国得由海路至上海、宁波、福州、厦门、广州(五口)及台湾、琼州七处通商。若别国再有在沿海增添口岸,准俄国一律照办。4. 俄国在中国海口通商各处得设领事官,又得派兵船停泊该处,以资保护。5. 通商各处,中俄两国人民若有事故,中国官员须与俄国领事或代理员会同办理。6. 准俄人得由通商各处进入内地传教。7. 由北京至赤塔间,广设驿站,以通邮传。8. 所有未定疆界,由两国派员秉公查勘。9. 日后中国若有优待他国通商等事,俄国一律享有。

依此条约,俄国得直接与北京政府交涉,得在沿海各埠通商;得自由传教,得派遣公使、领事及派遣军舰护侨;得享受领事裁判权;并得享有最惠国待遇。英、法、美等国求之百年,费尽辛苦而始得之者,俄人乃悉于谈笑间得之,不可谓非意外之收获也。此约之签字,上距瑷珲条约仅十余日耳。布、穆两人,同获胜利,后先相映,愈增异彩。

二、北京续约　一八五八年六月,英、法各派大使至北京换约。俄国亦派伊格勒提夫(Ignatiev)为驻北京公使。路过伊尔库次克,与穆拉维夫会面,共商侵略乌苏里河以东地方之策。两人同行至恰克图,伊由陆路至北京,穆则由水路下黑龙江,穆拉维夫在黑龙江、乌苏里江一带探险,结果发见朝鲜附近一大湾,命名为彼得大帝湾。湾内港口,命名为海参威(即浦盐斯德港),指定为太平洋上海军根据地。翌年六月,复派军舰驻扎,对于附近地方之波斯得港,同时加以占领。

伊格勒提夫至北京之后,值我国与英、法再开战衅。联军陷北京,焚圆明园。文宗狩热河,北京陷于无政府状态。恭亲王年少,不敢任和局,联军急于觅得谈判对象。伊乘机一面劝英、法勿为已甚,一面劝恭亲王出主和议,而力保其无他。恭亲王始与英、法大使会议于俄使馆附近之礼部衙门,订北京和约,大难始平。联军退出北京之后,伊氏乘我政府有感谢之情,要求将自乌苏里河以东至海两国共管之地,割让于俄,以为酬劳。恭亲王不能拒,于一八六〇年十一月十四日,结北京续约十五条。其重要条件如左:1. 两国沿乌苏里河、松阿察河、兴凯湖、白琳河、湖布图河、珲春河、图们江为界,以东为俄国领地,以西为中国领地。2. 西疆未勘定之界,此后应顺山岭大河及中国常驻卡伦等处,立标为界。自雍正五年(一七二七)所立沙宾达巴哈之界碑末处起,往西直至斋桑泊。自此往西南,顺天山之特穆尔图湖,南至敖罕边境为界。3. 俄商由恰克图到北京,经过之库伦、张家口地方,亦准为零星贸易,许俄国于库伦设领事官一员管理之。4. 中国许开放喀什噶尔,照伊犁、塔尔巴哈台试行贸易之例，一律办理。

此约不仅增加新、蒙一带未来无穷之忧，并举乌苏里河以东九十三万三千方哩之地，全行让与俄国。于是穆拉维夫十余年侵略中国之美梦，完全实现。俄人不交一兵，不折一矢，谈笑之间，垂手而得两省之地，中国则日蹙百里，回首尼布楚，恰克图两约之盛，俨如隔世。此约结后不久，俄人即将黑龙江以北地方画为阿穆尔省，乌苏里河以东地方划为东海滨省，统归西伯利亚总督管辖。西伯利亚遂南以日本海为界。俄人东方之窗户，至是洞开。

参考书目

1. Vladimin：Russia on the Pacific and the Siberian Railway, London，1899.

2. R. M. Martin：China，Political Bommercial Social.

3. M. C. Bau：The Foreign Relations of China，N. Y. ，1921.

4. Chanping：Siberia's Untouched Treasure，London，1923.

5. 刘彦：《中国近时外交史》.

第六章 俄人侵略东三省

第一节 中俄密约

西伯利亚，藏蕴虽富，然土地辽阔，人烟稀少，气候寒冷，交通阻绝。欲开发西伯利亚，必须使其西通欧俄，以出波罗的海，东通东三省，以出太平洋，然后有利可图。故发展交通，为发展西伯利亚之先决问题。

西伯利亚交通，最初陆运概用马车及橇，水运则恃帆船。一八四二年，始行汽船于俄毕河；以后次第行驶于贝加尔湖及黑龙江。然上述交通，或则力量微小，或则通航有限，不便殊甚。欲求运输之便利，必须修一铁路，由欧洲横贯西伯利亚，以出太平洋，然后俄国本部与远东之海口,始得联络一气。

维特(Witte)者,俄国之大政治家大外交家也。一八九〇年,任俄国财政部中之铁道处长;一八九二年,擢为交通部长;明年,调财政部长,继续十年。维特力主俄罗斯工业化,并大借外债,以发展帝俄交通。西伯利亚铁道之修筑,即由其所提倡。一八九一年,密尔斯克与海参威相继兴工,俄国皇太子亲临行,动土礼,其重视此铁路可知。

所谓西伯利亚铁道,实合五铁道而成立之一大系统,即:一、西伯利亚本线,长三、〇四八俄里,一八九一年开工,一八九八年完工;二、后贝加尔铁道,长一八五五俄里,一八九五年开工,一九〇〇年完工;三、东清铁道,长一、六一三俄里,一八九八年开工,一九〇三年完工;四、乌苏里铁道,长九一八俄里,一八九一年开工,一八九六年完工;五、黑龙江铁道,长一、〇七一俄里,一九〇八年开工,一九一七年完工。五铁道共长八千五百零五俄里,建筑时期前后达十七年之久,可谓壮举矣。

西伯利亚铁道系统中所包之五铁道,其与我国关系最密切者,即东清铁道,亦称中东铁路。俄人最初所定铁道计画,本全在中国国境以外。但以沿黑龙江之线,迂远而工程艰巨,不若东清铁道线之平坦直捷,乃谋修筑东清铁道,假道吾国,以达海参威。会一八九五年,中日发生战争,中国战败,与日本订立马关条约,将辽东半岛割让日本。俄以太平洋方面,原有之海军根据地海参威,长期结冰,又易为日本海军所威胁,多感不便,早有经营旅顺、大连之意。今见忽为日本所先得,极为失望。于是不惜联络法、德二国,实行干涉,劝告日本退还辽东半岛。日本以战后财政亏竭,武力销耗,不能再当强敌,遂允将辽东半岛归还,而由中国以库平银三千万两,报酬日本。

俄人于还辽问题解决后,仅半月,即派员分往东三省,查勘修接铁道事宜。此项查勘共分四起,两起由乌苏里交界之三岔口起程,其他两起则由黑龙江省交界之粗鲁海图下起程。其心目中,已将东三省视为外府矣。

一八九六年五月二十六日,俄皇尼古拉斯第二举行加冕典礼。其前一年冬,中国已接得通知,决定派王之春为专使,前往致贺。俄财政部长维特及驻华公使喀西尼,以王之春位卑望轻,不足当此重任,运动改派李鸿章前往。时李鸿章以平发平捻诸役,积功位至北洋大臣,为中国第一重要人物。俄人拟乘此机会,向中国大索还辽报酬,解决东省借地筑路问题。

李鸿章于一八九六年二月奉到上谕,被派为钦差头等出使大臣,前往俄国致贺俄皇加冕。起程之前,曾与喀西尼密议数次。当时中国亲俄论正炽,李氏威望隆重,中外新闻记者揣摩推测,以为其间必有神秘。三月六日,上海《字林西报》发表一种中俄密约,后人称之为"喀西尼密约"(Cassin Convention),共十二条,中外报章,竞相登载,据其所载内容如下:一、俄国西伯利亚铁道,得于两端同时兴工,一由海参威续造至中国吉林珲春城,一由俄国某站,续造至中国黑龙江瑷珲城,再延长至齐齐哈尔及吉林省城。二、经过黑、吉两省之铁道,由俄国出资筑造,由俄国管理,中国不得与闻。三十年后,中国得出资赎回。三、中国拟修之山海关至奉天、奉天至吉林铁道,准由俄国出资代造,十年之后,得再赎回。四、自山海关经牛庄、盖平、金州至旅顺之铁道,均应仿造俄轨修筑,以期两国通商之便。五、铁道所经地方,应准俄国专派马步各兵数队,驻扎各要站,以期妥护商务。六、铁道造成后,运货纳税章程照同治元年中俄陆路通商条约完纳。七、黑龙江、吉林、长白山等处地方所产五金诸矿,准俄国及本国商民随时开采。八、东三省之中国军队,应借诸俄国武官训练。九、俄国在亚洲无周年不冻之海口,中国以山东之胶州地方暂行租与俄国,以十五年为限。十、旅顺及大连湾,原系险要之处,中国应允将来永不能让与他国占据。如俄国忽有军务,中国准将此二处暂行让与俄国水陆军营,泊屯于此,以期攻守之便。十一、东三省火车道以及开控五金矿诸务,准予换约后,即便宜施行。俄国官员商民所到之处,中国应格外优待保护。十二、此约批准之后,除旅、大及胶州诸款外,应全行晓谕各地方官遵照。换约以六个月为期,地点另议。

此举世轰传之密约,实出于向壁虚造,中外外交史家已有定论。真正之中俄密约,与此完全不同。真正密约,在当时虽未公布,然十年之后,业已流传人间,时至今日,中俄两国皆已公开承认。故孰真孰伪,毋庸再行讨论。兹将真约缔订之经过及内容,略述如下。

李鸿章以三月十日离天津,经上海、香港、新加坡、苏彝士运河入黑海。四月三十日,抵圣彼得堡。旋晤俄外部,约定五月四日至柴丝毂柏邱行宫,谒见俄皇。四月三十日,抵圣彼得堡。旋晤俄外部,约定五月四日至柴丝毂柏邱行宫,谒见俄皇。初见面,仅呈献礼物,互问安好,并未深谈。次日,维特往访李鸿章,商筑路事。维特告李:"为保持大清帝国完整,须由俄国筑成经过东三省北部而达海参崴之铁道。"李主张:"此项铁路应由中国自办。"维特恐迟缓无成,并以相助为饵。李于是谓维特:"此意若出自俄皇,尚可商量。"维特归,乃力劝俄皇与李面议。于是俄皇乃借验收礼品为名,召令李鸿章密见,令携带李经方传话。俄皇谓:"本国地广人稀,断不侵占他人尺寸土地,中俄交情最密,东省接路,实为将来调兵捷速,中国有事,亦便帮助,非仅利俄。惟由中国自办,恐力不足。或令在沪俄华银行承办,妥立章程,由中国节制,定无流弊。各国多自有此事例,允宜酌办,将来英、日难保不再生事,俄可出力援助。"

李既审知俄皇真意,遂放胆与维特谈判。维特要求借地筑路,李则希望订立攻守同盟。若同盟成立,宿仇可报,则任何牺牲,皆所不惜。顾攻守同盟,非俄所欲,借地筑路,又非中国所欲。李不借路,俄不结盟,俄不结盟,李不借地,此实一最困难最紧张之交涉也。最后两相让步,而成立一妥协大纲:一、中国允许俄国借地筑路,由赤塔横贯东三省直达海参崴。但此铁道须由一私家公司经营。二、中国对此铁道之建筑及经营,不负任何责任,完全由公司自理。三、日本如侵略中国领土或俄属东海滨省时,中俄两国有互相防御之责。

大纲既定,关于条约之草拟,由俄外部大臣罗班诺甫(Prince Lobanov)主持。据维特言,罗氏原稿为一广泛同盟,维特力主限于对日。直至签字之日,原稿未改。及期,即一八九六年六月三日,两造代表群聚一堂,维特始行发现,乃悄呼罗氏外出,诘之。罗氏乃以进午膳为名,导中国代表入他室,即利用进膳时间,将内容改为专门对日。膳后,双方代表,遂签定有关远东大局之第一次中俄密约。此约原为法文,其华文稿如下:

大清国大皇帝陛下暨大俄国大皇帝陛下,因欲保守东方现在和局,不使日后别国再有侵占亚洲土地之事,决计订立御敌互相援助条约。是以大清国大皇帝特派大清国钦差头等大臣太子太傅文华殿大学士一等肃毅伯爵北洋大臣李鸿章,大俄国大皇帝特派大俄国钦差全权大臣外部尚书内阁大臣实任枢密院大臣王爵罗班诺甫,大俄国钦差全权大臣户部尚书内阁大臣枢密院大臣维特,为全权大臣,即将全权文凭互换校阅,均属如式。立定条约如左:

计 开

第一款 日本国如侵占俄国亚洲东方土地,或中国土地,或朝鲜土地,即牵碍此约,应立即照约办理。如有此事,两国约明;应将所有水陆各军,届时所能调遣者,尽行派出,互相援助。至军火粮食,亦尽力互相接济。

第二款 中、俄两国既经协力御敌,非由两国公商,一国不能独自与敌议立和约。

第三款 当开战时,如遇紧要之事,中国所有口岸均准俄国兵船驶入。如有所需,地方官应尽力帮助。

第四款 今俄国为将来转运俄兵御敌,并接济军火粮食,以期妥速起见,中国国家允于中国黑龙江、吉林地方,接造铁路,以达海参崴。惟此项接造铁路之事,不得藉端侵占中国土地,亦不得有碍大清国大皇帝应有权利。其事可由中国国家交华俄银行,承办经理。至合同条款,由中国驻俄使臣,与银行就近商订。

第五款 俄国于第一款御敌时,可用第四款所开之铁路运兵、运粮、运械。平常无事,俄国亦可在此铁路运过境之兵粮;除因转运暂停外,不得借他故停留。

第六款　此约由第四款合同批准举行之日算起照办,以十五年为限。届期六个月以前,由两国再商办展限。

专　条

两国全权大臣议定:本月中、俄两国所订之约,应备汉文法文约本两份,画押盖印为凭。所有汉文法文,校对无讹,遇有讲论,以法文为证。

光绪二十二年四月二十二日,俄历一八九六年五月二十二日,订于莫斯科。

李鸿章、罗班诺甫、维特签名。

自此约订定后,李鸿章即漫游欧洲,绕道美国而返。时张之洞、李秉衡反对联俄,慈禧太后亦不甚积极,故约文并未正式批准。但约中所举华俄银行及中东铁路于次年即行成立,中国实际上等于默认也。及庚子之乱,俄国出兵占领东三省,约文遂被完全撕破。至一九一〇年,约文始渐暴露。一九二一年华府会议,中国政府并公布节略。迄于今日,全文亦通行于世矣。

第二节　华俄道胜银行与东清铁道

中日战争而后,中国因赔偿问题,需款孔急,法、俄、英、德皆欲贷款于我,藉以伸张其经济势力。计法、俄所贷与中国者,为四万万金佛郎,以中国关税为担保。此款虽由俄政府经手,实完全出自法国。为应法国之要求,以及将来之需要,维特乃于一八九五年十二月二十二日成立华俄道胜银行,专以经营远东业务为目的。

一八九六年李鸿章使俄之日,华俄道胜银行原已成立,并于中国上海方面有相当业务。因东清铁道之修筑,李氏力主由私家机关办理,俄人乃加紧该银行之机构,推广其业务,以满足中国之要求。普通外交史谓该行成立于中俄密约以后者,实误。惟中俄密约成立后不久,俄国派邬多穆斯克亲王(Oukhtomski)来北京报聘,多携珍贵品物,朝廷亲贵,皆有所贡献。及提议推广华俄道胜银行营业之事,各方皆予赞助。清廷并于同年(光绪二十二年、西一八九六年)九月初八日命驻俄公使许景澄与俄国结华俄道胜银行契约,其要点如左:1. 中国政府,出库平银五百万两,与华俄道胜银行合同营业。自此款交付该银行之日起,其一切盈亏,照股金分派。2. 每年俄历一月一日,该行为总决算,依中国政府之股金,以定准率。至年末核算,中国政府之总盈亏,依此准率,以库平银计算。3. 该银行章程,所得利益,先提若干为各总办之酬劳金外,其余之利益,照中国政府与该银行之股金分派。但此分派之利息,各出一分为存款,作资本计算。4. 该银行之月报年报,经股东总会审议,由中国驻该银行管理人递交东清铁道之中国总办查阅。5. 若该银行因事故或损失闭锁时,清算之后,中国政府之股金,除损失外,所余之资金,由银行交还。

此项条约之正约,虽不见有何损害国权之处,但续订之华俄银行条例,则侵占我国权利甚多。该条例第二章第十项规定对于中国之业务,为:1. 领收中国内之租税,2. 经营与地方及国库有关之事业,3. 铸造中国政府许可之货币,4. 代还中国政府募集公债之利息,5. 布设中国内之铁道电线。以上种种,皆中国国家银行应有之职权,而华俄道胜银行一切垄断之。则俄国之经济侵略,较之政治侵略,且更为尖锐而深刻也。

华俄道胜银行契约成立后三日,驻俄公使许景澄,复与华俄银行订结东清铁道会社条约。依照中俄密约,俄国所获借地筑路之权不能公开发表。至此,遂假由中国政府之命,委任两国合办之华俄银行经手承办。该条约之要点如左:1. 华俄银行为建造经理该铁道,别设一会社,名中国东三省铁道会社。该会社之印章,由中国政府制造给付。该会社之章程,照俄国铁道会社之成规定之。总股票准华、俄两国人民购买。该会社之总办,由中国政府选任之。2. 勘定该铁道之线路,由中国政府所派之员与该会社委员及铁道经过地之地方官,共同和衷办理。但遇有坟墓、村落、城市之时,须设法迁绕。3. 本约批准之日起,十二个月以内,该会社即应着手工事,勘定线路。及将敷地交与会社之日起,六个年以内,一切工事即应竣成。至铁轨之广狭,与俄国之铁轨同一,俄尺五幅地即中国尺四尺二寸半。4. 中国政府谕令各处地方官,关于该会社建造铁道必要之材料、工夫、雇人及水陆运送之船车夫、马匹、马粮等,须竭力补助之。皆依市价,由该会社自行买取。至其运送事项,中国政府应设简便敏捷之法。5. 铁道及铁道使任人员,中国政府应设法保护之。凡因经理铁道雇用内外国人,均由该社会之便。铁道关系之地方,有人命、盗案、争讼等件,地方官照条约办理。6. 该会社认建造铁道与经理防护之必要地方,又铁道附近开采砂土、石块、石灰之必要地方,此等地方若系官有地,由中国政府给付,不纳地价。若系民有地,由该会社依时价向地主收买。而该会社之所有地,概免地税。7. 凡该会社建造铁道或修理铁道之必要物件,皆免除各种税釐。8. 俄国海陆军队及军械通过国境之时,该会社直任运送之责。除沿途暂时停车外,不得托他事逗留。9. 外国乘客,由此铁道入中国内地者,必持有中国之护照。若无护照者,概不准进入中国内地。10. 货物及手提物,自俄国经该铁道至俄国境内者(如自西伯利亚至海参威),概免一切釐税。但此种货物,除手提物之外,须积载于别之车辆,入中国边境之时,由其地之中国税关固封之。至出国境时,亦由其地之中国税关检查之。若查验途中未开封,许其通过。若查有开封之事,则没收该货物。11. 乘客之车价、货物之运价及起运货物之运搬费,由该会社定之。但中国公用文书等类免纳税金。中国海陆军及军械通过之时,只纳运价半额之通过税。12. 该会社自铁道开车之日起八十年内,铁道所得之总利益,归该会社所专有。若有损失时,该会社自弥补之,中国政府不为保障。八十年期满之日,铁道及铁道之一切财产,无条件全归中国之所有。(中国不纳偿金。)又自开车之日起三十六年后,中国政府有收买之权。

以上三种条约,有连环性之关系。首由中俄密约产生华俄道胜银行契约,又由道胜契约产生东清铁道会社条约,一环套上一环,机构良为巧妙。在中俄密约中,我国所损失者,不过借地筑路而已,且加以种种之限制,如依约严格行之,为害尚非甚大。至订立道胜契约与条例,俄国在中国经济上之侵略,其范围与性质,已远超过密约规定之外。再进一步至订立东铁条约,则俄国之活动范围,几于漫无限制。不仅此也,东铁会社,在成立数月之后,又取得我国同意,发布东铁条例三十条。其第一条规定:"会社经中国政府之许可,得采掘与铁道连带或与铁道无关系之炭坑,且同时得营中国之别矿业及商工业。"其第八条规定:"为保护铁道及附属物之地段内之安宁秩序,会社委任警察部执行其事,因此会社得制定铁道之警察规则。"因此二条,俄国又在东三省获得采矿权及警察权。至此而中国之所失,又远在道胜契约与条例之上矣。俄国以西伯利亚为内库,东三省为外府,大施其军事、政治、经济上侵略之联合手段,其视中国之东三省,无异乎囊中之物也。

第三节　旅大之租借

自一八九七年冬,迄于一八九八年,列强在中国发生租借地之争夺问题(The Struggle for Concession)。其事始于德人之占领胶州湾,终于美人之门户开放论。其中最精彩之一幕,为俄人之租借旅、大问题。

先是喀西尼伪约有俄租胶州专条,世人半疑半信。一八九七年,德皇威廉第二与俄皇尼古拉斯第二会于彼得宫(Peterhop)。德皇密征俄皇之同意,允其占领胶州,俄皇许之。同年十一月一日,有两德教士被杀于曹州,德人藉为口实,遂出兵将胶州占领。次年三月六日,中、德订立胶州租借条约。

俄人闻之,急召集国务会议,商讨此事。时穆拉维夫任外交部长,力主占领旅、大,以为对抗。财政部长维特力主劝德退出胶州,以示对华亲善。尼古拉斯第二同意于穆氏之主张。十一月七日,俄国西伯利亚舰队驶入旅顺。旋以防御他国侵略东三省为辞,要求租借旅、大。时德、法同意此事,日、美未表示意见。英国劝其将旅、大开作商埠,以免启列强瓜分中国之端。俄政府以各国在中国皆有海军根据地,俄国不应独无,拒绝调解。于是英人占领威海卫,法人亦乘机占领广州湾。一八九八年三月二十七日,俄代表巴无诺夫(Pavlov)卒与李鸿章张荫桓订旅、大租借条约于北京。原约九条,要点如左:1. 中国将旅顺口、大连湾二处及其附近一带之地,以二十五年为期,租借与俄国。但期限满后,得由两国会商,斟酌续借。2. 旅顺口作为俄国海军港,只许中、俄两国船舶出入。大连湾开为商埠,各国船舶皆得自由出入。3. 俄国自备军费,于大连、旅顺建筑炮台营塞,中国军队不准在界内居住。4. 自哈尔滨至旅、大之铁道,与自牛庄沿海滨至鸭绿江之铁道,由俄国筑造。

此约一订,而中俄密约共同御敌之效力,完全丧失。俄人一则曰,共同御敌,专对日本而言,非对德国;再则曰,租借旅、大,正所以保卫东三省。欺人乎? 自欺乎? 一八九八年五月七日,中、俄两国代表,更于俄京圣彼得堡,订旅、大租借续约,厘定租借地之境界以及东三省南部铁路问题。其要点如下:1. 自辽东西岸亚当司港起,穿亚当山背,至辽东东岸貔子窝,画一直线;其以南之水陆为租借区域。金州城之行政权及警察权,虽归中国所有,然中国旧屯军队悉撤退金州之外,代以俄兵。中国国民无使用海岸之权。2. 自辽东西岸盖平河口,经岫岩沿小洋河,至大孤山港,画一线;其以南至租借线界以内之地为中立地。非俄国许可,凡中立地及沿岸,与中立地内铁道、矿山、商、工业等,不得让与他人。3. 东三省南部铁路与牛庄支线所经过区域之内,所有铁路权利,不得让与他国人民。4. 中国拟修之关外铁路,应自山海关出发,与东三省南部线之最近点连结。关于此路之修造与管理,俄人允不干涉之。

由此二约所获得之两铁路修筑权,俄人积极加以利用,东三省南部线之主要工事,自一八九七春早已兴工,至是更加速进行。牛庄支线,不久即告完毕。东三省南部线则于拳匪之乱时,方始大部告毕,惟少数桥梁除外。拳匪之乱,工事稍受停顿,然和平恢复之后,即又加工赶造。至一九〇一年十一月三日,全部工程完毕。南北两大铁路遂成为东三省之两大动脉。两路既皆已在握,俄人即着手从事于占领东三省之准备。拳匪之乱,俄人藉口进兵,乱平,不肯撤兵。东三省实际上成为西伯利亚之一省矣。

关于旅、大租借问题,尚有二事,应当补述者。即一八九九年四月,俄人派员勘定租借地境界,更与中国议定租借地东西岸附近水面岛屿,归俄国享用；中立地东西岸附近水面岛屿，依中立地办理；辽东半岛以南之庙列群岛，虽不编入租借地，然中国不得让与他国或他国人民享用。亦不得开为通商口岸，该岛内矿业及工商利益，亦不得让与他国人民。同年九月，俄政府以辽东租借地，改建关东省，置总督治之，以旅顺为首府。辽东租借地之位置，降与高加索、中央亚细亚、西伯利亚相等。其视二十五年之租期为具文，可想见矣。

第四节　第二次中俄密约

自一八九六年中俄密约订立后，俄人取得东清铁道之修筑权，当即着手兴工。及一八九八年，订立旅、大租约，又获得东三省南部铁道之修筑权，俄人又加工赶筑。至一九〇〇年拳匪之乱，两路皆可通车。方北京拳匪之起也，奉天土匪，忽焚火药库，攻俄国铁道警卫兵，经将军增祺之镇压，得免扩大。及慈禧太后颁布宣战上谕，奉天副都统晋昌竟督兵烧教堂，毁铁路，掠洋库，旋又攻辽阳铁道。俄铁道技师长，即命南部铁道员工退关东省，中部铁道员工退哈尔滨，接近本国国境之铁道员工退出国境。时东三省三将军，皆受开战命令，俄铁道员工之退出者，多受袭击，死伤颇多。关东省总督之兵，除占领牛庄外，仅得保留中立地，不受侵害而已。哈尔滨、黑龙江之兵，尤感力量不足，时受吉、黑两省官军及拳匪之攻击。铁道交通既遭破坏，即黑龙江之航路，亦被阻绝。

俄国政府初无出兵东三省之意。时外相穆拉维夫（Naraviev），方提议各国兵退出北京，并率先退到天津，以为表率。至是闻东三省俄军受袭击之报，乃命黑龙江军管区之军队，进攻东三省北部，关东省之军队，进攻东三省南部，加以占领。

进攻北部之军队，分四路进兵。西方支队，由哥萨克骑兵组成，由后贝加尔沿西方铁路进兵。清兵战死数百名，一部分溃散，一部分退呼伦贝尔。俄兵旋迫齐齐哈尔。中央支队，由布拉郭威什臣斯克，沿瑷珲、墨尔根，向齐齐哈尔进兵。强迫布城华商三千人自投大江溺死。旋进兵压迫瑷珲、墨尔根，相继占领之。清兵退齐齐哈尔，俄兵来袭，将军寿山自杀,残兵败走伯都讷。俄人占齐齐哈尔,中央支队遂与西方支队会合。由此再进,次第占领长春、吉林、铁岭,均未受抵抗。东北支队沿松花江进兵,三姓城之役,清军伤死四千人,弃武器逃奔,俄军陷三姓城。又进兵哈尔滨,解该地之围。东南支队沿阿什河,初与占领珲春之别队相合,又占领宁古塔,入吉林,与中央及西方两支队相合。

进攻南部之关东军队,初以派赴北京,直隶之兵过多,所余之兵不多,遂采取守势。及接到进攻命令,以少数兵员,用优良战术,次第略取盖平、海城。清兵抗拒,死伤六百人,余众向北溃去,越时月余,北部援军至,再进兵占领沙河,辽阳。十月,进击奉天,将军增祺率兵退走蒙古。拳匪马贼,到处掠夺放火,奉天府内外,连日焚烧不绝。自是东三省南北两部之俄军会合,东三省全境,完全入于俄人之掌握。

俄军出兵东三省之初,恐遭各国疑忌,乃向外界宣言。曰:"俄国出兵之目的,源在保护东三省铁道,维持地方秩序。俟东三省序秩恢复之后,即行撤兵。断无占领东三省之意。"及其既占领东三省全部以后,时英、法、德、美意见纷歧,俄人乃乘机向奉天将军增祺商议退还东三省之交换条件。增祺乃于一九〇一年一月十九日,派道员周冕偕同武廓米萨尔、格罗穆切夫司克至旅顺,议定交还东三省办法九条,及未定办法八条。于同月二十五日,照会关东省总督。关东省总督,于同月二十九日,酌定交还东三省条款十六条,照会增祺。即世传之中俄第一次密约是也。该条款之要点如下:1. 俄兵所占领之沈阳、辽阳、海城、盖平、熊岳等处,各城池地方,均行交还盛京将军管理。其城内外仍归华员照旧办事。2. 设立巡捕队,捕缉盗贼。现定议通省共设立此项队兵六千人,均带枪械。先募五千五百人,其余五百人,使察酌地方情形,再行随时添募。其余军队概行裁撤,军械收回。3. 俄所修奉省铁路,由盛京将军责成各地方官并各集镇村屯,分段保护。如有折毁等事,定行从严惩办。中国巡捕队如前往各处巡护,铁路俄兵亦不得拦阻。4. 沈阳先当变乱之际,俄暂委有巡抚一员,现地方既均交还,其所委之巡抚即行撤裁。5. 盛京将军所辖各地方,原征盐釐,仍归盛京将军照旧征收。6. 前逮去之金州各官,概行放回。7. 现行奉省办理善后,需款孔亟,暂行向俄借银三十万两,以为各项要需之用。其归还日期及息银,另立合同为据。8. 盛京将军原住之府,俄员即行腾出,仍归盛京将军移住其内。9. 省城现住有俄队,暂留巴里子一员,专管俄人词讼。凡华人犯事,仍归华官办理。如俄、华人等涉讼事件,应由彼此公同会讯,各不得妄拿,存留,查治。

此暂约订定后,各国闻之,舆论哗然。尤以第二条解除原有军队武装,第九条俄军留住盛京,并享有领事裁判权,最遭物议,以为无异置东三省于俄国保护之下也。慈禧太后亦严旨切责,斥增祺并未奏闻,又斥周冕系已革道员,无订约之权。五月增祺电奏该约已经作废。应由驻俄公使杨儒在俄京与俄人直接谈判。于是此第一次密约,无形废弃。

杨儒在俄京与外部、财部往返交涉,折冲数十度。俄主张根据增祺暂约,杨主张一切从新另议。至一九〇一年二月,始成立如下之十二款。1. 俄国皇帝愿表友谊于中国,不意东三省有开衅之事。惟待东三省全行交还之后,中国吏治当一切复旧。2. 按照东三省铁路条约第六条,许东清铁路公司置兵以保护线路。现因地方未靖,不能撤兵,暂留若干,俟地方平定,及中国办到本约第四款之日为止。3. 若遇急变,留驻之兵,当以全力助中国以弹压之。4. 此次俄国所受之攻击,以华兵为最甚。中国于铁路工业未竣,火车未开以前,不得派设兵士,他日派兵之时,其目当与俄国商定。又禁止兵器弹药运入东三省。5. 为欲保全中国地方,凡将军大员,办事有不协邦交者,经俄国申诉之后,即当革职。其于东三省内地,设马步巡捕,亦当与俄国商定数目,除军械炮火供差以外,不得用他国人员。6. 中国应照前允之议,凡中国北境之海陆军,不得聘用他国人训练。7. 为欲保全地方租地条约第五款所载隙地,当由地方官别立专章,并废除专条第四类金州自治之权。8. 中国国境各处及东三省、蒙古、新疆之塔尔巴哈台、伊犁、喀什噶尔、叶尔羌、于阗等处路矿及他项利益,非经俄国允许,不得让与他国或他人。并非经俄国允许,中国不得自行造路。又除牛庄以外,不得以地租与他人。9. 此次俄国军费,当与各国赔款一并偿还。至其数目及还清限内抵押之物,与各国会同办理。

10.毁损铁路及公司工程及被劫财产耽延工事等偿款,当由中国与铁路公司协商照赔。11.上条赔款议定之后,当以别种利益为抵押之法,或酌改旧约,或别让利益。12.中国应照前允成议,由俄国造一铁路,直至长城,其干路或支路得向于北京,此事照现行铁路条约办理。

此密约于一九〇一年二月二十八日,首先揭载于伦敦太晤士报。盖杨儒以此约报告李鸿章,李故洩之北京各公使,欲假各国之力以拒绝之。于是英、美、日、德、奥、意六国,先后向中国警告。德、奥、意谓:"北京和议未定之前,中国不可将国家重要财源,先与一国作抵。"英、日二国则谓:"中国若批准该条约,是自开瓜分之端。"英国政府并向俄国质问,俄外相力辩其无。俄驻美公使喀西尼(喀原任驻华公使,调美后,格尔斯Giles继之。格去后,拉沙尔Lassar继之)亦向美国国务卿海氏力辩其妄。

中国方面,则庆亲王奕劻首唱反对。湖广总督张之洞、两江总督刘坤一、两广总督陶模、山东巡抚袁世凯,下至李盛铎、盛宣怀、王之春、许应骙、伍廷芳、罗丰禄内外官吏,无一致攻击,力主俄约之害,万万不能签字。两宫为之动容。日本方面,先闻增祺与关东总督订立密约,舆论大为沸腾,遂由公爵近卫笃麿为首,组国民同盟会,迫日本政府反抗。及二次密约发表,同盟会直要求政府向俄国抗议,决意即诉之武力,亦所不辞。时俄人主张东三省在英、德协约之外,日人力主东三省在英、德协约之内。俄政府鉴于形势不佳,乃削除第八条,迫中国以四月一日批准,中国以各国反抗为辞,加以拒绝。日本又迭开军事会议,准备战争。形势如斯,俄政府亦无可如何,旋向各国申明,废弃密约。于是此第二次密约又无形停顿。

然俄国与李鸿章之间,杨儒与维特之间,仍暗中进行接洽。降至同年九月,北京和约,虽已成立,俄人藉口北京主权未能确定,申明继续占领东三省。庆亲王、李鸿章迭请两宫回銮,不报。俄公使拉沙尔乘机要求。李鸿章不得已,于十月中,与之成立新约四条如下:1.东三省各地,归复中国权势,并将该地方一如未经占据以前,仍归中国版图及中国官治理。2. 中国承认保护铁路及执事人员。俄国允于本年内撤退盛京西南段至辽河之军,明年,撤退盛京其余各段之军,三年,撤退吉黑之军。3. 中国允认,除将军与俄兵官筹定兵数外,中国不另添练兵,及派兵往东三省。4. 俄国允将山海关、营口、新民厅各铁路,交还清国。中国认赔修路养路各费,并不得将保护权让与其他外国人。

此次密约较前两次让步已多,但慈禧太后纳疆臣之疏奏,又恃英、日为奥援,拒不批准。李鸿章再四疏请无效。时李年七十九,以身当和局,操劳过度,肝疾剧增。知东三省事件不与俄人几分利益,难望撤兵,拟依此约了局。而中外大臣,不加体谅,谏稿盈尺,两宫无意批准,多方刁难。俄国拉沙尔不肯放松,朝夕煎迫,李氏旋于一九○一年十一月七日,吐血逝世。李氏死后不久,驻俄公使杨儒以内外交迫,亦以病卒一说,为俄人踢伤坠楼死。俄公使以交涉对象既已失去,未几两宫回銮,北京主权有属,深感为难。明年正月,复更改条件,与王文韶交涉,王不接受。日美两国,又坚决反抗,密约终不成立。而俄人在东三省,亦竟不撤兵。

第五节 日俄战后东三省之撤兵与旅大之转让

俄、德、法三国干涉还辽,日本认为莫大耻辱。及俄租旅、大,日人更痛心疾首,誓死复仇。不仅此也,庚子之变,俄人又占据东三省,且拟进窥朝鲜。日人更恨惧交集,寝食难安。幸而一九○一年九月北京条约成立,远东大难暂告底定。俄在和约成立之初,宣言分期撤兵。及一九○二年十月,第一次撤兵期届,俄果如约执行,撤去盛京以南辽河西岸驻军。一九○三年四月,为俄人第二次撤兵之期,俄人不仅不撤兵,反向中国外交部,提出新要求七项。中国政府,毅然拒绝之。俄人鉴于外交形势之不利,驻华公使拉沙尔,改提要求四项。中国亦未接受。

时俄国陆军大臣克鲁泡特金东游,世人纷传日、俄将订交换满韩之条约。日本舆论大哗。对外同志会反对俄不撤兵,反对交换东三省朝鲜尤烈。进步党总理大隈重信,竭力主张开战。克鲁泡特金自东返旅,召集远东会议,决定不撤兵,并决定以武力对付日本。一九○三年七月二十八日,日本外务大臣小村电令驻俄栗野公使,即访俄外部,商画两国在远东之特殊利益,并提出五项提案。十月,俄驻日本公使罗栓,亦向日本外务省提出对案七条。双方条件,相距甚远。谈判数次,不得结果。十月三十日,小村更向罗栓提出第二次修正案,凡十条,俄未接受。十二月十一日,俄公使再向日本外务省提出第二对案六条。俄国承认日本在朝鲜之特殊利益,但对于军事上之使用,加以限制,但日本反对之。俄国不肯讨论东三省问题,不承认保全中国之领土,但日本坚持之。一九〇四年一月十三日,小村再促俄国反省,俄置不答覆,各为军事上之准备。二月四日,日本开御前会议,决采自由行动。五日,两国断绝国交。十日,日本宣战。其前一日,俄舰因受日本袭击,早已不宣而战,至是中俄纷争之东三省问题,遂一变而为日、俄之死斗。

战端既开,日本海军首击破俄舰队于仁川,继封锁旅顺港口,俄舰队不能出,日本遂获得制海权。海参威俄舰队之一部,则于蔚山冲一役,残毁过半。后即潜伏港内,靡有活动。旅顺孤军,继而以要塞陷落,大部分被消灭于港内;一小部分逃出者,亦为日本联合舰队所击沉。及波罗的海舰队东来,则远东舰队,早已片甲不留。而波罗的海舰队,终因地势不熟,沿途劳瘁,于对马水道,为日本舰队所围攻,沉没者达三分之一,捕获者三分之一,逃逸者又三分之一。俄国东西两舰队,竟无一存留者。

陆军方面,日本初获胜于鸭绿江,继而封锁金州半岛。其后辽阳一战,沙河再战,俄军以力量未能集中,两次失利。最后奉天大会战,双方军额,达九十五万人。俄军料敌错误,陷于被包围之悲运,急遽撤退。死三万人,被虏者四万人,实力大为亏耗。自是之后,即不能继续作战,溃逃至于吉、黑。陆军之胜利亦遂归于日本。

胜负既决,以美国大总统罗斯福之斡旋,两国议和于美国之朴茨茅斯。此次当事双方,虽为日、俄,而其所讨论之问题,则大部份关系中国。中国徒以战前宣布中立,战后又无实力之后盾,以致静听他人宰割,良为可悲。朴茨茅斯和约,凡十五项,其有关中国者如下:1. 辽东半岛,租借权效力以外之东三省地域,全然同时撤兵。将地方还付中国,全属中国行政。俄国于东三省不得再有侵害中国主权,妨害机会均等之行动。2.俄国以中国之承认,将旅顺、大连及附近领地、领水之租借权,与关联租借权,及组成一部之一切权利、特权及让与,又租借权效力所及地域之一切公共房屋、财产,均让于日本。但在该地域内俄国臣民之财产权,受安全之尊重。3. 俄国政府以中国政府之承认,将长春、旅顺间之铁路,及其一切支线,并同地方附属一切权利、特权及财产,与其所经营之一切炭坑,无条件让与日本。

自此以后,日、俄在东三省之势力中分,长春以北,哈尔滨东西,俄占优势,长春以南,则日本占优势。而俄人十年来所苦心经营之旅、大租借地及东三省南部铁路,与夫第二次中俄密约所得之驻军、关税、修路、开矿诸权,全部归于丧失。俄人欲出太平洋之雄图,以仅得一不自由之海参威为满足。其固有开发西伯利亚之伟大计画,乃遭受一种严重之打击焉。

参考书目

1. Morse:International Relations of the Chinese Empire.

2. Sakawa:The Russion-Japanese Conflict.

3. Dillon:The Eclipse Russia,N. Y,1918.

4. Kent:Railway Enterprise in Chin.

5. Foster:American Diplomacy in the Orient.

6. Witte:Memories my Dealing with in Hung Chang.

7. Cordier:Histoire des Relations de la Chine avec les Puissancs Occidentales.

8. A. ular:A Russo-Chinese Empire.

9. Gerard:Ma Mission en Chine.

10. Bland Blackhonse:China under the Empress Dowager.

11. Conference on the limitation of Armament:P. 1414.

12. 黄公度《人境庐诗草·李相国挽诗》自注.

13.《清季外交史料》:卷九四、卷一一六、卷一一八、卷一一九、卷一二〇、卷一二一、卷一二二、卷一二五.

14. 卫鲠生:《中俄外交史》,英文本,商务印书馆出版.

15. 刘彦:《中国近时外交史》.

16.《西巡大事记》:卷六、卷七、卷十.

第七章　俄人开发西伯利亚之总成绩

第一节　移民

俄人之殖民于西伯利亚,始于十六、十七两世纪之交。第一次为一五九三年,即耶马克凿通乌拉山之后,伊凡大帝当国之时。移民不久,先后建突波尔斯克城及通木斯克城。最初移殖之民,为商人及哥萨克马队。前者为皮毛贸易所引诱,后者则为其卫队。此显系以武力为经济之后盾。

自一六四八年起,西伯利亚即为罪犯、政治犯、宗教犯放逐之地。由一八二〇年至一八九〇年,此七十年之间,被放逐者共达五十万人;自由结伴至西伯利亚者,则有二十一万六千人。即百万人中,犯人占四分之三,平民不过四分之一。罪犯只限于在远东区作苦工,政治犯与宗教犯则常为有价值有能力之人民,为开发荒僻、启迪文化之前锋。宗教犯多集中于外贝加尔一区,彼等因不奉俄国国教,致被放逐,其数目在战前为全俄人数百分之十。

自由之移民进步极慢。俄国自一八六一年取消农奴制后,农民方得自由离开本乡,别谋生路。一八九六年,始有大批农民移入西伯利亚。至一九〇〇年,流放制取消,自由民因而激增。一九〇三年,横贯西伯利亚大铁路、后贝加尔铁路及东清铁路相继成功,自由民因而更见增加。一九〇四年,日、俄战争发生,政府与人民从国防立场注意及西伯利亚之价值,乃为有组织有计画大规模之殖民。下表表示自由移民之进步:

年代	移民人数
一八七〇——一八九〇	五〇〇、〇〇〇人（平均每年二五、〇〇〇人）
一八九六——一九〇五	一、〇七八、〇〇〇人（平均每年一〇七、八〇〇人）
一九〇六	一四一、二九四人
一九〇七	四二七、三三九人
一九〇八	六六四、七七七人
一九〇九	六一九、三二〇人
一九一〇	三一六、一六三人
一九一一	一八九、七九一人
一九二二	二〇一、〇二七人
一九一三	二三四、八七七人

　　自一九〇六年以后，移入西伯利亚者，几全为俄国农民，居于黑土带及沿铁道线与各河流域。据一九二六年户口调查，全西伯利亚人口，农民约占百分之八十五，所居仅为具有一条街道之乡村，住屋多为木造，沿街道两旁，延长排列。都市社会最近始见增加，并且仅于战前十年，始开始实行近代化之饮水排水与光热等供给计划。在一九二六年，仅有三个城市，其人口超过十万以上。即翁木斯克（Omsk）有一六一、六〇〇人；诺弗西伯儿斯克（Nova-Sibersk）有一二〇、七〇〇人；海参威（Vladivostok）有一〇七、九八〇人。此外另有六个城市，其人口在五万至十万之间。即伊尔库次克（Irkutsk）、通木斯克（Tomsk）、赤塔（Chita）、克纳斯诺鸦斯克（Krasn yarsk）、布纳哥叶什钦斯克（Blagovyeshchensk）、巴诺尔（Barnaul）。此种城市，皆位于西伯利亚铁路线上或在其附近。唯突波兰斯克，恰位于突波尔河（Tobal）与额齐斯河之会流处，居民一八、五〇〇人，为惟一不在铁路线上之城市。在极北之地如费尔科扬斯克（Verkloyansk），仅为一木屋之乡村。至一九三三年估计，人口略有增加，如翁木斯克增至二二七、〇〇〇人；诺弗西伯儿斯克增至二七八、〇〇〇人；海参威增至一九〇、〇〇〇人；伊尔库次克增至一五八、五〇〇人；通木斯克增至一一八、〇〇〇人；克纳斯诺鸦斯

克增至一〇一、五〇〇人;巴诺尔增至一〇九、〇〇〇人。

全西伯利亚之人口,据一九二六年十二月第一次全国人口大调查,共为一千五百万人。其中俄人约千三百万;余为第一章中所述之原始西伯亚利人一百万。新西伯利亚人一百万。其后人口略有增加,然最多亦未超出二千万人。

第二节　农业

西伯利亚之农业,集中于黑土带,即由欧俄延长到西伯利亚之一带狭长地方。其他苔藓带,沼林带,以及红土带,灰土带,农业概不发达。地形、土壤与气候,为限制全境农业之重要因素。除西部黑土带大平原适于农业而外,东部西伯利亚亦有几个平原,地形狭长,而土壤气候,亦颇相合,与美国之米利梭打及加拿大之 Pnairie 省约略相似。

据一九一七年之户口调查——其时适当大革命之前——指示全境共有农场二百万处。其中百分之八十一属于农人,百分之十五属于土人,百分之四属于哥萨克人。耕种五谷之地,凡二七、四〇〇、〇〇〇英亩;以前产干草,当时尚未耕种之地,凡一八、〇〇〇、〇〇〇英亩;休耕之地,凡九、〇〇〇、〇〇〇英亩。

在一九一一——一九一五年期内,耕种之地为二一、〇〇〇、〇〇〇英亩,其百分比率如下:

谷　类(94%)

小麦　48%

燕麦　28%

黑麦　14%

大麦　4%

马铃薯　2%

亚麻　1%

大麻　1%

杂项　2%

上列之比较表,在西伯利亚发展史上居重要位置,而对于现在,则并无多大关系。依照一九三五年春季播种计画,耕种之地,约为三千万英亩。其中有五百五十万英亩为国家农场,二千一百五十万英亩为集体农场,仅余三百万英亩为私人农场。因之西伯利亚有剩余之农产品,输往欧俄及中央亚细亚一带;而后者因气候与土壤之关系,可以不种五谷,改种棉花及半热带农产品。

农作物因土壤而变化,小麦适于沙黑土,大麦与黑麦适于通木斯克之棕色而不肥沃之土壤;沿西伯利亚铁道,燕麦最为丰富。产量较之美国及加拿大相同之地方则远逊,而每年产量,变动亦复甚大,此系由于受北方之寒流或受热风从干燥之地吹来之影响所致。加以地质硗薄,每耕二三年后,必使耕地休息一年,以后再耕,如此且耕且休,循环不已。集体耕种,实行于可灌溉之地,如塞米巴拉丁斯克(Somipalatinsk)之斋桑泊一带是也。

据贝尔斯克博士(Dr. Baiersky)估计,西伯利亚有二万万英亩之地可种五谷,足以养活四百万户,或二千万人口而有余。似此则种小麦之地,将有一万万二千五百万英亩(一九二七年,美国仅有五千九百万英亩;一九三〇年,加拿大仅有二千五百万英亩)。种燕麦之地将有七千五百万英亩(一九三〇年,加拿大仅有一千三百二十五万英亩)。目前西伯利亚每年有十万万斛剩余之五谷,可供出口之用。若再加以改良,则剩余仍可加倍。此数字如与一九三一——一九三五年供给世界市场上之七五〇、〇〇〇、〇〇〇斛相比较,尚多二万万五千万斛;与加拿大一九三一——一九三四年供给世界市场之八万万斛相比较,亦尚多二万万斛。若置目前西伯利亚行政上之困难于不问,则今日之主要开发问题,乃为运输成本之减轻,而不在生产之增加也。

数年以前,美国土壤调查所所长慕尔博提(Marbut)博士对于发展西伯利亚小麦区之可能性,曾作有兴趣而重要之估计。彼以为在黑土带与栗色土带两区中,俄国欧亚草原有小麦地八五四、五〇〇、〇〇〇英亩。假定平均每亩产量半顿,则俄国一国,即可出产现在世界总产量之四倍。

即在美国，小麦出产地亦不过二三四、五〇〇、〇〇〇英亩而已。许多作者以为慕氏之计算既不正确，又过于乐观。盖未曾注意到不利之气候与咸地之出现也。

西伯利亚之杂粮亦值得注意，如荞麦、黍米、豌豆、大豆、甜菜、向日葵、烟草等均是。

在吉尔吉斯草原，西伯利亚南部与外贝加尔区，家畜甚为重要。据一九一七年之调查如下：马七、八〇〇、〇〇〇头，牛一一、四〇〇、〇〇〇头，羊一四、七〇〇、〇〇〇头，猪三、四〇〇、〇〇〇头，山羊一、〇〇〇、〇〇〇头。

牛乳合作业之发展极速，此系由于其价值贵重，能于负担运费。俄国牛乳业之兴起，虽仅自一八九三年开始，而于一九〇九至一九一三年之交，即仅次于丹麦，而为黄油出口之第二位国家。在一九一二年，西伯利亚之黄油出口量，为一六五、〇〇〇、〇〇〇磅。此种事业之成功，由于牛乳之大量出产。在丹麦需要二十八磅乳，始能制出一磅黄油；在俄国仅需二十磅乳，即能制出一磅黄油。优良之牧场，适宜于此种事业之发展；而此种事业，集中于克纳斯诺鸦斯克一带。夏天有冷藏车，每周从诺弗西伯儿斯克开出一次，专为输送黄油之用。

第三节　森林

西伯利亚之森林面积，估计为一、〇八三、五〇〇、〇〇〇英亩，为欧俄领土之二倍半。森林在西部西伯利亚，占全面积百分之二十二；在东部西伯利亚，占全面积百分之三十九。森林之特点各有不同，然区域广大而不适宜于商业，则东西殊无二致。不可接近，一也；泥沼太多，二也。职是之故，虽不致使林木化为无用，然亦不能为人所重视。下表指示可供利用之木材种类与实际之采伐量：

木材种类	实际采发量（单位百万立方呎）
松	一、八三二

辛木兰松与落叶松	二、二七六
云杉与铁杉	二、六八九
橡、桦、榆	三四四
桦、凤尾松、白杨	三、六四五
总数	一〇、七八六

一九一三年之实际采伐量，为二四四、二六三、〇〇〇立方呎，仅占实际可能采伐量百分之二强。橡、桦、榆，完全出自阿穆尔省与太平洋森林。一九一三年之产木价值为四十万镑。第一次五年计画中之一部，为采伐西伯利亚之森林，因之森林之销耗量，日趋增大。依照米克勒诺夫之调查，在此期间，乌拉尔产量增加百分之七十，东部西伯利亚增加百分之一百一十，西部西伯利亚增加百分之二百一十。一九二八——一九二九年间，苏联总产量为五千五百万立方公尺；其中西伯利亚占百分之七，远东区占百分之三，乌拉尔占百分之十。依照第二次五年计画，在一九三七年之总产量，将为六十万万立方呎。并且计画乌拉尔应产百分之十五，西部西伯利亚应产百分之六，东部西伯利亚应产百分之六或七，远东区应产百分之七。果如所期，在吾等讨论之区域内，将产十五万万立方呎。在叶尼塞河畅流之季，有许多木材顺流漂入北冰洋。但大多数之木材皆由船运，伴以碎冰船及飞机，经卡拉海（Kara Sea）而运至欧洲。

与森林媲美之西伯利亚财富为皮毛业。在藓苔区与松杉森林区，狩猎为人民之主要职业。并且在世界各处，野兽之数目均加速度锐减，黑貂日益稀少，松鼠也逐渐减少。西伯利亚除出产黑貂、松鼠外，尚有其他之贵皮兽，如狐、兔、银鼠、貂、与熊等。皮毛业之价值殊难估计，课税亦甚困难，因有一部分经欧俄入欧洲，另一部分经东三省入中国、日本及美洲。在一九三五年，苏联之皮毛业占国际贸易百分之三十。

渔业更为森林狩猎之副。西伯利亚之河流湖泽，均富于鱼类。但最重要之渔场，则在太平洋岸，尤以堪察加半岛之四周为最。捕获量在一九〇九至一九二二年之间，每年为十一万至十三万吨，且有逐渐增加之势。其中百分之九十为鲑鱼,惜鲑鱼场与其制造业皆落入日本人之手。一九二一——一九二三年,包鱼产量平均为每年七十万箱。每四十八箱需锡一磅,全年用锡达一万五千万磅之巨。

第四节　矿业

西伯利亚矿业之富,仅次于农业。其分布之情形,适足以反映地质之构成状况。全境矿区有三:1. 阿尔太山区。吉尔吉斯与西伯利亚高原属之,富于铜、金、锌、银等矿。2. 亚洲旧盆地。贝加尔湖四周属之,富于煤、铁、金矿。3. 东部山岭区。尤以上阿穆尔盆地易于接近,故极重要。

煤藏量估计为四○○、○○○、○○○、○○○公吨,占亚洲总量四分之一,欧洲总量之一半。主要区域如下:1. 库兹里次克盆地(Kuznetzk Basin),2. 米留辛斯克盆地(Minusinsk Basin),3. 伊尔库次克盆地(Irkutsk Basin),4. 吉尔吉斯草原(Kirghiz Steppe),5. 库页岛(Sakhalin Island),6. 东海滨省(Maritime Province),7. 通古斯克盆地(Tungusk Basin),8. 伯令斯克盆地(Bureinsk Basin)。

一九三四年库兹里次克盆地出产一一、六○○、○○○吨;伊尔库次克盆地绵延三百余英里,沿西伯利亚铁道线,约产三、五○○、○○○吨;东海滨省,产三百万吨。

煤油区占库页岛之一部,其开采问题为俄、日谈判事件之一。堪察加半岛亦为极重要之油田。其余各地,虽间或有之,然不足注意。高加索一带,向东延伸,至土耳其斯坦,皆为油田。甚或整个乌拉山,均有产油之象征。

黄金分布之面积亦甚广。现在主要之金矿区为勒拿河流域之阿里马力辛一带(Alekmanisim region)。产量自一九一○年至一九一四年,每年平均均为一百五十万两。采金业雇用五万七千人。勒拿金矿概为沙金层,开采之先,主要资本出于英国。一九三五年,经长期之谈判,始得收为国有。现在俄国将成为世界第二产金国矣。

铜在吉尔吉斯草原特别重要。在阿尔泰区及叶尼塞省南部亦然。

锌、铅、银产于阿尔泰区,在外贝加尔区与东海滨省之东南岸,产量亦不少。

铁苗分布极广,现在大部已被开采。特别重要之区,为库兹里次克之台尔北煤矿盆地,与叶尼塞之米留辛斯克盆地,东海滨省之阿尔加区城及伊尔库什省。

其他矿产,如锡、锰、白金、铱、铢与非金属之矿苗等,蕴藏亦富。

第五节 工业

俄国移入西伯利亚之人民,将欧俄家庭工业亦同时带入。彼等以为农业虽属主要,但为度过极长之严冬,手工业亦感急需。木工、羊皮、羊毛、纺织、五金、绳作各业,分布极广。更地方化之工业,为伊尔库次克之木船业,巴诺尔之牛乳罐头、皮外衣业,叶诺塞斯克之陶业,库兹里次克及通木斯克之特种金属业与木工业。但现在工厂工业,与都市化之进展同时进行,不但需要地方工业,以供给远方之市场,如乳酪与黄油之类,而且需要地方工厂,以适应本地之需要,如酿酒、蒸溜、纺织、砖瓦、玻璃、士敏土之类。米留辛斯克之造船业,翁木斯克及通木斯克之造车业,即由地方工厂自行组织,而成为该地方之特长。

两次五年计画之目的,不仅欲使俄国成为工业化,并欲将各种工业,用适当之方式,分配于各个地方。依两次计画之指示,西伯利亚之主要工业区,有如下列:1. 南乌拉尔区,围绕马革列妥加斯克(Magnitogersk)与阿尔斯克(Orsk),有两个主要中心区,专出钢铁与重工业。2. 诺弗西伯儿斯克区,有制造厂若干处。3. 克纳斯诺鸦斯克区,接近煤田,注重重工业与机器。但延长而北,至通木斯克,则注重木工业。4. 巴诺尔区,专注重纺织。

此外,土耳其斯坦产棉区域之纺织业,有极大之发展,而电力之应用,尤为宏大而普及。

第六节 交通

设无其他因素之作用，所有西伯利亚之重点，将集中于交通线之沿线。由此端到彼端，既长达五千余英里，则低廉之运输，实为最切要之问题。西伯利亚向北为北冰洋，严寒荒僻；向南为大森林，人烟稀少；南北两方，俱不能为西伯利亚之出产物找寻出路。所有河流，除黑龙江外，皆向北流，出路断绝。结果只能向东西发展，只能筑铁路或公路，以便利出口货之运输。

西伯利亚之对外贸易，实际上系与第一条铁路之筑成，同时兴起。即西伯利亚本线，计长三〇四八俄里（合九、四六九公里），于一八九一年开工，至一八九八年完工，建筑费为二万万镑。该线西起列宁格勒，经过翁木儿斯克、诺弗西伯儿斯克、克纳斯诺鸦斯克、伊尔库次克、赤塔、哈巴拉夫斯克，以达海参威。火车原拟横渡贝加尔湖，或于冬天经过冰上，后经改修，沿贝加尔湖南岸而行。从赤塔到海参威，为东清铁路（后改称中东铁路），经过满洲里、哈尔滨，而达海参威。

西伯利亚路线之重要支线，为：塔加、通木斯克线（Targa-Tomsk），彼得拔夫禄斯克、科契妥夫线（Petropavlork-Kokchetar），费克里乌丁斯克、恰克图线（Verkhne-Udinsk-Kiakhta），又由恰克图延长，至蒙古首府之库伦。其他重要支线，为阿尔太铁路，由诺弗西伯儿斯克至塞米巴拉丁斯克，及土耳其斯坦铁路，于一九三〇年与西伯利亚铁路接轨，成为土耳其、西伯利亚线（Turksiberia Railway），使西伯利亚之产物与半热带之产物，有交换之可能。

西伯利亚仅有二千五百英里改良公路，但因地势平坦、雨量稀少之故，普通马车路亦可供汽车运输之用。摩托车极普遍，随处皆有之。如此未加改良之马车路，共约有九万哩。西伯利亚最著名之公路，为大西伯利亚军用路，由莫斯科一直延长至海参威，除军人外，无权而不幸之被放逐者，亦可通行。

全境河流，在解冻期，约有六千哩可供航行之用。东西支流，往往比南北干流,较为重要。在第一次欧战前,据某教士之调查报告,谓:如果连接水路,则由太平洋至乌拉尔,皆可航行,因此有连接俄毕河与伏尔加河之计划。北冰洋海路虽可通航,而且利用亦甚普遍,但在一年之中,只有一二月之解冻期。结果,主要港口限于海参崴与尼古拉维斯克二处,皆在阿穆尔地方,与太平洋接近。北冰洋面则无一重要之港口。

现代飞机进步,航空业发达,冬季时,飞机可以着落在冰上。因此北冰洋岸及沿各大河流域,新辟飞机场极多。最近俄国飞机且直接越过北极而至北美洲,又由美洲飞回,不必飞过挪威、冰岛,航程直接而迅速,为欧、美交通之新航线。

参考书目

1. Stanip:Asia.
2. Mill:International Geography Revised edition.
3. 中文本《苏俄五年计画及第二次五年计画》.
4. 《共产党国际各次大会报告书》.

第八章　最近远东区域实业之发展

第一节　奖励移民

苏俄领土接近蒙古之部,自一九二一年蒙古赤化以来,其安全丝毫不发生问题。其接近东三省之部,初亦不生问题,自一九三一年九一八事变发生,日本暂占东三省,励行政治、经济、军事之侵略,而东部西伯利亚,乃感受严重之威胁。

所谓东部西伯利亚者,包括东西伯利亚区与远东区,东西伯利亚区分为克纳斯诺鸦斯克省(Krasnoyarsk),康斯克省(Kansk),伊尔库次克省(Irkutskya),意连斯克省(Ilimsk),赤塔省(Chita),斯列金斯克省(Seleuginsk),雅库次克省(Yakntsk),及布蒙共和国。远东区分东海滨省

(Maritime)，阿穆尔省（Amar），萨贝加尔（Zabaikal），堪察加省（Kawtchatka），及库页岛（Saghalien）。在帝俄时代，俄政府对于此种区域不加重视。除设法吸取其富源外，并未有何等特殊之建设。关于移民事业，尤其迟缓。整个西伯利亚，自一八七〇年至一八九〇年，共移民五十万人；一八九六年至一九〇五年，共移殖一百零七万八千人；一九〇六年至一九一三年，共移殖二百七十九万五千五百八十四人；详见第八章中。故现在东西伯利亚区之全面积为三百五十六万八千方公里，人口为二百九十六万四千八百人，平均每一方公里仅有居民〇、八人。远东区全面积为二百七十一万七千七百方公里，人口为一百八十七万五千人，平均每方公里仅有居民〇、七人。整个西伯利亚，共七百五十七万方公里，人口二千万，平均每方公里不过三人。面积如此广阔，而人口则如此稀少，其经济之幼稚，实业之不振，自毋待言。

九一八事变后，远东风云日益紧急。苏俄认为远东人口之稀少，不仅为开发资源之障碍，兼亦为亚洲国防之危机。爰于一九三二年草定远东有秩序之殖民计划。是年八月十五日，成立特别移民委员会，由前莫斯科军区指挥穆拉洛夫担任执行。至对东三省边境以内不可靠之分子，则尽量扫除，或遣送劳动营，或驱逐出境，或限制其在画定区域内活动，以稳定远东之空气。

苏俄为奖励欧洲居民移住远东，并吸引边区人民效忠中央计，特予以种种特别之权益。一九三三年十二月十一日，颁布命令，豁免远东区农民按官价缴纳食品之义务并增加公务员、军人、工人之薪资。次年二月五日，又将同样命令颁布于东西伯利亚区。此二项命令，将远东农民、渔民之粮税，及其他对国家之负担，豁免十年或五年。而该两区内之公务员、军人、工人之薪资，则增加百分之五十。兹录其豁免远东区农民按官价缴纳食品义务及增加公务员、军人、工人薪工命令于下，以见一班：

"兹因远东人口繁殖，为改善地方经济建设，及公务员军人工人等生活起见，苏维埃社会主义联邦共和国人民委员会特规定如下：

一、自一九三四年一月一日起，豁免远东区全境农民对于国家按官价缴纳各种食粮义务。其豁免期限,集团农为十年,自耕农为五年。

二、自一九三四年一月一日起,豁免切尔尼斯克、苏维特奥力京、青年共产党,下阿穆尔、鄂霍次克、考你克斯克、楚考特斯、库页岛、堪察加等区农民对于国家按官价缴纳牛肉、马铃薯、向日葵、羊毛、牛奶、奶油、大豆、蔬菜、麻等物品之义务。其豁免期限,集团农为十年,自耕农为五年。

三、自一九三四年一月一日起,除本命令所指各区外,对于东海滨省、阿穆尔、比罗比章、近城等区农民按官价缴纳牛肉、马铃薯、向日葵、羊毛、牛乳、奶油、大豆、蔬菜、麻等物品之义务,按原定数量减低百分之五十。

四、自一九三四年一月一日起,对于远东区之渔民所交之鱼,按原定官价增加百分之二十。

五、自一九三四年一月一日起,远东区全境业务员之薪金,应按下列规定支给之:

1. 煤矿技师工人,增加薪工百分之三十。

2. 各工厂、铁道、曳引机站、农团技师、工人及职员、党务工作人员、医士、农业技士、兽医、测量技士等,增加薪金百分之二十。

3. 各行政机关及各企业机关之服务人员,增加薪金百分之十。

六、自一九三四年一月一日起,驻扎远东区各级红军之各级官长及兵士薪饷,应按下列规定支给之:

1. 下级军官兵士,增加薪饷百分之五十;

2. 上级中级军官,增加薪饷百分之二十。

苏维埃社会主义联邦共和国人民委员会主席莫洛托夫。共产党中央执行委员会秘书长斯他林。一九三三年十二月十一日。"

自九一八事变后,苏俄积极移民远东,其为充实国防,增加战斗力量,自毋待言;移殖之民,多为退伍军人,尤为显证。至其颁布优待远东居民之命令,表面上虽系为远东人口繁殖,生活程度增高,必须改良待遇;实则因国际形势严重,国内人心浮动,藉以安民心而巩国防。盖自一九二七年苏俄实行集体农场制度以后，农团虽受政府之种种优待，而出产品不能尽为己有。自耕农不特不受政府之补助，且反受其压迫与剥削。于是农民鉴于酬不偿劳，咸缩紧耕地面积，以足敷其家属生活为标准。而苏俄遂发生缺乏粮食之现象。苏俄政府归咎于农民把持农产品，不愿出售，复于一九二九年施行强制农民出售农产品政策，颁布按官价缴纳农产品之法令。规定每年每人必须缴纳农产品若干，否则认为垄断居奇，应受惩罚。农民在此种政制之下，常生怨恨。他处为害尚小，而远东一旦发生战事，俄政府如不能把握农民，则为害滋大。故其豁免粮税，优待军人，无非收买民心预为战备而已。

苏俄全国土地，合欧俄、西伯利亚、中央亚细亚、高加索，共计占全世界六分之一，大于美国二倍有半。莫斯科与海参威之距离，为九、四六九公里。列宁格勒距海参威，竟达一〇、一六七公里。以距离欧俄本土如此辽远之远东，而一切生活必需品尚须仰给本土输将，在平常无事，固已感受不少困难，一旦战事发生，必使远东陷于恐慌、崩溃。故苏俄各地必使自给自足，实为政治之要图。远东人口稀少，经济幼稚，则充实人口，改良待遇，使其生产增加，达到自给自足之地步，直接固所以巩固远东，间接尤所以巩固苏俄。然则奖励移民，岂徒然哉？

第二节　开发富源

西伯利亚，尤其是远东区域，为苏俄重工业基础之所系。关于西伯利亚矿产之分布，蕴藏之数量，已详于前第八章第四节，兹再就远东区详言之：

东西伯利亚藏煤一百万万吨，铁五万万吨。石油三万万吨，木材二万万五千万立方公尺，水产至少二千五百万公斤，水力达三千六百万匹马力。此区区数字，已足表示远东之富裕，不下于任何各国。东海滨省有一河流，自北而南，名布里雅河，在该河流域中，新近发现一大煤田，定名为布里雅斯克矿。地点在布里雅河上游。面积占一万至一万二千方公里。藏煤达一千万万吨之多。煤层自二十公尺至四十五公尺不等。

用途除普通燃烧外,可供炼铁之需。离布里雅河不远,在小兴安岭地方,又发现几处铁矿,蕴藏达四万万二千万吨。联合两大矿区,可成一极大之金属工业联合工厂,俄人名为蒲洛斯托洛逸区。该区自一九三四年起,业已开工。此外贝加尔湖北部之石油,与库页岛北部石油之联络,波塔波附近之金矿,与塞耶河中流之金矿,皆为东西伯利亚之特产。远东区域各种资源,蕴藏俱富,在苏俄尤其西伯利亚之实业发达史上,负有重大之使命。

苏俄第一次五年计画,用于全国建设之费用,共为一百八十万万卢布;远东区域之建设费,仅及九万万卢布,占全数二十分之一。以远东区面积之庞大,与建设费用之紧缩而论,则不足以言开发,尽人知之。故在第一次五年计画中,尚未注意到远东区域也。

至于第二次五年计画,则已成苏俄开始大举投资经营远东区域之时期。一九三四年,莫斯科发言人云:"亚洲的苏俄需用第二次五年计画之经费,煤矿占百分之四十九,钢铁占百分之四十,重工业占百分之三十七,非金属工业占百分之七十,制造机器工业占百分之二十七,化学工业占百分之三十四。"由此可知第二次五年计画中所用经费,欧、亚几于相等。在欧俄方面,已迈入轻工业时代,在亚俄方面,方始奠定重工业之基础。一九三三年(第二次五年计画之第一年),苏俄在远东方面,用于实业、运输、农业者,达四万万五千万卢布,当第一次五年计画亚洲全部经费二分之一;一九三四年即拨付十八万万卢布,则超过第一次五年计画亚洲全部经费之二倍矣。

第二次五年计画中,远东区域,除规定大举经营煤、金、铁、森林、食料、渔业、制造机器、建造轮船等一般实业外,更具体之主要建设有十项:1. 乌苏里铁路,敷设双轨;2. 建筑自贝加尔至阿伯尔铁路;3. 铺设各处石子公路;4. 建筑汽车装配厂;5. 建筑大规模造船厂;6. 修理阿穆尔河河道;7. 修理海参威以下各港口;8. 加大煤油开采量;9. 在布列因区内,开辟新采煤区;10. 建筑大规模炼铁厂。

一九三四年内,远东区域,计画使用之十八万万卢布,其分配为下

（单位卢布）：

  一、工业部分 四七四、〇七六、〇〇〇

    1. 重工业 三六三、七七八、〇〇〇

    2. 轻工业 二、六六五、〇〇〇

    3. 供给业 六四、六三三、〇〇〇

    4. 森林业 四三、四〇〇、〇〇〇

  二、农业部分 五四、三二四、〇〇〇

    1. 地亩事业 三七、九二二、〇〇〇

    2. 国营农场 一六、四〇二、〇〇〇

  三、运输及邮电部分 六四四、八五七、〇〇〇

    1. 铁道运输 四六二、六八〇、〇〇〇

    2. 水道运输 五六、四四八、〇〇〇

    3. 陆路运输 三一、八九一、〇〇〇

    4. 船舶制造 二一、三四五、〇〇〇

    5. 邮电 二二、四九三、〇〇〇

  四、官产部分 四八、三七三、〇〇〇

    1. 市政 三一、七八八、〇〇〇

    2. 房屋 一六、五八五、〇〇〇

  五、教育部分 一〇、〇五〇、〇〇〇

  六、卫生部分 九、〇九七、〇〇〇

  七、其他部分 五一二、二九九、〇〇〇

各项巨大工程，有非一二年内所可完竣者不计，单就一九三三、一九三四两年内所可完工者已有二十二种：1. 煤油精炼厂，2. 司巴斯水泥厂，3. 伦斗扣地方之石灰厂，4. 乌果立地方之制砖厂，5. 阿尔提姆地方之第六号煤井，6. 加夫得地方之第十六号煤井，7. 乌马里定制铁厂，8. 远东农用机器厂，9. 汽车修理厂，10. 双城子制糖厂，11. 海参威冷藏库，12. 打油房，13. 味精厂，14. 达里民精盐厂，15. 黑阿茶点厂，16. 苏拉日造船厂，17. 伯里机器制面厂，18. 保池料辽沃机器制面厂，19. 海参

威面包房,20.双城子面包房,21.伯力发电厂,22.双城子发电厂。

第三节　远东区域之新建设

自日俄战争(一九〇四)以来,俄人始注意西伯利亚。自九一八事变(一九三一)以来,俄人始注意远东区域。然则西伯利亚之开发,盖战争促成之也。昔人谓战争可以消灭文化,又谓战争为文化之母,此二说者互相矛盾,吾谁与归?吾国古训:"生于忧患,死于安乐。"又云:"无敌国外患者国恒亡。"吾人研究远东区域之发展,不禁兴无穷之感想。忧患也,敌国也,皆远东区文化之母,前之二说,后者似尤具真理。

远东区域各种实业之建设,远较欧俄为幼稚而迟缓,固毋容讳言。但经苏俄当局最近数年之努力,尤其是第二次五年计画施行后,远东实业已如雨后之春笋,其成绩卓然可观,再过十年二十年,或且凌驾欧俄而上,亦未可知也。兹略述其新建设于下:

一、关于重工业　现在苏俄开始建筑规模宏大之第二十一号煤井,每年可出煤一百万吨。又正在建筑中之第二百五十一号煤井,每年亦可出煤七十万吨。远东区域之产煤总额,现在每年已达三百一十万吨。在布里雅斯克建一冶铁厂,有出产生铁五十万吨之能力。又在库页岛用款三百万卢布,新开一煤油矿,一九三四年即可出油三万吨。海参威及伯力建有电力厂两所,能发电二万四千基罗瓦特。

二、关于轻工业　远东区域之轻工业,在一九三三年之出品总额,已达二千万卢布。一九三四——一九三五年以来新建设者,斯瓦伯达之巴拉吉上尼特制砖厂,每年可出砖四万五千立方公尺;远东制糖厂,一九三五年时可产糖两万五千吨;海参威之谢丹自来水厂,每昼夜可出水二千吨;里河市之伊斯克拉火柴厂,每年可出产四千万箱;切尔尼果夫造纸厂,每昼夜可出纸三吨。

三、交通业　伯力之汽车厂于一九三四年开工,一九三五年竣工,每年可制造汽车三千六百辆,以及价值二百五十万卢布之零件。苏拉日夫有国立造船厂;克姆索毛尔斯克有青年团主办之大规模造船厂。总计在一九三三年,远东各厂可造装运煤油船八艘,拽拖船二十艘,客船二艘,铁皮拖船七艘,木质拖船八十一艘,以及其他杂式小船一百一十七艘。

四、文化事业 远东区域现已出版之报纸,有六十种。一九三四年,库力都拉治疗所新落成房屋三所,为养老院、疗病室及俱乐部之用。其他各地举办之文化事业甚多,不遑枚举矣。

参考书目

1.《苏俄第一次五年计画》.

2.《苏俄第二次五年计画》.

3. 田鹏:《中俄邦交之研究》.

第九章 最近交通之猛晋

第一节 西伯利亚铁道改双轨

远东区域,在第二次五年计画以前,农业开发极为有限,工业建设几等于零,而国防上之设施,距标准亦甚远。第二次五年计画,始于一九三三年,终于一九三七年,实际上一九三六年已大部成功。此时期中,苏俄努力于西伯利亚之工业化。故至一九三七年,西伯利亚各种实业,皆已萌芽,远东区域,进步尤速。然试考其成果,则五年计画后所收之数字,仍极有限。远东区域尚未达理想中所希望之自给自足境地。因之,远东红军不仅对于飞机、坦克、枪炮、弹药等武器,须仰给于欧俄工业区,即食粮、被服等军需品,亦不得不向欧俄谋补充。横贯西伯利亚大铁路,在平时所负使命固极重大;而一旦远东发生战事,则该路运输之重要,直非言语所能形容。

自九一八事变以来,日人着着向俄进逼。东三省方面交通之调整,粮食之统制,军备之扩充,航空站之普及,以及武装移民之增加,在在对俄实施威胁。俄人为预防事变计,亦采同一之步骤,奖励移民,开发富源,提倡新建设,扩充军备,详情具见上章。但东三省有三千万人,各种实业已有三十年之历史。而苏俄远东区域则仅有二百万人,合之东西伯利亚亦不足五百万。且五年计画距今不过十年,各种实业皆落日人之后,第恃远东区域,自不足与日本相抗。

苏俄远东国防上之严重问题,为力谋远东与欧俄大规模交通运输之改善。西伯利亚铁路仅由单轨运输时,每日只能运兵三百名由西方达东方,其运输力之微弱与迟缓,自无可讳言。苏俄当局为补救此种缺陷起见,拟将西伯利亚大铁路全部加以修理,并进行复线建筑工事。查此路在一九一七年俄国革命以前,本有双轨,但于革命后数年间,因军事紊乱,器材缺乏,拆毁一轨。于是一切交通均赖单轨维持。当一九三五年时,西伯利亚本线由莫斯科至翁木斯克之路,虽为单轨,而有双轨路线,以备不虞之用。翁木斯克至赤塔之路则为双轨。且于三十九处隧道及五十余处桥梁,亦俱铺设双轨。虽有数处较大桥梁,双轨仍未铺就,但有数处已在建筑之中。至此段所有枕木,亦俱抽换一新。

西伯利亚铁道之远东部份,旧本分为三段。一为后贝加尔段,联络伊尔库次克、满洲里、与司特里登斯克。一为阿穆尔段,通至伯力。一为乌苏里段,联络伯力与海参威,并有由双城子至绥芬河之支线。由满洲里至海参威之东清铁道,尚不在内。(建筑时间与里程,详见前第六章第二节。)目前此种分段情形,已有变更。伊尔库次克及海参威间,现分为两段,为后贝加尔与乌苏里两铁道,除去以前之阿穆尔段。此两段间之衔接点在鲁克洛夫,位于黑龙江之最北点。

后贝加尔铁路,又分两段。前一段沿贝加尔湖岸,筑有双轨。后一段通满洲里,则为单轨。但为补救起见,俄人在若干处特别筑有旁轨,以减短各大站间之距离。一旦有事,来往列车可于旁轨让道,俾便行车列数之增加。此项旁轨,按照隧道、桥梁及地形而筑成,每隔五公里或十公里即有之,相距至十五公里者极少。俄人修理此段,并完成复线之工事,于一九三三年六月即开始进行,迨一九三四年六月即全部竣工。并于同月十七日,在加里姆斯加亚举行盛大之完成典礼。

阿穆尔段,原系单轨。其桥梁旧日用木材搭成者,现已全部易为钢骨洋灰建筑。在各隧道及重要桥梁附近,均筑有坚固堡垒,屋为平顶,能抵抗飞机之轰炸。俄方竭力进行双轨工事,期于短时间内竣工。为加工赶造起见,派多数政治犯移往工作。中东路让渡后,此项双轨工事已大体完成矣。

乌苏里铁道,仍系单轨。俄人于最近方始进行此一大段之双轨工程,已否完全,尚不可知。此路与后贝加尔路,均有燃料之供给。惟以前之阿穆尔段,则极感材料之缺乏。因其所用之煤,来自吉夫丁斯克,品质不佳。俄政府为挽救计,下令在该段随时存储大量煤炭,以供燃料之用。

第二节　建筑西伯利亚铁道平行线

西伯利亚大铁道之后贝加尔段、阿穆尔段及乌苏里段,均沿东三省之中、俄边境而行,极易为日军内线战略所冲断。中东路又已让渡,为日本人所统辖,有如弓上之弦,可制远东铁路系统之死命。自军事观点言之,海参威距朝鲜边境不过百哩,极易为日本人所包围。在绥芬河及满洲里两处,日本统制下之铁路线,已准备将军队倾注于西伯利亚腹内。东三省之齐黑路,更属准对海兰泡。由松花江之天然三角地带,亦可以向伯力袭击。总之,西伯利亚铁路在贝加尔湖以东之任何地段,皆易被日军截断。截断以后,则海参威、伯力及东海滨省所屯驻之红军,将失去补充与接济,不能持久。

苏俄为补救计,决意在西伯利亚铁道之北贝加尔湖偏西作一起点,由此再建一铁道,与西伯利亚线平行,以达海滨。并建支线,与西伯利亚大铁道联络,预防后者被截断时仍可赖新线以资补充与接济。此新线已决定以伊尔库次克偏西之泰萧特地方为起点,经过布拉特斯克、波塔波,绕贝加尔湖北部平原,穿过阿尔丹河,过陈塔,而至黑龙江出海口之庙街。或由同上路线,至陈塔后,折向东南,穿蒲洛斯托洛逸工业区,越黑龙江,以达苏维埃湾为终点。连结新旧线之间者,有三条支线:一沿黑龙江,与伯力联络;一通过蒲洛斯托洛逸区至毕拉干;一由陈塔达阿穆尔铁道之中心点塔虎德米格塔。新路全长一千八百余公里，三支线共长七百二十公里。以经过贝加尔、麻吉斯、托拉尼亚，故名之为 BMT 铁路。自一九三四年三月起，苏俄政府即派遣大批技士工人，由莫斯科抵伊尔库次克，进行此路修造工程。至第二次欧战起时，报载已经全部竣工矣。

自军事之观点言之，此新线距离东三省之边境既远，自不易受日军之袭击。其与旧线连接之起点，乃在贝加尔湖重镇之西，敌军破坏更非易事。贝加尔为红军之总粮站，西伯利亚作战神经中枢，群山环抱，东为沙漠区域，北接维定高原，南有雅布罗诺山脉。日人欲将红军逐至贝加尔湖以西，殊非易事。新线之起点如此坚强，支线又多，在远东军事上，有进则可攻退则可守之效力。

自经济之观点言之，西伯利亚之开发，沿旧线两旁，成为带形，殊属畸形发展。旧线以北，数千里之长，数百万方里之广阔，除人口不满两万之突波尔斯克以外，并无第二城市；富源之荒废，良为可惜。西伯利亚之河流皆自北而南，故南北交通不成问题。东西交通，专赖一线当然不足。故采北欧诸小国之平行铁路政策，以求各地方之平均发展，乃极自然之趋势。不仅此也，新线支路通过蒲洛斯托洛逸工业区，该区有一千万万吨之煤矿，四万万二千万吨之铁矿，将来发展殊无限量。加以勒拿河、塞耶河、波塔波以及伊尔库次克逦北之金矿，出产之富，世所艳称。不有铁路，何由发展？故自经济方面观察，新线之修筑，不特重要，兼属必需。

此外俄人更于西伯利亚铁道旧线之南，筑有两线，直达蒙古。其一由赤塔至蒙古东部之三别斯，长一千六百余公里，与东三省之洮索铁路对抗。其二由上乌丁斯克南经恰克图而达库伦，与东三省之洮热铁路对抗。此二路虽非平行线，而其军事上、经济上之价值，则正相同。

上述各线，对于苏俄远东国防，关系重要。为求完成之时间迅速起见，故苏俄遣派大批政治犯，强迫工作。此种政治犯，或因思想不同，或因阶级有别，或为繁盛区域无适当理由而不作工之游民。俄政府将其逮捕，送至远东区域，从事修筑铁路、开矿及他种之工作。若成绩良好，可以移往国家农场或集体农场工作，最后可以给与土地，而恢复其公民权。

此种强迫劳动之时间,通常为五年。被强迫工作之人,达八十万。此等移殖人民,直接属政治警察之管辖,视各地工作之需要,而转移其地点。

第三节 沟通北冰洋交通线

由列宁格勒以至海参威,向有两条海路。其一由北海入地中海,经苏彝士运河,过印度洋,至海参威,即一九〇四年俄国波罗的海舰队败亡之路。其二由大西洋,经巴拿马运河,入太平洋,至海参威,即美、俄间通常所行之路。此二路在时间上、经济上,所费均甚巨。

假如沿西伯利亚北岸,经过北冰洋、伯令海峡而至海参威之路线可通,则平时西伯利亚之木材、生矿,可以遵此路线,往欧亚之热闹市场输送,兼可以促成诸大河下流及北冰洋沿岸之发展。一至战时,军需品、粮秣、军火、笨重武器,亦可由西方运往东方接济,如此可增加海参威东海滨省之安全,其价值极大。此路线较之苏彝士、巴拿马两线,路程缩短数倍,而时间上,经济上消耗节省尤多。所惜围绕北冰洋者,为无数之冰山,航程困难,使人不得不望而却步耳。

因在军事上及经济上有如许之利益,故苏俄政府竭尽全力,研究此条新航线通航之可能。自一九三二年以来,先后用飞机探索诸大河下流之出口及北冰洋岸之地形、水道、港口、气象等状况,成绩甚佳;并继续派遣北冰洋探险队前往实际勘航,计达四次之多。兹述其经过如次:

一、一九三二年俄国碎冰船西伯利亚科夫号,以八十一日之时间,由列宁格勒东北,白海中德维拉河口之阿尔甘皆斯克出发,达到勘察加半岛东岸之彼得罗罢乌格士乌克港。所经路线,即本节所述之北冰洋伯令海峡新航路。此次碎冰船之成功,更使苏俄政府努力寻求由欧洲至叶尼塞河口已通航之航线,延长到伯令海峡,再延长到海参威。

二、一九三三年夏,苏俄有两个考察团,由欧洲北岸出发。第一考察团,乘坐大货船两只,由一碎冰船护送,预计达到勒拿河口,即行回航,结果圆满达到目的。第二考察团,乘坐捷流士金号货船,满载团员一百零二人,以霍罗林绩为船长,徐密特为团长。于是年八月,自穆尔满士克港出发。以九月一号,通过亚洲北端。九月十九日,抵哥流清湾,去伯令海峡仅二百八十公里,忽为冰山所困。十一月三日,始达伯令海峡,但为坚冰所围阻,不能通过。次年一月,大风将海流、冰山、及所乘之船一并往北吹送。二月,捷流士金号为冰山所毁而沉没,团员乃移住于冰山上。三月五日至四月十三日,俄国飞行员廖辟德乌士奇等驾飞机四架,历尽艰辛,始将全体团员营救出险。此次探险,船虽沉没,而人皆无恙,且所得气象报告、冰流报告及他种科学记录,极为有用。

三、一九三四年,俄政府举行第三次北冰洋长途探险,派出团员九十人。六月二十九日,乘破冰船列特凯号由海参威出发,经白令海峡、北冰洋而达北欧之摩孟斯克。在同一季节内直接通航,航程达九千英里,所经浮冰之程达三千英里,历时八十三日,始于九月十九日,到达目的地,为历史上空前之创举。

四、一九三五年,俄政府支付三千八百万卢布,派破冰船萨特戈号,探险北冰洋,结果圆满。一九三五年以后,遂在北冰洋岸设立无线电台及气象台三十余处,飞机场数处。目前巨轮已可通过,惟通航之期,限于每年七月至十月中旬。此期以前,冰山未解;此期之后,冰冻再结。至飞机之来往,则无论何时,皆不受阻碍焉。

参考书目

1. 田鹏:《中俄邦交之研究》.
2. 《捷流士金号探险报告书》.

第十章　西伯利亚之作战准备

第一节　日俄对峙之尖锐化

九一八事变前后,日本向世界宣传,愿为前锋,对俄备战,以防止共产主义在远东之蔓延,而救世界于危亡。此言是否由衷,姑不深究。然利用此种宣传作烟幕,以遂行其占领东北、侵略蒙古之阴谋,则纯为事实,无可讳言。自九一八事变以来,日本在我东北各省,实行种种备战工作。如统一交通机关,以便战时之消息灵通,运输畅达,如增加东北驻军,以备必要时先发制人,对俄袭击;如武装移民东北,以备战时之后卫充实,较易操胜;又如攫取我东北富源,以备战事延长时不致发生经济恐慌;凡此种种皆足以表示日本对俄备战之决心。苏俄并非聋聩,宁不知之。一九三四年二月九日,苏俄远东司令白鲁宁将军举行大校阅时,向众演说。曾谓:"日本种种策画之目的,不在自卫而在袭击苏俄。第一即为日本拼命赶筑军用铁道。计以往两年内东北新敷铁路,长达千余公里,直达苏联边界;就中有经济价值者,不过百分之三十至三十五。第二为赶筑公路。过去二年内所筑公路,总长二千二百公里。其位置不在边区,即自东北内部向苏联边境。其方向恒取对于以后军事行动之发展之最为有利者。第三为竞筑飞机场。现时沈阳、哈尔滨、齐齐哈尔、北三角区及该区北部所辟飞机场及航空根据地,约有五十处。……日本驻在东北之军队,以前仅二万人,现时则有十三万人,占日本全国陆军三分之一以上。此外,尚有东北军队十一万至十一万五千人,及由日本统率之武装白俄一万二千人。同时,于此期内,松花江之海军,已扩充为二十四分队。"

苏俄对于此事之答覆,即为奖励移民,开发富源,提倡轻重工业,西伯利亚铁道改铺双轨,建筑西伯利亚铁道平行线;沟通北冰洋交通线,如前两章之所述。不仅此也,远东之红军亦大事增加。如以一九三三年与一九三一年相较,步兵加十成,骑兵加十五成,总人数达十五万人。红军配备之坦克车与飞机,均在五百架以上。而对于边境之防御工事,亦积极建筑。此种情形,日本亦知之。一九三四年一月二十九日,关东军司令菱刈隆在大连对往访记者谈:"东三省边境之苏俄军备,似已完成外线包围东北之阵容。自海参威迄大乌里及赤军根据地,俱有相当行动。"

由上所述,双方皆在备战,亦皆知其对方之备战。兵犹火也,不戢将自焚?然则战争之来,尚可避免耶。且日、俄之间,自一九三一年以来,摩擦甚大。早期有南北平分之对抗,其次为中东路之交涉。此二事方了,其后又发生东北与俄国境界问题。如马江口三角洲之争执,江东六十四屯之争执,西部满洲里境界之争执,哈尔哈河三角洲之争执,皆是也。其直接由日本与俄国正面冲突者,尚有北库页岛石油之交涉与北洋渔业问题。凡此种种,皆为日、俄战争之可能的导火线,使一九三七年不发生七七事变,或一九四一年不发生德、俄战争,则日、俄之战争早已爆发。七七事变既起,日本倾其全力,不能解决中国问题。德、俄战起,俄人倾其全力,方获阻止德军之锐进。两方无暇亦无力作正面之白刃斗争,亦侥幸之至矣。

第二节　重新画分远东行政区域

苏俄为对日本作战,除上述一般战备以外,尚有几种特殊设施,大可注意。其一为重分远东行政区域,其二为保卫海参威,其三为布置防空航空网。兹依次述之。

俄政府对于远东一带行政区域,年来时有变更。虽因各地经济之发展,行政之便利而然,但于一九三四年,苏俄画分远东行政区域,将与日本及东三省接近之要地,如海参威、伯力、双城子等,均定为各州之行政中心;同时又在将来日、俄战争最后决胜负之后贝加尔区域特设赤塔州,扩充行政范围;是其画分行政区域之举动,固不仅为经济上与政治上之原因;而实具有军事上之意义矣。因此等区域,与东三省、朝鲜壤地相接,地势重要,为军事上之运用起见,不得不将行政区域之权限,依势画分,以便利事前之措施及临时之指挥。故其画分新区域,亦间接备战之行动也。

一九三二年,苏俄将远东边区分为四州、四道、三直隶县及一独立市。四州者:东海滨州、阿穆尔州、库页州、堪察加州。四道者:下阿穆尔道、鄂霍次克道、楚考特斯道、考你克斯克道。三直隶县者:比罗比章县、下塔木堡夫斯基县、波力高洛德内县。一直隶市者:伯力市。后之三县、一市,直属于远东边区执行委员会,一九三四年夏,苏俄中央执行委员会以比罗比章县系专为犹太民族而设,且其经济建设亦颇有进展,遂改为自治州。又于七月二十五日议决将原设之四州辖区及各道,另行分设四州。即乌苏里州,自东海滨州分出;伯力州,有三县系自东海滨州画出,另加其余两直隶县;下阿穆尔州,则合下阿穆尔道及鄂霍次克道而成;及宰义州。于是苏俄远东边区,有九州,四十县,十市,一道,两镇。其分配如下:1. 东海滨州,治海参威;辖管鲍西崖特斯克、式考陶夫斯克、苏昌斯克、奥力京斯克、切尔尼斯克、苏维特斯克等六县及海参威市、苏昌市、阿尔却莫夫斯克镇。2. 乌苏里州,治双城子;辖管双城子、格罗得考夫斯克、伊万诺夫斯克、米哈宜洛夫斯克、鲍克洛夫斯克、斯巴斯克、式马考夫斯克、兴凯斯克、紫尼尔高夫斯克、牙考夫列夫斯克等十县及双城子市。3. 伯力州,治伯力;辖管加里宁斯克、比京斯克、哈巴洛夫斯克、危亚塞姆斯克、克姆索毛尔斯克、库尔乌夫米斯克等六县及伯力市、骡马市、克姆索毛尔斯克市。4. 阿穆尔州,治黑河;辖管阿尔罕林斯克、布列因斯克、谢列木真斯克、包姆纳克斯克、斯吾鲍得宜银斯克、马乍洛夫斯克、伊瓦洛夫斯克、阿列克山得洛夫斯克、塔姆包夫斯克、乍维金斯克、米哈宜洛夫斯克等十一县及黑河市、斯吾鲍得内市。5. 宰义州,治鲁赫洛吾;辖管莫高臣斯克、鲁赫洛夫斯克、忒赫金尔克、宰尔图拉克斯克、宰义斯考乌楚尔斯克等五县及鲁赫洛吾市。6. 下阿穆尔州,治庙街;辖管开尔宾斯克、乌力乞斯克、下阿穆尔斯克等三县及鄂霍次克道、庙街市。7. 堪察加州,治彼得洛巴夫洛夫斯克;辖管全堪察加半岛,原由远东边区执行委员会管辖之楚考特斯克及考你克斯克两道亦属之。8. 库页州,治阿列克山得洛夫斯克;管辖全库页岛。9. 犹太民族自治州,治比罗比章镇;辖管比罗比章县。

苏俄自一九一〇年,废省而采用州区两级,以为行政系统之单位。于是后贝加尔之赤塔与斯列金斯克省均改为区政府,行政范围仅及于原有区域。至隶于省治下之其他区域,皆单独设立区政府。此制实行已数年矣。一九一四年,苏俄政府急变更原来制度,在东部西伯利亚边区之下,另设一赤塔州,其行政范围已不如从前之狭小。据同年全俄中央执行委员会主席团之决议,将下列二十二区即:阿列克山得洛夫扎渥特斯克、亚克辛斯克、波尔纯斯克、培尔金斯克、格奇木洛扎渥特斯克、奇特金斯克、卡楼姆斯克、克拉斯列起可斯克、扣林斯克、马则青斯克、聂尔青斯克、聂尔青扎渥特斯克、欧林斯克、欧格温林斯克、彼得洛夫扎渥特斯克、斯列金斯克、赤塔、乌浪兴洛克斯克、乌列托夫斯克、乌司切卡里克切、切为诺什夫斯克、石尔金斯克,均隶属于州政府之下,其行政中心地,则为赤塔城。并任命歌加托夫、科尔母斯起科夫、塞连达可夫、欧西波夫、波洛若夫、莫洛特赤夫等六人为州政府组织委员,执行一切行政设施。

第三节　保卫海参威

海参威在日本海之北岸,俄国东海滨省之南,为西伯利亚大铁道之终点,俄国远东舰队之根据地。此地距俄京莫斯科达九千公里,孤悬远东,形势甚为危殆。其南距日本东京仅一千二百公里,西距朝鲜边境不过百里,最易受日本之侵袭与包围。一旦日、俄作战,日人必先攻海参威。若自防守之观点言之,此地殊鲜军事上之价值。

但俄人保卫海参威,亦有其特殊理由:第一、俄若坚守海参威,可牵制日方多数之围攻部队。如防守之时间延长,足以使日军推进至西伯利亚腹地之行动为之迟缓。第二、此地海港优良,有水道甚多,为极佳之潜水艇根据地,可以扰乱甚至妨碍日本与亚洲大陆间之水上运输,有半封锁之威力。第三、此地处日本、东北、朝鲜三地之中,当日本交通线之侧翼,若用为空军根据地,则朝鲜海口、东北各大城市及铁路交通线,无一不感受威胁。第四、日本房屋多用木材及纸造成,最易燃烧。苏俄轰炸机越海轰炸,则主要城市将为之尽成废墟,在军事上、经济上,破坏之力极大。

因为海参威在日、俄战争中之整个战略上有上述类种优势,故苏俄近年来竭力加强海参威之防御设备,使之成为远东之坚固堡垒。一旦战争降临,两方争夺,一攻一守,各谋出奇制胜,必有一番精彩之表演也。至其防御情形,大致如下:

一、陆上之防御　海参威市街之背面,筑有炮台十二座,坚固异常;其前面之罗斯克岛,亦有海岸炮台八处;南海岸亦有重炮炮座五六处。全市之前后左右,俨然为一大炮之窟穴。沿苏俄、朝鲜与东北之国境之其他地域,并布置大规模之防御建筑。三合土筑成之坚固地下室,在原野中随处散布,相距均仅二三百公尺,其阵线不仅一重,往往有二三重之多。此等地下室之建筑,殊为巧妙,初观之不易探其所在。阵地之深,普通约十里,有时深至十五里或二十里。

二、水上之防御　海参威市中之铁道网,业已完成,共长三十余公里。埠头改为石筑,长达五千二百呎,同时可泊船十三艘。码头水深三十呎。并有长六千三百尺之浮水码头一处,同时可泊船十七艘。另筑货栈一处,内容体积为十四万零七百十六公升。又有露天港口一所,可存货达三十四万吨。船坞已增为三处:岸上二处,水中一处。陆上船坞,一长七百公尺,一长五百五十公尺。水中船坞长三百六十八公尺,其飘举力共八千万吨。最近复为储油便利起见,筑有煤油栈一所,可储油二千吨。大起重机增至九架,大者可起重一百五十吨。海参威迤北之阿列克山得洛斯克筑有军舰煤站一所。苏俄为积极巩固海参威之防御设备起见,不仅由西伯利亚铁道运送大批军器、军实,并且用轮船由黑海经印度洋而陆续运往。

三、空中之防御　苏俄在远东一带之飞机,至少在五百架以上。海参威为其最大空军根据地之一,通常驻有飞机一二百架。所有油库、机场、修理场,无不设备完全。其规模之宏大,建筑之坚固,亦不失为远东第一等之设备。某次当地长官举行盛大庆祝时,空中有百六十架飞机参加表演。当地居民,时闻隆隆之机声,昼夜不息,盖为预防万一,遂时常举行练习也。

四、海底之防御　海参威经常停有潜水艇二三十艘,系由欧俄拆卸分装运来,而在当地伏罗希洛夫工厂重行装成者。每日清晨即举行操演。一九三四年八月,驻东北日本司令小林向海军部进言,谓:"海参威现有潜水艇二十二艘,近更努力扩充,拟增加至五十二艘。"其言良确。

苏俄当局为防止海参威防务详情泄漏致影响将来军事行动起见，遂于一九三三年八月下令，禁止海船驶入该港之金角海湾。此项命令不仅限制外籍商轮入港，即悬挂苏俄国旗之商船，亦在禁止之列。同时施行海参威之进港规则，凡外船进口，须以俄人为领港，因之外船入港之负担增加。当时，日本外务省以日籍船舶出入甚多，所受损失极巨，令当地代理总领事向俄抗议，未得结果。复令驻俄大使太田继续抗议，亦未生效。日外务省遂以愤懑之态度表示海参威种种防御设施，其目的专在对日，苏俄亦置之不理。

第四节　西伯利亚航空网

苏俄在西伯利亚及远东，实行大空军主义。此举确能予日本以极强大极严重之威胁。如以海参威为中心，画一现代普通轰炸机所具有之一千五百公里活动半径，则朝鲜全土、关东州、东三省、北海岛、千岛、库页岛、本州、四国、九州、冲绳、惠美大岛，均被包括于圈内。即减半以七百公里画圆，朝鲜大部分及日本沿海地方之一部份，亦将在俄机威胁之下。苏俄现在所有之各种军用飞机，均具有远距离之飞航力，可由空中破坏日本之工业中心城市及其重要之运输交通线。

一九三四年三月，苏俄远东红军总司令布鲁宁（即加伦将军），对国际新闻社主笔林顿威尔斯谈话，强调将来日俄战争苏俄由空中制服日本之决心。略谓："兵士数目或多或少，余不欲以真象奉告。惟日本有大规模之海军，而苏俄则无之，故苏俄不愿在海上作战。然苏俄因预备与日本在天空中一决雌雄，不仅从事于防御之工作，且将向日本各城市作轰炸与化学之攻击。"

自一九三二年以来，苏俄在远东一带，秘密进行扩充空军工作，现已完成其各地之航空网。即由联系海参威、伯力、莫斯科之干线，分设东西南北之支线十余条。目前此等路线虽专运邮件，但一旦战事发生，可立刻变为军用线。查其支线之分配如下：1. 以海参威为中心，有阿列克山得洛夫斯克、亚奴支诺两线。2. 以伯力为中心，有海兰泡、皮戎、克姆索莫里斯克、澳哈及阿列克山得洛夫斯克等五线。3. 以海兰泡为中心,有朴资加黎澳、朴鸦尔哥澳两线。4. 以尼克来佛斯克为中心,有蒂加斯得里、客尔滨、格尔将三线。合计其他数短线,即达十五航线。此等航线之飞行状态,均极顺调,而完全包围远东北部之天空。澳哈、阿列克山得洛夫斯克、北库页及海参威各线,加以集结于东海滨省之各线,为对日本本国之包围线。海参威、伯力、赤塔各线,为对东三省之包围线。此外伊尔库次克至库伦之线,早已通航,亦为包围东三省航线之一。

苏俄之远东航线,最值得注意者,为:1. 伯力、库页线。此线自一九三〇年一月,即开始通航。除每月四号、十号、十一号三日外,每隔五日,通航于伯力、澳哈线以及伯力、亚塔线。此线航运能力极大,除具有夜间航空设备外,且具有中间飞行场三,临时降落场十五。2. 莫斯科、海参威线,为世界最长之远程航空路。此线自一九三五年一月起,即开始通航,暂时专载邮件,未几加运旅客及货物。如沿途各地之夜间飞行设备完成,则自莫斯科至海参威,仅三日已足。3. 海参威、彼得罗保斯克线,系由海参威起航,经过北库页而至东方勘察加半岛之要地彼得罗保斯克。自一九三四年六月十六日起,此路即行开航。将来与美国阿拉斯加航空路可以联络。故日方对此线之发展前途,极为重视。

苏俄在远东一带,特别注重空中防务。其重要之空军根据地如下:赤塔、大乌里、后贝加尔、勃拉郭、威领斯克、阿列克山得斯克、泡蒂卡罗夫、阿穆尔、伯力、乌苏里、泡杰脱、海参威、斯加耶。在斯加耶,并设有赤卫军航空学校。此外在库伦设有飞机场一所,可容纳飞机二百架之多。

苏俄空军威力,在世界上已位于一二等之列。目前集中远东之飞机,确数虽不易知,但至少在五百架以上。此等飞机,以攻击日本为目的,特别注重续航力之耐久。其中重轰炸机为 TB 二型,可乘十六人,装有德国造 M 一七型六百匹马力发动机,时速为二百四十公里,续航力为十四小时。如由海参威向东京进袭,五小时即可到达。可以有四小时之时间,从容轰炸或战斗。最近苏俄当局将 I 一五之战斗机加以改良,装置德国造 M 二二型七百匹马力之发动机,最大时速达五百一十公里。此外侦察机有 R 六型,装置德国造 M 三四型八百匹马力发动机复座,每小时速度为二百四十公里,续航力为七小时。他如俄国驾驶员技术之精,跳伞部队之勇,尚其余事。

苏俄军用飞机构造之进步,及驾驶人员技术之精良,已使红色空军成为极大威力。九一八事变后,日本军阀如疯如狂,然犹不敢轻易向苏俄挑衅者,即以俄国空军可以制日本之死命也。

参考书目
1. 田鹏:《中俄邦交之研究》
2. 《日本之作战力》
3. 恭瑟:《亚洲内幕》

第十一章 结论

第一节 俄人由西向东开发西伯利亚之趋势

俄罗斯为东亚国家乎? 西欧国家乎? 此实一骤难解答之严重问题也。自历史上观之,在一四八〇年莫斯科大公伊凡第三(Ivan Ⅲ)背叛蒙古以前,俄罗斯为一东方式之亚洲人属国。不特政治上军事上受蒙古之支配,即其风俗习惯、礼仪、学艺,亦无一不受东亚之影响。伊凡第四始以附庸蔚为大国,西伯利亚西部及哥萨克地方皆被征服。然仍未能脱去东方文化之桎梏。至一六一三年,含有北欧血统之罗曼诺夫(Roman ff)起自民间,建设新王统,俄人始倾向欧化。及一六九〇年,彼得大帝(Peter the great)当国,乃奋然摆脱东方式之衣裳,投入西欧文化之怀抱。故自历史观之,俄罗斯初为东亚国家,后始改为西欧国家。

再自地理上观之,其大俄、小俄、白俄、乌克兰诸部虽在欧洲,而西伯利亚、俄属土耳基斯坦,则皆在亚洲。至高加索则一部分属亚,一部分属欧。俄人地跨两洲,面积俱广,二者平衡,未能偏重。欧俄之开发,固远较亚俄为早,故工商业重心在大俄、小俄、白俄,而农业重心,则在乌克兰。革命以前之西伯利亚、土耳基斯坦,俄人初不加重视,仅为流放罪人之区。但时至今日,西伯利亚之煤、铁、黄金、森林,土耳基斯坦之牧畜,与内高加索之石油,已成为俄国立国之基础。俄人之伟大领袖斯他林,亦亚洲产也。故自地理上观之,过去之俄罗斯虽以欧俄为重心,而其将来之重心,则必以亚洲领土为归属。

西伯利亚者,俄人之生命线也。得之则生,失之则死。保之则存,舍之则亡。吾人研究俄罗斯,尤当注意其在西伯利亚方面之开发。西伯利亚面积广大,凡五百二十万方哩,气候寒冽,森林丛茂,有无尽藏之木材,出产丰富,农牧咸宜,加以煤铁金银皆备,尤为世所艳称,诚所谓天府之国。十九世纪以前,俄人未加重视,利弃于地,良为可惜。至十九世纪,俄人始认识其价值,于是移民垦荒,发展交通,有蒸蒸日上之势。二十世纪以来,因科学之发达,国际大势之推演,位置日形重要。俄人以西伯利亚为内府,潜伸其利爪于东三省、朝鲜、蒙古、新疆,远东风云为之变色。及日、俄之战,俄人受创,十月革命,政治冥变,乃一变其外延之侵略而为内充之经营,而以两次五年计画为尤甚。西伯利亚遂由荒漠变而为农场,由农场变而为工厂,各种实业,如雨后之春笋,勃兴奋起,顿改旧观,方之欧俄,未遑多让。方今太平洋上,正值多事之秋,俄人初亦一亚洲国家,行见发挥旧性,参加表演,诚恐以西伯利亚为俄国重心之期,为不远矣。

默察俄人之开发西伯利亚,有由西向东之趋势,与美洲之开发由东向西者,遥遥相映,颇呈妙趣。此其故,因在于欧俄人烟稠密,而西伯利亚独开朗疏阔,可资调剂;但西欧强邻逼处,英、德皆鹰瞵虎视,不肯相让,俄人乃不得不别谋出路,免相摩擦。加之西伯利亚地势平戈,无高山大川之隔,极可任意驰驱,适合于俄人之发展。且其他富源蕴积,遍地黄金,探测愈多,发现愈众,大有取之无尽用之不竭之概,故每增俄人之注意而加倍其努力也。

当一五八〇年,耶马克之窜越乌拉山也,仅占额尔齐斯河流域之突波尔斯克地方,此为东进之第一步。至一六一八年,而阿利布佳以探险叶尼塞河,建筑叶尼塞斯克阗矣。此为东进之第二步。后伯给特于一六三九年到达勒拿河,建雅库次克城,直抵西伯利亚之中心。更于一六三八年出鄂霍次克海,建鄂霍次克城,东渐于海。此为东进之第三步。东方既至尽头,不得不转锋南下,于是波亚古夫于一六四三年,喀巴罗夫于一六四九年,斯梯班罗夫于一六五三年,巴科夫于一六五四年,伊里木斯克于一六六五年,相继在黑龙江上探险,前仆后继,愈出愈勇,何其盛也。此为东进之第四步。此后数十年,虽遭尼布楚条约、恰克图条约之挫折,而东进之志迄未稍衰。至穆拉维夫,以盖世之雄才,抱大无畏之伟略,于一八五四年,一八五五年,一八五六年,三下黑龙江,再接再厉,蹈奋无前,适清朝已非康、雍、乾三朝之盛也,筹边乏术,边将无人,遂不旋踵而于一八五八年,一八六〇年,相继夺我黑龙江以北、乌苏里江以东之地。此为东进之第五步。俄人意犹未餍,谋我东三省日急,遂有一八九六年中俄密约之缔结,华俄道胜银行之成立,东清铁道会社之组织。一八九七年,复乘机占据旅顺、大连,一九〇一年,又乘机缔结第二次中、俄密约,并同时陈兵东三省不撤,俨然据为己有。此为东进之第六步。然卒因进步太猛,遭遇日、俄战役之败衄,退回原处。旋又密谋蒙古,于一九一二年私订"蒙俄协约"五种,同年成立中、俄协定草案及声明文件另件等项。一九一四年另结中、俄、蒙协约,拟将蒙古由中国手中夺去。于一九二一年又煽动外蒙古成立人民革命政府,缔结"互助密约",隐相庇护,此为东进之第七步。计其前后所采步骤,遇东则东,东尽则南,能进则进,不能则守;然自大体言之,要不外由西向东,继续发展也。

第二节　早期开发西伯利亚之结果

综合观察俄人开发西伯利亚全史,可分为三个时期。自一五八〇年耶马克闯入西伯利亚始,至一八六〇年北京续约止,为第一期。自一八六一年成立东海滨省起,至一九一七年共产党革命止,为第二期。自一九一八年苏俄成立,至于今日,为第三期。

第一期之开发,前后历二百八十年(一五八〇——一八六〇),进步虽缓,结果独多。举其著者,其一为领土之扩充。如俄毕河流域、叶尼塞河流域、勒拿河流域、北部冰原、阿尔泰山地、贝加尔湖区、东部山地、阿穆尔省、东海滨省、堪察加半岛之获得,使其领土增加数倍。东西长五千余哩,南北广二千三百哩,面积五百二十万方哩。今日所谓西伯利亚,其领域实确定于此时。其二为人民之增加。俄国自征服西伯利亚后,获得原始西伯利亚人百余万,新西伯利亚人又百余万。自一五八〇年至一八六〇年,移入西伯利亚四五十万。而新西伯利亚人中之哥萨克与索伦部落,尤为骑兵劲旅。其三为富源之获取。西伯利亚可耕之地,有二万万英亩;种小麦者一万万二千五百万英亩,种燕麦者七千五百万英亩。目前已有十万万斛之剩余穀品。又有马七八百万头,牛千余万头,羊千五百万头,猪三百万头,羊一百万头。森林面积十万万亩,年产木材六十万万立方呎。煤藏量一万六千万万公吨。黄金、银、锌、铁、铝无数。此外兽皮、煤油、牛乳、渔尚不在内,可谓富矣。其四为太平洋上海口之获得。俄人立国,向缺海口。自占领西北利亚后,先后获得尼古拉维斯克、鄂霍次克、彼得拔甫诺夫斯克及海参威诸港。而后者控制日本海,接近东三省及朝鲜,军事上商业上之价值尤巨。自日、俄对抗尖锐化以后,海参威更一变而为俄国海陆空军之最前哨矣。

西伯利亚之价值,不仅上述四端,不过略举一隅,以待三反。至一八六〇年以前,俄人毫未经营,但图领土之鲸吞,罔思富源之开发,遂致农、牧、渔、林、矿、工、商诸业,荒废不兴,力不出身,利弃于地,此不特俄国之损失,抑亦亚洲之损失,全世界之损失也。故在十九世纪以前,世人皆目西伯利亚为荒寒,莫肯至者。惟政治犯、宗教犯、流氓、盗贼及未开化之人类,寄息其间而已。

第三节 中期之扩展与受挫

第二期之开发,历时约六十年(一八六一——一九一七),进步较速,结果亦多。此期之开发,外延与内充兼而有之。惟外延不甚得意,而其内充初不以社会经济为目的,但欲遂其政治上军事上之野心耳。

先就外延之开发言之:俄人本拟以西伯利亚为内府,东三省、蒙古、朝鲜为外库,故在本时期中,努力于此三地之获得。但于朝鲜,则仅窥藩篱;于蒙古,则惟事羁縻;于东三省,则得而复失。自西伯利亚之整个开发史言之,亦一悲剧也。

当一八六〇年至一八九五年之顷,为中、日、俄在朝鲜三角斗争时代。中国有李鸿章主持于内,袁世凯折冲于外,先后将日、俄势力摒去朝鲜。一八九五年之中、日条约,乃李、袁得意之作也。是年之后,日本在朝鲜几度反攻,卒酿成中、日战争。一九〇四年鸭绿江、平壤诸役,中国战败,朝鲜转归日本。日本得之以为根据地,以励行其大陆政策,自不得不排俄。故朝鲜之割让,中国辱,日本喜,俄国怒。日后三国在东三省之勾心斗角,其远因胥出于此。

俄人于朝鲜陷落后,急图于东三省力制机先,以为补救。遂有一八九五年之三国干涉还辽,一八九六年之中俄密约及道胜银行与东清铁道会社之成立,一八九七年之旅、大租借,一九〇一年之出兵东北与第二次中俄密约,一波未平,一波又起,兔起鹘落,纵横捭阖,诚外交界惊心动魄之杰出也,自一九〇一年至一九〇四年,四年之中,俄人已占据东三省为已有,修铁路,开矿山,置守兵,筑营舍。东三省之未继阿穆尔省、东海滨省之后而沦为俄有者,其间殆不能容发。日人感于朝鲜之受感胁,与大陆政策之受阻碍,遂毅然对俄国宣战,终将俄兵击溃,而造成一九〇五年以后日、俄在东三省南北对峙,平分春色之局。此种情况,相持至一九三一年九一八事变,始行改观。

俄人受挫于东三省,乃思取偿于蒙古。自一九〇五年以来,或利用喇嘛教,或散发金卢布,以收买蒙古王公之欢心。一九一二年,更乘民国创造未遑北顾之际,密与蒙人订立"蒙俄协约","商务专条","开矿合同","筑路合同","电线条约"。同年,更以声明文件及声明另件之方式,迫中国承认外蒙古自治,并承认俄人在蒙古之一切权利。处心积虑,无非欲令蒙古变为西伯利亚之一部份而已。惟俄自日俄之战败衄后,凶焰稍戢。且战后国内骚动，虚无党、共产党四处潜伏，未能专心对外，我国之外蒙古，遂以不即不离若断若续之方式，暂获苟全。

本书开卷时，曾指出西伯利亚一名称，其含义初不一定。最早所称之西伯利亚，不过额尔齐斯河一带地方。至俄人向东发展，遂引伸其义，包括亚洲俄罗斯全境。当尼布楚、恰克图两约之后，阿穆尔、东海滨两地，尚为我国东三省之一部。瑷珲条约，割黑龙江以北，北京续约，割乌苏里江以东，此两处地方，遂亦名之曰西伯利亚。窃尝谓使无一九○四年之日、俄战争，与一九一七年之俄国革命，则不仅东三省、外蒙古将继前述两地之后而构成俄属西伯利亚之一部，即朝鲜、热河、察哈尔、绥远，亦将不免；而旅顺、大连或永成为俄人东方之不冻港，海参崴且将变为废墟矣。吾人述西伯利亚之开发，连篇累牍，描写俄国之侵略东三省与外蒙古，职是故耳。

次就本时期中西伯利亚内充之开发言之，其重要结果如下：其一为殖民人数之增加。在第一期末年，西伯利亚除拥有新西伯利亚人、原始西伯利亚人共二百万外，真正俄国之移民，尚不满五十万。自一八九六至一九○五年，平均每年移民十万人。自一九○六至一九一○年，平均每年移民四十四万人；自一九一一至一九一四年，平均每年移民四十万人。故在俄国革命之前夕，西伯利亚已有人口八百余万人。比之中国一省虽不足，比之澳洲全洲，已在伯仲之间矣。其二为大城市之勃兴。俄国革命前夕，西伯利亚沿铁路线一带及大河会口，已有若干城市，由荒寒之村落变为繁荣之都市。人口在一万至五万者，有突波尔斯克、巴诺尔、布纳哥叶什钦斯克、克纳斯诺鸦克斯、赤塔、通木斯克、伊尔库次克。人口在五万至十万者，有翁木斯克、诺弗西伯儿斯克、海参崴。其他一万以下者，更无虑数十，全西伯利亚俱呈活跃繁荣之气象。其三为富源之着手开发。俄国革命以前，西伯利亚已耕种之面积，约二千一百万英亩，有农场二百万处。马、牛、羊、猪共三千七百万头。黄油输出，达一万万六千五百万磅，居世界第二位。森林开发总数，为一百零七万万八千六百万立方呎。渔产每年在十一万至十三万吨之间。金、银、煤、铁、锌、铝诸矿,亦在陆续开发中。工业方面,则伊尔库次克造木船,巴诺尔造牛乳罐头、皮外衣,叶尼塞斯克制陶,库兹里次克与通木斯克制造五金及木工业,成绩并皆卓然可观。其四为西伯利亚大铁道之修筑。俄人欲克服西伯利亚之不可接近性,乃发愤大造铁路,自西徂东,横贯欧、亚两大陆,为有史以来之创举。计自一八九一年至一九一七年,前后十六寒暑,共造成西伯利亚本线三、○四八俄里,后贝加尔线一、八五五俄里,东清铁道线一、六一三俄里,乌苏里线九一八俄里,黑龙江线一、○一七俄里。五铁道共长八千五百零五俄里,合二万六千余公里。其工程之伟大,费用之浩繁,关系之重要,结果之优良,足开世界工程界之新记录,此真西伯利亚开发史上值得大书特书之事也。

第四节　晚期之真正开发

第三期之开发,共历时二十一年(一九一八——一九四一)。此时期中,疆宇既定,国策更张,不图领土之扩张,专务富源之增辟。故第一期专务外延之开发,第二期则外延与内充同时并重;第三期更专务内充之开发。用力既能专一,成绩于焉卓著。举其大者,约有七端:其一为人口之繁殖。第三节中,著者曾指出革命前西伯利亚之人口,约八百余万。至一九二六年,依实际调查,已增至一千五百万。截至最近,闻已达二千万。不仅此也,早期之四五十万人,多为罪犯。中期之八百万人,多为农民及手工业者。最近之二千万人,则农、渔、牧诸色人等外,更有工人、商人、实业家、机械师、军人、公务员、教师。不仅量的方面有极大之进步,即质的方面亦更较充实而优良。其二为大城市之继增。第二节所述诸大城市,在本期中继长增多。如依一九三三年之调查,巴诺尔、克纳斯诺鸦斯克、通木斯克三城,皆达十万人以上。海参威、伊尔库次克,皆达十五万人以上。而翁木斯克、诺弗西伯儿斯克,竟至二十万人以上,接近三十万人。其余赤塔、布纳哥叶什钦斯克,亦接近十万人。至五万人以下之城市,更无虑数十。此外有一值得注意之事,即前两期之城市尚赖交通线之扶持,而晚期之城市,已不专在西伯利亚铁路附近,尤以远东区及贝加尔区,工厂星罗,矿场棋布,城市最多。其他各大河沿岸及北冰洋沿岸,亦逐渐开发,有乡村城镇之发生。其三为富源之大量开发。据一九三五年之统计,耕地面积占三千万英亩,每年输出农产品十万万斛。又据一九三八年之估计,西伯利亚之森林,每年可出产木材六十万万立方呎。又据一九三五年之统计,苏联皮毛业占国际贸易百分之三十。同年统计,西伯利亚每年产煤一千八百万余吨,产金二三百万两。其四为新式工业之提倡。两次五年计画,拟将西伯利亚全部成为工业化。如画南乌拉尔为钢铁与重工业中心区,诺弗西伯儿斯克为轻工业中心区,克纳斯诺鸦斯克为机器制造区,通木斯克为木工业区,巴诺尔为纺纱与织布中心区,蒲洛斯托洛逸为金属工业联合区,勒拿波达波与塞耶河为黄金区,库页岛与外贝加尔为石油区。足见其提倡轻重工业,因地制宜,不移余力。其五为两次五年计画。第一次五年计画,于一九二八年开始,一九三二年完成;第二次五年计画,于一九三三年开始,一九三七年完成。前者以欧俄为工业化之对象,后者以西伯利亚为对象。前者曾支付经费九万万卢布之巨,专以完成西伯利亚方面之建设;后者则用于西伯利亚方面之经费,占全部经费约百分之五十,计第一年支付四万万五千万卢布,第二年支付十八万万卢布,除大举经营煤、铁、金、银、森林、渔业、机器制造轮船而外,更有主要建设十种。其魄力之雄厚,规模之伟大,良可钦佩。其六为交通事业之发展。最重要者,如西伯利亚铁道改铺双轨,建设西伯利亚平行线,增设各地支线,打通北冰洋航路,铺设各处石子公路,开辟航空线,设置汽车制造厂,汽车装配厂,设置大规模之造船厂,修理各港海口,皆交通方面之伟业也。其七为远东区之特别重视。除在远东改变行政区画外,又特别优待本区之军人、农人、公务员,以为奖励移民之计。又在远东方面,设置炼油、水泥、石灰、制砖、制铁、机器、制糖、冷藏、味精、打油、制盐、造面、发电等各种工厂,以增加其自给自足性。目前远东之重工业、轻工业、交通业、文化业,皆已具有基础,较西伯利亚他处为优。

惟晚期西伯利亚之开发,尤其是远东方面,处处皆含军事性。即重工业、轻工业、交通业、农业等种种建设,表面似为纯经济性质,而最后之指归,亦皆以在远东作战为准则。至如海参威之设防,贝加尔之储积,以及远东海陆空军威力之加大,其用意更不言而喻。远东战事发生愈迟,于俄愈为有利,盖西伯利亚之各种建设,原无基础,非待相当时间,不能见其成果。自目前之形势观之,殆幼虎之张牙,雏鹰之鼓翼耳。

工业革命与近代社会问题

晚近数十年来,欧美各国,社会革命之声,风起云涌;而其间所谓社会问题者,历历如贯珠,累累若朝露;萃彼国人自政客学者以至贩夫走卒,钩稽构结,聚讼纷纭,迄无解决之法。其洪涛搏击所至,举世骇目;流波之被于东亚者,若中国,若日本,亦各有若干青年,讨论问题,标榜主义,极奔走之能,为宣传之事;愚者骇焉,智者蹙焉。窃以为一国家一社会之青年,诚负有改良其国家若社会之责任,顾各国历史迥别,社念悠殊;在甲国可以成绝大问题,在乙国或竟毫无关系,在甲社会流行一时之主义,在乙国或竟枘凿不能相入;是故读史论世,不徒识其皮相,尤当明其背景,知时记事为第一义,揭利袪弊为第二义。兹篇之作,意在抉剔欧美近代社会问题真相,而探索其来源;再勘比观之,察其与中国社会是否相同,与中国国家是否相适,再悬测其未来,为一简单概略之说明;至其所论列,能否如吾意旨所期,或竟与初衷相反,则未可深信也。

工业革命前之欧洲社会状况

罗素谓中国为二十世纪之中世纪国家,昔尝怪其说,比以中世纪欧洲与中国现状对照,不禁爽然。请略述工业革命前欧洲状况大凡:

276

迭伏氏 Defoe 于一七二四——一七二六之交,游历英国,至 Yorkshire 描写其地状况甚悉:"在崎岖陡峭的山边,人家错落,其土地多分为无数小块,自二亩至六七亩不等。二三块地之间,辄有房屋一所……田舍稠密,鸡犬相闻,农人力田之余,从事纺织,所织布绒线毯之属,悬以张布架,以俟其干;故此等布架,随地可见。建筑之宏大者,工业制造所附焉……织布者畜马一头,以为收买材料,转送线纱之用;纺织既峻,则输其货于市,普通之家往往畜牛二三头,此农人生活之大较也。……至若五谷之属,年获不丰,乃无余力以为养畜鸡牲之用。人民率皆体力旺健,安土乐业;或纺绵,或漂纱,或织布,妇孺咸无游手,四岁以长,类能自给。乞丐甚少,时或于古式建筑之贫民救济院外,见怠惰者徘徊其侧,其余则不数数觏也。'古诗云:乡村四月闲人少,才了蚕桑又插田,可为咏矣。'其生活高洁,富贵利达之见,不介于怀。"[1]如迭伏氏云云,可见乡村生活之一斑,其在城市,则同业公会之组织,实为彼时代一大特色;可分为商业公会 Commercial guild 及工业公会 Craft guild 二种。商人及工匠,各以其类,组成团体;有职员,有常会,有规约,记者科以重罚。其目的在(1) 保护同业全体,(2) 维持会员相互间之平等关系;[2]"会中各分子,纯为公共意见及同业道德所吸收。"[3]商店及工匠家中,又有所谓艺徒制,习某艺者,投身于某职业家中,无赁银,寄宿食,服劳役,供趋使,如是者七年,得为艺匠,从事自由营业。[4] 以上所述,为中世纪乡村及城市生活概形,与我国内地各处,大致相类;自十二世纪至十八世纪,亘数百年。殆后人口发达,财力增加,生活程度提高,货物需要日切;加以十字军东征,商业扩张,农奴解放,逐渐演进,百年而后,欧洲现状,迥非畴昔,暴其端者,则工业革命是也。

---

[1] Daniel Defoe:A tour Through the whole island of Great Britain.

[2] Hede. B. Glbbins:Industry of England. Page 148－149.

[3] Ogg:Economic development of Modern Europe. Page 4－548. S. and B. Webb:History of trade Union. 19.

[4] W. T. Ashley:Introduction to English Economic History and Theory Page 84－124.

工业革命——机械之发明——煤之应用——交通事业之发达——钢铁制造

治西洋史者,至中世纪近世纪之交,率皆骇骇于维也纳会议之谲诈,法国革命之壮烈,拿破仑帝国之雄图,及海洋探险之兴盛;而于欧洲人民日常生活情形——即政治状况背景,概忽略焉;东洋史学家如是,西洋史学家,亦复如是,此大谬也。实则欧洲之所以为今日之欧洲,不在拿破仑、加富尔、俾士麦、威灵吞、奈尔孙诸人之斗角钩心,而在瓦特、牛顿、哈谷列夫、斯蒂芬孙诸人之搜肠绞脑,不在数十百武夫政客之喑呜咤叱谈笑指挥,而在无量数匹夫编户之民之纺绩工作;换言之,即此等改革变换之原动力,不在政治而在社会是也。将从前治史之眼光括而新之,其所得有足观者,此吾所以于工业革命拳拳注意也。

A. 机械之发明　　开工业革命之端者,曰四大发明,而煤铁之应用,交通之发展,实促成之。杰姆斯哈谷列夫者 James Hargreaves,英国兰克雪耳 Lancashire 之 Standbill 人也,业木工兼纺织,于一七七〇年,发明其所谓纺织机 Spinningjenny,厥制骈列纺缍无数,以机动之,同时可纺成棉纱多线;初仅八,后增至百二十。其明年而有 Arkwright 之水纺机 water Frame 出现,藉水力以司纺织,利甚宏便。水力利用,实为人类工业一大进步,后日之蒸汽力利用,电力利用,胥以此为滥觞。又数年——一七七九年,而克伦普登出 Samuel crompton,氏为农家子,业纺棉,乃合并哈谷列夫与阿克铣德二机之制,成为彼之纺棉机 Rhemule 者,自克氏之机出,而棉纱之质倍精,量一绝宏;每机一架,可用纺缍四百五十万云。

棉纱之质既精,所出之量既多,仍用窳陋不堪之织布机以为销纳,则不免有供求不相应之患,故至十八世纪末叶,新式织布机之需要,切于饥渴,发明声浪,继涨增高,果也于一七八五年而 Dr. Edmund Cartwright 之自动织布机 Powerloom 于千呼万唤中应声出矣。叠经改良之后引用渐广,十九世纪初期,全欧风行,纺业织业,始得其平。阿文氏 Owen 谓:"织机一架,以一人司之,超于二百织工,用旧式织布机所得之总额。"此为普通所称工业界之四大发明,因此四大发明,而工业现一大进步。虽然机械规模宏大,所需之动力亦大,仅凭藉手足,有时而穷,于是自然力之利用,因机械进步,同感切需,其始诉之水力,而水力有时为地点所限制,应用难期普遍:至一七六九年——即历史上著名英杰拿破仑、威灵吞同时诞生之年,瓦特之蒸汽机关出现,工业革命之进步,犹骏马之驰驱,蒸汽机关,则鞭策也,以鞭策马,奔驰绝尘,以蒸汽关运用工业革命,狂飞突进,故人有谓工业革命,肇端于蒸汽机关发明者,其影响于工业,良非细故。顾其初制简陋,仅煤矿中排水用之,一七八五年,始引用于工厂内,然犹未能盛行,观 W. Radcliffe 于一八二八年著书述当时工业状况,仅与我国今日通商各埠情形相似,犹以蒸汽机关之发明,诧为诡异,用为谈资焉。[1]

B. 煤之利用　机械之发明,略如上述矣,惟欲扩张其规模,推广其应用,尚不能不假借石炭,炭额之激增,为工厂制度 Factor System 之母,请略述十七世纪采煤状况,及其所发达原因。采煤之难,在石炭自身过重,及矿中郁水甚多;郁水甚多则采崛不能深远,石炭过重,则运输极感困难,自洞底敷设斜梯,蹒跚曳戴,跋梯而上;费力诚多,所得难偿,此煤业所以未能发达也。然自瓦特蒸汽机关,用以排水,煤矿中绝少水患;用以起重,运煤之道,乃大简易,其影响所及,爰生二种结果:

(一)采煤业之发达,(二)工厂制度之暴因,煤之产额,因以日多,煤之功用,因以日宏,新机械尤觉便利,煤矿历落,工厂林立,几于地无余蕴,人无游手矣。而影响最重变迁最大者,厥为英国,格宾 Gibbin 之有云"英国宪法基本于煤田之上",又云"一九〇〇年之英国与百年前之英国,大相悬绝,情事全非"。

C. 交通事业之发达　十八九世纪之交,革命事业,备极繁多,与工业关连最切者,煤及机械而外,交通当首屈一指,兹将其发达变迁之迹,

---

[1] Radchtheff: The orogion of new System of Manufacture Commonlycolled Powerloom weaving and the Purpose for which this System was invented and brought into use.

分从运河驿路航船铁道四面观察：

英国曼彻斯特地方，素多煤，然以运输不便，采崛未盛，Bridge water 公爵有 Worsley 地方一大采邑，乃思凿一运河，自屋尔斯乃过曼彻斯特抵利物浦尔，以为运煤之用，比其成，获利甚厚，各地模仿，一七九一——一七九四之交，英国运河络绎，驿路亦于是时发达，自伦敦至英国重要各埠，广衢荡荡，邮马不绝，路政修整，行旅咸便。然是固未足以尽交通便利之能事也，于交通事业开一新纪元者，为汽船之航驶，铁道之敷设，而美国之富尔敦 Folton、英国之斯蒂芬孙 Stephenson 实称两大功臣。

一八三七年——即维多利亚即位之年，横渡大西洋者有汽船二：Great Western 发自 Bristol，Serius 发自 Cork，均于四月二三日抵纽约城，费时十四日，为大洋航业之第一声，自是之后茫茫大洋，听人驰骋，无复风波之险。其在陆地，则斯蒂芬孙于一八一三年，曾有雏形铁路之敷设，用以运煤，制殊简陋；一八二五年自 Stockton 至 Darlington 之铁道，则大进步矣，拉货用机关车，载客则以马。直到一八三〇年，曼彻斯特、利物浦尔铁道成，铁路之功用始溥，墨客诺夫 Mcculloch 尝艳称之。各地踵行敷设，欧美殆遍。墨客诺夫云："欧洲大陆铁路之盛，前所未有；美洲亦盛行敷设，且有极长距离者。"当日铁道情形，据此已可概见。交通事业发达，工商业随以进步，盖出产之赢亏，实以输运之便否，销路之广狭卜之，世固未有不流通而居积者，吾所以对于交通事业琐琐道之。

D. 钢铁制造　如前所述，若纺织机械，若蒸汽机关，若车头，若铁道，若车站，若轮船，若工厂，需铁孔多；非有相当之质与量，不足以供需要。当一七四〇以前，融铁铸钢，概用木材，其焚甚奢，其量亦少；一七四〇以后，煤之出产既多，铸钢融铁寝便，二十年后，量增三倍。墨克诺夫云："钢铁业之发达，惟纺棉事业足以相抗；盖在应用方面，因建筑汽船，敷设铁道，致铁之使用增加；在生产方面，因用煤融铁，使钢铁产额增加而费用减少云云。"[1]机械之发明，交通事业之发达，及煤铁之利用，皆欧

---

[1] Mcculloeh：Commerce dictionary.

洲十八九世纪概形,工业革命特征,为中世纪近世纪之关键,中间所经,才百年耳。此百余年中,人类所经变化,所历波澜,所有发明,有史以来,未有若是之繁赜也。工业革命,实为人类进步一突飞,百年前后,社会状况,日常生活,迥不相模,故格宾氏以之比罗盘针之于航海业,火药之于军器,印刷之于科学,同为人类绝创云。至其援工业革命而生之诸种社会问题,得于下节,言其梗概。

本节取材于下列各书:

Ogg: Economic Development of modern Europe Chap. 7. 10.

Hamilton: Current Economical Problems Chap. 2.

Gibbin: Economic and Industrial Progress of the century Chap. 3.

Ely: Evolution of Industry Page 57.

A. O. Innes: England's Industrial development.

资本主义与工厂制度

自机械发明而欧洲向日之家庭工业制度 Domestic system,大遭打击。顾机械虽巧,其值乃昂,中人之家,往往不能办;非有巨资大贾,长袖硕腹,则工人之招徕,机械之购置,皆属徒托空言。于是资本主义勃兴,财力愈雄厚者,其狄利亦愈丰,其营业亦愈广;寝假演进,自成一资本家阶级,社会之重利,国之大权,渐落手中,其势力往往可以左右全国。又政府以奖励工商业之故,励行自由竞争 Laissez-faire 政策,莫或为之限制,此辈愈复明目张胆,鱼肉小民。故工业革命资本主义勃兴,从其善的方面观之:为工业发达,商业勃兴,财力增加,物质文明进步;从其恶的方面观之,为含垢养污,陷祸隐忧,道德堕落,社会问题蜂起,谓之为功亦可,谓之为过亦可。

资本主义之产儿,则工厂制度是也。工厂之大,等于城邑,容纳工人,自百万数十万数千以至百数十人不等,机声隆隆,黑烟蔽天,近世文明国家之特色此耳。工厂规模宏大,机械精巧,用力少而出品多,以极小劳费,收最大效,区区家庭工业,手工出品,以质论,以量论,以价值论,万难与抗,此理易明。于是小资本为大资本所吸收,小组织为大组织所合并,中等阶级以下人民,完全为经济所压迫,所束缚,毫无发展余地;贫者愈贫,甚至谋一安身唱饭之地而不可得,则不得不委身于资本家,宛转为机械奴隶,长时间之工作,薄工资之报酬,于是人几刍狗矣。其聪明颖异者,有时得由工人转为资本家,顾极少数,其否者,徒偷安旦夕,苟延残喘耳;资本家与劳工之间,阶级显别,彼此为保全其利益起见,互多争执之点,所操手段,或各有别,而各为其阶级争利益则一,此点为近代社会问题中心,横波四出,诸色灿然,有政府之手段,有资本家之手段,有劳工之手段,有非资本家非劳工而为智识阶级中人热心社会改革者,亦有其手段,容于近代社会问题节中,分别讨论。

再述社会状况之变迁

抑工业革命者,影响于社会组织者,不仅工厂制度发生资本主义勃兴而已。自他方面观察有可道者。

(一)家庭制度破坏——社会之组织,基本于家庭制度之上,惟农业时代为然,工业时代,男子糊口四方,女子亦力谋经济独立,于是或以经济压迫,无力组织家庭,或因地域关系,即有家庭,亦东西离散。男子之职务与目的,不在瞻养其妻子,而在瞻养其口腹,女子之职务与目的,不在主持中馈,养育子女,而在看守机械应酬主顾,家庭之根本要件丧失,仅一日暮栖迟之所,亦至不一定乎。爱利乌德 Elywood 分家庭制度破坏原因为三项。(a)个人主义勃兴,普通人民,以婚姻为私人契约,可以自由缔结,亦可以自由解散,离婚之事,因以日多。(b)工业革命,破坏家庭在经济上之作用,使个人成为生产单位,而家庭失联络,男女处于互相争竞地位。(c)财力增加,机械利用,财力增加,生活浮靡,道德标准日下,家庭关系,日益放驰。爱氏之言,可谓切中肯綮矣。

（二）都市生活之发达——中世以前，人民散处田间，工业与商业，多寓于乡村邸宅之内，供给和需要，各以地方为限，无所谓都市，只有城，为军事上之堡垒，宗教上之圣地，除敌人来攻以外，居者极鲜，都市无由发生，即最著名之雅典、加太基、亚历山大、罗马、推罗诸城，各才数千万人，且仅此数城而已，若九百万之纽约，八百万之伦敦，四五百万之巴黎、柏林，彼辈未尝梦见，更若东西历落，百里相望者，尤未足与语也。自工业革命，工厂集中，可以节省糜费，原料输入，作品运出，亦可得交互协助之益，且工人在工厂作工，自必居于附近，消费供给，同时增加，而人以群集焉。又交通既便，营业范围日广，商业振兴，转输交换之量大，与有关系地方日多，利之所在，人争趋之，而人以群集焉。欧美二陆，都市激增，国中数千百万之都市，随在皆是，多者百余，少亦数十。且都市生活，较乡为安适，谋生之途，亦较简易，恶劳好逸，人之常情，则都市之发达又势也。

（三）农业之衰退——农业衰退，为工业发达反响，其主要原因，据 Ogg 所说有三。（a）田地之生产额逐年减少。（b）耕地多移作牧场，农事因以荒废。（c）入口粮食，因交通便利，日益增加，竞争之结果，使农人不易维持生活。加以城市之引诱，工厂之吸收，兄弟姊妹相率迁移，乡村之田，乃至无人过问，而资本家乃以贱价收买之。

（四）分工——中世纪工业，率以一人作工程之全部，习艺工匠非娴熟于全部工程，亦难糊口，自机械引用，工厂发达，遂致分工细密，工人各专一部分，自易娴熟精巧，其产量用得大增，亚丹斯密之《原富》中有云："针之细微，自炼丝切线、穿孔抽条、锻练糅琢以至完成，有工程十八部。"在当时分工之细，已至于此。迻年，分工愈密，若支加哥之屠牛，克拉斯哥之炼铁，寸寸分之，其目备繁。即以印刷报纸一端而言，排版、放字、着墨、付印、折报等等各以一机，专司其事，一分钟间，可成报纸五百份云。

要工业革命，为社会状况变迁之主动，而社会状况变迁，又各种社会问题之导因，治史者，若于此点忽焉而欲彻底说明近代各种问题学说内政外交难矣。

右二节取材于下列各书：

Gibbins：Economic and Industrial Progress of the Century.

R. E. Prathero：Pioneers and Progress of English farming.

Veblins：Imperial Germany And industrial revolution.

Elywood：Sociology and modern Social Prolems.

Pobinson：Mordern History.

Ogg：Economic development of Modern Europe.

近代社会问题

因资本主义之勃兴，遂产生阶级战争问题，因工厂之林立，遂产生劳动组合问题，因家庭制度之破坏，遂产生社会道德问题，因都市生活之发达，遂发生社会管理贫穷救济问题，因农业之衰退，遂发生税则问题，因分工之细密，遂发生失业问题，妇孺劳动问题，总总林林，更仆难数，概括言之，可谓诸种问题，胥由于社会状况变化，而工业革命，又为社会状况变化之主因，换言之，无工业革命，必无今日林林总总之纷杂问题，可断言也。而为此各种社会问题之主人翁，一曰劳工，二曰社会改革家，三曰资本家及政府，自横面观之，则为无数复杂问题，自纵面观之，亦可分为三类：

保护贸易及社会政策

从政府及资本家方面观察，则保护贸易及社会政策是也，主张无政府主义者流，谓政府宪法皆为保护资本家之工具，其言虽不必尽当，然资本家与政府之间，有密切关系存焉。政府欲其国民经济发展与财政之充裕，不得不采用保护贸易主义，而资本家方面，因机械引用，分工精密，流为生产过剩之弊，一地所生产，一地不能销耗，亦不得不力谋扩张销路，推广市场，加以铁路轮船交通大备，远洋异国，来往频繁，商人则致力于组织公司,独登垄断,如南非洲公司东印度公司,皆以一公司之地,奠英国两大殖民地基础,其政府则假手于外交,纵横捭阖,如南非洲之瓜分,交趾支那之合并。港湾之租借,盟约之缔结,数十年来,极光怪陆离之观。一方面惟恐人之拒我也,则力讲求殖民政策,他方面又恐我之不能拒人也,则力讲保护贸易,在德国有若关税同盟 Zollverein,有若一九〇二年税则之修订。在法国有若一七七四,一八五〇,一八九二,一九一〇几次订正税则,而英国则时采自由,时加保护,直至一九〇三以后,政策始克确定,盖增减采舍之间不知费尽全欧政治家若议员几许脑力矣。资本与劳力,为生产二大要件,政府对于资本家,既励行保护贸易主义,行之既久,因关税加重,物价激增,生活程度提高,平民经济,状况备极窘涩;则社会政策之采用,为一般工人稍留余地,自属必然趋势。社会政策发生最早推行最盛者,当推德国,在国民纷纷有社会政策学会之组织,政府又极力提倡尽情采用,演为风气,各国效尤。其精义在调和资本主义,与社会主义之争点,而各采其所长,就现在社会状况以国家力量加以修改,故对于劳动工作加以尊重,又使参加企业,减杀精神痛苦,他方面减少劳动时间,使工人得有适当休息与游乐,减杀物质的痛苦,至其实行方法,可分为国家社会政策与都市社会政策二种。

国家社会政策:以国家权力,解决社会问题,以立法行政之方法,达其目的,撮其大要,可得五端。(一)产业国营——阶级竞争,由于少数资本家,垄断生产事业,若能将主要生产事业,划归国家管理,则生产之目的,不在个人而在公众,可以息劳动争议于未然,且此策实行,无破坏现行制度之弊,而有逐渐改良之利,欧美政治家,咸乐道之。(二)救贫事业——在工厂制度之下,生活常不安定,富者恒少,贫者恒多,致贫之因:或以衰老,或以疾病,或以嗜好,或以懒怠,或以教育不良,或以能力薄弱,而时尚改变,工厂歇业,团体罢工,尤为主因。要此辈寡妇孤儿残疾老耄及一时失业颠连无告者流,为经济压迫不能自救,社会组织不良有以使然,是不可不思救济之,救济之道,在多设慈善机关,或由公办,或由私办,或由公私共办,若英国之养老年金,寡妇年金,孤儿津贴,德国之养老院贫民院授产场疾病院皆是,而美国以私家所称营慈善组织著称,其儿童家庭协会,尤有成效。(三)整顿赋税——税则不良,往往使贫富之负担,轻重颠倒,整顿赋税,即于轻重取舍之间寓削富济贫之意,如日本所征相续税、营业税、所得税、地租税,及德国战前所行之地租税、营业税,盖有深意存焉,反之若消费税、买卖税、关卡税,则不可过重,以增贫民负担。(四)工厂法——工厂法内容,包含危险材料之限制,传播病毒器具使用之禁止,防护火警,流通空气,隧道矿山设备特加周全,及劳动时间之规定——普通以八时间为理想上标准,十时间为事实上标准——无使过于疲劳,夜工之禁止,以防意外,妇孺作工,加适宜限制,男子体力上技术上定相当标准,工资有最低限度,支薪有一定方法等等,要其目的在保护劳动之安全而改良其生活,毋使虐待。(五)保险——可分强制及任意二种,普通因工人生活艰窘,故任意保险难期有效,今世各国,率皆由国家强制实行,德国最早,于一八八一年,英国于一九〇六年,俄国于一九一二年,今日则欧美各国,无弗采用,其目有五:(a)伤害保险;(b)健康保险;(c)养老及疾病保险;(d)孤儿寡妇保险;(e)失业保险,意在尊重劳动之道德,增加其能率,减消其贫困及痛苦,预防其意外。

都市社会政策:自工业革命,商工发达,都市因以勃兴,前既言之矣。然都市之兴也,初无预定计画,亦无具体组织,则交通之系统,街路之交连,因时而变亦因时而不相宜,又房屋卑隘,娱乐机关缺乏,都市愈澎涨愈感切需。且都市人多品杂,其演于道德上之污点,经济上之缺陷,皆未能忽视,都市社会政策所由哓哓矣,实行方略,可如下述。(一)都市独占事业——依经济原理,事业以独力经营为有利,同业竞争,必致两伤。顾事业之专营,资本家必且乘机剥削鱼肉小民,故近今都市中,直接关于市民全体利害事业,如铁路、水道、邮政、煤气、电话、电车等,多归公办,可以减少无谓之纷争和嫉视,中下阶级人民,受利尤溥,若英国若美国若纽几兰若澳洲,行之者,成效胥著。(二)都市交通问题——都市发达,多在交通便利之所,如铁道中心与大河良港左右,惟天然形势,往往不能尽如人意,故市外交通,必需常加整理,如港湾之浚凿,河身之淘洗,铁道起迄点之选择，务以人力补充修改之。至市内交通，人稠地狭，其别出巧思以谋便利者，有地下铁道、架空桥梁、无轨电车等等，而马路修筑，沟洫浚治，更为市政要图。（三）居处娱乐所——最足以为都市患者，为传染病、地震及水灾，地震无法防止，惟建筑适当可以减少损失，水灾及传染病，完全由人自造，亦可由人力扑灭之，则市民住宅工人杂院，不可不加以相当监视，毋使因陋就简，或酿巨祸。而公园及娱乐场，为都市生活所不可少且不能以私人力量经营建设者，由市政厅设法开拓以调洁空气消除闷郁。（四）卫生问题及救贫政策——自普通观察，都市死亡率，常较乡村为大，都市人民寿命，常较乡村为短，则都会环境不宜摄生使然，是当多栽树木以清空气，整理水道以洁饮料，排众秽浊以消恶毒，广设疗病所以杜疾病之传染，改良家屋以遏病源，此皆都市卫生要务。又都市地方，衰老病苦颠连无告之人众，尤不可不多设公私慈善机关以谋救济。（五）教育问题——都市澎涨，就学儿童之数逐增，于是学校之增加，设备之扩充，教员之培养，图书馆之建筑，俱感切需，他如半日学校，平民学校，补习学校，以为一般人谋利益，必使人无失学之虞。要教育事业为各种事业基础，他种事业之办理改良推广，实利赖之，此教育事业所由不可忽也。

劳动组合及儿童妇女劳动问题

从劳动者方面观察，则劳动组合及儿童妇女劳动问题是也。工业革命，资本主义勃兴，资本集中，贫富相差日甚，资本家财雄力厚，又恃政府为护符，故自智力财力二面观之劳动者万难与抗，然压迫愈甚者，怨愤愈深，遂逼而思所以反抗之道，单独行动，虽常遭失败，但多人团结，亦自有相当权威，则工人组织团体，以谋与资本家相对抗，乃势所必然。又工厂林立之地，劳工众多，彼此利害相关，命运相同，自易结合，适一八四七年顷，马克斯、英格尔出，高倡共产主义，主张万国劳动结合，其势披靡一世，如水流湿，如火就燥，劳动组合之基，于焉大定。究其性质考察之，则亦有温和、激烈二派，温和者就现在经济制度，逐渐改革，以增进劳动幸

287

福为鹄,而从缓进入手,英国之职工组合 Trade Union 足以代表此派。激烈者采阶级战争手段,扶植工人,扑灭资本家,破坏现行制度,俄国之劳动组合 Labour Union 足以代表此派。其结合有限于特种职业者,有不限于特种职业者,就中英国之劳动组合,历史最长,亦最稳健,为温和派,组合限于同种职业,故有基尔特 Guild 之称。初亦受法律干涉,十九世纪末叶,经法律认可,始得自由行动,毛织工组合最早,成于一七〇〇年。炭坑夫同盟,团体最为坚固,亦最有势力,晚近组织三角同盟,标榜七时间劳动原则,颇为世人注目。

美国之劳动组合,正与英国相反,其历史甚暂,以一八六九年劳动骑士团为嚆矢,初无法律为之限制,惟入会手续较泛,团体殊久牢固,有 A. F. L. 及 I. W. W. 二种。A. F. L. (American Federation of lalour)采中央集权制度,以熟练特种技艺工人结合,故有贵族的劳动组合之称,说者谓其目的不在牺牲一般不熟练工人,而为少数人谋利益云。与 A. F. L. 相对抗者曰 I. W. W. (Industrial workmen of the world),创于一九〇五年,专联合不熟练工人与熟练者相对抗,有会员六万人。美国劳动组合,对于政治上取中立态度,注意于经济实力之涵养,与英国态度相同,惟罢工时,往往有暴乱行动,则少异耳。

法国之劳动组合为 Syndica,肇始于一八八四年,其组合不以职业为单位而以一产业为单位,若印刷业劳动同盟,金属业劳动同盟,一组织中包含同性质之职业数项,就中建筑劳动同盟势力最大。彼等对付资本家方法,罢工之外,有所谓怠工,表示隐而收效显。又法人富于感情,故其团体极为牢固。

德国劳动组合,起于一八六一年之烟草职工组合,虽遭政府解散,仍秘密继续进行,一八九〇以后,尤见发展,有团体四十余,多采中央集权制度,金属职工劳动组合势力最大。大战之后,国内社会秩序,由此辈劳动组合维持,其实力之雄厚,有足惊者。

俄国为农业国家,故劳动组合成立殊晚,其特点在一意从事政治革命,不竞竞于经济势力之培养,与英美异。欧战期内,俄国国内革命,即劳动组合所酿成,直至今日,仍继续握全俄统治大权,劳动者选举委员,办理工厂,分配工资,规定劳动时间及其余一切事务,于是将劳动问题全部解决,顾其所受之窘困损失,则难言焉矣。劳动问题为近代社会问题中心,而英美德法俄诸国之劳动组合运动又为劳动问题骨干,上节略述之以观大概,至别开生面之儿童妇女劳动问题,则附见于下焉。

机械发明以后,作工者往往不需特别训练充分经验,妇女儿童,足供趋使,相率入厂作工,或以谋口腹,或以备储藏,工厂主人,便其工价低廉,常乐用之,浸浸为劳动问题焦点矣。

果儿童妇女以闲暇时间,谋经济独立,自家庭束缚之摆脱,储蓄观念之养成,独立精神之启发,身体健康之保持诸点观之,于道德经济两方不无片面利益,然事实与理想常不相符,有妇孺劳动以来,厥利未见,厥弊繁滋。盖大多数儿童妇女劳动,纯以糊口为目的,所得工资极少,或仅足以维持最低生活或尚不能,劳动等于牛马,所谓独立精神储蓄观念,徒托空言。又工厂设备不完全,作工时间过久,其害尤多,分析观之,得如下述。(1)低落工资标准。人多工作少,是起竞争,竞争之结果,必为工资低落无疑。则妇人儿童劳动愈多,是男子劳动范围反以缩小,男子之工作,半为妇孺低价工人攘夺以去,又不得不低减工价以就之,循是而往,贫困日甚,朝夕状况且难保持,遑论地位升高道德向上之一日。男子劳动者,占社会大多数,忽陷苦境,习于下流,其害何可缕数。(2)且儿童妇女,因自求生活,终日勤劳,以柔弱之身,入不洁之地,辗转机械尘埃中,妨害身体之健康及发达,影响于其身及其子孙者甚大。(3)机械危险,妇孺何知,小一不慎,重则丧命,轻则残其肢体,彼辈出身微贱,将恃何物以养以葬。(4)工厂作工,人多品杂,良莠难齐,妇孺与之周旋,耳食败德之论,沾染恶习,损坏道德。(5)家庭聚首,母子相爱,夫妇相亲,举室有团圞之乐,比入工厂作事,日受呵责,乐趣毫无,迨休业返家,疲劳交至,心力憔悴,欲其整理家政,教育幼儿,必不可得,于是家政既弛,孺子流为无识无知之徒,长必为社会患。而儿童作工,精神困惫,时间有限,经济窘促,终不能自奋于学问。有此五害,故妇孺工作者愈多,惹起社会之讨论亦愈甚,关于劳动区域,时间长短,业务性质,工厂卫生,人员配置,社会学家至今讨论不已。

社会主义

从社会改革家方面观察,则社会主义运动是也。社会主义之学说,滥觞甚古,自希腊以降,每代不乏名著,举其要者:如柏拉图 Plato 之《共和国》(Republic),其大旨以个人隶属于国家,应竭全力谋国家之发展。摩尔 Sir Thomas More 之《乌托邦》(Utopia)极力鼓吹均劳共产主义。康巴拉拉 Campanella 之《太阳都》(Civitas Solis)提倡尊重劳动事业,主张共产公妻。哈陵吞 Harrington 之《大洋洲》(Oceana)亦以共生产均劳逸相标榜。此其人率皆怆怀悲世忧天悯人,乃以其胸中所郁积所梦想之黄金时代,面壁虚造,摸空假谈,一一寓托之于无何有之乡以自快。顾其时生活尚属安全,社会未形杌陧,人人皆安常而蹈故,其说卒未能有若何势力也。溯社会主义之发生,原于社会组织不健全,社会主义之推行,原于平民生活不安定,必社会有缺陷,乃有人檗揭其非,必生活多困难,乃有人踬饰其辞,造端者难属少数,推助者实为多人,其主张虽多臆说,靡不以社会状况为背影,此社会主义所以不盛行于渔猎时代,不盛行于农畜时代而盛行于工商发达时代,不掀波弄潮于十八世纪以前而独骇世惊俗于十八世纪以后也。吾向不云乎十八世纪工业革命,资本主义勃兴,生产方法改换,社会组织,根本动摇,因而富者愈富,贫者愈贫,贫富之相差滋甚,社会之缺陷滋多,社会改革家乃得乘隙蹈瑕而入,标榜新说,号召一时,一般工人,方宛转于经济压迫之余,无从解脱,一旦饫闻其说,利其惠我,从而和之,十八世纪之社会主义思潮,乃一发而不可遏矣。开十八世纪社会主义之端者为法人卢骚 Rousseau,卢骚著《民约论》。阐发自由平等之义甚详,而对于私有财产制度,攻击尤力,至指为一切不自由不平等之总因,可谓一语道的,为后世社会主义运动者所不能外。然卢氏之说,仅见诸理想,能实行其自己之主张置身革命运动者,当推巴白夫 Babeuf,巴氏自称为平民保护者,相信共产主义为实行平等主义前提,以为应将私人产业尽归公有，由人民选举官吏，司监督生产和处理财产之责；努力运动其说，竟以身殉。其在英国，则社会主义思潮，尤为激烈宏远，盖十八九世纪之交，英国社会状态，较他国变迁为大也。前节述工业革命时，谓机械之发明，煤铁之利用，交通之进步，一一造端于英，是以英国产业革命发轫较早，新兴商工业尽为少数资本家所垄断，劳动者之地位，日趋险恶；于是哥德文 Gadwin 先出，攻击私有财产之非，阿文 Robert Owen 继起，主持尤力，阿文尝著《社会新论》、《贫民救济委员报告书》、《新道德世界》三书，详诉工业革命后劳动者惨状及其救济方策，并提倡空想社会主义之组织，曾于一八二五年，在美国印第亚那 Indiana 州购地三万英亩，发表"新村"计画，后虽失败，而空想的社会者 Dreamer 之头衔，不能不归彼所领有矣。

社会主义之由十八世纪而转入于十九世纪也，中间经圣西门 Saint Simon、傅利埃 Fourier 等之宣传，蒲鲁东 Proudhon、鲁易勃兰 Louis Blane 等之指导；已渐由理想时期入于实行时期，由空想的社会主义入于科学的社会主义，而在社会一方面，因工业日益发达，资本日益集中，资本家与劳动者之区分日益显然，劳动者之困难日益加甚。于是知非徒恃空论所能收效，乃进而有切于事实之要求，非单独行动所动所能奏功，乃进而有组织团体之需要；至十九世纪中叶马克斯 Karl Marx、英格耳 Friedrick Engels 出，发表《共产党宣言》(Communist Manifesto)，大唱万国劳动团结，登高一呼，万壑俱应，遂奠劳动组合之始基，揭社会主义之精髓，流波所至，举世动摇，如豂雾之旭日，如启蛰之春雷，上聚社会主义千年之总汇，下树社会运动百世之风声；故谓马克斯为社会主义之结晶也可，谓之为劳动组合之梁栋亦可。马克斯学说之导端，在于《共产党宣言》，而其精粹则在《资本论》(Capital)一书，《共产党宣言》大意以为："一部古今历史，皆可作阶级竞争观，并痛斥资本家之横暴，要解除暴力，非联合各国劳动阶级不可。"其《资本论》，则根据剩余价值说及唯物史观，对于现代经济状况，彻底批评，以为资本家之巨资皆出于攘夺劳动者之剩余价值。而从历史观察，阶级斗争，万难避免，并用科学方法证明社会主义实现之可能。此说一出遂为劳动运动之南针,其焰炽矣。

马克斯之学说 domain 十九世纪思想,前后数十年,殆乎二十世纪初叶,新理想主义勃兴,注重个人努力,侵占唯物主义地位;对于马克思之学说大加修改;采用渐进主义者,为马克斯修正派,法国之马伦 B. Malon、奥国之奔格耳 Menger、德国之伯伦斯太因 Bernstein 其代表也。是派之主张,以为真正有力之社会主义,应依经济现象和法律规则,循序渐进,继续发达,以求实现之证明之,采用急进主义者,为革命派(亦称工团主义),在法国为圣迭加 Syndica,在英为基尔特 Guild,在美国为世界劳动同盟 I. W. W. 。此派之主张,在废除资本主义制度,组织劳动组合,采直接行动,而不借重国家及法律之力量以为支配。

与马克斯学说立于相反地位,不承认文化生活同物质生活之地位,而主张个人之自由和权威:不依民主的国家实行产业组合;而破坏法律蔑视国家,实行任意组合者,为无政府主义 Anarchism。个人的无政府主义,根据个人之进步发展以求实现:斯太勒尔 Max Stirner、黑耳巴特 Herbart 为之魁。社会的无政府主义,根据社会经济改革,以求实现;有主张共产者,集产者,有注重破坏者,巴枯宁 Michacl Bakunin、克鲁包特金 Peter Kropotkin 其尤著也。

布尔扎维克主义 Bolshevism 亦由马克斯学说胚胎而来,于一八九七年,正式组党,以列宁及杜络斯基为之魁,欧战中,在俄国革命,组织苏维埃政府,现仍拥有庞大势力,为东西政治家所畏惮;其特征有五。(A) 确立中央集权制度,(B) 劳动阶级独裁,(C) 政治取直接行动,(D) 国际主义,(E) 共产主义。盖结合自由平等博爱三大理想,排斥现代文明,而代以改造社会之革新思想者也。

社会主义各派,皆由马克斯而综合,亦由马克斯而析分,同一物也,在俄国有布尔扎维克主义之传播,在法国有工团主义之推行,在德国有改良主义之运动,而在英国,又有基尔特社会主义之主张。首倡者为阿锐吉 A. R. Orage,今日之霍卜生 S. G. Hobson、罗素 Bertrand Russell,其健将也。基尔特社会主义以同业组合为经济组织基础,生产者自行管理生产,而设职能的国家以司消费,凡基尔特团员,权利一切平等,各人生活有受保护之特权,把现行之工资制度完全彻废。此派在诸种社会主义中,最通行而有力,已由旧组合主义而进于新组合主义矣。

结论

不有社会改革家之鼓吹提倡,则社会主义各派,无从发生;不有劳动者之勾稽团结,则劳动组合问题,不形重要;不有资本家之欺骗诈骇,则社会政策,亦托空言。方以类聚,物以群分,利之所集,如响斯应,彼以此相抵制,此以彼相周旋,奋其私智,各出匠心,或装腔以做势,或推波而助澜,其端甚微,其末甚巨,其始甚隐,其流甚显。二十世纪之精神界——时代思潮,物质界——日常生活,无不为此所谓林林总总之社会问题所扩充浸透;其著为文字,发为声音,目之所触,耳之所接者,几几乎尽为社会问题之波动矣。研究近世史,社会重于政治,全体重于个人,普通重于特出,非近世史学家故然,亦时势所趋,有不得不然者耳。虽然,此仅就肤面观测之耳,若就内心而言:人之生也,具有基本本能二,为一切本能所自出;一曰饮食本能 Food instinct,一曰性欲本能 Sex instinct,所以自保其身,所以传其子孙;虽后者为利他观念所自出,厥初功能 function 固与饮食本能同为纯粹的利我。此自私之心,所由为宗教所不能磨灭,教育所不能薰陶,无论文化若何继长增高,犹昭昭然若揭焉。而物质之最有限 Scarcity of goods,人口之增加无限 Increase of Population,以无限之人口,耗有限之物质,积之既久,供求不能相应,是启争端,人人各本其自私自利之心,以图自给;强者凌弱,智者欺愚,脑精愈简单者,其方法愈直率,思想愈复杂者,其手段愈离奇,社会愈进步者,诸品横陈愈足以炫心而耀目。马克斯谓一部世界史,皆可以作阶级战斗观;窃以为一部社会史,皆可以作生存竞争观,宜无不妥。

提要

如上所陈,由个人生存竞争,发为阶级战斗,又由阶级战斗,演为近代社会问题。近代社会问题之表现,其出于社会改革家方面者:有若基尔特社会主义,布尔扎维克主义,无政府主义,工团主义,以及马克斯主义等等。其出于劳动方面者:有若儿童妇女劳动问题,俄国之 Labour Union,法国之 Syndica,美国之 I. W. W.,英国之 Giuld 等等劳动组合。其出于政府及资本家方面者:有若都市社会政策,国家社会政策及保护贸易等等。而此诸种社会问题,率皆因缘社会状况变迁而起,若分工之精密,若农业之衰退,若家庭制度之破坏,若工厂制度之发达,若资本主义之暴兴,其导端也。社会状况何由而有变迁乎? 钢铁之制造,交通事业之发达,煤之应用,机械之发明为之。唯然! 此其所谓工业革命也。故由工业革命,演绎而下为社会状况变迁,为近代诸种社会问题;由近代社会问题,归纳而上,为社会状况变迁,为工业革命。一播其种,一收其实,一暴其绪,一演其流,因果相用,理证相需;舍本而逐末,求末而遗本,徒为阶段之研究,片面之观察,未有不自陷于迷误炫惑者矣。

近代社会问题与中国

近代社会问题之性质与种类,前节所言,已得大概,其产生来原,发达因果,亦有所论列;惟为篇幅所限,诸从简略,而关于本篇主旨所在——即工业革命与近代社会问题之关系,则较为详尽,盖说明因果关系,固研究历史者之职责也。虽然,研究物的科学,不能不求与人生相印证;研究过去事实,不能不求与现在相关切;研究列邦状况,尤不能不求与本国相勾连。前所陈述,皆欧美各国所经之历史变迁所有之社会问题,其与我国有若何关系若何影响,尚未详焉,请进而更论之。

今之所谓头脑簇新之青年,学贯中西之学士,靡不满腔主义,满口问题;自谓为得气独先,得天独厚,其断断相劝说,侃侃相辩论,出语于众,归语其友者,皆曰:"打倒资本家,采取公有财产制度。"试问以历数国中,拥厚资操巨富配称所谓资本家如欧美各国以一人而有财产千万,万万以上者,能有几人？换言之,即彼所欲打倒之资本家究何所指？彼固瞠目结舌而不能对也。试问以我国全国财产总额若干？人口若干？纵令得而公有之,均分之,每人平均能得几何？彼固搔首苍茫而莫知所措也。据最近调查,国中有千万以上财产者,不过数十人,或出于收括,或出于苞苴,或由于钻营盗窃,很少由剥夺工人之剩余价值而来者;财产千万,本不配有资本家之称,况其致富之因与欧美资本家迥不相类乎？据最近统计,按照全国人口与全国财产总额,而平均分配之,每人可得五元,此戋戋者,岂足以供每人朝夕衣食之资欤？又今日我国之社会主义运动者,亦多詈骂工厂制度,主张缩短劳动时间。从学理上立论,诚尽美矣,尽善矣,持之有故,言之成理矣。虽然,游于市,适于乡,幢幢在途,惶惶在野者,非欲求工作而不可得者乎？伛偻而作,蹒跚而负者,非因无相当工作而不得不出于至微贱之苦工者乎？敢问今日之社会主义家,将何法以安插之？昔阿文氏尝顾盼自豪,以为机械之工作,贱于人工;而不知在今日之中国,人力工作,较机械为尤贱,宁非咄咄怪事！小之耗工人之能力 energy,大之伤国家之财富 Wealth,此研究经济学者所由喟然矣。欲打倒资本家而实际无资本家可打击,欲公有财产而实际无财产可公,欲限制作工而实际大多数之工人,欲求作工而不可得;是此等学说此种主张,非特空虚,且亦荒诞,适足以形其自欺欺人耳。欧美之有社会问题也,其社会状况变迁之果也,其社会状况变迁,又工业革命为之因,彼自有其特殊背景,特殊情事,与我国不相同,强张冠而李戴,更削足以适履,多见其缺乏历史知识与比较观察而已。

中国今日,犹不脱于农业时代,按之欧洲,与彼中世纪末叶相当,东西学者,言之累矣。必求事例,则经济组织,以家庭为单位,而不以个人为单位,其征一;人民散处田间,乡村罗列,缺乏人口众多之都市,其征二;农业犹守旧规,机械莫由引用,其征三;货品多由手制,犹是家庭工业遗风,其征四;城乡市镇之中,同业公会林立,与欧洲中世之基尔特组织相同,其征五;工厂尚未发达,资本主义未兴,其征六。故以中世纪之国家,提倡近世之主义;农业时代之生活,高设工业时代之问题,皆误也。中国亦自有中国之问题,特与欧美近代社会问题,稍异其趣。兵出招募,滥竽成师,将冗卒多,蠹民病国,裁兵方策,应如何实行? 南北分裂,各省乖离,政出多门,诸相冲突,政治问题,应如何统一? 幅员辽阔,转运维艰,声气难通,贫瘠莫调,交通事业,应如何推广? 工业窳陋,农尤谫劣,外货充盈,利权旁溢,新出机械,应如何引用? 国既凋弊,民亦困穷,地有遗利,矿多蕴藏,天然富源,应如何开发? 边疆索漠,旷地繁多,金瓯不固,塞云时起。垦荒防边,应如何经略? 群氓蚩蚩,罔知学问,幼时未教,长既失业,普及教育,应如何实行? 凡此种种,略举大端,皆国计民生所关,有志青年,所应一一呕心绞脑,为之指陈解释,为之判决推行者,若夫空疏而不切于物情,迂远而不当于事实之问题主义,瘏口哓音,家喻而户晓之,果何益哉? 虽然,余非谓欧美今日之社会问题,决不发生于中国也,特今非其时耳,二十年之后,或者将一步一趋即欧美所经步骤而重规叠矩之,容未可知也。且沿海各埠及内地诸大城,已暴端倪,若工厂之建立,若机械之引用,若银行之组织,若劳动团体之发生,已渐有由农业时代而入于工业时代之趋势,社会状况,已多变更,经济组织,尤见动摇,设假以时日,浸渐演进,行见诸种问题,纷然杂呈矣。特于其间握经济之大权者,恐不为国内之资本家,而为国外之资本家,今人民日常所用之物,半多仰给外来,通商各埠,外人且进而立公司开工厂,自行制造经营,以彼辈之长袖多财,挟已成之势以相凭凌,国内工商,宁有幸理。且国债高筑,经济事业之管理支配权,多落外人掌中,而新银行团又纷纷以投资见告矣,试问我国人,将何术以谋抵抗乎? 万一不幸而吾言中,其造祸之烈,将十百倍于今日欧美各邦,静言思之,吾心为之寒栗,惴惴不能自持,吾固甚愿吾言之不中也。

此期引用书籍繁多,不便列出,且排列无数书名亦复讨厌,故参考书名概从省略。附识。

国家主义之哲学的背景

据余入校两月以来之观察，觉大多数同学之信仰，俱倾向国家主义；虽间有少数同学，独持异议，然其势不扬。昨与总编辑贺君谈及此问题，彼亦以余言为是；并征索个人意见，因取旧稿之一段，草为此文，仓猝未及修饰，尚希阅者谅之。

国家主义，为近百年来最有力之思潮。各国工商发达，政治修明，学术隆盛，咸由其鼓荡而成。国际间几多战争，和议，盟约，亦皆由其冲激所致。故谓为文明之建设者固可，谓为文明之破坏者亦可。

国家主义，起于何时？曰：起于十九世纪初叶。欧洲中世，只有阶级，并无国界，近世初期，列国始具雏形，然亦不过地理上之区分而已。拿破仑以盖世雄才，马踏全欧，德意民族受其蹂躏，爰翻然有自树立自振作之意，国家主义，于是乎生。

国家主义，起于何地？曰：起于德国。自鄂多大帝死后，德意志散为无数小邦，互相攻伐，以是常召外患。然地势上，民族上，信仰上，习惯上，彼此全同；因受外界之压迫，转而求内部之协和，则自然之势也。

何谓国家主义？同一民族，居同一地方，自行组织适合于彼等风俗习惯之政府，而以本族之官吏治理之。准是则不特外族之侵略必须抵抗，即本族之内奸，亦须排除。换言之，即全国人同心同德以蕲土地人民主权三要素之巩固与完整是也。

此种思潮，蔓延于法国，则建第三共和；蔓延于南欧，则为意之统一，蔓延于巴尔干半岛，则为希腊诸小国之独立，蔓延于中国，则为辛亥革命。欧洲大战，即由列强励行国家主义，彼此发生冲突所致。迄于今日，被征服之民族，受压迫之国家，莫不高唱此种主义以求自救，中国其一耳。

德国发生国家主义最早，提倡国家主义最力，故吸其末流者，莫不返本追源，以求得一颠扑不破之根据。于此有两人之学说，不可不知焉。前曰菲希脱，后曰黑格尔，皆德国哲学界泰斗，而国家主义之祖师也。

菲希脱(Fichte)，为一元唯心派，其哲学基理，有要点四：

一、意识之创造。哲学之根本，从意识出来；宇宙间一切事实现象，均为意识所创造，惟意识不为必然律之奴隶。

二、自我活动及自由。自我活动，乃自我人格本质。不依赖他人，不受世界束缚，以自律的活动，保存自由。道德标准，始能提高，实际生活，始能满意。

三、道德之自由，及其活动。道德之自由，为人生立身大本。道德活动不已，人生亦活动不已。不活动为大罪恶，委任自然，无奋斗活跃之意志，实为不道德之表现。

四、义务及存在。义务为精神生活要素，人要存在，所以必有作事之义务心，所以要活动。活动即宇宙之实体，亦即宇宙万物之存在。

菲氏哲学如此，其所倡国家主义，即以此为根据，有三点：

a. 根据其哲学上存在及道德两大基理，立个人依国家存在论。国家者，道德观念之权化，地上之神也。个人与社会之自由，悉依国家而存在；知个人利害，包涵于国家利害中。则爱国之心，油然而生。必个人有爱国至诚，国家乃能富强，社会乃能康宁，个人自由，乃能永享。无国家即无个人，个人实依国家而成立完就。

b. 根据其哲学上创造及活动两大基理，立德国文化至上论。德国在欧洲诸国中，为最纯粹而独创的国家；其一切政治活动社会活动，俱有决泱风度,诚为独一无二之文化国民。德国在世界文化上,实有最高之使命,然此使命,非依个人努力所能为役:必全国一致团结,然后可望大成,然后能臻于至高无上之域。

c. 根据其哲学上义务及自由两大基理,立新时代新国家论。当一八七〇年,拿破仑侵入德国之时,菲氏在柏林当众演说,略谓此次战败,全由国民之利己主义所致。今后民族道德之向上与复活,视国民之意志为转移。无论何人皆有倾注全力,帮助国家之义务。所谓新时代新国家非屈辱的,利己的;乃为自发的,活动的。非单独的,束缚的;乃为共同的,自由的。吾人应以全力,造成自由国家,一洗战败之耻。

黑格尔(Hegal)为客观理想派,其哲学基理,有要点四:

一、理性之意义。理性,为构造,成单纯事物与生命全体之关键。有理性,而后单体与全体,乃能联络。

二、理性发展及其自由。人类理性,成为宇宙之有机的发展;在此发展宇宙中,绝对统一,完全坚合。不受束缚,充分自由。

三、宇宙有机体。宇宙为一有机体,能统一一切事物,能包括一切现象。

四、理性及存在。凡存在的,皆理性的;凡理性的,亦皆存在的。绝对存在,必含有普遍之性质。

黑氏哲学如此,其所倡国家主义,即以此为根据,有三点:

a. 根据其宇宙有机体之基理,立国家有机体论。国家为社会组织之最高统一体;凡法制,经济,教育等等社会组织,皆依国家而统一完成。个人必协合于国家,始能实现自己,因国家为一切存在之根源,为地上最高之权力,能创造一切,能包括一切,故国民有附属于国家之必要。

b. 根据其理性发展及存在关系两大基理,立理性生活,依国家表现论。人苟欲向上进步,不可不调和其内部互竞之感觉与理性,且须有道德的存在,与普通的协合,乃始达于自由,乃始达于高尚的理性生活。普遍依国家以见出,理性生活,为国家生活之表现。人惟依国家之目的及意义,始得达于人类真生活。个人服从政府,以自己供国家之牺牲,盖因主观理性,同化于国家所表现之客观理性故耳;而个人必如是始为合理,否则其存在毫无意义矣。

c. 根据其单体与全体之基理,立德国至尊论。德国为最真实最伟大之有机体,各个德人,不过此有机体之单纯物,诸种社会制度,不过此有机体之各机关。德之国家,超绝于其构成要素,超绝于其各部机关,并超绝于其他一切国家,为绝对全能之实在,不受地球上一切权威之支配。

菲黑两氏,其措辞虽各不同,而其主要论点,则全然一致。第一,则反覆申明个人与国家之关系,非爱国,不足以自存,所谓以利害动其心。第二,则极力鼓吹德国文化之高尚,睥睨宇宙,惟我独尊,所谓以学理振其气。而其所谆切恳告者:一曰统一,以调和内部之纷争;二曰活动,以启发奋斗之意志;三曰向上,以蕲求文化之繁荣。

读二氏之文者,徒觉其立论之完密,感情之热烈,使人动,使人信,使人从,德国富强,非偶然也。环顾吾国,较十九世纪初叶之德意志为何如!环顾智识阶级,较之菲黑二氏为何如!故余兹述二氏哲学及国家主义之根据,不禁有深感焉。

十五年来中国教育的回顾

一、开场白

今年是民国十五年，也就是本校十五周年纪念。我们通常提到"十五"二字，无形中有一种快感，因为月十五，正是清明的良夜，人到十五，正是美丽的青春。青春是人人所爱的，良夜也是人人所爱的；所以单是十五二字，就是很值得注意了，何况是本校的十五周年啊！又何况是新大学成立纪念啊！

清华十五年的历史，就是全国教育情形的缩影，清华新大学的成立，就是全国教育进步的象征，而且清华先后的同学，与全国教育，都有密切关系；所以我不作十五年来清华学校的回顾，而作十五年来中国教育的回顾。再则为我入校不满一年，对于已往历史，未能十分明白；三则追记的文字，庆贺的文字，希望的文字，作的人很多，用不着我，再来费词；四则十五年来的清华，与全国教育的关系，已经很大，十五年后的清华，与全国教育的关系，必定更深。有此四个原因，我就选择了这样一个题目，一来应应景儿，二来塘塞总编辑催索。

说这十五年的教育，有了成绩吗？不识字的人，满乡都是，满街都是；中等以上毕业生，大多数不能升学，也寻不着相当职业；国立公立学校，积欠自十余月至五六月不等；全世界也没有这样的腐败，这样的糟糕。说这十五年的教育，毫无成绩吗？一般人的思想，实在有大大的革新；各种学术，也都先后输入；就是公私事业，——萌芽发展，有人说可以抵欧美百余年之成绩（程其保语见《新教育》九卷一期）。现在的情形，已经很好，将来的前途，尤可乐观。

中国的教育，比先进各国，差得太远，还需努力，这是事实；但是我们知道，中国出发得太晚，我们说开步走时，旁人已经跑得很远了，这也是事实。平心而论，是中国负了教育，不是教育负了中国，以最短的时期，能得这样的效果，也就难能可贵了。在社会上稍为有点经验的人，无不承认近二三十年来，中国教育，确有长足的进步，尤其最近十五年，有突飞的进步。这十五年的教育，多们有价值，多们应当特别注意呀！

总观这十五年的教育，约可分为三期：第一期自民国元年，至民国五年；第二期自民国五年至民国十年，第三期自民国十年至民国十五年。第一期的教育，是日本化的，是开创的，是自上而下的；第二期的教育，是日美调和化的，是酝酿的，是上下不管的；第三期的教育，是美国化的，是发展的，是自下而上的。至于清华呢，在这三期中，都有相当贡献：第一期是研究，第二期是介绍，第三期是支配。现在我分成四段依次说明如左。

二、第一期

中国废科举，兴学校，始于光绪二十七年（张百熙、袁世凯主张最力），距今将三十年了。但是那时办学的人，全是些门外汉，实在不懂什么叫教育，那时的设施，幼稚粗糙得很，够不上说教育，那时的动机，只作装饰品看待，不能说是教育。真正的教育，始于民国元年，正当鼎革以后，办事心实，求知心切，爱国心热，所以人员上，设备上，用心上，都很可观，中国教育的根基，遂完全确定了。不幸至民五以后，因为政治上的变化,教育上也起变化,前后情形,迥不相同。断代自民元至民五为第一期。

何以说这期的教育,是日本化的呢? 第一,因为这期办学的人,大多数是日本留举生,我们把各省教育公报翻开,自厅长,科长,校长,以至教员,细查履历,不是青山,便是早稻田,尤以宏文师范毕业为多;可以说本期教育,完全操于日本留学生手。第二,因为这期学制,完全抄袭日本,小学七年,中学四年,大学六年,都是从日本模仿得来的,最奇怪的日本设初级师范,高等师范,中国也设初级师范,高等师范(在欧美先例甚少)。真所谓一步一趋,唯妙唯肖,可以说这期学制,就是日本学制。第三,因为这期的教科书籍,全是日本翻译出来,我们检阅民元至民五出版教科书籍,如数学,物理,化学,博物,外国史,外国地理,那一宗不是翻译日本书,甚至于一字不改;就是参考书,也都作的贩卖工作,可以说这期教材,大部份是日本教材。第四,因为这期留学生,都往日本去,在满清末年,留日学生已有继涨增高的趋势,民国初,达于极盛,东京、大阪满街都是中国的留学生,就是各省区的教育参观团,除到日本外,更无第二去处,可以说本期教育标准,完全以日本为模范。根据上述四点,我们不能不说这期教育,完全是日本化。

何以说这期教育,是开创的呢? 我国教育,虽说在光绪二十七年,张百熙的奏定学堂章程中,已立下了一个规模,但不过几张白纸,并未见诸实行,教育基础的确立,实际在鼎革以后。从教育行政方面说,中央的教育部,各省的教育厅,各道的教育科,各县劝学所,都在民元,完全成立。从学校制度方面说,自大学专门,中学以至小学,各级学校的组织,自省会府厅,以至城镇乡市各项教育的推行,都在民元,次第实行。从教育宗旨方面说,以前虽定了忠君,尊孔,尚公,尚武,尚实五项,实在不成一个东西,而且与国体不相合,到了民元,改为注重道德教育,而以实利教育军国民教育辅之,更以美感教育完全其道德,然后中国的教育,才算定下目标了。以教育经费方面说,以前空说兴学,实际不名一钱,到了民元以后,才抽拨地税杂税作为公立学校经费,没收庙产学田,作为私立学校经费,我们所以能勉强维持现状,还是靠当时筹好这点经费的力量。行政,组织,宗旨,经费,完全定于民元,开创之功,不可埋没哩。

何以说这期教育,自上而下的呢?过去十五年中,教育部的力量,能够支配全国,统摄全国,只有民国初年,任免官吏,考送学生,尚挟全权,民五以后,每况愈下,到了现在,总长命令,不出部门,一切计画主张,全说不上,论主权的行使,此时最为有效了。民元官吏,由中央简派,颇能称职,筹款兴学,尤具热心,照例开学休学,县长一定到场,学校诉讼案件,每次必获胜利,而且临时经常各费——预先筹划,论官厅办学,此时最为认真了。研究中国教育行政,离不了一部《教育法规汇编》,我们翻开全书一看,主要的章程,主要的命令,大多数是民国初几年所颁布的,审定的,批准的,民五以后,不过剩些鳞爪,论法令的施行,此时最为完密了。近年以来,县视学整年不下乡,省视学几岁不出省,学校办好办坏,完全无人过问,我们回想十年以前,县视学一月一查,省视学半年一查,办事人,无日不在忙碌中,学生无日不在预备中,那种兢兢业业的情形,何可多得?论学务的调查,此时最为勤慎了。中央,地方,法令,调查,全以此时为最有生气,我们安得不承认此期教育,完全自上而下呢。

这期教育的性质,是日本化,是开创,是自上而下,我已经说了,还有这期教育,有几宗特点,为第二期第三期所无;例如注重军国民教育,考试取严格主义,学校提倡读经,经费十分充足,师范教育很发达,实业学校极多,这些都是我们偶一回顾,即便蓦上心来的,为提起读者之记忆起见,逐条略加说明,可惜时间匆促,没工夫作统计的证据,其实证据也不难,只要把历年教育公报,及各种教育统计,稍为检查,便可得着许多了。

民元教育宗旨标明注重军国民教育,所以当时中小学课程,全有兵操一门,无论校内校外,都穿操衣,每校每班,都依兵法部勒,在讲堂上,操场上,饭厅里,都表示一种整齐划一的气概。记得我在小学念书的时候,差不多每下午都有兵操,每月内总有一次各校联合操,每半年总要打一次野操,号令森严,束装威武,俨然一个小兵。现在想起来虽说好笑,但在当时,实是一宗普遍的现象,各省如此,各县如此,军事教育这是第一期第一种特点。

旧法考试，毛病很多，有教书经验的人，全也承认；但在新法考试未完善以前，用旧法也是测量成绩的一种法子，当民元至民五的时候，大学，中学，以至小学；有周考，有月考，有学期考，有年考，前二者叫小考，后二者叫大考，每次考试的时候，讲堂壁上，总贴着很严密的规程，例如不许夹带，不许传抄，不许交头接耳……。假如犯规，轻则记过，重则开除，所以当时学生，颇能拼命用功。从教育原理上说来，自然有许多不是处，但这种严格考试，确是第一期第二种特点。

在白话文盛行的现在，万一有人提倡读经，我们不说他是神经病，便说他是开倒车；经学一门，成为一须倒处的陈货了。可是我们退转去十年，"子曰""诗云"的声音，随处可以听见；记得我在小学的时候每礼拜内，总有几次讲经，四书五经，全要读来背。如果学校没有经学，有钱人的子弟，宁肯关在家中，请个私塾教员，每天鬼混，决不愿送到学堂去，经学之有无价值？与其应教与否，另为一个问题，但是提倡读经，也是第一期第三种特点。

学校经费的多少，视乎政治的太平与否，及办事人的热心与否为转移；民元官厅办学，极为热心，上面已经提到了，而且政治也很太平，除却第二次革命，稍形阻阨外，其余几年，全是异常安定。各省有专门学校，大县有中学校，小村镇有小学校，真可谓教化大行，弦歌不绝，而且经常费，临事费，一个不短，学校的数目，学生的名额，教员的束薪，只见称加，不见减少。办事人一点不掣肘，念书的人，一点不分心，这种经费充裕，确是第一期第四种特点。

初办学校的时候，除了经费问题以外，就是师资问题。在民国开头的几年，办法想得周到。正式培养师资的机关，有高等师范，初级师范，女子师范，还恐来不及，又设有速成师范，短期讲习会，及师范传习班，可算得取多用弘，所以当时新立学校很多，毫无师资缺乏的困难，民五以后，速成班，传习所，消灭得无影无踪；连高级师范，初级师范，也有朝不保夕之势。追想当时，兼收并蓄，强本治末恰如春潮怒生；师范发达，也是第一期第五种特点。

除了上面五宗以外，还有一点值得注意的地方，就是实业学校。现在国内几个农业专门，工业专门，商业专门学校，多半是这期之中，规画成立的；专门以下，还有所谓甲种农业，乙种农业；甲种工业，乙种工业；甲种商业，乙种商业；与普通中小学，并立平行，而且成绩都很不坏。民五以后，甲乙种农工商业学校，次第消灭；就是各省农工商专门学校，也如鲁殿灵光，气象销沉多了，枝叶扶疏，人才济济，这种实业教育，也是第一期第六种特点。

三、第二期

民国初年，政治既很清平，官厅也还认真，凡百事业，都有磅礴发皇的气象，教育方面，尤能整齐划一，这实在是我强国强种的一个好机会，不幸袁世凯抛下现成的终身总统不当，乃去梦想那难成事实的皇帝位子，遂酿成民四洪宪之变，末后蔡松坡、陆荣廷费了九牛二虎的力量，算把袁世凯推倒了，但是北洋余党，仍然盘踞黄河流域，革命党人，占据粤江流域，成南北对峙之局，从此以后，中国永远合不拢，政治日趋紊乱，而教育亦受连带关系，一落千丈。断代自民五至民十，为第二期。

这期教育，是日、美调和化的，第一步工作，就是输入思想，此时头批美国留学生，已经先后归国，努力从事于斐斯太洛齐，赫尔巴脱，杜威，桑戴克诸人学说的介绍，或用口述，或用笔录，东鳞西爪，散见各地，国人对于日本的迷信，这才逐渐减少。第二步工作，就是翻译书籍；以前关于欧美思想学术文物典章的介绍，都是零碎的，只见一班，未窥全豹，大家都觉得未能满意，于是才有许多人，发奋翻书，教育哲学哪，教育史哪，中学教育哪，小学教育哪，学制哪，行政哪，整部的译出来，国人对于欧美情形，这才完全明白。第三步工作，就改革课程；日本的信仰既丧失了，欧美的情形，既然明白了，回头看看我们的科目，很感觉不完全，教材，很感觉太陈腐，于是，添上社会学，公民学等科；加入原子变性，相对学理，变种遗传诸说。第四步工作，就是变更学制；课程虽然改革了，功效仍然甚慢，推原其故，总由学制不良；有人说小学七年太长，有人说中学四年太短；究竟德国制好？还是英国制好。单轨制似乎相宜，双轨制也很便利；经过很激烈的讨论，很审慎的研究；才决定取法美国。由崇拜日本，转而入于崇拜美国，全在这四五年间，所以我们呼为日美调和化。

这期教育，是酝酿的。在东洋派全盛之后，欧美派未兴之前，所以事事带点酝酿色彩，这期初叶受旧思想的支配，这期的末叶，已受新学术的洗礼，中间刚好是一个过渡时代。有所谓党派冲突，从国内专门出身的东南几省分两江派，龙门派；西南几省分优师派，高等派；河域几省，分北大派，高师派；从国外留学出身的，分东京帮，美国帮，欧洲帮，意见纷歧，主张不一。有所谓地盘主义，譬如南高是美国留学生的大本营，北高是日本留学生的大本营，北大又是欧洲留学生的势力，成高又是高等学堂毕业生的势力；此外大派小派，大党小党，莫不抱定一个基本地盘，死不放松。有所谓文语争执，自从胡适之提倡白话以后，文言语体，就成为教授上一大问题；科举出身的，大致主张仍用文言，学校出身的，大致主张采用白话，结果是白话胜利；同时发生一种注音字母，与白话相并行，成为普及各省的国语运动。有所谓男女同学讨论，欧美各国，男女同学，早已不成问题，我国教育，既然取法欧美，男女界限，也当打破；有人主张大学同学，中学小学分开的，有人主张小学同学，中学大学分开的，有人主完全不必区别的，结果赞成的人胜利，反对的人失败。东西转移，新旧交替，都在这一期中，所以我们呼为酝酿。

这期教育，是上下不管的；前面几年的教育，有中央及官厅的提倡和监督，所以整整齐齐，异常美观；后面几年的教育，有地方及绅商的鼓励和执行，所以轰轰烈烈，异常热闹；惟独中间这个时代，上头的人，既然管不着，下头的人，似乎不敢管，弄成一个虚悬的景象，政治与教育绞在一起，专门与外行同等看待，今天换省长，得改校长，明天换教育厅，又得改校长；有半年去职的，有一月去职的，甚至于有一个礼拜去职的，朝三暮四，七颠八倒；校长无定人，行政就紊乱了。各省的学校，不受中央调遣；

各县的学校,又不受省会的支配;教育部的公式尽管同雪片一般稠密,教育厅大可不理会;教育厅的公式,尽管同火炭一般紧急,劝学所大可不照开;法令失效力,威严就扫地了。教员的薪水,欠上四五个月,学校还在大兴土木;学生的伙食,上顿不接下顿,校长还在大宴宾客;钱是水一般的花,账连半笔也没有,既无人查,亦无人问,庶务会计,上下其手,用途不报销,亏空就很多了,今年的一般学生,明年毕业一班学生,要问退学的几人,升学的几人?家居的几人?校长是不知道的;上月发一次薪水,这月发次薪水,要问,行政费用多少?教员薪俸多少?临时开支多少?县视学是不知道的;成绩少统计,优劣就难办了。像这种毫无秩序,一塌糊涂,谁能说不是上下不管呢?

这期教育的性质,是日美调和,是酝酿,是上下不管,已经弄明白了。但是还有什么特点没有?下列这几宗,虽不能说全是特点,可也是一种最流行的现象;例如学生运动的激烈,学校训育的缺乏,办事职员的敷衍,收入支出的困难,开学上课的延期,教会教育的发达;在前期为绝无,在后期为少有。我们现在回溯,觉得十分汗颜;但当日值新旧交替政治又紊乱,思想又冲突,实是一种必然的现象,以下分段说明,以清眉目。

第二期第一种特点,就是学生运动。民国八年五月初四,北京学生,作了一翻惊天动地的事情,那便算这个运动的中心;此次大运动,所争的是外交;前乎此的还有许多小运动,所争的是校务;后乎此的亦有许多小运动,所争的是内政。五四之前,推翻校长撤换教员每月都有;五四时候,结队示威,游行讲演,每礼拜都有;五四以后,国民大会团体请愿,每年都有,真可谓"多事之秋"啊!

第二期第二种特点,就是训育缺乏。此时学生会,自治会,风起云涌,校长失却权威,学监尤其受气;罢课罢考,那是家常便饭,自不用提;逐教员,打校长,也是很容易的事;甚至于赌钱的也有了,挟妓的也有了,一年到头不来上课的也有了。南方已有呼兵为八太爷,学生为九太爷,言其学生比兵还利害,上不怕天,下不怕人,中不怕法,顽悍恶劣,可以想见;这个话虽说近谑,其实也属真情。

第二期第三种特点，就是办事敷衍。学生是骗文凭的，教员是骗薪水的，校长是骗行政费的：大家蒙蔽，大家隐瞒。如果请不到教员，功课不妨缺下，如果学生怕考，题目不妨先出；如果经费不足，薪水不妨拖欠。教科书从来读不完，有的已经毕业了，才念过一两章，学额从来招不足，假如长官到校考察，临时请几个人来凑数也可以；诸如此类，不一而足，言之令人痛心；这都是事实，我自己和我的朋友，亲眼看见过来。

第二期第四种特点，就是收支困难。中央的款项，挪作行政费了，地方的款项，又挪作军费了；往往小学校长，到劝学所去十几次，领不到一月薪；中学校长，到教育厅住上半年，仅得点开办费；大学校长到教育部守过几夜，连一文也不发。得钱既不易，用钱更吃力，教具完了，老不让添；门窗坏了，也不叫修，教员服务半年，假期回家，还是一双空手；下头嚷苦，上面告穷，那种罪真是教人难受。

第二期第五种特点，就是延期开学。因为政治的关系，经费的关系，或者交通困难，学生无法到校；或者条件不合，教员请不到来；于是乎有整学期停办的时候，有几个月没办法的时候；早一两礼拜放假，晚三四礼拜开学，那是很平常的时情。除此以外，考试要停课，节期放假，一期二十周，就白送了七八周，平均起来，上不到十二礼拜课；学生怎么会长进？成绩怎么会好呢？

第二期第六种特点，就是教会教育。因为我们自己的学校，有上述五种缺点：所以稍为自爱的学生，稍为认真的家庭，情愿到教会学校念书去，究竟还可以学到几句英文。北京的燕京、汇文，上海的约翰、沪江，杭州的之江，南京的金陵，济南的齐鲁，成都的华西，这都是大学；芜湖的雅各，通州的潞河，安庆的保罗，重庆的求精，这都是中学；杭州的弘道，上海的玛利，苏州的景海，南京的金陵，这都是女学。成绩既然很好，人数也很增加，此国立学校，发达多了。

四、第三期

我们看第二期的情形，处处令人失望，但是不能一笔拭杀，说这期教育,毫无价值,毫无成绩。我们应当知道,虽说一般情形很坏;但仍有少数几省,如江苏,直隶,安徽,及福建的厦门,河南的开封,湖南的长沙,有许多人在那儿顶起头来干,一天好似一天,进步飞快。我们还当注意,在这个酝酿时代,产生了几个生机,为第三期教育奠定基础:如像上面提到的输入思想,翻译书籍,改革课程,变更学制,提倡白话,男女同学,学生自觉,都是我国教育史上,值得大书特书的事情。有的当时业已成功,有的后来才能实现,这几年确是一个转环的关键;以下另为一代,断代自民十至民十五为第三期。

本期教育,是美国化,上面已经说过了。我们可以找出许多证据,最显明的就是三三中学;新学制在民十的广州全国教育联合会通过,又在民十一的北京学制会议通过,然后实行,其中最得意最精彩的地方,就是三三中学,因有承上接下旁包显举,伸缩自如,可是这从美国抄袭来的。其次为购买西籍,国内各大学,不用讲义了,要求改用原文本子,高中初中,其一部分用英文教授,至于参考书,大部分以美国出版为最上乘,而伊文思公司,郭纪云书庄,营业大大发达,商务书馆,也特设西书部,贩卖美国本子。其三为名人讲演,先后请到中国来讲演或调查的大菩萨——欧洲的不算,有杜威,孟禄,推士,麦柯,柏克赫斯德这几位,这都是所谓头等脚色,此外二等三等以至四五等脚色,或者他似自己来游历,便道演说一四,或者由一团体一学校,私下聘请,长期吹牛几何,简直数不清。最后,有留美学生,直接由清华送出去的,据《清华一览》回国者约三九〇人,在美者约六七〇人,受清华津贴的约四七三人,共约一五三三人;此外自费去的,各机关升送的,不下千余人,可谓济济多士啊! 从这样看来,可以证明是美国化了。

这期教育,是发展的,上面也说过了。表示发展的气象,方面很多,我辈涉身教育界的人,觉得上下左右,都在澎涨,高兴得了不起,而最足令人注意的,有下述数项。先说经费独立,这几年学校的穷困,可谓达于极点了,惟其来源枯竭,所以大家设法自救,于是经费独立的呼声,甚嚣尘上,民十三的南京全国教育联合会,也曾特别提出讨论;最近有中美文化基金委员会,英庚款委员会,对支文化委员会,俄款委员会,都能不受政府掣肘,如能继续奋斗,一定可以成功,再看提高程度,国立各大学,分出许多系别,添设许多科目,程度的确比从前高得多;而且下面取消预科,上面添设研究院(如北大,清华,师大等校),三四年后,要想造高深学问,无须远涉重洋了。又看出版事业,这几年翻译品著作品,比从前增加好几倍;商务书馆,中华书局,泰东书局,世界书局,俱大发其财,股东红息,平均二分;而丛书尤为发达,如北大丛书,师大丛书,东大丛书,尚志学会丛书,亦各达数十种之多。临了还有推广教育,绥、察、热等区,及甘、新等省学生,程度特别取得宽;华侨学生回国,尤其优待,差不多用不着考,连年全国教育联合会,及教育改进社开会,特设蒙藏教育组织,讨论推广办法及步骤。从这几方观察,可以表示发展无疑。

本期教育,是自下而上的,上面亦说过了,因为政府当局不能管不愿管,而我们又不忍教育荒废,于是在野名流,教育专家,明白绅商,大家联合起来,想一种维持和改良的办法。校长的选择,经费的筹措,已前全由政府主持,后来觉得容易牵入政治漩涡,才有董事会的组织,远如南京东大近如北京师大,下如浦东艺文,都由董事,推荐校长,维持经费,董事治校,是此时一种风气。教员一向不干与学校行政,所以校长的布告,便是规则;近来不同了,招收学生,取发薪水,惩过赏勤,添设科目,全由教务会议主持,而且大学有教授治校的事实;全校最高主权,在于评议会,或校务会,或教务会;会议取决,绝对无人反对。教育界不仅管自己的学校而且管学校以外的事情,一县有县教育会,一省有省教育会,全国又有教育联合会;其自由结合的又有初等或中等或专门以上教职员联合会;而教育改进社,平教促进会,尤具声色;团体精神,真可令人佩服。许多有知识有力量的人,感于教育的需要,自己竭诚赞助,如陈嘉庚办厦门大学,熊希龄办慈幼中学,穆藕初捐款北大,简照南考送留学生,与南洋华侨对于各校募捐的慷慨,私人提倡的精神,在在可以表示出来,或属团体,或属个人,或直接,或间接,那种共同倾向,全是自下而上的。

本期教育的性质,是美国化,是发展,是自下而上,说得很多了,费去不少的篇幅。但是还没有说到本期的特点,如果列举出来,也有六项;例如平民教育的发展,科学教育的注重,私立学校的发达,职业训练的增加,教育局的组织,教授法的改良;或者是前两期所完全没有的,或者前两期虽有点萌芽,到本期才发育成长的;让我指明出来,大家好群策群力,使之成功推广。

何以说平民教育,是第三期第一种将点呢!原来上海青年会干事晏阳初在民七民八,已经在那儿提倡平民教育了,可惜没有人帮忙,到本期初年,教育改进社干事陶知行,才约同熊秉三夫人,齐燮元等,大家起来,一律提倡,于是大江南北,同时响应,去年晏阳初到北京,于石驸马大街设总会,又于各地方设分会,约吾友汤茂如总其事,于是有招考练习干事的计画,各地宣传的计画,上月曾为我一一道及,可惜我记忆力坏,追想不全了。

何以说科学教育,是第三期第二种特点呢?自从推士到中国以后,全国人才然于科学教育的缺乏,同时吴稚晖、丁文江等,大倡其科学救国论,于是科学位置倍形重要。学校中数学理化生物的课程加增,教科书参考书亦重新编定;最近中美文化基金委员会,有专办科学教育的决案,并实行资助科学教育数十起;本年暑假,又要在我们学校里开科学教员讲习会;这些都是足以使我们欢欣鼓舞的事情。

何以说私立学校是第三期第三种特点呢?中学毕业生,一年比一年多,大学招新生,又一年比一年少,已经有供求不应的趋势,加以国立学校,受经济的压迫,政治的影响,朝不保夕,岌岌可危,于是一般办私立学校的人,大收渔利。北京方面,如中大,朝大,平大,民大,华北,都是由几百人,增加到几千人,上海方面,如学艺,如大夏,如光华,如复旦,如大同,也有蒸蒸日上的气概,其他私立中学,私立小学,更不知道有多少。

何以说职业训练,是第三期第四种特点呢?江苏省教育会,有个黄炎培,天天在那儿鼓吹职业教育,并且办了一个职业学校,后来全国教育联合会,中国教育改进社,都设职业教育组,经过许多讨论的结果,才决定在中小学课程内,添时职业课目;于是手工图书一门,由不重要一变而为重要了；并且按照新学制，高级中学，可以设农科，商科，工科，对于职业的观念，根本上大大改变。

何以说教育局，是第三期第五种特点呢？按照学所的职务，不过赞助县知事监督全县教育的机关，是附设的，而县视学的人选，土豪，光棍，邑绅，富商，无奇不有，这样的机关这样的人，如何办得好事！所以近几年提倡美国制度，各县设教育局，以董事会操最高主权，选出专门人才，以充局长，对于县知事，是独立机关，对于各学校负指导的责任；有几省分已经改过了，有几省还没改，我很希望这种新制早日成功。

何以说新教授法，是第三期第六种特点呢？从前教学，只有启发式同注入式，每个教员，只要把赫尔巴脱的五段教学法施用得灵，就算了不起了。后来觉得太陈腐，太干燥；不合个性，不合教育原理，所以在民十一，民十二，盛倡设计教学法，民十三，民十四，盛倡道尔顿制，到现在又有人主张群化教育法，花样日益翻新；虽说因为设备的关系，实行上有种困难，但那种改进的精神是很可取的。

五、中国教育与清华

民国教育事业，办了十五年，清华周年纪念，亦办了十五次。这十五年中，清华因僻处西郊，与北京社会隔绝，又系外交部管辖，与北京政治脱离，所以流水桃花，别有天地，可以说受全国教育影响很少。但是我们这段小小历史，确与全国教育情形相同，唐、周两校长时代，整齐严肃，恰似第一期全国教育的风平浪静，暗严金校长时代，冲突酝酿，恰似第二期全国教育的多灾多难，今曹校长时代，改革发展，恰似第三期全国教育的日进无疆。

再说具体一些，全国教育的基础，是第一期确定的，清华学校的基础，也是第一期确定的，计画呀，建筑呀，教员呀，学生呀，都在这个时候规定，办好，请齐，招足，而且军事教育，严格训练，是第一期全国教育的特点，也是第一期清华学校的特点，全国教育，在第二期有地盘党派的争执,清华学校在第二期也是负隅自固,谢绝外人,而且学生运动,办事敷衍,是第二期全国教育的特点,也是第二期清华学校的特点。全国教育,在第三期新行学制,程度提高,清华学校在第三期也办新大学,设研究院,而且平民教育,科学教育,是第三期全国教育的特点,也是第三期清华的特点。(本校有平民学校,校役夜校;设物理,化学,生物等系。)

本校以最充足的经费,最优越的地位,办了十余年,资送学生在千余人以上,出力很大,下种很多,但是结果如何? 贡献怎样? 外面不明清华内幕的人,责备很为严刻。有时我们同学也自己说,实在对不起社会,对不起国家。但是不要自馁,不要自薄,我们的成功,是在渐进,我们的贡献,是在将来,养得厚,发得迟,果儿才结得大,味儿才尝着甜,我们绝不是鼠目寸光,只顾目前小利的,以后贡献的机会还多着呢!

即以过去十五年而论,我们亦不断的结果不断的贡献呀。民元至民五的时候,留学的同学,刚才出国,在校的同学,刚才进堂,我们只能作研究工夫探求文学,探求哲学,探求教育,探求社会,当然不能贡献,并且研究即是贡献。民五至民十,头批同学先后回国来了,散在各地,进一步作介绍工夫,从事著作,从事翻译,从事演说,从事教授,把中国思想,整个改换,西洋学术,全部输入,贡献不为不大。民十至民十五,回国的同学更多,渐能团结,渐能发展,再进一步作支配工夫,服务南开,服务东南,服务师大,服务北大,改革学制,是清华同学主张的,促进教育,也是清华同学所办理的,学术机关,教育机关,文化机关,差不多全在清华同学手里,这些贡献,可以抵从前所费用而有余。

再说清华事业,还正方兴未艾,将来的成就绝对没有限量。以新大学同学成绩的优美,与教职员的热心,必能办成一个完美无缺的理想大学,进一步执全国学生牛耳,以旧制同学进取的猛锐,与先后人才的众多,必能进一步团结起来,改良中国政治社会,创造簇新事业。以研究院同学的朴质,又得全国第一流大师如梁王赵陈李诸先生替他们指导,必能发扬国光,淬励国萃,唤起国魂。前途光明得很,大家起来,努力上进! 努力上进!

国家主义与中国教育

一、引论

"国民全体，应能操纵并瞭然于其本质与命运。欲达到此目的，惟有以此显明宗旨，操纵全国幼年人之教育。此等教育，须能解放，存在于各个国民内心之能力，使为国家宣劳。"

原文见芮新纳《国家主义与近代教育》第二章。

上面这几句话，是芮新纳（Reisner）归纳菲希脱（Fichte）的教育理想，以为其中有两大主要观念，即国家主义与平民主义。就是这几句话包括了，全德国的教育，包括了全世界的教育。

我何把一部教育史翻开，从一八○七年起，至一九一四年止，那一国不是沾染了国家主义与平民主义的色彩？那一页不是充满了国家主义与平民主义的气味？

先说平民主义这一支学说，由欧洲带到美洲，大大发达起来，支配了全美教育界。随后又由杜威及一般中国留美学生，渡太平洋带到中国，于是中国教育界也竞说平民主义。

再说国家主义这一支学说，虽然分了一小部分到美国去，但其主潮，

315

仍然留在欧洲，浸润了德，英，法诸国教育界。随后又由德、英、法各国军舰商船，及一般中国留欧学生，渡印度洋，带到中国，于是中国教育界也竞谈国家主义。

前几年是平民主义盛行的时候，国家主义者，噤若寒蝉；谈政治谈教育的人，莫不尊重平民主义。近来觉得似乎讨厌了，花样翻新，谈政治谈教育的人莫不鼓吹国家主义。而向日风行一世的平民主义，只得暂时避路让贤，这是国内风气的转移，我们冷眼旁观，觉得非常有趣。

究竟平民主义与国家主义有无冲突呢？我的老同学余家菊君，在他所作的《教育上的国家主义与其他三种主义之比较》一文中，解释得很清楚。他说："须知平民主义，不过为国家组织与活动之一种方式，而国家主义，则国家生活之目的也。"又说："国家主义，可以济平民主义之穷，而平民主义，不及国家主义含义之丰富。"真可谓要言不烦啊。

原文见《中华教育界》第十五卷第一号。

我说这一大堆话，不过是说明近代教育界有两大思潮，一为国家主义，一为平民主义。中国教育界前几年竞谈平民主义，近两年竞谈国家主义了。平民主义，不特不与国家主义冲突，而实可以包括于国家主义之中；我们所要求的就是国家的平民主义教育，平民的国家主义教育。

二、本论

"个人苟不经国家制度与法律之教育的陶冶必将趋于损人利己，与拂逆理性而为嗜欲与环境之奴隶。德意志本于此种精神，乃首先着手于一种国家的，普及的，强迫的教育制度。起于初小，终于大学，普将一切私立教育事业，全置诸国家之管理与监督之下。"

原文见杜威所著《德意志之哲学与政治》第二讲。

我们看杜威这几句话，可以知道国家主义之重要，可以知道国家主义之政策，而且可以知道国家主义之效果。但凡稍稍研究近代哲学史，政治史，教育史的人，谁不知德意志是国家主义的大本营，菲希脱是国家主义的老祖宗。(可参看本刊二十四卷十二号,作者所著《国家主义之哲学的背景》一文)继之者为法兰西,为意大利,最晚起者,当推日本;英、美两国,虽无明文规定,但以往教育,实含有极深之国家主义的色彩;今后教育且日益倾向国家主义发展,那更没有疑义了。

历史告诉我们,德国实行国家主义,遂于一八六四年,战胜丹麦,一八六六年,战胜奥利地,一八七〇年战胜法兰西,而成功所谓大德意志帝国。法国实行国家主义,遂于一八七三年,建设第三共和,一九一八年战胜德、奥联军,成功所谓大法兰西共和国。意国实行国家主义,遂于一八六六年,战胜奥地利,一八七〇年战胜法兰西,一八七一年,取得罗马,成功所谓大意大利王国。日本实行国家主义,遂于一八九四年,战胜中国,一九〇四年,战胜俄罗斯,成功所谓大日本帝国。

我以为要问中国教育,是否适用国家主义?第一要在学理上找根据,作者前著《国家主义之哲学的背景》一文,就是这个意思。第二要在事实上找证明,作者著有《国家主义发达略史》一文,他日再行登载。不过上面很简单所列英、法、意、日几国的事实,就可以证明国家主义是成功的,有利的,建设的,可行的了。教育本来是国家的事业,采取国家主义,乃是天经地义,用不着怀疑。何况四分五裂的中国,内外交迫的中国,非此良药,不起沉疴。

去年六月,吾师范静生先生,因为五卅案件,提出国家主义,在师大公开讲演,说得很沉痛,很恳切,很适当,听众非常感动。兹摘录一段如左:

"……救中国固然不能专靠教育,但教育确是其中的一个最重要而不可少的分子。……说到教育,固为世界局势的变迁,中国人亦随之而变。有许多旧道德,旧方法,已经失败;新的又没有建设成功;办了许多许多的学校,可惜大多数有名无实。一国的教育,一定要有一个全国共举的主义。可是现在教育上的主义多得很:有世界主义,有社会主义,有地方主义,有个人主义。……我以为中国现在需要的,是'国家主义的教育'。"

原文见六月份《师大周刊》。

范先生这种说法,可谓最光明最大胆的主张了。此外我的朋友如常道直、汤戈如、余家菊、杨廉、程季波等,都是研究教育而崇拜国家主义的人,关于学理上的讨论,说得很详细,似乎用不着再插嘴了。我以为国家主义之与中国教育,不是应否实行的问题,乃是如何实行的问题。所以我就单刀直入的讨论实行方略,实行国家主义的教育,有几宗很重要很急切的问题。

一、釐定教育宗旨:我国与教育,办学校垂三十年,但是始终没有一个显明固定的宗旨。前清光绪三十三年的时候,虽经定下"忠君,尊孔,尚公,尚武,尚实"五项,后来民国反正,觉得前两项与国体冲突,改为"注重道德教育,以实利教育军国民教育辅之,更以美感教育完成其道德"。这一次的修正,的确头一次好得多,不过太嫌笼统。民国四年,特定教育纲要申明教育宗旨,"注重道德,实利,尚武,并运之以实用"。这一次的改正,实在不高明,既不能推要,亦不能概括,所以民国八年,改为"养成健全人格,发展共和精神"。虽是很概括了,但是很空泛,不合于此时此地的原理。

最精确,最明悉,最概括的,要算民国十年,教育联合会在广州开会,所议决系统标准了。原案共分五项,翌年,北京学制会议,加以修改,由教育部颁布,其内容有七:(一) 适应社会进化之需要,(二) 发挥平民教育精神,(三) 谋个性之发展,(四) 注意国民经济力,(五) 注意生活教育,(六) 使教育易于普及,(七) 多留各地方伸缩余地。此项课程标准,可谓面面俱到,伸缩自如;但是只能认为课程标准,绝对不是教育宗旨,教育宗旨,应当建设在这种标准上面。我以为要定中国的教育宗旨,不可不明白地把国家主义的大旗,悬挂起来;然后能把全国人民唤醒团结,我所拟的标准如下:"发挥爱国思想,贯彻平民精神,培植健全人格养成良好公民。"这样的宗旨,可以谋个性与群性之共同发展,亦可以谋国家主义与平民主义之相互调协；在四分五裂的中华民国，在内外交迫的中华民国，似乎最适当不过了。

二、收回教育主权：我国的教育当局诸公，真是吃饭不管事，办了这么多年的教育，不特无一定之目标，一定之政策，连自己的职务权限，都弄不清楚。单就教会教育而言，在欧美各国早已先后受国家的取缔了，在我国还是如春草怒生一般，学校之多，学生之众，有加无已，一点不受政府的监督，岂不是一桩怪事吗？教会教育之在中国，不特有碍学术进步有妨政治统一而已，并且含有侵略的性质；我们看基督教在华教育调查团的报告，中间有一段说的是："现在是巩固在华基督教学校之最好时机，将来使中国成为一个'基督教国家'的，就是从此等学校出来的男女青年们。"（原文见《在华基督教教育》第十四页）。这是种文化的侵略，是多么可怕的一件事情啊！最近基督教联合会，打算建立五个完善的基督教大学，即以燕京、圣约翰、文华、岭南、华西为基础，进行得很猛，假如教育当局，不早取缔，恐怕将来要会不可收拾的。我们以为顶好是让教会学校，都到教育部注册，凡不注册之教会学校毕业生，不得与国立学校毕业生享同等待遇；至于教会学校的行政，课程，老师，仪式也非严格监督不可。

教会学校以外，还有所谓私立大学，最著名的如北京的中国，朝阳，民国，平民，华北，上海的南方，大夏，学艺，上海，崇德，及各省的私立大学。各都会各商埠，各县镇的私立中学私立小学，星罗棋布，难以枚举；尤以最近二三年，国立学校经费困难，私立学校，更行发达。此等学校，一则紊乱学制，一则贻误青年，为巩固教育主权起见，不能不严格取缔，查欧美各国，十九世纪以前，自由教育观念盛行，不少私立学校；殆后普及教育观念发生，各国先后俱将主权收回国有，最显明的是德国，其次算法国，英国，日本，印度；由事实的证明，取缔私立学校，不特是必需的，而且是有效的哩。

三、推广教育事业：现在谈中国教育的人，多半注重学理，忽视事实；注重国内，忽视国外；实在是一种失策，我们认这种畸形不均的教育，于国家前途，有莫大妨害。即如西北教育，始终不见有人提倡，然而蒙古、西藏，固皆原属中国的一部分；近年英、俄人勾结蒙古，英人勾结西藏，要求自治独立，所以边疆反侧不定。蒙人、藏人，岂不是我们手足弟兄吗？为什么偏心向外呢？皆因教育未能普及的原故。假如我们够设一个完善的西北大学，招致蒙、藏青年，前来就学，或者造成蒙、藏教师，前往启发民智，使能与汉人，协力同心，共谋国是，边疆可以巩固，内址亦得安宁，这是向内团结的良图，我们应当特别注意。

其次则海外教育，提倡的人，也不很多。我闽粤人民，远跋重洋，开辟草莱，近如南洋群岛，远至澳、非等洲，无不有其足迹，无不有其势力。可惜他们智识不高，往往被他种民族，压迫欺负，不能自卫，直接是侨民受牺牲，间接是国家受损失。假如我们能够设一个海外大学，招改侨民子弟，前来就学；或者造就教师，前往宣传文化，使得侨民知识提高，并激发其爱国热心，养成其自卫能力。这样一来，我们那几百万海外侨民，永远不会脱离祖国，而且可以增加国光，这是向外发展的嘉猷，我们也当特别注意。

四、编制教育课程：欧美教育专家，对于学校管理，出版的书籍很少；而对于课程编制，出版的著作很多，因为课程一物，关系很重要的原故。在国家主义教育之下，有几项课程，应当特别加重，即历史，公民及军事训练三种。要得全国人都爱国，必先令其国有可爱之处；所以先民的丰功，伟烈，理想，事迹，痛苦牺牲，都当有系统的记载，充分的解释；然后国民觉得历史上无一人不是可敬可爱，无一事不是可歌可泣，眷恋维护之心，不期然而然的便自动发生了。历史是帮助我们明白过去，了解现在的，从历史上可以得许多教训，可以增许多智慧。鼓铸国魂，不从历史改良下手，又从何处下手啊？

公民教育，在英国是绝对没有，在美国是风行一时，因为英国教育，专门养成好绅士(a good gentleman)，美国教育，专门养成好公民(a good citizen)。至于我们中国呢，与英国社会不同，而与美国国体相近，所以应当师法美国。公民教育的意义，在个人方面，是有健全人格，普通知识；

在家庭方面，须能维持幸福，教养子女；在国家方面，可以运用政治，发展经济；在世界方面，能于明瞭国际关系，力谋人群福利。我国人民，除前两项略有素养外，后两项简直没有做到，这种公民训练，需要非常紧切，陶冶国性（Nation a city）不从公民教育下手，又从何处下手呢？

欧美人提到我国民的时候，不说东亚病夫，就说支那贱种。平心而论，我国人也自有取辱之道；个人与个人比，躯干体魄，实在比他们差些；国家与国家比，陆军海军，实在比他们弱些。如此暮气沉沉，病息恹恹的民族安得不受人压迫欺负；但是我们的祖宗，也曾征服过人来，我们当子孙的，就这般不克肖么？全国上下应当一致提倡军事训练，使得人人都知道什么叫战术，什么叫战略，何者为纪律，何者为团体；然后可以平定内乱，抵御外侮，一雪百年以来，积弱不振之耻。发扬国威，不从军事训练下手，又从何处下手呢？

五、独立教育经费：中国这几年的教育经费，实在太不成样子了，国立八校，积欠至十三个月之多，京外各校，照例是三成开支。有许多的学校，在年暑假以后，因为领不到薪水，迁延因循，无法开学，纵或勉强开学，也是拮据万难。照这样情形下去，纵有好政策，好课程，好宗旨，又有什么用呢？我们看教会学校，异常发达，因为他们经费充足；开封教育，尚能继续，因为有肉釐以充教育经费；安徽教育，尚能维持，因为有纸烟捐以充教育经费；江苏、直隶教育，本来很有起色，自从去岁兵兴以后，于是一蹶不振，推原其故，完全因为经费未能独立。从此看来，我们可以知道教育经费独立的重要了。

鄙意朝野上下，应当瞭然于教育经费独立之重要，一致提倡并且拥护其成立与实行。先设一教育经费独立委员会，从事规画一切，例如于酒税、肉釐、交通附加税，本来业已一部分划归教育经费，仍当继续进行，边远省分，亦当一律遵办。此外如美、英、俄、法各国所退还庚子赔款，原定专作教育经费，则不得再有更改。一俟筹划妥善后，即组织教育经费保管董事会，由各省公私教育团体，推选当代名流，请大总统加以任命。此后教育经费，完全由教育界保管支配，不得挪作军费，亦不得挪作政费,庶几教育可以普及提高,而国家亦日趋于发达富强之域了。不然,枝枝节节去解决,真不是一个办法。

上面所说五种:即釐定教育宗旨,收回教育主权,推广教育事业,编制教育课程,独立教育经费;都是中国现在最重要最急切的问题,关系全国死生,关系全民的祸福,所以我特别提出来,分别讨论。但凡研究国家主义的人,研究教育的人,不可不留心考虑;就不是教育家,亦不是国家主义信徒,亦当同情赞助;因为这不是那一界的事情,亦不是那一派的事情,乃是全国民全社会共同的事情,非众志成城,断难有实现的希望。

三、后论

"……吾人既然为一个国民,则吾人之思想行为,应都像一个国民。……方今各省教育,各自为政,殊非经济之道;是以吾人倘欲使全国教育行政,最有效力,必须使全国教育,集中于一点。……是公立教育之在我国,与其他各国相同,为国家事业,最重要之一部。……"

摘谭斯他邻汤纳议案(Towner-Sterling Bill)的一节。

我们看汤纳这几句话,何其恰恰针对我国的教育情形;与上面所引范先生演说辞,真如同一鼻孔出气。我们外视世界大势,内察国内情形,觉得提倡国家主义,并不算开倒车,实在有这种需要。最低限的要求,教育界非提倡国家主义不可,我们的教育,尚没有主义;在各种主义之中,国家主义最为适当,又何苦不把他爽爽快快的拥戴出来呢?

我读西洋史,见着威廉大帝战胜法兰西后,回去向国人演说,把将士的汗血功劳,一手提起来,放在一般小学教师身上,他说:"此次一战胜法,完全是小学教师之功。"这是何等的刚脆,何等的明断,才算得惟英雄能识其大呢! 去年日本高师校长,泽柳先生到中国来考察教育,我在师大碰见他,见其道貌岩岩,谈吐风生,我深深地认识了这个日本的国文。记得日俄之战,日本国人论功,有的说是伊藤,有的说是东乡,最后决定,这场功案,完全让我们泽柳先生夺去。我们可以知道,教育上提倡国家主义之重要,又可以知道教育上提倡国家主义之效果了。我希望我国教育界,都有泽柳那样担当;更希望全国人民,都有威廉那种见识。

一般反对国家主义的人,以为国家主义有流入于帝国主义之危险,并举德意志为殷鉴。其实这是一种错误,德意志的失败,是他们的君主,好大喜功,他们的版图,壤地褊小害了她,怨不着国家主义。我们换过方面来看,德国的敌人,如法兰西,意大利,英吉利,美利坚,日本,又何尝不是行国家主义呢? 我们再换个方面来看,欧美列强的属地,如印度,埃及,安南,缅甸,又何尝提倡国家主义呢? 我们再换过方面来看,假如德国不提倡国家主义,那么,大战以后她还能维持相当地位,保全原有版图吗? 恐怕早已变成波兰、印度的受人宰割蹂躏了。由此看来,国家强盛,提倡国家主义,毫无危害;国家衰弱,不提倡国家主义,也必覆亡;国家新败,有国家主义,尚可以维持一线生机,徐图发展。再说我们中国,版图辽阔,又是共和政体,决不像德国有皇族野心和富源缺乏的危险呀。

凡今世界弱小民族如希腊,塞尔维亚,匈牙利,波兰,土耳基,摩洛哥,方提倡国家主义,以图独立,以图自由,以图存在。欧美列强,惧其强大,惧其扬去,乃诬国家主义有流入于帝国主义之危险,并硬派德国之失败,为国家主义之结果;以恐吓牢笼此等弱小民族,设计甚工。昧者不察,从而附和之,全不计中国民族尚如一盘散沙,蒙、藏又离心背德,除却提倡国家主义,没有法子,团结起来。又不计中国国家,正如俎上鱼肉,强邻虎视眈眈,除却提倡国家主义,没有法子,打退转去。

这个谈论的意思,简单说起来,就是外应世界潮流,内审国家境况,教育上的国家主义,实在非提倡不可。德国、日本,就是我们的好榜样,教育家要能彻底做去,国民要能完全了解。有人说德国失败,由于提倡国家主义,全是误解了;而且中国国体,也与德国不同,更无危险。中国要行国家主义,才能团结内部,才能抵抗外侮。

中日历代交涉史

序言

　　亚洲国家自有史以来，或兴或亡，乍起乍灭，无虑百数，然皆直接间接受中国之支配与羁縻；盖我国版图辽远，人口众多，文治修明武功鼎盛，泱泱风度，有以德绥威服之也。

　　自欧力东渐，西、葡、荷、英、法、俄诸国，连袂偕来，用传教通商之惯技，逞鲸吞蚕食之阴谋，三百年来，彼日进，我日蹙，西北西南诸国，稍凌夷衰微矣。今亚洲国家，有自主权号称独立者，仅中国、暹罗、日本三国而已。

　　暹罗介于英法二大之间，壤地褊小，虽上下朝夕图强，而国势危如累卵，不能为中国福，亦不能为中国祸；且暹罗立国甚暂，今日之关系固少，历代之政治交涉亦无多。

　　日本建国当中国周秦之世，虽自神武至崇神九帝五百六十四年，史无可征，然开国规模，盖具于是矣。此时期中，中国之人民与文化，固有自朝鲜以至日本之消息也。

　　前汉时，驿使可通者，凡三十余国，后汉时，两度遣使入朝，至魏远道修贡者凡五度,中国亦遣使臣前往慰问焉。历晋宋齐梁而下,朝贡不绝,尤以宋代为最多。惟日本史家,皆委为国造所为论者惑之。

隋唐之交,中国文治武功,光被遐迩,日本闻风宾服,最诚亦最久。当唐盛时,日本虽自帝其国,然事大之礼盖虔除遣贡使二十六度外,并常选子弟入学,观摩取法,用能模仿中国文化,人才典章,盖彬彬焉,方之高丽、新罗、百济,又高一等。

唐季衰乱,日本聘使始疏,然有宋一代,两国之僧侣商人,仍自往来不断。其后日本变乱相循,裂为南北,群侯豪俊,麋沸云扰;而平氏,源氏,北条氏,足利氏,织田氏,丰臣氏,先后迭握政权,君主深居高拱,徒拥虚名,故此期中,交涉较少。

元人欲耀后世之名,遂兴东征之卒,两度用兵,丧师十万,两国之感情,遂尔中伤。八十年间,日本未来一使,信乎黩武,非交邻国之道也。

有明中叶,内政不修,海疆奸民,勾结倭人,肆为寇虐,遂使日本愈藐视中国,负隅自固,茫不知华夏广远。而一二枭桀者流,辄欲冯陵我藩服,觑觎我疆圉,中国对之亦如防水御风,毋使侵漏,由是两国虽同在一洲,而情谊隔绝。

清之初叶,声威远播,旸谷扶桑,莫不震詟。日本又当德川柄政,方欲以文治致太平,二百年间,彼此相安,海波无警。虽台湾郑氏通好乞援,然日本不愿结怨强邻,拒而未允。

咸同以后,欧力东侵,东北西南,日蹙百里,而朝野颠顶,救亡无策,任他人之宰割,供异族之牺牲,良可哀已。然日本自明治维新,改弦易辙,废群侯,尊一主,斥幕府,联邦交,百务并修,气象焕然,效法西洋,罔遗余力,转弱为强,捷如影响。

光宣之世,一战胜中,再战乘俄,席卷琉球、台湾,蚕食朝鲜、南满;俨然自登于世界列强之林,而以东亚盟主自居矣。不图向日臣藩,一跃而为上国,得失之机,决于俄倾,可不勖哉。

降至民国,剪屠愈甚,政治侵略,军事侵略,经济侵略,文化侵略,无时或已。二十一条之要求,其尤著也。今南满既入其势力范围,而闽边鲁角,亦有金瓯欲缺之患,因历史关系,地理关系,最足以贼害中国,而贼害中国最烈者,无日本若焉。

中日两国,文化相同,种族相同,当兹白祸蔓延,欧涛澎湃,实有一致团结以御外侮之必要。自今以往,或因同壤,世为仇雠,如吴越之相倾;或因同舟,互为唇齿,如吴蜀之相援;时变递嬗,迁流靡定,端赖两国之贤明政治家,知所取采耳。

抑有进者,余观日本士大夫,类能读中国书,考中国事,研究中国之社会、经济、政治、文化,亦最勤。而中国士大夫,憪然自大,跬步自封,对于外交,略不措意,无论欧美,即日本与我仅隔一衣带水,朝发夕至,亦视之如海外神山,能望而不能及,不其诞欤?

凡欲谋人之国者,必先知人国之事,凡欲谋己之国者,亦必知人国之事。孙子云:"知己知彼,百战百胜。"故日本侵略中国,研究中国最详,欧美侵略中国,研究中国亦极切,中国人防御日本而不知日本之事,防御欧美,而不知欧美之事,又乌乎可? 契丹有云:"我于宋国之事,纤悉皆知,而宋人视我国事,如隔十里云雾。"是可耻也。

余向治外国史地,间尝介绍外国之风俗,人情,政治,文化,于国人矣。近见内政日非,外患日迫,莘莘学子,废学呼号,窃悯其非爱国救国之道,因不自揣谫陋,辄欲勾稽历代中国与外国交涉事实,及其成败得失之由,撰为《中国外交史》一书,以供国人参考,而日促事繁,难于动笔。

十四年夏来,住清华研究院,窃欲尽数年之力,完我素志,恐范围太大,因分部为之,先成《中日交涉史》,继作《中英关系论》、《中俄关系论》、《中法交涉史》、《中美交涉史》,一部先成,再作他部,如是则可以量时计功矣。惟才短学之,力小任重,芜杂疏漏,知所不免,尚希海内明达,有以正之。

凡例

一　本书专门叙述中日历代交涉,以政治关系为主,其余学术、宗教、经济、民族各种关系,亦连类互见。

二 本书分上下二册,上册自先秦及明末,约六万言;下册自清初迄民国,亦六万言,分量大致相等。

三 本书纪事,概依中国纪年,以便国人展诵;遇不得已时,则中日两国纪年共用,仍以中国纪年为主。

四 每编之末,附列中日交涉大事撮要,西中日三历对照,以便检阅参考。盖交涉既繁,不如是不足以清眉目也。

五 引用书籍,概录原文,遇万不得已时,始加修改增减,仍力求保持原意,以存本真。每篇之后,并列参考书目。以明出处。

六 周礼职方掌天下之图,以知其要;太史公见《周谱》旁行斜上,因而作表;今师其意,每篇斟酌加入图表,使阅者一目了然。

七 历代史家,以内辞尊本国,北称索虏,南号岛夷,谓崇国体,其见甚陋。本书纪述,务从实录,人我一律看待,不加褒贬。

八 书名,官名,地名,事物名,属中国者以中国为主,属日本者以日本为主,不假别称,《穀梁传》所谓名从主人也。

九 史之要素,最重因果。故凡战役、寇乱、通商、遣使,皆详究其成败、起灭、兴衰、多少之故,如是则死历史一变而为活历史矣。

十 略古详今,略远详近。近代史家,同此主张。本书事之详略,与时之先后,恰成正比。尤以中日战争以后,务求曲尽底蕴。

卷上目录

第一编　萌芽时代

第一章　秦以前

中日关系之发生，由来尚矣。武王灭纣，封箕子于朝鲜（见《史记·

宋世家》及《尚书大传》），可知殷周之世，朝鲜已入中国版图；而朝鲜与日本相距甚近，仅隔对马海峡一衣带水耳，则其时日本有人至朝鲜，朝鲜有人至日本，可无疑义。（日史称素笺鸣尊至朝鲜，云日枪至日本，皆在此时。）

战国及秦，天下大乱，燕齐人民，往往携朋絜侣，走食他乡，或北航直隶海峡，或东循辽水上源，布满于辽东半岛、朝鲜半岛一带。于是日本之风土人情直接传播于移民，间接输入于中国，战国时人知有所谓倭有所谓三神山者，盖日本也。

征之史乘，记载甚多，《山海经·海内北经》称："盖国在巨燕，南倭北倭属燕。"而《帝王世纪》亦云："舜时僬侥氏来贡没羽，西王慕舜之德来献白环，东倭重译而纳贡。"此皆较古之记载，有人信其为真，有人疑其为伪，姑置不论。

若乃汉人著作，言之更为确凿焉。王充《论衡》云："周初天下太平，越裳贡白雉，倭人贡鬯草。"王充在汉代学者中，号称精审渊博，其说当有所本。《史记·封禅书》亦称：

> "……自齐宣燕昭使人入海求蓬莱、方丈、瀛洲，此三神山者，其传在渤海中，去人不远，患且至，则船风引而去，盖尝有至者，诸仙人及不死之药，皆在焉。其物禽兽尽白，而黄金银为宫阙，未至望之如云，及到三神山反居水下，临之，风辄引去，终莫能至云，世主莫不甘心焉。"

可见春秋战国之世，不特知有其地，且发奋求之，前仆后继，代不乏人，虽未能至，然确信其存在，盖属当时之时代心理也。降及秦代，言者更多，意者，秦政苛暴，燕齐人民，逃往朝鲜以避之，或有由朝鲜以达日本者，故传其所见所闻于里闾间，而方士则从而创为异说，以图弋取厚利。《封禅书》又云：

> "及至秦始皇，并天下，至海上，则方士言之，不可断数。始皇自以为至海上而恐不及矣。使人乃赍童男女入海求之，船交海中，皆

以风为解。曰:'未能至,望见之焉。'"

始皇因听信方士之说,引动其好奇心,遂发生一种大规模之探险运动,为中国殖民海外第一声。后世史书,皆抄袭《史记》,争记此事而《史记》记此事者,凡有三处,《封禅书》所记甚略,不得窥其梗概,《秦始皇本纪》较详。其文曰:

> "……二十八年,……齐人徐市上书言海中有三神山,名曰蓬莱,方丈,瀛洲,仙人居之,请得斋戒与男女求之。……方士徐市入海求神药,数岁不得,费多恐谴,乃诈曰:'蓬莱药可得,然常为大鲛鱼所苦,故不至,愿请善射与俱,见则以连弩射之。……'"

此段叙探险之起原及经过甚详,前后历时数年,不可谓非一种艰险事业;虽其动机,近于迷信,而其精神,则甚可取。经数岁之寻求,而灵药终不可得,于是不得不谋脱身之计,高飞远走,以全性命。观《淮南衡山列传》所载,设备周至,谋虑深远,其结果则卒达彼岸。原文如下:

> "……又使徐福入海求神异物,还为伪辞曰:'臣见海中大神言曰:汝西皇之使邪?臣答曰:然。汝何求?曰:愿请延年益寿药。神曰:汝秦王之礼薄,得观而不得取,即从臣东南至蓬莱山,见芝成宫阙,有使者铜色而龙形,光上照天。于是臣再拜问曰:宜何资以献?海神曰:以令名男子若振女与百工之事,即得之矣。'秦皇帝不悦,奉振男女三千人,资之,五谷种种百工而行,徐福得平原广泽,止王不来。"

有土地,有人民,有五谷,有百工,衣食住可以无忧,于是徐福等自营新生活,不复再返,此为中国人到日本殖民之第一声。继此以往,由陆路或海路去者,世世不绝,故今日日本民族及血统,与中国有关系者极多。

此项事,不特中国史有记载也,日本史亦有之。《孝灵通鉴》称:"七十二年,秦徐福来。"《神皇政纪》亦载:"始皇好仙药,求长生不死之药于日本,因日本欲得五帝三王之遗书,始皇乃悉送之,徐福赍始皇之书而至。"近人高谷濑夫著《日本史》言之最详。其言曰：

> "孝灵帝七十二年，秦王使徐福率童男女千余人入海岛以求仙
> 药，不获福恐诛，来奔，献其所赍三坟五典。"

同书又云：

> "徐福航海在始皇烧书之前五六年，故其所赍皆孔氏之全经也。
> 然其文则科斗篆籀，当时之人，不能了解，而后世遇兵燹纷乱，漫漶
> 终失其传，而震旦之人，以为孔氏全书，日本独藏，而不敢出诸他邦。
> ……"

查日本史书，千篇一律，同记此事，或疑其出于伪托者，盖神武以前
之历史，多不可靠故也。然徐福之墓，徐福之祠，巍然故在；而日本朝野
上下，对此茫茫荒冢，寂寂空祠，敬礼有加，则又何说？野畸左文所著《日
本名胜地志》言之綦详，可覆按也。

> "旧城东之海岸，熊野地之田圃中，有老樟二树，德川赖宣建坊，
> 题'秦徐福之墓'五字，距墓三町，有小垅七，徐福从者之坟也。"
> "邻郊东南牟娄郡之木町之东，有波多须浦，徐福船舶矢贺矶暂
> 居之所也。后虽移居新居，而波多须浦，尚有秦氏。"
> "又矢贺丸山有徐福祠，徐福厌始皇之苛政，欺始皇帝，谓可得
> 不老不死之仙药，率童男女五百人，采仙药于蓬莱山，积穀类之种，
> 耕作之器具等于船舶，遁出而殖民于我国。其来也，当孝灵天皇御
> 极之时。……"

中国距日本如此之近，朝鲜属中国如彼其早，吾人据地理上之观察，
历史上之推测，说明春秋战国时代中国人有由朝鲜以至日本之可能，日
本风土有由朝鲜以传入中国之近是，则知自秦以前，中日已发生关系，固
无庸讳也。

秦代徐福使日一事，中外史家，所见不同。有谓确至日本者，有谓流
落荒岛者，有谓毫无结果者。虽然，二千年来，并未得有力之反证证明徐

福未至日本;而中国史书、日本史书,众口同声,言之凿凿;且徐福墓,徐福祠,至今尚在,吾人宁肯信其有,不肯信其无,殆亦好奇心使之然欤!

自秦以下,降至后汉光武,两国间虽无正式国际交涉,而两国人民,亲善有加。中国人从燕齐到朝鲜,由朝鲜达日本,此种移民运动,继续不断,直至唐宋而未有已。详说下章,兹不赘述。

参考书目

1.《史记》卷三十八《宋微子世家》

2. 伏生《尚书大传》

3. 峰岸米造《日本历史》卷上

4.《山海经·海内北经》

5.《帝王世纪》

6. 王充《论衡》

7.《史记》卷二十八《封禅书》

8.《史记》卷六《秦始皇帝本纪》

9.《史记》卷一百一十八《淮南衡山列传》

10. 黄遵宪《日本国志·邻交志》一

11.《孝灵通鉴》

12.《神皇政纪》

13. 高谷濑夫《日本史》

14. 野畸左文《日本名胜地志》

第二章 两汉

中日国际正式交涉,始于后汉光武朝。光武以前,彼此亦通驿使,惜《前汉书》无四夷传,故未加以记载耳。余意前汉一代,自高祖迄更始垂二百三十年,万无不遣一介往还之理,其故有四:

一 两国地势异常接近,南出吴越,扁舟可航,北走对马海峡,仅隔一衣带水耳。

　　二　秦汉之际,中国人有由燕齐以往朝鲜,朝鲜人更有越对马岛至日本者。

　　三　汉代武功极盛,四夷莫不震服,武帝一朝,更将朝鲜收入版图,日本当然向化。

　　四　神武、崇神两代,日本已具开国规模,且能役属诸邦,供其驱策,并有侵略朝鲜之野心。

据理论言,据情势言,前汉一代,中日有通使之可能,兹再征诸典籍,以证吾说。《后汉书·倭国传》云:

　　"倭在韩东南大海中,依山岛为居,凡百余国;自武帝灭朝鲜,使驿通于汉者,三十许国。国皆称王,世世传统;其大倭王,居邪马台国;乐浪郡征,去其国万二千里,去其西北界拘邪韩国,七千余里。其地大较在会稽、东冶之东,与朱崖、儋耳相近,故其法俗多同。"

武帝时,日本有小国三十余与中国通驿使,《后汉书》固明言之矣。其云王统世袭与国都所在,皆不误;惟云在会稽、东冶东,与朱崖、儋耳相近,全属臆测之词;会稽,今浙江,东冶,今福建,朱崖、儋耳,今广东、琼州,方位皆不相合。盖日本地势若长蛇形,自西海道(九州)东北走北海道,汉人误以为自西海道东南走北海道耳。

《倭国传》又云:

　　"土宜禾稻、麻纻、蚕桑,知织绩为缣布;出白珠、青玉,其山有丹土。气温暖,冬夏生菜茹,无牛马虎豹羊鹊。其兵有矛、盾、木弓、竹矢,或以骨为镞。男子皆黥面文身,以其文左右大小别尊卑之差。其男衣皆横幅,结束相连,女人被发屈纴,衣如单被;贯头而著之;并丹朱粉身,犹中国之用粉也。"

　　"有城栅屋室,父母兄弟异处,唯会同男女无别,饮食以手而用笾豆。俗皆徒跣,以蹲踞为恭敬,人性嗜酒,多寿考,至百余岁者甚众。国多女子,大人皆有四五妻,其余或两或三;女人不淫不妒。风俗不盗窃,少争讼,犯法者,没其妻子;重者,灭其门族;其死停丧十余日,家人哭泣,不进酒食,而等类就歌舞为乐,灼骨以卜,用决吉凶。行来渡海,令一人不栉沐,不食肉,不近妇人,名曰'持衰',若在涂吉利,则雇以财屋;如疾病遭害,以为持衰不谨,便共杀之。"

读此一段记载,吾人有感想二:其一、《后汉书》所记,举凡土壤,气候,动植矿物,兵具,衣服,宫室,风俗,法律,信仰,纤细靡遗;与《史记》所记惝恍迷离,半真半假,托为仙人所居者,迥不相侔。盖后汉人距前汉人虽不过二百余年,然其地理知识,已大增加,前后相差,判若天壤,谓非有密切之往来,安能详悉如此? 其二、书中所述种稻、植桑、栽菜等农业,织丝、续纩,酿酒等工业,以及城郭,宫室,弓矢,下至妻妾,卜筮,刑罚,无不与古代中国制度相同。此皆非偶然也,必经长时间之介绍与酝酿。意者,战国末及两汉数百年间,此种文化由中国输入朝鲜,又由朝鲜输入日本,渊源有自矣。

后汉一代,日本使臣前后两至,第一次在中国建武中二年,即日本垂仁帝八十六年,当西历五十七年,具载《世祖本纪》。第二次在中国孝安帝永初元年,即日本景行帝三十七年,当西历一百零七年,具载《安帝本纪》一。是为中日通使之滥觞。自此以后,每代不绝,《倭国传》记载较详,录之如下:

"建武中元二年,倭奴国奉贡朝贺,使人自称大夫,倭国之极南界也,光武赐以印绶。安帝永初元年,倭国王帅升等献生口百六十人,愿请见,桓灵间倭国大乱,更相攻伐,历年无主,有一女子名曰卑弥呼,年长不嫁,事鬼神道,能以妖惑众,于是共立为王,侍婢千人,少有见者;惟有男子一人,给饮食,传辞语,居处宫室,楼观城栅,皆持兵守卫,法俗严峻。"

查日本史书,罕记此事,然光格帝天明四年(乾隆四十九年),筑前那珂郡人于志贺岛上掘地得一石室,上覆巨室,下以小石为柱,中有金印,蛇纽,曲尺方八分弱,厚二分五厘,文曰:"汉倭奴国王。"确是光武时故物,今藏黑田侯爵家。于此可证光武时代,日本确曾臣服中国,而日本史家聘为古伊都县主,或国造之所为,并非王室之所遣,中外学者,深致疑焉。姑不论使臣属于王遣,抑属于国造所遣,然光武时代,中日确有正式使节往来,则事实也。

所谓女子卑弥呼者,即神功皇后气长足姬,其夫仲哀帝征熊袭失败,死乱军中,后为之复仇,一战克敌,遂灭熊袭,又新征新罗,新罗降服,归遂摄政。时汉献帝建安五年,凡六十九年卒。所谓倭国大乱,以妖惑众等语,皆传闻之误耳。

且汉人驿使不特通至本洲、四国、九洲一带,即东之虾夷,南之琉球,与南洋诸岛,亦皆在向化之列,不仅区区日本,屏藩中国而已。《倭国传》又云:

> "自女王因东渡海千余里,至拘奴国,虽皆倭种,而不属女王。自女王国南四千余里,至朱儒国,人长三四尺,自朱儒东南行船一年至裸国,黑齿国,使驿所传,极于此矣。"

> "会稽海外,有东鳀人,分为二十余国,又有夷洲,及澶洲,传言秦始皇遣方士徐福将童男女数千人入海求蓬莱神仙不得,徐福畏诛,不敢归,遂止此洲。世世相属,有数万家,人民时至会稽市,会稽、东冶县人,有入海行,遭风流移至澶洲者,所在绝远,不可往来。"

按拘奴、裸及黑齿、朱儒等国,各家注释不同。仁和丁益甫氏谓拘奴即北海岛虾夷岛;裸及黑齿,即南洋群岛。以地在热带,故裸,以常食槟榔,故齿黑。朱儒即安达曼岛,其土番身度恒不满四尺。凡所解释,近于附会,吾人不敢据以为真,然亦非不近情理。余意《后汉书》系此诸国于《倭国传》中,必因此等消息,从日本传来,据人种学家之研究亚洲民族概自南洋群岛北来,而日本国内尤多马来人遗迹;或因汉代以前,南洋群岛人,有至日本者,故传其所闻如是,又由日本传入中国也。

东鳀即琉球,毫无疑义,琉球在会稽海外,且为无数小岛,此种人在汉时已通中国。惟夷洲及澶洲无法解释,自秦汉三国而降,与中国之关系,若断若续;《日本史》称,孝武天皇时秦人徐福来居,熊野浦地在太和南,纪伊国境,今属南海道,则夷洲及澶洲,或即此处,由此东航,可抵琉球,又东航,可抵会稽,所以夷洲消息,不传入朝鲜而传入会稽也。

吾之所以连编屡牍征引《汉书》者,有二故焉。一则中日关系之最早史料,最古史料,首推《倭国传》,前乎此无可根据者。再者,历代史家对于四夷情形,异常隔膜,各史《倭国传》,千篇一律,抄袭割裂,不增一字,非后人之地理知识,不如前人,乃后人考核之精,采访之勤,识见之宏,远较前人有逊色耳。

使范晔当时疏于采究,将此寥寥数百字,一笔涂去,则虽至唐宋以后,尚不知日本之地势如何? 制度如何? 风俗如何? 容或有也。至于古代中日关系,更无法研究矣。吾人读此文,但嫌其少,不嫌其多,故一征引之,而附以己见焉。

参考书目

1.《后汉书》卷一百十五《倭国传》

2. 丁谦《后汉书地理考证》

3.《日本国志·邻交志》一

4. 高谷濑夫《日本史》

5.《后汉书》卷一《光武帝本纪》、五《安帝本纪》

第三章　魏晋

汉代光武、安帝两朝,中日正式国交已开端绪,前既言之矣。降及魏晋往来尤密,可分三面观察。(一)日本与中国北方之交涉。(二)日本与中国南方之交涉。(三)日本与百济之交涉。

三国鼎峙时代,蜀据西蜀,吴据江南,皆成偏安之局,惟魏雄据中原,独以正统自居,而四夷对中国之朝贡,亦皆尊魏。司马炎篡魏灭蜀灭吴,奄有中夏,当其极盛,势力直达朝鲜半岛,遐迩摄服。此日本与中国北方之交涉所以为独多也。总计魏代共来五次,晋代亦来一次,朝廷矜其远

道,赏赐有加,《魏志·东夷传》云:

"……景初二年六月,'即日本神功皇后四十七年',倭女王遣大夫难升米等诣郡,求诣天子朝献,太守刘夏,遣吏将送谒京都,其年十二月,诏书报倭女王曰:'制诏亲魏倭王卑弥呼,带方太守刘夏,遣使送汝大夫难升米,次使都市牛吏,奉汝所献男生口四人,女生口六人,班布二匹二文,以到。汝师在逾远,乃遣使贡献,是汝之忠孝,我甚哀汝! 今以汝为亲魏倭王,假金印紫绶,装封付带方太守假授汝,其抚绥种人,勉为孝顺。汝来使难升米、牛利,涉道路勤劳,今以难升米为率善中郎将,牛利为率善校尉,假银印青绶引见,劳赐遣还。今以绛地交龙锦五匹,绛地绉粟罽十张,蒨绛五十匹,绀青五十匹,答汝所献贡直,又特赐汝绀地句文锦三匹,西班华罽五张,白绢五十匹,金八两,五尺刀二口,铜镜百枚,真珠铅丹各五十斤,皆装封付难升米、牛利,还到录受悉。可以示汝国中人,使知国家哀汝,故郑重赐汝好物也。'"

中日最初交涉之年代及印绶,可考者,以光武时为第一次,其使臣及国书可考可者,以此时为第一次。明帝薨,齐王芳立,遣使报聘,日本亦答使谢恩,君臣之谊,愈见亲密,《东夷传》云:

"正始元年,太守弓遵遣建中校尉梯俊等奉诏书印绶诣倭国,拜假倭工,并赍赐金帛、锦罽、刀、镜、彩物,倭王因使上表答谢诏恩。"

"其四年,倭王复遣使大夫伊声耆、掖邪狗等八人上献牲口,倭锦,绛青缣,绵衣,帛布,丹木,犴,短弓矢。掖邪狗等壹拜率善中郎将印绶。"

"其六年,诏赐倭难升米黄幢,付郡假授。"

少帝一朝,每隔二三年,日本必有使来,否则中国必有使去。使臣名目,贡品种类,赏赍事项,历历可考。彼邦人士,以得封中国之一官半职为荣,且其国内遇有纷争,亦必遣使上诉,以求公判,是不啻中国之一保护国也,《东夷传》云:

"其八年,太守王颀到官,倭女王卑弥呼与拘奴国男王卑弥弓呼素不和,遣倭载斯乌越等诣郡,说相攻击状,遣塞曹橡史张政等,因赍诏书黄幢,拜假难升米,为檄告喻之,卑弥呼已死。"

"……复立卑弥呼宗女壹与,年十三,为王。国中遂定,政等以檄告喻壹与,壹与遣倭大夫率善中郎将掖邪狗等二十人送政等还,因诣台,献上男女生口三十人,贡白珠五千,孔青大句珠二枚,异文杂锦二十四。"

晋承魏后,亲善如昔,武帝时入贡一次,《武帝本纪》及《东夷传》俱称:"泰始初遣使重译入贡。"后虽偏安江左,使节仍未绝焉。

日本与中国南方之交涉,因交通不便,往来甚稀,魏晋之交,共计三次,吴主孙权时,遣将往伐一次,未能得至。《吴志·孙权》云:

"二年春正月,魏作合肥新城,诏立都讲祭酒,以教学诸子。遣将军卫温、诸葛直,将甲士万人,浮海求夷洲及澶洲。澶洲在海中,长老传言,……所在绝远,卒不可得至,但得夷洲数千人还。"

晋怀帝时,日本遣人至江南,求缝织女一次。《日本国志·邻交志》云:

"应神帝……四十一年,庚午,复遣阿知使主都贺使主于吴,求织缝女。抵高丽,高丽乃副久礼波、久礼志二人为乡导。及得工女还,帝已崩,乃献之大鹪鹩皇子,即仁德帝。"

晋室偏安江左以后,又入贡一次,时在义熙九年。《晋书·安帝本纪》云:

"……高勾丽,倭国,及西南夷,铜头大师并献方物。……"

古代朝鲜半岛,大势上以汉江为界,可大别为南北二部。北部,即古朝鲜国,为箕子后裔,汉武帝伐朝鲜遂并入中国版图。南部,即古马韩、辰韩、弁韩三国;马韩占有今之全罗、忠清、京畿等道地;今之庆尚道地,弁韩占有;辰韩西南一带地。皆为韩族鼎足对峙。

西元前五七年(汉宣帝五凤元年,崇神帝四十一年),朴赫居世起于辰韩,建新罗国。西元前三七年(汉元帝建昭二年,崇神帝六十一年),高朱蒙起于满洲东南建高丽国。西元前一八年(汉成帝鸿嘉三年,垂仁帝十二年),扶余温祚,南下马韩,建百济国,弁韩初属于新罗,后又分为加罗、任那诸小国。

朝鲜半岛,因与日本接近,故在神武以前,早有交通。《日本史》称素笺鸣尊之往朝鲜,天日枪之归日本,皆属神话时代事也。(峰岸米造《日本历史》,上卷,二十三页。)崇神帝时,任那不堪新罗之压迫,朝贡日本,请求保护,日人遣盐神津彦镇守其地。神功皇后出师征伐新罗,新罗降服,百济、高丽相率入贡,是为日本武力侵入朝鲜时代,而朝鲜文化,亦于是时输入日本。

朝鲜半岛,因与中国接近所以学问技艺之传入,较日本为早;神功侵入朝鲜后,两国交通,愈见频繁,而由中国传入朝鲜之学问艺术,又由朝鲜以传入日本,自是以后,日本乃有文化可言。

高谷濑夫《日本史》:

"应神帝十五年,秋八月,百济王,使阿直岐,献良马二匹。阿直岐通览经史,皇子雅郎子从之学。帝问阿直岐曰:'百济学士有愈汝者乎?'对曰:'王仁博闻强记,非臣俦也。'帝乃使荒田别征王仁于百济,十六年春二月,仁至,献《论语》十卷,《千字文》一卷,稚郎子以仁为师,讲修经典,是儒学之始也。"

峰岸米造《日本历史》二十五页又称:

"……汉人阿知使主经朝鲜来归。王仁子孙居河内,号西文氏;阿知使主子孙,居太和,号东文氏。并从事历代朝廷文章,于我邦文事之发达,裨助甚多。"

以上述汉学,从朝鲜传入日本;其他机织,缝衣,锻铁,冶金,磨玉,酿酒等技术,神话时代,早已先后传入日本,此时陆续来者,前后不绝。前节述应神帝遣使求缝织女于吴,具见《日本国志》;其他载籍,记述尚多,如《国史讲义》及《日本历史》，言之皆详。

峰岸米造《日本历史》（二五页）云：

　　"……至应神天皇时代，缝衣女，织工，锻工，木工，造酒家等，由朝鲜半岛渡来，各传其技；我之技术工艺，于是有显著之变化与进步。"

　　"秦人弓月君，率多数之部众，从百济来归，亦此时代事云。其民养蚕，织绢，后赐姓为波多。波多，即机字之义也，我之养蚕纺织业，至此次第次其面目。"

日本之学问艺术，去自朝鲜；朝鲜之学问艺术，去自中国，此无疑义者也。盖当春秋战国以前，日本犹是僻野之国；秦汉以后，华化输入，乃渐有文明可言，至魏晋而益盛；日本之得力于中国者，为非细矣。

参考书目

1.《三国志·魏志》三十卷《东夷传》

2.《晋书》卷三《武帝本纪》

3.《晋书》卷九七《东夷传》

4.《三国志·吴志·孙权》

5.《日本国志·邻交志》一

6.《晋书》卷十《安帝本纪》

7. 峰岸米造《日本历史》二十五页

8. 高谷濑夫《日本史》

9.《魏志》四卷《齐王芳本纪》

第四章　南北朝

魏晋之后，为南北朝。是时中国政治，虽极割裂紊乱，而中国之文化，则仍继长增高；盖自汉以来，印度佛教，业已流传中国，至南北朝而极盛故也。此期日本与中国之交涉，除政治方面，照常朝贡外；中国儒学，并不断输入日本;而佛教亦于是时光被东瀛,俨然成一新潮流焉。

北朝北齐北周两代,中日交涉,史乘无考,日本有无使臣入贡,殊不可知。南朝宋、齐、梁、陈四代,日使入贡,以宋代为独多,齐代次之,梁、陈则寂无所闻。总计宋代六十年间(西历四二○至四七八年),日本使臣,前后十二至。武帝时,来一次,《宋书·倭国传》云:

> "倭国在高丽东南大海中,世修贡职。高祖永初二年,诏曰:'倭赞万里修贡,远诚宜甄,可赐除授。'"

文帝时来六次,见于《倭国传》者二,见于《文帝本纪》者二,《倭国传》及《文帝本纪》并见者又二。《倭国传》云:

> "太祖元嘉二年,赞又遣司马曹达奉表献方物。赞死,弟珍立,遣使贡献,自称使持节都督,倭,百济,新罗,任那,秦韩,慕韩六国诸军事,安东大将军倭国王,表求除正。诏除安东将军倭国王。珍又求除正倭隋等十三人,平西征虏寇军,辅国将军,诏并听。"

《文帝本纪》云:

> "……元嘉七年,倭国王遣使献方物。……元嘉十五年,以倭国王为安东将军,是岁,遣使献方物。……"

《倭国传》又云:(《文帝本纪》亦记此事。)

> "二十年倭国王济,遣使奉献,复以为安东将军倭国王。二十八年,加使持节都督,倭,新罗,任那,加罗,秦韩,慕韩六国诸军事,安东将军如故。并除所上二十三军群。"

由上所载,足见不特倭国国王,须讨中国之册封,即倭国将士,亦须得中国之诰命,盖不如是不足示尊严而夸荣耀也。且日本每一新王即位,必另讨册封;中国每一新天子即位,亦必另给诰命,成为一代典礼。文帝一朝如是,武帝、顺帝两朝又复如是。

武帝时,共来二次,见于《武帝本纪》者一,《武帝本纪》及《倭国传》并见者一。《武帝本纪》云:

"……大明四年,倭国遣使献方物。……"

《倭国传》云:

"济死,世子兴遣使贡献。世祖大明六年,诏曰:'倭国王,世子兴,奕世载忠,作藩外海,禀化宁境,恭修厥职,新嗣边业,宜授爵号,可安东将军倭国王。'"

武帝大明八年,及明帝泰始六年,日本曾两度遣人到中国求缝织女。特非正式贡使,故中国史书,不载此事,日本人以其有关文化也,记之特详。《日本国志·邻交志》亦云:

"……雄略帝……八年,遣使身狭青桧、隈博德于吴。十四年,身狭青桧、隈博德再奉命往吴,因得英织,汉织,并缝女姊妹四工女而还。"

顺帝时,来二次,一见《顺帝本纪》,一见《顺帝本纪》及《倭国传》。是时,日本已蚕食诸小邦,俨成大国矣。宋人无法控制,遂一听之。《顺帝本纪》云:

"……升明元年,倭国王遣使献方物,诏除安东大将军倭国王。……"

《倭国传》云:

"兴死,帝武立,自称使持节都督,倭,百济,新罗,任那,加罗,秦韩,慕韩七国诸军事,安东大将军倭国王。"

顺帝升平二年(安康帝二十二年,西历四七八年),遣使上表曰:

"封国偏远,作藩于外,自昔祖祢,躬擐甲胄,跋涉山川,不遑宁处,东征毛人五十五国,四服众夷六十六国,渡平海内九十五国,王道融泰,拓土遐畿,累叶朝宗,不愆于岁,臣虽下愚,忝膺先绪,驱率所统,归崇天极,道径百济,装治船舫,而勾骊无道,图欲见吞,掠抄边隶,虔刘不已,每致稽滞,以失良风,虽曰进路或通或否,臣亡考济实怨寇雠,壅塞天路,控弦百万,义声感激,方欲大举,奄丧父兄,使垂成之功,不获一篑,居在谅暗,不动甲兵,是以偃息,未捷至今欲练甲治兵,申父兄之志,义士虎贲,文武效功,白刃交前,亦所不顾,若以帝德覆载,摧此强敌,克靖方难,无替前功,窃自假开府仪同三司,其余咸假援以劝忠节。诏除武使持节都督,倭,新罗,任那,加罗,秦韩,慕韩六国诸军事,安东大将军倭王。"

齐代不过二十二年(西历四七九年至五〇一年),为时甚暂,中、日交涉亦少,仅于开国时入贡一次,事载《南史》及《南齐书》。《夷貊传》云:

"……建元元年,进新除使持节都督,倭,新罗,任那,加罗,秦韩,慕韩六国诸军事,安东大将军倭王武,号为镇东大将军。"

梁陈两代,国势陵夷,此时之中原,混乱已极;江南半壁,又萎靡不振,无威可畏,无德可怀;故陈代三十一年(西历五五七年至五八八年)、梁代五十四年(西历五〇五至五五六年),日使不曾一次。惟梁武帝初年,册封倭王一次,亦不过奉行故事而已。《倭国传》云:

"……高祖即位,进武号镇东将军。"

关于政治方面,南北朝之中日交涉,其可考见者如此。关于文化方面,则此时承魏晋之后,开隋唐之前;一方面输入旧有儒学,一方面输入新起佛教,为日本文化,创一新纪元,而此输入之路径,则仍为百济也。先述儒学之可纪者,则有《大学》古注,有五经博士。岩田泰岩《世界大年契》云:

"……继体天皇三年(梁天监八年),《大学》古注,自百济渡来。……"

高谷濑夫《日本史》又称:

"继体天皇七年,夏六月,百济贡五经博士段杨尔,后以汉安茂代之。"

经学以外，又有医药，易卜，历算，音乐，皆从百济输入，文物典章，盖彬彬然。《日本史》又云：

> "钦明天皇十四年（梁承圣二年），六月，赐马，船工，矢于百济。敕曰：'必贡医，易，历博士各一人，每年交代；而龟卜历算诸书，亦当附送。'十五年春正月，百济使五经博士王柳贵代僧道深，贡易博士道良，历博士保深，医博士陵陀，采药师潘量及乐工数人。"

虽然，此时之值得大书特书，加倍重视者，不在儒学而在佛教。佛教之于亚洲，光被各国，与邪教之于欧洲，势力相等。而亚洲各国间，知识之交换，文化之传播，信使之往还，感情之调变，因缘于佛教者，十常四五。使中日两国文化上能连为一气者，亦以佛教之力为多，此不可不注意也。佛教首先输入日本，盖当梁陈二代；喜田贞吉《国史讲义》云：

> "继体天皇十六年（梁普通三年），南梁人司马达等来居大和国版田原，从事佛教之弘布，时人称为韩士神。"

> "钦明天皇十三年（梁承圣元年），百济圣王，遣使者献释迦佛金铜像一躯，幡盖若干，经论若干卷；天皇使大臣苏我稻目礼拜之。"

峰岸米造《日本历史》亦记此事：

> "继体天皇时代，中国人司马达等，始赍佛像而来；我国人从来敬神，崇祀祖先；以佛为异国之神，无敢信者。然其后经三十年，至钦明天皇十三年，百济圣明王，献佛像及经论，是为佛教流行之端。"

降至陈代，佛教大盛，然其间曾经一度之大争执，苏我氏主崇佛，物部氏主排佛，卒之，苏我氏获胜，故佛教得以畅行无阻。经，律，僧，尼，舍利，迦蓝，尽量输入；并遣人往百济学佛法，崇敬之隆，可想见矣。《国史讲义》云：

> "敏达天皇六年（陈太建九年），十一月，百济王再献经论若干卷，并律师，禅师，比丘尼，咒禁师，造佛工匠等工六人。"

> "大臣苏我马子，颁修行者于四方，得高丽之惠便于播磨，招以

为师,使度司马达等之女善信尼及其弟子,禅藏尼、惠信尼,马子崇信三尼,供其衣食,营佛于其殿宅之东方,安置弥勒石像,大会设斋,是时司马达等得佛舍利,献于马子。"

高谷濑夫《日本史》亦有同样记载:

"敏达天皇十三年(陈至德二年),秋九月,百济鹿深,献弥勒石像于苏我马子,马子作殿宇于石川,安置之。司马达又献舍利,马子试以铁锤锤之,舍利完而不缺,马子以佛德所致也,起塔于大野藏之。"

"崇峻天皇元年(陈祯明二年),夏五月,百济以僧惠实等九人为使献舍利,及迦蓝,垆盘,瓦画诸工。马子使善信从惠实至百济,以学佛法。"

南北朝时代,中国佛教极盛,日本佛教亦极盛。此固由于佛教自身,富普遍性,含有世界宗教之性质;然日本自视为岛夷,目中国为上国,上国之所好,彼亦好之,所关固极大焉。使佛教在中国而不能普遍者,则在日本固难期其发达也。惟此时期所输入之佛教,多具形式,少含哲理,若经典,若宗派,凡佛教之精萃所在,盖有待于隋唐以后,始能吸收光大云。

参考书目

1.《宋书》卷九十七《倭国传》
2.《宋书》卷一《武帝本纪》
3.《宋书》卷五《文帝本纪》
4.《日本国志·邻交志》一
5.《宋书》卷十《顺帝本纪》
6.《南齐书》卷八五《东南夷传》
7.《梁书》卷五四《倭国传》
8. 岩田泰岩《世界大年契》
9. 高谷濑夫《日本史》

10. 喜田贞吉《国史讲义》

11. 峰岸米造《日本历史》

12.《宋书》卷六《孝武帝本纪》

第五章 总论

总观上古中日交涉,自当以光武一朝为嚆矢。自西汉上溯嬴秦战国,可谓之传疑时代;自东汉下溯魏晋六朝可谓之萌芽时代。

战国以前,揣情度势,中日二国,虽有藉朝鲜为媒介以通往来之可能,而记载不传,无可征信。《山海经》、《帝王世纪》诸书,可信可疑,以之备参考则是,以之作证据则非。

《史记》所述,诚实无欺矣。然齐宣、燕昭之事,尽属传闻;徐福使日有始无终,其存其亡,尚待研究;中史既闪烁其词,日史又属追记,律以科学精神,固不当下最后判断也。

《汉书》称武帝灭朝鲜,通驿使者三十余国;惟不书国名,不记时日,亦只能以"莫须有"目之。苟书契方面,骨骼方面,器物方面,始终无证据可寻,则吾人只能存疑,不敢下全称之肯定或否定判断也。

光武时事,史有明文;后有发现金印,以为佐证,决无可以怀疑之点,用作纪元,足称允当。惟其后二百年间,仅于安帝时复来一次,殆以情形暌隔,道路不通,有以使然欤?

魏晋宋三朝,为时皆暂,而贡使极密,则规慕华风,观光上国,有以诱致之也。自是以还,中国人民,前往日本者,络绎不绝;学问技术,因以流传,扬我国光,启彼塞野,典章文物,丕然大备,有足多焉。

梁陈二代,中国凋敝,威令不行,四夷离叛,固不特一日本为然也。且其时彼亦兼弱攻昧,食邻自大,因有轻视上国之心,中日国际交涉,及暂绝矣。惟儒学之输入,佛教之传播,曾不稍衰,且有蒸蒸日上之势,是亦当注意也。

日本史家,本亦以自称中国之后为荣。其后稍染宋学喜言国体,遂乃数典忘祖,庞然自大。凡关于古代中日交涉事,概摈不书;即光武朝入贡赐印,亦委为国造所为。如源光国作《大日本史》,青山延光作《纪事本末》,皆谓通使,实使于隋,违心之言,毫无足取。

后汉两次贡使,指为国造所为,是则有说矣。《魏志》所称女王卑弥呼,以神道感众,若非神功皇后,又为谁耶?宋顺帝时,倭王上书,有东征毛人五十五国,西脉众夷六十六国,渡平海北九十五国等语,国造守帅,安能为此?

上古期中,中日交涉,其关于政治方面,文化方面,宗教方面,前述几章,讨论綦详,独关于种族方面,言之简略。实则种族交涉,较政治,文化,宗教,俱为重要;方今南洋群岛,凡稍露头角之土人,俱含有汉族血统,是其明证。吾意日本人之所以日臻于文明者,除吸收中国之政治,文化,宗教外,实吸收有中国之血统,故附论之。

秦末有一部分人,移入朝鲜,后又移入日本,自称扶苏、胡亥之后,日本呼为秦人。汉时有一部分人,移入朝鲜,后又移入日本,自称高祖、灵帝之后,日本呼为汉人。同时,有一部分人,自江浙飘海而往,自称太白、夫差之后,日本呼为吴人。此三支者,人数甚多,实为构成日本民族之主要部分。

喜田贞吉《国史讲义》云:

"推原本邦文化之所以发扬光大,实受汉人之赐为独多;其输入者,虽有韩人,亦多来自支那,盖彼等由支那出而入韩,然后转移于本邦也。此等支那人有三种:一曰秦人,二曰汉人,三曰吴人。"

"秦人之入本邦,自称出于胡亥之子孝武,以至功满王,融通王,其真否不可知。融通王即我邦所谓弓月君,始皇十二世孙,应神帝十四年,即晋武帝太康四年,弓月君自百济来归,所领人夫百二十县,为新罗所阻,止于加罗;朝廷遣葛城袭津彦召之,袭津彦又为所阻;十六年敕平群木菟伐新罗,始渐率弓月之人夫来归。……"

"大和之汉人,有汉直氏,自称后汉灵帝子,延王之裔,其来归者,曰阿智使主,都贺使主,阿智、都贺父子,以应神天皇二十年,率

党类十七县来归。……又神功征韩之时，所虏汉人之后，有桑原氏，
自称汉高祖苗裔。……"

"吴人者，非支那三国时代之吴，实指支那南方。此地与朝鲜交
通，不及北方频繁，因之吴人渡海东来者，亦较北方为晚，应神时，吴
服西素来；雄略朝又有吴服部、汉服部同来。……"

《日本国志·邻交志》云：

"雄略十五年，秦公酒奏言，臣族流亡散逐，十无二三，请赐检括
鸠集，帝为命小子部旧以隼人检括，获一万八千六百七十人，命酒统
领，养蚕，蚕大蕃息，帝赐姓禹豆麻佐，谓有补益也。"

"十六年，诏检汉部置伴造（赐姓直），应神时阿知、都贺率其族
党来，即汉直之先也。至钦明帝元年，颁诸秦诸汉于郡国，编贯秦
户，溢至七千，以大藏椽某为伴造。"

凡此种种，皆大批殖民，每次数目，动辄数千人，或数百人不等。其
零星前往者尚多，《日本国志》云：

"又据姓氏录，有文氏，桑原氏，丰冈氏，并出于汉高祖；桧，前村
主，下日佐，并出于汉齐王肥；吉水连出于汉盖宽饶；下村主出于汉
光武；松野连出于吴王夫差，可知汉人来日本者甚众，尔后蕃膴，不
知其几何矣。"

于此有当注意者二事。其一，即此等人之来源问题；其二，即此等人
之数目问题。关于来源者之答覆，则此等人来自燕、齐、吴、越，自无疑
问；惟不皆君主，或贵族之后耳；其所以扶苏，扶亥，高祖，灵帝，太白，夫
差以自重者，良以远适异国，恐为人所轻视故也；与今之标榜郡望，王则
称琅琊太原，李则称陇西，卢则称范阳，崔则称博陵，用意正同。

关于数目之研究，则秦人初至日本，约百二十县，后代散亡略尽，存
者十仅二三，经秦公酒检括之结果，尚有一万八千六百七十人，准此比
例，其全数当在六万左右，平均每县五百人，数目不得谓大。汉人初至日

本,约十七县,每县以五百计,共可八千五百人。吴人及其他杂姓,原无确数,但以最小限论,当有汉人之一半,即四千五百人。

总计在雄略帝时,中国人至日本者已达七万三千余人之多;而徐福所带三千童男女之子孙,尚不在内。雄略帝时,即中国南北朝时,当西历五世纪,距今已千五百年,若依马尔撒斯人口三十年而一倍之说,则现有数目应比全世界人口尚多;即依法国人口发育最慢,百五十年而一倍之说,亦当有七千四百七十五万二千人,已超过日本全国人口之总额矣。(据《中国年鉴》日本人为 58 087 000 人。)中国在日本民族中,成分之多,吁可骇已。

参考书目

1.《日本国志·邻交志》一
2. 喜田贞吉《国史讲义》
3.《中国年鉴》第一回
4. 冈谷繁实《日本全史》
5. 久符得二《东洋通史》

西历	中历	日历	使臣	事迹	出处
五七年	后汉建武中元二年	垂仁帝八十六年		倭奴国奉贡朝贺使人自称大夫光武赐以印绶	后汉书世祖本纪及东夷列传
一〇七年	后汉孝安帝永初元年	景行帝三十七年		倭国土帅升等献牲口百六十余人请愿见	后汉书安帝本纪及东夷列传
二三八年	魏明帝景初二年	仲哀帝四十七年	大夫难升米等	诏封亲魏倭王赐使臣宫爵并赐锦绢等物	三国志魏志东夷列传
二四〇年	魏少帝正始元年	仲哀帝四十九年	建中校尉梯俊等	奉诏书印绶诣倭国拜假倭王三倭王因使上表答谢恩诏	三国志魏志东夷传

西历	中历	日历	使臣	事迹	出处
二四三年	魏少帝正始四年	仲哀帝五十二年	大夫伊声耆掖邪狗等八人	上献牲口倭锦…掖邪狗等书拜率善中郎将印绶	魏志齐王芳本纪及东夷传
二四五年	魏少帝正始六年	仲哀帝五十四年	塞曹掾史张政等	女王遣倭载斯乌越等诣郡说相攻击状遣…因赍诏书黄憧拜假难升米为檄告喻之	三国志魏志东夷传
二四七年	魏少帝正始八年	仲哀帝五十六年	倭大夫掖邪狗等二十人	倭女王壹与立遣使送政等还并献牲口珍珠杂锦	魏志东夷列传
二六六年	晋武帝泰始二年	仲哀帝七十五年		泰始初遣始重译入贡	晋书武帝本纪及东夷传
三一一年	晋怀皇帝永嘉五年	应神帝四十二年	阿知使主都贺使主	使于吴求缝织女	日本国志邻交志一
四一三年	晋安帝义羲九年	允恭帝二年		高句丽倭国及西南夷铜头大师并献方物	晋书安帝本纪
四二一年	宋武帝永初二年	允恭帝十年		诏曰倭赞万里修贡远诚宜甄可赐除授	宋书倭国传
四二五年	宋文帝元嘉二年	允恭十四年	司马曹达等	赞遣使贡献方物	日本国志及宋书倭国传
四二五—四三〇年	年无考约在二年至七年之间	允恭十四年—二十年		赞死弟珍立遣使贡献自称…又求除正…诏并听	宋书倭国传
四三〇年	宋文帝元嘉七年	允恭帝十九年		倭国王遣使献方物	宋书文帝本纪
四三八年	宋文帝元嘉十五年	允恭帝二十七年		以倭国王珍为安东将军是岁遣使献方物	宋书文帝本纪
四四三年	宋文帝元嘉二十年	允恭帝三十二年		倭国王济遣使献方物复以安东将军倭国王	宋书文帝本纪及倭国传

西历	中历	日历	使臣	事迹	出处
四五一年	宋文帝元嘉二十八年	允恭帝四十年		进号安东大将军并除所上二十三人军郡济死世子兴遣使贡献	宋书文帝本纪及倭国传
四六〇年	宋孝武帝大明四年	雄略帝四年		倭国遣使献方物	宋书孝武帝本纪
四六二年	宋孝武帝大明六年	雄略帝六年		诏封倭王世子兴为安东大将军	宋书孝武帝本纪及倭国传
四六四年	宋孝武帝大明八年	雄略帝八年	身狭青桧隈博德	使于吴	日本国志邻交志一
四七〇年	宋明皇帝泰始六年	雄略帝十四年	身狭青桧隈博德	再奉命往吴因得吴织汉织并缝工女四人	日本国志邻交志一
四七七年	宋顺帝升明元年	安康帝二十一年		倭国王遣使献方物诏除安东大将军倭国王	宋书顺帝本纪
四七八年	宋顺帝升明二年	安康帝二十二年		倭国王武遣使献方物以武为安东大将军	宋书顺帝本纪及倭国传
四七九年	南齐高帝建元元年（升明三年）	安康帝二十三年		诏进倭王武镇东大将军	南齐书夷貊传
五〇二年	梁武帝天监元年	武烈帝四年		倭王武进号征东将军	梁书武帝本纪及倭国传

第二编　极盛时代

第一章　隋

南北朝后半期，中土衰乱，国威凌夷，日本贡使遂绝。及隋统一天下，兵力达于辽东，高丽、百济相率入朝，中日国交，亦于是时坠绪重续。

降至唐代,来往日密,使臣而外,有僧侣,有学生,有海商,盖前古所未有也。日使有留华服官者,中使亦有留日不返者,而学问之流传,诗歌之唱和,文质彬彬,号称极盛。推原日本食华之赐,以此时为最多。即至现代,尚呼中国人为唐人,中国服为唐服,中国纸为唐纸。则知我邦文化,印入于其朝野上下之心目中者深矣。

有隋一代,历时不过二十八年(西历五八九至六一七年),而其开国规模,多为唐所取法。隋之武功,虽不如唐,然较六朝实高万万,故四夷之崇隋与崇唐略相等。总计隋代日本使臣,前后四至。

开皇二十年,倭王姓阿美字多利思北孤号阿辈鸡弥,遣使诣阙。上令所司访其风俗,使者言:"倭王以天为兄,以日为弟。天未明时,出听政,跏趺坐,日出,便停理务,云:'委之我弟。'"高祖曰:"此大无义理。"于是训令改之。

此为日使重来之第一次。继此以往,亲善有加,然多以佛法为因缘。盖齐梁以还,中国佛教,流行日本,彼邦人士,趋之若鹜,其世子厩户奉佛尤谨,因遣大礼小野妹子(《隋书》作苏因高系译音)为正使,鞍作福利为通事,入贡中国,便道登衡山施僧,求《法华经》。

大业三年,其王多利思北孤,遣使朝贡。使者曰:"闻海西菩萨天子,重兴佛法,故遣朝拜,兼沙门数十人,来学佛法。"其国书曰:"日出处天子,致书日没处天子,无恙。"帝览之,不悦,谓鸿胪卿曰:"蛮夷书有无礼者,勿复以闻。"

明年,炀帝遣鸿胪寺掌客斐世清报使,小野妹子从而还。及至难波,日皇遣难波难成(《隋书》作小德阿辈),造新船于高丽馆上,以船三十艘,数百人,设仪仗鸣鼓角迎之,以中臣麻吕、太河内糠手等为掌客。

后十日,又遣额田部比罗夫,帅骑七十余,迎之海石榴市,双骑引导至阙。既至,日皇临阙,与世清相见,大悦。曰:"我闻海西有大隋礼义之国,故遣朝贡。我夷人僻在海隅,不闻礼义,是以稽留境内,不即相见;今故清道饰馆以待大使,冀闻大国维新之化。"世清答曰:"皇帝德并二仪,泽流四海,以王慕化,故遣行人来此宣慰。"(问答语见《新唐书·倭国传》)因进国书，信物，亲王诸王、文武百官皆绅冕立仗。国书曰：

> "皇帝问倭皇，使人大礼苏因高等至，具怀。朕钦承宝命，临御区宇，思宏德化，覃被含灵，爱育之情，无隔遐迩。知皇介居海表，抚宁民庶，境内安乐，风俗融和；深气至诚，远修朝贡，丹款之美，朕有嘉焉。稍暄比如常也，故遣鸿胪氏掌客斐世清，指宣往意，并送物如别。"

既而引世清就馆，款待优渥。日皇问世子曰："书辞如何?"世子对曰："天子赐诸侯书式也，然称皇称帝，其义一矣，宜答书报之。"其后世清遣人告曰："朝命既达，请即首途。"于是设飨以遣世清，复遣美子为大使，吉士雄成为小使，福利为通事，报聘。世子亲草答书曰：(答书见《日本国志》)

> "东天皇，敬白西皇帝。使人鸿胪寺掌客斐世清等至，久忆方解，季秋薄冷，尊候何如！想清愈此即如常，今遣大礼苏因高、手那利等往，不具。"

观隋代中日国书，其中有二种消息。其一，则日本自称东天皇，称中国则曰西皇帝，初不愿以臣藩自处，盖已窃号自娱，几几乎有两帝并立之势矣。炀帝赐答书，颇不失天子身分，而首冠以皇帝问倭皇，亦知其不就范围，故称皇以尊之耳。

其二，则书辞娓婉，出语简妙，非对于中国文学有深造者，不能。《日本史》谓系世子亲笔，则当时朝野华化程度之高，可想见矣。唐代文学，佳话尤多，事见下章，兹不述。吾人所当注意者，即此时期之日本，完全为中国化是也。

世清返国时，日本人随来者极众。除使臣外，有僧侣，学生，是为日本人来华之嚆矢。厥后学成归国，于彼邦之学问技术，裨益极多。喜田贞吉所作《国史讲义》云：

> "是时学生：倭汉，直福因，奈罗，惠明，高向。汉人：玄理。新汉

人:大国。学问僧:新汉人晏南渊,汉人清安吉贺,汉人惠隐,汉人废齐等,八人从之。是为留学生之嚆矢。"

是时日本之慕中国,犹今日日本之慕欧洲,一步一趋,唯华是范,朝野上下,以得观光上国为荣。其自动来华,未见记载,尚不知有几许云。世清返国之次年,小野妹子还日,惟鞍作福利,则久留不去。

大业十年,日本再遣犬上御田锹、矢田部造,使于隋。是时隋已大乱,明年御田锹归国,日使遂不复至。然其学生,学问僧,则分散各处,颇能专心致志,至唐朝开国后,始还。

参考书目

1.《隋书》卷八十一《倭国传》

2.《隋书》卷三四《炀帝本纪》

3.《日本国志·邻交志》一

4. 喜田贞吉《国史讲义》

第二章　初唐

有唐一代,亘三百年(西历六一八至九〇六年),文治之隆,武功之盛,方诸历朝,罕有其匹。故能光被四夷,威镇遐迩,异族之闻风慕化,前来朝贡者,趾踵相接。此真先民之烈,而吾人可引以自豪者也。

日本与隋代之交涉,前既言之矣。至其与唐之交涉,尤为密切而诚挚,学生之盛,使臣之多,慕化之殷,入贡之勤;前无其伦,后无可比,吾名之为中日交涉之黄金时代。

其间又可分为三期:第一期自高祖武德元年,至睿宗先天元年,历时约一世纪,普通呼为初唐。第二期自玄宗开元元年,至顺宗永贞元年,历时约一世纪,普通呼为盛唐,及中唐。第三期自宪宗元和元年,至昭宗天祐三年,历时约一世纪,普通呼为晚唐。

第一期中,日本贡使,共来九次,而学生、学僧不与焉。先是唐高祖武德六年,留学生惠济,惠光,医惠日,福因,从新罗还日本。奏曰:"唐礼义之国也,宜常相聘问。学生在唐者,皆已成器,愿召还之。"于是日本始知隋亡,因有使唐之意。太宗贞观五年,日遣犬上御田锹,大仁药师惠日使于唐,事载《新唐书·日本传》。

> "……贞观五年,遣使献方物。太宗矜其道远,饬所司,无令岁贡,又遣新州刺史高表仁,持节往抚之。表仁无绥远之才,与王子争礼,不宣朝命而还。……"

此为唐代中日正式国交第一次。表仁初去,日本迎接甚恭,后虽不宣命,日本并未挟嫌。表仁还时,又遣吉士雄麻吕等,送至对马,盖可谓曲尽地主之谊矣。其明年,学生惠隐,清安,学生高向元理,从新罗,归日本。隋时所遣学生,至是留唐者,盖已无几。

高宗永徽四年,即孝德帝白雉四年,发两遣唐使,分乘两船。一船,以小山上吉士长丹为大使,小乙上吉士驹副之;学生巨势、药冰老人,学僧道严、道昭等从之,以宝原御田为送使。一船,以大山下高田根麻吕为大使,小乙上扫守小麻吕副之,学僧道福等从,以土师八手为送使。船各百二十人,根麻吕船至萨摩竹岛,遭风漂没;长丹船,至唐。

明年,再遣小锦下河边麻吕为大使,大山下药师惠日为副使,大乙上书麻吕为判官,大锦上高向元理为押使,分乘两船,取道新罗,经莱州,达长安,献方物。此二次,日本又分别记载,而《唐书·日本传》,混为一次。记其事云:

> "永徽初,其王孝德即位,改元曰白雉,献琥珀大如斗,玛瑙若五升器。时新罗为高丽、百济所暴,高宗出玺书,会出兵援新罗。"

显庆三年,即齐明帝四年,日本敕僧知通、智达等,往唐,学法于唐僧元奘。明年,遣小锦下坂合部石布,大山下津守吉祥,使于唐,并携虾夷男女二口。石布船漂至南海夷岛,众为所杀;唯坂合部稻积等五人,夺夷船,逃至括州。吉祥船至越州,入朝高宗皇帝于东京。《日本传》亦记此事:

"未几,孝德死,其子天丰财立,死,子天智立。明年,使者携虾夷人偕朝。虾夷须长四尺许,珥箭于首,善射,令人载弧,立数十步外,射悉中,因献弓箭、白鹿皮等物。"

总章二年,倭国遣使献方物。此事《唐书·日本传》及《日本国志》俱不载,惟《册府元龟》述如此,不知所本。咸亨元年,日本改号,并遣使入朝。《日本传》云:

"天智死,子天武立;死,子总持立。咸亨元年,遣使贺平高丽,后稍习夏音,恶倭名,改号日本。⋯⋯"

我国史家,素抱闭关自大主义,对于邻族之风俗政事,概付阙如,纵或偶有记载,亦多捕风捉影,传闻失实。即如中日交涉,在彼邦则使臣姓名,往来经过,言之綦详;在我则以不着边际之一二语了之,遂使后人研究者,无从下手,亦一憾事也。

高宗、中宗两朝,尚有二事,为《日本传》所不载者,兹采辑他书以补之。查《日本国志·邻交志》云:

"⋯⋯天武帝七年(调露元年),僧定惠、道光,还自唐。传律宗,自道光始。十二年(嗣圣元年),学生土师甥、白猪宝然,从新罗还。⋯⋯"

武后长安元年,日本以粟田朝臣真人,为遣唐执节大使,左大辨高桥笠间为大使,右兵卫率阪合部大分为副使。至唐,朝见武后,宴之麟德殿。《新唐书·日本传》记其事云:

"长安元年,其王文武立,改元曰大室,遣朝臣真人粟田,贡方物。朝臣真人者,犹唐尚书也,冠进德冠,鼎有华蘤四披,紫袍白带。真人好学,能属文,进止有容,武后宴之麟德殿,授司膳卿。⋯⋯"

长安三年,朝臣真人又来贡方物;《日本传》不载,据唯《册府元龟》述如此。同年,僧智凤,智鸾,智雄,雄敕入唐;以智周大师,传唯识宗;日本之有唯识,自智凤等始。

中宗景龙三年,即元明帝和铜二年,日遣真人朝贡,赐宴中书,并导谒孔子庙堂,礼拜寺观。盖此时之日本,一方面极力输入佛教,然同时并未放弃儒术也。《册府元龟》记其事云:

> "景龙五(?)年,十月丁卯,日本遣使朝贡。戊辰,敕曰:'日本国远在海外,遣使来朝,既涉沧波,兼献方物,其使真人莫问等,宜以今月十六日,于中书宴集。'"

> "乙酉,鸿胪寺奏日本国使,请谒孔子庙堂,礼拜寺观,从之。仍令州县金吾相知检校搦捉示之以整应须作市买,非违禁入蕃者,亦容之。"

唐初,日本与中国之直接交涉,其可考见者如此。其在百济方面,日本与中国之间接交涉,尚有数次。中国史书,未有记载,而日本史书,言之特详。是时,百济镇将为刘仁轨,精明强干,颇能发扬唐室威德,东夷之民,皆惮之。《日本国志·邻交志》云:

> "天智帝甲子岁(高宗麟德元年),唐百济镇将刘仁轨,遣朝散大夫郭务悰等,抵对马。令内臣中臣镰足,遣沙门智祥,劳赐,复飨之而送归焉。"

> "丙寅岁,仁轨又遣朝散大夫沂州司马上柱国刘德高等来,帝命飨赐德高等,使大友皇子见之,令小锦守大石,小山坂合部石积等送还。"

> "丁卯岁,仁轨遣熊津都督府司马法聪等,送石积等于筑紫都督府,法聪归,又遣小乙下伊吉博德,大乙下笠诸石护送之。"

> "天智帝二年,遣河内鲸于百济,府贺唐平高丽。"

> "四年,刘仁轨使李守真来,复遣郭务悰帅二千人,驾四十七船,巡视各国,达比智岛,遣僧道久望告对马国司,国司牒报大军府,府驰驿入告。会天智崩,大友遣内小七位阿昙稻敷于筑紫,以丧告悰,悰吊恤尽礼,厚赐甲胄,弓矢,绢布绵等,送悰还。……"

此时刘仁轨之威权,盖在百济国王之上。其与日本交涉,骋使往还,行对等礼。于此可见唐室威德，绥服遐方，不特新罗、百济，帖然恭顺；即彼东邻三岛，夜郎自大者，亦只能与我之大臣，比肩并论，初不敢与唐天子较短长，与隋代之东西两帝并立者，有别矣。

参考书目

1. 《旧唐书》卷二、三《太宗本纪》
2. 《新唐书》卷二《太宗本纪》
3. 《新唐书》卷三、《旧唐书》卷四《高宗本纪》
4. 《新唐书》卷四、《旧唐书》卷六《则天皇后本纪》
5. 《新唐书》卷四《中宗本纪》
6. 《新唐书》卷二百二十《东夷列传》
7. 《日本国志·邻交志》一
8. 《册府元龟》
9. 《旧唐书》卷一百九十九《东夷列传》
10. 《唐东通志》

第三章　中唐

第二期中，日本贡使，共来十三次；学生，僧侣，海商，均不与焉。此时之武功，虽不如初唐之盛；而海内承平，文化发达，怀迩柔远，有足称者，用是四夷贡使，虽经种种困难，曾不稍挫。

玄宗开元元年，即元明帝和铜六年，日本遣粟田朝臣真人，及朝臣仲满，入朝。粟田学经学，市图书，仲满改姓名，受唐爵，盖前世所未有也。《旧唐书·日本传》记其事云：

> "开元初，又遣使来朝，因请儒士授经；诏四门助教赵玄默，就鸿胪寺教之。乃遣玄默阔幅布，以为束修之礼，题云：'白龟元年调布。'人亦疑其伪，所得锡赉，即市文籍，泛海而还。"

> "其偏使朝臣仲满，慕中国之风，因留不去，改姓名为朝衡，仕历

左补阙疑王友,衡留京师五十年,好书籍,放还乡,逗留不去。"

开元四年,日本遣使于唐。以从四位下多治比县守为押使,从五位下阿部安麻吕为大使,正六位下藤原马养副之,大判官一人,少判官二人,录事、少录事各二人,从八位上阿步仲麻吕,从八位下吉备选为留学生。使臣既如此之多,而未来时,则受特赐;归国后,皆享殊荣,可以见郑重其事矣。《日本国志》称:

> "使之未发也,先令祀神祇于盖山之阳,赐县守节刀。后二年,还自唐,入觐著唐帝所赐朝服。大和国造大和长冈,素好刑名之学,从县守往质问,疑义多所发明;及归而言法律者,皆就质焉。"

关于佛教方面,律宗、唯识宗俱极发达,尤以法相宗为最盛。新旧《唐书》,及《日本国志》皆不载,惟《日本宗教史》云:

> "元正帝养老元年,僧玄昉,与遣唐使同船入唐,学法相之义于智周大师。"

开元二十年,日本以多治比广臣为遣唐大使,从五位中臣名代副之,判官、录事各四人。未发,遣近江、丹波、播磨备中监造四船,是后遣使,以四船为率,广臣受节刀,明年乃至唐。

又明年归,发苏州,会风作,四船漂散,广臣船至越州,候风,逾年乃至。广臣在唐,易姓丹墀,子孙遂称丹墀氏。其还也,学生真备,僧元昉等从之还,各献书籍多种,弓箭、管乐又数种,具载《日本国志·邻交志》。

开元二十二、二十三两年,日本相继入贡。《日本国志》及新旧《唐书·日本传》俱不载,惟《册府元龟》元:

> "开元二十二年四月,日本国遣使来朝,献美龙绝二百匹,水织绝二百匹。"

> "开元二十三年三月,日本遣使贡方物。"

开元二十四年,即圣武天平八年,中臣名代自唐还日本。初名代船漂至南海,艰难辛苦,仅得复至。唐明皇悯之,敕书遣还,书出张九龄手。曰：

> "敕日本国王主明乐美御德，彼礼义之国，神灵所扶，沧溟往来，未尝为患。不知去岁，何负幽明，丹墀真人广成等，入朝，东归。初出江口，云雾斗暗，所向迷方；俄遭恶风，诸船漂荡，其后一船，在越州界，即真人广成，寻已发归，计当至国。一船漂入南海，即朝臣名代，艰虞备至，性命仅存。名代未发之间，又得广州表奏，朝臣广成等，飘至林邑国。既在异国，言语不通，并被劫掠，或杀或卖，言念灾患，所不忍闻。然则林邑诸国，比常朝贡，朕已敕安南都护，令宣敕告示，见在者令其送来，待至之日，当存抚发遣。又一船不知所在，永用疚怀，或已达彼蕃，有来人可具奏。此等灾变，良不可测，卿等忠信则尔，何负神明，而使彼行人罹其凶害，想卿闻此，当用警嗟，然天壤悠悠，各有命也。中冬甚寒，卿及百姓，并平安好，今朝臣名代还，一一口具，书指不多及。"

开元二十七年，即圣武天平十一年，平群广臣还自唐。初，广臣船与诸船相失，漂至昆仑国，船中人多死，惟存广臣等四人，得见其酋，给粮安置，后遇钦州熟昆仑，至潜从而还。时阿部仲麻吕，留学于唐，为言于朝，给粮遣回；由登州，达渤海，途复遇风，覆溺，独广臣得还！盖从死里逃生者屡矣。

天宝九年，即孝谦天平胜宝二年，日本以从四位下藤原清河为大使，从五位下大伴古麻吕副之，判官、主典各四人。先发，遣参议左大办石川年定于伊势大神宫，及畿内七道诸社奠币，祷风也。从四位上吉备真备，亦拜副使，清河古麻吕，皆赐节刀。

既至唐，明皇命仲麻吕接伴，及朝，明皇赏其仪容，呼日本曰礼义君子国，命仲麻吕导观府库，及三教殿，又命图清河真备等状貌。春，正月，朔，唐皇帝受诸蕃使朝贺于含元殿，叙新罗使东班，在大食上，清和等西班，在吐蕃下；仲麻吕以为不宜班之后于新罗也，为之请，将军吴怀宝，乃引清和与新罗使易位。

及还，明皇赐诗赐之，遣鸿胪卿送至维扬，仲麻吕请与还，明皇因命为使，与清和同船，帆指奄美岛，不知所之。真备古麻吕，漂益久岛，明年三月，乃至，献所赐币，以告先陵。历代使还，皆授位阶，此行更优，多至二百二十三人，舵师厨人皆得与焉。

斯时，广陵僧鉴真，率僧尼优婆塞四十余人，从古麻吕行至萨摩，由难波入都。孝谦方崇信浮屠，遣大纳言藤原仲满，迎之河内安宿，王出罗城门迎拜，公卿竞来问法。孝谦卒至舍身。

天宝十二年，仲麻吕复入朝。初，清河与仲麻吕同船，漂至安南，后偕清和还自欢州，复至长安。明皇帝以清河为特进秘书监，更名河清，仲麻吕亦授职。越二年，日本国复遣使贡献，《日本国志》及《唐书·日本传》，俱不载，惟《册府元龟》述如此。

玄宗一朝，历时四十三年，开元纪年凡二十九，天宝纪年凡一十四，日本贡使，用是次数较多。肃宗一朝，为时仅七年，而改元四次，日本贡使用是次数较少，七年之中，共来二次。

第一次在乾元二年，即大炊帝元年，日本以从五位下高元度为使，迎前使清河归。元度初至唐，遇史思明之乱，故未朝见。肃宗皇帝，遣中使敕元度曰：“特进秘书监藤原河清，当从请遣还而贼徒未平，道路多阻，元度宜取南路先归。”复命即令中谒者谢时和，送至苏州，刺史李岵，为造船供给，使越州，浦阳府折冲沈惟岳率九人送还。

第二次在上元二年，《日本史》不记此事。《新唐书·日本传》云：“上元中，擢朝衡左散骑常侍，新罗梗海道，繇明、越州朝贡，……”至其使臣姓名事迹，则不可考订矣。

代宗一朝，日本贡使共来二次。第一次在广德二年，《新书·日本传》不载，《日本国志》云：

> “……六年，遣参议藤原真光，飨惟岳于太宰府；寻以右府贲卫督从四位下仲石伴为大使，上总守从五位上石上宅嗣副之，贡牛角。”

"初元度之还也,肃宗敕曰:'祸乱以来,兵甲凋弊,欲造弓弧,切要牛角,异日还国,卿幸输之。'元度还奏,乃令东海等六道,备牛角七千八百,遣上毛广濑等于安艺,造船四舶。"

"寻罢石上宅嗣,以左虎贲卫督从五位上藤原田麻吕代之。发船从安艺至难波江口,船胶沙而沉;乃减使人限两船,更令判官从五位下中臣鹰取为使,给节刀,正六位上高丽广山副之。并送惟岳等还,阻风不能发。"

"寻闻唐安史乱未平,乃令太宰府曰:'大唐之乱未已,恐道途多阻,使命难通,惟岳等宜安置供给,如怀土愿归者,宜给船送之。'"

"时除唐人李元环为织部正,唐人来教乐者,后皆授位。李元环叙从五位上,皇甫东朝等并从五位下;既而东朝为雅乐员外助兼花苑司。东朝等从前使中臣名代来者也。"

第二次在大历十年,即光仁帝宝龟六年,日本以正四位下佐伯今毛人为大使,正五位下大伴益立,从五位下藤原鹰取副之,判官、录事各四人,授录事羽栗翼外从五位下,为准副官。光仁帝御殿,授节刀,命之曰:

"卿等奉使,言语必和,礼意必笃,毋生嫌隙,毋为诡激,判官以下违者,便宜从事。"

船发至肥前,阻风不能前,还博多请,待来岁。寻罢益立,以中左办小野石根备中守大神未足代之。

十二年春,令使者拜神祇于春日山下,行到摄津,今毛人以病引还,令副使持节服紫,假行大使事。抵扬州,海陵观察使陈少游言:"寇乱以后,馆驿凋弊,得中书门下牒,限二十员进京。"石根请加二十三人,少游许之。

十三年,朝见代宗皇帝于宣政殿,时上元日也;逾月,复见于延英殿,燕赏有加。

四月,代宗皇帝遣中使赵宝英为押送使。石根辞曰:"海路茫缈,风泛无常,万一颠踬,惧损盛意。"诏仍护行,六月,监使杨光耀送至维扬,秋九月，舣船各出扬子江候风两月。

石根先与第二舶入海，遭飓船坏，舳舻断为二；石根宝英六十三人，皆溺。主神津守国麻吕与押送之判官五十余人，攀断舻，漂甑岛；判官大伴友继人等四十人，坐舳，浮荡六昼夜，漂天草岛；判官韩国源，驾第四舶，亦抵甑岛。源盖与判官海上三狩等，漂耽罗，三狩为所拘，源盖独与十余人脱归。

此行也，判官小野滋野第三舶，人船俱完，十月至肥前。橘浦归报情事，且请接待送使之仪，乃遣左少办藤原鹰取等迎劳之，命安艺预造送客船二舶。

十四年，未足等，自唐还日本。

夏四月，唐使孙兴进、秦衍期入都，日皇遣将军发六位以下子弟八百，充骑队，虾夷二十人，充仪卫，迎之城门外。唐使入见，致国书信物，日皇先问天子安，及途次供奉如礼否？慰劳甚至，设飨于朝堂，赐锦三千纯。右大臣大中臣清麻吕又延诸私第，临行赗赠宝英绢八十匹，锦二百纯，令从五位下布势清直为送客使。

十五年，唐使高鹤林至，日皇再飨宴之。

德宗一朝，日本贡使，共来二次。第一次当建中元年，使者真人献方物，真人盖因官为氏者也。兴能善书，其纸以茧而泽，人莫能识。真元八年，布势清直还自唐。

第二次在贞元十七年，日本以从四位上藤原葛野麻吕为大使，从五位上石川道益副之，判官、录事各四人，未发。明年，又以学少允管原清公、高阶真人远成等为判官，随使。

十九年春，赐使臣等彩帛，召对赐宴，一依汉仪，亲酌酒，并作歌送之。赐葛野麻吕被三领，衣一袭，黄金二百两，授节刀，道益衣一袭，金百五十两。四月，出难波遭风，破船，有溺死者，葛野麻吕等引还，遣典药头藤原贞嗣等修船。

二十年三月，再遣葛野麻吕等，赐玉盏、宝琴，伴少雄胜以善棋，充使员，学僧空海亦从。秋七月，发肥前田浦，途遇风雨，两船漂回；八月，至福州长溪县;观察使阎济美,使葛野麻吕等二十三人赴长安。

其别船管原清公等已先至,冬十二月,葛野麻吕等至京,内使赵忠,以飞龙厩细马迎之。葛野因监使刘昂进信物,昂传命寻劳,寻朝德宗于宣化殿,赐宴赏有差。明年,春正月,预朝会班。是月,德宗皇帝崩,葛野麻吕等,素服举哀。

三月二日,顺宗皇帝,令内史王国文监送至明州,道益病死。六月,至对马,僧最澄、永忠随还,携唐乐器多种。秋七月,葛野麻吕上信币,乃分所赐于参议以上及内传使臣等,皆进秩有差,奠所赐币于先茔。

参考书目

1.《新唐书》卷五《元宗本纪》

2.《新唐书》卷二二〇《东夷列传》

3.《旧唐书》卷一九九《东夷列传》

4.《日本国志·邻交志》一

5.《册府元龟》

6. 土屋诠教《日本宗教史》

第四章　晚唐

第三期中,日本贡使,共来五次,而僧侣,学生,商人,不与焉。此时唐室虽衰,威信未坠,四夷朝贺,无敢或缺。昭宗晚年,天下大乱,群雄并起,道路不通,日本贡使遂绝。此期初叶,日本僧侣,学生,归国者极众,尚不脱留学时代;此期末叶,中国商人贾客,赴日者尤多,则转而入于通商时代矣。

宪宗元和元年,判官高阶真人远成来,请以学僧空海,学生橘逸势等,俱还日本。宪宗敕曰:

"日本国使,判官正五品上,兼行镇西府大监,高阶真人远成等,奉其君长之命,趋我会同之礼,越沧溟而万里,献方物于三检,所宜褒奖,并赐班荣,可依前件。"

时空海在长安,晤青龙寺慧果,深见器重,得密教衣钵,自是密教流行三岛。橘逸势留华有年,善隶书,人呼为橘秀才。二人,皆日本来唐留学中之佼佼者也。

文宗太和八年,日本以参议藤原常嗣为大使,弹正少弼小野篁副之,判官四人,录事三人,一时多选材艺之士,琴棋医卜各择其能者偕往。以正五位下丹墀贞成为造舶使,长官主税助朝原岛主为次官,左中办笠仲守,右少办伴盛益为唐使装束司,秋八月,任遣唐录事、准录事、知乘船事各一人,以外从五位下三岛岛继为造舶都匠。

九年三月,令太宰府以绵甲一百领,胄一百口,袴四百腰,充使舶不虞之备。十二月,授常嗣正二位,篁正四位。开成元年,春正月,令奉陆粤八沟黄金神,封户二烟,以国司祷神,多得砂金,助遣使费故也。二月,为使者祷于北野令使者奉贺弊茂大神社,赐使臣等采帛赀布有差。夏四月,廷饯使臣,召五位以上各赋诗,帝亲授节刀于常嗣,又亲举酒赋诗赐之,并赍御衣御被。良技清上,作新乐奏之,名曰清上乐。复奉币五畿内七道名神,为使者祈祷。并赠前使臣学生藤原清和、阿部仲麻吕等八人,往而不还者之秩位。遣右近卫中将藤原助于摄津、难波,慰劳使者。并奠币于诸先陵。

秋七月使臣第一,第二,第四船,皆遭风折还,第三船漂海,舵折,众乃坏船作筏,散乘漂岸。八月,召还使臣,留判官、录事各一人修船。

开成二年二月,使臣祀神于爱宕,秋七月启行,仅用三船。第一、第四船,漂着壹岐,第二船着值嘉岛,令丰前守筑前权守等,为修舶使。

三年,常嗣以第一船穿漏,奏易副使船。六月,常嗣等航海,由扬州入长安,朝见文宗皇帝,摄副使者判官长岑高名也。

四年,常嗣等还,忧己船不完,借楚州新罗船九艘,道经新罗,中途与诸船相失,九月至,上敕书,令奉所赠物于伊势大神宫及诸陵;设三幄于建礼门,陈唐物,令内藏寮官人及内侍等交易,名曰宫市。

统观日本使唐典礼，要以此次，最为隆重。盖因从前航海者，动罹风难，人皆视为畏途，故特加重仪式，以资奖励耳。中国史书记载极略，惟《册府元龟》称："开成三年，日本遣使来朝，献珍珠绢。"寥寥不过十余字。《新唐书·日本传》，更为单简，仅云："开成四年，复入贡。"才七字耳。在彼邦视为一朝大典，震动朝野，在我国则以等闲视之，有负远人多矣。

宣宗大中元年，日僧圆仁，自唐归。国初，圆仁从藤原常侍入唐，驻维扬开元寺；节度使李德裕善遇之。后归，又遭风，漂回登州，转入长安，遇青龙寺义真，究台、真两教，又受悉昙学于南竺三藏，悉昙学之传，盖自仁始。

大中三年，中国商舶，始至日本太宰府，是为中日通商之始。自是以后，中国商人，冒险前往者，陆续不绝，而日本商人，亦有至明、台诸州贸易者。且每次贡使，皆带货物多种，或售诸官，或售诸民，颇含有贸易性质焉。

大中七年四月，日本国遣王子来朝，献宝器音乐。帝谓宰执曰："近者，黄河清，今又日本国来朝，朕愧德薄，何以堪之。"因赐百寮宴，陈百戏以礼之。

大中十二年，僧圆珍，随李延孝，归日本。先是，珍以大中七年，偕商船漂琉球，时以琉球为鬼国，一船皆怖。会便风抵福建，历温、台入长安，学圆、密二教。在唐四年，颇有所得，自是召还，献经论千余卷，藤原良房，迎之入都，为天台第五座主。

懿宗咸通五年，日本太宰，奏称通事张友信，如唐未还，而唐商来无定期，请暂留唐僧法惠充译司，许之。盖此时之商务，仍由政府经手，故设通事译司，以董共事，尚未许民间自由交易也。

咸通六年，秋七月，唐商李延孝六十余人，至国都，馆鸿胪，供给如式。自高表仁，孙兴进，沈惟岳，以至李延孝，不论其为大使，为中使，为折冲，为商人，一例供给，其恭顺逊抑，有如此者。

咸通七年，秋九月，商人张言四十人，至日本，日本照例供给。继此以后，陆续前往者，皆商人也。其人数则三十，五十，以至六七十不等；虽有风涛,曾不稍挫,利之所在,人争趋之,不其然乎。

僖宗乾符元年,唐商崔岌等三十六人,至日本松浦,售杂货。同年,日本亦遣伊豫权橡大神已井丰后介,多治比安江等,于唐,市香药。彼有所需,不单仰给于我国赴日之商人,径派人来华,直接购买,通商之盛,有加无已云。

乾符三年,唐商杨清等三十人,至日本太宰府。

乾符四年,唐商崔岌等六十三人,送多治比安江等还,令安置出云,供给之。是时,学僧智聪,与唐人骆汉中俱还。聪请曰:"汉中,唐国处士,博综众艺,愿加优恤。"从之。

中国商人,前往日本者既众,政府虽设有专官,董理其事,而民间之私相售受者,所在有之。至僖宗光启元年,日皇光孝帝,乃敕太宰府,禁私市唐货,盖恐扰乱物价,或酿祸端也。

昭宗乾宁元年,有唐使聘于日本,留学僧中瓘,托致书于其太政官,寻归。新旧《唐书》,俱不载此事,惟《扶桑略记》有之,但不述使者姓名。考是时唐室衰乱,日本尚无使节来唐,唐室更无使节赴日之理,当系商人假冒耳。

八月,日本以参议管原道真为大使,右少办纪长谷雄副之。道真请曰:"臣谨案,僧中瓘去年附商客书,具载唐国凋弊,中瓘虽区区学僧,为圣朝尽诚,代马越鸟,岂非习性。臣伏检旧记,聘使渡海,或不胜任,或没于贼,能达者无几,此中瓘所忧也。臣愿以中瓘状,遍下公卿,详议可否,此国之大事,不独为一身。"明年,遂罢遣唐使。

在轮船未发明以前,海上波涛险恶,行旅视为畏途,非有重利当前,莫敢轻于尝试。日本知其然也,用特隆其典礼,以示优宠;故自孝德以后,遣唐使之官渐重;至天平中,遣唐使之制渐完。

遣唐使时,先置造船使,造船四艘。未造之前,先遣中臣氏,奉币祭木灵山神,舶各为立名。盖使人奉命异国,置身于万死之间,故朝廷特加优遇,进位赐物,奉币帛,祀天神地祇,祈途次平安。给度者定发遣之日,使人拜朝,辞见天皇,特下诏旨,授以节刀,又设宴殿上,赐钱五位以上,酬赠诗歌。

遣唐使之船,普通二艘或三艘、四艘。正使副使外,有判官,录事,知乘船事,译语请益生,主神,医师,画师,史生,射手,船师,音声长,新罗奄义等译语,卜部,留学生,学问僧,傔从,杂使,音声生,玉生,锻生,铸生,细工生,船匠,纯师,傔人,挟抄手,水手长,水手,拖师等。

至唐,赏有差等。所给绝、绵、布之数:大使绝六十匹,绵一百五十屯,布一百五十端;副使绝四十匹,绵一百屯,布一百端;判官绝十匹,绵六十屯,布四十端;录事绝六匹,绵三十屯,布二十端;知乘船事,译语请益生,主神,医师,阴阳师,画师,各绝五匹,绵三十屯,布十六端;史生,射手,船师,音声长,新罗奄义等译语,卜部,留学生,学问僧,傔从,各绝四匹,绵二十屯,布十三端;杂使,音声生,玉生,锻生,铸生,细工生,船匠师,各绝三匹,绵十五屯,布四端;水手长,绝一匹,绵四屯,布二端;留学生,学问僧,特赐绝四十匹,绵一百屯,布八十端。

归朝,进节刀,朝见,又进位赐物,各有差。其所乘之舶,并授位赐官。凡舶必择坚牢,人必择才干,大使以下,凡数百人,实一代之盛事也。然每次奉使节者,或覆没于风涛,或戕生于海盗,及毕使命归朝,一行人员,不满其半。是以朝官奉使聘之命者,分率万死,而眷遇所以特渥者,亦以此。

参考书目

1.《新唐书》卷二二〇《东夷列传》

2.《旧唐书》卷一九九《东夷列传》

3.《日本国志·邻交志》一

4. 浅井虎夫《支那日本通商史》

5. 茨野由之《日本历史》

第五章　唐学东渡

日本在明治维新以前,其思想学术,完全效法中国。五十年来,虽极力提倡欧化，而礼仪制度，尚多因仍未改。自起居饮食，以至建筑图画，自耕耘制作，以至婚丧礼祀，得力于西欧者十之三，得力于中国者十之七。盖二千余年之模仿因袭中国文化，浸润于彼邦民族者，深矣。

中国学术之东渡，不自唐始，亦不至唐终。远溯秦汉，下迄宋明，此项学术潮流，未尝中断。然日本呼中国人为唐人，中国纸为唐纸，中国衣为唐服，甚至一切用具，强半以唐字冠之，非除唐代以外，别无所谓学术，实以日本所得文化，当推唐为独多故也。派遣使臣之不足，更益以留学生，派遣留学生之不足，更益以学僧，一往一来，冠盖相属，向之崇拜中国，方诸今之崇拜欧西，无多让焉。

唐代以前，日本学术，皆间接得诸百济。如晋太始时之《论语》，《千字文》，及五经博士，医博士，历博士，无不求之朝鲜。其直接取诸中国者，甚少，仅于晋太始初，两度派遣使臣，到江南，求缝织女耳。然此种间接片段之输入，固不足以满日本人之欲望也。自唐以后，于是有派遣学士学僧之举，而中国之学术制度，遂直接整个，越海东飞矣。

此等学术制度，凡载籍所传，略可考见者，有下列数事：

一、经学　儒教之传日，虽先于佛教，其势力初未普及。至阿部仲麻吕，及吉备真备渡唐，修儒学，始大改其面目。当时，唐之都城在长安，绝世之学士文人，冠盖云集。

朝臣真吉备，以开元元年入唐，从诸儒受经业，上命四门助教赵元默，就鸿胪寺教之。真吉备居唐二十年，始返国，献《唐礼》百三十卷，并传三史，五经，刑律诸学。

日本先有孔郑传注《孝经》，为大学正业，久著令甲。至懿宗咸通元年，冬十月，令用唐明皇帝御注《孝经》，一时称盛。

二、历学　武后天授元年，日本始由中国，传入历法，于是诏用元嘉历。其后唐历既改，日本亦改用仪凤历。真吉备之归国也，又献《大衍历经》一卷，《大衍历立成》十二卷，测影铁尺一枚，并传阴阳，历道，天文，漏刻诸学。自是以后，改用大衍历。

懿宗咸通二年，日本诏行长庆宣明历，初遣唐录事羽粟翼还。上宝应五纪历。曰:"唐已改大衍历,请用此经。"然当时无习推步者,仍格不行。及是,阴阳头真野麻吕建言:"开元以来,已三改历元,今专依旧法,实有差牾,请停旧用新。"诏从之。

三、礼仪　宪宗元和十三年,日本嵯峨帝诏其臣下曰:"朝会之礼,常服之制,拜跪之等,不分男女,一准唐仪。但五位以上,礼服服色,及仪仗之服,并依旧章。"

懿宗咸通元年,日本清和帝,又仿唐开元礼制,新修释奠式成,颁之诸道,自是以后日本礼仪,全依唐式,直至今日,尚存古风。故唐代威仪,不能得之中国者,仍可求之日本云。

四、音读　德宗贞元十六年,日本桓武帝,诏读书一用汉音,毋混吴音。时官有音博士之设,专正音读。吴音之传最久,译人习之;自百济王仁,以汉音授经,始有汉音。

贞观初,百济尼法明,至对马,诵《维摩经》,以吴音,人争效之。自是以后,吴汉蹖驳,无复分辨。桓武帝善解汉音,能辨清浊,乃定儒书读法,专用汉音。

五、文字　遣唐学生,吉备朝臣真吉备,取汉字偏旁,始作假名。名,即字也,以其取字之偏旁,以假其音,故谓之片假名;片之为言,偏也。

学僧空海,又就草书,作平假名,即今之伊吕波是也。其字全本于草书,以假其音,故谓之平假名;平之为言全也。假名既作,于是有汉字杂假名以成文者,有专用假名以成文者。

六、文学　阿倍仲麻吕,入唐以后,变姓名为朝衡,字巨卿,留唐二十年,历左辅阙疑王友,多所贬识。又能文章,工诗,《全唐诗》十一函,载其御命归国时,作诗一首,词韵铿锵,不愧作者。诗云:

"御命将辞国,非才忝侍臣;天中恋明主,海外忆慈亲;伏奏违金阙,骓骖去玉津;蓬莱乡路远,若木故园珍;西望怀恩日,东归感义辰;平生一宝剑,留赠结交人。"

日本有小野篁者,少为文章,工诗,格调超迈,宣宗大中六年,为遣唐副使,坐与大使藤原常嗣争舟,废为庶人,流于隐岐。在途赋《谪行吟》,风调高迈,人争传诵之。明年,被赦入京,复官爵,当时文章,以篁为巨擘,朝野上下,无与颉比者。

嵯峨帝常幸河阳馆,令文士赋诗。帝手书"闭阁惟闻朝暮鼓,上楼遥望往来船"一联,示篁评之。篁曰:"御制殊佳,恨遥字不妥,更空何如?"帝骇曰:"此乐天句也,本集作空,今换遥,试卿耳,卿诗思如此,应不减于乐天也。"是时,《长庆集》初传日本,藏在秘府,外廷莫得见者,时人以为美谈。

七、书法　学生橘逸势,学僧空海,同以德宗贞元十七年,入唐,宪宗元和元年,返日。空海善草书,著有《性灵集》传世;橘逸势善隶书,人呼为橘秀才;日本嵯峨帝,学卫夫人书,得其骨髓,后世传之,曰嵯峨流。

宪宗元和十三年,夏四月,嵯峨帝改殿阁诸门名号,榜题其上。北殿为御笔,东殿橘逸势笔,南殿僧空海笔,皆当时能书,书法名贵,世谓之三迹。

八、音乐　真吉备归日,献铜律管一部,铁如方响写律管声十二条,《乐书要录》十卷,是为乐书乐器输入日本之始。其后陆续前往,乐遂大备,琴,瑟,筝,笛,箜篌,无不有之。今日本博物馆中,尚存有唐代乐器数十种,国人多不能晓云。

其时所传之乐曲:有万寿乐,回波乐,鸟歌,承和歌,和水乐,菩萨破,武德乐,兰陵王安乐,盐三台,盐甘州,胡渭州,庆云乐,夫怜夜半乐,扶南小娘子,越天乐,林歌,孔子琴操,王昭君,折杨柳,春庭乐,柳花苑,赤白桃李花,喜春莺,平蛮乐,千秋乐,苏合香,轮台倾杯乐,太平乐,打球乐,还京乐,苏芳菲,长庆子,一团娇,采桑,秋风乐,贺皇恩,玉树后庭花,泛龙舟,破阵乐,拔头,诸乐。然传其谱不传其词,所谓制氏,能记其铿锵鼓舞而已。

九、茶叶　日本初无茶,但饮白水。宪宗元和十年,始自中国,输入茶叶,并敕值唐茶于近江、丹波、播磨诸国,每岁贡献。自此以后,日本始盛行饮茶,煎茶而饮,和盐用薑,一同唐人。降至今日,日本茶叶,蒸蒸日上,尤以五龙茶为最佳,欧美人皆嗜之,浸浸有夺中国茶席而代之之趋势焉。

十、器具　日本灌溉,初用桶浇。敬宗太和三年,日本淳和帝,始令诸国,模仿唐制,造龙骨水车,以便灌溉。太政官下符曰:"耕稼之利,水田为最,闻大唐堰渠,皆构龙骨,多收其利;宜仿造以资农作,贫无力者国司资给之。"龙骨水车既行,灌溉之利渐溥,每年多获稻米无算。

以上十端,皆其荦荦大者,载籍所详,故吾人得而述焉。其他关于饮食,衣服,建筑,用具,学术,武器者,不可胜数。盖日本吸收中国文化,以此时为最热,最多,最精微,最完全,隋以前无此规模,宋以后亦无此毅力也。明末欧力东侵,日本始知中国而外,别其所谓文化,明治以后,锐意改革,于是唐代输入之风俗礼仪典章制度,稍陵夷衰微矣。

此外佛教之输入,亦以此时为最盛。如道严,道昭,道福,之于法相宗;定惠,道光之于律宗;圆仁之于天台宗,真言宗,悉昙宗;玄昉之于法相宗;最澄,空海之于天台宗,真言宗,阙功至伟,足扬佛光,特以非中国所固有,乃间接得之印度,与唐代学术关系甚微,故从略焉。

参考书目

1.《日本国志·邻交志》一

2. 土屋诠教《日本宗教史》

3. 冈谷繁实《日本全史》

4.《全唐诗》十一函

5.《新唐书·日本传》

6. 久符得二《东洋通史》

西历	中历	日历	使臣	事实	出处
六〇〇年	隋文帝开皇二十年	推古帝八年		倭王阿每多利思北孤遣使诣阙	隋书倭国传
六〇七年	隋炀帝大业三年	推古帝十五年	大礼小野妹子鞍作福利斐世清	遣使朝拜兼沙门数十人来学佛法……遣鸿胪寺掌客斐世清报使	隋书倭国传及日本国志邻交志

西历	中历	日历	使臣	事实	出处
六〇八年	隋炀帝大业四年	推古帝十六年	妹子雄成鞍作福利学生倭汉福因奈罗惠理等	送世清还并贡方物学生倭汉福因奈罗等从之明年还	隋书炀帝本纪及倭国传及日本国志邻交志
六一四年	隋炀帝大业十年	推古帝二十二年	犬上御田锹矢田部造	使于隋明年还	日本国志邻交志
六二三年	唐高祖武德六年	推古帝三十一年	学生惠济慧光医惠日福因	还自唐请通聘问并召还留学生	日本国志邻交志
西元六三〇年	唐太宗贞观四年	舒明帝二年	大仁犬上御田秋大仁药师惠日	太宗矜其远诏有司无拘岁贡	新书日本传
六三二年	唐太宗贞观六年	舒明帝四年	新州刺史高表仁日僧灵云日文	送日使还以争礼不肯宣命返学僧灵云日文从而还	新书日本国志及日本国志邻交志
六四〇年	唐太宗贞观十四年	舒明帝十二年	医生惠理清安高印元理	从新罗使还自唐	日本国志
六五三年	唐高宗永徽四年	孝德帝白雉四年	小山上吉士长丹小乙上吉士驹大山下高田根麻吕小乙上扫守麻吕	麻吕船漂没长丹船至唐献虎魄大如斗玛瑙若五升器高宗抚慰之	新书日本传及日本国志
			道严僧道昭僧道福僧	四年五月入唐就玄奘三藏受教传法相宗	日本宗教史
			学生巨势药冰老人	从长丹船入唐	
六五四年	永徽五年	白雉五年	小锦下河边麻吕大山下药师惠日大乙上书麻吕小乙上扫守小麻吕	绕道新罗达长安献方物高宗赐玺书令出兵援新罗明年还	日本国志

续表

西历	中历	日历	使臣	事实	出处
六五八年	高宗显庆三年	齐明四年	智通智达	学僧智通智达两人西航受法于玄奘及慈恩大师	日本国志日本宗教史
六五九年	显庆四年	齐明五年	小锦下坂合部石部大山下津守吉祥	石部船漂至海夷岛吉祥船至越州入朝并携虾夷二口	旧唐书日本传日本国志
六六四年	高宗麟德元年	天智帝甲子岁(摄位)	郭务悰	唐百济镇将刘仁轨遣郭等抵对马岛令沙门智祥飨之	日本国志
六六六年	高宗乾封元年	天智帝丙寅岁	刘德高	刘仁轨又遣沂州司马刘德高等来	日本国志
六六七年	乾封二年	丁卯岁	司马法聪伊吉博德	送石积于筑业法聪归又遣使护送之	日本国志
六六九年	高宗总章二年	天智帝二年		倭国遣使献方物	册府元龟
六七〇年	高宗咸亨元年	天智帝三年	河内鲸李守真	倭人始更号日本遣使贺平高丽刘仁轨遣李守真至日本	新唐书日本传
六七九年	高宗调露元年	天武帝白凤七年	僧定惠道光	还自唐传律宗自道光始	日本国志
六八四年	中宗嗣圣元年	白凤十二年	学生土师甥白猪宝然	从新罗还	日本国志
七〇一年	武后长安元年	文武帝大宝元年	粟日朝臣真人左大辨高桥笠间右兵卫阪合部大分	真人进止有容武后宴之麟德殿援司膳卿	旧唐书日本传
七〇三年	长安三年	大宝三年	朝臣真人僧智凤智鸾智雄	朝臣真人贡方物赐宴智凤等奉敕入唐从智周大师传唯识宗	册府元龟日本宗教史

西历	中历	日历	使臣	事实	出处
七〇九年	中宗景龙三年	元明帝和铜二年		日本遣使来朝	册府元龟（原作五年今改）
七一三年	玄宗开元元年	和铜六年	粟日朝臣真人	请从诸儒授经诏赵玄默就鸿胪寺教之显大方布为赞	新旧唐书日本传
七一六年	开元四年	元正帝灵龟二年	多治比县寺阿部安麻吕下藤原马养	后二年还自唐人觐着唐帝所赐朝服帝命通事舍人就鸿胪宣历	册府元龟日本国志
七一七年	开元五年	元正帝养老元年	僧玄昉	与遣唐使周船入唐学法相之义于智周大师	日本宗教史
七三二年	开元二十年	圣武帝天平四年	多至比废成中臣名代	帅四船航海逾年乃至归途遇飘散惟废臣得还学僧玄昉学生真备从之还	册府元龟日本国志
七三四年	开元二十二年	天平六年		日本国遣使来朝献美龙绝二百匹水织绝二百匹	册府元龟
七三五年	开元二十三年	天平七年		日本遣使贡方物	册府元龟
七三六年	开元二十四年	天平八年	中臣名代	初名代漂至南海艰难辛苦仅得复至唐帝闻之敕书遣还	唐书日本传日本国志
七三九年	开元二十七年	天平十一年	平君羊废臣	废臣自唐还	日本国志
七四三年	玄宗天宝二年	天平十五年	吴令先入寇	海贼吴令先寇永嘉郡明年南海郡太守刘巨麟讨诛之	唐东通志

续表

西历	中历	日历	使臣	事实	出处
七五〇年	天宝九年	孝谦帝天平胜宝二年	藤原清河大伴古麻吕吉备真备	明皇赏使者之仪容赋诗遣还并命鸿胪卿送之漂至奄美岛	日本国志
七五三年	天宝十二年	天平胜宝五年	朝衡	日本朝衡复入朝	新唐书日本传
七五五年	天宝十四年	天平胜宝七年		日本国遣使贡献	册府元龟
七五九年	肃宗乾元二年	大炊帝元年（天平宝字三年）	高元度沈惟岳	匝前使清河清河不归元度先返唐命沈惟岳率九人送还	日本国志
七六一年	肃宗上元二年	大炊帝三年	朝衡	新罗梗海道由明越州朝贡	新唐书日本传
七六四年	代宗广德二年	大炊帝六年	仲石伴石上宅嗣藤原田麻吕中臣鹰取高丽废山	是行专贡牛角屡易其使唐乱未已遂停废	日本国志
七七五年	代宗大历十年	光仁帝宝龟六年	佐伯今毛人大伴益立藤原鹰取小野石根大神末足	越二年始抵扬州归途遇飓惟一舶得全	日本国志
七七八年	大历十三年	宝龟九年	赵宝英孙兴进秦衍期高鹤林	送日使还宝英溺兴进等至日都慰劳甚至	日本国志
七八〇年	德宗建中元年	光仁帝宝龟十一年	真人兴能	献方物之兴能善书其纸似茧而泽人莫能识	新唐书日本传
七九二年	德宗贞元八年	天应九年（延历八年）	布势清直等	还自唐	日本国志
八〇一年	德宗贞元十七年	桓武延历二十年	藤原葛野麻吕石川道益学少先管原清公高阶真人远成学僧空海学生橘逸势	二十二年出难得遭风明年再发朝德宗于宣化殿赐宴赏有差二十四年还去时挟学僧空海等同去归时与学生橘逸势同还	日本国志

西历	中历	日历	使臣	事实	出处
八〇五年	顺宗永贞元年	延历二十四年	最澄永忠	还自唐携乐器多种	日本国志
八〇六年	宪宗元和元年	平城帝大同元年	橘逸势空海	远成以学生橘逸势学僧空海等还	日本国志
八三四年	文宗大和八年	仁明帝承和元年	藤原常嗣少弼小野篁	出发时遭风折回留判官候船	日本国志
八三八年	文宗开成三年	承和五年	藤原常嗣少弼小野篁慈觉	船成再往由扬州入长安学生慈觉同去明年使还陈唐物交易	日本国志册府元龟
八三九年	开成四年	承和六年		复入贡是年常嗣等还	新唐书日本传
八四七年	宣宗大中元年	承和十四年	同仁	初圆仁入唐研究台真两教至是还日悉昙学之传始仁	日本国志
八四九年	大中三年	仁明帝嘉祥二年		中国商舶始至日本	日本国志
八五三年	大中七年	文德帝仁寿三年	日本王子	是年日本遣王子来朝献赐宴陈百戏以礼之	册府元龟
八五八年	大中十二年	文德帝天安二年	圆珍（即智澄）	以仁寿三年还自唐献经论千余卷	日本宗教史
八六四年	懿宗咸通五年	清和帝贞观六年		太宰奏通事张友信未还而唐商来无定期请以唐僧法惠充译司	日本国志
八六五年	咸通六年	贞观七年	李延孝等六十余人	唐商李延孝至国都馆鸿胪供给如式	日本国志
八六六年	咸通七年	贞观八年	张言等四十人	唐商张言等四十人至	日本国志

西历	中历	日历	使臣	事实	出处
八七四年	僖宗乾符元年	贞观十六年	崔岌等三十六人伊豫权橡大神已井丰后介多治比安江等	遣伊豫权橡大神等于唐市香药唐商崔岌等来松浦	日本国志
八七六年	乾符三年	贞观十八年	杨清等三十人	唐商杨清等至太宰府	日本国志
八七七年	乾符四年	阳成帝元庆元年	崔岌等六十三人	送多治比安江等还令安置出云供给之学僧智聪与骆汉中俱还	日本国志
八八五年	僖宗光启元年	光孝帝仁和元年		敕太宰府禁私市唐货	日本国志
八九四年	昭宗乾宁元年	宇多宽平六年	管原道真纪长谷雄	唐使臣聘于日本	扶桑略记

古史问题及其研究法

一、释古史

近年以来,吾国学者,颇喜讨论中国上古史问题。古史问题之研究,殆为一种流行趋势,因作此篇,以发其凡。普通所谓古史者,果指何时代言乎? 史之本身,不过一种事实状况,制度之过,本无所谓古与非古,命之曰"古"者,乃后人所故加也。"古"之一词,乃相对的,而非绝对的。古者,对于今而言也,由今以前,皆可谓之古,汉人以三代为古。唐人以汉代为古,今人又以唐代为古矣,因古之时代太长,所以历史家分之为若干时代,最普通分法,有上古,中古,近古,近世四种,如三代至秦,可谓之上古,汉唐可谓之中古,宋明可谓之近古,而清代则近世也。

普通所谓古史,以何时始? 以何时终?

请先言古史之始。历史应起于何时? 此问题殊难解答。革罗士谓史无起始[1],卫尔德谓史起于有文字[2],布利士特谓史起于有记载[3],近人

---

[1] Grose，History，Its Theory and practice，P. 181.

[2] Wilder，Mauspre history 1 past，P. 2.

[3] Breasted，Ancientoiic past，P. 2.

威尔斯,作《世界史纲》,起于地球之生存,而布利士特,所作《上古史》①,起于旧石器时代之人类。若从广义言,自有天体,地球,即有历史;退一步言之,自有人类,即有历史。从有记载起,乃历史之最狭义者也。近人一般所谓古史之始,半最狭义,作者个人则从广义。

次言古史之终。时间有连贯性,历史有继续性,无所谓止,亦无可谓终。正如长江大河,一气而下,又如四时昼夜,连续不辍。故历史自身,不能分,不可分,勉为之分者,历史家取便研究故耳。普通中国上古史与中古史之分段,以秦为其鸿沟。先秦为上古,汉后为中古,良以在政治方面,制度方面,社会方面,学术方面,秦之统一之局。皆可以为其天然划分界线。古史当以秦终,中国学者,殆无二义。

狭义的上古史,起自三代,终于秦之统一六国。中间所包括之时间,为夏商周三代,及春秋战国,为时共约二千年。即自西元前二千二百余年。至前二百余年,若从此说,则讨论之问题,以纸上材料为主,地下材料为辅,其讨论之焦点,为传统的古史之真伪问题,近人一般所谓古史。所谓古史问题,即指此而言。

广义的上古史,起自中国地质之组成,终于秦之统一六国。中国所包,为原始人类,旧石器时代,新石器时代,及夏商周之铜器时代,乃至春秋战国之铜铁兼用时代。以时计之,无虑数万年。若从此说,则讨论之问题,以地下材料为主,纸上材料为辅。其讨论之焦点,为新古史之建设问题,作者主张当以此为鹄,虽不能至,心向往之。

二、古史问题之原因

近年学者,研究古史者最多,讨论古史者最烈。究其原因,约有四端:

一、论题新颖有趣　传统之伪古史,所谓盘古,三皇,五帝,尧,舜,

---

① H，G Wells Outline of History.

禹,汤者,其笼罩人心,支配中国。盖已数千年矣。勇如王充,辩如刘子元,亦只能怀疑尧舜禅让之事,未可深信,终不敢根本否认,揭破其欺世惑俗之谜。而浅见陋儒,以维王道,正人心自任者,又从而死力拥护之惟恐其或损,古史尊严,俨若帝天。今忽有人从而怀疑之,否认之,打倒之,高举叛旗,与数千人之传统思想为敌,其新颖为何如!无论从正统方面立言,无论从革命方面立言,要之,此题目之自身,与其所含意义,盖有极丰富之趣味存焉。

二、新材料层出不穷　文章人人会作,议论人人会发,但文章之佳否,议论之精粗,完全系于其所据之材料,技艺其次焉者也。有新材料,即可以有新议论;有好材料,更可以有好文章。材料贵好,尤贵于新,若论材料性质之新,分量之多,殆无过于古史者。自宋以来,铜器出土,代有所闻,至于近代,蔚成大观,颇多可以考证古文字及古史者,此新材料一也。逊清光绪二十五年,河南安阳之殷墟,发现骨甲数万片,以后陆续出土者尤多,其上往往刻有文字,确为殷人遗物,更可以考证古文字,古社会,古风俗,此新材料二也。晚近数十年,安特生,桑志华,李济之等,在甘肃,河南,山西,蒙古,所掘得之陶器,石器,为数极多,可以推测原始人类之生活,及文化,此新材料三也。有如许之新奇材料,可供研究之地至多,历史家又安得不为所吸引乎。

三、关系中国文化最大　上古史者,中国思想之胚胎,学术之宝库,而文化之源泉也。不仅三代制度,为后世所取法,战国学术,为后世所尊崇,整个中国文化,其光华灿烂,殆无过于古代者。春秋战国,殆中国学术思想之黄金时代也。泰西史家有言:"除上帝外,无物不源自希腊。"吾人亦可谓:"除科学外,无物不源自先秦。"欲明瞭整个中国文化,无论哲学方面,文学方面,伦理方面,教育方面,艺术方面,语言文字方面,乃至其他一切方面,非溯源于先秦,追其根蒂,穷其流别,不可也。古史与中国文化,关系之大,从可知矣。

四、成绩易见精彩　国人治学,以古为高,故自昔有"不读唐以后书"之谬论。四部之中,除丁部外,多属于上古之范围,无论何人,若对于群经，诸子，四史，许书，有一字之纠正，一语之发明，辄诩为千古卓见，沾沾自喜。世俗不察，因从而以国学泰斗目之，辗转相承，由来以久，好古之风，牢不可拔。夫群经，诸子，四史，许书，皆古史研究之范围，不仅此也，钟鼎，甲骨，陶器，石器，亦古史研究之范围也。研究古史，大之可以自成统系，卓然一家，小之亦不失于经学子学小学，有所贡献。无论其贡献之多寡，要之，其得于学者阶级，得一席地，则一。

三、古史何以成为问题？

如前所述，论题新颖有趣，新材料层出不穷，关系中国文化最大，成绩易见精彩，固足以引起一般史学家，考古家，研究古史。然古史之所以成为问题者，尚别有故。古史问题，不发生于中古，不发生于近古，而发生于现代，则现代环境潮流，有以致之。至其本身之值得研究，不过次要之原因耳。现代环境与潮流，足以影响古史之研究者，约有四端：

一、疑古精神之横决　疑古精神，肇自孟子。孟子云："尽信书，则不如无书，吾于武城，取二三策而已。"其在汉，有王充，充作《问孔》，《刺孟》诸篇。对于传统思想，攻击甚力。唐以后，当以刘知几为代表，知几之《疑古》，《惑经》诸篇，能发他人之所未发。有清初叶，新安有姚际恒，作《古今伪书考》。其在中叶，大名崔东壁，作《考信录》。对于群经诸子之内容，唐虞三代之事实，下一总攻击。中国学者之疑古精神，盖愈近而愈勇，愈晚而愈力。加以海禁大开，欧美之哲学，科学，不断输入，而批评精神，科学方法，尤对于解放思想上，研究问题上，有莫大兴奋力，刺激力。最近学者，一方承授历代之疑古精神，一方接收欧美之批评态度，在此东西思想交流中，新旧传说冲突中，遂愈觉自由奔放，横决，而不可遏止矣。古史基础，建筑在沙滩之上，当此新潮流之冲泻，安有不倒塌者乎。

二、西洋史学之输入　六十年前，西洋上古史，仍充满神话与传说之气味。自埃及学，巴比伦学，人类学，考古学，地质学，先后发达，历史学家，乃大胆冲开荒诞之网，从新依据实物，及地下材料，建设科学的新上古史。此种上古史，输入中国后，中国史家，用比较观察，比较研究，然后知中国数千年所传说之上古史，全是一篇糊涂账。于是打倒为上古史之呼声，因而有建设新上古史之需要。方今第一部工作，已渐由少数传到多数，由都会传到穷乡，伪上古史之大旗，被人砍倒在地。至第二部工作，尚有待于新近史家之努力也。

三、古代社会之研究　国人常言："世风日下，人心不古。"其意以为唐虞三代，为中国之黄金时代，汉唐则稍稍退化矣，降至近世，社会腐蚀，学术衰落，欲求挽救，端在复古，其然，岂其然乎？夫世运进化之说，在欧美已成铁证，古代文明程度，绝不如今，所有一切传说，皆伪托耳。欧美之研究古代状况者，若莫尔干（Morgan）、昂格斯（Engels）、洛维（Lowie）、哥登维热（Colqenweizer）、泰勒耳（taylor），名家辈出，说明原始人民之生活，家族国家之起原，洞如观火。中国史学家，因之渐知中国古代社会，必有同样现象。必经同样阶段，绝不如历代传说之光华灿烂，盖进化原则，断无一蹴而就之理，亦无向后退落之道，全世界皆然，中国安容独为例外。

四、实物及地下材料之发现　泰西有言："事实胜于雄辩"。研究古史，正可使用此原则。盘古三皇之事，十纪五帝之书，无论其如何圆满周详，若无实物以证明之，其说终不可信。反之，若其说有与实物冲突者，其说必立即崩陨无疑。何也？雄辩不敌事实故也。近数百年，铜器之发现，近数十年骨甲之发现，及近十数年石器陶器之发现，无一可为传说的伪古史之佐证者。且其文化程度，袭作规模，文字内容，甚至不少与传说的伪古相冲突之处，则史学家之舍伪古史，而从实物及地下材料，亦固其所。

五、外人研究古史之成绩　中国人研究古史，其心目中先存一今不如古之定见，三皇五帝之旧说，以为地义天经，不暇置辨。外国人则不然，彼等平素无此等定见之蒙蔽，旧说之束缚，可以自由使用思想。见有荒诞不近情理者，从不敢轻易相信，或根本否认，或另与一种新解释。如夏德所著《中国上古史》，白鸟库吉所著《支那古传说之研究》，直认三代以前，全为神话，其于古史之破坏，有莫大之影响。又如马斯伯罗之《古代中国》，及内藤虎次郎所著关于支那古代史诸论文，皆用新态度，新方法，其于古史之建设，更有莫大之帮助云。

四、何谓古史问题？

古史问题之原因既明，请进而研究古史问题之内幕。当然古史问题，所包甚广，一事一物，成为问题，乃至一字一句，亦可以成为问题，若条分而历数之，更仆不能尽也。兹为讨论便利起见，暂分为辨伪，存真，先史三部，略述如下：

甲、辨伪：不破坏不足以建设，不辨伪不足以存真。古史问题之先决问题，当然为辨伪。辨伪约分两种：一曰辨伪书，二曰辨伪事。辨伪事为整理古史之直接手段，辨伪书为整理古史间接手假，如前述之崔东壁《考信录》，辨伪事之书也，姚际恒《古今伪书考》，则辨伪书之书也。以下分论之。

一、辨伪书　伪史之构成，必先根据伪书，若将书之伪迹考定，则伪史失其立足之点，不攻自破。故辨伪书之工作，自当列第一步，所谓"正本清源"是也。伪书有为伪史之根据者，如《三五历》，《春秋命历序》，《帝王世纪》，《通鉴外纪》，《路史》，《绎史》之类。亦有伪书根据于伪史者，如《伪古文尚书》，《连山》，《归藏》，《古三坟书》，今本《竹书纪年》之类。辗转相据，展转相讹，伪史事迹，愈演愈真，愈编愈像，故伪书不明，伪史终无重见天日之望。

二、辨伪事　辨伪事为辨伪之主要工作，或由来源不正，说明其伪。或由不近情理，说明其伪。或由自相矛盾，说明其伪。或由先后倒置，说明其伪，或引古书，说明其伪。方法甚多，须看事实之情形，分别使用。至其目的，一在证明人物之有，无如盘古，三皇，女娲，仓颉，共工，黄帝之类。一在证明事实之确否，如神农尝百草，尧舜禅让，古有十日，夏禹治洪水之类。须将伪史破坏打倒，然后真史面目，不至为所隐盖。故辨伪事,比辨伪书更为重要。

乙、存真:辨伪之目的,在于存真。虽然,存真不易言也。真书之中,未必无伪,伪书之中,许有一部分之真。由真书中别出其伪作之部分,其事尚易;至于从伪书之中,罗织一部分之真材料出来,其事甚难,且极危险。普通所谓存真,大抵根据真书中之真材料,将其事实,推敲比较,成一有系统之说明。伪书之中,纵有一部分真材料,非确有十分把握,或万不得已时不可用也。存真,又可以分为三种。

一、古政治　古史之主要对象,当然为古政治,即如殷之民族及地理,其存在已毫无疑问,顾其传统之世系,尚未可全信。王静安先生,根据《殷墟书契》,以印证《史记》。《殷本纪》之所传,然后知《殷本纪》确为信史,而殷之先公先王①,已完全可谱出矣。又如周代猃狁,由《诗》《书》所述,实有其事,毫无可疑。顾其行军之路途,作战之状况,茫无可考。王静安先生根据小盂鼎,不娶敦,虢季子白盘诸器,以印证纸上记载,而当日进退攻守之情形,瞭如指掌。②诸如此类,实物及地下材料,可以说明古代政治者甚多,是在史学家之善于钩稽考证耳。

二、古社会　中国历史,素不注重社会状况,关于古代社会材料,异常缺乏。吾人居今日,而欲上溯数千年以上之生活情形,文化程度,其事甚难。然古代社会学,为近代极发达之学科,根据其所采之材料,与所用之方法,而吾人之古代社会史,遂有线索可寻。例如氏族社会,全世界民族,皆曾经此阶段,或现尚在此阶段。返观我国,《殷墟书契》所记,《左传》《尚书》所存,即可恍然,殷代尚在氏族社会之阶段也。又如由游牧社会,进化为农业社会,亦全世界民族必经之阶段。返观我国,《商颂》、《周颂》之文,《盘庚》《书序》之编,以及甲骨文种种记载,然后知殷民族,方由游牧时代,进化到初期农业时代也。诸如此类,不胜枚举,尤其关于三代以前之社会,可以用石器说明之处最多,但将研究眼光,转变方向,

---

① 王静安《观堂集林·殷先公先王考》。
② 《清华讲义·钟鼎文考释》。

则材料不可胜用矣。

　　三、古制度　古代制度，有为后世所本者，亦有为后世所无者，更有后世盛传某种制度，盛于古代，而古代乃始终未曾发现者，即无井田制度之不可深信，尽人知之。其他一切礼仪法度俱多为孔子所伪托，康有为先生辨之详失。[①]　惟古代制度之真者，实有研究之价值，吾人万不可忽。即如封建制度，盛行于周代，《诗》《书》传记言之綦详，至秦统一六国而始绝。关于此问题，材料极其丰富，稍加搜集，即可有圆满之说明。又如宗法制度，支配中国，迄数千年，其原亦始于周代。在周以前，无立嫡之制，无丧服之制，无同姓不婚之别。王静安先生，利用骨甲文，及《左氏传》，为一有系统之说明，遂为千古定论。诸如此类，亦复甚多，别择之，整齐之，新史家之责也。

　　丙、先史：先史，亦称先文字史（Pre-literary History），盖指文字未有以前，人类在世界上所尝思想行为之遗迹而言。此种遗迹，固属支离破碎，但因人种学，考古学之发达，日有所增，月有所益，根据遗迹之地层，环境，性质，关系，加以堆勘，则原始情形，了然可晓。时至今日，西欧之先史，已臻有系统有组织之地步，吾国史学家，尚未有取史前遗迹，如石器陶器之类，加以研究说明，亦遗憾也。史前遗迹，可分三类。

　　一、原人　人种学上，有所谓中断线（Missing link），盖指人与猿间之一种过渡动物而言。生物学家，争言人由猿猴演变而来，但猿猴变而为人，决非突然之事，其间必有逐渐接近之迹。一八九一年，荷兰人都波斯（Dupois），在爪哇发现一种类人猿之遗骨，实为猿与人间之一种过渡动物，于是此中断线，乃大白于是。由类人类，进化为原人，乃极明白之步骤，如德国赫德耳堡（Heipelqerg）、英国皮耳顿（Bildwn）所发现之人骨，即原人也。[②]　类人猿与原人，在中国亦有同样发现。一九二〇年，斯担斯克（zdansky）博士，在北京周口店，发现臼齿二枚，后经步达生

---

① 康有为《孔子改制考》。
② Kroper, Anthropology hap，1，and 1，1.

(D'Black)教授之决定,认为一种类似人类之动物,臼齿,其年代与状况,与爪哇类人猿相当,北京人之名,一时大噪于世。最近数年,李捷、裴文中等,在周口店老牛沟,陆续有所获得,经多数专家之考订,或谓为人类猿,或谓为原人,要之,早则与爪哇类人猿相伯仲,至迟亦不失为与赫德耳堡人、皮耳顿人同时之物。中国原人之研究,不特为中国上古史上一大问题,亦全世界考古学人类学上一大问题云。

二、旧石器时代　世界科学家,昔时多谓中国无石器时代,此实大误。一九二三年,德日进与桑志华,组织科学探险队,于河套发现大批石器时代遗物,于是中国无石器时代之假设,乃全动摇。旧石器之散布,为宁夏水东沟,鄂尔多斯,及陕西榆林三处,最近调查,尚不止此,热河、察哈尔等处,亦复有之。李济之先生,梁思永等现方在山东,黑龙江,热河,从事发掘,预料一二年内,必更有所得也。

三、新石器时代　近数年来,外国科学调查团,如瑞典人安得生,日本人鸟居龙藏,所组织者,在华北各地,大事活跃。清华研究院及中央研究院,亦先后派表复礼,李济之先生,往新疆,山西,河南等处,从事发掘。其结果在甘肃齐家坪,马厂,河南仰韶村,及山西夏县西阴村,锦西沙涡屯,继续发现石器陶器甚多,据各专家之考订,上述五处,皆属于新石器时代之遗物云。①

五、研究古史之流别

目前研究古史者大约可分为五派:

一、传统派　本派所取之途径,专在钩取先秦诸子之传说,汉后纬书之奇论,凭空立架,任意取材,造成一种"荒谬绝论""非常可怪"之古史系统。如徐整《三五历》所称:"天地混沌如鸡子,盘古生其中,万八千岁。"项峻《始学篇》所称:"天皇十二头,号曰天灵,治万八千岁。""地皇十二

①《地质学报》各期。

头,治万八千岁。"《三五历》称:"人皇九头,治四万五千六百年。"司马贞《补三皇本纪》称:"自开辟至于获麟,分为十纪,一曰九头纪,二曰五龙纪,三曰摄提纪,四曰合雒纪,五曰连通纪,六曰序命纪,七曰循蜚纪,八曰因提纪,九曰禅通纪,十曰流讫纪。"其余各书所载,有巢,燧人,赫胥,伏牺,神农诸氏,享国长短不等。再下即为黄帝,颛顼,帝喾,帝尧,帝舜,五帝。五帝之后,为夏商周三代。亦若盘古而下,三代以上,秩序谨伤,有条不紊者然。殊不知自禹以前,其文皆不雅驯,悉出伪托,先秦诸子,托古以自重,其所称述,初非实有其人。至若汉人纬书,信口造谣,无中生有,尤不足取。而近代史家竟有信之者,如北大教授陈汉章,及其徒萧一山等皆属此派。陈氏最缺乏批评精神,虽旁征博引,典雅详明,实际则毫无顾之价值。[①]

二、附会派 本派所取之途径,专在剽窃西洋史学,几种重要观念,而以中国传说,或不稽之材料,附会其上。其说初看似觉可通,然实无丝毫之科学根据,有背于"无征不信"之旨焉。例如《水经注》有"人滩"之说,章太炎氏,以为太古人物之化石。其言曰:"盖太古之崩崖,人物有夆覆其下者。"[②]不察人滩之有无,不考形状之何似,更不研究地层及环境之状况,而遽谓之化石,此岂科学精神所许。又如《越绝书》称:"轩辕神农赫胥之时,以石为兵,黄帝时以玉为兵,禹益之时以铜为兵,当今之时作铁为兵。"陆懋德氏,以为与西洋石器,铜器,铁器三大期说相合。其言曰:"西人自一八六○年以来,丹国博物院始区别古代文化为石器时代,铜器时代,铁器时代三大期。而吾国亦有古人以石为兵,以铜为兵,以铁为兵之说,与西人所定,若合符节。"[③]夫《越绝书》,《隋志》以为子贡作,实属汉人袁康所伪托,其书既伪,其言安足置信。纵使不伪,又岂能以纸上空谈,引为定论乎。他如以伏牺氏附会游牧时代,神农氏附会农业时代,有巢氏附会巢居时代,燧人氏附会熟食时代等等,皆属不经之谈,未尝求

---

① 陈汉章《北京大学中国上古史讲义》第一章。
② 章太炎《章氏丛书·文录》一。
③ 陆懋德《中国上古史讲义》第一章。

实物之根据,而随意妄托者也。

三、破坏派　本派所取之途径,专在指摘诸子纬书之破绽,穷究伪古史所以造成之原因,利用先后倒置之原则,而一一推翻之,打倒之。顾颉刚曰:"禹,《说文》云:'虫也,从内,象形。'内,《说文》云:'兽足蹂地也。'以虫而有足蹂地,大约是蜥蜴之类。我以为禹或是九鼎上铸的一种动物,当时铸鼎象物,奇怪的形状,一定很多,禹是鼎上动物的最有力者。"又曰:"东周的初年,只有禹,是从《诗经》上可以推知的,东周的末年,更有尧舜,是从《论语》上可以看到的。"又曰:"从战国到西汉,伪史充分的创造,在尧舜之前更加上了多少古皇帝。"①顾氏由禹根本否认起,否认尧舜,否认黄帝,乃至否认三代以前一切古帝王。陶希圣亦曰:"以云纪官的黄帝,以火纪官的炎帝,以水纪官的共工,以龙纪官的大皞氏,以鸟纪官的少皞氏,这都是图腾代表的称谓。北方的氏族的图腾,多用植物,例如舜。南方的氏族,多用虫,例如禹。"②此亦否认禹,否认舜,否认一切古帝王。要而言之,对于古代事物,一切怀疑,一切打倒,一切否认,专从破坏方面下工夫,是此派之所长。至于破坏以后,如何建设,则彼等至今尚未计及也。

四、稳健派　本派所取之途径,专在从群经诸子,及甲骨钟鼎文中,摘取极可靠之材料,说明殷周两代政治事实,社会状况。至殷代以前之历史,则存而不论,以待将来发现之新材料。传统派之所短,在于太无根据。附会派之所短,在于太不切实。破坏派之所短,在于太无归宿。惟此派脚踏实地,隐健从事,可谓为古史研究之中坚。最能表现此派精神者,为王静安先生。先生所著《生霸死霸考》,《〈周书·顾命〉考》,《明堂庙寝通考》,《殷卜辞中所见先公先王考》,《殷周制度考》,《鬼方昆夷猃狁考》,《殷礼征文》,及其他金文甲文著作皆循此路径,用此方法进行,故能步步奏效。③ 继其后者有陈寅恪先生,及友人徐中舒、吴其昌等,本朴学

① 顾颉刚《古史辨》卷上《与钱玄同论古史书》。
② 陶希圣《中国社会之史的分析》第八章。
③《王忠悫公遗书》及清华《国学论丛》。

之家法,用科学之精神,一枝一节为之,不求系统,不求速效,最近数年,虽未能十分张其军,然终可以行世,可以传远,新古史之建设,此派有厚望焉。

五、科学派 本派所取之途径,专在从最近人类学上,地质学上,考古学上所得之材料与成绩,提要钩玄。并参照西洋上古史,及古代社会学成法,以谋建设科学的新中国上史系统,迄今正在萌芽中。最先提倡此种学问者,为瑞典人安特生博士,博士所著《中华远古之文化》,《甘肃考古记》,《奉天锦西沙涡屯洞穴层》等作品①,皆循此方向而行。国人之提倡此种学问者,为翁文灏博士,博士所著《中国第四纪人骨之发现》,《近十年来中国史前时代之新发现》等文②,亦循此方向而行,惟此项事业,工程浩大,第一须待人类学上地质学上考古学上,种种继续的新发现,然后其所凭之材料,更为充分。第二,须得将此种地层,化石,骨骼,石器,陶器,纵则考订其年代,横说明其关系,则然后其所含之历史的意义,更为丰富。此二事者,皆非一朝一夕所能办,迟之十年或二十年,其结果或更为正确圆满矣。

五派之中,前三派各有所短,皆非研究历史之正宗。稳健派大体上无可訾议,惜所被之范围,仅及殷周二代。科学派将来发展,难以限量,惜所用之材料全属先史时代,换言之,即稳健派未本能穷中国文化之源,科学派未能畅中国文化之流。若有人焉,综合之,联络之,史前期,取法于科学派;历史期,取法于稳健派,则整个的,科学的上古史不难出现。

六、研究古史之方法

由上所述,吾人知今日研究古史,当从第四派,第五派之主张。虽然,此仅指示途径而已,若无方法以赴之,终无达到目的之望;或所持之方法不精,亦必至歧路彷徨,徒费气力。譬之旅行游历,欲往一地,当先

---

① 地质调查所《地质学杂志》、《古生物学杂志》。
② 《科学杂志》第十三卷一期,十一卷六期。

识其途径,即识途径,又当知将乘车而往乎,抑骑马而往乎? 抑步行而往乎? 本可乘车,而我步行,岂非自娱。又或天寒道远,停滞中途,终不能达;竭力而往,又有倒毙之虞,则将奈何? 是识途径而不知方法,虽识犹不识也。

近人治学,首重方法;方法如善,虽因他种困难,未能有圆满之结果,然其精神,终自可取。方法如不善,纵或侥幸成功,议论宏畅,终无一顾之价值。且治学未有方法不善,而能得真正之成功者:亦未有方法善,而毫无结果者。结果之圆满与否成问题,而有无不成问题。有时在正面未得结果,而在旁面,忽得特殊之发明;有时几经研究,证明某问题已不能有进一步之追求;无结果即是结果,故方法不可不善。

治古史之方法,可分二部言之。

甲、研究地下材料之方法　应用此项材料,亦关于史前时代为多:如人骨,兽骨,化石,石器,陶器,皆史前时代物也。关于历史时代者,仅骨甲及钟鼎二种,以现在状况言,觉钟鼎骨甲,为数不少;然此二种之继续发现,希望甚微;将来大规模之发掘与发现,仍属前者。故本节之讨论,以史前时代材料为主,历史时代材料,则连类附及焉。

研究地下材料,当注意下列数点:

一、地层　地层为决定遗物之基本要素,遗物之年代,可于所在地层考出之。遗物之真伪,亦可于所在地层诊断之。例如一八九一年,爪哇类人猿骨骼之发现;即据其所在地层,考定其为第四纪(pleistocene)物。又如一九一五年,松本教授,在河南黄土层中,得一人类尻骨;氏以为与德国之尼安德泰尔人相当。黄土层属第四纪,距今约数十万年。当时学者,深为怀疑,以为第四纪,未必有人类发现,然至今日,业已证实松本教授之诊断,甚为正确云。考古学者,对于遗物发现,必确实记其所在之地位,纵若干尺,横若干尺,深若干尺,正所以决定其所在地层也。

二、遗物　遗物为研究地下材料之对象,无遗物即无可研究矣。遗物之种类,及性质,有待于专门家之鉴定,历史学者,不过根据已成定案之材料,再加以推敲而已。例如一九二七年,李捷在周口店,黄土层发现类似人类之臼齿一枚,后经协和医院步达生博士鉴定,乃系不满十岁之幼孩第三臼齿,第四纪中国确有人类,更得一铁证。[1] 又如一九二三年,桑志华在河套发现大宗旧石器时代遗物,经考古家之鉴定,确经人工之磨琢,绝非天然剥蚀痕,于是中国无石器时代之假定,遂被推翻。遗物可以建设历史,改造历史,其力量之伟大,非口舌笔墨所能当。

三、附属物　人骨及石器,可以证明史前史固矣。然单一人骨,单一石器,绝不能考见当时之生活,及其文化之程度。因此与人骨石器相伴发见之其他附属物,尤不可不加注意。例如一九二七年,李捷在周店发现人齿时,同时发现许多犀,豺,猪,熊,牛,羊之动物化石;因此推知原始人类,浑浑噩噩,与鹿豕游,殆毫无文化可言。又如李济之先生,于民国十五年,在山西西阴村,发现大批石器,并有骨针,陶器碎片及石陀螺;由是推知当时文化,殆已甚高。且此次发现蚕茧半个,是否后来混入,学者疑之! 苟属原有之物,则当时因已知养蚕之法矣。

四、环境　任取一遗物,置诸案头,史家不能有所考证,亦不能有所判断,何也?"孤证不立"故也。遗物之所以有价值,有意义,小部分由于本身,大部分由于所在之环境。如前所述地层,及附属物,皆环境也。不止此,山川之向背,土壤之肥瘠,可以决定其地之是否适于人类居住。遗物彼此之位置,可以推定原始情形。发现地在历史上有无根据,可以说明遗物之由来。例如意境格来马尔地(Crimalqi)山洞,发现人骨,其下层有兕骨,上层有驯鹿骨。因此可以推断,下层属于早期石器时代,上层属于中期石器时代。[2] 又如河南安阳,发现骨甲极多,其地在洹水之南,乃河亶甲之故都,因此决定其为殷人遗物无疑。环境之重要,胜于遗物本身,考古者,不可不知也。

五、花纹　遗物之有花纹者,可以决定其文化之程度。盖野蛮时代,缺乏美术观念,亦不能有刻花纹之技艺,非文化到相当程度,不克臻此,

---

[1] 《科学杂志》第十四卷八期。
[2] Breastep Conniets o't Civilization,P. 19.

故花纹之美恶,可以推断文化之高低。又几种遗物,花纹之异同,可以考订其历史关系,地理关系,例如阿恩氏见奉天沙涡屯之陶器,河南仰韶村之陶器,甘肃马厂之陶器,花纹大致相同,且与西比利亚,新疆之陶器,花纹亦有许多相似。因断定此几处地方或为同一民族所居;至少彼此有文化上互相传播之关系。又如李济之先生在河南安阳,得一石像肩胛,其花纹正与殷周之铜器花纹相类,因假设殷代已有造像,造像不必始自六朝。考订古物,有文字从文字出发,无文字从花纹出发,乃一定不移之定则云。

六、文字　有文字之遗物,乃历史后期作品;如殷代之骨甲,周代之钟鼎,皆属此类。由此种遗物以推论,其结果明瞭而真切,非如人骨,石器之模糊影响矣。且在历史后期,有文字可凭,有史事可考,用之以证文字之演变,可收返本追原之功;用之以证史事之有无,可得确凿不移之据,其价值又在上述五种之上。王静安先生以骨甲文考订殷之君臣,殷之礼俗;以钟鼎文考订周之制度,周之武功,此皆近代所谓空前事业,文化奇勋,然金文,甲文可以考证古史之方面,尚复不少,今后治殷周历史者,自当以之为最宝贵之材料矣。

从地层之研究,以断定遗物之年代及真伪,从遗物本身之研究,以断定其在历史上之意义及价值。从附属物之研究,以推求当时生活状况与文化制度。从环境之研究,以推求原如情形,与历史根据。从花纹之研究,以考订其与他文化之关系及异时代之影响。从文字之研究,以考订史事之有无,记载之确否。凡此种种,皆研究地下材料之基本方法,亦即所谓科学方法也。

乙、研究纸上材料之方法　纸上材料,与地下材料研究方法不同。纸上材料活动,地下材料确定;纸上材料固有,地下材料新得,纸上材料显明,地下材料含浑,此性质上之不同也。纸上材料,只有一二种解释,地下材料,可以解释之方面甚多;纸上材料,贵在考订,地下材料,贵在推测,此手段上之不同也。研究纸上材料,方法甚多,最基本,最普通者,有下列八种步骤。

一、搜集　欲研究某一事件,某一问题,当先问材料之有无? 若干?

及何在？无材料，即无研究之余地；有材料而不充足，所得结果，亦难圆满。在欧美目录学，图书馆俱十分发达之国家，搜集材料，尚不困难。但一查关于某事件某问题之目录，大体上即可瞭然，再往图书馆求之，虽不能应有尽有，至少可以省无限之精力。在中国不然，目录学图书馆俱极幼稚，研究学问，全靠自身之努力，故搜集材料，困难万倍。然亦有路径可循，如先查关于目录学之著作，次披阅图书馆之藏书，再咨询师友，请教专家，胸中有一概念，然后购买或借贷基本著作读之；书中有提及他书者，则跟踪以追寻之，如是多方探询，辗转追求，即可得极丰富之材料。此指临时而言，至于平时论书，随处留心，一面摘要，一面摘要钩沉，作为札记，汇而存之，更可得无限新奇宝贵之发现。

二、分析　有时所搜集之材料，不可尽靠也。或原书本伪，则其所述之事实，当然不可信；或原书不伪，而其中某一部分，乃为后人所窜入，则窜入之部，即不可信。或全部为真，而著书人所记，乃得之误传？或因后人抄录翻刻，以笔误，形近而误，错简而误，脱文而误，则其所记之事，亦不可全信。订正此种错误者，有校雠学，校勘学，训诂学，皆属专门学问，此编不及备述。此编所欲言者，即在分析材料，辨伪存真一事，辨伪工作，古人作之者甚多，学者当全部明瞭，方不致误入歧路，或白费力气。其有古人所未作者，第一，当考查史事与实际年代是否相符。第二，当考查所用文字，有无后代语气。第三，当考查全部文体，完全一致否？第四，当考查作者思想，前后矛盾否？第五，当考查书中所述自然现象，如日蚀，星位地震之类，是否实有其事。第六，当考查，同时人著作，有无论及同一事实之处。诸如此类，皆辨伪家所常用之方法，辨伪，所以存真，辨伪存真，即分析研究也。

三、分类　无论何人之研究历史某点者，不能不将其材料，加以分类整理；盖由此可以减少劳力，并可以获得优良之效果。近代史家多将其采撷材料，书卡片上，互相离立，可以移动。卡片太多时，并可利用卡片分类机以整理之。至分类之标准，有以时期为标准者，有以原始地域为标准者，有以内容为标准者，有以形式为标准者，有以字母为标准者，须看其材料之性质而定。若以此五者，交互为用，更能得较细之分类。分类后，材料俱有归宿，检查时，绝不至感烦难，或有遗漏之患。

四、比较　许多之历史事实，个别观察，乃无意义，若排比观之，新意义即由此而出焉。比较之方法，约有四种：一，同时代事实之比较，如甲文中屡有焚字，受年等字，即可知殷时为初期农业，烧林而耕；因不知用肥料，有时受年，亦有时不受年。二，同性质事实之比较，如王莽篡汉，美其名曰禅让，曹丕篡汉，亦曰禅让，可知古所谓尧禅位于舜，舜禅位于禹，未必非篡取也。魏文帝云："舜禹之事，吾知之矣。"盖即此意。三，异时代之比较，如殷之先王，兄终弟及，周之先王，父死子继，由是知立嫡之制，创自成周，成周以前尚未有此。四，异地方之比较，如印第安人，夏威夷人，皆为氏族社会，氏族社会，为民族进步必经之阶段。殷虚甲骨，累有父甲，父乙，父丙之称，则殷之时，殆亦氏族社会也。不比较不见同异，一经比较，同异显然，其中含义，立时可以看出。

五、综合　史家所得之材料，皆支离破碎，残缺不全，纷然杂陈，莫辨端绪。虽加以分析，分类，比较之功，但只能确定事实之性质。此种事实，仍自各各独立，不生关系。所贵乎历史研究者，在将独立事实，发生联络，无关系之材料，发生关系，即所谓综合是也。综合之方法有三：第一，同时事实之综合，关于某一事实，某一问题，得许多之材料，即一一联络起来，使其首尾毕具，经过详明。第二，异时事实之综合，几种事实，一前一后，或为其因，或为其果，其中常有脉络可寻，综合工作，即在发明其因果关系。第三，将事实组成系统，事实之中，有关于政治者，有关于社会者，有关于经济者，有关于文化者；彼此虽各自独立，然若立出规范，自可将各别事实，纳诸规范之中。综合犹线索也：满地散钱，皆可用此线索，贯穿成串，读者阅之，方易得其纲领。

六、假设　对于研究历史上重大问题，或说明历史上重大事实时，虽经分析，归类，比较，综合诸种工作，常不能得圆满之结果，特殊之贡献。遇此种情况，历史家，贵立新假设以解决之，说明之。如莫尔干见印第安男子，称兄弟之子，犹己之子；兄弟之父，犹己之父；女子称姊妹之子，犹己之子;兄弟之子,则不称为子,后又在夏威夷,发现同一事实。因假设,原始人类,曾经一种集团婚的阶段。后又用集团婚之说,解释希腊史,罗马史,日耳曼史,许多困难问题,遂皆迎刃而解。集团婚之说,亦可施之于中国,周朝以前,殆亦曾行此种制度,甲骨文中,可以证明之例甚多。

七、求证 空立假设,若不求事实以证明之,则假设终于不能成立。若能得证据若干条,以证明假设之非诬,则假设立即成为定理矣。如古诗称前代帝王,咸有异迹,亦若一代开国之君,盖受天命而生者然。由今推之,殆全由于后世子孙之附会,用以欺世骇俗而已。是以契有吞鸟卵而生之说,稷有履大人迹而生之说,甚至刘邦之妪,亦有"鲛龙于其上"之说,凡此种种,皆附会也。若再进一步,追问后世子孙,何以有此附会?又可立一假设,古代人民知有母而不知有父,既不知其父,不得不托诸神迹。故契但知为简狄之子,不知其父为何人,稷但知为姜嫄之子,亦不知其父为何人。由是可见古代知有母不知有父,殆成为真理矣。历史家贵能大胆假设,尤贵能小心求证,如此方有圆满之解释,与特殊之贡献。

八、想像 有许多事实之说明,与材料之意义,复有待于想像以补充其缺漏。如前所举例根据少数原人牙齿,新旧石器,以研究远古历史。所有材料,如彼其少,何以考知原人之生活及其文化?是必有赖于想像。由一齿以推测全身;由周围环境,以推测其生活之状况,由制造器具与使用器具之技能,以推测其文化之程度。凡此种种,皆非想像不为功。何止远古为然!历史时代中,无一不利用想像,将枯稿之事实,化为光华,将简陋之记载化为完备。朗格诺云:"吾人必须施用想像于此事实,想像其情况与吾人所揣度之现在事实相近似。且由各种殊异点上,取得各种质素而想像之。吾人于是更勉力尝试,而范成一浑全想像。"[1]此真得研究历史之三昧者也。

---

[1]《史学原论》一百八十七页。

书院制度之研究[①]

1. 书院之起原

书院或称书堂,或称精庐,或称精舍,以精舍之名为最古。汉魏六朝时,皇帝贵族或士大夫于郊外建屋数椽,以奉佛老,或为春夏射御,秋冬读书之所,精舍之制由此起。其后逐渐扩充,有固定之学田,延有名之教师,招四方之俊士,朝夕切磋,互相砥砺,遂成所谓书院制度,其由来盖甚远。

考精舍之名始于汉代:

《后汉书·包咸传》:"咸往东海,立精舍讲授。"

《刘淑传》:"隐居立精舍教授。"

《檀敷传》:"立精舍讲授。"

《姜肱传》:"盗就精庐求见。"(注曰,精庐即精舍也)

由此观之,精舍本为儒士设,精庐,精舍,其名原可互用。后代,乃稍稍施之释道。"三国时,于吉来吴立精舍,烧香读道书,制作符水,以疗

---

① 该文 1923 年 9 月初作于北平。

病。"(《三国志》注引《江表传》)于是道家修炼之所,亦称精舍。"晋孝武帝,初奉佛法,立精舍于殿内,引沙门居之。"(《能改斋漫录》卷四)因此世俗谓佛寺,为精舍。可见凡读书,炼丹,供佛之所,皆称精舍,非有儒释道之别也。

其有精舍之名,而专为儒林读书之所者,在蜀有文学精舍,为汉时文翁所立(《华阳国志》)建置最古。在浙有诂经精舍,为六朝时人所立,建置稍后。其名称地点,规模成绩,历历可考,历千百年,不失为学者潜修胜地,嘉惠士林,岂少也哉。

至唐始有书院之名,《唐六典》载:

> "开元十三年,改丽正殿修书所,为集贤书院。有学士,直学士,侍讲学士,修撰官,校理官,知书官等。集贤院学士,掌刊缉古今之书籍,以辨明邦国之大典,而备问应对。凡天下图书之遗轶,贤才之隐滞,则承旨而征求焉。其有筹划之可施于时,著述之可行于代者,较其才艺,考其学术而申表之。则承旨撰集文章,校理经籍,月终则进课于内,岁终则考最于外。"

集贤书院,虽有书院之名,而无其实。《儆季杂著史》卷四云:"集贤,非其本名也,初名丽正,本曰修书院,乃乾元之旧殿,后又改为集贤书院。其制与汉之东观、兰台等,初非士子肄业之处,此犹今之文渊诸阁也。然则集贤书院为图书馆,非学校明甚。惟书院之名,实确定于此时。"

其他,见于志乘,注为唐时书院,可得而考者凡十一处:

> "张九宗书院,在遂宁县,唐贞观九年建。"(《四川通志》)
> "丽正书院,在洛阳县,唐元和时建。"(《河南通志》)
> "丽正书院,在会稽县,唐开元十一年置。"(《浙江通志》)
> "青山书院,在寿昌县,唐隐寺士翁洮建。"(《浙江通志》)
> "石鼓书院,在衡阳县,唐元和中州人李宽建。"(《湖南通志》)
> "明道书院,在衡山县,唐李繁建。"(《湖南通志》)
> "韦宙书院,在衡山县,唐韦宙建。"(《湖南通志》)

"杜陵书院,在来阳县,唐时建祀杜甫。"(《湖南通志》)

"松州书院,在漳州府,唐陈珦购学处。"(《福建通志》)

"皇寮书院,在吉水县,唐通判刘庆林建以讲学。"(《江西通志》)

"义门书院,在德安县,唐义门陈衮建。"(《江西通志》)

唐以后之书院,或称学馆,或称国庠,或称书堂,其名目颇不一致,甚至,一地而数名。即以白鹿洞而论,亦前后数名。《文献通考》称:"先时南唐升元中,白鹿洞建学馆,以李善道为洞主,掌其教授。"此称学馆也。《白鹿洞讲义》则称:"熹尝率僚友与俱,至于白鹿书堂请得一言以警学者。子静既不鄙而惠许之,……"此则称书堂矣。又《玉海》云:"当时人谓之白鹿国庠。"是知书院亦可称国庠也。要之,书院非定名,随人异其称号,惟以书院二字,最为普通耳。

由上所述,足见书院之制,滥觞于汉,屡见于魏晋六朝,至唐而规模略具,设立亦广。唐以后,宋代集其大成,组织之完密,内容之丰富,人才之勃兴,皆为前所未有。宋以后,历元,明至清,东起江浙,西迄巴蜀,北达朔方,南极闽越,随在有之,蔚为各时代文化中心,有支配学术,酝酿思潮之势。详见下章,兹不备述。考其初立,殆非偶然,探索原因,可得三种:曰私人之提倡,曰政府之讲励,曰时代之需要。经此三方面之推助,遂产生一种特殊组织。以下请分述之。

(A) 时代之需要 五代之乱,天下云扰戎马倥偬,弦诵绝声,上之则国家教育不成,下之,则私人讲学亦不盛;前古文化,几于扫地无遗矣。然人生而有爱智之性,亦生而求知之心,常不自甘于愚昧。一待政治清平,生活安定,即群起为学术与文化之追求,管子所谓衣食足而知礼节,仓廪足而知荣辱者是也。又可分为二目,即旧文化之复活,与新学术之渴慕。

中国在三代以前,有庠,序,塾之学;秦汉以后,有贤良,方正茂才之选,故国家教育,颇为发达。加之孔,墨,孟,荀之流,讲学于先秦,而服,贾,郑,许之辈传经于两汉,于是私人讲学,亦称极盛。因此两方之努力,文化得以发扬光大，至唐而造其极。虽经五代变乱，为时甚暂，一部销灭，一部仍旧保存。唐时遗老，如罗隐，韩偓，韦庄，皆为物望中心，就而问学者极众；其他刘昭，冯延巳亦俱努力述作；旧有文化，因是延续不断，至宋初而复活。

宋太祖统一群雄，解除诸将兵柄，以文臣领州郡，表彰节义，崇尚文学，天下晏然，渐归于治。经数十年之休养生息，国强民富，朝野上下，乃得专心学问。于是士大夫，皆不满于汉儒训诂之学，常思有以矫正之，专求义理躬务实行。如孙明复，石徂徕，胡安定，皆一时大师也，讲明正学，树之风声。因此诸先生之倡导，笃学遂成风气，流行极盛；一时新创学术，因是追求愈力，至中叶而大成，如周，程，朱，张，陆，邵诸子，其见解光芒万丈，后代奉为圭臬焉。

(B) 私人之提倡　五代之乱，天下无复学校。宋始受命，方削平四方，故于庠序之事，亦未暇及。教不兴于上，学乃成于下，其时民间，互相结合，互相传授者，所在多有。时人感于学术之重要，故饶有学识者，则设帐授徒，富于经济者，则开馆延师，书院制度，由此奠其基础后乃逐渐发达，成为固定机关。又可分为二事，即富人之捐输，与学者之主持。

徐度《却扫篇》云："当太祖之时，宋城富人曹诚者，独首捐万钱，建书院城中，前庙后堂，旁列斋舍，凡百余区。既成，聘楚丘戚先生主之。先生名同文，以文学行，谊为学者师，及是四方之士争趋之。曹氏，复益置书买田，以待来者。"此书院之得力于富人之捐输者一也。熊勿轩《考亭书院记》云："考亭书院，旧有田九十亩春秋祀犹不给，侯捐由为倡，郭君通自北来，议以克协诸名贤之胄兴邦之大夫，士翕然和之，今为田五百亩有奇。"此书院之得力于富人之捐输者二也。

丘锡《鳌峰书院记》云："宋初有熊公知至者，自号鳌峰先生，隐居不仕，立书院于鳌峰之下。熊公节号端操先生，修理鳌峰书院，以延学者。至宋季，勿轩先生，大倡斯文，顾瞻梓里，重而新之。"此书院之得力于学者之主持者一也。全谢山《答四大书院帖子》云："当太宗之时，有戚同文者，绝意禄仕，讲学于睢阳，生徒即其居，为肄业之地。祥符三年赐额，晏元献公,延范希文掌教焉。"此书院之得力于学者之主持者二也。

（C）政府之奖励　天下初定,政府方致力于政治,无暇讲求学术,故书院之创设与经营,端有赖于富人与学者。天下既定,政治上轨道,乃从而兴诗书,讲礼乐。故学术之提倡,概在太平之世,则势为之也。于时或由地方长吏,从新建设,或由天子赐额褒嘉,上有好者,下必甚焉,而书院制度,完全确立矣。又可分为二目,即官吏之创办,与天子之嘉褒。

《宋史·杨大异传》云:"杨大异提点广东刑狱,访张九龄曲江故宅,建曲江书院,以礼九龄。"《宋史·陈宓传》云:"陈宓差知南剑州,创延平书院,悉仿白鹿之制。"《宋史·危稹传》云:"危稹知漳州,郡有临漳台,据溪山最胜处。作龙江书院其上,既成,横经,人用歆动。"《宋元学案》云:"袁甫持节西山,修明象山之学,为建象山书院。"凡此种种,皆由于官吏之创设。

《南宋文范》卷四十六云:"临汝之有书院,创自淳祐九年;书院之有敕额,赐于咸淳七年。"《白鹿洞志》云:"朱熹南康任满,疏请白鹿洞书院敕额及高宗御书与监本《九经注疏》于洞。"《续资治通鉴长编》云:"神宗熙宁七年,诏州学已差教授,处管下有书院并县学旧有钱粮者,拨入本学。"全谢山《翁州书院记》云:"应参政茸芏由昌国迁鄞,其贵也,建翁州书院于故居,以兴起后进,穆陵赐御书以榜之。"凡此种种,皆由于天子之褒嘉。

因旧文化之复活,与新学术之渴慕,一般社会,咸感有建置讲学机关,用以涵育文化之必要,书院制度乃有呼声。因富人之捐输,与学者之主持,各地自修之士,乃得潜心学问,以求深造,书院制度,始具雏形。因官吏之创设,与天子之褒嘉,朝野上下,同示尊崇,社会上视为荣誉事业,书院制度,始极其盛。经长时间之演进,得各方之促成,由来渐矣。

2. 书院之发达

书院之名虽始于唐,然其性质,不过国家藏书辑书之所,寒门士族,未得插足其间,前既言之矣。真正之书院,始于五代。唐末,李渤与兄涉,俱隐白鹿洞。后为江苏刺史,即洞创台榭。"南唐升元中,因洞建学馆,置田以给诸生,学者大集,以李善道为洞主,掌教授。"(《玉海》)载籍所传,书院制度,当以此为始。

宋初,人民新脱五季锋镝之祸,救死扶伤不给,弦诵绝声,学者盖寡。其后休养生息,原气渐复。海内向平,文风日起。"儒生往往依正林,即闲旷,以讲授,大率多至数十百人。"(吕祖谦《白鹿洞书院记》)北宋盛时,天下书院数十,最著名者,首推四院:曰白鹿,曰岳麓,曰应天,曰嵩阳,天下所谓四大书院者是也。兹略考其建置年代,述之如左:

白鹿洞书院,创于南唐,宋太平兴国三年,知苏州周述言:"庐山白鹿洞,学徒数千百人,请赐九经书肄习之。"诏从之。至正时洞主明起,为蔡州褒信县主簿,以田入官,由是而废。皇祐五年孙琛即故地,为学馆,十年,榜曰:"白鹿洞之书堂。"俾弟子居而学焉。淳熙元年,南康守朱熹,访白鹿洞遗址,奏复其旧,为学规俾守之。八年,赐国子监经书。(《玉海》,《爱日堂丛抄》四卷)

岳麓书院,创于开宝九年。是年谭州守朱洞,始于岳麓山抱黄洞下,作讲堂五间,斋序五十二间,以待学者。成平二年,谭守李允则,益崇大其规模,中间讲堂,揭以书楼,塑先师十哲之像,画七十二贤,请下国子监,赐诸经释文义疏,《史记》,《玉篇》,《广韵》,从之。祥符五年,山长周式请于太守刘师道,广其居八年,拜式为国子主簿,仍赠给中秘书,于是书院之称闻天下。(《玉海》)

应天府书院,创于真宗之时。宋初,有戚同文者,通五经业,绝意禄仕,将军赵直,为筹室具徒,请益之人,不远千里而至。(《宋元学案》)许宗度,郭承范,重循,陈象与,王砺,胜陟,皆其门人。大中祥符二年,应天府民曹诚,即楚邱戚同文旧居,造舍百五十间,聚书数千卷,博延生徒,讲习甚盛。府奏其事诏赐额曰:"应天府书院。"命奉第节戚舜宾主之。(《文献通考》)景祐二年,以书院为府学,给田十顷。

嵩阳书院,在河南登封县,太室山下,五代时建。(《续通考》)宋初睢阳先生,贲于丘园,教育为乐。祥符中,曹氏请以金三百万,建学于先生庐嵩阳。(范仲淹《东南名院题名记》)至道二年,七月甲辰,赐院额及监本九经书疏。祥符三年,赐太室书院九经。景祐二年西京重修太室书院诏以嵩阳书院为额。(《玉海》)至是,不称太室,专称嵩阳。南宋以后,不复闻于世。

上述四大书院中,白鹿建置最古,应天规模最大,岳麓以设备完善称,而嵩阳后来无闻。此外若石鼓书院,淮南书院,茅山书院,泰山书院,浮沚书院,在北宋时代,皆负盛名,与四大书院并称。北宋书院无多,其概略可得而考焉者,有下述之数处,惟载籍不详,或名称不盛者,则从略,盖阙疑也。

石鼓书院,起唐元和中,州人李宽所建。太平兴国二年,尝赐敕额。淳熙十三年,部使者潘时,因旧地列屋数间,榜以故额。宋若水益广之朱熹为记。故马端临所载四大书院,列举白鹿,石鼓,应天,岳麓,而不及嵩阳,盖嵩阳不久即废,而石鼓则直至南宋时巍然尚存故也。

淮海书院,在丹徒,丹徒地近应天府,后人遂以淮海列四大书院之中,不知宋之应天书院,乃在归德府,亦或以睢阳名之,人以其字之相近,遂以睢阳为淮海非矣。(《续通考》)

茅山书院,在江静府赐田于天圣二年,后以主持无人,日就荒废。孙子秀,访国初茅山书院故址,新之,以待远方游学之士。(《宋史·孙子秀传》)于是遗址一新,就学者日众。

泰山书院,为宋初孙复所建,复从范仲淹游,通《春秋》,人称泰山先生。先生常于泰山之阳,起学舍,构书堂聚先圣之书满屋,与群弟子而居之,当时从游多贵者。(石祖徕《泰山书院记》)

浮沚书院,周行己所造。行己,北宋时人,字恭叔,永嘉人也。罢归筑浮沚书院以讲学。(《宋元学案》)其所居曰谢池坊。至清时,书院遗址犹存。

北宋书院,大略可考者如此。

北宋时,未有州县之学,先有乡党之学盖州县之学,有司奉诏旨所建也,故或作或辍,不免具文。乡党之学,乡党士大夫,留意斯文者所建也,故前规之随,皆务兴起。后来所至书院尤多。而其田土之锡,教育之规,往往过于州县学,皆欲仿四大书院之宏规,努力建设成绩因是卓著云。此北宋书院,发达之大概也。

北宋诸儒,多讲学于私家,间有讲学于书院者,为数甚少,故北宋书院之著者,只有白鹿,岳麓,应天,嵩阳,石鼓,淮海,茅山,泰山,浮沚等十余所,如上列。南宋诸儒,多讲学于书院,间有讲学于私家者,为数甚少,职是之故,南宋书院,所在多有。见于《续通考》者,十余所,《续通考》不载,散见于其他书籍者,又三四十所。

《续通考》云:"宁宗开禧中,则衡东有南岳书院,嘉定中,则院州有北岩书院;至理宗时尤夥。应天有明道书院,苏州有鹤山书院,丹阳有丹阳书院,太平有天门书院,徽州有紫阳书院,建阳有考亭书院、庐峰书院,崇安有武夷书院,金华有丽泽书院,宁波有甬东书院,衢州有柯山书院,绍兴有稽山书院,黄州有河东书院,丹徒道州有濂溪书院,兴化有涵江书院,桂州有宣城书院,全州有清香书院,丹徒有淮海书院,睦州有新钓台书院,善化有湘西书院。"都凡二十二所。

此外散见于《宋元学案》,《宋史》及专家文集,为《续通考》所不收者,在考亭有楼下书院,武夷有考亭书院,余干有东山书院,长沙有南轩书院,临漳有龙江书院,东阳有西园书院、南湖书院、石洞书院、安田书院,平江有虎邱书院,安庆有安庆书院,石门有传贴书院,建州有云庄书院,武夷有洪源书院,剑州有延平书院,吉水有白露书院,莒谭有化龙书院,湘州有南岳书院,成都有沧江书院,黎州有玉渊书院,潼川有云山书院,昌国有翁州书院,信州有道一书院,慈溪有石坡书院、杜洲书院、慈湘书院,金溪有象山书院,贵溪有石林书院,夹江有同人书院,台州有上蔡书院,东阳有横城构舍,兰溪有齐芳书院,莆田有东湖书院。其设置迨遍天下矣;然以今之江苏,浙江,安徽诸省为独多。其故一由于江南之地,物阜民殷,有暇治学;一由于宋人自南渡后,中州学者,过江讲学,文化南迁云。

元人以蒙古入主中国,其文化甚低,故对于华人固有之学术,无不加意保护尽量采用。其时政治之权,虽操于异族,而教育之权,仍操于汉人。虽时移代易,讲学之风曾不稍衰,宋学精神,宋儒气魄良可佩已。虽然元主之极力提倡,不加迫害,使学术思想,得以自由发展,其洪量卓识亦有足多者。

元世祖至元六年,诏国子监会试不中者,同终场下策举人,例授山长学正。(《续文献通考》)至元二十八年,又令江南诸路学,及各县学内,设立小学,选老成之士教之。或自愿投师,或自受家学于父兄者,亦从其便。其他先儒过化之之地,名贤绥行之所与好事之家,出钱粟瞻学者,并立为书院。凡师儒之命于朝廷者,曰教授,路府上中州置之。命于礼部及宣慰司者曰学正,山长学录教谕州县及书院置之。(《元史·选举志》)其提倡体恤,可谓至矣。

坐是之故,书院之设,遍于天下,方诸宋代殆又过之。盖其命派山长,颁给廪饩皆见明文,有政策,有监督,有办法,秩序井然。非如宋代之敕额赐书,一纸空文,空言奖励者,所可得而比也。总计元时书院之数,不下百余,见于《续通考》者四十有一;见于其他书籍者,又在六十以上。

《续通考》云:"太宗八年,在燕京建太极书院,延赵复、王粹等讲授其间,此元代设置书院之始。其后昌平有谏议书院,河间有毛公书院,景州有董子书院,京兆有鲁斋书院,开州有崇义书院,宣府有景贤书院,苏州有甫里书院、文正书院、文学书院,松江有石洞书院,常山有鳌山书院,池洲有斋山书院,婺源有明经书院,太原有冠山书院,济南有闵子书院,曲阜有洙泗书院、尼山书院,东河有野齐书院,凤翔有岐阳书院,郿县有横渠书院,湖州有安定书院、东湖书院,慈溪有慈湖书院,宁波有鄮山书院,处洲有美化书院,台州有上蔡书院,南昌有宗濂书院,丰城有贞文书院,余城有南溪书院,安仁有锦江书院,永丰有阳丰书院,武昌有南湖书院、龙川书院,长沙有东冈书院、乔冈书院,益阳有庆州书院,常德有沅阳书院,福州有勉齐书院,同安有大同书院,琼州有东坡书院。"或为宋时所已有,或为元时所增设。

此外散见于《宋元学案》,《宋史》,及专家文集,为《续通考》所不收者,为数尚多,其在饶州,有双溪书院,衢州有明正书院,徐州有道一书院,绍兴有和靖书院,兰溪有齐芳书院,弋阳有叠山书院,慈溪有峨山书院,集庆有江东书院,江州有景星书院,乐安有鳌溪书院,温川有岱山书院,歙县有师山书院,道州有西山精舍,燕京有贮江书院,休宁有紫阳书院,浏阳有文靖书院,定海有山北书院,鄱阳有玉溪书院,抚州有临汝书院,绍兴有采石书院,宁波有宁公书院,金华有说斋精舍,集庆有稼轩书院。凡此皆约略数之不能尽载也。其中亦有为前代所遗者,亦有为元代所增筑者。

元代国学,有府县学,而书院仍如是之发达。盖学校多近于科举,不足以餍学者之望,师徒不能自由讲学。校正之道,必于学校之外,别辟一种讲学机关。其官立者,虽有按年积分之别而私家所设,或地方官吏,自以其意,延师讲授者,初无此等拘束。是以淡于荣利,志在讲求修身治人之法者,多乐趋于学院焉。此实当时学校与学院之大区别也。

有明之初,各省皆有学院,书者承宋元诸儒余烈,继续研究不绝。执政者,亦颇能保护提倡,学风丕振。至张居正当国始稍稍加以裁抑,惟各省之重修新建者,仍时有所闻。其后东林党人,以处士横议至触阉党之怒,于是大毁书院,存者十无二三,诚巨厄矣。然远境遐方,诸儒讲习如故,阉党力有所不逮,亦未能尽绝也。

初太祖起自民间,颇知书院之重要。故明初兴学之令,常有所闻,洪武八年,诏有司立社学,延师儒以教民间子弟。十六年,又诏民间立社学,有司不得干预。共经判断有过之人,不许为师。正统元年,令各处提学官,及府县官,严督社学,不许废弛。其有俊秀向学者,许补儒学生员。成化元年,又令民间子弟,愿入社学者听,其贫乏不愿者勿强。十七年,又会各府州县建社学,访保明师。民间幼童十五以上者,送入读书,讲习冠婚丧祭之礼(《明会典》),其提倡保护不遗余力如此。

一时书院之著名者,徽州,江右,关中,无锡而四。(《春明梦余录》)无锡之东林书院尤负盛名。李二曲云:"斯地之有东林,犹新安之紫阳、南康之有白鹿、南岳之岳麓,四书院并为宇内不朽名区。今三书院之在彼处者,地方以时修葺,学会相沿不替。独是区非复昔时之旧,学会亦寥落无闻,窃欲望地方诸君子,相与图之,以绍前徽。"(《锡山会语》)盖明时之东林,俨然与宋元间四大学院齐名,竟夺应天、嵩阳之席而代之矣。

东林,无锡书院名也。宋杨龟山先生所建,后废为僧寺。顾泾阳先生,自吏部罢归,购其地,建阳明祠,同志者,相与构精舍焉。至甲辰冬始与高宗宪等数公,开讲其中,立为会约,以考亭、白鹿学规为教,然时与讲习者,仅数人,时泾阳先生,已辞光禄之召,不附于新进,立朝诸公,漠无与也。(《春明梦余录》)东林之建置沿革,其可考见者如此,时人不知各处皆有书院因地异名,而统谓之东林。又不知东林何所自始,凡自书院出身者,皆谓之东林党,可笑矣。

东林以外,书院尚多,除前述之关中,徽州,江左,紫阳,白鹿,岳麓六处外,散见各书中者,尚有数十所。其在京师,有首善书院,苏门有百泉书院,徐无有双峰书院,常州有延陵书院,荆溪有明道书院,武夷有见罗书院、九峰书院、云寮书院、一曲书院、洪源书院,贡溪有灵谷书院,文诇有玉叠山房,真定有恒阳山房,润州有屏山书院,焦桐有郏山书院,余姚有姚江书院,陕西有巩昌书院、临洮书院、狄道书院,四川有斗城书院,邛来有崔山书院,粤西有敷文书院,高安有桂岩书院,吉安有白鹭书院,江西有静忠书院,归安有长春书院。以上种种,皆散见明人文集中。

明之士林,常议论时政,因是执政当局,颇裁抑书院,惟无何等影响。待阉党得势,专与书院为难,书院乃日见寥落矣。先是高宗宪起为总宪,风裁大著,疏发御史崔呈秀之职。呈秀以宗宪与东林有旧,目为东林党人所为。乃转而父事忠贤,日嗾忠贤曰:"东林杀我父子。"忠贤初不知东林为何地,东林之人为何人。辄曰:"东林杀我。"于是大狱,惨动天地。(《春明梦余录》)可知东林本为一书院之名,其后变而为一政党,一学派之名。职是之故,东林之人构横祸,书院制度亦构横祸。

嘉靖十七年五月,毁天下书院。是时,吏部尚书许赞上言:"近东抚按两司及知府等官,多将朝廷学校废坏不修,别起书院,动费万金。征取各属师儒,赴院会讲,初发则一邑制装及舍供膳科扰尤甚。日者,南畿各处,已经御史游居数奏行折毁,人心称快而诸路未及,宜尽查算如仍有建立者,许抚按据奏参劾。"帝以其悉心民隐,即命内外,严加禁约,毁其书院。(《大政纪》)

天启时挫抑书院,较前尤烈,言官议毁。史不绝书。自此之后,书院制度乃一蹶不振。然不久明亦旋亡,明之后,书院制度始稍稍渐复旧观焉。

清人崛起满洲,初不知学术为何事。入主中国以后,染华风,颇能右文,劝学。尤以康熙,雍正,乾隆三朝,国事太平,民心向学,此三君主,皆赋性聪明兼能沉酣典籍,于中国之文艺学术,类能深道。对于学术中心之书院制度,三致意焉。故自雍乾以后书院遍于天下几欲恢复宋元旧观。不幸太平天国之乱,扰攘十余年,东南原气大损。光宣以后,则又崇尚欧风于是学校兴而书院制度复废。

乾隆十一年诏立书院云:"近见各省大吏,渐知崇尚实政,不务沽名钓誉之为,而读书应举之人,亦能屏去淫嚣奇竞之习,则建立书院,择其省文行兼优之士,读书其中,使之朝夕讲读,整躬厉行,有所成就,俾远近士子观感奋发亦昔贤育才之一道也,督抚驻扎之所,为省会之地,着该督抚商酌举行,各赐帑金一千两。将来士子,会聚读书,务为筹划,供其膏火,以垂永远。其不足者,可于存银内支用。"(《清会典》)是为清代奖励书院之始。

乾隆元年,谕凡书院之长,必择经明行修,足为多士模范者。负笈生徒必择乡里秀异,沉潜学问者,四年加赐浙江敷文书院帑银一千两。五年,议正福建台湾海东书院,照省会书院之例。九年,通谕各省,将现在书院、生徒细加甄别。此后整顿书院之令,陆续不绝。政府不特立于辅助地位,且实行指导与监督。嘉庆、道光、咸丰、同治列朝,并守遗意,极力提倡增添书院颇多。而加赐帑金,用为膏火之事,史不绝书,亦可谓尽育才兴学之能事矣。

计有清中叶之书院,在各省省会者直隶曰莲池书院,江苏曰钟山书院、紫阳书院,浙江曰敷文书院,江西曰豫章书院,湖南曰岳麓书院、城南书院,湖北曰江汉书院,福建曰鳌峰书院,山东曰泺源书院,山西曰晋阳书院,河南曰大梁书院,陕西曰关中书院,甘肃曰兰山书院,广东曰端溪书院、粤秀书院,广西曰秀峰书院,安徽曰宣城书院,四川曰锦江书院,云南曰五华书院,贵州曰贵山书院,都共二十一所。其他散见于府州县城及名山胜水间者,不可胜数,而广东之学海堂,浙江之诂经精舍,尤负盛名,《正续皇清经解》之编印即两书院之力也。

由上所述,可知书院之制,始于五代,盛于宋元。而白鹿岳麓,应天嵩阳,称四大书院,四方之士争归之。至明,东林以干政贾祸书院中辍,至清初而复兴,及其中叶,设置遍天下,以学海堂、诂经精舍最负盛名。清末,兴学校,代书院,书院复废。迄于民国,欧西之皮毛虽得,中国之精神不存,实事求是自动研究之风,将不足复见,此亦中国教育史上,一大不幸也。

3. 书院之内容

书院内容,因地而异,因时而异,其规模有大有小,其设备有偏有全。若一一历数之,势难遍数,若举一以概其余,又嫌挂漏。今仅就一般要点,如位置,编制,建筑,经费,职员,学约,教条,学则,起居,分科,膏火,图书,供礼,讲演诸端为一概括明瞭之说明,既非专指某一书院,但所有书院,大略不外乎是矣。

(一)位置 建筑书院,必于山林清净之地,取其风景闲旷,远隔尘嚣,读书其中,乃能摒绝外务,专心向学,或于文物会萃之区,则取其冠盖往来,济济多士,追随其间乃能交互观摩,敦品砺志。前者如白鹿书院,嵩阳书院,武夷书院,后者如首善书院,诂经精舍,关中书院,即其例也。亦有在蛮乡僻壤,如玉渊书院者,乃专为推广文化而设,颇含政治作用,其例并不甚多。

(二)编制 湖南潭州书院,创三舍制,分县学、书院、精舍三种。州学生月试积分高等,升湘西岳麓书院生,又积分高等,升岳麓精舍生。(《宋史·尹穀传》)此制之在宋时,盖甚普通。京师大学,亦分三舍,即外舍,内舍,上舍三种。在州县学读书,称曰外舍,经一种考试,升入内舍,再经严格考试,升入上舍。(胡适《书院制的史略》)犹今日之预科升本科,本科升研究院也。然亦有采单级别,并无等第之分者,在州县及山林清净之地,往往而然。

(三)建筑　普通书院建筑,分斋舍讲堂数种。小者如白鹿书院最初不过小屋四五间,不敢妄有破费官钱,伤耗民力。(朱熹《申修白鹿书院小帖子》)其后逐渐扩充,达数十百间。大者如应天府书院,造舍百五十间,聚书百数千卷,博延生徒,讲习甚盛,(《文献通考》)比较完全者,如杜洲书院,有先圣碑亭,有礼殿,有讲堂。斋六:曰志道,曰尚德,曰复礼,曰守约,曰慎独,曰养浩。有书库,有祭器,门廊,庖厨,纤悉必备。(全谢山《杜洲书院记》)但一般书院,并不如是完密,往往有斋舍若干间,生徒若干人,书若干卷而已。

(四)经费　书院经费,全恃学田,学田多少,因地而异,多则数百亩,少则十亩,不等。如白鹿书院,旧有田九十余亩,后有祀用不给,郭君提议,由士大夫捐助之,增至五百余亩,仍不给。请诸官,高宗发钱四百千,寄收买办。李煜僭窃时,割善田数十顷,取其租廪给之。淳熙十年,朱瑞章没入寺田七百亩。嘉定辛己,黄杜置西源庄田三百亩。咸淳间,刘传汉增置贡土庄田。(《白鹿洞志》)是其财赋,年有增加,而其来源,亦极复杂。

(五)职员　长书院者,有洞主,洞正,堂长,山主,山长之名,董理全院事务,计画发展,讲解经义,监督生徒。其人必学术渊博,品行端正,名望赫濯者,始能作多士模范。此外有副山长,教授,助教,讲书,学录等助理之。或担任指导,或专任讲学,或整理风化,或管束学生,其人选不如山长之困难,资格亦较卑逊,但取一技之长而已。亦犹今之有校长,副校长,教授,学监然。惟额数不定,设置不常,视各院事务之繁简,规模之大小,组织精粗而异。

（六）学约　丽泽书院,有学约六条,盖取法于白鹿,可见当时学约之一般。"一、凡入丽泽堂者,一以圣贤之学为宗,削去世俗浮华之习。……一、学中规矩,一依白鹿洞程端蒙、真田山为准。一、读书务以小学为先,次《四书》,以及《六经》与周,程,张,朱,司马,邵之书,非理学之书,不得妄读。一、读书务循序渐进,一书已熟,方读他书,毋得卤莽躐等。一、凡学以德行为先,才能次之,诗文末焉。一、凡学者行事,皆于丽泽堂禀明师友会众裁度,其必合义然后许之。……"是亦可见书院中之共同风尚矣。

（七）教条　朱子白鹿洞书院,教条有五:"一、五教之目:父子有亲,君臣有义,夫妇有别,长幼有序,朋友有信。一、为学之序:博学之,审问之,慎思之,明辨之,笃行之。一、修身之要:言忠信,行笃敬,惩忿窒欲,迁善改过。一、处世之要:正其谊,不谋其利,明其道,不计其功。一、接物之要:己所不欲,勿施于人,行有不得,反求诸己。"凡此诸端,皆宋儒为学之最大目标也。

（八）学则　白鹿洞学则,规定颇详:"凡学于此者,必严朔望之仪,谨晨昏之令,居处必恭,步立必正,视听必端,言语必谨,容貌必庄,衣冠必整,饮食必节,出入必省,读书必专一,写字必整齐,堂舍必洁净,相呼必以齿,接见必有定。修业必有余功,游艺必有适性,使人庄以恕,而必专所听。苟曰从事于斯,而不敢忽,则入德之方,庶乎其近矣。"今日之学校规则,其委细曲尽无以过也。

（九）起居　徐元杰,为延平郡守,立上课起居时刻,以为日习常式。其要五:一、早上文公四书,轮日自为常程,先《大学》,次《论语》,次《孟子》,次《中庸》。六经之书,随其所已读,取训释与注解参看。一、早饭后编类文字,或聚会讲贯。一、午后本经论策,轮日自为常程。一、晚读《通鉴纲目》,须每日为课程,记其所读起止。一、每月三课程,上旬本经,中旬论,下旬策,课册待索上看。其与今日学校之课程表相较,仅详略之分耳。

（十）分科　各院所分科目,多少不等,有分为四科者,有分为两科者。如黄州经古书院,课士章程,厥分四目:一曰考订之学,二曰性理之学,三曰经济之学,四曰词章之学。(周锡恩《黄州课士叙录》)而南菁书院,则分经学,古学两门,设内课,外课,附课生各若干,内课生住宿,外课生则否。(史炳坤《南菁略史》)苏湖之间,自经胡瑗之提倡,所在书院,多设经义及治事两科,其后大学亦然。(《宋史·胡瑗传》)是其分科多少,固难以一概论也。

(十一)膏火 膏火数目,各地不同。如甘肃兰山书院,取正课二十名,正课,每月膏火银三两,副课一两五钱。此外酌取若干名,作为外课不给膏火。其余不取者,均准按课附考,甄别以后,无论官课,堂课,通月查核。正课连列劣等三次者,降为附课。附课连列优等三次者,升为正课。注册记名。遇有缺,即行顶补。正附课生,岁课一次不到者,罚扣半月膏火,堂课一次不到者,罚扣五钱膏火。其各项犯规,在乡会场,应干禁例者,俱扣半月膏火。诗中平仄错讹者,每一字罚银二钱。如有雷同枪替者,永逐出院。(《甘肃通志》)赏罚有定,故人皆自励。

(十二)图书 藏书,为书院一重要事业,每一书院普通置书库一所。多者如应天府书院藏书至数千卷,少者如岳麓书院,象山书院,亦各藏书数百卷。而白鹿洞,购买收求尤力。宋初诏从知江州周述,请俾国子监刻印本九经,驿送至洞。(《白鹿所藏》)朱熹为刘子和作传,其子仁季,致书以先人所藏《汉书》四十四通为谢,时方修白鹿书院因送使藏。(朱熹《跋白鹿藏〈汉书〉》)南康任满,又疏请白鹿书院敕额及高宗御书,及监本《九经注疏》于洞。(《白鹿洞志》)后又于两漕求江西诸郡文字,刻之金石,以示久远,其取罗可谓勤矣。

(十三)供礼 从祀之典,于先儒之有功德于圣门者咸有。如鳌峰精舍中为夫子燕居,配以颜,曾,思,孟,次以周程,张朱(濂溪明道,伊川横渠,晦庵)五先生,隆道统也。(《宋元学案》)而白鹿书院,则多邵,司马,豫章,延平四人。百泉书院,又多吕祖谦,许衡,姚枢,窦默四人。最多如大梁书院,竟至百十五人,后加减削,尚余四十五人,周,程,朱,张,盖供礼之最普通者也。亦有礼祠无稽如潼川草堂书院,以文昌像居中,而以李杜配享。(孟邵《草堂书院记》)然则供礼之中,盖各有阿其所好者矣。

（十四）讲演　宋代书院皆有讲演,或官吏延师,或主者自教或代以高等弟子,或更请大师宿儒,或便邀远道过客初无一定之规则,时间亦不常,且听讲之人,并不限于院中学生。(盛朗西《宋元书院讲书制》)至明有会讲,每月订有开会时间,开会之初,由书院散发请帖;开会时,由山长主讲一段,或由学者报告心得,各抒己见,互相切磋。最终进茶点散会。又有考课,每月三,六,九或朔望两日,由山长出题,凡合于应试资格之人,皆可应试。题目分八股、经义两种。书院并订有津贴寒士膏火办法,供寒士生活之用。(胡适《学院制度的史略》)盖起初尚无固定办法,愈到后代,课程愈严。

上列诸端,皆形式方面,最为普通,虽非各书院各时代所全有,然每时代,每书院,必具有其中之若干项故特表而出之。其他学派方面,方法方面,人才方面,种种精神上的内容,非片言所能尽,更有待于专文。读者慎无以为书院内容尽于此矣,则失书院之真意义与真价值也。

4. 书院之衰歇

自其大体言之,北宋及于清末,九百余年,书院之数目加多,书院之经费加足,书院之地域加广,书院之组织加严,不可谓非发达也。其间尤以元清两代为最盛;或者因异族当国,士君子不愿为政治活动,故转而入于学术之一途耳。南宋及明,稍逊,北宋最为寂寥。元时书院,多至一百余所;清代则江域,河域,粤域,甚至满洲,设置俱遍,方诸今日大学,有过之无不及。诚推一代盛典,吾人深以未得参与其间,为足憾焉。

虽然,就已考知者论之,北宋书院十余所,南宋尚存者,不过四五;南宋书院六七十所,至元时尚存者十仅三四,元时书院百余,至明代尚存者,十仅二三。明时书院过百,经阉党之祸,天下存者,不达一二。清之盛时,书院遍于天下;晚年以兴办学校之故,废为败址,迄今几无孑遗矣。历代书院,虽屡有添设,亦屡有取销,盛衰若环,迭为增减。故自一方面言之，虽可见其发达之状况，自他方面言之，亦可推其衰歇之消息，亦可哀矣。

前章述书院之起原，谓有三种原因：一曰时代之需要，二曰私人之提倡，三曰政府之奖励。兹再进而研究书院之衰歇，其原因亦有三种：一曰自身之腐败，如学风之浮嚣，院规之废弛是也。二曰政府之压迫，如敌党之仇视，当道之禁止是也。三曰时代之推移，如科举之取销，学校之代兴是也。

（A）自身之腐败 当书院建置之始，官吏曲意提倡，出公帑，割善田，没庙产，拨租税，为之经费。为尊隆师道起见，往往不远千里，卑辞厚币，延聘大儒，主讲其间，以资号召。又恐生徒之不发达也，广斋舍，给膏火，又为之游扬推誉，以谋出路，此种用心，良非得已！可谓至苦且劳。然学生游息其间，养尊处优，有时不免有浮嚣之习。社会见官吏之推崇逊让有加，而书生有时竟出非法之举，驯至鱼肉小民，良可叹已。

明《大政纪》有云："征取各属儒师，赴院会讲，初发则一邑治装，及舍则群邑供膳，科扰尤甚。"《清会典》亦云："稔闻书院之设，实有裨益者少，而浮慕虚名者多，是以未曾敕令各省通行，皆欲徐徐有待，而后须降谕旨也。"读此二段，可知明清两代，学风趋向浮嚣，不特人民不表同情，即政府当局，亦深疑惧，名誉如此，其日就衰歇也，固宜。

且书院学生，来自各地，良莠不齐。其优者虽能潜心诵读，劣者则不免遇事滋扰，人多品杂，诚难驾驭，稍有差池，俟隙以逞，是又理之常也。《宋史·宋玠传》称："少为白鹿洞诸生，尝携客入茶肆，殴卖茶翁死，脱身走江淮。"虽此一事，不足以概其余，然呼朋啸侣，出入茶馆酒肆中，究非士君子所宜出。且无端而殴人至死，则平日之横暴，院规之废弛可知，臆测当年，骗诈斗殴，而对方逊让退抑，遂不至构成杀人案者，恐非少数也。

（B）政府之压迫 自汉以来，学生干政，无代无之。宋明两代更特别演成风气。然学生干政，固政府所不许可也。今日之仕宦，前日之学生，今日之学生，来日之仕宦，仕官与学生，显有密切之关系。且宋明显贵，多由书院出身，书院即一官僚养成所。政府当局而与学生同派，当能相安,若不同派,必成水火,多人同居,傀言自出,处士横议于下,则政府压迫于上,积之既久,演为仇雠。相互指摘斥骂,至其极,则一伤一胜,或两败俱伤,书院既不能得当局之同情,而取缔之令以起。

宋之朱熹一派学者,其干涉国家政治之气焰盛极一时,以致政府为朱派学者立党籍碑,名曰“伪学党”,不准起复为官。明朝太监专政,乃有东林书院学者,出而干政鼓吹建议声势极张。且在京师,亦分设书院,国家之欲简放巡抚等大员,必先得该派同意。如政令有不合意,即赴汤蹈火,亦仗义执言;故为宵小所忌,多方倾害,死者甚多。政府且名之曰“东林党”。(胡适《书院制的史略》)虽对方贤愚有不同,而受敌党之仇视则一。

因学生干政的结果,敌党固加仇视,当道亦加禁约。明代自张居正柄政以来,裁抑书院,屡具明文。万历三年,敕谕今后各提学官,督率教官生儒,务将平昔所习经书义理,著实讲求,躬行实践,以待他日之用。不许别创书院,群聚徒党,及号召地方游食无行之徒,空谈废业,因而起奔竞之门,开请托之路。违者,提学官厅,巡按御史劾奏,游食人拿问解发。(《明会典》)嘉靖十七年,且因吏部尚书许赞之参劾,即命内外,严加禁约,毁其书院。(《大政纪》)

(C) 时代之推移　中国人民,向重保守;自经鸦片,甲午,英法联军,八国联军诸次失败以后,始憬然于中国学术之不足恃,西洋制度之当师法。于是朝野上下,讲求时务,多主变法,以求自强,诏书数下,如开特科,汰冗兵,改科举制度立大小学堂,皆经再三审定,筹之至熟,然后施行。(清德宗《定国是的上谕》)自是之后,欧西制度,逐渐引用;中国制度之逐渐罢除。盖时代既已推移,士林主张,不能不有所变更,以求适应。于是向之流行一时之书院制度,乃由衰歇而废除,而绝迹矣。其间又有二事,影响至巨,其一为废科举,又一为新学校。

光绪二十九年,张之洞、张百熙奏请裁减科举。原奏云:“科举未停,天下士林,谓朝廷之意,并未专重学堂也。然则科举若不变通裁减,则人情不免观望,谁肯筹捐经费?”于是每科遂减中额三分之一,暂行试办。

至光绪三十一年，袁世凯、张之洞奏请废止科举，原奏云："现在危迫情形，更甚曩昔，竭力振作，实同一刻千金，而科举一日不停，士人皆有侥幸得第之心，以分其砥砺实修之志。……拟请宸衷独断，雷厉风行，立罢科举兴学育仁化民成俗，胥基于此。"于是科举制度，完全取销；科举为书院之出身，科举废而入院读书之人遽少。

清末兴学之动机纯出于对外。京师设同文馆，上海设广方言馆，福建设船政学堂，天津设水师学堂，湖北设武备学堂，初不过养成外交及军事人才而已。正途人才，仍自书院出身，故书院未受影响。至光绪二十四年，乃大兴学校，且以书院为校址。谕旨云："总计各省省会，及府，州，县，无不各有书院。各该督抚，饬地方官，各将书院坐落处所，经费数目，限两个月，详查具奏。即将各省县现有之大小书院，一律改为兼习中学西学之学校。至于学校等级，自应以省会之大书院为高等学，郡城之书院为中等学，州县之书院为小学，皆颁给京师大学堂章程，令其仿照办理。"此令一下，天下之书院皆废，学校代之而兴。

因学风之浮嚣，与院规之废弛，上失官厅之信任，下失社会之同情，于是书院身价，每下愈况，有一落千丈之势。因敌党之仇视与当局之禁约，树敌既已日滋，保护因而尽撤，于是书院规模，逐渐衰歇，驯至不能自振。因科举之取销，与学校之代兴，院址变为校舍，生徒悉数改学，于是书院制度，根本废除。书院之起原，固非偶然，学院之衰歇，亦匪朝夕，其来也渐，其去也促，迄于今只余败堵颓垣及佳话遗书，供吾人之凭吊观赏，清谈诵读而已。

抑吾人不禁有深感者：千余年来，书院为中国之惟一教育机关，研究学术，乐育人才。所有大著作，大学派，大政治家，大文人，胥由此出其贡献可谓极大，虽其建置经营，需用浩繁，然人才之陶冶，学风之养成，足以偿其失而有余。又其干预时政，同气引缘，近于树党。然正义之主持，民智之提高，功过亦能相掩也。后之论书院者，但见其失，不见其得，但见其过，不见其功，一笔拭杀之，斥为不切时用，盖亦冤已。

自明代嘉靖，加以禁约，清代光绪，饬令取消，书院制度已由衰歇而废除,至今几绝迹矣。虽然所谓院址,经费,职员,学约,规则,供祀,膏火,皆书院形式方面,可以废除者也。至于图书,讲演,方法,学风,皆书院之精神方面,不可以废除者也。今其形式,虽已销灭,而其精神,则历万古而常新,吾人苟一提到宋,元,明,清之学术即觉其外涵,内包,无不与书院有密切关系。盖吾国近世之文化,大部分以书院为摇篮,反本追源,自觉有无穷之感触焉。

且书院之废,学校之兴,垂三十年矣。除设置数十大学,数百中学,数千小学,每年造成数万毕业生,以为社会上高等流氓,中等流氓以外,其贡献又何在乎?以言费用,则学校经费,比书院经费多至数十倍,以言干政,则学校风潮,比书院风潮,亦多至数十倍,得失相较功过相权,未见学校之优于书院几何也。

向之毁书院,兴学校,遂令千年来学术机关,一旦销灭,迹近卤奔,似觉未善。然则毁学校复书院,以恢复数十年前之旧观,可乎?曰,断无此理。书院有书院之优点,如自动学习,实事求是。学校亦有学校之优点,如整齐划一,量时计功。取所长而弃所短,寓书院精神,于学校形式之中,其结果当更善良。是在今之教育家,有此毅力否耳。

参考书目

1.《文献通考》

2.《续通考》

3.《宋史》

4.《元史》

5.《明史》

6.《宋元学案》

7.《明儒学案》

8.《白鹿洞志》

9.《朱子语录》

10.《象山语录》

11.《明会典》

12.《清会典》

13.《唐六典》

14. 谢枋得《鹭川书院跋》

15.《尚书大传》

16. 皮锡瑞《经学通论》

17.《后汉书》

18.《能改斋漫录》

19.《华阳国志》

20.《三国志》

21.《儆季杂著史》

22. 胡适《书院制度的略史》

23. 盛朗西《宋元书院制度考》

24. 徐度《却扫篇》

25. 熊勿轩《考亭书院记》

26. 丘锡《鳌峰书院记》

27.《南宋文范》

28.《续资治通鉴长编》

29. 全谢山《翁州书院记》

30. 吕祖谦《白鹿洞书院记》

31.《玉海》

32.《爱日堂丛抄》

33.《春明梦余录》

34. 范仲淹《东南名院题名记》

35. 石祖徕《泰山书院记》

36.《锡山会语》

37.《大政记》

38. 朱熹《申修白鹿书院小帖子》

39. 全谢山《杜洲书院记》

40. 周锡恩《黄州课士叙录》

41. 柳翼谋《中国文化史》

42. 史炳坤《南菁略史》

43. 《甘肃通志》

44. 《教育法规汇编》

45. 孟邵《草堂书院记》

46. 陈宝泉《中国近代学制变迁史》

47. 钟毓龙《本国史参考书》

48. 全谢山《同谷三先生书院记》

49. 《理学全书》

戊戌政变轶闻

一九二五年，余入清华园，从梁新会先生受学。以整理讲稿之故，每周必相见几次。新会健谈，讲学之余，有时涉及往事。一九二七年，新会患便血症，割肾，缠绵数月，辍讲。息影天津意租界私第养疴。是年夏，余自北京经天津南下，新会留住若干日，每晚必围坐园庭，听讲故事。偶有所问，亦不厌详答。其间，涉及戊戌政变的掌故甚多，有许多与文献所载有出入，有的甚至与文献相反，有的又为文献所不载。兹赘录之，以补文献之不足。

一、袁世凯覆雨翻云

戊戌政变，是中国近代史上具有关键性的一件大事。假如维新运动成功，则义和团起义、辛亥革命，能否发生，尚是问题。固然清王朝腐败荒淫的统治，到了甲午战争，已经如下濑之船，不可收拾。光绪和康有为，全凭主观的热心，要想存亡继绝扶危定乱，这是一件非常艰巨的任务。就算是朝野上下，同心一德，共任艰巨，尚虞力有不足，但亦非绝对无望。不幸又有帝党后党之争，即维新与保守之争，矛盾重重，力量分散。又不幸而光绪失败，维新事业扫地无余。于是随着慈禧、光绪的残喘,清王朝亦苟延其残喘,两宫死,清室不旋踵而覆亡了。

维新运动,不过一二年,在中央政治上具体表现,才三阅月。但是新旧之争,随时随地存在着。在湖南有新旧矛盾,由于掌握得好,矛盾转化了。在北京有新旧矛盾,由于掌握得不好,矛盾尖锐了。随着维新政令的颁行,矛盾发展,日趋尖锐,达于生死存亡的程度,双方俱恃武力为奥援。后党依靠荣禄,帝党依靠袁世凯,到最后阶段,袁世凯的行动,决定双方的存亡生死。

一八九八年九月十七日,当新旧矛盾发展到最高潮的时候,慈禧太后受到皇族、官僚、宫廷中贪污腐化分子的包围怂恿,企图利用到天津阅兵的机会,会同北洋大臣荣禄,实行废立,根绝新政。为应付这个即将到临的非常事变,光绪和康有为商量,电召新军定武军统帅袁世凯入京觐见。当第一次觐见时,袁矢志拥护新政、服从皇帝。遂破格擢用为兵部侍郎,负责训练新兵,其目的在夺除荣禄的兵权,实际上将北洋陆军的指挥权,转移到袁世凯之手。十八日,慈禧召见袁世凯于颐和园,袁又表示服从太后。二十日,再度觐见皇帝,陛辞回津。

就在二十日第二次觐见的时候,文献上有几种不同的记载。

一说:光绪于二十日任命袁世凯为署理北洋大臣,回津捕杀荣禄,夺取兵权,统帅北洋新军入京,囚禁太后,铲除一切反动派如刚毅、载漪、许应骙之流。袁世凯出卖了光绪,把全盘计划,泄露于荣禄,荣禄即时入京,向慈禧太后告变。二十二日,慈禧太后召开军机会议,拘禁光绪于瀛台,捕杀六君子,并以十万两的赏格,逮捕康有为。维新运动,冰消瓦解。

另一说:康于袁世凯入京之顷,嘱谭嗣同游说袁世凯勤王。彼自率两湖豪杰数百人,扶皇上登午门以自卫,而令袁率兵杀荣禄,除后党。袁世凯说,杀荣禄不难。但新军官长,旧人不少,枪弹火药,又皆存荣禄处,仓猝间指挥不灵。不若乘天津阅兵时,劝上驰入定武军,即可以用上谕,诛贼臣,易如反掌。谭袁议不协,袁返津,泄之于荣禄,荣禄入京告变。

袁世凯自己又说:九月十八日之夜,军机处章京谭嗣同来访,形色仓惶,若中狂痫,腰间隐隐挟凶器,要我拘囚老佛爷,诛除荣禄等。我以未奉谕旨为辞,谭出一墨书便条,称为御笔,大意是形势危迫,要我速定大计,但须谨慎从事。我以既非朱笔,又无御印,并未明言囚后杀禄之事,拒绝不接受。二十日陛辞的时候,皇上又未作具体指示,无非泛泛要我支持改革而已。返津后,荣禄问我是否接受御印,取其首级?我告以事出于少数政客之阴谋,皇上并不知情,我亦没有执行伪命的责任。

据新会所说,慈禧拟于天津阅兵之顷,实行废立是事实。光绪召袁世凯入京觐见,企图引袁自卫,亦属事实。谭嗣同游说袁世凯要袁举兵勤王亦不假。但有一个先决条件,即一旦慈禧发动废立巨变,新派人物将以武力自卫,而结袁世凯为外援。假如不发动废立之事,新派自亦不会蠢动,自投罗网。既然阅兵期尚未到临,废立尚未成事实,袁世凯纵然不拥护改革,不拥护光绪,但亦没有出卖朋友的必要。新旧矛盾,已非一日。光绪并未训令袁世凯囚后杀禄。光绪之意,要派南海南下,另调黄公度入京,作为缓冲。维新事业,尚可有为,一切在酝酿中,作为政变,无论何方发动,俱将造成不可弥补的损失。这不是南海的企图,也不是新派人物的共同企图。事情之坏,坏在袁世凯一人,他不应张大其辞,以讹传真,陷害了光绪,陷害了当代无数的贤良。

由于袁世凯的背叛,造成光绪的终身囚禁,造成光绪的死亡。临死时,光绪尚引以为终身遗恨。他在绝命书上,写下了这样的辞句:"余以皇室近亲,承太后慈命,继任大统。德薄素不为太后所喜,但造成两宫间之嫌隙与晚年之苦痛者,端在袁世凯一人。深愿有朝有日,得其人而手刃其头。"不仅光绪痛恨袁世凯,宣统亦痛恨袁世凯,在溥仪的文献中,痛骂袁世凯,指为窃国大盗之辞句甚多。康南海事后恨袁世凯入骨,在他的致冯国璋长电中说:"当袁世凯自汉城失败而归,不齿于士类,余竭力卵翼之,彼在小站练兵,余为之游扬、表彰。人有誉新兵之成就者,以为若誉己也。余屡向光绪皇上推荐,彼得破格擢升,跻登显官。然竟悍然相仇、忘恩负义、鸱枭食母獍食父,已成时尚,余于人何尤。"梁新会之鄙视袁世凯,不下于其师。洪宪之役,既指使其门生蔡锷,发难于滇,又冒险南下,入桂,说陆荣廷独立以相策应。康南海亦指使其徒党徐勤等,起兵两粤,互相唱和,所谓公仇私愤,两不相饶者欤! 历史发展规律中,有因果律之一则,袁世袁殆属种恶因收恶果的一个例子。

二、李提摩太偷天换日

甲午战争后,李鸿章赴俄,结中俄同盟密约,共同抗日。慈禧和李鸿章,都是亲俄派。康梁反对李鸿章,在政变前十日,即九月七日,即有免去李鸿章总理衙门大臣之令。在外交路线上,维新派是亲日的,以日本明治维新为师。其中牵线人物是黄公度,黄于一八七七年至一八八二年,连任日本公使馆参赞,以诗文与伊藤博文、大山岩以下如大沼、崖谷、龟谷、青山、小野、冈千仞、鲈元邦之流,交游皆极厚。伊藤支那学根底深厚,对公度极器重。公度所撰《日本国志》,彼邦人士称为杰作。一八九八年阴历六月二十三日(阳历八月上旬),虽有以黄公度为三品京堂出使日本之命,其意在厚结日本为外援以自固。尚未成行,北京事变日急。有人建议以公度与南海相对调,故德宗三诏敦促,有无论行抵何处,着张之洞、陈宝箴传令攒程迅速来京之谕。公度在上海,患痢疾,日泻十数次,气喘力弱,不能小立,无法就道。不久而政变作,公度幸免于死。

黄既不在北京,维新人物之亲日计划,无法深入策动,故政变发动之日,伊藤博文虽在北京,南海亦未与之取得联系。日本对中国维新事业,不仅同情,而且支持,英日是同盟国家,故英国对维新态度,亦异常友好。英日的外交政策,共同抗俄,抑制其在东方大陆上的野心,抗俄就不能不反对慈禧太后、李鸿章,又不能不亲近光绪、康有为,由于维新人物与英国关系不深,联系亦未能深入。

李提摩太(Richard LiTimothy)英国人,在中国传教多年,久住上海北京,通华文、汉语,并曾翻译农学科学书籍为华文。其后在庚子义和团事件后,力主以山西赔款,办山西大学,自为理科学长。在近代史上,他是中国欧化运动、维新变法运动中的一个重要人物。在百日维新运动中,李提摩太与维新人物皆有往来,出力赞助。事变紧急之日,南海求助于李提摩太,希望英美公使出面干涉,阻止慈禧、荣禄的废立阴谋。时英美两公使馆主要人物如 Sir. C. Macdonald. Mr Conger, Baron Von Heyking 俱不在京,总税务司 Robert Hart 亦外出,李提摩太别无良策,不能作出具体主张。但劝告南海暂时南下,躲避锋芒,另待时机。京津沪道上如有困难,他愿出力相助。南海微服出京时,李提摩太派人暗中照顾,南海到天津,由英国领事馆派人帮忙,毫不费力地走上太古轮船公司班期轮船,所以南海行踪,李提摩太非常瞭然。

南海以九月二十日出京,二十二日北京政变爆发。慈禧太后悬赏十万两,募人捕擒南海,生死格杀不论。李提摩太急电上海英国领事,用英国兵轮,于黄浦江外洋上,迎接南海,转送到英国。时远东轮船公司(P & O)邮船巴拉那号(Balarat)正航行东海中。照例邮船不接受海上搭客,英国领事强纳之,并嘱其照顾康有为,安全送到香港。又由香港转入西贡,新加坡,走上他那十六年漫长旅程,三周地球,翱游六十余国,大有鸿飞冥冥,弋人何慕之慨。时北京缇骑如云,遍搜公私机关住宅以及南海新会诸会馆,不可得。京津道上军警络绎如穿梭。铁路马路,几乎十里一岗,五里一哨。天津方面,侦骑四出。又急电烟台、上海,搜寻来往轮船,勿令走脱。同时急电全国,大索天下十日,过于秦始皇之捉留侯,而康南海之行踪,竟缈如黄鹤。有人告康梁尚藏匿上海道公所,黄公度寓处。上海道蔡和甫,遣兵二百人围守,荷枪环侍,如临大敌,逾二日,乃解围去。慈禧太后衔恨康南海入骨,既大索天下,又悬重赏募其头,几于倾全国之力,捕捉一人,而不知有妙手空空儿,施展其偷天换日手段,脱离大陆,远在汪洋浩瀚的公海上,于神不知鬼不觉中,已将钦犯盗走了。

三、南海脱险,九死一生

慈禧太后素不满意于南海。最初不满意其冒进干政,大言不惭。其后厌恨其蛊惑光绪,排挤大臣。最后深恶痛绝于其毁谤自己之私生活。在九月十七日,即袁世凯入京觐见之日,即面告光绪,康有为紊乱朝纲,诽君谤上，应当逮捕法办。光绪于同日，交一便条与南海，加以警告，嘱其即日离京，前往上海接办时务报。时上海时务报，由宋伯鲁奏改为官报，主事人汪康年，将时务报停版，另办昌言报，聘梁鼎芬为主笔。时务报既停，朝议派康有为接办。十七日，另有敕令一道，追问康有为既经派往上海接办时务报，何以迟迟不行。这件事足以证明光绪、康有为并无发动袁世凯囚后杀禄之事。召见袁世凯，无非加以笼络，以防意外。果有巨大阴谋，不当于紧急关头，将带头人遣走。

南海眷眷于德宗之安全，不肯遽然出走。曾经于十八、十九两日，千方百计，预防废立之变。曾经发动谭嗣同，游说袁世凯，发兵勤王未遂。曾经联络大刀王五及湖南会党徒施行抢救，又嫌其螳臂挡车，不堪重任。最后拟运动英美公使，出面干涉，而两公使皆不在京，只一李提摩太，不能主事。十九日，德宗又交一手谕，卿当立时出京自救，并策划如何救朕。南海于无可奈何之下，乃微服出都。使其再迟一日，必及于祸，这是一死。九月二十日，天未明，南海搭早车赴天津，竟与袁世凯同车，而袁世凯不之觉，这是二死。火车以午前抵津，袁即向荣禄告密，天津即行戒严，如无天津英领事的照顾，不能上船，这是三死。轮船开后半日，北京已发觉康南海在逃。有人疑南海坐太古公司轮船，北洋水师，即发水师炮舰，海鹰号追之。炮舰时速，超过商轮一倍，原可追及。行至中途，发见汽油不足，不得不折回，这是四死。商船行抵烟台，时北京政变，业已发作，有电到烟台守备道，严查来往船只，捉拿钦犯。电到时，道尹适赴宴会未归，无人开拆。南海尚不知情，坦然上岸，在烟台市上，购买花石，作为养花之用。及道尹归署，拆阅电报，派人搜查，轮船业已出海了。这是五死。轮船尚在黄海海面时，上海道蔡和甫，业已得到急电：皇上大行，康有为进红丸行弑在逃；迅即查捕并就地正法。上海道安排了天罗地网，捉拿康有为，这是六死。英国驻上海领事，得到北京密电，中途拦接康有为，即派海军炮舰，远出吴淞口外巡候。轮船既到，英领事上船，遍询康有为，不得其人。遂探怀取出预备好的照片，逐一查对。查到南海，南海尚不肯承认，英领事以李提摩太密电告之，始自认。仍欲上岸，觅黄公度商大计。英领事说:外传光绪皇帝大行,康乃行弑钦犯,上岸必不得脱,康一愤之下,即纵身跳海拟自杀。英领事力阻之,谓事出谣传,尚未证实。始罢。这是七死。康既到香港,清政府踪迹得之,觅人于所居住宅之傍,赁屋,阴谋暗杀。康觉,即逃往西贡,得免,这是八死。康由西贡转新加坡,得重病,几不起,逾月乃愈,这是九死。

从此以后,康即沦为逐臣,栖栖皇皇,席不暇暖,突不得黔。历时十六年,三周大地,往返六十余国。既防备清政府之追捕暗杀,又耽心德宗皇帝之安全。其内心之彷徨苦痛,不言可喻。犹幸有两件事,足以为南海长期放逐生活中之慰藉:第一,英国政府曲为庇护,凡是英国国旗悬挂之处,俱可望门投止。第二,各地华侨富有爱国热情,对南海的供应,极为丰盛。南海并于海外,组织保皇党,以保护光绪为号召,募集党费甚多,在各地组织支部,办刊物,并派人入北京,侦察北京动静。

四、广仁殉难,桃僵李代

南海虽然脱险,但是他的亲兄弟康广仁,却作了他的替死鬼。人皆知六君子中,有康广仁,并知广仁为南海爱弟。但广仁因何入京?官居何职?则无人能道其详。实际上六君子中其五人皆为京宦,或章京,或主事,或翰林,独康广仁是白丁。他本来学医,悬壶广州市上,甚有名。戊戌年,新会得重病,久不治,乃电召广仁入京,为新会诊病。病愈,即求去,众固留之。广仁不愿为官,兼不主张有为干政,他经常与梁新会商量,要李莼保荐南海出使日本,以求脱祸。他曾经写信告诉友人:"新旧水火,大权在后,决无成功,何必冒险。"足见他有预见。他曾经苦口婆心地劝南海外调,不必居京。南海说:"死生有命,富贵在天,天如欲兴中国,维新必成,天如欲亡中国,逃死无地。"南海的固执,害了自己,兼害了他。

戊戌政变紧张之日,他主张南海出亡。梁新会劝他亦早日南下,他说:"我既无官守,又无言责,何逃为?"缇骑在南海会馆逮捕了他,他自以为无事，坦然就捕。及绑赴东市，始知不免，慨然说道："伯兄常言，死生有命，富贵在天，吾今日始信其然。"康广仁死得很冤，比其他几人更冤。他没有作过官，没有参加政治活动，刑部对此案并未讯问，所以他连发言辩护的机会，都没有得到。六君子既就捕，太后命军机大臣会同刑部都察院严行审讯，刑部尚书赵舒翘说："此辈无父无君之禽兽，杀无赦，何讯为。若移时日，恐有中变。"意谓将引起外人干涉，太后以为然。故临审时，有"毋庸讯问，即行处斩"之命。六个头颅就这样不明不白地割下来了，还包括了一个白丁医生。这更能反映清朝政治的狠毒和黑暗。

五、去留肝胆两昆仑

关于谭嗣同的故事，实在太多了。这里只写一两件流传得比较少的故事。

康广仁之死，死于他料所不及，谭嗣同则明知要死，甘心等死。新会说："政变前夕，日本志士数人，苦劝浏阳东游，浏阳不听。"政变既作，日本志士又劝嗣同逃往日本公使馆，当力为掩护，浏阳亦不听。问之，他说："古今中外变法，未有不流血而成者。今中国变法，尚未流血，法所以未尽变，国所以未能强。吾人今日流血，换取中国他日的富强，又何乐而不为？"其视死如归的精神，真不可及。东市受刑之日，刘光弟抗拒不跪，极力呼冤。谭嗣同坦然引颈受刑。并作绝命诗曰："望门投止思张俭，忍死须臾待杜根，我自横刀向天笑，去留肝胆两昆仑。"这四句的注解，各家说法不同。第一句明明指的是康南海，第二句疑指黄公度，时京中诸人久候公度北上定大计，不至。关于两昆仑的说法，有人说是康南海和大刀王五。康南海面黑，王五更黑。传说上的昆仑是黑的意思，唯南海与王五足以当之，去指南海，留指王五。

我们曾经问过新会，关于大刀王五的故事。新会说王五是清季北京镖局有名的镖师，其人惯使大刀，运用如飞，数百人难以近身。又擅长飞檐走壁之术。谭嗣同与之友善，谭与唐才常皆好武术，在湖南时，常与会党相往来。戊戌政变前夕,谭嗣同确有联合北京镖局、湖南会党,共同保驾,作孤注一掷之策,众不以为然。后被袁世凯出卖,遂及于祸,王五亦埋名隐姓出走。政变后,王五又回到京师,南海曾策划由王五潜入瀛台,盗出光绪。王五说:入瀛台不难,盗出光绪亦甚易,惟无外援,无地安顿,这是下下之策,不可妄用。遂作罢。闻王五确曾潜入瀛台,问候光绪起居,并以平安无恙的消息,告诉关心诸人。他有点象水浒传里的燕青向徽宗进黄柑橄榄事。庚子义和团起义,八国联军入北京,北京长期陷入混乱状态,以后就再没有听到说王五的下落。有人说他是埋名隐姓出亡了,有人说他是战死了。

关于中国武术的事,新会说他知道得不多。武术异人,亦只见到过一两个。一个是在天津街上散步、汽车突出其后,一跃数丈得免。事后检查臀部撞黑一大片。一个是在席间表演,其身体离地数尺,而衣襟不动。徐徐上升,又徐徐下落。所以王五武术高强,确实可信,但高强到何等程度,未经面试,不得而知。至于小说家言,那就无稽不足信了。

康南海曾密派大刀王五,暗中保护光绪,这是事实,不是吹嘘。南海又曾密派魏道明在北京开照像馆,常以照像和出卖照像机为名,接近宫廷,刺探光绪消息。事发魏被捕,苦无佐证,得释。这些只是说明维新人物念念不忘光绪。他们恨慈禧太后,恨满族王公大人,而把中兴中国的希望,寄托在光绪个人身上。光绪不死,他们终不死心。他们以为慈禧老了,光绪尚在壮年,既无嗜好,又无疾病,必能后慈禧而死。慈禧死后,光绪还可以作皇帝,还可以继续戊戌维新未竟之业。所以戊戌以后,如何保护光绪不死,就成为他们的主要任务了。

六、死生显晦一部书

在维新派人物当中,除太傅翁同龢,疆吏张之洞、刘铭传、陈宝箴外,新进人物虽多,论资望、学识、才调、经验,无过于黄公度者。作风、言论、见解,公度皆与新派人物酷似;但与新派人物并未发生任何组织上的关系。他酷爱梁任甫,定生死交,而常不满于康南海,怪其陈腐、固执而失之迂。因梁新会尊重南海,亦不得不尊重之。特别在论孔教、论国萃,公然抨斥南海,不留余地。光绪乙未年南海在上海组织强学会,公度亦未到会,到会签名簿亦由梁鼎芬代签。戊戌年南海在北京,主持新政,公度迄未参加。这是他与康梁之间迷离错综,难以捉摸的关系。

公度之得名,由于两部书。生前得力于《日本国志》,身后得力于《人境庐诗草》。就其一生成败隐显迹象求之,《日本国志》一书关系极大。是书腹稿,酝酿于在日本公使馆之五年,而成书则在四十岁家居之日。采书二百余种,历时八九年,凡十二类,四十卷,五十余万言。在当年,日本推为杰作,中国推为创举。以此书干李鸿章,李氏评为霸才;以此书干张香涛,张氏许为名宿。总理衙门章京袁爽秋,特别赏识此书,谓如早一年出版,可省国币二万万两,即书之价值,在二万万两以上(指下关条约赔款额)。后德宗屡诏追求此书读之,并破格陛见,又于一八九八年八月,简任为三品京堂,驻日大使。一部书的作用,岂不甚大?

这还仅就书的直接影响来说。若就它的间接影响而言,更是说之不尽。黄公度诗文俱佳,这是他同日本人士往还,博得他们信任的武器。但中国诗人,在日本者不少,如长州王韬,其人才气纵横,诗文精绝,不在公度下,而声望则远逊。公度独博得伊藤博文、大山岩、榎本武扬、重野安绎、宫本鸭北之流特殊尊重,由于他的学识渊博,了解日本,特别表现在《日本国志》一书中。上述诸人,在中国近代政治上,发生一定程度的影响,也对于公度的政治活动上发生一定程度的影响。

上面提到了百日维新运动中,康广仁要梁任甫请李苾园保荐有为出使日本公使,但日本公使林权助、外相伊藤博文俱属意黄公度。德宗亦有意先以三品京堂驻日公使名义,培养黄公度之政治地位与声望,然后调回中央掌管枢要。至于南海,则拟先在上海安排,然后外用。太后恨南海入骨,荣禄、裕禄、刚毅俱不相容,留在京师无用,反碍大计。不幸安置尚未就绪,政变已经发作,以后的事就无可挽救了。

上面又曾提到,上海道以兵二百人,包围公度寓所搜索康梁无所获。

但事情并未结束。北京方面,仍拟逮解公度入京勘讯。适伊藤博文往抵上海,其随员猷原陈政,献劫持公度东渡之策,公度不从。伊藤电北京日本公使林权助到总理衙门抗议,谓公度为外交界名宿又新膺日本公使重命,如加逮捕审讯,有碍日清邦交。庆亲王奕劻不得不提出务当力为保全之保证。越数日,得旨放归。是公度之生死荣辱,皆出于《日本国志》之功。其时张荫桓在北京,亦因各国公使之营救得免。当年北京公使馆,几于掌握太上皇帝之权,其言论行动,足以耸动慈禧。故有人谓如公度早日入京,利用他和伊藤博文的旧交,由日本公使发动英美公使,共同出面干涉,戊戌政变可能不致发生,即发生亦不致于为祸之烈有如当日。这是完全可以理解的,光绪和康有为本无囚后杀禄之谋,康已出京,其事自解。袁世凯、荣禄没有搬弄是非、无中生有、造成惨祸的理由和必要。凭袁世凯一面之辞,并无铁证,在法律上不成立。一经会审,不难水落石出。荣禄怕会审,赵舒翘反对会审,死难诸君子又不力争会审,终归结底,还是人谋不臧。及至党祸已兴,维新人物诛杀、逃窜、谪贬俱尽,虽有人出面干涉,等于马后炮,挽救不及了。

七、梁任甫蓬岛庆团圆

戊戌政变死难六君子中,康广仁无辜受累。其余五人皆在朝名士,与南海初无深切关系,然俱不免于死。独与南海鼻息同孔,性命相连之梁任甫,竟能从死里逃生,逍遥法外,这出于日本人营救之力。任公虽与日本人士无往还,由于黄公度的介绍及爱护,北京日本人士争欲任侠尚义,劫持东渡。事变前已有接洽,任公以南海既决定南下,北京方面主持无人,宁肯独任其难,而以东渡之机会转让与谭浏阳。浏阳又不肯曲从,只得共同等死。事变既作,日本人又挟持之,任公仍欲兼顾浏阳,浏阳仍不听,日本人士劝以徒死无益,不如暂时隐避日本公使馆,徐图机会。国难方殷,死难易,救国难,当从其难者。任公遂避入日本公使馆中,而暗与上海方面通声息,由日本公使、上海领事代司传递之劳。黄公度在上海,备知南海脱险,任公苟全之事。

其后事态略平,风声渐息,梁任甫乃由日本公使馆化妆出京,并由日本人伴送,由天津搭海轮东渡,卜居于日本须么,作海外寓公者前后十三、四年。梁太公李夫人至沪,寻找新会。黄公度分别予以六百金,遣送太公回原籍,夫人渡海,携长女会娴小姐同行。天翻地覆,风云剧变之余,新会仍得在三神山,度其室家团圆之生活,不可不谓天相吉人,留有用之身,储为国用也。李夫人贵阳人,翰林院编修李苾园之季妹。苾园老人是同治癸亥年(一八六三)进士,于光绪己丑年(一八八九)提学两广,得梁任甫,目为天下奇才,时年仅十六岁,即中举,因以其季妹许之。戊戌政变,苾园老人以曾密保康有为、谭嗣同才堪大用,又曾举荐黄公度为出使日本公使获罪,垂暮之年,遣戍新疆,可谓天外飞来横祸矣。

黄公度亦获罪,虽由日本林权助之斡旋,未加逮捕,仍解除驻日本公使职,放归田里。公度回至广东嘉应州原籍,筑人境庐而居之,诗酒啸傲,而时与邱逢甲、朱古微、陈伯岩相唱和。时梁新会远在日本,仍时常通信臧否时事。临死前夕(一九〇五年正月),犹与任甫大谈生死问题,友谊之笃,庶几于子期伯牙角哀伯桃之流。

八、光绪帝瀛台成孤独

戊戌维新诸人,或杀或亡,或逐或放,总之一网打尽。慈禧对于当时名士,生杀予夺为所欲为,毫无顾忌,唯有一问题使其束手无策,即对光绪的处分。慈禧初欲杀之,籍口康有为进红丸行弑,以为可以掩盖天下人耳目。殊北京各国公使,并不以慈禧之举动为然,他们对光绪的安全问题表示十分关心。他们正告总理衙门,各国公使只知有皇帝,不知有其他。如皇帝有三长两短,将引起严重的怀疑和不安。坚执要见光绪,以明究竟。总理衙门,只得婉言推说光绪有病,不能接见。各国公使不断派人询问光绪起居,并派遣法国医生 Dr. Deheve 亲往诊视,察知光绪确在,始已。

各国公使的探视,引起慈禧太后的不安,因之对于光绪的处分十分考虑,杀之不可,不杀不甘。最后出于无奈,乃长期幽禁在中海瀛台内,其地四面环水,出入困难,监视较易。虽照例供给饮食,而断绝其对外交通。无论何人,不得太后许可不得前往谒见,即光绪的宠妃珍妃、瑾妃亦然。

后人推究,光绪之所以不死,有两个原因:其一为顾虑外国人的干涉,如上述。其二,为皇室中觊觎大统者为数甚多,继承人选一时难于决定。如庆亲王、端亲王,皆多有自己意中人,使慈禧左右为难。

虽则不死,光绪皇帝的生活,也就孤独得可怜了。他不满意太后,并且知道太后不满意他,但是为宗法观念、宗法势力所束缚,又不能起而反抗。慈禧太后长期掌握政权,朝廷之上亲信密布,宫庭之内宵小充盈,光绪乃至无一可以共语共事之人。他自己知识不充,意志薄弱,有发奋图强之心,而无坚强有为之力,要想征服环境,反而为环境所征服。最后只得忧伤抑郁而死。他晚于太后三十年而生,却与慈禧太后同时而死。光绪死,清帝国中兴的希望与康梁谭等维新事业的前途,同时断送。摄政王与宣统残余三年,清廷虽仍然存在,亦名存实亡而已。

论《兰亭序》的真实性兼及书法发展方向问题^①

本文就东晋王羲之《兰亭序》的真伪问题作了多方面的辨析与考证。作者不同意否定《兰亭序》真实性的见解，提出并论述了《兰亭序》从文到字均出自王羲之手的本证和旁证；由此兼及北碑南帖的发展源流，进一步表明了对今后书法发展方向的看法。

一九六五年六月七日《光明日报》，载郭沫若《由王谢墓志的出土论到兰亭序的真伪》一文。该文第一至第三段，介绍并考证了王谢墓志及其他墓志，归结到书法问题；第四段以下，讨论《兰亭序》序文和墨迹，认为皆非王羲之原作，而系他人依托。对郭文此说，学术界早有不同意见。我亦有几点不成熟的看法，兹胪列如下，以供参考。

一、李文田《定武兰亭跋》语难以成立

王羲之是祖国书法巨人，《兰亭序》是书法艺术瑰宝。一千六百多年以来，无数文学家、书法家、历史家、考据家尊《兰亭序》为法帖第一，并引以为民族的骄傲。清末光绪十五年（一八八九年），广东顺德人李文田在

---

① 该文初作于 1965 年，改作于 1980 年。

为汪中旧藏《定武兰亭》所写的跋文中,对《兰亭序》的真实性提出质疑,断言其"文尚难信,何有于字!"郭文否定《兰亭序》真实性的主要依据,即是李文田的跋语。是故分析与辨明上述跋语能否成立,实为讨论与澄清全部问题的一大关键。

李文田对《兰亭序》有三大疑点:

1. 李说:"《世说新语·企羡篇》刘孝标注引王右军此文,称曰《临河序》,今无其题目,则唐以后所见之《兰亭》,非梁以前《兰亭》也。"

我认为《临河序》即《兰亭序》,证据就在题目上。查《兰亭序》全名为《兰亭修禊序》,简称《禊序》,以故《兰亭帖》简称《禊帖》,此书家所共知。所谓"修禊",即三月三日临水祓除不祥之典。《史记·外戚世家》:"武帝禊灞上";《集解》引徐广说:"三月上巳临水祓除不祥谓之禊"。《汉书》作"祓灞上"。可证"禊"、"祓"通用。又古人"临水"、"临河"通用。"禊"即"祓","临水"即"临河"。以故《禊序》、《兰亭修禊序》即《临河序》。题目具在,《兰亭序》与《临河序》应为一事。

2. 李又说:"《世说》云人以右军《兰亭》拟石季伦《金谷》,右军甚有欣色。"足见《临河序》即拟《金谷序》。《金谷序》短,《兰亭序》长,不相称,必隋唐人所妄增。

对此问题,苏东坡曾有意见。按《金谷序》乃潘岳作。东坡赠潘谷(墨潘)诗,讥潘岳:"潘郎晓踏河阳春,明珠白璧惊市人,那知望拜马蹄下(岳见季伦望尘而拜),胸中一斛泥与尘。"①人有以《金谷序》比《兰亭序》、以右军比石季伦者,东坡斥之曰:"此许敬宗之言。敬宗人奴也,见季伦多金,故以为贤于右军耳。夫二十四友皆望尘之流,岂足以方逸少耶!"东坡题王晋卿画,作《山阴陈迹诗》:"当年不识此清真,强把先生比季伦;等是人间一陈迹,聚蚊金谷是何人?"

我亦认为把右军比石季伦是滑稽,把《兰亭序》比《金谷序》是唐突。

---

① 按《晋书·潘岳传》所载此拜乃贾谧而非石崇。参王仲镛《为周传儒先生论〈兰亭序〉一文订误三处》。

右军当年修禊兰亭并作序，心目中只知有此时、此地、此景、此情，何知金谷？何尝模仿《金谷序》？即不能成诗之十五人，亦只说罚酒三斗，未说罚依金谷酒数。李白作《春夜宴桃李园序》始艳称之。故此比方，不足为据。

3. 李又说："即谓《世说》注所引或经删节，原不能比照右军文集之详，然'录其所述'之下，《世说》注多出四十二字来。注家有删节右军文集之理，无增添右军文集之理。"

我认为《临河序》前半与《兰亭序》完全相同。至于后半，《兰亭序》"夫人之相与"以下多一百六十七字，实因文字太长，又系感慨无故实，注家例加删节，以省篇幅。此点李已认可。"录其所述"之下多二十四字，乃因"亦将有感于斯文"，为《兰亭序》结束语，全文已完。而《临河序》"录其所述"之下多"右将军……"等四十二字，乃《兰亭诗》的开端。序为一事，诗另为一事。将要说诗，故举赋诗之人，以其非右军作，故未归入《兰亭序》。此理至明，足见并未妄添蛇足。

李公见到《定武兰亭》，认为"惊心动魄"。跋语说："惜诸君不见我。"①近更有《兰亭八柱》（北京文物出版社本），惜李公不及见。生当极端崇拜宋诗、崇拜东坡诗的同光时代，而不知东坡《墨潘》、《陈迹》两诗，李的学识可疑，偏见固执亦可见。

二、《临河序》与《兰亭序》的关系

郭文认为《兰亭序》是在《临河序》基础之上加以删改移易扩大而成，我则认为《临河序》是在《兰亭序》基础之上加以删改移易缩小而成。二者孰先孰后，孰主孰从，很值得考虑。

古人作伪的文章很多。如《李陵答苏武书》、《木兰诗》、李白《菩萨蛮》、《忆秦娥》皆全部伪作。留一部分，改一部分之例甚少。作家可以概

括、节录他人著作，一般不增添他人著作。《临河序》应是节录，理由有三：

1. 从文章整体看，《兰亭序》组织完整，文字优美，有感情气势，抑扬顿挫，可歌可诵。《临河序》显得拼凑、死板、枯燥，有记载、无感想，与记叙文体不合。

2. 就行文技巧看，《临河序》亦较差。

"永和九年"以下二十五字是点题，两序同。"群贤毕至"两句承上启下，指出修禊主人翁。下面两段，一写地点，一写时间。这两段在《兰亭序》长短相称，各成段落。《临河序》写地点用三十二字，时间只十九字，不成段落，内容空虚。又误将"丝竹管弦"、"一觞一咏"移植到"信可乐也"之后，形成前一段，"列坐其次"而无事可作；行文至此，笔亦未顿住。后一段感情重复：已经"信可乐也"，何必再"亦足以畅叙幽情矣"？

我认为论技巧，在"引以为流觞曲水"之后，必当接"一觞一咏"、"畅叙幽情"。"丝竹管弦"是陪衬语，可用"虽无"二字领起，放在前；亦可用"惜无"二字引出，放在后，表明大家快快乐乐，饮酒赋诗，没有丝竹也无碍。两个"觞"字，必须联用，不可割裂隔离，彼此不相应。

下一段亦然。在"天朗气清，惠风和畅"之后，必须接以"仰观"、"俯察"，看见许多事物，满足耳目要求，"信可乐也"的感情才有物质基础。不加入观察过程，就说"快乐呀，快乐！"表示思想贫乏，感情贫乏。在这两节中，删节的地方很笨，移植的地方更拙。点金成铁，手法不佳。

3. 一篇文章，要求有重点，而《临河序》无。《兰亭序》的"夫人之相与俯仰一世"以下一百六十七字，在技巧上叫发挥，叫感想，叫重点突出。要求写得充实、潇洒，有真实的感情、丰富的思想、高尚的品德，它是全文精彩处，亦即重点突出处；因之极难写，费思索，费斟酌。右军在此，写得哀艳顽感，生动活泼。由于时代及阶级的限制，文章政治性不强，唯物观点缺乏，但在技巧上是成功的。作为注家，可以删节此段；作为作家，不可割裂此段，使文章受到阉割，失去生气。作为书家、诗人、文学家的王右军，应当写出《兰亭序》那样潇洒、哀艳、生动的文字。而《临河序》则是节录《兰亭序》而成的。结尾处，《临河序》在"录其所述"之下，删去了"兴怀"、"有感"等词句，以期前后相应；留着不删，反成无的放矢。但是全文面目全枯，奄奄无生气，王右军不可能写出这样干燥无味的文字。此点评文家应能品鉴出来。

以上指出了《兰亭序》发挥处之精彩和《临河序》的缺乏重点，两相对比，二序就显出先后主从来了。千百年来，学者但诵《兰亭序》，谁理《临河序》呢？

三、僧智永不可能是依托窜改者

郭文断定《兰亭序》是依托窜改的，而且假设了一个依托窜改之人，即王右军七世孙智永禅师；智永为献之嫡系，书法似右军，生当唐前晋后，与《兰亭序》出现的时代正相适应；何延之《兰亭记》与刘��《隋唐嘉话》所述兰亭故事中均提到智永，是一位关键性人物，故智永是最有可能的依托窜改者。

既然引何、刘二文为据，那么，二文所述兰亭故事本身是否可信呢？郭文认为"各有部分真实"，我意相反：二者皆不真实。

我认为最重要之点，端在时代距离上。据郭文考证，何记先于刘书，二人可能是年岁相同的人，两文俱写成于开元、天宝之间。查开元末、天宝初，为公元七四二年。上距秦王得宝之日的武德四年即公元六二一年，已经有一百二十一年；距冯承素等临摹之日的贞观十年，即公元六三六年，已经有一百零六年，说明两人都不曾亲见亲闻。好象我们谈太平天国故事一样，仅仅得之传闻，而传闻未必可靠。何况没有交代材料来源，没有说明出自何书、闻之何人，可见来历不明，其说难信。《太平广记》乃小说家言，《兰亭记》有如儿戏，其价值仅等于《虬髯客》、《黄衫客》、《霍小玉》、《昆仑奴》诸传，不可采。郭文也认为何延之《兰亭记》"叙述十分离奇"，是"虚构的小说"，但他认为刘��的记载比起何文来"较为翔实"，没有花样和诡计。他还引王铚言，谓"刘��父子世为史官，以讨论为

己任,于是正文字尤审。"以证《隋唐嘉话》或有几分可信。既然如此,我们就来审查一下刘餗的记叙。《隋唐嘉话》载:

> "王右军《兰亭序》,梁乱出在外,陈天嘉中为僧永所得。至太建中,献之宣帝。隋平陈日,或以献晋王,王不之宝。后僧果从帝借拓。及登极,竟未从索。果师死后,弟子僧辩得之。太宗为秦王日,见拓本惊喜,乃贵价市大王书《兰亭》,终不至焉。及知在辩师处,使萧翊就越州求得之。以武德四年入秦府。贞观十年,乃拓十本以赐近臣。帝崩,中书令褚遂良奏:'《兰亭》先帝所重,不可留。'遂秘于昭陵。"

查这段记载,矛盾重重。"梁乱出在外,陈天嘉中为僧永所得。"可见已非祖传,其权威性丧失。"隋平陈日,或以献晋王。"此"或"不知为谁?可疑。"后僧果从帝借拓",未交代僧果与僧永关系,果师又何权从帝借拓?杨广平陈以后即回洛阳,果师何得前往借拓?"及知在辩师处,使萧翊就越州求得之",辩才与永师、果师各是什么关系?何延之《兰亭记》谓辩才为智永弟子,智永所遗《兰亭序》付给了辩才。而刘餗在此处却说辩才是果师弟子,其所秘《兰亭序》从果师得来。二说互相矛盾。刘餗只交代辩才为果师门徒,未交代其与永师关系。僧果非僧永,则辩才与僧永毫无关系。如属间接关系,又安能得此秘宝?在时间、地点、人物关系、手续上,漏洞重重,令人难信。

吾人可以大胆推断,隋唐之交,流传着秦王使萧翊入越州求访《兰亭墨迹》故事。后得之于智果弟子辩才,恐人不信,捏造辩才为智永弟子,移花接木。智永住锡萧山,不交通官府,未到南京。智果如与晋王打交道,可能住锡南京,没有到过萧山永兴寺。由于智永在书法界享大名,又属二王嫡裔,为世所重,横被牵入漩涡,《兰亭墨迹》可能与他无关。总之,晋王得宝乃《隋炀艳史》枝叶。智永献宝、智果借拓、萧翊赚宝,皆属无中生有之事。

退一步讲,即使《隋唐嘉话》可信,如刘餗言,《墨迹》为智果所得,果死,传其弟子辩才师,萧翊又从辩才骗来,这也与智永无涉。《兰亭记》与《隋唐嘉话》中均无智永依托窜改《兰亭》情事。因此,引用这些文献并不能证明智永依托窜改《兰亭》。

作为一个和尚,世传智永志行高洁,在萧山永兴寺临池习书,不下楼者四十年。这样的人,不可能向陈宣帝、隋炀帝献宝。更不能作伪,依托窜改。须知禅师戒律甚严,不说绮语,不打谎语,尤不能作谎事。出家人万事皆空,一无牵挂,不为名、不为利,不为妻子,何必作伪! 甚至作伪到窜改祖宗文字,稍有文化教养之人不肯为,志行高洁的永禅师安能为之?

作为一个书家,智永苦修苦炼四十年,深得二王笔意,升堂入奥。时人求书络绎,户限为穿。其所写《千字文》、《归田赋》,所临《告誓文》,皆臻神妙,世代传习。如果他看见过《兰亭墨迹》,必当临书,自题其名,如临《告誓文》一样。甚至不临不摹,一空依傍,放手写去,照样为人所宝,何必窜改? 至如《兰亭序》的感怀万端,在禅宗为犯戒,智永必不为,且亦未必能为。世并未传有他的诗文行世。一个能诗能文之人,只作一次,不再作第二次;不到现场,竟能感慨系之,两俱不近情理。

据此,我认为智永不可能是《兰亭序》的依托窜改者。

四、《兰亭序》确系王右军作

尽管怀疑《兰亭序》有人,《兰亭序》仍未被推翻。

陈谦"不入《选》"①之说,不能成立。入《选》与否,不是文章真伪标准。《李陵答苏武书》入《文选》,但刘子元、苏东坡判断它出于齐、梁小儿之手,在学术界已成定案。相反地,《后出师表》一文,《三国志·诸葛亮传》、《诸葛亮全集》皆不收,然而"鞠躬尽瘁,死而后已"的精神,百世以下,令人懔然。同样,《滕王阁序》不入《唐文粹》,然而"落霞孤鹜"、"秋水长天"两句,至今犹脍炙人口。

① 指梁昭明太子萧统的《文选》。

陈虚中"时令不合,语意重复"之说,亦不能成立。查《汉书·宣帝本纪》载:"神爵元年二月,天气清静。"南方就是梅雨时节,亦常有天朗气清时候。又《汉书·张禹传》,亦称"后堂理丝竹管弦",不为重复。可见右军用句皆有所本,不足为病。

郭文的"过于悲观"说,有理由。然悲观乃人情之常,中年以上人尤甚,亦属事实。至于李文田所举三个疑问与僧智永依托改窜之说,上文已加辨驳,证据不足,不能成立。科学考证,要求本证、旁证,即作品本身的证据与同时文献上的证据。海内方家,如有确证提供,十分欢迎。

作为参加辩论的一方,不妨再概括说一下我的论点:

1. 王右军这个人,在历史上作为一个大书家、大文学家而存在过,是真实的。永和九年三月上巳,王右军、谢太傅、孙司马等四十二人,在山阴兰亭修禊,是真实的。右军作前序,孙绰作后序,另有二十七人赋诗,十五人被罚酒,俱是真实的。历史有记载,不是小说家言。

2. 刘孝标《世说新语注》,可为《兰亭序》作证。刘注起旁证的作用,而不是反证。《兰亭序》与《临河序》虽详略不同,然文字、语法、记载并不矛盾。只可能说《临河序》摘录《兰亭序》,不可能说《兰亭序》以《临河序》为依据,因为有先后详略的不同。就两序相同之处而言,最低限度,《临河序》替《兰亭序》证明了一半;下余一半,《兰亭序》本身有证,文献亦有证,下面讨论《兰亭墨迹》时再讲。

3. 王右军的大护法李世民拥护他作书法之王,贬斥萧子云、王献之甚力。他不仅把《兰亭序》真迹找出来,而且作了石刻(即学士院石刻,后称定武石刻);又令冯承素等临摹十本,分赐近臣,这都是历史事实。《墨迹》原本,文献载已"秘入昭陵",去向极为清楚。而那些本于真迹的石刻本、临摹本,则经过千百年的沧桑巨变,辗转流传至今,成为《兰亭序》真实性的历史见证。

五、《神龙墨迹》文章的考证

《神龙墨迹》有拓本行世,即蔡京《大观帖》拓本。包世臣《艺舟双楫》

说，他在幼年时代，曾临摹大观《神龙帖》与南唐拓《画赞》（东方朔）和《洛神赋》（大令书），可见道光以前，大观本颇为流行。

阁拓帖《神龙墨迹》不只一本。清宫藏本，现仍归故宫博物院保存。北京文物出版社影印本《兰亭八柱》之《神龙墨迹》，即其一。郭文考证之本，可能即清宫藏《墨迹神龙》。在论文中看得出他用审慎态度、科学精神、分析方法，作出卓越的结论。对于他的论点，我赞成的地方很多，但仍有保留之处。

1. 同意郭文的判断，《神龙》本是真迹。其浓、淡、半浓淡三种墨笔的修改，证明原著者在审稿过程中，经过反复的修改。这里要申明的主要是：郭文认为原著者是僧智永，我认为原著者是王右军。著、写、改同出一人，三位一体。唐文皇《昭陵墨迹》就是底本。其中修改之处详见郭文，不再赘述。

我还要补充几句。加工后的文章，比初稿提高了：改"哀"为"痛"，"哀"字太颓丧，不如"痛"字妥贴；三个"一"字相并，在修辞上不相宜，不如改其一为"每"字，减少重复；有感于斯"作"，不如有感于斯"文"，响亮熟练；"于今"所欣转眼之间"已为"陈迹，在时态上不合理，不如改为"向之"所欣的过去完成时，与"已为"陈迹的过去时相配合更妥；文中已经有了两个"也"字，一个"矣"字，即"修禊事也"、"信可乐也"、"感慨系之矣"，再来一个"良可悲也"，就使得声调平板，不如用一个短句平声的"悲夫"，读起来更为抑扬顿挫、音韵铿锵，这是古文的特色。改是合理的，而且必要的。右军曾经反复推敲，也许旁人参加意见，得右军同意。旧时小学语文老师，曾多次告诉我们这些意见。这些改动有力地说明著、写、改同为一人，而且必然是王右军，不可能有第二人替他修改。须知从不妥当的文章，改为妥当好办；已经妥当的，要填写或追想原句或不妥当之句不好办。文章、思想有不可逆性。假如说，原稿、修订稿都出于依托改窜者之手，那就很难想象。依托改窜者何以不改好之后，再誊清或者重抄，免留破绽，以杜疑惑呢。客观存在的事实是，当年确实经过艰苦的思索，留下这些痕迹来，这是不能伪造的。再说，他人很难写出右军那一手字来。

智永能写出来,但不可能干犯讳、犯祖的事,更不能干犯戒的事。作伪也不简单啊!

2. 同意郭文的看法:"癸丑"二字出于后加或修改。这一眼可以看出,至为明显。但不同意他的说法:出于伪托者的手笔。

郭文谓,在干支纪年盛行的社会里,不可能忘记当年太岁。"癸丑"二字既是填补进去的,说明伪托者记不起当年干支,只好留下空白待填。但留出空格容后查填,与其说是作伪的痕迹,还不如说出于原著者之手,可能性更大些。

我的意见,王右军提笔的时候,因为去年太岁是"壬子",才过来不久,习惯了写"壬子",竟下笔信手写去。"壬子"笔划少,占地方不多。以后发觉了,改"壬"为"癸",改"子"为"丑"。"癸"要加头、偏左,"丑"要折笔、偏右,因而显得格外拥挤,不贯行。

我还能提出两个新的证据来。

第一,除"癸丑"二字偶然笔误外,其余修改之五处,集中在"夫人之相与"一段,一百六十七字中。这是全文最精彩、最费思索、最难写的地方。原著者反复加工,才能作许多修改。如出于依托者,他掌握很多时间,满可以先定稿,再誊清。写错了重抄一遍,以期完整。因为依托者总怕揭发,惟原著者坦然无所顾忌。还可以想象"癸丑"二字之改,是在完成或接近完成时才发觉的,改晚了。否则可以重抄,不留痕迹。

第二,前面说《临河序》作为旁证,证实了《兰亭序》前一半。这里修改集中,作为本证,可证实《兰亭序》后一半。我还有一个强有力的本证。郭文说王右军忌祖讳,改"正"为"政",这确是事实。《红楼梦》也提到林黛玉忌母讳的事。旧社会就是这样的。改"正"为"政"之说,出于陈虚中,其实亦出于包世臣《书说》。《论语》有"政者正也,子率以正,孰敢不正"。旧时书画家常题:"指政"、"斧政"等辞头,是因袭,而不是谫陋。除此之外,在这集中改错一段中,连用了两个"揽"字:"每揽昔人"、"后之揽者"。这"揽"字是有问题的。观览之"览",与延揽之"揽",意义迥别,不可混淆。除王羲之讳祖、讳曾祖以外,他人不会一讳、再讳。何况当年在场的四十二名大知识分子，岂能瞪着眼睛看王羲之写别字而不作声？《金谷诗序》有"好事者其览之哉"句，"览"不作"揽"，可见古人不混用。

查《晋书》王姓各传、《王氏谱》，可以作出王氏家谱如下：

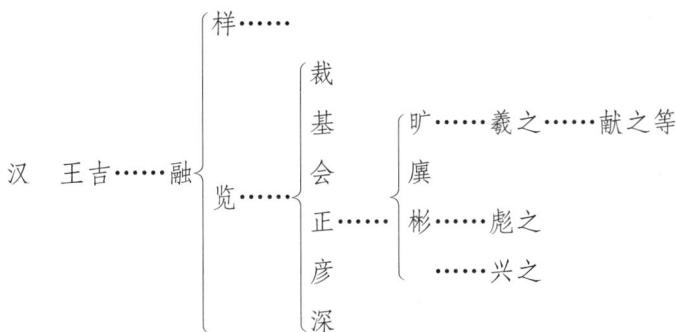

```
                  ┌ 样……
                  │    ┌ 裁
                  │    │ 基
                  │    │ 会         ┌ 旷……羲之……献之等
汉  王吉……融 ┤ 览……┤ 正……┤ 廙
                  │    │         │ 彬……彪之
                  │    │         └ ……兴之
                  │    │ 彦
                  └    └ 深
```

根据这个世系表我们可以完全肯定，只有王羲之这房才能有这样的忌讳。这真是颠扑不破的铁证、本证，任何人不能否定的。只有右军本人，才能以"政"代"正"，以"揽"代"览"。除羲之本人记得清楚以外，他人不会去代查家谱。甚至智永，即使不出家，而在子、孙、曾、玄、云、来之外，也记不清楚了，何况王姓大族，谁能忌讳那么多？智永为羲之七代孙、王正九代孙、王览十代孙，这就证明智永不是改窜人。

有人疑《墨迹》为智永临摹本。临摹家惯例，临后改之字，不临改前原字。虞、褚、赵诸本皆然。如出于智永，必有题名，且露不出改前原字。清宫藏《墨迹》，乃唐人用双钩法勾出轮廓，再用三色墨笔填写，恍如照像一般，与原板不爽分毫。《神龙本》出于冯承素之说，乃元人郭天锡所揣测，还可能是赵朴、韩道政、诸葛贞所为。这些人皆唐时双钩高手，可能是他们奉命双钩。

附带提一下，王谢墓志中，兴之确系王彬之子，彪之、彭之之弟。彪之作过散骑常侍、尚书令，兴之等不显。

六、《神龙墨迹》书法的考证

上面所举种种理由，证明《兰亭序》是王羲之写的，千真万确，无可再疑。虽然《神龙本》表明著、写、改同出一人，但《神龙本》毕竟是临摹本，距真迹还有距离。真迹已被李世民"秘入昭陵"了，永不传世。固然，唐末朱温盗发诸陵，兼及后妃、宫女、显宦坟墓，而有掘冢中郎、摸金校尉之诮。昭陵是被打开过的。世传朱温部下，折毁卷轴，取其镶嵌珠玉，将绫纸废弃。然而千年以来，昭陵墨迹，仍未出现。考虑到晋代茧纸不能逾千年，则此物必被泯灭无疑。

单凭冯、赵、韩等临摹本，考证家证明文章有余，证明书法不足。作文章的考证，有当时及前后时代的文献可供选拔，无需墨迹；作为本证来说，考证文字、语法、文体、样本也就够了。然而要作书法的考证，困难多得多。最好看见《墨迹》原本，就纸张、印鉴、墨色、神气、装潢、前人题跋等，加以鉴定。对临摹本则不需要，它明明是赝品，还考证什么？

《神龙墨迹》能于我们考证文章上提供强有力的证据，真是无价之宝，稀世之珍。然而，书法家不能把《神龙墨迹》作为临池对象。就书法论书法，它明明不如虞本、褚本、赵本，更不如定武原拓、落水本、潘妃本。它是一个可爱又不可爱，可信又不可信的东西，最接近原样的复制品。谁能把像片当真人，把石膏或蜡制模型当原人原物，珍同拱璧？所以就书法说，《神龙墨迹》大有问题。我认为考证右军书法，除《兰亭八柱》之外，尚有三条线索：

第一，大量比较法。右军书具有特殊风格、神气、笔意。只要把阁帖、大观、绛、檀、秘阁、南唐诸拓所收大王书及右军尺牍，大量陈列起来加以观察，可以看出《神龙墨迹》对某些帖、某些尺牍较为接近，对某些法帖则有距离。由于条件不足，我作得不够，尚未能作出结论。望有条件者试为之。

第二，善本对照法。善本我掌握了一些，而且作了些比较，详下节《圣教序》、《定武兰亭》与《神龙墨迹》的互证。

第三，精细分析法。就《神龙墨迹》、历代法帖、右军尺牍加以分析，先看它的点、竖、横、撇、捺、钩、折，是否右军原样；再看它的起笔、落笔、转折、纡回，有无右军笔意；再看它的上下、左右、牝牡、顾盼，是否互相配合；再看它何处用中锋、何处用偏锋、何时露锋、何时藏锋，是否与右军他帖相同。诸如此类，不过略举一斑。此外右军对于某些字、某些笔有其独特的写法，亦值得注意。望书法专家，起而为之。

郭文对右军书法不是十分满意的。不仅对《神龙墨迹》未惬意，即对各拓大王书亦有微辞，这是必然的。即如我本人，喜大王书，但喜《定武石刻》与怀仁《圣教序》，不喜各家临摹本，因各家临摹皆参入自己风格。如吴兴所临，全是赵字而非王字。我曾把《神龙墨迹》反复展玩，近看、远看、平看、竖看，认为它没有神采，没有精神。好象残花败柳，死了的美人；又如看美人照片，眼无神气。冯承素等只能临出面貌，不能临出风神。真是"天下几人学杜甫，谁得其皮与其骨"；又是"世人尽学兰亭面，欲换凡骨无仙丹"。我对于《神龙墨迹》，只能发出如下的感想：

双钩钩出兰亭面，恨乏还魂九转丹。惆怅长安冯承素，不摹神采入丝栏。

为谁憔悴为谁羞，犹似崔徽上白楼。楼在珠亡人去也，重泉碧落可寻不？

燕石隋珠错杂陈，要从文字辨清真。山阴尚有兰亭在，陈迹由来解误人。

谩讥春蚓绾秋蛇，稍觉风骚逊一些。纵到佳城金作屋，摸金校尉识君家。

七、善本对照：《圣教序》、《定武石刻》与《神龙墨迹》之三重证

《兰亭八柱》是研究《兰亭序》真伪问题最直接、最简单，最原始的资料。作为书法方家，无取乎此。作为考证家，首先应当依靠它们。从柳诚悬的亲书兰亭诗，可以考见四十二人中，二十七位诗人的作品风格、当时情绪、一般社会风尚，环境气氛，以作为研究的参考和旁证。虞临本一种、褚临三种，是最有价值的资料。虞、褚政治地位极高，书法造诣深，卓然初唐名家。他们皆为文皇亲信，最能接近文皇所宝《墨迹兰亭》且曾加

以临习。如其昭陵墨宝属真,只有从虞、褚身上觅取线索。历史研究法,重最早、最近的人证。

我的意见,《神龙墨迹》的底本《昭陵墨迹》,不能不真。理由如下:

1. 唐初大王法帖及尺牍搜集甚多,阁帖所藏基本属真。偶有一二混入者,要不外王大令、羊侍中、永禅师的亲笔。一般赝品,不能逃虞、褚法眼。文皇不仅好书,而且善书。所作屏风书,为世所宝。他对萧子云不满,讥为"春蚓秋蛇";对王大令不满,讥为"饿隶",足见其赏鉴力之强。假如《兰亭墨迹》非真,安能受其宝重如此,甚至以之殉葬?

2. 虞、褚皆习山阴书,得其笔意。二人皆工草隶,最善鉴别,见识宏卓,时代又早。经过他们严格的审查、精心的摹习、反复的研究,认为《兰亭序》是真迹。他们的判断应当是可靠的。虞、褚既是里手,又是方家,不会说外行话。他们敬爱的法宝、老师,不会是假象。他们凭借的原始本,不会欺骗他们,除非自己欺骗自己。既然他们条件优越,比同时和后代人好得多,不信任他们能行吗?

3. 《兰亭墨迹》虽是稀世之珍,大王书却是平常之物。拆开来一个个的评价,《兰亭序》中之字与大王其他书中之字并无区别;不过作为整体另是问题。既然大王书字字皆真,而同样的字组成整体我们却怀疑,这种怀疑是无意义的,也是不必要的。墨迹虽不传了,有大王书在,何必追求《兰亭墨迹》?那还不是一样的东西?世传羲之爱鹅,山阴道士以一笼鹅换取羲之亲笔《黄庭》。《黄庭》字比《兰亭》多,其价格亦不过一笼鹅,有何宝贵之有?

4. 临摹本必须有原本,好象印像必须有底板一样。如果说临摹本是真的,唐人双钩的十本也是真的,《兰亭八柱》都是真的,但不存在着原本。这是说有像片没有底板,没有本人。那么,像片从那里来?照的是谁?

5. 李文田不信有《兰亭序》,但他自己跋《定武兰亭》却说"惊心动魄",而且"惜诸君不见我"之叹。自然他信石刻是真的,不相信墨迹。这等于说子孙是有的,祖宗是没有的;杞宋是真的,夏商是假的。然则这些后代从何而来？可惜李文田出生早了，不及见《兰亭八柱》。

最好用《圣教序》、《定武石刻》来推断《神龙墨迹》，判决《兰亭序》的真伪有无。

《八柱》之外，还可以提出一些价值较高的意见。我所用的方法，还是属于善本对照法。由于二王法帖版本繁多，有真有伪，考证困难，我提议应当先定一个标准或基线，作为衡量尺度。《圣教序》和《定武石刻》，适当其选。先决定他们是真的，再拿他们来判断《兰亭墨迹》及其他右军书。《圣教序》问题最少；《定武兰亭》原拓问题亦不大。

先谈《圣教序》。由于唐太宗的提倡，虞、褚、欧阳的示范，初唐人极崇拜大王书。内府藏及阁帖无虑千百种，散在民间者尤多，所以盛行着集王字，犹之后代盛行集杜诗。唐代集王字有十六家，而以怀仁所集《圣教序》最为卓越。文皇早年酷好大王书。晚年佞佛，推重三藏法师。《圣教序》之集，是二者的结晶，又是一件极为隆重、极为艰苦的任务。僧怀仁善书，鉴别力强，上得皇帝的支持，下得人民的拥护，集字顺利进行。有这样优越的条件，还磨折他二十余年。《圣教序》文长字多，比《兰亭》多出数倍。《兰亭》可取的，取之《兰亭》；《兰亭》所无的，取之他处。原字有大小，有真行；用双钩、临摹、放大、缩小诸法，手续繁重。用《圣教序》与大王法帖、尺牍比较分析，发现有的字是临摹的，有的字是拼凑的：以甲字偏旁，拼乙字右半；以甲字之头，拼乙字之脚。还有改的，如改"湍"为"瑞"。日本人说他可能还有自己写的，但绝少。真是煞费苦心。《圣教序》是书法界一大杰作，虽不是右军亲手写的，等于亲笔一样。

我所看见过的《圣教序》拓本，珂罗版极多，但认为以家藏日本人影印的《天下第一本》、《人间第一本》较佳。梁任公先生手临本亦佳。书法家一般认为《圣教序》最可靠，没有受过责难，无伪托假造情事。先假定它是右军书真迹，这是极易判断的事。因为集《圣教序》是一种宗教任务、政治任务、文化任务。集者责任心重，不敢苟且从事，以渎神明，所以完全可以信任。考虑它的第一种根据，必然是文皇《墨迹兰亭》，文皇决不吝惜墨宝。最低限度，怀仁可以经常利用学士院石刻或原拓。因为它的可靠性多,错误性少,对于我们的考证工作,作用极大。

再就《定武石刻》来研究。桑世昌《兰亭考》说,曾见碧岫野人跋语:"自唐文皇得真迹,刻之学士院,人间不得见。朱梁篡窃,辇至汴都,耶律德光破石晋,此刻渡河。帝犯既归,与辎重弃之杀虎林,后移置州治。"州即定州,原为定武军。故石刻称定本,或定武本。

定武本亦很多,据我所见的即有数十种,以定武原拓为有名。另有落水本、潘妃本,俱为世所珍。我所根据的定武本,因为字迹较真,亦有精神,可能是原拓,最低限是早拓。拓本是御库藏薛稷拓,有刘石庵跋、何仙槎跋(仙槎为何绍基尊人,曾作顺天府尹,父子俱以书法名世),并有刘墉、何仙槎、吴昌硕印鉴。装订及绢纸,皆古香古色,为沈阳贾原所珍藏。贾说:"近又见一定武本,较所藏为尤佳",约往参观,未遂。

我把《圣教序》与《定武石刻》对照,凡属两本共有之字,形象皆同。最有趣的是"固"、"至"、"生"、"长"诸字,单看并不美观,反而劣拙,然而两本完全一样。石刻本"水"字较多。其中有一个"水"字,中间竖笔,歪斜微曲。但《圣教序》中的水字正与之符合,证明怀仁所采的"水"字正是它。初尚以为是偶合,研究到"良可哀也"一句,由于已改为"悲夫",就把"良可"二字去掉。《神龙本》是用墨笔拭去的,看不出笔画来。《定武石刻》本是圈掉的,"良"字仍然存在。以之与《圣教序》的"良"字对照,完全吻合。这就不是偶合的问题,而是同出一原的问题了。

我研究的结果,断定怀仁见着并利用"墨迹"了,当然也见着并利用学士院石刻了。因为《兰亭墨迹》或学士院石刻所有之字他全都采用,连一个涂改了的"良"字都用上,一方面证明了《学士院石刻》即《定武石刻》之真,完全可信;一方面证明《定武石刻》同于《文皇墨迹》,当然真实。反过来,又证怀仁集《圣教序》煞费苦心,字字有根据、有来历。这就是《圣教序》、《定武石刻》之间的双重证:相互依靠,相互证明,同为真迹。

再拿《定武石刻》与《神龙墨迹》相对照,在形式上全部相同。行数、大小、修改各处、个别字皆相同,证明它俩同出一原。《文皇墨迹》是老祖宗,为一切兰亭本的总根据。这又是《定武石刻》与《神龙本》之间的双重证。《定武原拓》如李文田所描绘,非常精神,字字有力。令人想见《文皇墨迹》必然若"龙跳天门,虎卧凤阁"(《梁武帝书》评语),不似《神龙本》的枯淡靡弱。所以我认为通过善本对照,即《定武石刻》、《圣教序》、《神龙墨迹》的校勘互证,肯定《兰亭墨迹》必然是真迹,这就是我所谓三者之间的三重证。

八、否定《兰亭序》的内在因素与思想渊源

郭文还涉及书法指标、右军在书法上的地位、帖碑分立、羲献优劣、大小爨、方圆笔以及今后书法发展方向等许多问题。有的明确提出,有的略为暗示。这些问题都重要,且与《兰亭序》真伪密切相关。

《兰亭序》真伪的争辩,就方法论而言,应当以科学准确性为第一原则。而确定真伪的尺度,在于所用考证法。首先是板本鉴定(Internal Criticism),其次是史料对证(External Criticism)。就一件作品本身,从文字、笔画、语言、辞汇、文法、典故、笔墨、纸张、装潢、印鉴这些方面找证据,是为本证。在文献上找材料、书目家的记录、当时人的称引、后代人的传说以及从出现的地点、时间、物主找证据,是次要的旁证。在方法论上不重视推测估计之辞,而重真凭实据。

在前面几章中,我们着重在本证方面立论,列举证据甚多;亦采取了一些旁证材料,并采用了分析、观察、比较诸法。证明从文章上、书法上、习惯上说,《兰亭序》必定是真迹。《神龙墨迹》之可贵,在于它的原始性、直接性,尤其在于著、写、改三位一体,都出于王右军。文章真实,证明书法真实;书法真实,也证明文章真实。从现有的资料看,《圣教序》、《定武石刻》、《神龙墨迹》三者之间有互证的关系。

可是王羲之是书圣、书王,他的王冠是否可以碰触呢? 在不盲目崇拜古人的原则下,人民有权利批评他,评他的优缺点。所以,羲献优劣问题可以讨论;他的字是否古今第一,可以讨论;中国书法何代为优,可以讨论;应否更进一步提高,亦可以讨论。

郭沫若和许多方家,申明他们尊重王右军及其在书法界的地位,也尊重《兰亭》。但是在字里行间不难看出,他们对右军书法是有意见的,对《兰亭》的价值也是有意见的。他们认为右军书不够雄强,泛指大王法帖,也包括《兰亭序》在内。他们看过、临过、研究过不少《兰亭》本及其他右军书,都不惬意,对《神龙墨迹》不满,而追求一种更雄强的右军书。这是他们否定《兰亭序》的内在因素。自然,李文田、包世臣等的言论,无疑地对他们有影响。他们认为雄强的右军书,应当是帖中有碑意,真行中有隶意,参用方笔,以二爨为师。这反映了他们对书法艺术的最高标准。

郭沫若及一些书法方家,也谈到书法发展史,认右军为保守派,大令为革新派。用发展进步的眼光和观点,认献优于羲,永优于献,永师书法更成熟、更雄强,王冠应属于永禅师。世传许多大王书,原出于永师的笔迹,包世臣曾有此说。这是他们想到永禅师是窜改《兰亭序》的黑手之潜在思想根源。虽然在准确性上大有商讨的余地,但是在方向性上是有重大意义的。下列几章,主要是讨论书法的指标、书法的方向,附带也谈谈北碑南帖分立、方笔圆笔、羲献优劣、二爨,以及雄强论等几个问题。

九、论北碑南帖

书法是艺术之一种,属于意识形态范畴,有它的社会根源,而且受政治经济基础的制约。谈书法,脱离不了社会根源,经济基础。书法发展史,是文化发展史、社会发展史的一部分。书法艺术必须是有生命的,而且是进步的。在这个问题上,郭沫若提出了两个论点:

1. 生化说:书法应当是有生命的东西,不应当僵化停滞在一个时代、一个阶段、一种体系、一种结构上,要求变化、进步、发展,好了更好,不断改进,取长补短,指标不断提高。

2. 实用说:在书法发展过程中,要适合社会需要,完成为社会服务的任务,帮助提高文化,推动福利,发展教育。换句话说,书法要实用,不可单纯追求艺术美。这两点我完全同意,但我还要补充两点:

1、书法是一种美术，也是一种技术。它的发展，不单纯决定于为谁服务问题，还存在一个谁在服务问题。换言之，即这种技术掌握在统治阶级手中，还是掌握在人民大众手中的问题。

2、任何工艺技术都只有在工具进步的基础上才能获得自己的发展。书法技术与纸、墨、笔三种工具有密切的关系。纸、墨、笔的改良与改进，对书法影响甚大。

不妨依据以上的认识，考察一下碑帖起源的问题。

在南北朝时期，南北书法曾有过各自独立的发展。但它们的历史根源是共同的。古代商周的甲骨、钟鼎文字，掌握在奴隶主之手，为奴隶主服务。契文用刀，方笔。篆文铸字刻字用金属，圆笔。秦统一六国，改大篆为小篆，仍用圆笔。汉程邈作隶书，用刀在瓦当上刻字，用漆在竹简、木简上作字，方笔扁体，较为简易。秦汉是封建制度，文字为封建主服务，掌握在依附封建主为生的佣工之手。小篆创始人李斯，隶书创始人程邈，八分书创始人蔡邕，皆封建主依附者。书法的用途，主要用于公文往返、律令记录、田赋登记计算，谓之官书。此时还没有南北之分，也没有碑帖之分。北碑南帖的对立，与南北朝相始终。

两汉篆、隶并行，无真、行、草诸体。篆体长，隶体扁；篆笔圆，隶笔方，主要决定于使用工具上。西汉隶书，尚带篆意。东汉发展为八分书，蚕头、燕尾、逆入、平出、上挑，以《熹平石经》为代表。东汉末年，隶书已变为平正。至钟繇、梁鹄，渐变为真书。真者正也，四平八稳，结构端整，虽亦仍用隶名，实已别为一体。真书进一步变为行，再进一步变为草，则笔画不清，宛如作画。狂草甚至由一笔写成，谓之一笔书。真、草、行之体，创于东汉之末，盛于晋、宋，大成于唐。汉有钟、张（芝），晋称二王庾谢。唐有虞、褚、欧阳、颜、柳。宋有苏、黄、米、蔡。元明有赵、董。凡晋、唐、宋人用真、行、草书作字，表现在笔札、木刻、石刻中者，通通谓之帖。唐有淳化阁，宋有大观、快雪堂，清有三希堂，皆谓法帖，亦称南帖。这是中国书法的主流和正宗，名家辈出，作品如林，体制丰艳，大有美不胜收之慨。

书法为中国特殊美术,其构成为光、线、色、力;其形式有真、草、隶、篆;其本质有皮肉、筋骨。此中道理,亦颇深奥。一件作品的真假优劣,生长于中国文化传统中者,一望而知。

南帖之所以发达,有两个根源。一方面,汉魏以后,东晋偏安江左,士大夫阶层、统治阶级依附者尚清谈,讲究尺牍。尺幅之中,八行之内,精美愈求精美,以文章书画自娱。唐宋以来,踵其余绪,历元、明、清不衰。另一方面,书法作为社会交往的工具,历代的行政、法律、财赋、制度以及人民的日常生活皆不能脱离文书,以是逐渐由士大夫阶层之手,传播到广大人民之中。几千年来,书法就是这样以艺术和工具的双重身份出现,既有实用性,又有欣赏性,二者交互渗透,不断有所发展。加以纸、墨、笔的制造技术,屡有提高。魏晋以后,笔有鼠须、兔、羊、狼、鸡诸毫;墨有油烟、松烟;纸有茧、绫、桑、楮、藤、竹。以柔劲的笔,写在光滑的纸上,自然圆转自如,纵横顾盼生姿。在真、行、草三方面,尤为登峰造极。统治阶级用人,文章书法并重,亦有以促进书法的普及和提高。

书法中,帖学的发展,其历史根源,社会根源如此。

碑与帖,俱同出于篆隶。魏晋以后,南北分途。南以帖著,北以碑称。南帖循真、行、草的方向发展。北碑在篆隶的原有基础上,继续发展。碑较保守,帖较革新。碑虽大国,实为附庸。在发展的过程中,实用的幅度比帖为逊。但作为艺术,有独特的风格和造诣,可与帖学抗衡,不可小视。

碑是在北朝社会基础上的自发产物,无待于统治者的提倡。刻碑技术与统治者的关系不大,掌握在劳动阶级之手,为广大人民服务,亦为统治阶级服务。碑的历史根源同于帖,存在时间亦同于帖。但作为书法横枝加以研究却在近世。帖施于纸,纸易腐残。碑施于石,保存时间极长。到了清代,帖学的杰出作品,无论尺牍、拓本,皆逐渐减少残缺了。书法家转而注意碑,在碑中获得广阔天地。书法本身,亦吸收新血液充实自己,求得进一步的发展,这是一个大好现象。

秦汉碑时代过早,南碑数目不大。北碑,包括北魏、北齐、北周,为碑学中坚。隋唐碑是后备军。北碑分摹崖、造象、刻石、墓志诸种，数各以万计。举其最著名者，有《灵庙碑》、《晖福寺》、《郑文公》、《张猛龙》、《龙门造象》、《石门铭颂》、《孙秋生》、《始平公》、《南康临川神道东西阙》、《郑昭道》、《龙藏寺》、《灵峰石刻》、《四山摹崖》、《张黑女志》、《李超墓志》等。这些东西，是劳动人民的汗血成果，大多数出于无名氏之手，题名者占极少数。知名刻家，有寇谦之、萧显庆、郑昭道、贝义渊、朱羲章、王长儒、崔浩、穆子容、王远等十余家。摹崖、造象、铭颂之类，在高山深谷，主要出于石工。碑和墓志，有先书丹而后刻，亦有直接刻的，少数出于知识分子，大多数出于劳动人民之手。

北碑的社会根源，来自宗教。北朝是少数民族统治，广大人民受着政治和经济的两重压迫，惟有在宗教方面求得慰安，故佞佛，信来生。北朝统治者利用迷信作统治工具，故提倡佛教。摹崖、造象主要是为神道纪念，点缀名山。墓志、碑铭用以应死人需要。所以碑刻为人民也为统治者服务，具有实用性和群众性，故能得到较大的发展。

刻碑用刀，施之于石。从事刻石者皆劳动人民——即石工。此种民间艺人，从师学艺，三五年而成，兼工书法、刻法，能于独立工作，其中高手甚多。所谓名家，大部分是石工高手。往往一袱一被，一刀一凿，流动谋生，往来于穷乡僻壤、高山深谷之中，以至边塞，不计寒暑。石工的活动面、流动性很大，艺术的传授亦很快，边学边作。由于作者出身劳动阶级，其字多艰苦、沉雄、遒劲，刀戟森森，锋芒毕露，具有无穷的力量和生气，在若干方面较南贴为优。

隋唐统一中国，碑学与帖学混合，大书家俱兼承南北，取长补短。法帖学二王，碑学则采取多方面。如褚河南学王，兼学《吊比干文》、《龙藏寺碑》。薛稷兼学《始兴王》。颜鲁公书出于大王，亦出于《太公吕望碑》与《晖福寺碑》。柳诚悬得王之骨，又学北齐碑之雄强。苏东坡学王之肥，亦取法于《马鸣寺碑》。然则北碑南帖，唐宋时早已融合；明清书家，无不兼碑帖之长。康梁如此，邓石如、张廉卿亦如此。尤以学帖兼学汉碑者最为时尚，学二爨者反不多。

北碑南帖对立,是历史发展的客观存在;碑帖融合,亦历史演变的自然结果。时至今日,宗教已衰,唯物论、无神论深入人心。为神道、为死人服务,已无必要;丧葬从俭,将来还要通行火葬。碑的社会基础动摇了;刀和石作为书法工具,使用的机会已极为稀罕。碑学快要死了,何需提倡? 清人欣赏以运刀的方法运笔,作方笔,已经十分勉强。现在用铅笔、自来水笔、圆珠笔、墨水。而毛笔、松烟墨将成古董,何取乎碑? 我认为碑学前途,从实用方面看,大有问题。至于帖学,比较适合于人民的需要。字终归是要写的。写字要求正确、迅速、美观,但不一定学哪一家。所以向前看,辨明王羲之《兰亭序》真伪问题意义是有的,但不是十分重大。书法作为一种艺术,必定有少数人专工,各种流派、风格都可以保存、发展,可以与山水、人物、鳞毛、花卉争光。

十、论大小爨兼论方笔圆笔问题

郭沫若受李文田影响,李又受邓石如、张廉卿的影响。南海先生《广艺舟双楫》亦起了作用。他推崇二爨,那是南碑。南北朝刻碑艺术,掌握在劳动人民手中,不分南北,不分畛域。所以统治阶级的文化尚未大行于云南,劳动人民的文化却早先到了。石工的流动性、活动面是很大的,传授是很快的,上节已经说过。

《爨龙颜碑》刻于南朝宋孝武帝大明二年(四五八年),清道光间出土于云南陆良县,《爨宝子碑》刻于晋安帝义熙元年(四〇五年),乾隆间出土于云南曲靖县。得云贵总督阮元与其后张之洞的宣扬,迅速名满天下。

南海先生推崇《龙颜》,列为神品之首,众碑之冠。他说"《龙颜》若轩辕古圣,端冕垂裳"(康南海《书评》)。《宝子》未列品,其评语为"端朴若古佛之容"。清道人(张廉卿)曾临摹《龙颜》、《宝子》、《张猛龙》、《郑文公》,刻印行世。李文田追随时髦,推崇二爨,勤加临习,并非无故。在碑帖学上与《龙颜》同体者有《灵庙碑阴》;与《宝子》同体者有《鞠彦云》。其字体俱在隶楷之间，而楷意甚浓。

由于气势雄强，字体在隶楷之间，很适合郭沫若的口味和理想，《爨龙颜碑》尤甚。南海先生评说："下笔如昆刀切玉，但见浑美；布势如精工画人，各有意度，当为隶楷极则"(《书评》)。又说颜平原书法受《灵庙碑阴》的影响，与之接近。我嫌《宝子》太老实，少风度；喜《龙颜》有大力，有气派，幼时曾临习二三年。我的亲身体会是，字体方、下笔亦方，起笔、落笔、转折刻意求方。笔在纸上尽画三角形，但绝不是蚕头、燕尾、逆入、平出。我认为这是在石上运刀的方法，而不是书家运笔的方法。笔本贵圆，腕和指勉强画方，真是矫揉造作，拘牵而不自然，速度又太慢，只适宜于作榜书、署书，不宜于小楷尺牍。换言之，美术性有，实用性缺。所以弃而不学，仅仅写书皮而已。《宝子》的优点、缺点都少于《龙颜》，书家一般不学《宝子》，它不漂亮。

一九六五年六月十日，《光明日报》所刊晋人墓志，在形象上象《宝子》，个别的点画象《龙颜》而没有气派，似出于一般石工之手，格不甚高，远不如二爨。李文田所说："世无右军书则已，如有之，必接近《龙颜》、《宝子》。"这种推断，缺乏根据。这种希望，永不会实现。一碑一帖，一方一圆；一用刀，一用笔，要把他们捏在一起，太困难，距离太大了，好象叫小旦反串花脸。

成都有一位书家颜楷，为五老七贤之一，专习《龙颜》。少城公园的《辛亥革命保路死事纪念碑》，高七、八丈，四面，每面十一字，字幅一米。其一面为颜楷用《龙颜》体书。我每次路过，必要去赏鉴一番，愈看愈失望。这些字似乎站不住，要掉下来。行气欠整，腰干弱。我感到《龙颜》难学难写，大字更难，不十分美，也不十分有用。《龙颜》、《宝子》，可学又不可学。

顺便谈谈方笔圆笔问题。这是碑与帖的分野。《龙颜》、《宝子》是方笔的一体。在书法学上，一般说：篆圆隶方，帖圆碑方。从书法发展看，甲骨文方，大小篆圆。八分、隶方；真、草、行圆。其间有辩证发展的过程和道理。是否由于人们习惯于某种字体，久而生厌，加以改革，另成他体？积久再厌，再改，形成正、反、合的辩证法？抑或由于社会的需要，适者继续发展、继续生存，不适者受到淘汰？更或由于所用工具不同，有便有不便，从而发挥工具的特性？

我认为前一项是自发的，可能有些作用。后二项是被动的，不得不然。社会存在决定人们的社会意识，不是社会意识决定社会存在。社会有需要，自然众以为美，通行；需要大，更美，更流行。作为书法，其审美观点大大受到所用工具的制约。用刀刻甲骨、瓦当、金石，自然方；用笔写在纸上，自然圆。篆变为隶，隶变为真、为草、为行，是社会发展的结果。而隶方，真、行、草圆，是工具发展的结果。

但亦不可把问题固定化或绝对化了。北碑是隶书之一体，用刀刻；然而北碑亦有圆笔者，有方笔者，有方圆笔并用者。如《龙门造象》是方笔，《灵峰刻石》则是圆笔；《四山摹崖》有方有圆，有楷有隶，不一而足。《石门铭》是方笔，《石门颂》则是圆笔。同是一刀，用之在人，要它圆则圆，要它方则方，用笔亦然。大抵以指作书，易成方笔，以腕作书，易成圆笔；悬腕易圆，落腕易方；用中锋易圆，用侧锋易方；本用圆笔，转折之处稍提笔，再下笔则方；本用方笔，稍加顿换易成圆。工具起作用，技巧亦起作用；高手能以技巧制工具，新手易为工具所制。圆笔表现温润，方笔表现遒劲，各有所长；运用之妙，存乎一心。

右军是真、行、草书之圣，《兰亭》是法帖之宗。海内外所藏大王法帖，作风相同。郭文嫌其雄强不足，认为理当参加方笔，以增其势，也就是说，右军书法可以提高，而提高之门，在于以碑入帖。这个意见很有价值，望国内书家加以考虑。张廉卿、邓石如、包世臣、赵熙①都这样作过了，沈阳大书家沈延毅也是这样作的，很有气派。

十一、羲献优劣论——附论如何对待大王书

人类是进步发展的。作为人类意识形态之一的艺术，也应当是进步

---

① 清末大诗人、书家，为梁任公先生所推重。

发展的,我完全同意郭文的"书法有生命"说和"社会效用"说。可是,"右军书圣","兰亭第一"的观念仍然是书法界的共同信念。难道中国书法到晋王羲之就应当停顿不再进步了吗?

晋人法帖,一般推崇二王。二王优劣,书家意见不一致。历史上曾经发生过激烈的争辩。李世民以帝王威权,武断把这个问题解决。然而以力服人者,非心服也。反对论,发起于包世臣。郭沫若又第二度提出这个反对意见。这说明在书法指标与书法发展方向问题上,是存在着不同看法的。

现在我们把这个问题,全面检查一下。

《书谱》①称谢安问子敬:"卿书何如右军书?"子敬答:"故当胜。"谢安说:"物论殊不尔。"子敬说:"世人那得知?"这不是一个吹牛的问题。谢安是上司,又是长辈,是世交,又是方家,子敬在他面前,何用客气?自然有啥说啥。后人责子敬,胜父有违尊显之义,这是以宗法问题掩盖艺术问题,不公允。

这个争论,梁时又复提出。

陶弘景说:"世皆高尚子敬,子敬元常,继以齐名。"②可见齐梁之间,子敬书法地位已超过右军。世早有书法尊钟王之说。依陶弘景,王是子敬,不是右军。子敬与元常齐名,不是右军与元常齐名。

梁武帝以帝王地位,祖羲抑献,坚持逸少不及元常,子敬不及右军。于是右军书法之王的地位,才得巩固。萧子云透露过其中机密。子云少宗子敬,读梁武帝《论书》始改本师。但不宗羲之而宗元常,仍是对羲之有所不满。而且这不是一个人的私见,而是社会的趋向,群众的公论。

李世民是第二个护法,双手把王右军拥上书法之王的宝座。一手推开萧子云,说他:"行行如萦春蚓,字字若绾秋蛇"(《论书》)。子云亦当代名家,何至于此?另一手按住子敬,说他是"饿隶",何敢觊觎王位?这有

---

① 唐孙过庭作《书谱》,为习草书者所推重。

② 见陶弘景与梁武帝《论书》。

点武装干涉派势。王位事小,各人所见不同,何必骂街?

孙过庭草书规范大令,直入堂奥。本来是子敬麾下,却被太宗一骂吓倒了,悄悄摸到右军旗下,鹦鹉学舌地说:"汉魏有钟张之绝,晋末称二王之妙";又说:"子敬之不及逸少,犹逸少之不及钟张"(《书谱》),实际上是违心之论。既知子敬不及逸少,何不舍大令而学右军书?

清初,包世臣再度出头翻案。他说:"永兴书,源于大令,又深明大令与右军异法。尝论右军真、行、草法,皆出汉分,深入中郎。大令真、行、草法,导源秦篆,妙接丞相。梁武王何之谤,唐文饿隶之讥,既属梦呓,而米老右军中含、大令外拓之说,实得其反。"(《艺舟双楫》)可见羲献异曲同工,势均力敌。他更具体地分析二王法帖说:"秘阁所刻《黄庭》,南唐所刻之《画赞》(东方朔),一望唯见其气充满而势俊逸。……大令十三行次之。《曹娥碑》俊朗殊甚,而结字序画,渐开后人门户。当是右军誓墓后代笔人所为,或出羊侍中"(《前揭书》)。

包慎伯更进一步,表彰永禅师。他说:"永禅师面目似右军,神理则大令,抽锋杀字,故肆豪逸。古人谓得王筋者,岂不以其牵掣劲健,骄快奕奕动目耶!"(同上)象这样的描写,逸少书不如,大令书亦当退避三舍。书法至永禅师,推陈出新,愈出愈奇。它不仅有生命,而且是向上再向上,绝不停留在一个时代,一个阶段。慎伯跋《龙藏寺碑》,左规右矩近《千文》(智永书《千字文》),而雅健过之。梁武帝的《书评》称"右军字势雄强,此其庶几"。并题诗"中正冲和《龙藏碑》,擅长或出永禅师"。足见他推崇智永,超过大令,大令优于右军,按照进步发展规律,理当如此。

郭沫若晚出,在孙虔礼、包慎伯见解基础之上,大胆提出右军是保守派,子敬是革命派的论点,是有十足理由的。反映他在书法问题上,具革命思想,推翻书法之王的王逸少,法帖第一的《兰亭序》,把生命注入书法中,让它进步发展起来,一代胜过一代,一波高出一波,绝不让书法僵化停滞。艺术僵化了,就会死灭的。书法指标,不妨高一些,而且随着时代的发展,逐步提高。指出右军书的缺点,《兰亭序》的缺点,对书法发展前途,能起推进作用,让我们都来当促进派。

十二、雄强论与中国书法发展方向

我体会郭沫若的意思,不是不信任这些法帖,而是不满意右军书,认为尚有不足,提出一个更高指标来,作为我们学习的模范。这种理想和指标应该是:

1. 帖中有碑,兼南北书法之长,与大小爨及王谢墓志相接近;

2. 真中有隶,显出书法逐渐进步之迹;

3. 笔势雄强,婀娜中有刚健气。

作为科学的真实性来讨论,我觉得这个指标太高了,脱离实际。碑中有帖,帖中有碑,是理想,将来可能实现,但不可能在二王书法中去实现。一则因为凭借的工具有问题,不能希望王羲之以运刀的方法运笔,刻石的方法作书。二则因为社会的需要不同,在南北朝人尺牍中,不能突出表现挺拔峥嵘的气象。

其次真中有隶,是汉钟、梁时代的作风。他们才是过渡时代的代表者。例如《葛府君碑》、《枳阳府君碑》皆然。羲之落后了两个世纪,真书体系业已完成。右军不能脱离时代,改习隶书。而且隶的名称,在魏晋南北朝,都指的是真书,唐朝还称真书为隶。永叔《集右录》才称汉隶为隶,南北朝之隶为真,其意可见。

再次雄强问题,在于各人体会。不仅梁武帝称右军书势雄强,南海先生亦说:"钟王之书,丰强秾丽。宋齐以后,日趋纤弱。梁陈娟好,无复雄强之意。"这是比较的看法,不是绝对的。右军比北碑南碑,雄强不足,比陶、梁、萧诸人,则雄强有余。南海先生又说:"中郎笔势洞达,右军笔势雄强。"所谓雄强与否,在各人体会。王右军临卫夫人笔阵图,每作一横,如列阵排云;每作一戈,如万钧弩发。右军作书如此,谁说不雄强?

我所看到的右军书,不仅家喻户晓的隶书《乐毅论》、《黄庭经》;行书《画赞》、《告誓文》、《兰亭序》是一个结构,一个体系,一种风范。即比较少见的《奉拓帖》①、《快雪时晴帖》、《丧乱帖》、《二谢帖》及日本内府藏《快雪时晴帖》②亦复如此。说明流行的大王法帖，即右军书本来面目。当然是有不足处，但是不可改变，而且无法改变的。李文田方体方笔，接近二爨之说，永不会出现。王右军书法，应该象目前流行的王帖那样，而不应别有新样。

至于说到书法发展方向问题，我完全同意郭文的提法。即理想中的"王字"，具体地说应当是：帖中有碑，真中有隶，圆中带方，柔中带刚，润不失强，媚不失劲。假如真能做到南有北之豪放，北有南之温柔，碑得帖之圆转，帖得碑之廉隅，岂不更好？自唐以来，历代书家争学二王，世称颜得其筋，欧得其骨，苏得其肉，赵得其神，柳得其势，各得王之一体，可惜不能合一炉而冶之，以归于王。作为艺术来欣赏，雄强丰丽，刚健婀娜，毕竟是美的典范，健康活泼的象征。

---

① 《奉拓帖》当为《奉橘帖》，参王仲镛《为周传儒先生论〈兰亭序〉一文订误三处》。
② "日本内府藏"当为"前清内府藏"，参王仲镛《为周传儒先生论〈兰亭序〉一文订误三处》。

满蒙问题是中国三百年忧患根源简论^①

所谓远东问题,具体地说,就是满蒙问题。满洲(亦以称东三省)、蒙古(指内外蒙古)这两块地方,两三千年来,曾经是中国的忧患。尤其是近三百年更成为中国的忧患,今后一二百年仍将成为中国的忧患。请言其故:

中国是一个多民族的国家。境内民族多至六十种以上。有史以来,在满蒙活动的,有东胡(包括满、蒙、索伦等),蒙古(包括猃狁、匈奴),突厥鲜卑,契丹金清,准噶尔,回族,哈萨克。西洋学者统称这些民族是鞑靼族。他们的体质特征,头发黑直,平鼻,斜眼,黄皮肤,躯干中等、食肉衣皮、长于驱射,游牧逐水草而居,也迁徙无常。信多神的萨满教,喇嘛教及一神回教。

散布的地方,在中国万里长城以东、以北、以西,即现在的东三省、西伯利亚、中央亚细亚、内外蒙古、新疆、西藏。

在长城以南的土著,有汉、辽五胡、氐羌、苗、壮、夷,而以汉族为主。人数到满清末年,达四亿。现今已达九万万六千万。然而有共同的生活,共同的传统,共同的利害,相亲相爱。有如兄弟,共同组成了中华人

---

① 该文初作于 1982 年 3 月中旬。

民共和国。历史上的冲突,不过是人民内部矛盾。自帝国主义,闯入中国以来,开始了侵略反侵略的殊死斗争。民族的矛盾,加上阶级矛盾,三百年来,我死你活,战斗未已。

自 49 年,中国共产党领导中国人民建立人民共和国,反帝,反封建,废除不平等条约,收回租借地、租界、海关权,治外法权。然后中国人民独立,自强。在联合国,与发展中国家、不发达国家,共同对帝国主义霸权主权、扩张主义,殖民主义作斗争,受到全世界被剥削被压迫的民族与人民广大尊敬。我国人民自己算完全解放了,独立、自由了。

然而这种独立自由、解放,得之不易。回忆三百年来,侵略、压迫、剥削中国人民的俄、英、法、德、日、美列强加害于中国的血泪史,应当加以记录、总结,留写后代人民,随时觉悟,警惕,留作未来的斗争,不使我们大好河山再受污辱。

历来侵略我国的帝国主义者,来自海上的,有英、法、德、美、西、荷、比,以 1842 年的鸦片战争为最烈。1901 年的辛丑条约结果最坏。因非本文论点所关,暂与阁置。来自陆上的有俄国、日本,其侵略对象为满洲、蒙古、新疆,为害之烈,远过于海上帝国主义者。兹略记其事实如下:

1. 日本:日本是一个岛国。自 1868 年,明治天皇即位,变法维新,力图富强,具体表现为颁布五条誓文,废藩置县,派遣五大臣出洋考察,设立文部省,采用阳历,成立银行,公布征兵制,设参谋部,公布宪法等等。

自明治维新以来,日本国势,日趋富强,1968 年,签订日韩友好条约为实行北上政策,侵略朝鲜之始。1874 年,侵略台湾,1875 侵略、掠夺大量物资。1879 年,吞详琉球,1882 年,出兵逼迫朝鲜,签订仁川条约,取得在朝鲜驻兵特权。1884 年,支持开化党,举行政变。次年订立中日天津会议专条。1893 年,日本已建成有二十三万人的陆军和六万吨巡洋艇的新式海果。内阁大臣山县友朋,公开宣布朝鲜和满洲、台湾,都是日本的生命线。1894 年,朝鲜有东学党之乱,日本政府以保护使馆和侨民为名,出兵朝鲜。首先发生中日两国丰岛海战,日海军袭击、击跑了济远兵舰,击伤了广甲舰。又俘虏了运输舰操江和击沉了租用英国轮船高升号。海军大获全胜,陆军方面,又驱走了牙山驻兵。于是发生规模巨大的中日战争。

在中日战争中,海军首先发生丰岛海战。黄海大战,中国海军江舰共 35 070 吨,但有坚强的铁甲巡洋舰镇远、定远,两艘各 7 335 吨。来远 2 000 吨,日本海军战斗舰十二艘,共 40 000 吨,其中 4 000 吨以上者四艘,三千吨以上者亦四艘,只扶桑一艘装铁甲。总吨数日本较多,速力较高,炮位较多而快。接战半日(94 年 17 日正午至傍晚),中国海军损失超勇,扬威,致远,经远,广甲五艘,死伤兵员 8 百余人。日本海军,旗舰松岛,完全丧失战斗力。吉野,仅剩一驱壳,重伤者二艘,一艘几被击沉,其余多舰受伤轻重不等。死伤共 279 人。以日本先退出战场。中国海军,尾追不及而罢。

黄海战后,中国海军驶回威海卫修理,越一月而毕。李鸿章企图保全实力,不许出战。日本海军,乃一面绕道容城湾,增兵偷袭南北两邦炮台。一面用海军全力,封锁刘公岛,与岛上炮台互击。相持八日。终以弹尽人亡,自丁汝昌,刘步蟾以下十余人,先后自杀,洋员投降,士兵降者、逃者各半,威海陷后,海军全部自沉。日本陆军,则首夺牙山,次攻平壤,度鸭绿江,攻九连、凤城、宽甸、岫岩、海城。另一军进逼辽河,犯金州、复县,最后,夺取大连、旅顺。从关内来援之吴大征军,出关,即中途崩溃。

中日战争,遂以海陆两军俱覆没。战后,结马关条约,偿军费 2 万万两,承认朝鲜独立,割让辽东半岛,琉球,澎湖岛,台湾。开沙市、重庆、苏州、杭州为商埠。允许日人在商埠上,居住营业。

这样,不仅日本获得朝鲜,而且打开了满洲门户。如何进一步吞并南满州、北满州,最后,浸透蒙古,有待于二十世纪的角逐了。

2. 俄国:自 1600 年,耶马克率领流氓数千人,逾乌拉岭,侵入席伯尔汗国、建突波尔斯克城,占领西部西伯利亚。1618 年俄人阿利布佳率兵至叶尼塞河建叶尼塞斯克城,招抚土人,安心工作,人民生活,大大改善。又进一步向东南诸地发展,至 1631 年,中部西伯利亚完全归俄人掌握。

1632年伯给特由叶尼塞斯克出发，探险西伯利亚中心。又沿勒拿河建雅库次克城，深入西伯利亚东部将其占领。1638年，更东出鄂霍次克海，于是东部西伯利亚，亦入俄国版图。

俄人侵略西伯利亚，前后不过六十年(1580—1638)，获地五百二十万方英里，约占全中国土地面积，或欧洲面积。土著鞑靼人，亦称锡百人。西伯利亚者锡百利亚之译音。其时当明末清初，明朝由于农民起义战争，清朝在统一中国南方之后，又有三藩之乱，无暇后顾鞑靼锡百人，软弱，无组织，不能抵抗，任其宰割。中国知识分子知有罗刹国，以为在蒙古之北，而不知其远在欧洲，真可讪笑。

清人以愚昧、疏忽，丧失了五百多万平方英里的西伯利亚，因其由于无知，可笑可怜。但其后与俄人往黑龙江下流，直接接触，又当康雍乾三朝亟盛时代，完全可以武力加以驱逐，而昧于德绥恩抚主义，与之缔结失地表权的尼布楚条约(1684)、恰克图条约(1727)，丧失了贝加尔湖区域、外兴安岭区域多数十万公里的土地而不自觉。知识分子及冒牌外交史家，交口称赞，认为是平等条约，何其愚昧。清人认为此等地方，非祖宗发祥之地，失之不可惜，真败家子作风。

但自瑷珲条约(1857)，北京条约(1858)并把祖宗发祥地方，黑龙江以北、乌苏里江以东，共百方里土地，拱手让人，更当何解？其余伊犁条约(1881)，侵占了伊犁河下流土地，亦属毫无道理。

其他中国西北地方，原有斋桑泊，巴勒喀什湖周围一带土地，十六世纪三十年代，帝俄先后加以占领。其他西边的哈萨克草原、吉尔吉斯草原与南边的活罕、布哈拉汗国，早被帝俄先后消灭。厄鲁特蒙古部落，于十七世纪进入伏尔加河下游，十八世纪初，不堪帝俄的压迫剥削，回到祖国怀抱，游牧于新疆塔城一带地。准噶尔民族迁入阿尔泰山附近。1726年，清政府把他们编为六个旗。他们出走后的土地，无疑地被帝俄占领了。

总而言之，在十六、十七、十八三个世纪中，帝俄在满洲侵略土地百余万方公里。截至中日战争时代，日本的北上政策已经达到一半。即占有朝鲜、台湾及满洲南部。俄国的东进政策，日进百里，中国的边疆、满洲、蒙古、新疆为所蚕食，损失又达二百万平方公里，二个帝国主义者，在满蒙地方，互相接触，二十世纪初叶，发生日俄战争，两个帝国主义者，在中国领土内，一决雌雄。

自中日战争（1894—1895）至日俄战争（1904—1905），欧洲帝国主义者乘满清政府战败屈辱、贫苦交迫之际，纷纷插手，占领割据，造成瓜分之局，中国人民大愤，政府亦大愤，掌国钧的元老重臣，如李鸿章，张之洞，刘铭传之流亦大愤。深悔外交上，依赖英美的失策，因为他们并不帮助中国，反而帮助日本，造成陆军彻底失败，海军亦彻底失败。在外交政策方面，作了一百八十度的大转弯，认为应当依靠俄法德较为有利。

1896 年，俄皇尼古拉斯二世，行加冕礼，特邀李鸿章为致贺特使。于是李鸿章以致贺报聘名义，至俄都莫斯科于五月末，六月三日与俄国重臣罗般诺甫·维特，勾勾搭搭，秘密订了共同抗日的秘密同盟条约。中国允许俄国在满洲北部吉黑地区建中东铁路，作为运兵之用。由华俄道胜银行负责经营。并有一旦战争发生，两国同时出兵，俄国海军完全可以自由进入中国海港之权利，日本是狼，帝俄是虎，引虎拒狼，自谓得计。其实引虎之害重于拒狼，虎是要吃人的。1897 年，十一月十四日德国强占胶州湾，发出瓜分中国的信号，中国同意德国要求，允许德国租借青岛99 年。并取得胶济及铁路建筑权。1898 年三月，俄军开入旅、大，并于三月及五月两次缔结协定，将旅顺、大连租与俄国海军使用，租期 25 年。旅顺作为军港，大连作为商港。同年四月，法国获得广州湾及附近岛屿，99 年的租借权。五月，英国获得扩充香港，取得九龙半岛使用权。98 年7 月，英国占据山东北部威海卫、刘公岛的租借地，租期 25 年。

列强除了占据海港外，又在上海、汉口、天津等占领和扩张租借地及势力范围。德国以山东为其势力范围，英国以扬子江流域为其权利范围，法国以邻接越南东京湾各省为其势力范围，并约定不得割让他国，俄国以北满为其势力范围，包括蒙古、新疆。似此整个中国已经被划定成为四分五裂。瓜分之后，迫在眉睫。1900 年，美国国务卿海约翰，向英、法、德、日、俄各帝国主义者，提出中国门户开放、权利均沾政策，各国表示同意，初步划分中国，遂成定局，未能彻底进行瓜分。

自1898年至1900年，中国北部(义和拳)首先发难于山东，蔓延及于河北、山西、河南。东北亦有义和团事件的发生。这是人民自发的一种反帝运动，最先提"反清灭洋"口号——后改为"扶清灭洋"，因为后来得到北京朝廷的操纵指使，到处设立拳坛以大刀、戈矛、铁棍武器随时随地焚毁教堂，杀戮洋人教民。至1900年，并进而图攻各国在北京的公使馆，于是有八国联军之役。联军进入北京，慈禧太后企率光绪避入西安逃难。湖北、两江、两广重臣张之洞、刘铭传、李鸿章，宣布东南自保，不干与联军与义和拳双方斗争事。事后结辛丑条约，赔偿八国联军军费四亿五千万两。划定使馆界，拆毁大沽炮台，驻兵关内铁道，又惩办包蔽义和团的官吏。慈禧、光绪又回到北京，仍为压制中国人民的统治者。使馆界划在前门与宗文门之间，由各国驻军保护形成中国政府的太上皇，清政府听从其意思办事。

当八国联军入北京的时候，俄国自南满北满两路出兵占领全部东三省。议和后，久久不撤。虽然有道员周冕、将军增祺、驻俄公使杨儒三次秘密撤兵协约，始终未能完案，引起日本的反对。至1904年，日本出兵，以武力驱逐俄国队伍，于是发生1904年的日俄战争，俄军从东清铁路南下，日本从大连、旅顺北上，中国不能阻止，宣告中立，企图局限战争范围，不致延及关内。

就十九世纪末叶、二十世纪初叶，远东问题，亦即满洲问题的发展，已日趋严重，日趋紧张。最主要的因素是中国的积弱和腐败，政府与人民利害冲突，中央与地方利害冲突。满清政府，不能安抚其人民，不能消灭政府派别之争，从而不能巩固其边疆。加以列强环觑，军队腐败，财政空虚，中日战争、八国联军之役，不仅消耗其实力，而且有七亿七千万的外债，无法赔偿，以致海关、盐务、邮政之权，俱供外债抵押之用。国几不国，瓜分之祸，迫在眉睫。

次要的原因，是俄国的东进政策、海洋政策与日本的北上政策、大陆政策,已日趋尖锐,达到肉搏的程度。日本以朝鲜、满洲为其立国的生命线,俄国以海上不冻港之获得,为其生命线。列强态度,各有偏袒,英美袒日,德法袒俄。就日俄两国内部而言,日本君民团结,国阜民安。财政上有富余,陆海军备皆整顿。帝俄国情况极坏,财政凋弊,国库空虚,发奋图强,农民时思暴动。工人大怀不满,随时有革命爆发之虞。欧亚辽隔,交通不侵,人员与军火粮食,储备不足,调运困难。在日本具有十足的准备,在俄国则勉强应付,战端未启,胜负已决。

果尔日军在海上采取封锁政策,把海参威与旅顺的海军封锁起来使其不能活动,如其个别外出,则个别拦截消灭之。由于俄国陆军人员既杂,装备又劣,首先击败他们于朝鲜,朝鲜肃清后,满洲俄军已成孤立,无接济,又不能调动,坐而待毙。04 年 3 月,日本在济物浦和鸭绿江两面登陆,合十万大军,渡过鸭绿北上扫荡。5 月 4 日,第二军在貔子窝登陆,5月 19 第三军在大孤山整陆,俄军节节败退。被截断而陷于孤立之旅顺、大连,亦于五月至十一月中失陷。

东方战端既启,驻在波罗的海之海军,是否前往支援,帝俄内部,发生争执。一派主张出发,另一派认为无效,白费气力。罗哲斯特温斯基司令,在 04 年 10 月,终于奉到出发令,离开利堡,受到英国限制,得不到淡水和煤。以德国暗中支援,始勉强获到接济,经几个月之周折,始于 05年 5 月 27 日,到达对马海峡。日本海军,早已安排拦截袭击计划,以快速炮射击,先后个别包围,为东乡平八郎所击败。全军覆没。满洲俄国陆军,即被封锁。关于海战方面,俄军于 5 月 30 日,攻占大连湾。次年 1月 1 日,俄军斯托耶基将军,向日军乃木希典投降,旅顺陷落。在波罗的海的俄国海军,由罗哲斯特温斯基司令统率,于 04 年 10 月 15 日,离利堡,经过许多波折,始于次年 5 月 27 日,到达对马海峡,被日军东乡平八郎所率日本海军包围,全军覆没。陆军失掉海军的掩护、支援,孤军作战。陷于被动,处处被攻击,步步向后退。

日军采取攻势,第一军,在三月,以十万大军,自朝鲜横跨鸭绿江,向俄军横扫。5 月八日未经激战,即渡过鸭绿江,入中国境。5 月 4 日,第二军在貔子窝登陆。5月19日,第三军在大孤山登陆,俄军节节败退,直至旅顺空军与北方主力割断为止。

05年2月12日,中国发表了荒谬的严守中立的声明,日本陆军任务,变成简单快速了。黑木将军,在东北方面进军,逐步把俄军赶至辽阳防线。奥(oku)将军,自辽东登陆,进攻辽阳俄军的西侧面。野津将军(nodca)自大孤山,在两军之中插入作为联系,大山岩(oyama)为总司令,策划全局。俄军稍为抵抗,即向沙河、沈阳方面撤退。西方战地记者问大山岩,战局如何。答道,俄军撤退太快了,未能完成包围任务。(自04年11月23)至05年2月23日,日军再胜于沙河,05年2月23日至3月16日俄军又自沈阳撤退,拟于四平,作最后抵抗。日俄两方各损失约十万人,但军需火药之耗费甚大。日本财源已竭,俄国内有隐忧,法、德两国又不为财政上之支援,表面上仍作长期抗战之叫嚣,实际上外强中干,无能为力。

最后由于德法两国之斡旋,美国总统罗斯福,于05年6月8日发出调停急电,9月5日俄国代表微特与日本代表小村寿,订和约于美国西海岸之朴次茅斯。

其条件如下:

1. 俄国承认日本在朝鲜有最高的政治,军事,经济权益,但不再干涉、妨碍、统治事务。

2. 俄日两国,同时从满洲撤兵,归还一切战时所占领中国土地。不得继续要求领土的割让和优先租借等权。

3. 关于中国发展满洲工商业计划,日俄两国互不干涉。

4. 俄国将旅顺、大连的租借权,转租日本(仍以25年为期)。

5. 南满铁路及其支线,无条件转让给日本。

6. 俄国不同意赔偿军费,但由法德美之调停,允许将库页岛南部,割让日本。

日俄战争中,英美劝中国宣布中立,日俄亦同意中国中立。放弃满洲,作为日俄两军战场。企图限制战祸,不至蔓延入河北、山东两省。

英、意、法、德各国公使,亦发出内容相似的电报。实际上,日俄两国,俱缺乏长期战争之实力。俄国节节败退主要为保全实力,日本在南满获得胜利,已属侥幸。其财力、兵力,实无法吞灭满洲全部,亦无力无法消灭俄军实力。最后双方议和,于俄国损失不大。因为不赔款,不割地,历史上无此种前例。加以列强初不愿俄国强吞满洲,亦不愿日本过于强大,稍加抑制,各得其所。

在战争前后,罗斯福已预料,日俄必须议和,而且预料日俄必将言归于好,平分春色。事实发展,果如所料。美国之干与战争,实际上企图推行其门户开放政策于满洲,故先后有东三省铁路国际化之建议,具体表现为哈尔曼拟建筑锦州瑷珲铁路计划,以及诺克斯计划(Knox)。日俄两方,皆表示反对。

最后成立新银行国,由英美法比,合资经营,在满洲收买日俄两方铁路,统归银行国管理,未能实现,又拟邀请日俄参加,成立六国银行国,亦未成功。

于是日俄两方,先后订立第一次日俄密约,时间在 1907 年 7 月 30 日。内容如下:

1. 允许维持门户开放原则,承认尊重彼此现时领土的完整,以及因两国各自缔结的现行条约、协定、合同而产生的一切权利。

2. 俄国承认日本在朝鲜的特殊利益,日本承认俄国在蒙古的特殊利益。

3. 两国在满洲,以嫩江往东的河道作为势力范围的分界线(附有密约)。[①]

4. 日俄两国协议互不在界线以北或以南各自谋取任何铁路或电讯的让与权。

南北满界线之外,又议定蒙古分界,外蒙为俄国势力范围,内蒙为日

[①] 密约部分:本约所定南满北满之界线:"从俄国边界西北端起,划一直线至瑷珲,再划一直线至镜泊湖。由此划线通过秀水甸子,至沿松花江至嫩江口止,再由嫩江上溯至洮儿河交流外,至此横过东经 122 度止。"

本势力范围。内外蒙古,由库伦过张家口至北京这条经度以东归日本管辖,经度以西,归俄国管辖。

第二次日俄密约,订于1910年,其目的在防止第三势力之拦入,而使日俄两国在满蒙地方,享有垄断专利之权。而所谓第三势力,虽未明指,但根据当时欧亚形势,吾人很有理由,断定其为美国,或德国。美国银行家哈尔曼的修建锦瑷铁路建议与国务卿诺克斯的收买俄国北满铁路与日本南满铁路计划,事虽未成,野心已露。

四国银行国实际包括英美法比四国。日本与英国订有英日同盟条约,先后三次。

第一次订于1902年,条约内容已公布于世,人所共知。第二次订于1905年,内容变更很少,第一次,英国尊重日本在朝鲜的特殊权益。日本尊重英国在印度之特殊权益。而第二次英日同盟条约删去日本在朝鲜字样,因1904年,英法协商告成,英俄协商,正在酝酿之中,朝鲜之属于日本,已无丧失之虞。不须由英国加以保证。日本逐步进行合并朝鲜,无所顾忌。

第三次英日同盟条约订于1911年7月13日,其与前两次不同之点,在于删去英国在印度字样。因为1907年成立英俄协商,无形之中,俄人已承认英国在印度之特殊权利,无需日本为之保障。

至于法国,得到安南,业已满志。其与东京湾邻近之省份,已划成法国势力范围,无暇照顾满蒙利益。故日俄皆无所顾念。且俄法协商,成立有年,俄国尽可以放手侵略北满,而且可能得到法国在财政上之支援。1907年6月日本又与法协定。他们声明"特别关心维持与各该国接壤的中国地域上各自领土权利"。

惟独德国,最为可虑。德国已占据胶州湾,并且划定山东为其势力范围,又属帝国主义之后起者,野心极大。极有可能扩充其势力,向东北发展。德皇威廉第二,屡与美国勾结,而赞成其满州铁路国际化。此日俄所最不放心之点。上属日俄联盟,共同抵御第三势力之拦入,殆指美国与德国而言,似无疑义。

日俄密约，前后亦有三次。第二次订于 1910 年 7 月 4 日，其内容如下：

a. 俄国与日本双方以友好合作态度，去改良彼此界线以内的铁路、电线的联接服务。克制竞争，以求达到改进目的。

b. 维持尊重在满洲的现状。

c. 如现状遭到威胁时，相互通知，采取手段，以求维持。

为加强 1907 年第一次密约所划分的界线密约，日俄两国，相互承认彼此特权，并采取必要手段，加以维持、保护。双方约定决不妨碍特殊权利的发展。双方不从事任何政治行动，或损害对方的权益，亦不谋求对方范围内的特权和让与。相互公开的，友谊的交换意见，以免损害，而保安全。如遇任何一方范围内的特权受到威胁时，双方交换意见，采取行动，互相保护，互相支持。这些条件，两国政府要严格保密。

第三次密约，订于 1915 年 12 月 8 日。

时正 1911 年，辛亥革命之后，日俄两方，利用中国革命，袁世凯篡权盗国，急于谋求既得权利之巩固，暗中互相勾结。日本于 1912 年 7 月派遣 katsula 亲王，至圣彼得堡，邀请英俄两国，共商对策。会欧洲大战发生，更加速了日俄亲睦，至 1915 年 12 月 8 日又订立第三次日俄密约，其内容如下：

1. 订约双方，认为不能容忍第三势力，在政治上，支配中国，如其有人图谋损害日俄在中国的特权，日俄在今后无论任何环境，需要开诚应付，完全信任，采取必要步骤，防止不幸事件之发生。

2. 第三势力，如其向我们宣战，双方之一，必须立刻援助，在不得他方的同意，单方不得单独议和。

3. 相互援助及相互同意议和时，由双方领导向机决定。

4. 此约自签定之日生效，至 1921 年 7 月，继续有效。双方如有意见毁约，当于一年之前，征求对方同意。

5. 此约相互严守秘密，除两方外，不许让他人知之。

至 1917 年，俄国革命，而此种日俄密约，自然毁弃。故此第三密约,存在期不过二年。大革命后,苏俄的列宁、杜洛斯基政府外交部,始将全部档案,公布于世。否则日俄密约,无人知之。即知其公开部分,而其保密部分,亦无从为世人所了解。

结论　近代史中,有一个秘密外交时代,大概自 1870 年至 1918 年。所有新老帝国主义者,皆秘密勾结兼弱攻昧,作了史不胜书的伤天害理、损人利己勾当。而亚、非、拉三洲,遂成为他们剥削、奴辱、侵略的对象。关于欧洲各大国所作坏事,已见于白皮书、蓝皮书、黄皮书、绿皮书、灰皮书等等,大部头的外交档案汇编,英、德、法、美的外交专家纷纷从事研究、分析、考订,已有数十百种的名著出世。如美国的费氏、须米特氏,英国的顾池氏、田波烈氏,德国的迈里克氏是其最著名者。惟独俄国的黑皮书,只出了一部分,仅少数几本。后出的红档、阶级斗争杂志,又发表了一大部分。而大革命后,苏联史家奔美,发表一些英文著作,列举不少参考资料。目前中国史学家,已分期、分段加以研究出版。但属于早期者多,属于近期者少。

著者在欧洲学习时,特别注意这个问题,专门研究秘密外交时代。关于中俄外交史方面曾著《李鸿章环游世界与 1896 年中俄密约》一文,藏三四十年,最近才交长春《社会科学战线》,尚未发表。关于俄国占据满洲时期,曾著《第二,第三次中俄密约》,发表在《西伯利亚开发史》一书中,在正中书局出版,已问世三十年,今已将绝版,除少数图书馆尚有收集,私人购买者极少。

关于日俄密约部分,曾在 79、80 年,为辽宁大学史学系学生讲中俄外交史论及之。但原材料写成英文尚未译出。此篇所述,仅其概略,将来讲义出版时,拟再加以补充修订,此篇不过约略提举而已。疏漏之罪,请各位原谅,并请指教。

李鸿章环游世界与一八九六年中俄密约

李鸿章是中国近代史上一个非常重要的人物。他在军事上,替满清王朝镇压了太平天国和捻军的农民起义。在政治上,曾经作过大学士、北洋大臣、总理各国事务衙门大臣、商务大臣、江苏巡抚,湖广、两江、两广、直隶总督。在维新事业上,曾经购船、造船、造械、筑炮台、修船坞、固海防。曾经修铁路、办招商局、织布局、电报局、开平煤矿,漠河金矿,以辟富源。派遣学生留学,以提倡新文化。在外交上,曾经办理天津教案、安南之役,订结中日天津条约、马关条约、中俄密约、辛丑和约。

四十年间(1860—1900年),一切军政、外交,无不由李鸿章直接间接经手办理。他是清末第一重臣,权力之大,地位之高,声望之隆,为曾国藩而后第一人。

在他之前,有曾国藩、胡林翼;与他同时有左宗棠、张之洞、刘铭传;在他之后,有袁世凯、段祺瑞。这一反动集团的人物,由湘军转变为淮军,又转变为北洋陆军,交互掌握旧中国军政大权。所以辛亥革命军,举足一蹴,就把清朝政权推翻。就是因为它没有掌握实权已经有五十年了。而此五十年中,李鸿章一人就掌权四十年。

关于李鸿章的是非、得失、成败、功过,这是近代史上一重公案。此文不可能作全面的分析。并且这里所讨论的,只是李外交事业中最重要最有关系的一幕——中俄同盟。但中俄同盟与全部外交事业有关,外交事业又与内政有关。所以说起来,不觉话长。关于李鸿章各种活动的文献,可以说浩如渊海:如《湘军志》、《续东华录》、《清史稿》、《筹办夷务始末记》、《清季外交史料》、《李文忠公全集》、《翁同龢日记》、《左宗棠、张之洞、刘铭传诸人专集》以及黄公度、薛福成、郭嵩焘、马建忠诸人著作。惟独关于李鸿章奉使出洋的经过,史料极少。《李文忠公全集》,关于1896年事,完全缺乏。吴汝纶是他的秘书。吴的《督署函稿》、《奏稿》亦极少涉及这一年事。当时人的著作,更是东鳞西爪,一句半句,偶然涉及。作为一篇有日期、有行程、有活动事迹,我这篇文字还算第一次。这是作者在欧洲几年中,翻阅旧报、旧笔记,结合中国的旧史料,组织起来的,可以补这一史料的不足。至于中俄同盟条约,是外交史上一个谜。资本主义国家外交史学者,与外交史文献,只知有喀西尼密约,而喀约是伪造的。英人摩尔斯根本没有提及此约①。法国外交史专家科尔狄,知有喀西尼密约,而怀疑其伪②。法国外交家热那,知有真伪,而不能说出其内容。具有国际标准的海关编《中外条约大全》,与麦克慕锐编《有关中国条约大全》二本,皆只知有喀西尼密约,与以记录。甚至1921年,华府会议的军缩会议,集世界外交家与专门家于一堂,竟不知中俄密约之真伪。苏联科学院1955年出版的罗曼诺夫《日俄战争外交》,对于喀西尼密约未能分辨。至于中国学者最早如先师梁任公著《中国四十年来大事纪》,只载喀西尼伪约。又如刘彦著《中国外交史》,认喀西尼密约为真,并竭力为之辩护。蒋廷黻、王芸生等,亦仅能怀疑喀西尼密约是假的,而不能指出真约何在③。何汉文号称中俄外交史专家,把上海《字林西报》于1896年3月27日与10月30日两次重登之同一《喀西尼密约》,误认为两个不同条约。并征引了刘彦、王芸生的正反两种说法,而作为调和之论,说两

---

① H. B. Morse:《中国国际关系史》,卷三,第103页。
② H. Cordier:《中国国际关系史》,卷三,第347页。
③ 王芸生:《中俄密约辨伪》,见何汉文引。

家都缺乏证据①。比较知道得多一些的是卫鲠生,在他所著《中俄外交史》中,指出喀西尼密约出于伪论,并登载了华府会议军缩会议中国代表所交真约电报节略,未录全文②。于是孰真孰伪? 真约何在? 竟成聚讼。至于找出真约,加以分析、批判,并说明其意义影响的人,直到今天,尚还缺乏。事实上,中俄同盟密约,其本身的意义原不轻,因此密约而引出来其后许多有关条约关系更重。作为历史学者,对于这样一件有关中国近代外交全局的重大公案,有责任说明当时历史情况、国际局势、订约的原因及经过、该约的效果和影响。

今天因为有比较丰富正确的史料,所以能把这重公案,说得更真实、更明白、更活现。同时又因为这件事不仅与中国近代史、世界近代史有关;而且与中俄关系有关。更应当郑重其事,严肃谨慎的处理它。由于业务与政治水平有限,自己觉得作得不够,希望中外学者加以指正,以便修改。

一、李鸿章的政治设施

从咸丰八年(1858 年)起,李鸿章的政治地位一天天地提高。同光两朝,声名满天下,军国大事,无一不取决于李。李在北洋任内三十几年,以一身关系着清王朝的成败安危兴亡治乱。如其不谈民族观点,李鸿章是结束清代一个大人物。

特别与中国近代史有重大关系的两件事:

第一,国防问题。李于同治 10 年(1871 年),在大沽设洋式炮台。光绪元年(1875 年),筹办铁甲兵船。2 年,派武弁往德国学水陆军械技艺。并设水师学堂于天津。8 年,筑旅顺船坞。11 年,设武备学堂于天津。14 年,北洋海军成立。20 年,海军有主力舰四艘、防守舰 12 艘、练习舰 2 艘、补助舰四艘、水雷艇六艘,共 41.514 吨,其实力强于日本海军。假如

① 何汉文:《中俄外交史》,第 164—170 页,1935 年版。
② 卫鲠生:《中俄外交史》,第 56—65 页,1928 年英文版。

慈禧不挪用海军军费修颐和园,中日战争,日本必败。

第二,维新事业。李于同治二年(1863 年),设外国语言文学学馆于上海。4 年,设江南机器制造局。9 年,设机器局于天津。同年,筹通商日本并派员往驻。11 年,挑选学生赴美国留学,请开煤铁矿,设轮船招商局。光绪元年遣使日本,请设洋学局于各省。并于考试功令、另开洋务进取一格。2 年,派福建船政生出洋学习。6 年,设南北洋电报。7 年,请开铁路,设开平矿务商局,又创设公司船,赴英贸易,招商接办各省电报。8 年,设商务织布局于上海。13 年,开办漠河金矿。20 年,设学堂于天津①。这样古老、落后的清帝国,就开始走向近代化的道路。

在巩固国防、提倡维新两件事上,李鸿章的设施,有一定程度的进步意义。

二、李鸿章奉命使俄(1896 年)的经过

清帝国在军事上外交上所遭受的最大耻辱无过于 1894—1895 年(即光绪 20—21 年)。前一年有中日战争,后一年有马关条约。以往清帝国曾经屡次为英国、法国所败,为英法联军所败,但是失败的对手是大国,而且失败得不彻底。现在更为小小的日本所败。以往是向中国进贡的国家,而今是战胜者。清帝国几十年辛苦经营的海陆军,一败涂地,失败得很彻底。在马关条约中,清政府割澎湖、台湾,并偿军费二万万两,许朝鲜独立②。这是空前的奇耻大辱,任何有血气的人,都不能忍受。

这样的严重失败,清王朝当然要负责,但是掌握军政大权、负有中外重望的李鸿章更要负责。在赴日交涉期中,李鸿章曾受到伊藤博文的凌辱、日本浪人的暗杀、子弹伤颊流血满身。回国以后,又贬降爵位、剥夺黄马褂和三眼花翎。这一切李都不甚介意。他所最痛心的是十余年一手训练的北洋海军的完全败溃,一生心血和荣誉扫地无余。不特李鸿章

---

① 梁任公:《中国四十年大事记》,第 33—38 页。
②《中外条约大全·马关条约》。

咬牙切齿,想要报复;全国上下无不痛心疾首,想要报复。自 1896 至 1898 年,是清帝国最有转机、最有生气的时期。孙中山创办同盟会,康有为梁启超创办保国会,都在这个时候。假使朝野上下齐心协力,众志成城,报仇雪耻,还是很有可能的。

1. 清帝国的亲俄论

清帝国的外交家,不能以武力抵抗帝国主义者的侵略,于是采取"以夷制夷"的政策,以为缓冲,李鸿章就是这样一个典型人物。甲午以前,李主亲英美,如华德、白齐文、戈登、哈德的重用,就是一个例子。李与英美的关系,有一定的历史渊源。海关完全操在英人手里。

可是甲午战争中,美人袖手旁观、英国人不能帮助到底。李也曾再三托英美调停,终归无效。李鸿章这时才知道英美不可靠呀!战后辱国条约,割台湾、琉球、辽东,朝鲜独立,清帝国束手无策,英美坐视不救。那里知道当年号称冷僻荒寒的俄罗斯,纠合她的同盟国法兰西仗义执言;再加上德国人的参加,于是已经失掉的辽东半岛,又复物归原主。清代中国人没看到三国干涉的本质,仅从现象上看问题,似乎帝俄很有权威。这样一来人人争言联俄。代表人物如两江总督刘坤一、湖广总督张之洞,皆主张联俄①。张之洞、刘铭传的主张,与后来李鸿章所订中俄同盟条约,若合符节。可见联俄及其具体方案,在当时一般重臣心目中,早有成竹,刘张不过是两个代言人而已。

至于李鸿章,对这件事情的关心更不必说。我们知道,日本所消灭的清帝国陆军及海军,是李鸿章所手创的。马关条约,是李鸿章所亲订的。台、琉、辽,是李鸿章拱着两只手送给他人的。我们想想,李鸿章恨不恨日本? 想不想报复? 但抗日必先联俄,李至少比刘铭传、张之洞知道得更清楚。到马关订约之前,李在俄使馆密谈甚久。割辽还辽,事前早有预见。李鸿章就是那样一个好弄小手腕的人。这样我们可以看出,早期李的外交政策,是"以夷制夷",后期李的外交政策,更具体化为"联

---

① 参考《刘文诚公遗书》、《张文襄公遗书》。

俄制日"。

李刘张一般中国重臣皆主张联俄,帝俄大臣们亦主张联合清帝国。不过帝俄的目的在于借地筑路,并且要求在远东求得一个不冻港①。这两件事,帝俄外部大臣罗拔诺夫、户部大臣微德、驻华公使喀西尼,皆极力主张。中日战争时,俄国西伯利亚大铁路修到赤塔。于此有两条路线可循:其一,沿黑龙江北岸,入沿海滨省,南下达海参崴。这条路线不仅山路崎岖,而且是弓形弯路,费钱费时很多。另一,横贯中国黑龙江、吉林两省,直达海参崴。路平而直,工费两省。但是,如果要在中国筑路,首先须求得清帝国政府的许可。并且帝俄不以海参崴为满足,还想要占旅顺大连。干涉还辽,其用意在此。

2. 李鸿章奉命使俄的由来和任务

正当清帝国亲俄论调高涨、帝俄筑路心急的时候,有一事足以促进中俄的亲交,即俄皇尼古拉斯第二行加冕礼。照例皇帝加冕列国皆遣大臣往贺。帝俄欲乘此时机把握清政府大臣一人,要索"还辽"报酬,即实现在东三省借地筑路的计划。因之对于清政府所派代表,要求能负责办事、言重于九鼎的人而后可。

1895年12月,清政府已知俄皇加冕之事。并派定曾经奉使出俄的王之春为"专使",帝俄以王之春位卑望轻,不足以当此重任,不表同意。并特电清政府,另简"亲王以上的皇室亲贵代表之"②。这时驻华俄使喀西尼,亦极力运动李鸿章前往。李虽非皇室亲王但权位之重,为任何亲王所不及。清政府派其全国属望的第一位重臣往贺加冕,俄国是求之不得。清政府仍未作最后决定。直到俄皇尼古拉斯特电慈禧太后,认遣派李鸿章是最适合最满意的一人才作定案。

1896年2月杪(阴历正月十七日),清廷连下三道圣谕,派李鸿章为赴俄专使:

① G. W. Foster: American Diplomacy in the Orient, p. 150.
② 卫鲲生:《中俄外交史》,英文版第57页。

皇帝圣谕,一等肃毅伯文华殿大学士李鸿章,着授为钦差头等
出使大臣,前往俄国致贺俄君加冕;典礼隆重,故特命尔远行,尔其
仰体朕意,联络邦交,敬慎行事。……特谕①。

圣谕下来后,李遂欣然受命。这个消息传出,中外震动。李之资
望足以惊世,且年已七十,不通任何外国语言,远涉重洋,其行动足以
骇俗。

李鸿章奉使出洋,其使命究竟如何?首要任务致贺俄君加冕,人所
共知。据李对外国记者谈话,次要任务为出使英法德美四国递亲善国
书。附带还有一个任务,是探讯列强意图,准备修改关税②。他对于德法
两国,还要感谢他们干涉还辽。关于修改关税问题,虽不见于清廷所下
圣谕中,但总理衙门所上奏折,曾有:"该大臣深明税则,望重诸洲,此次
恭奉圣旨,得与各该外部,商论损益。拟请旨饬下该大臣,妥酌机宜,或
先就俄德法三国,发凡起例,以取成于英。或先与英商妥,而及诸国,均
由该大臣酌办。"③总理衙门就是外交部前身,可见准备修改关税,确为西
行重要任务之一。

但上述三项任务,皆是官样文章,如仅为此三事,派一大员已足,不
劳以一身系国家安危的李中堂,远涉重洋了。李的真实目的及使命别有
所在。李过上海的时候,诗人兼外交家黄公度往见。李告诉黄说:"联络
西洋,抵制东洋,是此行要策。"④这个话不是空话,暗示着联俄抗日的意
思。可以说李奉使出洋的真正目的,在于联俄。其环游世界旅程中的最
大活动,在于游俄这一段;最大成绩,在于中俄同盟条约的签定。中俄同
盟条约一订,所谓亲善国书、修改税则,都是空话。

3. 使俄行程及其活动

李鸿章于二月杪,得到上谕。3月1日入朝请训。3月8日抵天津,

①《清季外交史料》,卷一二〇,第1页。
② Communications in London Daily news Aug, 24, 1896.
③《清季外交史料》,卷一二〇,第2页。
④《人境庐诗草》,卷十一,微露此意,详为黄写。密告梁任公。

筹备首途。李虽年逾七十,精神矍铄,长途跋涉,尚不算苦。最苦的是不通外国语言。对于随员的选择,煞费苦心。最后决定,带华员李经方(兄子)、李经述(嫡子)、罗丰禄、马建忠(当时外交干员)。洋员中有俄人格罗特(Victor von grot)为俄事顾问、德崔琳(Herr G Detring)为德事顾问、白纳(M. de Bernier)为法事顾问、逐卢(Mr. E. B. Drew)为美事顾问。皆深通国际大势,为一时精选①。

1896年3月10日,李自天津南下,14日抵上海,在法租界金利源码头上岸。上海道及地方绅商纷纷接待,甚为周到。28日乘法轮爱纳司脱西蒙号放洋。31日抵香港,时港上疾疫流行,李以年老血衰为辞,没有登陆,藉此避免地方长官的酬酢。4月3日抵西贡,法驻西贡领事款待甚好。俄法为协商国,俄国上宾,当然法国招待得很周到。6日抵新加坡,受到英地方当局及华侨热烈欢迎。

李氏抵苏伊士运河的日期无考。在此与俄国特派来迎的乌克通斯克亲王(Prine Wkhtomski)相遇。那些时候,欧洲诸国,纷纷来电欢迎李鸿章前往参观。帝俄为预防意外起见,特派乌亲王乘军舰在苏伊士河口相候,一路护送至敖德沙。李的行程及其路线,俱为俄户部大臣微德与驻华公使喀西尼所预定②。4月27日李抵敖德沙(Odrsso)港口,俄海陆军领袖及北方长官亲来迎接,待遇甚厚。30日乘特备专车抵俄新都彼得格勒。中国驻俄公使许景澄来见,李寄寓俄茶商巴劳辅家。巴劳辅很有钱,饮食方服,悉仿中国风俗,对李供奉甚厚。又遣他的少女和子弟四人献花球为李祝寿。俄外部与李约定于5月4日(阴历3月22日),在皇村行宫觐见俄皇。李环游世界的第一段旅程告一段落。

李在俄国四十多天。他与俄皇尼古拉斯第二(Nicholas Ⅱ),俄外部大臣罗拔诺夫(Lobanof)、户部大臣微德(Witte)皆有多次密谈。关于中

---

① H. B. morse:International Relations of the Chinese Empire,vol Ⅵ,P. 102.
② 微特:My Dealing with Li-Hong-chang。

俄同盟条约的谈判,尽采秘密方式。李觐见俄皇,亦只带李经方一人,同行充翻译,故世间对于同盟条约的经过和内容都不知道。条约签字在李离俄前一日[①]。

至公开应酬,则规定在5月4日,首至皇村柴丝谷栖印行宫(其地去俄都百五十华里),觐见俄皇及后,呈递国书和礼物。俄皇招待得很好。皇后与李握手、席上又与李敬酒祝福。西方皇后对臣下表示亲密,东方皇后对臣下表示尊严。李见慈禧太后时,惯习葡伏地下,不敢仰视。东西风俗不同如此。5月15日英使俄康来(O'Cornel)设宴请李,宾主欢洽。19日至莫斯科,见罗拔诺夫及微德,宴席往还甚为忙碌。6月2日俄皇行加冕礼,各国使臣都到了,景况热烈之至。6月7日李与俄康来竭见俄皇及后致敬并告别。次日辞百官,即离俄赴德。当时各国使臣荟萃俄都,但对于中俄同盟条约之订立,皆昧然无知,可见帝俄时政府外交官手段的秘密和高明。

三、中俄同盟条约的缔结

世间所传的中俄同盟条约,有两个本子,一个叫喀西尼密约(Cassini Convention),是假的。但是当年认为真的,收在中国海关所印行《中外条约大全》(Customs：Treaties Convention setc let ween China and Foreign States,2Vols,Shanghai,1907)里,和麦克慕瑞所编与中国有关的条约汇编(Mac Murray Gohn v、A、Treaties and agreemento With and Concerning China,1894—1919,2 vols,Oxfod. Uni. Press Washington P、C,1919)里。这两部书,都是权威的著作,信之者很多。但是我们既然已经弄清楚是假的,就不再费事去研究它了。

---

① 微特:《我与李鸿章的交涉》。

1. 中俄同盟条约缔结的经过

李鸿章抵达彼得格勒之后,即与俄外部约于 5 月 4 日觐见俄皇。在这三、四日中,虽曾见帝俄要人不少,但没有谈及同盟条约问题。微特在其所著回忆录中亦说道:"与中国人交涉,当貌为镇静,徐徐而入,不可开门见山。"①5 月 4 日李至行宫觐见俄皇,俄皇问中国皇帝安好,皇太后安好。李亦代中国皇帝及皇太后问俄国皇帝皇后安好。李于是呈递国书及礼物多种。俄皇待遇李鸿章极为优渥,李自谓超于其他各国使节之上。

觐见俄皇之次日,微特再见李鸿章,商量借地筑路,微特记其事:

> 我与李鸿章会见后,即称道俄国在最近对中国的功劳,继又袒白说明俄国既声明中国领土完整之原则,此后必当继续此种主张。惟为了要实现此种主张,须于必要时,处于能以武力帮助中国的地位。因俄国军队集中于西部,须以铁道将欧洲俄罗斯、海参崴及中国联络一起始能成功,当年中日战役,俄国虽向海参崴调遣军队,因无铁道联络,军队进行迟缓,及抵吉林,战事已经终了。故我以为保持大清帝国完整,须由俄国筑成经过满洲北部而达海参崴的铁路。我又指出,未来的铁路定能增加俄国土地及通过之中国土地的生产力。最后我又声明,日本亦赞成此举,因为这样可以使日本与其所谋求的欧洲相连②。

纵然微特说得天花乱坠头头是道。李亦不相让,极力主张此项铁路,应由中国自办。微特说,诚恐迟缓无成,并以相助为饵,李始让步。于是告诉微特,若此议出自俄皇本人,尚可商量。李对于微特的印象,即其人"恃其才略"。对于微特的耳闻,即其人"俄主最信任"。但借地筑路,相互帮助之议,倡自微特,抑倡自俄皇,李所不知。俄外部大臣罗拔

---

① 微特:My Dealing with Li-Hong-chang。
② 微特:《我与李鸿章的交涉》(回忆录)此书有英、德、法文译本。商务印书馆收载所出英文近代历史文选中,中华书局亦出版王光祈的翻译本。

诺夫会李"两次,俱未提及"①,所以李深疑微特的主张,不是俄国的定策,非亲见俄皇作最后的决定不可。微特亦深知李不与俄皇面谈,不能作实际的让步,故力劝俄皇与李面议。那时各国使节各国记者,云集俄都,稍有风声即易泄露。为防备泄露起见,俄皇乃藉口回宫验收礼物,召见密谈。李于5月11日,有电到北京报告此事:

> 俄皇藉回宫验收礼物为名,未正接见,令带经方传话,不使他人闻知。……彼谓我(俄)国地广人稀,断不侵犯人尺寸土地。中俄交情最密,东省接轨路,实为将来调兵捷速。中国有事,亦便帮助,非仅利俄。惟华自办,恐力不足。或令在沪俄华银行承办,妥立章程,由华节制,定无流弊,各国多有此事例,劝请酌办。将来英日,难保不再生事,俄可出力援助云云②。

李既然知道了俄皇真意,遂放胆与微特谈判。微特要求借地筑路,李希望军事同盟。若使同盟成立,旧仇可报,任何牺牲李都不加惋惜。军事同盟不是帝俄所愿意的事情;借地筑路,又不是清政府所愿意的事情。李不允借地,俄就不允结盟;俄不允结盟,李就不允借地。这是一场非常紧张非常困难的交涉。最后两方让步,成立了一种妥协大纲。微特记载其条件如下:

1. 中国允许俄国,在中国境内建筑由赤塔至海参崴间的直捷铁道。但此铁道须由一私家机关经营。李鸿章绝对拒绝由俄国建筑或掌有的建议。因此特组一私家公司,即所谓东清铁道公司。这一公司名义上虽说是私家机关,实际上隶属于俄国政府的手中,受俄国财政部的统治。

2. 中国允让地一段足敷建筑及经营这一铁道使用。在此地段内,准许铁道公司,自设警察,行使充分不受拘束的权力。中国对此

---

① 《清季外交史料》,卷一二○,第21—22页。
② 《清季外交史料》,卷一二一,第5—6页。

铁道的建筑与经营,不负任何责任。

3. 中俄两国,于日本侵略中国领土或俄国沿海滨省时,有互相防御的责任①。

中俄筑路问题、同盟问题的交涉,李鸿章煞费苦心。要想联俄抗日,就不能不付一笔重大代价。地不能不借,路不能不筑,但主权又不可损失太大;于是想出由私家公司承办的方法。他所以"绝对拒绝由俄国建筑或掌握",一方面固恐主权损失太大,另一方面兼恐一旦有事,帝俄军队,可以直捣中国京师。若由私家公司承办,中国至少可以监督牵制,未得中国同意,帝俄不能一意孤行,毫无忌惮。

大纲商妥以后,对于约文的草拟及一切实际手续,微特不能专主;技术方面仍由帝俄外交部主持。微特把与李鸿章商订的大纲交与俄外部大臣罗拔诺夫,由后者起草条文。罗拔诺夫对于这种事情极为精熟。条约草成后微特完全同意,未增一条未删一句。于是由罗拔诺夫将此条约,呈请俄皇御览。第二天,俄皇仍将原稿退还微特。突于此时,微特发现有一极关重大的改订。因为微特原意,中俄同盟专为对日;但是罗拔诺夫所订条文成为一广泛的同盟。不仅对日,对其他列强亦同样有效。微特觉得对日是一件事;对一般列强是另一件事,不可混淆。但罗拔资望地位俱在微特之上,他不便直接请罗拔诺夫修改。乃转告俄皇。俄皇亦表同意,允亲告罗拔再加修正,仍限于对日。微特以为这样办很妥当。

1896年6月3日②,即中俄同盟条约签字那天,中俄双方全权代表,都集合到帝俄外交部准备签字,所有一切法定手续及仪式俱已照办。罗拔诺夫起立发言,称这件条约双方俱已熟悉,毋须细读条文即可签字;但如有人愿意再看一遍,亦无妨碍。微特自称于无心之中,偶然特此条约

①微特:《我与李鸿章的交涉》(回忆录)此书有英、德、法文译本。商务印书馆收载所出英文近代历史文选中,中华书局亦出版王光祈的翻译本。

②由于百年不闰,俄历在十九世纪,比西历差十三天。俄历5月22日,应为西历6月3日,诸家揣测都未对。

在手阅读一下,大为惊诧。因为条约所写定的仍为广泛同盟,未曾有对日本的限制。他自述其事如下:

> 我立时走近罗拔诺夫亲王,招呼他出外;悄声追问,何以盟约条文,未照俄皇意旨,改为专门对日。罗拔诺夫以手击额,说道:"天啊! 我居然完全忘却了告诉书记,加上对日辞句。但是他仍然很镇静,一面看表,一面按铃,叫差役进来。转脸向大众说:"现已过午,理当用午餐,我们吃了午餐之后,再行签字好了。"于是我们同进午餐,仍留两书记在内。当午餐热烈进行的时候,两个书记,已经把条约重抄一遍,加上对日辞句(For Japan)。此种重抄后的约文,于神不知鬼不觉之中,把午餐前传观的条文偷换。李鸿章签名于其上,我与罗拔诺夫亲王亦签名于其上①。

这一个有趣的故事,如微特所述,充分表现了在帝国主义时代,统治阶级互相欺骗的鬼蜮伎俩。精明如李鸿章竟被微特玩弄于手掌之上而不自觉。说明统治的资产阶级与资产阶级之间,不仅有矛盾,而且永远不会有真诚合作。惟有无产阶级对无产阶级,才是赤忱无私的。因为统治的资产阶级间彼此欺骗,必然地彼此俱要吃亏。假使当日所签定是广泛的同盟,无对日的限制,那末庚子义和团起义,八国联军入北京,帝俄无所推托,应当不派兵参加。同样甲辰日俄战争,中国亦无所藉口,不致宣告中立,远东局势,岂个要改变面目?

2. 条约内容

此项同盟条约,当时严守秘密,事隔四五十年,我们才把真相弄明了。条约如下:

> 大清国大皇帝陛下暨大俄国大皇帝陛下,因欲保守东方现在和局,不使日后别国,再有侵占亚洲大地之事,决计订立御敌互相援助条约。是以大清国大皇帝特派大清国钦差头等大臣太子太傅、文华

---

① 微特:《我与李鸿章的交涉》。

殿大学士、一等肃毅伯爵、北洋大臣李鸿章。大俄国大皇帝特派大俄国钦差全权大臣、外部尚书、内阁大臣、上议院大臣、实任枢密院大臣、王爵、罗拔诺夫。大俄国钦差全权大臣户部尚书、内阁大臣、枢密院大臣微特为全权大臣，即将全权文凭、互换校阅，均属如式。立定条款如左：

计开

第一款　日本国如侵占俄国亚洲东方土地或中国土地、或朝鲜土地，即牵碍此约，应立即照约办理。如有此事，两国约明应将所有水陆各军，届时所能调遣者，尽行派出互相援助，至军火粮食，亦尽力互相接济。

第二款　中俄两国.既经协力御敌，非由两国公商，一国不能独自与敌议定和约。

第三款　当开战时，如遇紧要之事，中国所有口岸，均准俄国兵船驶入。如有所需，地方官应尽力帮助。

第四款　今俄国为将来转运俄兵御敌并接济军火粮食，以期妥速起见。中国国家允于中国黑龙江吉林地方，接造铁路以达海参崴，惟此次接造铁路之事，不得藉端侵占中国土地，亦不得有碍大清国大皇帝应有权利。其事可由中国国家交华俄银行承办经理。至合同条款，由中国驻俄使臣与银行就近商订。

第五款　俄国于第一款御敌时，可用第四款所开之铁路运兵运粮运械。平常无事，俄国亦可在此铁路运过境的兵粮，除因转运暂停外，不得借他故停留。

第六款　此约由第四款合同批准举行之日算起，照办，以十五年为限。届期六个月以前，由两国再商办展限。

两国全权大臣议定，本月中俄两国所订之约，应备汉文法文约本两份，画押盖印为凭。所有汉文法文校对无讹，遇有讲论，以法文为证。

光绪 22 年 4 月 22 日，俄历 1896 年 5 月 22 日，订于莫斯科。

（按公历应为六月三日。）

李鸿章、罗拔诺夫、微特①

这个条约签定以后，中俄两方严守秘密。当时除两国极少数机要大臣，曾经商过。其余的人一概不知道。俄国方面签定后即行批准。中国方面李鸿章已往欧洲各国游历，另派专员郑重将条约带回北京。7月，由军机大臣李鸿藻、翁同龢转呈慈禧太后与光绪皇帝，经过热烈辩论后，9月，亦与以批准②。在两国俱行批准后，中东铁路章程，才可以在俄都圣彼得堡进行谈判。

3. 中俄同盟条约的泄露与公布

中俄同盟条约，真约的第一次泄露，在于 1900 年。时中国有义和团起义，西太后驻跸西安，特电俄皇尼古拉斯第二，请其东来，解纷排难。其电文云：

> 前者敝国特派李鸿章赴贵国京都，订立中俄秘密同盟条约，珍藏皇室档案处……③

此电虽公开承认秘密同盟条约的存在。但内容如何仍不可知。

至 1910 年，密约全文第一次非正式公布于世。时李鸿章次子李经迈，为驻英公使。因乃父大遭世人非难，为辩护起见，乃将该约全文，用假名在伦敦每日电讯报发表，署名为李鸿章的赞美者④。李经迈既未用真名，而当时该约时效已失，所发表的文件又是英文译稿，不是原始的法文稿。因为这一系列的原因，中外史家反疑其不可信。这一重大文件就轻轻被人忽略了。

又过了几年，法驻华公使热那（M. Gerard）的《中国出使记》出版。

---

① 华文本，见《清季外交史料》，卷一二二，第 1—2 页。英文本见 Yakhontoff：Russia Soviet Union in the Far East 附录中。

②《翁同龢日记》，光绪 22 年。

③ Blackhouse and Bland：China Under the Empress Dowager, P. 336.

④ London Daily Telegraph February 15th, 1910.

书中涉及这个条约的时候,有如下的记载:

> 此约原意,虽守秘密。但我于 1897 年春,某日,晋谒李鸿章时,
> 在李氏北京邸宅中,得见此约,有数分钟之久,即其前一年李鸿章与
> 罗拔诺夫所订密约的原本①。

这个条约的正式承认与公布,乃在 1921 年华府会议中的军缩会议
席上。秘书长休士(Hughes)请求中国代表,将与中国有关之密约列一清
单。中国代表为答覆这次要求,特请政府提出一个简要的电报约文:

> 1. 日本如攻击俄国东北土地、中国及朝鲜时,缔约两方,即将出
> 其陆海军全力,相互帮助。
>
> 2. 未经两方同意,不得单独与敌方议和。
>
> 3. 在军事活动时,中国海口,对于俄国船只,完全开放。
>
> 4. 中国政府允许在黑龙江吉林两省建筑铁路以达海参崴。关
> 于铁路之建筑与开发,由华俄银行承办。其条约由中国驻俄公使与
> 华俄银行商订之。
>
> 5. 在战争期中,俄国得在该铁路自由运兵及输送军食。平常无
> 事,亦得享有此权。
>
> 6. 此约由第四款合同批准之日生效,有效期间为十五年②。

此约中文原本,存中国外交部档案处。但光绪末年,故宫档案管理
处人员已多见之。民国十余年间,王宏弢《清季外交史料》一书出版,此
约遂公布于世。法文原本,仍存俄京档案处。大革命后,微特的回忆录
出版。英德法文皆有译本,所有订结条约的经过暴露无遗。但条约原文
微特之书不详。1921 年,雅空诺夫(yakhontoff)在美国出版其所著的
《帝俄与苏俄在远东》一书中始将条约原文及其他密约原文,一并载于附
录中以供参考。至于俄文条约,除 1922 年出版的《俄文条约汇编》与

---

① Gerard Ma mission en Chane,P. 146.
② Conference On the limitation Of armament,p. 144.

1924 年出版的《阶级斗争》二书皆已收载外,并见于 1927 年格里蒙的《条约汇编》与 1928 年罗曼诺夫的《俄罗斯在"满洲"》二书。在今日已毫无秘密可言。

四、李鸿章环游世界及评价

1896 年李鸿章奉使出洋,致贺俄皇加冕和订结中俄同盟条约之后,以为大事已毕,大功告成。其余一切,概以漫不经心的态度处理之。

1. 由俄入德

6 月 5 日,李离俄都,至 6 月 13 日,始乘车入德。入境时有德人李褒德为向导,随员中还有一个德国人德崔琳。海军提督汉纳根(C. Von Hanneken),在中日战役中曾立下战功,这个时候,已经回到德国。听说李鸿章到德国,特别越境来迎。所以一路上甚不寂寞。过但泽的时候,曾参观该地大船厂。13 日晚达柏林,住凯撒大厦。

6 月 14 日正午,晋谒德皇威廉第一于耐芝堂,同行者有李经方、李褒德、罗丰禄献国书者,并代表中国皇帝,向德皇致谢,酬答其干涉还辽。德皇对李亦很客气,招待颇好。15 日,见外长马歇尔男爵(Baron Marshall),商量增加关税事宜。马歇尔说,德国人无不同意,惟远东商务,英人独多,一切当视英国人的态度为转移。16 日往波慈坦(Posdam)新宫,赴德皇所设茶会。会后观阅兵大典,并参观附近的米复枪厂。昔年中国新军所用套筒枪,就是在这里制造的。17 日往不兰登堡参观,再参加阅兵礼。19 日德宰相浩恩禄(Hohanlohe)代表德皇,举行盛大宴会,招待李鸿章。21 日往波罗的海岸的四德町,参观造船厂。24 日参观基尔军港,并看海军演习。李赞赏有加。

6 月 27 日,李往访西方闻人俾斯麦。李问:"欲中国富强,有何良策?"俾答:"贵国政事,平日未尝留意,无从借筹。"李又问:"何以图治?"俾答:"以练兵立国基,舍此别无他法。"李说:"将来中国再练新军,将借重德教练。"俾又说:"一国的军队,不必分驻,分则力弱。不如驻中枢、扼要害，缓急可以调动。"这是统治阶级镇压人民的口吻。李以为然。李又问："为大臣者，欲为国家有所尽力，而满廷意见与己不合、群掣其肘，于此而欲行厥志，其道何由？"俾斯麦说："首在得君，得君既专，何事不可为？"

29日德报馆访员问李："世传中俄密约与增加关税两事，是真的吗？"李说："密约（喀西尼本）万无其事，借地筑路是有的。至于增加关税一层，目前接洽尚无头绪。"7月2日赴鲁尔流域的爱森（Essen）参观克虏伯（Krup）炮厂。执事者告李，1870年成立之初，雇工不过百人，现在雇工将近十万人。李甚赞其规模宏大，制造精良。炮厂主人克虏伯，特以大炮模型数十具赠李，表示敬意，李欣然接受。

德国是李鸿章最向往的国家，原因是德国在很短的几十年间富强起来，打败了法国，称雄欧洲。而且效法德国的日本，亦于很短的几十年间富强起来，打败了中国，称雄亚洲。据李鸿章看来，德国恐怕有些富强秘诀。由于李鸿章所处时代的关系，与其政治水平学识水平很低，所以他所看见的，正如清朝末年一般政治家所看见的一样，不过是些轮船大炮、坚甲利兵，以为有了这些东西，就可以立时富强。他们全不知社会经济基础与上层建筑的关系，更不了解人物在历史上所起作用的限制性。清代帝国的危亡，自有它一定的社会经济背景、时代背景。政治外交不过是社会经济基础的反映。作为一个重臣如像李鸿章、俾斯麦者，只能使强者加速，弱者减缓，强弱之机，不是一二个人所能决定的。有人以为李在德国时未能解决关税问题，对聘请教练、订购轮船、军械，没有成约，是错了机会。纵然作到了这些，亦不能挽救清帝国的危亡。

2. 由德入法

李鸿章在德国停留了二十多天，始行离去。7月2日起程往荷兰，道经科伦。4日至荷兰入海牙，驻荷人代设行馆中。当日往访荷外部大臣，订期觐见女王。6日见王后及女幼主，递国书、礼物。7日至亚姆斯特丹。8日至鹿特丹，改车入比利时，比遣大臣来迎，至不鲁舍拉。9日入宫见比王后。10日至活泼省，观阅兵。荷、比皆小国，对中国利害关系较轻,不甚为李所重视。但两国在远东都有一定的商务关系,对李之来招待亦不薄。在两国共留一星期,当然说不上考察什么,无非走马观花而已。

李鸿章到欧洲的第三个重点是法国。7月13日李离比赴法,当日抵巴黎。14日是民主节,每年此日照例是万人空巷欢欣跳舞,昼夜不绝。李叹为闻所未闻,见所未见。是日往访法外交部长汉诺多(Hana Taux),并觐见法大总统福尔(Faure)于埃勒色古宫,递国书,并代表中国皇帝向法总统致谢。15日汉诺多答拜。16日以礼物赠送法国务总理。7月17日法外部设宴招待并参观爱飞尔铁塔。

7月18日参观法国银行,看铁库。这个银行是拿破仑时代所创立,总揽全国金融。当年藏金之富称世界第一。李看见铁库中堆满黄白物,不能无动于衷。告银行总办,中国将来兴办实业,拟向法大举借债。法国是一个资本输出国,有人借款当然同意。并谓俄国亦曾多次向法国借债,利息甚薄。

19日李鸿章参观植物园。21日参观织造厂,下午参观博物院。他对法国人的印象很好,认为他们设备丰富,收藏充足,管理周到,不愧是励精图治。23日李出巴黎,游某故邸。24日游克鲁河,25日游兰因。28日重返巴黎。以后几天,常与巴黎政界接触,但无具体提议。关于增税一事,法人表示唯英之马首是瞻。英如同意,法即照办。

李鸿章在巴黎半个月,没有什么成就,就是借债一事亦未办到。纵然借得外债,亦无非供慈禧太后的挥霍罢了。

3. 李鸿章在英国

李氏游欧的第四个重点是英国。8月1日李出巴黎至哈佛尔渡海。2日至稍散不登(Sauthampton)入英。英人随员詹姆赫德与中国公使馆的龚照瑗、曾纪泽皆来迎。同至考登侯故邸所设行台住宿。8月3日乘车游伦敦市。向导的人拟引到热闹市区如特拉法加(Trafaga Square)、辟开得来(Piccadilly Circus)诸广场。李坚执非参观东伦敦诸陋巷不可。参观之后,李告向导者说:"英国亦有穷人么!"发言甚怪。其原因由于李过香港新加坡时,英人招待冷淡。他到英国入境,英政府亦不派人迎接,李很感不痛快。但是,英国人所以对李冷淡,亦自有其原因。这些时候,在黑海、高加索、阿富汗、俾路支、远东,英俄矛盾甚大,而李亲俄,所以英国人不满意。英人待李缺乏礼貌,李亦以傲慢态度来报复,装不懂事,多揭短处。

8月4日李谒英相沙里士保(Salislurg)于唐宁街。5日觐见维多利亚女皇献国书,礼仪颇为隆重。6日参观造船厂。自7日至13日游览伦敦所有古迹名胜,亦有时与英朝野人士酬酢,英人对李的印象不佳,李对英的印象亦很坏。

8月14日(阴历7月6日)再见沙里士保,商增税事,沙再四推拖。李以沙里士保为疲滑。有电到北京,报告会谈经过:

> 奉饬商照磅加税二十二先令,将赫德所草节略,面交英外部察阅。旋据沙答称,须由各总办核议,约初六申刻会商。是日同龚照瑗赴外部,切实辩论。沙云:"应俟修约届期再议。"鸿云:"中国吃亏已久,急切难待,且非议改税则可比。"沙云:"照磅加税、商情不愿。"鸿云:"日本加税,并改订磅价,英先允行,未便歧视。"沙云:"前外部食伯理所允,英商咸怨,我不敢擅许。"鸿谓:"德法皆允商办,必俟英定议。中英交情素厚,不应薄待。"沙云:"我必尽力,但须确询香港上海商会众议。"鸿云:"起程在即,请由龚另商。"沙云:"可行。"沙甚疲滑,德使谓与彼交好,只公事难商,信然①。

这一场雄辩,毫无结果。在德在法所得的空头支票,至此亦难兑现。德法两国外交当局,早知英国人不愿意,故佯为允诺,以卖人情。李鸿章兴致勃勃,到伦敦碰了一个软钉子。其所负的第三种任务竟不能达到目的而罢。但由此可看出李鸿章外交手段之拙。

李对英最大希望就是照磅加税,但是沙里士保不答应。一开口就抬

---

①《清季外交史料》,卷一二二。

杠,自然说不上国交,说不上亲善了。李鸿章在欧洲的活动,以访英为结束,前后三四个月,除却中俄同盟条约以外,可以说一事无成。所以回到北京以后,毫无建树。清帝国人民对李鸿章出洋所抱的奢望,这样就落了一场空。

4. 李鸿章在美国

8月20日,李由英乘轮抵美,在纽约登陆。美国新闻记者多人环李而问,应接不暇。李故意作滑稽语说:"我亦是记者出身呀!我的著作很多,可以说是你们的老前辈。"李拖长发辫,穿黄马褂、三眼花翎,颇为美国人所讪笑。

31日赴华盛顿,谒美总统若列布兰度于白宫,但是美总统外出,乃改期晋谒。又拜访美外部,商量增加关税事,亦没有得到结果。有电向北京报告如下:

> 二十七(阴历)到纽约,美总统未见。续晤外部将磅价加税节略面交。据云,各国若允美无不从。拟在此酬应,赴加拿大回国①。

9月4日赴纳戤来福。9月7日加拿大英督特备专车送至凡古洼(Vancouver)。李在美极不顺利:总统未见、加税未准,乃至与美国官方应酬亦不多。李以老态龙钟,服装古怪,又颇有官僚架子,而不通外国文,与美国人的风俗习惯时尚格格不入,无怪乎到处碰钉子。

5. 回到中国及出洋评价

9月14日李鸿章自加拿大的凡古洼,搭轮船赴香港。28日至横滨,日人多方邀请,李鸿章坚不上陆,甚至自锁其门以示绝决。李怀恨日本之深,可以看出来了。又由横滨改乘广利轮于10月2日返天津,3日入大沽。在天津驻休数日,接见中国地方官吏,及各国领事甚多。见黄公度称"可保十年无事"。17日返北京覆命。24日奉上谕在总理各国事务衙门行走。当时领导各国事务衙门的人有亲王、有大臣。所谓"行走",

---

① 《清季外交史料》,卷一二二。

无非是帮办帮办而已。没有听说他有什么建议,出什么主意,因而亦没有被重用。李是轰轰烈烈以去,静静悄悄以回,前后冷热大不相同。但仍庞然自大,自谓"可保十年无事",狂矣妄矣!

李鸿章周游世界历时半年余,究竟成绩如何? 功罪如何? 很值得仔细探讨。李所负名义上的三项任务,致贺俄皇加冕、向德法英美递亲善国书、包括致谢德法干涉还辽俱已完成。第三项任务商量增加关税未能达到。这不是李的罪过,帝国主义者侵犯中国主权,造成协定关税的恶例,李没有力量打开这种局面,原不足怪。除名义上的任务外,李有一极大错误,即缔结中俄同盟条约。因为有中俄同盟条约,横亘于中,所以对于富强方案、治国策略,没有仔细考察。甚至对于增税、借款、练兵、购械,一律视为次要,可缓图之。于是陷于毫无成绩、毫无建树的悲运。外交家黄公度,在天津见李鸿章,李告诉他说:"可保十年无事。"那知仅隔一年,就有列强争割租借地的事情,再过两年,又有义和团起义与庚子八国联军,这真是李鸿章所预料不到的事,因而他的寿命就在这些事变中,被折磨死了。

五、中俄同盟条约的影响

1896 年 6 月 3 日,由李鸿章、罗拔诺夫、维德三人,代表中俄两国在莫斯科签字的中俄同盟条约,立即被俄皇尼古拉斯第二批准。中国方面亦于 9 月 30 日被光绪批准。在法律上这个条约是存在的①。但原约有效期十五年,由于远东局势的剧变,并由于帝俄没有遵守这个条约的精神,所以至 1900 年俄国参加八国联军,进攻中国,这个条约就被撕毁了。

在它存在而且实际上有效的期间,前后四年中,所有条约中涉及的筑路问题、银行问题、军港问题,中国政府无不遵办。因而它的影响是非

---

① 《翁同龢日记》,光绪 22 年。

常重大的。

1. 华俄道胜银行

中日战争后中国因赔款需钱很急。俄、法、德、英皆拟借钱给中国，藉以伸张其经济势力。当时俄法两国借与中国的款项，是四万万金佛郎（15 820 000 镑），年利四分，以中国关税为担保。这笔款子虽由俄国经手，实际由法国付出。一方面为满足法国人的要求，一方面为照顾将来的需要。俄财部大臣维德乃于 1895 年 12 月 22 日，成立华俄道胜银行，专以经营远东业务为目的①。

1896 年李鸿章使俄时，华俄道胜银行原已成立，并在上海已开展业务。当李鸿章与维德交涉的期间，维德要求借地筑路，李力主由私家机关承办，以免损失更多主权。维德当机立断，立刻加紧华俄道胜银行的机构，并推广其业务，以应付中国的要求。一般外交史家谓华俄银行成立于中俄同盟条约以后，这种说法是不正确的。但是中俄同盟条约成立不久，帝俄派乌克通斯克亲王到北京报聘，带了许多珍贵礼物，满朝亲贵皆有馈赠，对李鸿章的赠送更丰（5 000 000 卢布）。后提出扩张华俄道胜银行业务一事，各方皆予赞助。

根据中俄同盟条约第四条："惟此项接造铁路之事，……可由中国国家交华俄银行承办经理。至合同条款，由中国驻俄使臣与银行就近商订。"第六条："此约由第四款合同批准举行之日算起照办，以十五年为期。"这样看来，同盟条约的生效，有待于铁路的修筑。而后者又有待于华俄银行合同的成立，华俄银行，在同盟条约中起了关键性的作用。

基于上述原因，清廷于 1896 年 9 月初 8 日，命驻俄公使许景澄与帝俄外部次长罗曼诺夫结华俄道胜银行契约，其要点如下：

（1）中国政府，出库平银五百万两，与华俄道胜银行合同营业。自此款交付该银行之日起，其一切盈亏照股金分派。

（2）每年俄历 1 月 1 日，该行为总决算，依中国政府之股金，以定准

---

① 《维德回忆录》英文本，第 85 页。

率。至年末核算,中国政府之总盈亏,依此准率,以库平银计算。

(3)该银行章程,所得利益,先提若干为各总办之酬劳金外,其余之利益,照中国政府与该银行之股金分派。但此分派之利息,各出一分为存款,作资本计算。

(4)该银行之月报年报,经股东总会审议,由中国驻该银行管理人递交东清铁道之中国总办查阅。

(5)若银行因事故或损失关闭时,清算之后,中国政府之股金除损失外,所余之资金由银行交还。

中国官股五百万两银子,有的作家认为中国政府并未交付。有的作家认为已在俄法借款四万万金佛郎中扣除[①]。有的作家认为1900年8月,当俄军占据东北时,牛庄海关曾交与牛庄中俄银行库平银五百万两,作为中国官股股金[②]。但在事实上,中国虽拥有一半股份,对于华俄银行的营业极少过问。银行股票多落入法国人手中,约占全额60%。其后在1900年8月12日,华俄银行与法国北方银行联合,另组俄罗斯亚洲银行,由俄国财政部批准,另行颁布章程,因而在1910年以后,华俄银行,失其存在[③]。

华俄道胜银行契约,表面上看不出对中国主权的损害,但帝国主义者与清府政订条约,往往用明修栈道、暗渡陈仓之法,不在正约作文章,而在附约里头暗布机关。如在华俄银行契约成立以后,所增订的华俄银行条例,其中损害中国主权地方很多。如第二章第十项规定该银行对中国的业务范围如下:

(1)领收中国内地租税。

(2)经营与地方及国库有关的事业。

(3)铸造中国政府许可的货币。

(4)代还中国政府募集公债的利息。

---

① 卫鲠生:《中俄外交史》,第72页。

② AsaKawa:The Russojapanese Conflict,p. 81.

③ Hayashilecret Memoirs. N. Y,P. 53.

（5）布设中国境内的铁道和电线①。

以上这些皆属于一个国家的国立银行的职权，而不是私家银行的职权，更不是外国银行的职权。现在华俄银行一举而拿到手里，可见它的野心很是不小。

2. 东清铁道会社

华俄道胜银行契约成立后三日（1896 年 9 月 11 日），驻俄公使许景澄与罗曼诺夫、罗希太、乌克通斯克亲王，订结东清铁道会社条约。依照中俄同盟条约，俄国所获借地筑路之权，不能公开发表。至此，遂假由中国政府之命，委任两国合办的华俄银行经手承办。该条约之要点如下：

（1）华俄银行为建造经理该铁道，别设一会社，名东清铁道会社。该会社的印章由中国政府制造给付。该会社之章程，照俄国铁道会社之成规定之。总股票准华俄两国人民购买。该会之总办由中国政府选任之。

（2）勘定该铁道之线路，由中国政府所派之员与该会社委员及铁路经过地之地方官，共同和衷办理。但遇有坟墓、村落、城市之时，须设法迁绕。

（3）本约批准之日起，十二个月以内，该会社即允着手工事、勘定线路及将敷设地交与会社之日起，六年以内一切工事，即应竣成。至铁轨之广狭，与俄国之铁轨同一。俄尺五幅地，即中国尺四尺二寸半。

（4）中国政府谕令各处地方官，关于该会社建造铁道必要之材料、工伕、雇人及水陆运送之船车夫、马匹、马粮等须竭力补助之。各依市价由该会社自行买取。至其运送事项，中国政府应设简便敏捷之法，等等。

如上所述中俄同盟条约、华俄道胜银行契约、华俄银行条例、东清铁道会社条约，前后诸约有连环性的关系，一环套上一环，一约生出一约，机构颇为巧妙。中俄同盟条约主要是借地筑路，危害已大。至华俄银行契约与华俄银行条例，中国在经济上财政上的损失，超过同盟条约甚多。再进一步订立东铁条约、东铁条例，则管理权、采矿权、警察权，同时并

---

① Mac mu rray Treaties-Agreements，P. 71.

失,东三省在事实上已成为帝俄的权利范围,有失同盟国的真义。

3. 中俄同盟条约的失败

帝俄撕破中俄同盟条约,始于1898年。自1897年冬,德人藉口两教士被杀于曹州,出兵占领胶州湾。1898年3月6日,中德结胶州湾租借条约,遂开列强对中国争夺租借地的端绪。帝俄乘机于1897年11月7日,令远东舰队开入旅顺港。1898年3月27日,俄使巴甫洛夫与李鸿章、张荫桓订旅大租借条约九条于北京。除以二十五年为期租借旅大外,并获得自哈尔滨至旅大与自牛庄至鸭绿江两铁道的建筑权。5月7日又订旅大租借续约,划定租借地的界限,并约定东三省南部铁道不得让与他人。1899年4月,帝俄派员勘定租借地界线。9月改建关东省,设总督,以旅顺为首府。这样同盟条约第一次遭到毁弃。

1900年义和团起义。驻东三省帝俄军队,分南北两路进攻,将东三省完全占领。并乘机向奉天将军增祺商议退还东三省的交换条件。1900年11月道员周冕,奉增祺命与格罗穆切夫斯克,在旅顺议定交还东三省办法九条,及未定办法八条。11日酌改为交还东三省条款十六条即当时所宣传的第一次中俄密约。其中第二条解除原有军队武装,另组巡捕队代替。第九条俄军留住盛京,并享有领事裁判权,最为中外人士所反对。故增祺电奏该约已经作废。

次年2月驻俄公使杨儒,与俄外部财部反覆交涉,议定东三省撤兵条款十二条,即当时所宣传的第二次中俄密约。由于英美日德意奥诸国的反对,与中国各省督抚的攻击,这个密约亦未能签字。

同年9月北京和约(辛丑和约)已经成立。各国皆即撤兵,帝俄以北京主权未能确定为口实,东三省独不撤兵。李鸿章迭请两宫回銮,不报。李鸿章乃于10月中与俄公使席沙尔(MSessar)议定新约四条:(1) 东三省各地复归中国权势,并将该地方一如未经占据以前,仍归中国版图及由中国官治理之。(2)中国承认保护铁路及执事人员。俄国允于本年内撤退盛京西南段至辽河之军;明年撤退盛京其余各段之军;三年撤退吉黑之军。(3)中国允许除将军与俄兵官商定兵额外,中国不再添练兵、及派兵往东三省。（4）俄国允将山海关、营口、新民县各铁路交还清国。中国认赔修路养路各费，并不得将保护权让与其他外国人。

这个条约比第一第二次密约改正很多，但慈禧太后迫于中外舆论不与批准。李年已七十八岁，身当和议，操劳过度肝疾复发。拟勉强定约，而中外反对，多方刁难。俄使来沙尔，朝夕煎迫不肯放松，竟于1901年11月7日吐血而死。李死后不久，驻俄公使杨儒亦以内外交迫一病不起。传说杨儒被俄人踹下楼梯受伤而死。以后再没有人敢负担这场交涉的责任。李约终不成立，帝俄亦终不撤兵。直至1904年日俄战争，俄军败绩其兵始退。东三省的占领，成为中俄同盟条约的致命伤。世界上没有一个同盟国家，占领同盟国土地不去的道理。所以同盟条约虽未正式宣告废除，事实上在俄人占领东三省后已经废除。并且自李鸿章死后，清廷外交无人负责。李的奉使出洋与订结中俄同盟条约，随着他的死亡，一切俱同时死亡。

4. 苏联宣布废止中俄密约及一切有关条约

帝俄时代对中国所犯上述那些过失，在1917年十月革命以后，由无产阶级执政的苏联政府，通过两次隆重宣言，已经完全纠正过来了。

1919年7月25日，苏联代理外交人民委员长加拉罕发告第一次对华宣言：

（上略）我劳农政府又曾续行宣言，将从来俄国与日本与中国及与从前联盟各国所订结的一切秘密条约，概行作废。因此种条约，全为俄皇政府及其联盟各国威逼利诱压服东方各民族之机械。其中以中国民族为最。得其利者，仅各资本家与地主及俄国高级军官而已。

我劳农政府，曾邀请中国政府即开谈判磋商废弃1896年的中俄密约与1901年的北京条约及自1907年至1916年间与日本订结之一切协约。简言之，即将俄皇政府自行侵夺或偕日本及其他联盟国公共侵夺之中国人民所有者，一概归还中国人民。……

劳农政府愿将中国中东铁路及租让之一切矿产森林金产及他种产业……一概无条件交还中国,毫不索偿。

劳农政府放弃中国 1901 年辛丑条约所负欠之赔款。……

劳农政府废弃各种所有特别权利及俄商在中国地面上占有之一切租界权。任何俄国官员及教士,不准干涉中国事件。如伊等犯罪应照中国法律受地方审判。在中国地方上,只能有中国人民之权力及司法,不能有他种权力或他种司法。(下略)

对于这个光明磊落的友好宣言,当时北京政府未加理会。所以 1920 年 9 月 27 日,加拉罕又作第二次对华宣言:

(上略)兹为中俄两国幸福计,本外交国民委员会,认为应将下列条约之要点,向中国外交部提出,以引伸前次宣言内之原则。

1. 俄罗斯社会主义联邦苏维埃共和国政府,宣言所有俄国从前政府与中国所缔结之条约,皆属无效。放弃侵占所得之中国领土及中国境内之俄国租界,并将俄皇政府及俄国资产阶级掠自中国者,皆无报酬地永久归还中国。

2. 凡居住在中国之俄国居民皆服从中国境内现行之各种法律及条例,不得享有任何治外法权。居在俄国之中国居民,皆服从苏俄境内现行之各种法律及条例。

3. 中国因辛丑条约交付之任何赔偿,若中国无论如何不因前俄领事或任何他人以及俄国各种团体提出之非法要求,由此款项下拨交彼辈,则苏俄政府愿放弃之。

4. 本约签定后,中俄两国应立行互相恢复外交及领事代表。

5. 中俄两国政府,对于经营中东铁路办法中,关于苏俄对于该路之需用,允订专约。将来订此专约时,除中俄外远东共和国亦得加入。

苏俄外交人民委员会,将上列协商之各点作为主要条款,将来可与中国代表本此以友谊的态度进行磋商。如中国政府为共同利

益外对此有修改之点亦可加入。(下略)①

这两个宣言把自中俄同盟密约以来,中俄双方所订无论直接间接,公开秘密,一切对中国有害的国际条约摧陷廓清而无任何保留。同时亦扫除了帝俄时代两国间的疑虑防备虚伪心理。把两国关系重新建立在真诚合作平等互惠的基础上。所以我们可以说"1876 年以来旧账一笔勾消了"。

①《中国年鉴》1924 年版,第 870 页。

附录一 周传儒大事年表

周传儒治学谨严，品行高洁，并以学致用、借古喻今以鼓励后辈，其研究和教育皆折射出一代学人严谨求实的治学之风和崇高的人格魅力。关于周传儒的人生经历，学界知其详者甚少。周传儒晚年曾自撰《自传》以述生平经历，然《自传》中的部分具体系年与行事仍有存疑之处，迄今为止尚未有学者对周传儒毕生行事进行较为详尽地整理，今笔者在《周传儒自传》的基础上参鉴孙敦恒《清华国学研究院史话》、苏云峰《清华国学研究院述略》及相关资料，将周氏生平事迹以系年之法罗列举出，并以脚注形式随文标明描述其重要行止的材料出处，力图补正前人所载之阙疑与讹误，以供研究者识之。

1900 年　1 岁

本年 10 月 14 日周传儒出生于四川省江安县西正街 318 号。①

---

① 参周传儒 1980 年 10 月所作《自传》，《中国当代社会科学家》第 2 辑，北京图书馆《文献》丛刊编辑部、吉林省图书馆学会会刊编辑部编，北京：书目文献出版社，1982 年，第 209 页。另参 1969 年 9 月周传儒于崇山公社政治学习班所撰《坦白材料·自传》，以下简称《材料》，以别于 1980 年所撰《自传》。编撰时主要参考周传儒先生所作《材料》、《自传》等资料。

1904 年　5 岁

入私塾,读童蒙字书。①

1908 年　9 岁

入江安县奎华小学读书。②

1909 年　10 岁

在江安县奎华小学读书。

1910 年　11 岁

在江安县奎华小学读书。

1911 年　12 岁

在江安县奎华小学读书。

1912 年　13 岁

在江安县奎华小学读书。

1913 年　14 岁

在江安县奎华小学读书。

1914 年　15 岁

在江安县奎华小学读书。

---

① 周传儒《自传》,第 211 页。
② 参周传儒《材料》。

1915 年　16 岁

省督学易光谦到江安查学,召集全县高小及县中学学生会考。国文题为"学贵有恒论"。周传儒交第一卷,获第一名,人称"神童"。本年保送入江安县立中学读书。①

1916 年　17 岁

蒙师长、亲友聚资送往成都,考清华留美预备部幼年生。未录,遂留在成都,本年赴成都入省立第一中学读书。②

1917 年　18 岁

在成都省立第一中学读书。

1918 年　19 岁

在成都省立第一中学读书。

1919 年　20 岁

中学毕业因家贫无人援引,意欲当小学教师而不得。正逢北京高等师范学校在成都招公费生三名,考生逾二百,周传儒以优异的成绩被录取。复试时报名理化系,终以文史优长被分到史地系,本年就读于北师。③

1920 年　21 岁

在北京高等师范学校读书。

---

① 参周传儒《自传》,第 211 页。《材料》中亦有相关记载。
② 参周传儒《自传》,第 211 页。又《材料》载:"一年,学校资送四名幼童生上成都,校考清华幼童生分区考试(四川每年取十二名),未录取。但因返家困难,遂留成都,转入省立第一中学肄业。"
③ 参周传儒《自传》,第 213 页。《材料》中亦有相关记载。

1921 年　22 岁

在北京高等师范学校读书。11 月 13 日,北京高等师范举行青年励志会(以下简称励志会)第五次大会,周传儒为新会员,且在会中为副议人。①

1922 年　23 岁

在北京高等师范学校读书。1 月 18 日周传儒以八票当选为励志会出版委员会委员,22 日假北京高等师范国文研究室开全委员会会议,周传儒出席,议决案上被推定为出版委员会主席,同月 29 日周传儒出席在北京高等师范举行的阴历新年俱乐会,并欢送王树棻君赴德。4 月 16 日励志会在西山香山园开春季常年大会,周传儒出席,下午二时许在半山一断桥上席地开会。②

暑期,周传儒暂任上海商务印书馆编辑员,参与编译丛书《少年百科全书》,是书由王云五计画,商务印书馆于 1925 年 1 月出版,七月末周传儒游苏州二日。③

1923 年　24 岁

周传儒从北京师大史地系毕业,留到师大附中,教授西洋史。

在安徽安庆对江省立第一高级中学任史地及学监职务。④

---

① 参《青年励志会会务纪闻》第 1 期,青年励志会出版,1924 年。
② 参《青年励志会会务纪闻》第 1 期,青年励志会出版,1924 年。
③ 周传儒《苏州游记》:"暑假中,承商务印书馆惠邀为该馆暑期编辑员。滞留沪上,前后四十余日,因于公暇漫游,寻幽访胜,足迹所至,南北各数百里。七月杪,往谒苏州,留凡二日,匆匆涉历,不敢云游,追记所经,亦志雪泥鸿爪之意云耳。"《史地丛刊》,1923 年 4 月第 2 卷第 2—3 期合刊,第 1 页。又参王云五《少年百科全书序》:"国内大学专门的学生在外服务的机会不多,因为社会上各种事业机关与学校缺少联络的缘故。本馆为促进这种联络,特于民国十一年暑假期内招致国内专门以上学校高级学生充任暑期编译员。这部《少年百科全书》就是许多暑期编译员合力编译而成的。"《少年百科全书》第一册《奇象》,上海:商务印书馆,1924 年。另见周传儒《从上海给研究院同学谢国桢君的一封信》:"弟备有自撰之《少年百科全书》一部。"《清华周刊》,1928 年第 29 卷第 2 期,第 161 页。
④《北京师大周刊》,1923 年 10 月 21 日第一版《周传儒启事》。

2月5日周传儒初步为励志会提议公约,11日励志会在北京高等师范开全体大会,周传儒在会务报告中和熊训启、张昌圻等一起提出公约案,并报告颜心斋来信,且参与讨论组织案。同月19日周出席全委员会议。2月24日在北京高等师范举行会员俱乐大会,欢迎周传儒入世,周传儒发表意见。4月29日出席励志会春季大会。10月9日周传儒出席全委员会议,会议事项第四项即欢送周传儒君就安徽省第一高级中学庶务主任职,由袁世斌君致欢送词。本年仍留职出版委员会。①

1924年　25岁

本学期辞去安庆高级中学职务,在上海商务印书馆编译所翻译百科全书②,10月辞去编译所一职,在师大附中担任西史功课③,兼教预科西洋史,作讲师。因经费不足,周传儒和颜保良等人特别捐助出版《青年励志会会务纪闻》第一期。④

1月6日励志会事务部各委员会联席会议在北京粉房琉璃街龙绵会馆召开,周传儒留职出版委员会。

2月10日励志会第四年度冬季大会在北京琉璃厂师范大学国文研究室召开,周传儒在会上报告上海南京各方面对于本会的批判,留职出版委员会。

10月26日联席会议在北京蒙福禄馆大中公学召开,讨论会议案件周传儒提出之实业储金案。

11月8日励志会教育委员会在北京大学第一院举行成立会,周传儒参加。在选举职员时,周当选为副主任。会务进行的规画中,周传儒负责编纂《地理学通论》,并拟定读书报告,自由选定题目,周传儒拟第八个报告。12月5日在北京大学第一寄宿舍黄字十二号举行第一次常会,周

---

① 参《青年励志会会务纪闻》第1期,青年励志会出版,1924年。
② 《北京师大周刊》,1924年3月9日第三版《周传儒启事》。
③ 《北京师大周刊》,1924年11月2日第四版《周传儒启事》。
④ 参《青年励志会会务纪闻》第1期《出版委员会弁言》,青年励志会出版,1924年。

传儒任临时主席。①

1925 年　26 岁

本年兼任北京师大和附中史地教员。②

1 月 2 日励志会在北京粉房琉璃街龙绵会馆谢明霄君处举行教育委员会第二次常会，周传儒任会场书记，2 月 27 日在北京椿树头条 23 号周传儒寓（因美专关门）举行第三次常会，后又在 3 月 25 日于北京中美通信社罗志儒寓所举行第四次常会，4 月 26 日在北京郊外举行第五次常会，内容为东便门外二闸及公主坟旅行，周传儒皆参加。

同年 3 月 21 日励志会第一次职员同乐会在粉房琉璃街龙绵会馆谢星朗君住处举行，4 月 18 日第四次在北京东城中老胡同 21 号娄君元亮家举行，周传儒皆参加。

同年 1 月 8 日励志会联席会议在北京大学第一院第四层楼政治学会召开，周留职出版委员会。3 月 17 日复在北京大学第一院政治学会召开，在记名投票式选举下，周传儒当选出版委员会正主任和各委员会主任选举联席会议之主席。4 月 18 日联席会议又在北京中老胡同 21 号娄君元亮家召开，周传儒任会议主席。

5 月 10 日励志会第五年度春季大会在清华工字厅召开，周传儒出席并报告邹宗儒病死信阳经过及其家室的情景。11 月 22 日在北京西交民巷漱芳番菜馆召开第五年度临时大会，周传儒任主席并致辞。③

本年清华第一届招考留美公费生历史科一名，周传儒第二名，录为"备取生"，同年又以第十名的成绩考入清华学校国学研究院，师从王国维、梁启超、陈寅恪等人，研究题目为"中国近世外交史"。为梁启超演讲《指导之方针及选择研究题目之商榷：九月十三日为研究院同学讲》作

---

① 以上励志会活动记录俱参《青年励志会会务纪闻》第 2 期，青年励志会出版，1926 年。
② 参《青年励志会会务纪闻》第 2 期会员分像，青年励志会出版，1926 年。又参《自传》及《材料》。
③ 以上励志会活动记录俱参《青年励志会会务纪闻》第 2 期，青年励志会出版，1926 年。

笔记。

1926 年　27 岁

本年提交毕业成绩"中日历代交涉史",成绩分甲等 9 人,乙等 15 人,丙等 5 人,传儒名列甲六,故申请留在清华学校国学研究院继续学习一年,专修学科"中国文化史",专题研究题目是"中国教育史"。生活上受梁启超的照顾,到松坡图书馆编写目录。① 为梁启超演讲《儒家哲学》、《历史研究法》、《中国考古学之过去及将来——欢迎瑞典皇太子演说辞》、《书法指导》《蔡松坡与袁世凯》作笔记。同年兼任北京师大附中教员。②

2 月 6 日励志会联席会议在北京大学第二院宴会厅召开,周传儒任主席,致开会词,并负责筹备游艺。2 月 20 日第六年度冬季大会在北京中央公园来今雨轩召开,周传儒任主席并致辞。

3 月 6 日参加在司法部街华美举行的费特生自美返国欢迎会。

4 月 24 日联席会议在北京大学第一院学术研究会召开,周传儒以十票入选庶事委员会,且当选各委员会联席会及大会的主席、会计委员,筹备下届大会事宜,负责游艺。

5 月 8 日第九次职员同乐会在北京骑河楼十一号北京大学学生青年会举行,5 月 22 日第十次在北京后局十六号樊支平君寓所举行,6 月 13 日第十一次在北京大学第三院教员休息室举行,8 月 7 日第十三次在北京骑河楼十一号北京大学学生青年会举行,周传儒皆参加。

---

① 周传儒《回忆梁启超先生》:"梁对学生很关心,清华研究院的学生都是自费的,梁了解到我们生活有困难,就让我们给松坡图书馆编目录。我当时还有一个兄弟在北京读书,费用较大,梁叫我当'提调'(头目),每月给我五六十元,其他的同学每月可得二三十元,谢刚主、刘节、王力等人都曾参加编目工作。这样过了半年,梁到燕京大学教《古书真伪及其年代》,就叫我当他的助教,做一些抄写工作,实际上也没有多少事,又干了半年。我先后用了梁任公一千多元钱。"《广东文史资料》第 38 辑,中国人民政治协商会议广东省委员会、文史资料研究委员会编,广州:广东人民出版社,1983 年,第 244 页。

② 参《青年励志会会务纪闻》第 2 期会员一览,青年励志会出版,1926 年。

5月15日第六年度春季大会在北京骑河楼十一号北大学生青年会召开,周传儒任主席并致辞。①

同年3月18日,"三一八"惨案爆发,清华学生会成立状告段祺瑞执政府屠杀爱国青年罪行的"起诉全权委员会",周传儒即为五位委员之一,并代表三百五十名学生参与《清华学生控告贾德耀及全体国务员诉状书》的草拟,并于3月25日送呈"京师地方检察厅"。后又在《清华周刊》上发表《三月十八日案之责任问题》责问当局,该文言辞甚为激烈,以大量事实对引发惨案的责任问题进行深入地剖析。

1927年　28岁

2月至6月,梁启超在燕京大学讲授"古书真伪及其年代"一学期,给梁当助教,做抄写工作,并为其演讲《儒家哲学》、《古书真伪及其年代》、《梁先生北海谈话记》《社会学在中国方面的几个重要问题研究举例》作笔记。

王国维自沉,梁启超为周传儒题写扇面,兼纪王师。②

周传儒从清华国学研究院毕业,到商务印书馆当编辑,后来经梁启超介绍复到上海真如乡暨南大学任教,教授中国文化史、中国历史、中国思想史等,同时教授暨大中学班的历史地理课。③

---

① 以上励志会活动记录俱参《青年励志会会务纪闻》第2期,青年励志会出版,1926年。

② 谢国桢毕业时请王国维师为他和好友著青题字留念,北伐军将抵北京,王国维正为时局之变而烦躁,仍当即书前人七律四首赠之。王国维自沉后,梁启超闻之,知周传儒亦好书法,即购一檀香木折扇,依照王国维为著青扇上所题近人陈宝琛《落花诗》二首,题赠与之,并告之曰:"以此兼纪念王师也。"周传儒将扇面一直珍藏在身边,"文革"结束后他将这把扇面公之于众,作为对梁师的纪念。

③ 周传儒《回忆梁启超先生》:"我后来到商务印书馆当编辑,每月工资80元。梁觉得我工资微薄,生活有困难,介绍我去见暨南大学校长郑洪年,郑是梁在万木草堂时的同学。郑让我当副教授,每月工资200元,一年后升为教授。第二年上海南洋大学改为交通大学,请我去当兼职教授,教工业地理、商业地理等课;在暨大则教中国文化史、中国历史、中国思想史。谭其骧是当时暨大国文系的学生,后来入燕大研究所,在上海享盛名。暨大有个中学班的历史地理课没有人教,也硬拉我去,我就这样去上海干了两年。"《广东文史资料》第38辑,第244页。

夏天自北京南下,途经天津,和梁启超师小住数日。① 清华第二届招考留美公费生弃历史科,周传儒请梁启超代争,当局说下届开历史、本届考教育,周传儒勉强考教育,结果成绩劣,未能考取。②

本年,周传儒和吕云章结婚。③

1928 年　29 岁

在暨南大学历史系任教。当时暨大"历史社会系第一任主任是黄凌霜,几个月后就由陈憬代理,以后又换了许德珩(楚生),教师有孙本文、邓初民、潘光旦、周传儒、王庸(以中)、徐中舒、方壮猷等人"④。同年,上海南洋大学改为交通大学,周传儒兼职教授,教工业地理、商业地理等课。

本年梁启超身体抱恙住院,12 月 1 日,周传儒和徐中舒、姚名达、方壮猷、陆侃如等人联名致书梁启超教授,恳切问候,以表祷祝景仰之诚意。⑤

1929 年　30 岁

时任沈阳东北大学师范学院公民史地专科主任。同年清华第三届

① 周传儒《戊戌政变轶闻》:"一九二七年,新会患便血症,割肾,缠绵数月,辍讲。息影天津意租界私第养疴。是年夏,余自北京经天津南下,新会留住若干日,每晚必围坐园庭,听讲故事。偶有所问,亦不厌详答。"《辽宁大学学报》(哲学社会科学版),1980 年第 4 期,第 47 页。
② 参见吕云章《吕云章回忆录》:"正在此时,有一天晚上,忽然周书舲来到我的宿舍,他还是穿着那件法兰绒的破西服,瘦的三根青筋挑着一个脑袋,面黄肌瘦,他说这次是考理科留学,他是学文科的,看了二十几本原文的理科书,所以瘦得这样的难看,从北平清华考完之后,在天津梁启超家里住了些时,到了上海,住在一家小旅馆里,一两天就可以发榜……过了两三天,清华留学考试发榜,书舲竟未考取,他的精神受了很大的打击……"《中国现代自传丛书》第二辑第九册,台北:龙文出版社,1990 年,第 51—52 页。
③ 《妇女词典》:"1927 年与暨南大学讲师周书舲结婚。"吕云章(1891—1974),中国女权运动者,山东福山人,字沄沁。《妇女词典》编写组,北京:求实出版社,1990 年,第 98 页。另参《吕云章回忆录》第 52 页。
④ 葛剑雄《悠悠长水——谭其骧前传》,上海:华东师范大学出版社,1997 年,第 19 页。
⑤ 参 1928 年 12 月 1 日《致任师夫子大人书》,孙敦恒《清华国学研究院纪事》,《清华汉学研究》第一辑,葛兆光主编,北京:清华大学出版社,1994 年,第 335—336 页。

留美公费生考试录历史科一名,周传儒投考,录为第二名。①

1930 年　31 岁

在沈阳东北大学教授中国古代史。②

1931 年　32 岁

九一八以后,任北平东北大学文法学院史学系教授、北平师大史地讲师。③

10 月 10 日周传儒参加北平清华同学会第 30 次会员同乐会,并报告东北情形,重点分析了日本侵略中国的情况。④

1932 年　33 岁

任北平东北大学教授。1 月 3 日在北平北京大学第二院宴会厅召开第十一年度冬季大会,周出席且致欢迎新会员词,并留有北平总会摄影。⑤

1933 年　34 岁

本年仍在北平,暑假去广东经过南京,正值庚款委员会招考第一届

---

① 《国立清华大学校刊》,1929 年 8 月 14 日第五版。又吕云章《吕云章回忆录》:"在暑假书龄的考留学,差一分没有考取,他心里很不高兴,他说我没有找我的朋友十分的帮他的忙……但在他对于国立大学以留学来定高低,不管学问好坏。很感不平,所以在暑假就去沈阳东北大学担任教授。"第 66 页。

② 周传儒《甲骨文与殷商制度·自序》:"十九年,余任沈阳东北大学教授,授中国上古史,其中关于殷史之一部分,完全以甲骨文为主要材料,而探讨之范围,则轶出王静安周传儒《古史新证》之外。"上海:开明书店,1934 年,第 2 页。

③ 1931 年东北大学文法学院史学系课程中有一门"东西交通史",述东洋西洋历史上交通之事迹,穷原竟委,类别分门,所有文化、宗教、军事上之交通,皆记载无遗,以见东西列国其关系日趋密切由来。《东北大学文法学院一览》,东北大学文法学院编,1931 年,第 73—74 页。当年教员中只有周传儒最有可能开设此课。

④ 参《青年励志会会务季刊》第 3 期,《青年励志会会务纪闻》自第 3 期起更名为《青年励志会会务季刊》,青年励志会出版,1932 年。

⑤ 参《青年励志会会务季刊》第 3 期,青年励志会出版,1932 年。

留英公费生,周传儒以历史系第一名正取获选,录为西洋史一名。① 9 月 5 日,赴英国,初拟入政治经济学院,后转入剑桥大学,研究二年。师从近代著名史学泰斗哈罗·特默帕理(Harold W. V. Temperley)、约翰·霍兰·罗斯(Holland Robinson)。② 11 月 11 日,欧战休战纪念日,作《剑桥随笔之一》。

1934 年　35 岁

仍在剑桥大学学习,同年认识在剑桥高级德文班学习的利物浦人罗绮思。9 月 30 日下午励志会英国分会在伦敦中华协会举行第一次同乐大会,周传儒出席并负责记录,并报告会务。③

1935 年　36 岁

周传儒为跟踪追料,从英国剑桥大学转学到德国柏林大学,师从哈同(Prof. Havtung)。

1936 年　37 岁

在哈同指导下完成学业,获得博士学位。时逢欧战,返回祖国。④ 8 月,太原山西大学文学院增设历史系与教育系,传儒担任历史系主任。⑤

－－－－－－－－－－－－－－－－－－－

① 吕云章《吕云章回忆录》:"在民国二十二年的暑假中……书龄去广东时路经南京,正好庚款委员会招考第一届留学生,共录取名额九名,书龄来信说他想试试看,叫我和朋友们打打招呼……所以在八月二十八日,报纸上录取留学生的名字,按说我应当高兴,但是我非常的矛盾,矛盾得连饭都吃不下去,因为报上说九月五号就由上海起程,时间很迫促……"第87—88页。又参谢青、汤德用等著《中国考试制度史》,合肥:黄山书社,1995 年,第 674 页。
② 参周传儒《自传》第 218 页及《材料》。
③《青年励志会会务季刊》第 11 期,青年励志会出版,1935 年。
④ 参周传儒《自传》第220 页。又参周传儒《西伯利亚开发史·自序》:"民国二十五年秋,余自欧返国,途经苏联,在莫科斯勾留数日,考察其新都之建设,所得印象甚深。其后路过西伯利亚,因遭犬坠车,在某小站勾留一日,伊尔库次克勾留三日,赤塔勾留三日,中苏边界勾留一日。"上海:正中书局,1943 年七月初版,1945 年 11 月沪 1 版,第 1—2 页。
⑤ 李昕《圣人的传说》"张籁"条:"(山西大学)1936 年 8 月,文学院奉省令增设历史系时,他(张籁)又聘请了由徐推荐的留英学生周传儒为该系主任,周任教西北大学后,又聘任瑞士日内瓦大学博士阎宗临继任系主任。"北京:中国文联出版公司,1990 年,第 122 页。

1937 年　38 岁

卢沟桥七七事变以后,华北震动,周传儒任西安东北大学历史系主任。

1938 年　39 岁

春,东北大学迁四川三台,周传儒随校迁至三台。

1939 年　40 岁

任陕西城固西北联大历史系教授。

1940 年　41 岁

秋,供职于陕西三原山西大学,任历史系主任兼文学院院长。

1941 年　42 岁

秋,校长阎锡山下令山西大学迁亘川。全体文法两院学生表示反对,要求改为国立。工学院学生表示拥护,由新院长王之轩率领北上。周传儒是文法两院惟一负责人,进退两难。原指定折回城固仍到西北联大,然学校将学生扣留,要求暂维现状,周传儒在三原惨淡支持达一年半之久。

1942 年　43 岁

供职于陕西三原山西大学。

1943 年　44 岁

春,三原山西大学解体,周传儒回到西安,下半年,陕西省立师范专科学校(西安师专)处于筹备阶段,周传儒受到老朋友郝耀东之邀。春,兼职于黄埔军校第七分校边疆语外国语班,享受上校待遇,教授英语。

1944 年　45 岁

8月,陕西省立师范专科学校正式成立,郝耀东任校长,校址位于西安市崇廉路 37 号前女子中学旧址(现西七路西安中学校址),专业设国文、英语、史地、数学、理化五科,学制三年,周传儒任西安师专史地科教授,主讲《中国上古史》《中国中古史》等课程,直至 1946 年。夏,重庆陆军大学委任七分校代在西安招生,请身为教授留学生的周传儒去主考。同年秋冬至 1945 年春之间在西安青年劳动营作特约讲座(享高等教官待遇),题目为达尔文、牛顿、巴士德居里夫人、黑格尔、爱因斯坦、巴甫洛夫、米丘林、爱迪生和马空尼,共讲九次。本年仍兼职于黄埔军校第七分校边疆语外国语班。

1945 年　46 岁

春,仍兼职于黄埔军校第七分校边疆语外国语班,最后两月兼任外语班主任。同年春,仍在西安青年劳动营作特约讲座。后在陕西城固西南联大任教,时值一年。同年六七月之交,周传儒回四川大学与教务长叶麐、历史系主任徐中舒接洽工作。

1946 年　47 岁

8月中,周传儒回四川成都川大任教,同时兼任华西大学、成华大学教授。

1947 年　48 岁

先后辞去成华、华西职务。秋天,受兰州西南师范学院和兰州大学的邀请前往讲学两月,下雪后返回。年终与四川大学英文系邱仲姑结婚。

1948 年　49 岁

时任四川大学历史系教授。

1949 年　50 岁

时任四川大学历史系教授。

1950 年　51 岁

夏,西南教育部成立,在重庆办西南师范学院,分调周传儒去历史系担任教学工作。时任重庆西南师范学院历史系教授。①

1951 年　52 岁

时任重庆西南师范学院历史系教授。

1952 年　53 岁

4 月,东北局派齐两航率招聘团到重庆,征得当局同意,调周传儒到东北支援建设,时任沈阳师范学院教授。

1953 年　54 岁

在沈阳师范学院任教。

1954 年　55 岁

在沈阳师范学院任教。

1955 年　56 岁

在沈阳师范学院任教。

1956 年　57 岁

在沈阳师范学院任教。本年第一次加入九三学社,任九三学社辽宁

---

① 《西南师范大学教授名录》,《西南师范大学教授名录》编写组编,重庆:西南师范大学出版社,2000 年,第 203 页。

省委第一届、第二届顾问,辽宁省政协第四届常委。①

1957年　58岁

本年周传儒被错划为右派,由教授降格为资料员。传儒任气不就
"资料员"之职,乃以拾破烂为生计,凡二十一年。

1958—1978年　59—79岁

在辽宁大学宿舍住家,其间生活艰辛,难以为继。1958—1961四年
间,在五一公社市委举办的辽大文教政治班、区政协中心小组学习。

1979年　80岁

3月,错案得到纠正,辽宁大学恢复周传儒原来的职务。传儒重入
"九三学社",任辽宁省政协常委。同年,邓小平访问美国,周传儒散失多
年的儿子周阿斗在美国任洛杉矶报界联合企业记者,由于历史原因,已
与周传儒不通音讯长达30年,阿斗寻父心切,乃委托美国参议员杰克逊
转交给邓小平一封家信,请求代其寻访父亲。邓小平回国后立即指示有
关部门协助查找,三个月后在辽宁大学寻到。10月31日,阿斗回沈阳探
亲,周传儒终于和亲人团聚。②

1980年　81岁

在辽宁大学任教。

---

① 《辽宁省九三学社年鉴1993(1988—1992)》,九三学社辽宁省委员会编,1993年,第238页。
② 《沈阳日报》1979年11月6日第一版《中国血统的美国人周阿斗找到中国父亲——父子离散
　 三十年　今日骨肉得团圆》。另见《阿斗探亲》,周阿斗文、周传儒译、张甸摄,《辽宁画报》,
　 1980年第1期。于化龙《情思飞越太平洋》,《鸭绿江》,沈阳:《鸭绿江》文学月刊社,1980年
　 第1期,第142—147页。

1981 年　82 岁

在辽宁大学任教。

1982 年　83 岁

在辽宁大学任教。

1983 年　84 岁

在辽宁大学任教。本年去美国华盛顿、纽约等大学讲学、考察,周传儒学识渊博,赢得国外学界的高度评价。同年 4 月任政协辽宁省委员会五届一次会议常务委员。①

1984 年　85 岁

在辽宁大学任教。10 月 13 日辽宁大学在图书馆一零三会议室举行周传儒八十四岁诞辰祝贺会及任教六十一年,并献上贺联,贺联曰:"一九八四,鹤龄正八秩又四,华封献寿有双庆;京陕川辽,文旃由川中来辽,上庠称觥论独功。"②

1988 年　89 岁

周传儒病逝于辽宁沈阳。

---

① 《辽宁省志·政协志》,辽宁省地方志编纂委员会办公室主编,沈阳:辽宁科学技术出版社,1999 年,第 27 页。
② 张震泽《海北馆诗集》,沈阳:春风文艺出版社,1995 年,第 107—108 页。

附录二　周传儒撰述系年目录

1922

《工业革命与近代社会问题》,《史地丛刊》,1922 年第 1 卷第 3 期、
1922 年第 2 卷第 1 期。

1923

《李悝之经济政策》,《史地丛刊》,1922 年第 2 卷第 1 期。
《苏州游记》,《史地丛刊》,1923 年 4 月第 2 卷第 2—3 期合刊。

1925

《国家主义之哲学的背景》,《清华周刊》,1925 年 11 月 27 日,第 24
卷第 12 期。

1926

《三月十八案之责任问题》,《清华周刊》,1926 年 3 月 26 日,第 25 卷
第 5 期。
《十五年来中国教育的回顾》,《清华周刊》,1926 年纪念号增刊。
《再看两套把戏》,《清华周刊》,1926 年 5 月 7 日,第 25 卷第 11 期。

《社会主义略史》,《清华周刊》,1926 年 5 月 21 日,第 25 卷第 13 期。

《国家主义与中国教育》,《清华周刊》,1926 年 6 月 4 日,第 25 卷第 15 期。

《段去晚矣》,《清华周刊》,1926 年 4 月 16 日,第 25 卷第 8 期。

《日本人唐化考》,《清华周刊》,1926 年 6 月 11 日,第 25 卷第 16 期。

《本会的歧途》,《青年励志会会务纪闻》,青年励志会出版,1926 年第 2 期。

《何呈锜君传略》,《青年励志会会务纪闻》,1926 年第 2 期。

《四川省一瞥》,上海:商务印书馆,1926 年 8 月第一版。

1927

《中日历代交涉史》,《国学论丛》,1927 年第 1 卷第 1—2 期。

《读史杂诗》,《清华周刊》,1927 年 1 月 7 日,第 26 卷第 14 期。

1928

《论罗马文化》,《国立第一中山大学语言历史学研究所周刊》,1928 年第 17 期。

《与友人论诗》,《国立暨南大学中国语文学系期刊》,1928 年创刊号。

《从上海给研究院同学谢国桢君的一封信》,《清华周刊》,1928 年 2 月 17 日,第 29 卷第 2 期。

1929

《本刊今后的使命》,《市民复活特刊》,中华平民教育促进会总会城市教育部出版,1929 年第 2 卷第 1 期发刊辞。

《世界人种共有几种》,《市民旬刊》,1929 年第 2 卷第 1 期。

《吃好米不如吃粗米》,《市民旬刊》,1929 年第 2 卷第 1 期。

《高耀子的故事》,《市民旬刊》,1929 年第 2 卷第 1 期、第 2 卷第 3 期、第 2 卷第 5 期、第 2 卷第 9 期。

《什么是立国的要素》,《市民旬刊》,1929 年第 2 卷第 3 期。

《小节》,《市民旬刊》,1929 年第 2 卷第 3 期。

《各县市民应急起筹备地方自治(附图表)》,《市民旬刊》,1929 年第 2 卷第 4 期。

《黄河与中国》,《市民旬刊》,1929 年第 2 卷第 5 期。

《如何保护牙齿》,《市民旬刊》,1929 年第 2 卷第 6 期。

《普通自然现象的说明》,《市民旬刊》,1929 年第 2 卷第 6 期。

《如何保护耳朵》,《市民旬刊》,1929 年第 2 卷第 7 期。

《如何保护眼睛》,《市民旬刊》,1929 年第 2 卷第 8 期。

1930

《意大利现代史》,上海:商务印书馆,1930 年。

《普通自然现象问答:科学常识》(一)(二),中华平民教育促进会出版,1930 年 11 月初版。

《吃好米不如吃粗米》,《兴华》,1930 年第 27 卷第 2 期。

1931

《风琴歌》,《重华月刊》,辽宁东北大学教育院重华学社编,1931 年第 1 期。

《古史问题及其研究法》,《重华月刊》,1931 年第 1 期。

《漫兴四首》,《重华月刊》,1931 年第 1 期。

《普通自然现象问答》,与李邵青合撰,《农民》,1931 年第 6 卷第 26—29、31—34 期。

1932

《书院制度之研究》,《师大月刊》(创刊号),国立北平师范大学月刊编辑委员会编辑,1932 年第 1 期。

1933

《四川省》,上海:商务印书馆,1933 年。

《游欧杂记》,《华北日报》,1933 年 9 月 18 日、9 月 19 日、9 月 29 日、9 月 30 日、10 月 1 日、10 月 2 日、10 月 3 日、10 月 4 日、10 月 8 日、10 月 9 日、10 月 10 日、10 月 24 日第七版。1933 年 11 月 13 日、11 月 14 日、11 月 15 日、11 月 16 日、11 月 17 日、11 月 18 日、11 月 19 日、11 月 20 日第五版。

1934

《甲骨文字与殷商制度》,上海:开明书店,1934 年。

《留英须知》,《文化与教育》,1934 年第 9—10 期。

《剑桥随笔之一》,《文化与教育》,1934 年第 12 期。

《牛津剑桥的学生会》,《文化与教育》,1934 年第 30 期。

《周传儒自伦敦剑桥大学来函》,《青年励志会会务季刊》,1934 年第 6—7 期合刊。

1935

《新撰初级中学教科书世界史》(上下册),上海:商务印书馆,1935 年。

1943

《西伯利亚开发史》,上海:正中书局,1943 年初版。

1964

《对〈中俄密约与李莲英〉的订正》,《文史资料选辑》第 43 辑(内部发行),中国人民政治协商会议全国委员会文史资料研究委员会编,北京:文史资料出版社出版,1964 年 3 月。

1980

《戊戌政变轶闻》,《辽宁大学学报》(哲学社会科学版),1980 年第 4 期。

《专制主义是现代化、民主化的大敌》,《辽宁大学学报》(哲学社会科学版),1980 年第 5 期。

《中俄关系史》油印研究生教材,1980 年编印。

1981

《论〈兰亭序〉的真实性兼及书法发展方向问题》,《中国社会科学》,1981 年第 1 期。

《史学大师梁启超与王国维》,《社会科学战线》,1981 年第 1 期。

《史学大师王国维》,《历史研究》,1981 年第 6 期。

1982

《王静安传略》,《中国现代社会科学家传略》第 1 辑,晋阳学刊编辑部编,太原:山西人民出版社,1982 年。

《周传儒自传》,《中国当代社会科学家》第 2 辑,北京:书目文献出版社,1982 年。

《满蒙问题是中国三百年忧患根源简论》(铅印本),1982 年。

1983

《回忆梁启超先生》,《广东文史资料》第 38 辑,中国人民政治协商会议广东省委员会、文史资料研究委员会编,广州:广东人民出版社,1983 年。

1985

《李鸿章环游世界与一八九六年中俄密约》,《史学月刊》,1985 年第 1—2 期。

存目

《中国历史学界的新派别、新趋势》、《原始积累与独占公司》。①

《中国古代史》,东北大学印刷厂印行,现已绝版。②

《书院制度考》,上海:历志书局,1927 年。③

《六十年来中国史学界变迁发展史》,河南师大《历史月刊》。④

《中国上古史讲义》。⑤

《禹贡时代考》,《重华月刊》第 2 期,年代无考。

《国学运动回忆录》。⑥

《历史学界工作六十年》。⑦

---

① 参周传儒《自传》,第 222—223 页。
② 参周传儒《自传》后所附"著作目录",第 224 页。
③ 参周传儒《自传》后所附"著作目录"。
④ 参周传儒《自传》后所附"著作目录"。
⑤ 参周传儒《甲骨文字与殷商制度》第六章、第七章、第八章参考书目列举自撰《中国上古史讲义》,上海:开明书店,1934 年。
⑥《沈阳日报》1980 年 7 月 14 日《八旬高龄 壮心未已——访辽宁大学教授周传儒》第三版。
⑦《沈阳日报》1980 年 7 月 14 日《八旬高龄 壮心未已——访辽宁大学教授周传儒》第三版。

启　事

上世纪初短暂存在过的清华国学院,已成为令后学仰视与神往的佳话。而三年前,本院于文化浩劫之后浴火重生,继续秉承"独立之精神,自由之思想",而更强调"中国主体"与"世界眼光"的平衡,亦广受海内外关注与首肯。

本院几乎从复建之日起,即致力于《清华国学书系》之"院史工程",亟欲缀集早期院友之研究成果,以逼真展示昔年历程之艰辛与辉煌。现据手头之不完备资料,暂定在本套《书系》中,分册出版文存五十一种,以整理下述前贤之著述:

梁启超、王国维、陈寅恪、赵元任、李　济、吴　宓、梁漱溟、钢和泰、马　衡、林志钧、梁廷灿、赵万里、浦江清、杨时逢、蒋善国、王　力、姜亮夫、高　亨、徐中舒、陆侃如、刘盼遂、谢国桢、吴其昌、刘　节、罗根泽、蓝文徵、姚名达、朱芳圃、王静如、戴家祥、周传儒、蒋天枢、王　庸、冯永轩、徐景贤、卫聚贤、吴金鼎、杨筠如、冯国瑞、杨鸿烈、黄淬伯、裴学海、储皖峰、方壮猷、杜钢百、程　憬、王耘庄、何士骥、朱右白。

本《书系》打算另辟汇编本两册,收录章昭煌、余永梁、张昌圻、汪吟龙、黄绶、门启明、刘纪泽、颜虚心、闻惕生、王竞、赵邦彦、王镜第、陈守实等前贤之著述。

　　本《书系》已被列为国家十二五重点图书。为使其中收入的每部文存,皆成为有关该作者的"最佳一卷本",除本院同仁将殚精竭虑外,亦深盼各界同好与贤达,不吝惠赐《书系》所涉之资料、线索,尤其是迄未付梓、或散落民间的文字资料、照片、遗物等。此外,亦望有缘并有志之士,能够以各种灵活之形式,加入此项院史编集工程,主动承担某部文存的汇集与研究。如此,则不光是清华国学院之幸,更会是中国学术文化之幸。

　　惟望本《书系》能继前贤之绝学,传大师之火种,挽文明之颓势,为创造中国文化的现代形态,收到守先待后之功。

清华大学国学研究院

2012 年 8 月 11 日